AMERICAN STUDIES — A MONOGRAPH SERIES
Volume 166

Edited on behalf
of the German Association
for American Studies by
REINHARD R. DOERRIES
GERHARD HOFFMANN
ALFRED HORNUNG

ANTJE KLEY

Ethik medialer Repräsentation im britischen und US-amerikanischen Roman, 1741–2000

Universitätsverlag
WINTER
Heidelberg

Für Ariane und Michael mit ganz herzlichen Grüßen. Schön, dass es Euch gibt!

Antje

Nürnberg im Nov. 2009

Bibliografische Information der Deutschen Nationalbibliothek
Die Deutsche Nationalbibliothek verzeichnet diese Publikation
in der Deutschen Nationalbibliografie;
detaillierte bibliografische Daten sind im Internet
über *http://dnb.d-nb.de* abrufbar.

Gedruckt mit großzügiger Unterstützung
des Universitätsbundes Erlangen-Nürnberg e.V.

UMSCHLAGBILD
© Gerhard Richter: *Lesende* (1994)

ISBN 978-3-8253-5438-1

Dieses Werk einschließlich aller seiner Teile ist urheberrechtlich geschützt.
Jede Verwertung außerhalb der engen Grenzen des Urheberrechtsgesetzes
ist ohne Zustimmung des Verlages unzulässig und strafbar. Das gilt insbesondere für Vervielfältigungen, Übersetzungen, Mikroverfilmungen und
die Einspeicherung und Verarbeitung in elektronischen Systemen.

© 2009 Universitätsverlag Winter GmbH Heidelberg
Imprimé en Allemagne · Printed in Germany
Druck: Memminger MedienCentrum, 87700 Memmingen

Gedruckt auf umweltfreundlichem, chlorfrei gebleichtem
und alterungsbeständigem Papier

Den Verlag erreichen Sie im Internet unter:
www.winter-verlag-hd.de

Danksagung

Die vorliegende Untersuchung ist die leicht überarbeitete Fassung meiner im Januar 2006 an der Philosophischen Fakultät der Christian-Albrechts-Universität zu Kiel eingereichten Habilitationsschrift. Mein Dank richtet sich an erster Stelle an Annegreth Horatschek, die mein Habilitationsprojekt von den ersten Gesprächen an bis zu seinem Abschluss im Sommer 2006 kontinuierlich ebenso kritisch wie vertrauensvoll begleitet hat. Indem sie mich im Frühsommer 2000 mit einer Assistenz an ihrem Lehrstuhl an der Universität Kiel betraute, hat sie auch die institutionellen Voraussetzungen für die Entstehung der vorliegenden Arbeit geschaffen. Ihr und ihrer Familie danke ich darüber hinaus für ihre anhaltende freundschaftliche Verbundenheit. Neben Annegreth Horatschek gilt mein Dank auch Brigitte Fleischmann, Martin Klepper und Peter Schneck für ihre konstruktive Begutachtung der Arbeit.

Ein Diskussionsforum, aus dem ich über die Jahre immer wieder wichtige Impulse bezogen habe, ist der Kieler Lektürekreis um Claus Ort und Ulrich Kinzel, dem zeitweise auch Jan-Oliver Decker, Christoph Reinfandt und Ann Spangenberg angehörten. Ihnen gilt ebenso mein Dank wie Karin Höpker, Kai Merten, Barbara Röckl, und Caroline Rosenthal, die zu unterschiedlichen Zeitpunkten Teile der Arbeit gelesen und mit mir diskutiert haben. Dietrich Harer und Heike Schäfer haben auf diese Weise die gesamte Arbeit begleitet. Ihre Kritik, ihr Zuspruch und ihre engagierte Unterstützung waren Voraussetzung für das Gelingen des Projekts.

Ich danke Alfred Hornung für die Aufnahme der Studie in die Reihe *American Studies – A Monograph Series*, Andreas Barth und Ralf Stemper vom Winterverlag für ihre ebenso fachkundige wie geduldige Begleitung des Publikationsprozesses sowie Sebastian Honert für seine zuverlässige Unterstützung bei der Herstellung der Druckvorlage. Alexandra Böhm danke ich für ihren frischen Blick in letzter Minute. Gerhard Richter hat den Band zu meiner großen Freude durch die Erlaubnis bereichert, sein Fotoporträt *Lesende* auf dem Buchumschlag zu verwenden. Dafür mein besonderer Dank an ihn.

Last but not least danke ich Richard Lutz *for being there*. Ihm ist die Arbeit in der Zuversicht gewidmet, dass nun sein Projekt Wurzeln schlagen und Blüten treiben wird.

Nürnberg, im Mai 2009　　　　　　　　　　　　　　　　　　Antje Kley

Inhaltsverzeichnis

Einleitung: Problemstellung und Konzeption der Arbeit 11
I. Theoretische Verortung 21
   1. Roman: Gattungsgeschichte und Funktionen 21
   2. Medien und Repräsentation 38
     2.1 Die historische Entwicklung des Mediensystems 41
     2.2 Modernisierung und die Kultur der Distanz 47
     2.3 Medien als Formen der Lebensorganisation 50
   3. Ethik 53
     3.1 Habitus 54
     3.2 Ethik und Ästhetik 58
     3.3 Literaturwissenschaft und Ethik 62
   4. Im transatlantischen Vergleich: britische und US-amerikanische Literatur und Kultur 72

II. Druckkultur, die Zirkulation der Diskurse und narrative Vermittlungsleistungen im Roman des 18. Jahrhunderts 83
   1. Das erste Modernisierungssyndrom und die Erfahrung von Kontingenz 90
     1.1 Druckkultur und die Überwindung von Distanz 94
     1.2 Briefkultur und die Inszenierung von Präsenz 103
     1.3 Zu Genealogie und Funktion des empfindsamen Diskurses 112
     1.4 Medientechnologie und Kontingenz in Großbritannien und Amerika 123
   2. Schreiben, Lesen und Selbstdisziplin in Samuel Richardsons Briefroman *Pamela* (1741) 129
     2.1 Der Text 129
     2.2 Pamelas Briefe: Schreiben, Lesen und der Wettstreit um Definitionsmacht 135
     2.3 Printmediale Repräsentationsformen und die Individualisierung von Verhaltens- und Sozialcodes 157
   3. "indirect dealings": Druckkultur, Kommerzialisierung und die Modernisierung republikanischer Werte in Charles Brockden Browns *Arthur Mervyn* (1799) 165
     3.1 Der Text 166
     3.2 Die regressive narrative Einbettung von Arthur Mervyns Erzählungen: Funktion und Glaubwürdigkeit druckkultureller Verkehrsformen 172

    3.3 Charaktermetamorphosen und Doppelungsphänomene .. 180
    3.4 Die ethische Schule einer "allegory of imperfection" 190
  4. Zusammenfassung 196

III. "in quest of what was once a world": Die Regeln medial vermittelter Wirklichkeitsbezeugung im Roman des 19. Jahrhunderts.... 201

  1. Das zweite Modernisierungssyndrom und die Semiotisierung des visuellen Weltzugriffs im anbrechenden Zeitalter der technischen Medien 202
    1.1 Literatur als Symbol- und Sozialsystem 204
    1.2 Die Industrialisierung der Sehgewohnheiten 211
    1.3 Wie die Fotografie sich und die Welt entwickelt 222
    1.4 Konventionen des Realismus 232
  2. Die "wonderful insight" der Daguerreotypie und die endlose Auslegungsarbeit des Wirklichen in Nathaniel Hawthornes *The House of the Seven Gables* (1851) 241
    2.1 Der Text 244
    2.2 Funktionalisierungen der Daguerreotypie 252
        2.2.1 Die Poetik des "Preface" 253
        2.2.2 Die "wonderful insight" der Daguerreotypie und die endlose Auslegungsarbeit des Wirklichen 256
        2.2.3 Daguerreotypie und Erzählvorgang: vermittelte Bezeugungen von Wahrheit 266
        2.2.4 Licht- und Schattenmetaphorik 275
    2.3 Die ethischen Implikationen des Romanendes 291
  3. Mikroskopieren, Beobachten und interpretierende Welterklärung: George Eliots *Middlemarch* (1871/72) als Medienroman 303
    3.1 Der Text 307
    3.2 "to all fine expression there goes somewhere an originating activity, if it be only that of an interpreter": Beobachten, Erzählen und Interpretieren 316
    3.3 "a set of experiments in life": Die Ästhetik des Romans als ethische Versuchsanordnung 336
  4. Zusammenfassung 342

IV. Der Roman des 20. Jahrhunderts als medien- und diskurskritisches Metamedium 345

  1. Informationsrevolutionen: Audiovisualisierung und das dritte Modernisierungssyndrom der digitalen Integration der Medien 348
    1.1 Audiovisualisierung der äußeren und der inneren Welt .. 355

1.2 Digitalisierung und ihre gesellschaftlichen
    Konsequenzen..361
1.3 Romanliteratur im Medienverbund 366
    1.3.1 Moderne Formexperimente 369
    1.3.2 Postmoderner Medienrealismus................................373
2. Das mediale Unbewusste in Adam Thorpes *Ulverton* (1992)...379
    2.1 Der Text 382
    2.2 Weder empfindsam noch disziplinierend: Die Briefkultur des 18. Jahrhunderts und Pamelas Doppel in
        "Leeward 1743" und "Dissection 1775".......................387
    2.3 Die visuelle Kultur des 19. Jahrhunderts und die
        Proliferation der schriftlichen Reflexion in
        "Shutter 1859" 395
    2.4 Die Audiovisualisierung des 20. Jahrhunderts und die
        Leistung der gedruckten Erzählliteratur in "Wing 1953"
        und "Here 1988" 408
    2.5 "all these fuzzy edges, it's a wonder things go on":
        Ethik medialer Repräsentation in *Ulverton*...................417
3. Das Dunkle Pflügen: Die Funktion der Repräsentation in
    Richard Powers' *Plowing the Dark* (2000) 421
    3.1 Der Text 422
    3.2 Der Sog der Bilder und die fragwürdige Immanenz
        des Imaginären..427
        3.2.1 Repräsentation als möglichst exakte mimetische
            Kopie: Ronan O'Reilly und Karl Ebesen...............428
        3.2.2 Repräsentation als Kompensation I: Jackdaw
            Acquerelli..433
        3.2.3 Repräsentation als Kompensation II:
            Adie Klarpol 436
    3.3 Simulation und Distanz: Repräsentation als entwerfende Welterschließung..444
    3.4 *Plowing the Dark* als Umschrift von Platons Höhlengleichnis: "an undercurrent of substance, more than
        representation, but not yet stuff" 454
    3.5 Bildstörungen: Das Hagia Sophia-Projekt als Kristallisationspunkt des Romans 460
    3.6 "redrawing the world": Romanform, Ethik und
        Ästhetik 471
    4. Zusammenfassung 476
Schlussbemerkungen 479
Literaturverzeichnis 489
Personenregister...519

Einleitung: Problemstellung und Konzeption der Arbeit

In exemplarischen Analysen britischer und amerikanischer Romane des 18., 19. und 20. Jahrhunderts widmet sich die vorliegende Arbeit dem Zusammenhang von Medialität und Ethik. Im Rahmen der medienhistorischen Kontexte des ersten, zweiten und dritten Modernisierungssyndroms sowie der damit verbundenen Erfahrung der transzendentalen Obdachlosigkeit, die ethische Fragen zum Gegenstand öffentlicher Verständigung macht, geht es dabei um die Leistung der Repräsentation von Welt im Roman für die Konstitution, Kritik und Stabilisierung der für einen modernen Ethikdiskurs zentralen Basiskonzepte der individuellen Autonomie und der Verantwortung.[1]

Heute proliferieren ethische Reflexionen moralischer Fragen vor dem Hintergrund technischer, politischer, wirtschaftlicher und nicht zuletzt medialer Transformationsprozesse und einer damit erneut beschleunigten Transformation von Verhaltensnormen vor allem in politischen und wissenschaftlichen Kontexten, und zwar immer da, wo "Realität in einem defizitären Modus wahrgenommen wird".[2] Kämpfe um distinktive nationale Identitäten werfen seit dem 2. Weltkrieg weltweit ebenso grundlegende ethische Fragen nach dem Wesen des Menschen auf wie

---

[1] Die historische Unterscheidung dreier Modernisierungssyndrome geht auf S.J. Schmidt zurück. Siehe "Modernisierung, Kontingenz, Medien: Hybride Beobachtungen", *Medien – Welten – Wirklichkeiten*, ed. Gianni Vattimo und Wolfgang Welsch (München: Fink, 1998) 173-86. Genaueres dazu unter I.2.1. Georg Lukács identifiziert die "transzendente Obdachlosigkeit" als das Kennzeichen der Welt des Romans. Siehe *Die Theorie des Romans: Ein geschichtsphilosophischer Versuch über die Formen der großen Epik* (1914/15; Berlin: Luchterhand, [2]1963) 53 und Leslie Fiedler, *Love and Death in the American Novel* (1960; NY: Stein & Day, [2]1966) 35.

[2] Klaus Wiegerling, *Medienethik* (Suttgart: Metzler, 1998) 127. Vgl. dazu Niklas Luhmann, *Die Realität der Massenmedien* (Opladen: Westdeutscher Verlag, [2]1996) 143-44: "Moral ist ja im normalen Umgang gar nicht nötig, sie ist immer ein Symptom für das Auftreten von Pathologien". Diese treffende Sentenz darf freilich nicht darüber hinwegtäuschen, dass die "Pathologie" bereits Normalfall ist, denn das "Verschwinden moralischer Selbstverständlichkeiten sowie das Aufkommen von neuen Gegenständen moralischer Reflexion" sind "Ursachen für einen wachsenden *Bedarf* an Ethik". Siehe Marcus Düwell, Christoph Hübenthal und Micha H. Werner, "Einleitung", *Handbuch Ethik*, ed. Düwell, Hübenthal und Werner (Stuttgart: Metzler, 2002) 1-23, hier 18.

gerade in den letzten Jahren die Diskussion um die Genforschung in den hochentwickelten Ländern der Erde.³ Die Frage nach den Formen des Menschseins hat nach soziologischen und anthropologischen Bearbeitungen durch Émile Durkheim (1858-1917), Max Weber (1864-1920), Marcel Mauss (1872-1950), Norbert Elias (1897-1990) und Georg Simmel (1858-1918) zu Beginn des 20. Jahrhunderts gegenüber primär epistemologischen und methodologischen Überlegungen zunächst an Relevanz verloren, bevor gerade diese Dimensionen in einer Vielzahl von Untersuchungen zu Subjektivität, Selbst, Körper, Verlangen und Identität zurückkehrten.⁴ Die Wiederkehr explizit ethischer und politischer Fragestellungen innerhalb der Literatur- und Kulturwissenschaften ist ein Zeichen für erneut entscheidende Umwälzungen in den Formen der Subjektproduktion, in den Konzeptionen und den damit verbundenen regulativen Ansprüchen und Zurichtungen des Selbst. Über diese Indexfunktion hinaus fördern ethische Diskussionen die Notwendigkeit zutage, "angesichts fortdauernder normativ-ethischer Grundlagenkontroversen und des Fehlens letzter Wahrheiten gleichwohl zu nachhaltigen und tragfähigen Entscheidungen zu kommen".⁵ Die vorliegende Arbeit versteht sich als ein Versuch, die medial kodeterminierte Geschichte der Grundannahmen über Identität und Verantwortlichkeit, die solche ethischen Auseinandersetzungen heute konstituieren, anhand exemplarischer Textanalysen zu beleuchten. Dabei soll v. a. herausgearbeitet werden, wie ausgewählte Romantexte – zu signifikanten Zeitpunkten in der Mediengeschichte und in Auseinandersetzung mit derselben – zu bestimmten, effektiv vorbildlichen Problematisierungen bzw. Stabilisierungen individueller Autonomie und Verantwortung gelangen: welche typischen Denk-, Wahrnehmungs- und Verhaltensmuster, welchen Habitus der/des Einzelnen gegenüber sich selbst und anderen fordert und unterstützt der Text? Auf was für einem Verständnis sozialer Strukturen basiert er? Und inwiefern artikuliert der Text

---

³ Vgl. dazu Jürgen Habermas, *Die Zukunft der menschlichen Natur: Auf dem Weg zu einer liberalen Eugenik?* (Frkf./M.: Suhrkamp, 2001) und die Dokumentation der publizistischen Bioethik-Debatte im Frühjahr 2001 in Julian Nida-Rümelin, *Ethische Essays* (Frkf./M.: Suhrkamp, 2002) 405-69.

⁴ Nikolas Rose, "Authority and the Genealogy of Subjectivity", *Detraditionalization*, ed. Paul Heelas, Scott Lash und Paul Morris (London: Blackwell, 1996) 294-327, hier 294, 319-23.

⁵ Micha H. Werner, "Einleitung: Schwach Normative und kontextualistische Ansätze", Düwell, Hübenthal und Werner 191-93, hier 192. Vgl. auch Thomas Luckmann, "The Privatization of Religion and Morality", Heelas, Lash und Morris 72-86, hier 80.

auch über seine Form seinen spezifischen medialen Bedingungen entsprechende ethische Einsichten?

Vor dem Hintergrund einer Kulturgeschichte der Medien soll untersucht werden, wie einzelne Romane ihre Relation zu den medialen Bedingungen ihrer Zeit inhaltlich und formal thematisieren und welche an einen Ethikdiskurs anschließbaren Individualitätskonzepte sie dabei generieren. Hier stellt sich insbesondere die Frage nach der symbolischen Repräsentation der Wechselwirkungen zwischen *erstens* Verschriftungs- bzw. Drucktechniken im 18. Jahrhundert, *zweitens* der industrialisierten visuellen Kultur im 19. Jahrhundert und *drittens* der aufkommenden audiovisuellen Medienkonkurrenz im frühen sowie der digitalen Simulation im späten 20. Jahrhundert und der jeweiligen semantischen Modellierung von Affekten und Sozialcodes. Diese medialen Konstellationen bringen eine Verflüssigung gesellschaftlicher Bedingungen mit sich, die sich in der kompensatorischen Herausbildung und Stabilisierung von Individualität sowie in der Gestaltung und Regulierung gesellschaftlicher Prozesse niederschlägt. Als literarische Gattung, die – innerhalb des Mediensystems selbst historisch unterschiedlich positioniert – ihre eigene Medialität ebenso reflektiert wie die ihrer medialen Umgebung, greift der Roman diese Medieneffekte auf, kommentiert und bewertet sie, und hat damit auf immer wieder neue Weise Teil an der Einübung zunehmend individualisierter Denk-, Gefühls- und Verhaltensmuster, denen neben der Befreiung des Einzelnen aus traditionellen Zusammenhängen auch eine Schaffung neuer Abhängigkeiten und eine entsprechende Normierungsfunktion innewohnt.

Die Arbeit geht von vier Prämissen aus, die in Kapitel I ausgeführt werden, um das Untersuchungsfeld theoretisch zu verorten. Erstens widmet sich die Untersuchung dem modernen Genre des Romans als Reflexionsinstanz, die inhaltlich und formal auf kulturelle Veränderungen und Widersprüchlichkeiten reagiert, dieselben beobachtet, kommentiert und strukturiert. Weil Romane sowohl Produkte als auch Elemente ihres kulturellen Kontextes sind, weil sie informative und performative Dimensionen besitzen, und weil sie kulturelle Prozesse repräsentieren, auf die sie gleichzeitig steuernd einwirken, indem sie Affekte, Denk- und Verhaltensweisen hinterfragen, konditionieren und stabilisieren, lassen sie sich nach ihren Implikationen für die Wertvorstellungen und Interessen ihrer Zeit befragen. Als eine solche Reflexionsinstanz dient der Roman der vorliegenden Untersuchung als Gegenstand und Erkenntnismedium.

Zweitens basiert die Arbeit insofern auf einem "starken" Medienbegriff, als sie davon ausgeht, dass die menschliche Wahrnehmung, unsere

Formen des Denkens, Erkennens und Fühlens, und damit unser Verständnis von Selbst, Welt und Realität medial verfasst bzw. ästhetisch vermittelt sind. Frank Hartmann etwa betont, dass eine vermeintlich uncodierte Wirklichkeitserfahrung auf ein "absurd primitives Konzept einer 'wirklichen Wirklichkeit'" rekurriert und als solches nie existiert hat:

> Alle Wirklichkeit ist symbolisch vermittelt, und wird somit 'virtuell' wahrgenommen. Die verbale (und im weiteren textuelle) Vermittlung ist dabei nur ein Spezialfall allgemein zeichenvermittelter Realität. In diesem Sinne wirken alle Medien bedeutungsgenerierend.[6]

Die medientheoretische Prämisse, dass kognitive und emotionale Bewertungen stets bedingte und somit präformierte Prozeduren sind, schließt auch an die Vorstellung der Gegründetheit des subjektiven Bewusstseins sowie kultureller Sinnhorizonte in der Philosophie der Endlichkeit und an eine Hermeneutik des Verdachts an.[7]

Drittens liegt der vorliegenden Arbeit die Annahme zugrunde, dass medial bedingte Repräsentationsformen je spezifische Auffassungen von der 'Natur' des Menschen hervorbringen, die im Hinblick auf zentrale Konzepte wie Autonomie und Verantwortung ethische Ansprüche an den Einzelnen implizieren.[8] Charles Taylor etwa betont die historische Konditionierung "instinktiv" abrufbarer moralischer Bewertungen in Bezug auf die in allen Diskussionen ethischer Prinzipien weithin anerkannte Zentralität der Sorge um den Anderen:

> Perhaps the most urgent and powerful cluster of demands that we recognize as moral concern the respect for the life, integrity, and well-being, even flourishing, of others. [...] our moral reactions in this domain have *two facets*, as it were. On one side, they are *almost like instincts*, comparable to our love of sweet things, or our aversion to nauseous substances, or our fear of falling; on the other, they seem to *involve claims, implicit or explicit, about the nature and status of human beings*. From this second side, *a moral reaction is an assent to, an affirmation of, a given ontology of the human*.[9]

---

[6] Frank Hartmann, *Medienphilosophie* (Wien: WUV, 2000) 19.
[7] Siehe dazu Annegreth Horatschek, *Alterität und Stereotyp: Die Funktion des Fremden in den 'international novels' von E.M. Forster und D.H. Lawrence* (Tübingen: Narr, 1998) 15-30.
[8] Zur Verschränkung von Ethik und Ästhetik siehe beispielsweise Wolfgang Welsch, *Grenzgänge der Ästhetik* (Stuttgart: Reclam, 1996); Marcus Düwell, *Ästhetische Erfahrung und Moral. Zur Bedeutung des Ästhetischen für die Handlungsspielräume des Menschen* (Freiburg/München: Alber, 1999).
[9] Charles Taylor, *Sources of the Self: The Making of the Modern Identity* (Cambridge: Harvard UP, 1989) 5; meine Hervorhebung.

Die implizite Formulierung ethischer Ansprüche rekurriert in der Regel auf einen autonomen Subjektbegriff und eine konventionell damit verbundene Unmittelbarkeitsrhetorik, die sich bei genauerer Betrachtung jedoch als kulturell und nicht zuletzt medial bedingte erweisen. Im Fokus dieser Arbeit steht daher die Frage, wie historisch unterschiedlich situierte Romane der britischen und der US-amerikanischen Tradition den Einsatz und die Reflexion von Medienmaterialitäten mit der symbolisch vermittelten Tradition der Selbstformation in Beziehung setzen.

Viertens ist die Untersuchung vergleichend angelegt, um aus der relativen Gleichzeitigkeit der Etablierung des Romans als eigenständigem Genre in der westlichen Welt (sowie der Herausbildung des Verständnisses dessen, was 'Literatur' ist) und der Konstruktion eigenständiger politischer und individueller Identitäten in Europa sowie auf dem nordamerikanischen Kontinent Rückschlüsse auf die Interdependenz dieser Prozesse auf beiden Seiten des Atlantiks zu ziehen.

Gegenstand der an die theoretische Ausführung dieser Thesen im nachfolgenden ersten Kapitel anschließenden Untersuchungsteile ist ein Blick auf drei literatur- und medienhistorisch signifikante Stationen innerhalb des Modernisierungsprozesses, wobei jeweils ein britischer und ein amerikanischer Roman einer exemplarischen Analyse seiner Inszenierung der wechselseitigen Abhängigkeiten von Medialität und Ethik unterzogen werden. Die Auswahl der Texte orientiert sich an drei relativ weit gefassten Kriterien. Um die hochselektive Vorgehensweise *pragmatisch* zu ermöglichen und eine sinnvolle Vergleichbarkeit britischer und amerikanischer Texte zu gewährleisten, beschränke ich meine Untersuchung auf kulturell wirkmächtige fiktionale Texte, die das Genre des Romans begründen und erneuern, bzw. in denen sich Neuerungen modellbildend manifestieren. *Inhaltlich* thematisieren die Texte einen Gesamtzusammenhang, der sowohl Verbindungen zu den sozial- und mentalitätsgeschichtlichen Konflikten, die mit dem Prozess der Modernisierung einhergehen, sowie zu der für die menschliche Welt- und Selbsterschließung konstitutiven Kraft der Medienentwicklung herstellt. Auf *formaler* Ebene zeichnen sie sich darüber hinaus durch ein sich selbst problematisch werdendes Formbewusstsein aus, das es zu der durch das Mediensystem geprägten Kultur der Zeit in Beziehung zu setzen gilt.

Obwohl die vorliegende Arbeit selbst keine Texte an der Peripherie des lange etablierten Kanons diskutiert, ist sie unweigerlich von der Tatsache beeinflusst, dass einschlägige Studien seit den 1980er Jahren die Kanondebatte entscheidend verändert haben. Vor diesem Hintergrund lese ich diejenigen Texte, die nach wie vor zum Kanon dessen gehören, was die literarischen Institutionen für gut und wichtig halten, weniger als isoliert herausragende Monumente denn als integrale Bestandteile eines sehr viel größeren und komplexen diskursiven Kontextes. Darüber hinaus ergibt sich aus meiner exemplarischen Textauswahl, dass es hier nicht um eine erschöpfende Behandlung des Untersuchungsfeldes gehen kann. Vielmehr wird eine auf detaillierte Romananalysen gestützte Konstruktion eines flexibel übertragbaren Arguments angestrebt.

Im Rahmen einer allgemeinen Theorie der Moderne und in engem Zusammenhang mit dem mediengeschichtlichen Umfeld der Texte, das jeweils im ersten, den Romananalysen vorangestellten Abschnitt der folgenden Untersuchungsteile im Zentrum des Interesses steht, werde ich in Kapitel II Samuel Richardsons *Pamela* (1741) und Charles Brockden Browns *Arthur Mervyn* (1799), in Kapitel III Nathaniel Hawthornes *The House of the Seven Gables* (1851) und George Eliots *Middlemarch* (1871/72), und in Kapitel IV Adam Thorpes *Ulverton* (1992) und Richard Powers' *Plowing the Dark* (2000) einer jeweils ausführlichen Lektüre unterziehen. An dieser Stelle sei nur kurz angedeutet, inwiefern die ausgewählten Texte für die hier vorgeschlagene Untersuchung relevant sind.

Samuel Richardsons Romane erhalten seit den späten 1980er Jahren deutlich mehr kritische Aufmerksamkeit als die Texte anderer britischer Autoren des 18. Jahrhunderts.[10] Im Zentrum des kulturwissenschaftlich motivierten Interesses an Richardsons vielschichtigem Werk steht dabei die literarische Inszenierung des moralischen Konflikts zwischen Leidenschaft und Tugendhaftigkeit, zwischen Innerlichkeit und dem normierenden Anspruch der bürgerlichen Gesellschaft an das Verhalten und das Empfinden des Einzelnen. Dieser Konflikt erfährt insbesondere in *Pamela* eine Engführung mit der formalen und inhaltlichen Thematisierung der Druckkultur, denn das Bewusstsein der schreibmächtigen Protagonistin erhält in ihrer Produktion und in ihrer kontrollierten Distribution von Texten Ausdruck und Autorität.[11]

Auch die Romane Charles Brockden Browns sind selbstreflexive Thematisierungen der distanzierenden Qualität der Schrift sowie der Konsequenzen der Druckkultur: "His art aligns itself with a far-reaching

---

[10] Siehe David Blewett, "Introduction", *Passion and Virtue: Essays on the Novels of Samuel Richardson*, ed. Blewett (Toronto/London: U of Toronto P, 2001) 3-7; und Alberto J. Rivero, "Preface", *New Essays on Samuel Richardson*, ed. Rivero (London: Macmillan, 1996) vii-viii.

[11] Zu *Pamela* als Produkt der Druckkultur siehe John Dussinger, "'Ciceronian Eloquence': The Politics of Virtue in Richardson's *Pamela*", Blewett, *Passion and Virtue* 27-51.

shift in American culture as a whole, a movement away from verbal forms to the constellation of values associated with writing and print".[12] Bis in die 1970er Jahre hinein galt die amerikanische Literatur vor 1820 weitgehend als mediokre.[13] Obwohl Browns Texte von diesem Pauschalurteil weniger vernichtend getroffen werden und seine Texte seit langem zum etablierten Kanon der amerikanischen Literatur gehören,[14] wurde auch *Arthur Mervyn* lange als unförmig und sensationalistisch beurteilt.[15] Der Roman inszeniert vor dem Hintergrund der zeitgenössischen Debatte zwischen dem agrarisch orientierten Republikanismus Thomas Jeffersons und den föderalistischen Ideen Alexander Hamiltons den Medienwechsel zwischen gesprochenem Wort und Schrift – wobei das gesprochene Wort mit agrarischer Gesinnung und stabilen, der Gemeinschaft verpflichteten republikanischen Werten in Verbindung gebracht wird, die Schrift hingegen mit Urbanität, Wandel, Instabilität, der Anfälligkeit für Betrug und privaten Ehrgeiz sowie einem erfolgsorientierten Individualismus. Indem er die Verbindung zwischen Worten und ihrer Quelle als unzuverlässig und komplex markiert, unterstreicht der Roman die Bedeutung und die Anfälligkeit von Vermittlungsleistungen und fordert eine der modernen, epistemologisch und moralisch ambivalenten Kultur angemessene, distanzierte, aber genaue Rezeptionshaltung. Dabei weist er den Zweifel, Deutungsleistungen und das differenzierte Urteil als die Markenzeichen der Druckkultur aus.[16]

[12] Michael T. Gilmore, "The Literature of the Revolutionary and Early National Periods", *The Cambridge History of American Literature*, ed. Sacvan Bercovitch, vol. I 1590-1820 (NY/Cambridge: CUP, 1994) 539-693, hier 646.
[13] Für eine Darstellung der entsprechenden Argumentationsgänge siehe Winfried Fluck, "From Aesthetics to Political Criticism: Theories of the Early American Novel", *Early America Re-Explored: New Readings in Colonial, Early National and Antebellum Culture*, ed. Klaus H. Schmidt und Fritz Fleischmann (NY: Lang, 2000) 225-68, bes. 225-32.
[14] Zu den für diese Neubewertung veantwortlichen Faktoren siehe Emory Elliot, *Revolutionary Writers: Literature and Authority in the New Republic, 1725-1810* (NY/Oxford: OUP, 1986) 3-18.
[15] Michael Warner schreibt dazu in *Letters of the Republic: Publication and the Public Sphere in Eighteenth-Century America*. (Cambridge: Harvard UP, 1990): "American novels before Cooper are all anomalous from the perspective of literary criticism. Often didactic, seldom unified in plot, even more seldom interested in distinctive characterizations, and almost never given to ambiguous resonances of meaning, they are universally regarded as several decades' worth of failures" (151). Jane Tompkins erläutert, kontextualisiert und kritisiert diese negativen Bewertungen in *Sensational Designs: The Cultural Work of American Fiction 1790-1860* (NY/Oxford: OUP, 1985).
[16] Gilmore, "The Literature of the Revolutionary and Early National Periods" 657.

Die Namen Nathaniel Hawthorne und George Eliot markieren wichtige Stationen der amerikanischen bzw. der britischen Literatur. Auf beiden Seiten des Atlantiks tragen ihre Texte zu einer protomodernistisch-psychologischen Prägung des Romans bei. Hawthornes rund fünfzig Jahre nach *Arthur Mervyn* veröffentlichter Roman *The House of the Seven Gables* knüpft an Browns Bewertung des Modernisierungsprozesses an. Der Text zeichnet sich durch eine thematische und formal-analytische Bearbeitung der Daguerreotypie aus, der ersten kommerziell erfolgreichen Form der Fotografie. Zunächst greift die von Hawthorne im Vorwort seines Textes vorgenommene kritische Unterscheidung zwischen zwei Formen der literarischen Mimesis – einer "very minute fidelity, not merely to the possible, but to the probable and ordinary course of man's experience" und einer "certain latitude, both as to its fashion and to its material"[17] – auf bereits etablierte, zeitgenössische Theorien der Fotografie zurück, die entweder vornehmlich mechanische oder aber bewusst künstlerische Verwendungsweisen des Mediums thematisieren.[18] Der gesamte Roman ist im Sinne dieser prätextuellen Vorzeichen als Auseinandersetzung mit veränderten und zunehmend kontingenten Wahrnehmungs- und Repräsentationsweisen und als eine Dramatisierung der Bedingungen der Fiktion lesbar. Dabei geht es vor allem um die Glaubwürdigkeit des Sichtbaren, um das Verhältnis von Sichtbarkeit und Kognition und um charakterliche Integrität. Durch die Assoziation mit der Daguerreotypie wird die Fähigkeit des Textes befragt, etwas Flüchtiges zu bewahren und eine Kontinuität zwischen Vergangenheit und Zukunft – sowohl einer paradigmatischen Familie als auch einer enormen Modernisierungsschüben ausgesetzten Nation – herzustellen.

George Eliots Texte im Allgemeinen und ihr modern regionalistischer Ideenroman *Middlemarch* im Besonderen zeichnen sich durch die Vielschichtigkeit der bewussten Auseinandersetzung der Autorin mit gesellschaftlichen Transformationsprozessen aus. Obwohl die Romanproduktion durch zeitgenössische Technologisierungsprozesse kontextualisiert ist,[19] erhebt *Middlemarch*, wie die meisten Romane der Zeit, diese al-

---

[17] Nathaniel Hawthorne, *The House of the Seven Gables*, ed. Milton R. Stern (1851; NY/London: Penguin, 1981) 1.

[18] Siehe Alan Trachtenberg, "Seeing and Believing: Hawthorne's Reflections on the Daguerreotype in *The House of the Seven Gables*", *National Imaginaries, American Identities: The Cultural Work of American Iconography*, ed. Larry J. Reynolds und Gordon Hunter (Princeton/Oxford: PUP, 2000) 31-51, bes. 32.

[19] Siehe dazu Christopher Keep, "Technology and Information: Accelerating Developments", *A Companion to the Victorian Novel*, ed. Patrick Brantlinger und William B. Thesing (London: Blackwell, 2002) 137-54: "Dictated to or tran-

lerdings nicht explizit zum Thema. Den Roman trotzdem als Medienroman zu lesen bedeutet zu untersuchen, wie sich der Medienwandel in den Wahrnehmungs- und Äußerungsdispositionen der informationsvermittelnden Erzählinstanz des Romans manifestiert. Aus dieser Perspektive – und vor dem Hintergrund der Industrialisierung der Sehgewohnheiten durch visuelle Techniken sowie der damit verbundenen Semiotisierung des Sichtbaren im 19. Jahrhundert – erweisen sich die Wahrnehmung und die visuelle Kognition als zentrale Untersuchungsgegenstände des Romans. Der Abstraktionsprozess, der visuelle Erfahrung von der objektiv gegebenen und berührbaren Welt löst und stattdessen auf die subjektive Wahrnehmung von zunehmend seriell produzierten Repräsentationen des Realen bezieht, ist im Text vor allem in der Thematisierung des Interpretierens als Beobachtungsprozess und in metafiktionalen Reflexionen über das Mikroskop und die Praxis des Mikroskopierens präsent. Die fiktionale Auseinandersetzung mit diesen neuen Praktiken ist in *Middlemarch* mit einer formalen Bearbeitung der Konventionen der realistischen Fiktion und mit der über die Form des Textes transportierten ethischen Forderung verknüpft, die Kontingenz des Interpretationsvorgangs anzuerkennen und eine entsprechend ambitionierte Bescheidenheit der Selbst- und Welterfassung zu entwickeln.

In Adam Thorpes *Ulverton* ist der Modernisierungsprozess mit seinen Mobilisierungs- und medialen Abstraktionstendenzen zwischen dem 17. und 20. Jahrhundert in der formalen Variabilität der zwölf Kapitel des Romans eingeschrieben, die jeweils zeit- und sozialtypische Textsorten und Kommunikationsmodi literarisch fingieren. In seiner metamedialen Gesamtstruktur leistet der Text eine fiktionale Zusammenschau der in dieser Arbeit verfolgten Medienentwicklung über die öffentliche Druck- und die private Briefkultur bis hin zur Audiovisualisierung und weist dabei die Wahrnehmung als ebenso wenig unschuldig aus wie das fiktive Dorf Ulverton, das über die zwölf Kapitel hinweg das nur vermeintlich pastorale Objekt der Wahrnehmung bleibt.

Der im Jahr 2000 veröffentlichte Roman *Plowing the Dark* von Richard Powers entwirft in einer vor dem Hintergrund der weltpolitischen Ereignisse Ende der 1980er Jahre angesiedelten doppelsträngigen Geschichte eine Analyse des digitalen Zeitalters, insbesondere hin-

---

scribed by typists, printed by steam-powered presses, serialized in weekly newspapers, advertised on broadsides and billboards, sold in railway bookstores, and read by the illumination of electric lights, the novel was as much part of the new discourse network of the nineteenth century as the locomotive, the steamship, or the telegraph. It existed not in some space removed from the technological forces it sought to describe, but rather was contiguous with them, as much a cause of the 'pathology of information' as a remedy to it" (152).

sichtlich der Funktion und der alltagsweltlichen Implikationen der Repräsentation. Der Roman setzt der Rede vom 'Ende der Kunst' und vom 'Ende der Geschichte' das Postulat eines kommunikativ-kreativen und damit realitätsverändernden Potentials der Kunst, der Medien und der Repräsentation entgegen. Seine inhaltliche und vor allem formale Nobilitierung der medial vermittelten menschlichen Einbildungskraft und eines ästhetischen Weltverhältnisses mündet in eine, von Emmanuel Levinas und Paul Ricoeur theoretisch ausgeführte, auf den Anderen bezogene Ethik.

Das Untersuchungsfeld, das ich mit den genannten Texten aufspanne, werde ich in Kapitel I bezüglich der Begriffe Roman, Medien und Ethik theoretisch verorten und in den drei Hauptteilen der Arbeit entlang exemplarischer Analysen der genannten Texte entfalten. Während der Gegenstandsbereich der Arbeit über die letzten drei Jahrhunderte zurückreicht, ist der Fluchtpunkt ihrer Fragestellungen ein gegenwärtiger. Denn "Geschichtlichkeit hermeneutisch ernst zu nehmen heißt", so schreiben beispielsweise die Herausgeber des zwischen 2000 und 2005 erschienenen historischen Wörterbuchs *Ästhetische Grundbegriffe*, "vom gegenwärtigen Erkenntnisinteresse und nicht von einem hypothetischen geschichtlichen Beginn auszugehen".[20] In diesem Sinne ergeben sich die Fragestellungen, die ich im Folgenden genauer skizziere und anschließend an literarische Texte der Vergangenheit richte, aus einem Interesse an Problemkonstellationen der gegenwärtigen Mediengesellschaft: ihrer global ausgedehnten medialen Vernetzung und deren sozialen und ethischen Konsequenzen, der Informatisierung aller Lebensbereiche und der damit verbundenen Mechanismen der Inklusion und der Exklusion. Der historische Rückblick – und darin sehe ich generell den primären Sinn historischer Arbeit – dient als ein Beitrag zum Verständnis der Prozesse, die die Problemlage der Gegenwart, die zunehmend komplex oder zumindest unüberschaubar, kontingent und vielfältig, aber keineswegs kategorial neu ist, präfiguriert und generiert haben.[21] "An instantaneous snapshot [of modern identity] would miss a great deal", hält Charles Taylor fest: "only through adding a depth perspective of history can one bring out what is implicit but still at work in contemporary life".[22]

---

[20] Karlheinz Barck et al., "Vorwort ", Barck et al., Bd.1, VII-XIII, hier VIII.
[21] Siehe S.J. Schmidt; und Albert Kümmel, Leander Scholz und Eckhard Schumacher, "Vorwort der Herausgeber", *Einführung in die Geschichte der Medien* (Paderborn: Fink, 2004) 7-9.
[22] Taylor 498.

I. Theoretische Verortung

Um die in den folgenden drei Kapiteln unternommenen Romananalysen theoretisch zu verorten, gilt es hier die in der Einleitung kurz benannten Prämissen der Arbeit auszuführen. Ich beginne (1.) mit einer Erörterung von Geschichte und Funktion des Romans und damit der literarischen Gattung, die der vorliegenden Arbeit als Untersuchungsgegenstand und Erkenntnismedium dient. Anschließend führe ich (2.) den hier verwendeten "starken" Medienbegriff und die Vorstellung eines konstitutiven Zusammenhangs von Mensch und Medium ein, um dann (3.) auf den Verlust transzendental verankerter und allgemein gültiger Normen einzugehen, der ethische Fragen zum Gegenstand öffentlicher Verständigung macht. Die theoretischen Ausführungen schließen (4.) mit dem zweiten zentralen Argument der Untersuchung, nämlich dass sich zwischen der britischen und der amerikanischen Tradition des Romans sehr viel stärkere Kontinuitäten identifizieren lassen als die nationalliterarisch orientierte Kritik dies bisher getan hat.

1. Roman: Gattungsgeschichte und Funktionen

Das Genre des Romans dient der vorliegenden Arbeit aus zwei eng miteinander verwobenen Gründen als Erkenntnismedium. Zum einen liegt ihr ein semiotisches Verständnis des Genres zu Grunde, welches Romane als bedeutungsgenerierende und damit kulturell produktive Texte betrachtet, die durch Aufgreifen sowie inhaltliche und formale Bearbeitung virulenter gesellschaftlicher Probleme, Konventionen und Bedürfnisse meinungsbildend und identitätsstiftend wirken.[1] Zum anderen gehören die erzählliterarische Reflexion moralischer Fragen sowie die Reflexion nicht nur der eigenen Medialität seit der Entstehung des Romans zu seinen genuinen Themen. Dies soll hier in einer auf die

---

[1] Siehe dazu Uwe C. Steiner, "'Können die Kulturwissenschaften eine neue moralische Funktion beanspruchen?' Eine Bestandsaufnahme", *DVjs* 71.1 (1997): 5-38; Hillis Miller, "Narrative", *Critical Terms for Literary Study*, ed. Frank Lentricchia und Thomas McLaughlin (Chicago/London: U of Chicago P, 1995) 66-79; und Stephen Greenblatt, "Culture", Lentricchia/McLaughlin 225-32.

Fragestellung der Arbeit fokussierten Skizze der Gattungsgeschichte illustriert werden.

Die komplexen Anfänge des anhaltend variationsreichen Genres aus einer inkohärenten Vielfalt von Vorformen finden sich im frühmodernen Europa des ausgehenden 17. und des beginnenden 18. Jahrhunderts. Die zum selben Zeitpunkt in Amerika produzierte Prosa, vor allem politische und religiöse Schriften sowie so genannte Straßenliteratur wie *crime confessions*, *captivity narratives* und *picaresque tales*, die den frühen Roman in Form und Funktion antizipierten, ist aus mehrfachen Gründen in formaler Hinsicht weitgehend weniger innovativ. Erstens bleibt die sich politisch emanzipierende Nation bis in das 19. Jahrhundert hinein kulturell an die englische Sprache und Tradition gebunden. Zweitens sind die kulturellen Institutionen zu wenig etabliert und bleiben politischen oder religiösen Funktionen untergeordnet, als dass sie kreative Bemühungen unterstützen könnten. Das zeigt sich unter anderem im anhaltenden Mangel eines landesweiten *copyright*, dem erst der *Federal Copyright Act* im Jahre 1790 entgegenzuwirken begann.[2] Drittens ist das puritanisch geprägte junge Amerika skeptisch gegenüber den Produkten der Imagination und setzt statt dessen stärker als die europäischen Nationen auf explizit didaktische und moralisch erbauliche Ausdrucksformen: "An unsettled and turbulent nation did not lead to bold products of the imagination, but rather to didactic textbooklike texts that tried to freeze values that were even then in flux", schreibt etwa Jeffrey Rubin-Dorsky.[3] Auch die ökonomisch schwache und wenig vernetzte Druckindustrie bremst die amerikanische Buchproduktion bis zum Beginn des 19. Jahrhunderts. Trotzdem erwirbt der amerikanische Roman bis zum beginnenden 19. Jahrhundert eine enorme kulturelle Signifikanz. Cathy Davidson hält fest:

> [T]here can be considerable discrepancy between the weak financial grounding of an art (specifically, the novel) and the great social/psychological potency attributed to it – both negative and positive. Be that as it may, an awareness of the economic obstacles to book production in the new Republic

---

[2] Das Gesetz schützte allerdings nur die Rechte von AutorInnen, die in den USA lebten. Siehe dazu Ronald V. Bettig, "Copyright", *History of the Mass Media in the United States: An Encyclopedia* (Chicago/ London: Fitzroy Dearborn, 1998) 165-66. Zum Vergleich: Das erste moderne Urheberrecht wurde 1709 in England verabschiedet.

[3] Jeffrey Rubin-Dorsky, "The Early American Novel", *The Columbia History of the American Novel*, ed. Emory Elliott (NY: Columbia UP, 1991) 6-26, hier 14-15.

attests that the American novel ultimately succeeded in spite of the very economy in which it began.[4]

Auch in Großbritannien kann sich der Roman nach einer Phase der ungeordneten Formenvielfalt im ausgehenden 18. Jahrhundert, auf die ich noch genauer eingehen werde, erst im frühen 19. Jahrhundert fest etablieren. In Bezug auf das 18. Jahrhundert kann die Rede vom 'Genre des Romans' daher irreführend sein, weil sie eine Festigkeit suggeriert, die das Genre erst zu Beginn des 19. Jahrhunderts in den Köpfen seiner ProduzentInnen und RezipientInnen annimmt.[5] Trotzdem werde ich – wie andere KritikerInnen auch – im Folgenden bei dem Begriff bleiben, zumal sich die vorliegende Arbeit mit der gesamten Geschichte des Genres und auch seinen instabilen 'Anfängen' befasst.[6]

Entstehung und Entwicklung des relativ jungen Genres sind aufs Engste mit der Geschichte der Moderne und insbesondere mit dem für die Moderne zentralen Prozess der Herausbildung der Subjektivität ver-

---

[4] Cathy Davidson, *Revolution and the Word: The Rise of the Novel in America* (NY/Oxford: OUP, 1986) 37. Zum frühen amerikanischen Roman siehe auch Rubin-Dorsky; Emory Elliot, *The Cambridge Introduction to Early American Literature* (Cambridge: CUP, 2002); und v.a. Homer Brown, "Prologue: Why the Story of the Origin of the (English) Novel Is An American Romance (If Not the Great American Novel)", *Cultural Institutions of the Novel*, ed. Deidre Lynch und William B. Warner (Durham: Duke UP, 1996) 11-43.

[5] John Richetti führt aus, dass die Entwicklung des Romans bis dahin von einer enormen Variationsbreite und einer höchst vagen Unterscheidung zwischen Fakt und Fiktion, Ereignis und Sensationalisierung oder Fantasie geprägt ist: Siehe "Introduction", *The Cambridge Companion to the Eighteenth Century Novel* (Cambridge: CUP, 1996) 1-8, hier 2. Vgl. auch J. Paul Hunter, "The novel and social/cultural history", *The Cambridge Companion to the Eighteenth Century Novel* (Cambridge: CUP, 1996) 9-40, bes. 28-31.

[6] Zur Debatte um die Anfänge des britischen Romans siehe J. Paul Hunter, *Before Novels: The Cultural Contexts of Eighteenth-Century English Fiction* (NY/London: Norton, 1990); William Warner, "Licensing Pleasure: Literary History and the Novel in Early Modern Britain", *The Columbia History of the British Novel*, ed. John Richetti (NY: Columbia UP, 1994) 1-22; Monika Fludernik, "Vorformen und Vorläufer des englischen Romans: Die Entstehung des Romans aus begriffsgeschichtlicher, ideologiekritischer und erzähltheoretischer Sicht", *Eine andere Geschichte der englischen Literatur: Epochen, Gattungen und Teilgebiete im Überblick*, ed. Ansgar Nünning (Trier: WVT, 1998) 61-76; Ralf Schneider, "Literatursystem und Medienwandel: Systemische und anthropologische Aspekte der Entwicklung der Erzählliteratur in Großbritannien" (Habilitationsschrift, Albrecht-Ludwigs-Universität, Freiburg, 2004) Abschnitt III.1., 117-92.

knüpft.⁷ Die Zeit um die Mitte des 18. Jahrhunderts, in der sich der Roman "als 'bürgerliche' Mediengattung des Fingierens"⁸ erfolgreich ausprobiert, ist auch die Zeit, zu der in Europa das Bürgertum erstarkt, sich eine printmedial vermittelte Öffentlichkeit formiert, die Familienbeziehungen auch in den USA neu geordnet⁹ und die geschlechtsspezifische Arbeitsteilung zur Norm wird,¹⁰ die Liebe als Quell von Tugend und Glück und damit als tragende Form der Regelung und Stabilisierung von Intimbeziehungen semantisch aufgeladen wird, die amerikanische Kultur eine erste prägende Phase durchläuft,¹¹ und die moderne Nation entsteht.¹² Die Literatur der Zeit wendet sich von der Mythologie zur Psychologie, von der Gemeinschaft zum Individuum. Die Suche nach Innerlichkeit kennzeichnet auch den Rezeptionsprozess, der sich zunehmend in die Isolation verlagert: "Mass production and lonely consumption – these are the hallmarks of a new age".¹³

Unterschiedliche Textsorten wie Reiseberichte, Biographien, Benimmbücher, Journalismus, Flugblätter, die Geschichtsschreibung – im

[7] Siehe Michael McKeon, ed., "Introduction", *Theory of the Novel: A Historical Approach* (Baltimore/London: Johns Hopkins UP, 2000) xiii-xviii, hier xvi. Vgl. Charles Taylor, *Sources of the Self: The Making of the Modern Identity* (Cambridge: Harvard UP, 1989); Jürgen Habermas, *Strukturwandel der Öffentlichkeit: Untersuchungen zu einer Kategorie der bürgerlichen Gesellschaft* (1962; Frkf./ M.: Suhrkamp, 1990) 113-14 und Michael Warner.
[8] Schneider, Abschnitt III.2., 194.
[9] Jay Fliegelman, *Prodigals and Pilgrims: The American Revolution against Patriarchal Authority, 1750-1800* (Cambridge: CUP, 1982).
[10] Das Verfassen von Romanen ist allerdings das erste Geschäft in der modernen Welt, an dem Frauen in großer Zahl teilhaben. Siehe Leslie Fiedler, *Love and Death in the American Novel* (1960; NY: Stein & Day, ²1966) 83; Gilmore, "The Literature of the Revolutionary and Early National Periods" 622 und Dietmar Schloss, "Republicanism and Politeness in the Early American Novel", *Early America Re-Explored: New Readings in Colonial, Early National and Antebellum Culture*, ed. Klaus H. Schmidt und Fritz Fleischmann (NY: Lang, 2000) 269-90, bes. 286-87.
[11] Dabei spielen der puritanische Millennialismus (der Glaube an das im amerikanischen Traum säkularisierte, göttliche Versprechen des tausendjährigen Friedensreiches am Ende der geschichtlichen Zeit) und die so genannte "court-country controversy" (die Auseinandersetzung zwischen marktwirtschaftlich orientierten Unterstützern und agrarisch argumentierenden Gegnern einer neuen, kapitalistisch organisierten ökonomischen und politischen Ordnung) eine wichtige Rolle. Siehe dazu Michael T. Gilmore, "Introduction", *Early American Literature: A Collection of Critical Essays*, ed. Gilmore (Englewood Cliffs, N.J.: Prentice Hall, 1980) 1-10.
[12] Siehe A. Robert Lee und W.M. Verhoeven, "Introduction", *Making America/ Making American Literature* (Amsterdam/Atlanta: Radopi, 1996) 7-14.
[13] Fiedler 44.

amerikanischen Kontext auch religiöse und politische Schriften – aufnehmend sowie mit einem gerüttelt Maß an *common sense*, knüpft die Erzählprosa der ausgehenden Frühmoderne unter sich rapide verändernden (und darin spezifisch modernen) mentalitätsgeschichtlichen und sozioökonomischen Bedingungen transformierend an die Tradition des mittelalterlichen Epos an, und avanciert zu einem wichtigen Kommunikationsforum und Selbstverständigungsorgan der sich ausdifferenzierenden Gesellschaft.[14]

Michael McKeon hat sich intensiv mit der Funktion des Romans innerhalb des Modernisierungsprozesses beschäftigt. Im Rückgriff auf die Philosophen und Theoretiker des Romans Georg Lukács, Ortega y Gasset und Michail Bachtin konstatiert McKeon, "that the novel represents and expresses a psychological, perspectival, and linguistic division of knowledge central to the emergence of modernity".[15] Im Rahmen dieser Ausdifferenzierung kommt dem Roman in der zunehmend säkularisierten, printmedialen Textkultur des ausgehenden 17. Jahrhunderts die Aufgabe zu, als erzählliterarische Sozialisationsform paradoxe Einheitsstiftungen zu ermöglichen. "Die neuen (oder doch neu propagierten) Sozialisationsformen streben eine Konstruktion von Subjektivität an," so erläutert Jochen Schulte-Sasse im Rückgriff auf Jacques Lacans Modell des Spiegelstadiums,

> die im Medium von (ästhetischen) Vor- und Darstellungen stattfindet und Identität als Ergebnis eines innerpsychischen Vorgangs begreift; Individuen unterschiedlichster Herkunft sollen sich durch Spiegelung in kulturell hochgewerteten Objekten imaginär als Einheit erfahren.[16]

Dass der frühe Roman in diesem Sinne als gesellschaftlich einheitsstiftender "Spiegel" funktionieren kann, beruht McKeon zufolge darauf, dass das Genre emergente geistesgeschichtliche und soziale Instabilitäten als Zeichen virulenter epistemologischer und kultureller Krisen aufgreift, artikuliert und zur Diskussion stellt. Denn die allmähliche Ablösung epistemologischer und sozialer Versicherungen in aristokratisch geregelten Strukturen produziert ein Legitimationsvakuum, das vor allem

---

[14] Fiedler 23-61. Zu der durch die Romangeschichtsschreibung verwischten Kontinuität zwischen Romanze und Roman siehe Clifford Siskin, "Epilogue: The Rise of Novelism", *Cultural Institutions of the Novel*, ed. Deidre Lynch und William B. Warner (Durham: Duke UP, 1996) 423-40.

[15] McKeon, "Generic Transformation" 357. Siehe auch Michael McKeon, *The Origins of the English Novel, 1600-1740* (Baltimore/London: Johns Hopkins UP, 1987).

[16] Schulte-Sasse, "Medien/medial" 21-27, hier 23.

folgende Fragen aufwirft: Wie kann angemessen – und das heißt möglichst unverstellt und direkt – die Wahrheit gesprochen werden? Und wie lässt sich der soziale Status des Einzelnen verankern? Diese beiden Fragen sind insofern eng mit dem für meine Untersuchung zentralen Zusammenhang von Medialität und Ethik verknüpft, als sie, wie McKeon deutlich macht, jeweils Vermittlungsleistungen betreffen und ethische Implikationen besitzen:

> [There are] two great instances of categorial instability that are central to the rise of the novel. The first sort of instability has to do with generic categories; the second with social categories. The instability of generic categories registers an epistemological crisis, a major cultural transition in attitudes toward how to tell the truth in narrative. For convenience, I will call the set of problems associated with this epistemological crisis, 'questions of truth'. The instability of social categories registers a cultural crisis in attitudes toward how the external social order is related to the internal, moral state of its members. For convenience, I will call the set of problems associated with this social and moral crisis, 'questions of virtue'. Questions of truth and questions of virtue concern different realms of human experience, and they are likely to be raised in very different contexts. Yet in one central respect they are closely analogous. Questions of truth and virtue both pose problems of signification: What kind of authority or evidence is required of narrative to permit it to signify truth to its readers? What kind of social existence or behavior signifies an individual's virtue to others?
>
> [...] the instability of generic and social categories is symptomatic of a change in attitude about how truth and virtue are most authentically signified.[17]

Der Umgang mit den Unsicherheiten um Wahrheit und den gesellschaftlichen Stellenwert des Individuums bedarf erstens der überzeugenden medialen Repräsentation; zweitens weist er diesen Repräsentationen ethische Implikationen zu, denn was als "Wahrheit" Geltung beanspruchen kann, legitimiert individuelles und kollektives Handeln, und wer mit einem als gut und gelungen anerkannten Leben "Tugend" bzw. einen "guten Charakter" beanspruchen kann, besitzt gesellschaftliche Autorität.[18] Für das Auftreten der Unsicherheiten um Wahrheit und

---

[17] Michael McKeon, "Generic Transformation and Social Change: Rethinking the Rise of the Novel", McKeon, *Theory of the Novel* 382-99, hier 383-84; Wiederabdruck aus *Cultural Critique* 1 (Fall 1985) 150-81. George Levine verfolgt diese Fragen in seinen Lektüren des viktorianischen Romans in *Realism, Ethics and Secularism: Essays on Victorian Literature and Science* (Cambridge: CUP, 2008).

[18] Vgl. dazu Nikolas Rose, "Authority and the Genealogy of Subjectivity", *Detraditionalization*, ed. Paul Heelas, Scott Lash und Paul Morris (London:

den gesellschaftlichen Stellenwert des Individuums führt McKeon zum einen mentalitätsgeschichtliche und zum anderen soziale Gründe an, die im Folgenden kurz nachgezeichnet werden, um ihren Zusammenhang mit den Themen Medialität und Ethik zu verdeutlichen.

(1) Die *mentalitätsgeschichtlichen* Bedingungen für die Krise des Wahrheitsbegriffs führt McKeon auf die grundlegenden wissenschaftlichen, technologischen und religiösen Verschiebungen der Zeit zurück: Das Erstarken der empirischen Wissenschaften fördert den historischen Wahrheitsanspruch schriftlicher Texte; neue Drucktechniken unterstützen die Objektivitätsnorm;[19] und die Reformation erhebt die individuelle Erfahrung über die institutionell abgesicherte Tradition und schreibt vor allem der Bibel, aber auch persönlichen Aufzeichnungen quasi dokumentarische Autorität zu. Diese wissenschaftlich, drucktechnisch und religös gestützte Stärkung der empirischen Erfahrung schlägt sich literarisch (wie etwa bei Defoe und Richardson) in Authentisierungsstrategien wie verifizierbaren Namen, Orten, Daten, Ereignissen und Zeugenberichten als auch (wie etwa bei Swift und Fielding) in subversiv parodistischer bzw. satirischer Form nieder. Im Zentrum der durch diese Autoren repräsentierten Auseinandersetzung zwischen der empiristischen Kritik am Idealismus des Epos und skeptizistischen Zweifeln gegenüber einem naiv-empiristischen Vertrauen auf die Selbstevidenz der Welt steht kein geringeres Problem als die ethisch-epistemologische Frage, wie 'die Wahrheit' angemessen zu erzählen sei.

Mit Blick auf die Funktion, die der Technologie der schriftlichen Repräsentation von Welt in diesem Zusammenhang zugewiesen wird, bezeichnet Siskin die komplementären Romantexte Richardsons und Fieldings mit ihren textinternen und textexternen Leseanweisungen als Kulminationspunkte und "definitive users' guides" für den sicheren und sichernden Umgang mit der neuen und potentiell bedrohlichen Technologie. In diesem Naturalisierungsprozess rekurrieren die Texte beider Autoren auf die Imitationsfunktion der Schrift:

Blackwell, 1996) 294-327, hier 315: "This work of moral formation, the infolding of new forms of secular authority into the subject in the form of character [...] was as much addressed to the self-formation of the entrepreneur, the official, the bourgeois mother, as it was to the formation of the tradesperson, the labouring poor and the pauper".

[19] Siehe McKeon, "Generic Transformation" 386: "[P]rint encourages a test of veracity that accords with the process itself of typographical reproduction, namely, the exact replication of objects or events in their external and quantitative dimensions".

> To make writing 'new', in their sense, was [...] to domesticate it by containing it within the criteria of imitation; by bringing it into proximity with real life as something it could and should imitate, writing, they thought, could be held accountable for lives that imitated it.[20]

Der Erfolg der Taktik bestand darin, so Siskin, dass sie im ausgehenden 18. Jahrhundert nicht weiter verfolgt werden musste, weil die Schrift als vermeintlich transparentes Medium naturalisiert war, sodass man deren produktive Kräfte nicht mehr zu fürchten brauchte: "As writing was made more familiar, it no longer had to be handled in imitative terms; in fact, imitative caution toward the end of the century seemed increasingly out of place".[21] Zu dieser mimetischen Selbstverpflichtung bemerkt Jürgen Schlaeger:

> Der Roman der Aufklärung [...] hatte [...] mit kollektiver Verblendungswirkung die Überzeugung gefördert, daß Sprache direkten Zugang zur Erfahrungswirklichkeit zu eröffnen im Stande ist. Ja, er hatte sogar mit der empiristischen Philosophie im Rücken Sprache aus Erfahrung hergeleitet und das sprechende Subjekt zur authentischen Quelle erfahrungsgesättigten Redens gemacht.[22]

Unter Suspendierung von geistes- und sozialgeschichtlichen sowie psychologischen Erklärungsmustern macht Schlaeger dieses "so großartige[...] wie unmögliche[...] Bemühen[...], Erfahrung und Subjekt über sprachliche Darstellung allgemeinverbindlich zu vermitteln"[23], für die außerordentliche, an kein realistisches Programm gebundene Variationsbreite des Romans in der zweiten Hälfte des 18. Jahrhunderts verantwortlich:

> Das, was als Bruch, als Erschöpfungsphänomen, als Eskapismus, als empfindsame Reaktion auf eine rationalitäts-dominierte Frühphase durch die Literaturgeschichten geistert, kann so als Ausloten und Umsetzen der anderen

---

[20] Clifford Siskin, *The Work of Writing: Literature and Social Change in Britain, 1700-1830* (Baltimore/London: Johns Hopkins UP, 1998) 178, 183. Diese normalisierend wirkende Imitationsfunktion ist gleichzeitig eng an den emergenten Diskurs der englischen Nation gebunden: Das Fremde galt als unnatürlich und unkontrollierbar, demgegenüber alles Englische als "less strange, more acceptable, natural" gewertet werden konnte (179-80). Siehe auch Jeffrey Kittay und Wlad Godzich, *The Emergence of Prose: An Essay in Prosaics* (Minneapolis: U of Minnesota P, 1987).

[21] Siskin, *The Work of Writing* 184.

[22] Jürgen Schlaeger, "Die Unwirtlichkeit des Wirklichen: Zur Wandlungsdynamik des Englischen Romans im 18. Jahrhundert", *Poetica* 25 (1993): 319-37, hier 319.

[23] Schlaeger 324.

Möglichkeiten gesehen werden, die die Unmöglichkeit des Projekts, das der aufklärerische Roman sein will, allererst in den Blick rückt.[24]

Schon in den Romanen Defoes und Fieldings, die noch als Exponenten des realistischen Programms gelten, vor allem aber bei Sterne zeige sich, "daß Darstellung und Erfahrung in Deckung bringen zu wollen ein höchst voraussetzungshaftes und schwieriges Unterfangen ist".[25] Daraus folgert Schlaeger, dass der sich von der Fiktionalität der Romanze abwendende Roman statt dessen (unfreiwillig) die Differenz zwischen dargestellter Erfahrung und erfahrener Wirklichkeit virulent werden lässt, die den Romantext – im dialogischen Vergleich der dargestellten Romanwirklichkeit mit der noch unstrukturierten eigenen Erfahrung des Lesers – zu einem Schulungsinstrument macht. Der Roman ist somit nicht nur

> eine Gattung, die auf eine komplexer werdende Welt reagiert, sondern sie übt ein Sehen der Welt und der eigenen Erfahrung ein, das allererst ein höheres Maß an Komplexität erfahrbar macht. Der Roman schiebt sich zwischen den Leser und seine Welt, strukturiert sein Sehen und Erleben und macht diese Welt auf je neue Weise verfügbar.[26]

Was Schlaeger auf der Basis dieses Befunds die titelgebende "Unwirtlichkeit des Wirklichen" nennt, fungiert von Beginn des Romans an "als permanenter Anstoß zur Modifikation seiner Darstellungsmodalitäten" und führt so, unter beständigen "Rücknahme[n] des Anspruchs auf getreue Abbildung der Erfahrungswirklichkeit" zur immer wieder neuen Thematisierung seiner eigenen Medialität.[27]

(2) Die *sozialen* Bedingungen für die Krise des Ehrbegriffs im 18. Jahrhundert sieht McKeon vor allem in einem nie da gewesenen Ausmaß an sozialer Mobilität,[28] welche die traditionelle aristokratische Ideologie zugunsten bürgerlicher Wertehierarchien aufzuweichen beginnt. Im Zuge

---

[24] Schlaeger 330; für eine detaillierte Auflistung der unterschiedlichen Strategien, über die sich Romane in der zweiten Hälfte des 18. Jahrhunderts "dem Druck der Realitätsangemessenheit" entziehen, siehe auch 330-32.
[25] Schlaeger 327-28.
[26] Schlaeger 328.
[27] Schlaeger 335, 336.
[28] Diese soziale Mobilität geht allerdings mit einem hohen Maß an geographischer, religiöser und beruflicher Stabilität einher. Dies zeigt sich auch in den sich transformierenden und anhaltend umstrittenen Grenzen zwischen hoher "polite culture" und der zeitgenössischen Populärkultur. Für einen hervorragenden Überblick dazu siehe John Mullan und Christopher Reid, ed., "Introduction", *Eighteenth-Century Popular Culture: A Selection* (NY/Oxford: OUP, 2000) 1-28.

einer allgemeinen Enttraditionalisierung, die soziale Autorität von außen nach innen verschiebt,[29] erfährt auch der Ehrbegriff eine Internalisierung, sodass zunehmend weniger der Status als vielmehr ein guter Charakter über die persönliche Ehre entscheidet. "In the realm of social change", so folgert McKeon, "the idea of 'personal virtue' occupies the place that 'true history' does in epistemology".[30] Die durch den calvinistischen Protestantismus gestützte progressive Ideologie, die Oliver Cromwells Erfolge gegenüber Charles I. beflügelte und beispielsweise Defoes Denken prägen sollte, unterminierte aristokratische Wertehierarchien und ersetzte sie durch kapitalistische Marktgesetze: "Virtue is signified not by the a priori condition of having been born with status and honor, but by the ongoing experience of demonstrated achievement and just reward".[31] Die Tatsache, dass damit ein aristokratisches System sozialer Ungleichheit durch ein kapitalistisches System sozialer Ungleichheit ersetzt wird, stärkt die konservative Kritik an der Überlegenheit progressiver Überzeugungen gegenüber dem aristokratischen Traditionsbewusstsein. Die Lösung von aristokratisch festgeschriebenen Wertehierarchien schlägt sich literarisch einerseits in der etwa Defoes *Robinson Crusoe* oder Richardsons *Pamela* eingeschriebenen Überzeugung nieder, göttliche Gnade sei als Tugend internalisierbar und zeige sich nach außen in weltlichem Erfolg, andererseits in satirischen Überzeichnungen dieser Überzeugung etwa in Swifts *Gulliver's Travels* oder in Fieldings Romanen *Shamela* und *Joseph Andrews*.

Im Zentrum der Auseinandersetzung zwischen der bürgerlichen Kritik an anscheinend unverrückbar gegebenen aristokratischen Wertehierarchien und der Skepsis gegenüber einem naiv-empiristischen Vertrauen auf die Selbstevidenz weltlichen Erfolgs steht – parallel zu der Debatte um die Funktion und die Wahrheit der schriftlichen Repräsentation – kein geringeres Problem als die soziale Frage nach dem Stellenwert des Einzelnen.[32] Der Roman spielt in dieser Situation insofern eine zentrale Rolle, als individuelle Werdegänge einer überzeugenden erzählerischen Vermittlung bedürfen: "The question of how virtue is signified has an inherently narrative focus because it is concerned with genealogical

---

[29] Vgl. dazu Paul Heelas, "Introduction: Detraditionalization and its Rivals", Heelas, Lash und Morris 1-19; Thomas Luckmann, "The Privatization of Religion and Morality", Heelas, Lash und Morris 72-86; und Mark Poster, "Tradition and the Limits of Difference", Heelas, Lash und Morris 277-93.

[30] McKeon, "Generic Transformation" 391.

[31] McKeon, "Generic Transformation" 391.

[32] Vgl. dazu auch Richetti, "Introduction" 8.

succession and individual progress, with how human capacity is manifested in and through time".[33]

Nach McKeon besteht die ideologische Funktion des sich neu formierenden Genre des Romans also in der formalen und inhaltlichen Diskussion der Fragen nach Wahrheit und Tugend, die sich an der Schwelle vom 17. zum 18. Jahrhundert zu überschneiden beginnen, d.h. darin, epistemologische und kulturelle bzw. soziale Konflikte in ihren gegenseitigen Implikationen medial zu repräsentieren. Auf dieser Basis dienen narrative Texte "unter Modernisierungsdruck geratenen Subjekten zur emotionalen und normativen Organisation ihrer Individualität".[34] McKeon spricht auch von "distinct ways of formulating and propounding a fundamental problem of what might be called epistemological, sociological, and ethical 'signification'".[35]

Als ein frühes massenmediales Produkt[36] ist der Roman erstens durch die Verbreitung und Optimierung des Buchdrucks und die mit der allgemeinen Professionalisierung einhergehende Proliferation gedruckter Texte begünstigt, zweitens durch die zumindest in Europa bereits erfolgte Verbreitung der Alphabetisierung,[37] drittens durch die Entwicklung eines auf laufende Neuerscheinungen ausgerichteten Lesepublikums sowie viertens durch die Einrichtung von unterschiedlichen Leihsystemen.[38] Dem Roman kommt die Aufgabe der Herstellung laufend reaktualisierter Selbstbeobachtungen der Gesellschaft zu: Er stellt einem verhältnismäßig breiten Publikum zugängliche Realitätskonstruktionen bereit, die "in der weiteren Kommunikation vorausgesetzt werden kön-

---

[33] McKeon, "Generic Transformation" 393.
[34] Schulte-Sasse, "Medien/medial" 25. Eine strukturell analoge Einheitsstiftung erfolgt auf nationaler Ebene: "Seit dem 18. Jahrhundert spiegeln sich Kollektive [über ihre Druckerzeugnisse] in ihrer Sprache, ihrer Geographie, ihrer Kultur und Geschichte und erfahren sich so primär als nationale Einheit" (26). Siehe dazu auch Benedict Anderson, *Imagined Communities: Reflections on the Origins and Spread of Nationalism* (1983; NY/London: Verso, 2006).
[35] McKeon, "Generic Transformation" 396.
[36] Zum Begriff des Massenmediums siehe Niklas Luhmann, *Die Realität der Massenmedien* (Opladen: Westdeutscher Verlag, ²1996) 10-11. Luhmann macht die Auffassung, "*daß keine Interaktion unter Anwesenden zwischen Sender und Empfänger stattfinden kann*", zum zentralen Kriterium seiner Definition. Vgl. dazu auch John B. Thompson, *The Media and Modernity: A Social Theory of the Media* (Cambridge: Polity, 1995) 24-31.
[37] In den amerikanischen Kolonien erfolgt der Hauptschub der Alphabetisierung vor allem gegen Ende des 18. Jahrhunderts. Der Roman spielt insbesondere für die Lesefähigkeit von Frauen eine entscheidende Rolle; siehe Davidson 55-79.
[38] Siehe Siskin, *The Work of Writing* 1-5, Fiedler 39-47 und Davidson 15-37.

nen" und so Orientierungsfunktion erhalten.[39] Als mediales Novum sind Druckerzeugnisse im Allgemeinen und der Roman im Besonderen im Rahmen des Modernisierungsprozesses konstitutiv beteiligt an der sukzessiven Ablösung der aristokratisch-repräsentativen Öffentlichkeit durch die zunächst weniger politisch als literarisch und kunstkritisch geprägte sowie entscheidungsentlastete Formen der Öffentlichkeit.[40] In den als exemplarisch gewerteten Institutionen der europäischen Tischgesellschaften, Salons und Kaffeehäuser entzündet sich die räsonnierende Diskussion um das neue Selbstverständnis von bürgerlicher Intelligenz, Stadtaristokratie und nur wenig später auch breiterer Schichten des Mittelstandes an Werken der Kunst und Literatur, die sich vor diesem Publikum zu legitimieren haben, und erstreckt sich von da aus "alsbald auch auf ökonomische und politische Dispute".[41]

Im Kontext umfangreicher gesellschaftlicher Umbrüche bezieht das umstrittene Genre auch in den USA einen festen Platz: "For all the censure of fiction, the novel served as a major locus of republican education".[42] Das öffentliche und jenseits der Standesgrenzen kritisch interessierte Publikum wird im Kreis von LeserInnen als Idee institutionalisiert, deren objektiver Anspruch "wenn nicht wirklich, so doch wirksam gewesen" ist.[43] Dieser Anspruch konnte nur aufgrund neuer schriftlicher und insbesondere printmedialer Kommunikationsmedien wirksam sein: Zeitungen, politische Verlautbarungen und kommerzielle Werbung auf Plakaten und Flugblättern, der rigiden Gestaltungsregeln unterliegende Privatbrief, die Zeitschrift und der Literaturbetrieb fungierten als Foren der überregionalen bürgerlichen Selbstverständigung. Werner Faulstich hält fest:

> Erst die Medien vermochten jene Integration zu leisten, welcher die neue urbane Klasse bedurfte [...]. Die neue imaginär vermittelte Identität des 'Bür-

---

[39] Luhmann, *Realität der Massenmedien* 178, 169-82.
[40] Niklas Luhmann weist darauf hin, dass es sich bei der bürgerlichen Öffentlichkeit um einen entscheidungsentlasteten Raum handelt, in dem sich nur *deshalb* quer zu den Funktionssystemen eine verhältnismäßig symmetrische Kommunikationsform entwickeln kann. Siehe *Gesellschaftsstruktur und Semantik. Studien zur Wissenssoziologie der modernen Gesellschaft*, 4 Bde. (Frkf./M.: Suhrkamp, 1980) Bd. 1; Alois Hahn, "Theorien zur Entstehung der europäischen Moderne", *Philosophische Rundschau* (1984): 178-202, hier 192-94.
[41] Habermas 93.
[42] Davidson 70.
[43] Habermas 97.

gers' war Resultat einer neuen Medienkultur. Erst als Mediengesellschaft wurde die Gesellschaft im 18. Jahrhundert zur bürgerlichen.[44]

Im Laufe des 18. Jahrhunderts wird die ebenso abstrakt entsinnlichte wie identitätsstiftende Romanlektüre weit über die bürgerlichen Schichten hinaus zur Gewohnheit.[45] Damit bereitet sie jenem Ideal den Weg, das bis zum Ende des Jahrhunderts das politische Räsonnement des Publikums zu einem aktiven Gewicht gegenüber demjenigen Funktionsbereich macht, in dem politische Entscheidungen fallen, nämlich dem Staat und seinen Repräsentanten, den Abgeordneten des Parlaments.[46]

In seiner Funktion als bürgerliches Selbstreflexionsorgan ist der Roman jedoch von seinen Anfängen an ein moralisch ambivalentes Genre. Als poetologisch kaum festgeschriebene, prinzipiell hybride Textsorte vermag der Roman vor dem Hintergrund des wachsenden Geltungsverlustes allgemeinverbindlicher Sinn- und Deutungssysteme die proliferierende Vielfalt menschlicher Erscheinungs- und Erfahrungsweisen punktuell zu bündeln und symbolisch zu bewältigen.[47] Wo es die Verschiebung "von religiösen Institutionen zur weltlichen Organisation einer ökonomischen und politischen Ethik"[48] erfordert, ersetzt der Roman den Rahmen der Theodizee durch das teleologische Regelwerk der Moral: Im Gegensatz zur Welt der Epik, in der Ethos in die gemeinschaftliche Natur der Dinge gewoben ist, ist "[d]ie Allgewalt der Ethik, die jede Seele als eigene und unvergleichliche setzt" ein Kennzeichen der Welt des Romans.[49]

Mit dieser Verschiebung hängt auch die Tatsache zusammen, dass die neue Textsorte von Beginn an umstritten ist: "As practical men, the new middle class found literature frivolous; as pious ones, they found it idolatrous; as class-conscious citizens, they felt it too committed to court and salon".[50] Als emergente Form der kulturellen Selbstverständigung

---

[44] Werner Faulstich, *Die bürgerliche Mediengesellschaft (1700-1830)* (Göttingen: Vandenhoeck & Ruprecht, 2002) 21. Zur Entstehung der bürgerlichen Öffentlichkeit aus der Konversationskultur der bürgerlichen Privatsphäre und personalen Teilöffentlichkeiten siehe auch Siskin, *The Work of Writing* 163-70.

[45] Hunter, "The novel and social/cultural history" 18-28: "[T]he characteristic feature of novel readership was its social range, not its confinement to a particular class or group" (19).

[46] Habermas 132. Siehe auch Davidson 55-79.

[47] Siehe dazu Georg Lukács, *Die Theorie des Romans: Ein geschichtsphilosophischer Versuch über die Formen der großen Epik* (Neuwied/Berlin: Luchterhand, ²1963).

[48] Schulte-Sasse, "Medien/medial" 23.

[49] Lukács 65.

[50] Fiedler 43.

muss sich der Roman dadurch legitimieren, dass "er sich ganz in den Dienst derjenigen Normen zu stellen verspricht, auf deren Geltungsverlust er gerade reagiert".[51] Die anfängliche Instabilität des noch legitimierungsbedürftigen Genres zwingt also einerseits zur zivilisatorischen Kontrolle potentiell suspekter imaginärer Freiräume und damit zur Etablierung moralischer Normen, die an die puritanische bzw. aristokratische Tradition zurückgebunden sind. Andererseits bietet die zu deren Veranschaulichung notwendige, emphatisch an der Wirklichkeit orientierte fiktionale Schilderung von Gefahrenszenarios Gelegenheit für die detaillierte und dabei durchaus attraktive Darstellung von Transgression. Und diese Schilderungen kommen, trotz moralischer Bedenken, beim Publikum an:

> [T]hey could not live without it [literature]; a lust for images of their own lives, projections of their own dreams and nightmares moved them obscurely. They demanded a form that would be really their own, a mass-produced commodity to be bought or rented in the marketplace like other goods, a thick and substantial item to be placed on the table with other evidences of their wealth and taste.[52]

Anders herum formuliert: "Though the novel marks the entrance of the libido onto the stage of European art, in it the libido enters with eyes cast down and hands clasped – in the white garments of a maiden".[53] Dem Roman eignet demnach ein funktionales Paradoxon, denn "was im symbolischen Handlungsraum des Romans [...] gezähmt" werden soll, muss dort, von neugieriger Furcht begleitet, zunächst zur Darstellung gebracht und artikuliert werden.[54] Winfried Fluck belegt dieses Paradoxon zwischen zivilisatorischer Kontrolle und Lust an der Transgression in seiner *Funktionsgeschichte* am Beispiel des amerikanischen Romans, wobei er explizit betont, dass "das – oft agonale, gelegentlich spielerisch-selbstreflexive, immer jedoch in seiner Mehrfachkodierung spannungsvolle – Neben- und Miteinander konkurrierender Funktionspotentiale" des amerikanischen Romans eine dem Genre inhärente Qualität ist, die unter spezifisch amerikanischen Bedingungen verstärkt wird. Zu

---

[51] Winfried Fluck, *Das kulturelle Imaginäre: Eine Funktionsgeschichte des amerikanischen Romans 1790-1900* (Frkf./M.: Suhrkamp, 1997) 33. Siehe auch Fiedler 45.

[52] Fiedler 43. Zur kulturell akuten Notwendigkeit der Inszenierung von Dispositionen des Menschlichen siehe Nicola Glaubitz, *Der Mensch und seine Doppel: Perspektiven einer anthropologischen Denkfigur in Philosophie und Roman der schottischen Aufklärung* (Sankt Augustin: Gardez!, 2003).

[53] Fiedler 44.

[54] Fluck 87. Vgl. auch Siskin, *The Work of Writing* 203-06.

diesen Bedingungen, die eine extreme Hybridisierung des Genres begünstigen, gehören die "größere[...] Offenheit und geringere[...] Autorität kultureller Institutionen", eine gerade im 19. Jahrhundert in hohem Maße gegebene "Gleichzeitigkeit von verfügbaren Genres und Diskursen, die durch die gelegentlich verspätete Ankunft neuer kultureller Entwicklung in der ehemaligen Provinz entsteht", und insbesondere der Einfluss ethnischer Subkulturen.[55] Darüber hinaus etabliert sich der amerikanische Roman, dessen Emanzipation von der britischen Tradition eng mit dem Ringen der jungen Nation um nationale Autonomie und Autorität verknüpft ist, in steter, zumindest latenter Auseinandersetzung mit dieser Tradition:

> In diesem Spannungsfeld zwischen demokratischem Selbstverständnis als dem per Definition spezifischen Merkmal einer genuin amerikanischen Kultur und einem nationalen Repräsentationsanspruch, für den Kunst als Ausweis von zivilisatorischer Reife fungiert, formiert sich der amerikanische Roman in immer neuen Akten der Auseinandersetzung und Vermittlung zwischen dem Versprechen einer eigenständigen, genuin amerikanischen Poetik und der aus kulturellen Inferioritätsgefühlen einer ehemaligen Kolonie gespeisten Orientierung am europäischen Kunstverständnis.[56]

Flucks Überzeugung, dass der amerikanische Roman dem Genre inhärente Qualitäten verstärkt, trifft sich mit McKeons Einschätzung, dass Diskontinuität ein Produkt von Kontinuität ist, dass Absetzungen von der britisch-europäischen Romantradition dieselben Ambivalenzen als genuin eigene Leistungen beansprucht, die der vermeintlich zurückgelassenen Tradition bereits eingeschrieben sind: Ambivalenzen zwischen Geschichtsschreibung und Fiktion, zwischen Glaube und seiner Zerstörung, zwischen Moral und Unmoral, zwischen den für die erlebte Rede typischen Impulsen von Verbergen und Entdecken, zwischen Illusionsbildung und selbstreflexiver oder parodistischer Illusionsdurchbrechung.[57]

Ein wesentlicher Grund, warum wir Romane lesen, so vermutet Winfried Fluck in diesem Zusammenhang, liegt gerade in der dem Genre inhärenten dialektischen Spannung zwischen Vormundschaft und Verführung, zivilisatorischem Bildungswert und Imaginationsraum,

---

[55] Fluck 16-17.
[56] Fluck 24-25; vgl. auch 40-41 und 365, Fn. 9 sowie Rubin-Dorsky 11-13.
[57] McKeon, *Theory of the Novel* 356, 439, 486, 591, 662, 738, 808, 858. Neben dem amerikanischen Roman erwähnt McKeon in diesem Zusammenhang die *domestic novel*, die historiographische Metafiktion und den postmodernen Roman, den sogenannten 'magischen Realismus', den *nouveau roman*, die postkoloniale Romantradition etwa in Afrika und Lateinamerika und auch den Film.

zwischen moralisierender Didaxe und dieselbe unterlaufenden Tendenzen.[58] Nach Fluck wächst dem amerikanischen Roman, der sich als Zivilisierungsinstanz und "secular church" etabliert,[59] im Rahmen eines kulturellen Enthierarchisierungsprozesses die subversive Aufgabe zu, "den von der zivilisatorischen Ordnung disziplinierten imaginären Elementen eine alternative Entfaltungsmöglichkeit zu geben" und damit Selbstwert- und Selbstverwirklichungsansprüche des Individuums zu artikulieren.[60] Während sich das frühe Massenmedium des Romans also "als effektives Mittel sozialer Kontrolle empfiehlt, trägt [es] [...] langfristig gesehen gerade umgekehrt zur Formierung eines imaginär begründeten Unabhängigkeitsstrebens bei" und ermöglicht die "Autorisierung neuer sozialer Perspektiven".[61]

McKeon bezeichnet den Roman zusammenfassend als "an early modern cultural instrument designed to confront, on the level of narrative form and content, both intellectual and social crisis simultaneously".[62] Als derart eigenständiges kulturelles Medium, das integraler Bestandteil des Individualisierungsprozesses ist, dient der Roman dem vorliegenden Projekt als Untersuchungsgegenstand und Erkenntnismedium.

Freilich hat der Roman seine kulturell zentrale Funktion seit Ende des 19. Jahrhunderts stark eingebüßt.[63] Doch das mittlerweile 'alte Medium' des Romans am Rande des aktuellen, auf eine schnelle Abbildfunktion spezialisierten Mediengeschehens behält über die als "turn of the novel"[64] bekannte, formale, inhaltliche und funktionale Diversifizierung

---

[58] Fluck 87. Siehe auch Davidson 83-91, 109: "In such duplicity [between the seemliness of the book's intention and its steamy subject matter] begins America's first novel [William Hills Brown's *The Power of Sympathy*] and American fiction" (91).

[59] Heinz Ickstadt, "Instructing the American Democrat: Cooper and the Concept of Popular Fiction in Jacksonian America", *Amerikastudien/American Studies* 31.1 (1986): 17-30, hier 18.

[60] Fluck 112, 104.

[61] Fluck 36, 38, siehe auch 81 und William Beatty Warner.

[62] McKeon, *Origins* 22. Vgl. auch Ansgar Nünning, "Der Englische Roman des 18. Jahrhunderts aus kulturwissenschaftlicher Sicht: Themenselektion, Erzählformen, Romangenres und Mentalitäten", *Eine andere Geschichte der englischen Literatur: Epochen, Gattungen und Teilgebiete im Überblick*, ed. Nünning (Trier: WVT, ²1998) 77-106, hier: 102.

[63] Vgl. dazu Siskin, *The Work of Writing* 8-9.

[64] Siehe Alan J. Friedman, *The Turn of the Novel: The Transition to Modern Fiction* (NY/Oxford: OUP, 1966). Vgl. dazu Malcolm Bradbury, *The Modern British Novel* (NY: Penguin, 1994) 1-66 und Christoph Reinfandt, *Der Sinn der fiktionalen Wirklichkeiten: Ein systemtheoretischer Entwurf zur Ausdifferenzierung des*

des Genres im ausgehenden 19. Jahrhundert hinaus, wie Jochen Hörisch bemerkt, eine "überlegen(d)e" Beobachterfunktion. Zugleich wachsen ihm neue Spielräume zu:[65]

> Zusammen mit der klassischen Öffentlichkeit (und ihrem Komplement: der Privatsphäre), zu deren Strukturierung es entscheidend beitrug, wandert das Buch an die Peripherie des entfalteten Medienzeitalters. Es wird – im doppelten Sinne des Wortes – exzentrisch: es hat nicht länger eine zentrale oder gar unersetzliche Funktion (für Kommunikation und Gesellschaft), und es reagiert darauf häufig genug in exzentrischer Weise (d.h. Literatur wird schwierig, abseitig, anormal). Aber läßt sich von der Peripherie her nicht besser beobachten, was im tumultuösen Zentrum vor sich geht?[66]

Diese Beobachterfunktion bezieht sich vor allem auf genau die Medienkonkurrenz, die die Literatur an die kulturelle Peripherie verweist, sowie auf deren für den Ethikdiskurs relevanten Implikationen für das Verhältnis zwischen Mensch und Medium:

> Zu den Funktionen von Literatur zählt, mit äußerster Aufmerksamkeit die Massenmedien [...] zu beobachten, die ihr schärfster Konkurrent auf dem Markt der Sinnangebote sind. Das aber heißt, daß Literatur gerade jenen Medien und Prozessen ein Gedächtnis bewahrt, die man als systemisch oder funktionalistisch charakterisieren kann. Literatur stellt hingegen Fragen und macht Beobachtungen, die (etwa aus religiöser oder monetärer Perspektive) erst einmal dysfunktional erscheinen. [...] Das alte Medium Literatur beobachtet die Möglichkeiten, das, was wir Wirklichkeit nennen, wahrzunehmen, aufzuzeichnen, zu speichern, zu bewahren, weiterzugeben und medientechnisch zu 'manipulieren' mit äußerster Aufmerksamkeit.[67]

Hörisch weist unter dem Stichwort "Schnittstelle" auch darauf hin, dass die wirkmächtigen Verbindungen zwischen Medien und ihren Nutzern keineswegs unschuldige Erweiterungen menschlichen Handelns (oder

---

englischen Romans vom 18. Jahrhundert bis zur Gegenwart (Heidelberg: Winter, 1997) 216-223.

[65] Zur Verschiebung der Funktion eines Mediums im Kontext des Medienwandels siehe Helmut Schanze, "Integrale Mediengeschichte", *Handbuch der Mediengeschichte*, ed. Schanze (Stuttgart: Kröner, 2001) 207-80, hier 217 und Siskin, *The Work of Writing* 7.

[66] Jochen Hörisch, *Ende der Vorstellung: Die Poesie der Medien* (Frkf./M.: Suhrkamp, 1999) 112; siehe auch 106-32. Hörisch spricht von 'der Literatur' im allgemeinen; innerhalb des Literatursystems, das insgesamt an gesamtgesellschaftlicher Funktion verliert, avanciert der Roman zum dominanten literarischen Genre. Siehe Bradbury 4.

[67] Hörisch, *Vorstellung* 25-26.

"extensions of man"[68]) sind. Sie verändern vielmehr das, was unter "man" überhaupt zu verstehen ist, und machen deutlich, dass Vernetzung auch Verletzung bedeutet. In diesem Sinne fasst Hörisch wortspielend die historischen Veränderungen unterliegenden Berührungspunkte zwischen 'Mensch' und 'Medium':

> 'Schnittstelle' ist ein eigenartiges Wort. Wenn medientechnologisch überholte, antiquierte Menschen sich mit diesem Wort suggerieren, sie seien die Polizisten auf den Kreuzungen von Datenhighways, die den Verkehr sich überschneidender Bits nach ihren Wünschen regeln, so dürfte ein Euphemismus vorliegen. Aber das 'schrecklich-schöne' Wort von der 'Schnittstelle' Mensch führt ja seine Alternativsemantik kaum versteckt mit sich: Das frohgemute Selbstbild des konstitutiven Subjekts, mit dem die philosophische Neuzeit cartesianisch startete, hat tiefe Einschnitte und Verwundungen erlitten. Aus Subjekten werden Sub-jekte.[69]

Der Mensch steht nicht kontrollierend und souverän jenseits der Medien, sondern ist selbst innerhalb von medialen Bezügen artikuliert. Den Konstitutionen, Beobachtungen und Kommentierungen dieser Vernetzungen/Verletzungen und ihrer Konsequenzen in der Geschichte des Romans exemplarisch nachzugehen, ist Aufgabe der in den folgenden Kapiteln vorgenommenen Romananalysen. Dabei wird der hier skizzierte Funktionswandel des Romans von einer Subjektivität konstituierenden Textsorte im Zentrum des Mediengeschehens zu einer beobachtenden Textsorte am Rande des Mediengeschehens deutlich hervortreten.

2. Medien und Repräsentation

"Es gibt keine Information ohne mediales Trägersystem, und sei dies der mit Stimme, Gestik, Mimik und Gedächtnis begabte Mensch selbst", schreibt Klaus Wiegerling in der Einleitung seiner *Medienethik*.[70] Medien sind allgegenwärtig, und das nicht erst seit den kommunikationstechnologischen Umwälzungen des 20. Jahrhunderts: "Gattungs-

---

[68] Marshall McLuhan definiert Medien ganz allgemein als (keineswegs unschuldige) "extensions of man" und bezieht dabei nicht nur Kommunikationsmedien mit ein, sondern auch beispielsweise das elektrische Licht und die Eisenbahn. Siehe *Understanding Media: The Extensions of Man* (1964; Cambridge: MIT P, 1994).

[69] Hörisch, *Vorstellung* 129. Vgl. dazu auch Stefan Rieger, *Die Individualität der Medien: Eine Geschichte der Wissenschaften vom Menschen* (Frkf./M.: Suhrkamp, 2001); Klaus Wiegerling, *Medienethik* (Suttgart: Metzler, 1998) 11, 29-39.

[70] Wiegerling 1.

geschichtlich neu an der späten Moderne ist also kaum der Umstand, dass wir Wirklichkeit konstruieren", schreibt Jochen Hörisch. "Neu ist vielmehr, dass wir langsam akzeptieren können, dass es Wirklichkeit ohne Wirklichkeitskonstruktionen nicht gibt".[71] So einhellig die Rede von der Allgegenwart der Medien auch ist, herrscht doch eine geradezu babylonische Verwirrung über den Begriff des Mediums:

> Fernrohre, Lupen und Lautsprecher sind Medien, natürlich auch Hellseher, aber auch Engel und Propheten; das Theater ist ebenso ein Medium wie das Buch oder das Fernsehgerät. Die Philosophie erklärt Vermittlungsinstanzen wie Sprache und Bewußtsein zu Medien, die Systemtheorie versteht das Medium als Handlungsbegriff und erklärt besondere gesellschaftliche Strukturzusammenhänge wie das Geld oder die Wertbindung zu Medien; in der Psychologie und der Sozialwissenschaft werden Versuchspersonen Medien genannt. Technische und kybernetische Disziplinen machen den Begriff an technischen Funktionen wie Sender, Kanal und Empfänger und an bestimmten materiellen Objektivationen fest. Medien drücken sich, rein technisch betrachtet, aber nicht nur in materiellen Objektivationen aus, sondern auch in ideellen Techniken, die wie die Rhetorik einen Beitrag zur Herstellung von Öffentlichkeit leisten.[72]

Was all diese unterschiedlichen Medienbegriffe verbindet, ist die sich im 18. Jahrhundert im allgemeinen Gebrauch durchsetzende etymologische Dimension des Vermittelns und Zentrierens.[73] Auf dieser Basis ist vor allem die von Schulte-Sasse folgendermaßen dokumentierte Unterscheidung zwischen einer allgemeinen schwachen und einer sich erst seit dem frühen 20. Jahrhundert manifestierenden starken Bedeutungsvariante von 'Medium' sinnvoll:

> Die schwache [Bedeutungsvariante] sieht das Medium als einen Informations- oder Kommunikationsträger, der auf das Übertragene nicht zwangsläufig einwirkt. Das Medium bleibt hier Instrument. [...] Die starke Bedeutungsvariante betrachtet das Medium als einen Träger von Informationen, der diese nicht mehr oder weniger neutral vermittelt, sondern sie grundsätzlich prägt, sich ihnen medienspezifisch einschreibt und dadurch dem menschlichen Zugriff auf Wirklichkeit Form verleiht.[74]

Der vorliegenden Arbeit liegt in diesem Sinne ein starker Medienbegriff zugrunde. Ein zentrales Moment dieses zunächst (jedoch nicht ausschließlich) auf eine Definition des 'Massenmediums' zugeschnittenen

---

[71] Hörisch, *Vorstellung* 184.
[72] Wiegerling 7.
[73] Schulte-Sasse, "Medien/medial" 1.
[74] Schulte-Sasse, "Medien/medial" 1.

starken Medienbegriffs ist die Annahme, dass Medien als im weitesten Sinne technische Einrichtungen die räumliche und zeitliche Gebundenheit der kinästhetischen und lokomotorischen Weltaneignungstätigkeit transzendieren, und an deren Stelle Informationszugänge wie Bücher, Theater oder den Bildschirm bereitstellen:

> Medien aller Art wollen vermitteln, was zusammengehören will und doch nicht zusammenkommen kann. Medien verdanken also dem Problem der Abwesenheit ihre Existenz. Und tun folglich, da sie, wie alle anderen Einrichtungen auch, an Selbsterhaltung interessiert sind, alles, um das Problem zu erhalten, für das sie eine Lösung bieten. Kurzum: Ohne Differenz, ohne Distanz, ohne Abwesenheit (eines Senders, eines Empfängers, eines Erlösers, eines begehrten Gutes, eines Konsenses, eines geliebten Menschen etc.) keine Medien. Einheit und Übereinstimmung wäre das Ende aller Medien. Und deshalb haben Medien ein strukturelles Interesse daran, derjenigen Differenz die Existenz zu sichern, der sie ihre Existenz verdanken.[75]

In Repräsentationsprozessen, die über räumliche, zeitliche und systematische Abgründe hinweg vermitteln, funktionieren Medien als selektierende Instanzen, die gleichzeitig eine perspektivische Distanz zur präsentierten Sache und eine besondere Art der Nähe des Vermittelten herstellen: Die Präsenz des materiellen Bestandes eines Mediums (gesprochene Sprache, Schrift auf einem Blatt Papier, eine Projektions- oder Resonanzfläche mitsamt der ihr zugehörigen Maschinerie) hält uns tatsächlich von der Sache fern, an deren Stelle sie zeichenhaft (dem Rezipienten nah) steht.[76] Zu diesem für jede Form der Repräsentation fundamentalen Problem schreibt W.J.T. Mitchell:

> Representation is that by which we make our will known and, simultaneously, that which alienates our will from ourselves in both the aesthetic and political spheres. The problem with representation might be summarized by reversing the traditional slogan of the American Revolution: instead of 'no taxation without representation', no representation without taxation. Every representation exacts some cost, in the form of lost immediacy, presence, or truth, in the

---

[75] Jochen Hörisch, *Der Sinn und die Sinne. Eine Geschichte der Medien* (Frkf./M.: Eichborn, 2001) 34. Vgl. dazu John B. Thompson, "Tradition and Self in a Mediated World", Heelas, Lash und Morris 89-108, hier 95-99 und Schanze, "Integrale Mediengeschichte": "Der Prozess der Medialisierung löst die Unmittelbarkeit der Wahrnehmung in eine zeitliche und räumliche Anordnung progressiv auf. Zwischen Wahrnehmung und Erinnerung treten Distanzen, deren Aufhebung zugleich das Gesetz der Medien ist" (216).

[76] Albrecht Koschorke hebt diese Ambivalenz von Distanz und Vermittlung einerseits und der von ihnen produzierten Nähe und Unmittelbarkeit andererseits am Beispiel der Schrift besonders deutlich hervor. Siehe *Körperströme und Schriftverkehr: Mediologie des 18. Jahrhunderts* (München: Fink, 1999) 344.

> form of a gap between intention and realization, original and copy. [...] Sometimes the tax imposed by representation is so slight that we scarcely notice, as in the perfect copy provided by a laser disk recording ('Is it real or is it Memorex?'). Sometimes it is as ample as the gap between life and death: 'That's my last Duchess painted on the wall,/ Looking as if she were alive'. But representation does give us something in return for the tax it demands, the gap it opens. One of the things it gives us is literature.[77]

Die mediale Repräsentation von Information in bestimmten symbolischen Formen (die mit dem oft selbst schon medialen Gegenstand auf den sie verweisen, nicht identisch sind), hat immer ordnende und damit bedeutungsgenerierende Funktion: Sachverhalte werden in Verweiszusammenhänge eingeordnet, um systematische Sinnbildungen zu ermöglichen. MediennutzerInnen müssen daher mit den Codes, den Rahmenbedingungen und den entsprechenden historisch kontingenten Kulturtechniken eines Mediums vertraut sein: Sie müssen lesen, schreiben, Bilder verstehen können. Denn als sinnstiftende Systeme bedingen Medien jede Möglichkeit menschlicher Erfassung von Selbst und Welt.

> In diesem Sinne ist das medial Vermittelte nicht nur Ursache für den Zugang zur Welt, sondern auch die Ursache, dass wir sie selbst nicht absolut ergreifen, sondern immer nur bestimmte symbolische Gestaltungen ihrer konkreten Verfassung.[78]

2.1 Die historische Entwicklung des Mediensystems

Die aktuelle Verwendungsweise des Medienbegriffs ist erst etwa vierzig Jahre alt,[79] doch sie hat ihre Vorläufer beispielsweise in der klassischen Rhetorik.[80] Im gegebenen Kontext ist entscheidend, dass sie "Ausdruck einer anderen Sichtweise auf Mediengeschichte" ist, welche die (häufig ausgeblendete) erkenntnistheoretische Formationskraft sowie die jeweils spezifische Konventionskraft unterschiedlicher Medien ins Blickfeld

---

[77] W.J.T. Mitchell, "Representation", Lentricchia/McLaughlin 11-22, hier 21. Vgl. dazu J. Paul Hunter, "The novel and social/cultural history" 30-31.
[78] Wiegerling 20. Hervorhebung im Original fett gedruckt. Vgl. auch Ralf Konersmann, ed., *Kritik des Sehens* (Leipzig: Reclam, 1997).
[79] Siehe Hörisch, *Der Sinn und die Sinne* 68; Friedrich Kittler, *Grammophon, Film, Typewriter* (Berlin: Brinkmann & Bose, 1986) 13.
[80] Asa Briggs und Peter Burke, *A Social History of the Media. From Gutenberg to the Internet* (Cambridge: Polity, 2002) 1 und Schanze, "Integrale Mediengeschichte" 230-31.

rückt:[81] "Heute dient Medientheorie einem neuen aspektzentrierten Blick auf die Geschichte bis in die Anfänge".[82] Diese Geschichte der Mediatisierung der Gesellschaft, die zugleich technische und kulturelle Dimensionen besitzt,[83] kontextualisiert die nachfolgenden Romananalysen und soll deshalb hier in einigen Grundzügen skizziert werden.

Die mediale Praxis einer Kultur entspricht bestimmten, historisch kontingenten gesellschaftlichen Bedarfslagen. Die Veränderungen des Mediensystems nähren sich aus dem Ungenügen an den bestehenden Medien bezüglich der schnellen, günstigen und breiten Zugänglichkeit von Information, und sie führen zur Hervorbringung neuer Leitmedien:

> So überwand die Schrift die zeitliche und räumliche Gebundenheit der Rede, die elektronischen Medien die relative Trägheit und mangelnde Speicher- und Verknüpfungskapazität der Druckmedien; die visuellen Medien das Ungenügen an der Abstraktheit der Schrift.[84]

Die insbesondere durch die Alphabetschrift ermöglichte Fixierung von unterschiedlichen Wissens-, Ausdrucks-, und Gefühlshorizonten ist die Grundlage sowohl für die Herausbildung einer prinzipiell unterschiedlich realisierbaren individuellen Subjektivität, als auch für deren ordnungspolitische Normierung: Die "unsinnlichen" Basismedien Zahl und Buchstabe organisieren, so Schanze, den "Übergang zu Rationalität".[85] Das

---

[81] Schulte-Sasse, "Medien/medial" 3 und Hörisch, *Der Sinn und die Sinne* 61-78.

[82] Werner Köster, "Medienmentalitäten und Medienevolution: Zentrale Argumentationsweisen zum Verhältnis von Massenmedien und Kultur", *Populäre Kultur als repräsentative Kultur: Die Herausforderung der Cultural Studies*, ed. Udo Göttlich, Clemens Albrecht und Winfried Gebhardt (Köln: von Halem, 2002) 151-70, hier 153. Für eine historisch bis zu biblischen Texten, Platon und Horaz ausgreifende Textsammlung zur Medientheorie vgl. Günter Helmes und Werner Köster, eds., *Texte zur Medientheorie* (Stuttgart: Reclam, 2002).

[83] Helmut Schanze spricht von der Mediengeschichte in diesem Sinne als "Geschichte der Technifizierung der Wahrnehmung" und postuliert: "Der Begriff der Mediengeschichte muss die kulturelle Dimension vor allen anderen zur Geltung bringen". Siehe "Einleitung", Schanze, *Handbuch* 1-12, hier 2, 3-4 und Thompson, *The Media and Modernity* 10-43.

[84] Wiegerling 13. Vgl. auch Flucks Lektüre der Entwicklung des Mediensystems als Enthierarchisierungsgeschichte und Hörischs Argument, dass die neuen Medien "vom Sinn auf die Sinne" umstellen.

[85] Schanze, "Integrale Mediengeschichte" 211. Siehe außerdem Stefan Loos, "Schriftlichkeit – Mündlichkeit", www.medienobservationen.uni-muenchen.de/artikel/theorie/Schriftmund.html. 23.02.09, 1-8, hier 5, sowie Eric A. Havelock, *The Literate Revolution in Greece and its Cultural Consequences* (Princeton: PUP, 1982); Jack Goody, *The Power of the Written Tradition* (Washington: Smithsonian Inst. P, 2000); Walter Ong, *Orality and Literacy: The*

Potential der Schrift, die Grenzen von Ort und Zeit zu transzendieren, kann sich allerdings erst mit der Möglichkeit zu Vervielfältigung und Transport von Schrifterzeugnissen voll entfalten.[86] Die Erfindung der Druckerpresse im 15. Jahrhundert ermöglicht eine bis dahin ungekannt weite Verbreitung schriftlich fixierten Sinns. Insbesondere das Erstarken der zunehmend säkularisierten printmedialen Textkultur im frühen 18. Jahrhundert, der Epoche des "Take-Off der Modernisierung", bewirkt zusammen mit wirtschaftlichen Faktoren eine mentalitätsgeschichtlich entscheidende Mobilisierung und "lebensweltliche Distanzierung von Gegenständen in Raum und Zeit".[87] In diesem Zusammenhang unterscheidet S.J. Schmidt drei historisch aufeinander folgende "Modernisierungssyndrome".[88]

Mit dem ersten Modernisierungssyndrom ist die druckkulturell katalysierte Entwicklung ständisch-feudaler Gesellschaften zu funktional differenzierten Gesellschaften im 18. Jahrhundert gemeint, die zumindest in bürgerlichen Kreisen weitgehend flächendeckend die mit einer Kultur der Nähe assoziierte, sogenannte "primäre Oralität"[89] verdrängt und eine

---

Technologizing of the Word (NY/London: Methuen, 1982); sowie Marshall McLuhan, *The Gutenberg Galaxy. The Making of Typographic Man* (London/Toronto: U of Toronto P, 1962). Eine Universalgeschichte der Schrift legte Harald Haarmann in seiner gleichnamigen Studie vor (Frkf./M.: Campus, 1990).

[86] Zur Verzögerung der dekontextualisierenden Wirkung der Alphabetschrift bis zur Verbreitung des Buchdrucks in der frühen Neuzeit siehe Michael Giesecke, *Der Buchdruck in der frühen Neuzeit: Eine historische Fallstudie über die Durchsetzung neuer Informations- und Kommunikationstechnologien* (Frkf./M.: Suhrkamp, 1998) 29-36: "Wenn die skriptographischen Medien tatsächlich über das Stadium der Protoschriften, die ohne soziale Standardisierung letztlich nur dem 'privaten' Gebrauch einzelner oder bestenfalls kleiner Gruppen dienten, hinauslangten, so wurden sie als Verstärker der oralen Informationsverarbeitung und -verbreitung eingesetzt" (30).

[87] S.J. Schmidt, "Modernisierung, Kontingenz, Medien: Hybride Beobachtungen", *Medien – Welten – Wirklichkeiten*, ed. Gianni Vattimo und Wolfgang Welsch (München: Fink, 1998) 173-86, hier 177; Schulte-Sasse, "Medien/medial" 13.

[88] Neben Schmidt siehe dazu Karl Kogler, "Schrift, Druck, Post", *Die Medien. Logik – Leistung – Geschichte*, ed. Hans H. Hiebel (München: Fink, 1998) 31-74, hier 31; Hartmann, *Medienphilosophie* 17-19.

[89] Zu den mittlerweile fest etablierten Begriffen 'primäre' und 'sekundäre' Oralität siehe Ong 11. Zur Bedeutung der durch den Buchdruck und die nachfolgenden drucktechnischen Neuerungen veränderten Art des Schreibens und Denkens siehe Elizabeth Eisenstein, *The Printing Press as an Agent of Change. Communications and Cultural Transformations in Early-Modern Europe*, 2 Bde. (Cambridge: CUP, 1979) sowie Neil Rhodes und Jonathan Sawday, eds., *The Renaissance Computer: Knowledge Technology in the Age of Print* (London/NY: Routledge, 2000).

enorme Pluralisierung, die Ausdifferenzierung gesellschaftlicher Funktionsbereiche und die Erfahrung von Kontingenz mit sich bringt. Diese Entwicklungen stehen im Zentrum der medienhistorischen Ausführungen zum 18. Jahrhundert, die in Kapitel II die beiden Analysen von *Pamela* und *Arthur Mervyn* kontextualisieren.

Als zweites Modernisierungssyndrom bezeichnet Schmidt die erneute Revolutionierung des Mediensystems durch die technischen Medien der Telegrafie, der Fotografie, der Fonografie, des Radios und des Films im 19. Jahrhundert, die mit der Entwicklung von Relativismus und Perspektivismus einhergehen und in die Audiovisualisierung des 20. Jahrhunderts münden. Die Technisierung der visuellen Kultur beginnt die mediale Monopolstellung des Drucks und die mit ihr verknüpfte klassische Subjektkonzeption zu erodieren, die sich noch auf die Annahme der Gegebenheit der Welt gründen konnte. Seither befinden wir uns in einer Umbruchsituation, in der das alphanumerische Leitmedium Schrift, welches mit der allergrößten Selbstverständlichkeit mit der bürgerlichen Geschichte und den ihr entsprechenden Vorstellungen von Rationalität, Bildung und individueller Autonomie verknüpft ist, zunächst von den audiovisuellen Medien und seit einigen Jahrzehnten von der digitalen Vernetzung derselben abgelöst bzw. überformt wird.[90] Die damit einhergehenden Prozesse der Verflüssigung von Raum und Zeit, die Industrialisierung der Sehgewohnheiten und die Steigerung der Kontingenzerfahrung stehen im Zentrum der medienhistorischen Ausführungen zum 19. Jahrhundert, die in Kapitel III die beiden Analysen von *The House of the Seven Gables* und *Middlemarch* kontextualisieren.

Das dritte Modernisierungssyndrom schließlich bezeichnet die digitale Integration der Medien seit den 1970er und 80er Jahren, die das Reflexivwerden der Modernisierung befördert. "Nach zwei Weltkriegen und zwei Diktaturen, d.h. nach zwei in jeder Hinsicht verlustreichen Angriffen auf die historisch entstandene Einsicht in die Kontingenz menschlicher Weltmodelle" nimmt der Modernisierungsprozess erneut beschleunigte Dimensionen an und lässt gleichzeitig immer mehr Menschen an seinem Segen zweifeln.[91] Der französische Philosoph Jean-François Lyotard (1924-1998) adaptiert für die Infragestellung des gesamten Modernisierungsprogramms den Begriff der Postmoderne aus

---

[90] Briggs/Burke 121-333; Schanze, "Integrale Mediengeschichte" 252-80; Mike Sandbothe, "Interaktivität – Hypertextualität – Transversalität: Eine medienphilosophische Analyse des Internet." *Mythos Internet.* Ed. Stefan Münker und Alexander Roesler. Frkf./M.: Suhrkamp, 1999. 56-82.
[91] S.J. Schmidt 181.

dem Bereich der amerikanischen Soziologie.[92] Diese Transformation der Modernisierung in einen zunehmend (selbst-)reflexiven Prozess impliziert eine unterschiedlich bewertete umfassende Ökonomisierung von Kommunikationsprozessen.[93] Sie koinzidiert ebenfalls mit dem breitenwirksamen Offenkundigwerden der Konstruktivität sozialer und individueller Identitäten, die je nach sozialer und psychischer Ausgangslage als spielerisch oder bedrohlich wahrgenommenen wird. Das dritte Modernisierungssyndrom wirkt sich ein weiteres Mal nachhaltig auf die Struktur der bürgerlichen Öffentlichkeit sowie das alltägliche Selbst-, Welt- und Wirklichkeitsverständnis aus. Denn kulturelle Formen der Beobachtung erfahren durch weiter ausdifferenzierte und zunehmend reflexive Mediensysteme eine erneute Verfeinerung, so dass alles und jede/r im Prinzip ständig beobachtbar ist, während gleichzeitig selbst gesellschaftliche Teilbereiche "längst als Ganze unbeobachtbar geworden [sind], da kein fixer Beobachtungspunkt mehr zu Verfügung steht".[94] Dieses dritte Modernisierungssyndrom steht im Zentrum der medienhistorischen Ausführungen zum 20. Jahrhundert und kontextualisiert die beiden Analysen von *Ulverton* und *Plowing the Dark* in Kapitel IV.

Diejenigen Medien, die wie der im 18. und bis zur Mitte des 19. Jahrhunderts noch mediensystematisch zentrale Roman in diesem Prozess 'überholt' zu werden scheinen, werden allerdings nicht vollständig verdrängt, sondern in ihrer Funktion verschoben. Der Roman etwa erhält die Spezialfunktion der räsonierenden Beobachtung und der perspektivierenden Repräsentation dessen, was "einfach nicht oder doch zumindest nicht einfach kommunizierbar ist": die Seins- und Wahrnehmungsweise des sich in medialen Bezügen verändernden Menschen.[95] Mit den technischen Rahmenbedingungen ändere sich, so Hartmann, "die Art und Weise, wie das menschliche Wahrnehmen, Erkennen und Handeln (und damit die Reflexionsfelder von Ästhetik, Theorie und Praxis) funktioniert"; er spricht daher von einer erkenntnistheoretischen Entmachtung bzw. "Depotenzierung" der menschlichen Subjektivität.[96] An die

---

[92] Jean-François Lyotard, *The Postmodern Condition: A Report on Knowledge* (1979; Minneapolis: U of Minnesota P, 1984).
[93] Einen Überblick dazu findet sich bei Mike Sandbothe, *Pragmatische Medienphilosophie: Grundlegung einer neuen Disziplin im Zeitalter des Internet* (Weilerswist: Velbrück, 2001) 206-14.
[94] S.J. Schmidt 182. Vgl. auch Hartmann, *Medienphilosophie* 16-29.
[95] Hörisch, *Vorstellung* 68-69.
[96] Hartmann, *Medienphilosophie* 18, 27. Vgl. dazu Jochen Schulte-Sasse, "Von der schriftlichen zur elektronischen Kultur: Über neuere Wechselbeziehungen zwischen Mediengeschichte und Kulturgeschichte", *Materialität der Kommunikation,*

Stelle der Vorstellung voraussetzungsfreier Autonomie tritt die zur "Existentialontologie" gewordene Vorstellung "der medialen Selbstreflexion und Selbstdefinition", die Vorstellung der medialen *Erzeugung* von Autonomie.[97]

Koschorke macht das Gewicht dieser Akzentverschiebung weg von der scheinbar gegebenen und als solcher zu dekonstruierenden Essenz hin zur Annahme ihrer Konstruktion zu einem bestimmten Zweck besonders deutlich. In seiner Studie von Körperkonzeption und schriftkulturellen Standards im 18. Jahrhundert hat er jüngst umfangreich den Nachweis geführt, dass der Bezug auf das Ursprüngliche, Natürliche, Unmittelbare eben nicht ursprünglich, natürlich und unmittelbar ist, sondern durch mediale Substitution, Domestikation und Vermittlung erst nachhaltig wirksam produziert wird. Das Interesse seiner Mediologie liegt demnach darin, den Prämissen des *linguistic turn* sowie dekonstruktivistischen Einsichten "unaufgeregt beizupflichten" und dieselben "gleichsam um eine Vierteldrehung über sich hinauszutreiben, um zu einem genuin 'mediologischen' Verständnis von Wirklichkeitskonstitution durch Zeichen", d.h. zu einem Verständnis der funktionalen Leistungen von Medien zu kommen.[98]

Die audiovisuellen Neuerungen des frühen 20. Jahrhunderts bereiten die Auswirkungen der digitalen Medienrevolution der letzten dreißig Jahre (und damit des dritten Modernisierungssyndroms) mentalitätsgeschichtlich vor: So wie die Schrift die Mündlichkeit als Leitmedium ablöste und ihr einen anderen Status zuwies, wird die Schrift durch die Digitalisierung der Medien abgelöst und in ihrer Funktion, gerade auch für die Subjektkonstitution, verschoben.[99] Zum ersten Mal in der Geschichte der Menschheit bildet, so Schulte-Sasse, "nicht ein individuelles Subjekt (Unternehmer) oder kollektives Subjekt (kapitalistische

---

ed. H.U. Gumbrecht und K.L. Pfeiffer (Frkf./M.: Suhrkamp, 1988) 429-53, hier 438.

[97] Wiegerling 37.
[98] Koschorke 345-46. Vgl. dazu Schulte-Sasse, "Medien/medial" 35; Siskin, *The Work of Writing*; und die Überlegungen zum Kulturbegriff bei Steiner: Im Gegensatz zum Begriff des Geistes sei dieser nicht an der Konstanz des Eigenen sondern am Wandel orientiert und diene weniger dazu, "mit Derrida eine Metaphysik der Präsenz zu kritisieren. Der Kultur-Begriff wirft vielmehr die Frage auf, wie 'Präsenz' überhaupt möglich ist" (8).
[99] Schulte-Sasse, "Medien/medial" 29. Vgl. dazu Siskin, *The Work of Writing*: "New technologies [...] do not simply replace the old; they tend, in fact, to provide their predecessors with new contexts and uses" (7) und Lisa Gitelman und Geoffrey B. Pingree, "Introduction", *New Media, 1740-1915*, ed. Gitelman und Pingree (Cambridge/London, MIT P, 2003) xi-xxii.

Klasse; Körperschaft; Staat) die Grundeinheit wirtschaftlicher Organisation [...], sondern 'Netzwerke'".[100] Die Dimensionen und vor allem die Konsequenzen der in dieser Überlegung nur angedeuteten Entmachtung des Subjekts sind noch weitgehend unverstanden und verbinden sich vielleicht gerade deshalb häufig mit kulturpessimistischen, gelegentlich auch mit heilsversprechenden Szenarien. Die vorliegende Arbeit geht demgegenüber davon aus, dass sich die Kultur des Subjekts weiter und mitunter dramatisch verändern, aber aller Wahrscheinlichkeit nach nicht auflösen wird.

2.2 Modernisierung und die Kultur der Distanz

Um die kulturellen Effekte medialer Transformationsprozesse zu definieren, werde ich mich in den nachfolgenden Romananalysen wiederholt auf die Begriffe "Kultur der Nähe" und "Kultur der Distanz" beziehen. Sie stammen aus der ethnologischen Forschung zu Schriftlichkeit und Mündlichkeit und bezeichnen zwei durch diese beiden medialen Verkehrsformen geprägte Kommunikationssysteme.[101] Dabei ist zu beachten, dass diese Modelle kategorischer und nicht historischer Natur sind, d.h. es handelt sich um analytische Unterscheidungsinstrumente, die sich nicht aus einer chronologisch gedachten historischen Entwicklung ableiten.[102] Die dekonstruktivistische Grammatologie Jacques Derri-

---

[100] Schulte-Sasse, "Medien/medial" 34. Siehe auch Mark Poster, "Databases as Discourse, or Electronic Interpellations", Heelas, Lash und Morris 277-93.

[101] Siehe Paul Zumthor, "Mündlichkeit/Oralität", *Ästhetische Grundbegriffe*, 7 Bde., ed. Karlheinz Barck et al. (Stuttgart: Metzler, 2000) Bd. 4, 234-56; Peter Koch und Wulf Österreicher, "Sprache der Nähe – Sprache der Distanz: Mündlichkeit und Schriftlichkeit im Spannungsfeld von Sprachtheorie und Sprachgeschichte", *Romanistisches Jahrbuch* 36 (1985): 15-43; Loos; Alan Durant, "Orality and Literacy", *The Johns Hopkins Guide to Literary Theory and Criticism*, ed. Michael Groden und Martin Kreiswirth (Baltimore: Johns Hopkins UP, 1994) 549-51. Für eine spezifisch literaturwissenschaftliche Adaption dieser Konzepte siehe Meinhard Winkgens, *Die kulturelle Symbolik von Rede und Schrift in den Romanen von George Eliot: Untersuchungen zu ihrer Entwicklung, Funktionalisierung und Bewertung* (Tübingen: Narr, 1997) bes. Kapitel I; und die Arbeiten des Freiburger SFB zu Mündlichkeit und Schriftlichkeit (Winkgens, *Rede und Schrift* 1, Fn. 2).

[102] Siehe Zumthor 234-35; Aleida Assmann, "Schriftliche Folklore. Zur Entstehung und Funktion eines Überlieferungstyps", *Schrift und Gedächtnis: Beiträge zur Archäologie der literarischen Kommunikation*, ed. Aleida und Jan Assmann und Christof Hardmeier (München: Fink, 1983) 175-93, bes. 175; Aleida und Jan

das behauptet darüber hinaus die differenzlogische Priorität des kulturellen Phänomens Schrift gegenüber der nur vermeintlich unmittelbareren und natürlicheren mündlichen Rede.[103] Denn das, was an der Sprache wesentlich ist, ihr Verweis- bzw. Übersetzungscharakter, funktioniert, so Derrida, nach dem Modell der abstrakten und materiellen Schrift und nicht nach dem der konkreten und transparenten Rede. Winkgens erläutert:

> In bewusster Umkehr gewohnter Denkmuster, die aufgrund der scheinbaren Evidenz phylo- und ontogenetischer Prozesse der Sprachentwicklung die Rede gegenüber der Schrift privilegieren und die mortifizierte, nur parasitäre Schrift im Vergleich zur lebendingen Rede als weniger ursprüngliches, sekundäres und abgeleitetes Kommunikationsmedium abwerten, setzt Derrida gegen "die Priorität des Logos und der gesprochenen Sprache" seine 'Wissenschaft von der Schrift', "d.h. die Priorität des Signifikanten vor dem Signifikat, des Mediums vor der Botschaft, der Aktivität des Bezeichnens vor der bezeichneten Welt".[104]

Aus dieser Perspektive ist das Konzept der durch mündliche Verkehrsformen geprägten Kultur der Nähe eine vereinfachende Projektion einer Kultur der Distanz. Die Skalierung der idealtypischen heuristischen Modelle einer Kultur der Nähe und einer Kultur der Distanz dient jedoch dem Versuch, die Konsequenzen zu benennen, die sich aus der Ablösung bzw. Überblendung mündlicher durch schriftliche Verkehrsformen für soziale Organisation und Selbstkonzeption ergeben.

"Kultur der Nähe" bezeichnet eine kleine Gemeinschaft, innerhalb derer Verständigung auf die körperliche Präsenz der ihr Angehörigen angewiesen ist. Kommunikation bleibt hier an Interaktion gebunden. Die Kommunikationsform in einer Kultur der Nähe ist durch eine dialogische Thematisierung flexibler Themen in der Gegenwart einander bekannter GesprächsteilnehmerInnen gekennzeichnet. "Kultur der Distanz" ist demgegenüber ein Begriff für sehr viel größere gesellschaftliche Zusammenhänge, innerhalb derer Verständigung über den Austausch von Druckerzeugnissen geregelt ist, die räumliche und zeitliche Distan-

---

Assmann, "Nachwort: Schrift und Gedächtnis", Assmann, Assmann und Hardmeier 265-84.

[103] Siehe Jacques Derrida, *Die Stimme und das Phänomen: Einführung in das Problem des Zeichens in der Phänomonologie Husserls* (Frkf./M.: Suhrkamp, 1979); *Grammatologie* (Frkf./M.: Suhrkamp, 1974); *Die Schrift und die Differenz* (Frkf./M.: Suhrkamp, 1972).

[104] Winkgens, *Rede und Schrift* 56. Die Zitate stammen aus Hubert Zapf, *Kurze Geschichte der anglo-amerikanischen Literaturtheorie* (München: Fink, 1991) 197-99.

zen überwinden und so die körperliche Abwesenheit der Kommunikationsteilnehmer tolerieren.
Kommunikation ist in einer Kultur der Distanz nicht mehr an Interaktion gebunden, d.h. ein Mensch kann kommunizieren, ohne selbst anwesend zu sein. Die Kommunikationsformen innerhalb einer Kultur der Distanz sind durch monologische Thematisierungen fester Themen aus unterschiedlichen Perspektiven gekennzeichnet, die anschließend reflektiert und zu einem späteren Zeitpunkt erneut thematisiert werden können. Diskussionen verlaufen öffentlich und sind nicht strukturell darauf angewiesen, dass die Kommunikationsteilnehmer miteinander bekannt sind. Im Gegensatz zu *face-to-face*-Interaktionen beendet die Schrift die notwendige Verbindung zwischen Interaktion und Kommunikation. Insbesondere in Form von Druckerzeugnissen entlastet die Schrift die Speicherkapazitäten der Erinnerung, stellt Wissen in Text zur Verfügung und macht es so transportier-, verbreit- und dauerhaft referenzialisierbar. Unter diesen Voraussetzungen können logisches Denken und die Geschichtsschreibung den Mythos und mündlich vermittelte Erinnerungsleistungen ablösen: In Druckerzeugnissen gespeichertes und zur Verfügung gestelltes Wissen beendet die strukturelle Amnesie und damit die für mündliche Kulturen bestehende Notwendigkeit vieles zu vergessen, um die Erinnerung an die für das Überleben der Gemeinschaft entscheidenden Dinge zu sichern.[105] Schrift eröffnet darüber hinaus die Möglichkeit des Spiels, der Fiktion und der Verfolgung privater Gedanken, ohne damit das Wohlergehen der Gesellschaft zu gefährden. In den symbolischen Operationen einer in der gedruckten Schrift erstmals technisch reproduzierbaren Reflexionsmaschinerie, "die in der *Absetzung* vom Tatsächlichen ihre Pointe" hat, sieht Winkler neben der Materialität zunehmend verselbständigter Mediensysteme einen der beiden zentralen Aspekte einer angemessenen Beschreibung des Medialen:

> Fiktiv und reflexiv umspielen [die symbolischen Operationen] das Tatsächliche, kommentieren es, verdoppeln und vervielfachen es, liefern Strukturentwürfe und Deutungen, formale Modelle und Karikatur. Dass sie das Tatsächliche luxurierend überbieten, gehört zu ihrer Definition.[106]

Die Technologie des (Buch-)Drucks und die mit ihr einhergehende Distributionslogik ermöglichen also die Fixierung von Horizonten des Wissens, des Ausdrucks, des Gefühls und der Erwartungen, und sie laden individuelle LeserInnen dazu ein, sich selbst in Relation zu diesen Hori-

---

[105] In diesen und den folgenden Ausführungen beziehe ich mich auf Loos.
[106] Hartmut Winkler, *Diskursökonomie: Versuch über die innere Ökonomie der Medien* (Frkf./M.: Suhrkamp, 2004) 256.

zonten zu setzen. Diese Transformationen bringen sowohl ermöglichende als auch restriktive Konsequenzen mit sich: Einerseits bieten printmedial vermittelte Kulturen der Distanz ein breiteres Angebot an Orientierungsmodellen als es rein mündlich kommunizierenden Gemeinschaften jemals möglich wäre. Nur über den Zugang zu Schrift kann ein Individuum Informationen oder einen Eindruck fiktionalisierter Existenzformen erhalten, die sein oder ihr unmittelbares soziales Umfeld nicht zur Verfügung stellt. Andererseits ist der Druck auch ein unhintergehbares Medium der Standardisierung und der Kontrolle – z.B. in den Registrierungen von Identität, Besitz, Steuern, Prüfungen und Verwaltungsakten im Kontext der zeitgleichen Entstehung von Städten. Auch der Roman hat an dieser Ambivalenz zwischen Demokratisierung und Regularisierung Teil: Er ist ein Medium sowohl des imaginären Entwurfs als auch der emotionalen Kontrolle und Standardisierung.

2.3 Medien als Formen der Lebensorganisation

Die Medientheorie beginnt die unter 2.1 skizzierten Entwicklungen erst seit den 1960er Jahren mit entsprechenden Modellbildungen einzuholen. Aus der allgemeinen Überlegung, dass Medien keine neutralen Vermittlungsinstanzen sind, ergibt sich ein komplexer Wirklichkeitsbezug, für den einfache Abbildtheorien, welche zumindest für das Alltagsbewusstsein durch die Technik der Fotografie noch einmal gestärkt werden, eine höchst unzureichende Erklärung bieten. Weil die Grundbedingung für jedes moralische Handeln ein Verständnis für die Komplexitäten und Widersprüchlichkeiten der Situation ist, innerhalb der die Handlung vollzogen wird und wirksam sein soll, ist die Frage nach dem Wesen der Realität und dem Wirklichkeitsbezug medialer Repräsentation der entscheidende Punkt, an dem sich die Probleme der Beschreibung ethischer Konflikte im medialen Zeitalter verdichten. Wiegerling erläutert, dass bereits seit der Antike angestellte epistemologische "Überlegungen zur Bedeutung der Schrift, zur Bedeutung des Mittelbaren und Symbolischen für die menschliche Erkenntnis [...] sehr eng mit ethischen Erörterungen", d.h. mit Fragen nach Zweck und Bestimmung menschlichen Handelns verknüpft sind.[107] Darüber hinaus werden gegenwärtige medientheoretische und spezifisch medienethische Überlegungen durch die pluralistischen, sprachphilosphischen und politischen Positionen von Ernst Cassirer (1874-1945), Ludwig Wittgenstein (1889-1951), Hannah Arendt (1906-1975) und Walter Benjamin (1892-1940),

---

[107] Wiegerling 51, 51-77.

sowie durch die Philosophie der Endlichkeit und die Hermeneutik des Verdachts vorbereitet,[108] welche zu einem zunehmend problematisierten Verständnis der Realität als technischem Vermittlungsprodukt beitragen. Eine radikale Depotenzierung der traditionell cartesianischen Subjektkonzeption unternimmt auf medienwissenschaftlichem Gebiet der kanadische Medientheoretiker der ersten Stunde Marshall McLuhan mit seiner 1964 zuerst veröffentlichten Formel "the medium is the message".[109] Mit dieser These wendet er sich gegen die allgemein akzeptierte Vorstellung, dass allein der Inhalt einer Nachricht unabhängig von Form, Material und Funktion seines Trägermediums von Belang sei und der Mensch souverän über dessen Relevanz entscheiden könne. Die immer wieder vorgetragene und wohlmeinende medienpädagogische Überzeugung, dass die Produkte der modernen Kommunikationstechnologie nicht an sich gut oder schlecht seien, sondern dass die verantwortungsbewusste Art ihrer Benutzung ihren Wert bestimme, nennt McLuhan freimütig "the voice of the current somnambulism" und "the numb stance of the technological idiot".[110] Er geht von der Annahme aus, dass "die Fixierung auf Inhalte gerade die Wesensart von Medien nicht zu fassen vermag".[111] Stattdessen richtet er seinen Blick auf die Materialität der Medien und verweist (ganz und gar nicht kulturpessimistisch) auf die tiefgreifenden psychischen und sozialen Veränderungen im Zusammenspiel von medialer Entwicklung und den damit einhergehenden Denkstilen, Gefühlsmustern, und Verhaltensweisen, sowie auf die Verschiebung der Maßstäbe menschlichen Bewertens und Verhaltens durch technologischen Fortschritt: "The effects of technology do not occur at the level of opinions or concepts, but alter sense ratios or patterns of perception steadily and without any resistance".[112]

Mit dieser Neuperspektivierung der Wirkung der Medien auf den Menschen richtet McLuhan seine Aufmerksamkeit ganz auf die Materialität des Mediums und seine determinierende Kraft. Ähnlich wie in der technizistischen Argumentation Friedrich Kittlers, der darauf verweist,

---

[108] Siehe dazu Annegreth Horatschek, *Alterität und Stereotyp: Die Funktion des Fremden in den 'international novels' von E.M. Forster und D.H. Lawrence* (Tübingen: Narr, 1998) 15-30.

[109] McLuhan, Understanding Media 7-21. Diese seither viel zitierte These ist nach wie vor hochaktuell und hat die Medienwissenschaften nachhaltig geprägt. Siehe etwa Wiegerling 133.

[110] McLuhan, *Understanding Media* 11, 18.

[111] Wiegerling 136. Vgl. dazu Frank Hartmann, "Materialitäten der Kommunikation: Zur medientheoretischen Position Friedrich Kittlers", 23.02.09, homepage.univie.ac.at/frank.hartmann/Essays/Kittler.htm, 4.

[112] McLuhan, *Understanding Media* 18.

dass "[n]icht Subjekte oder deren Bewusstsein, sondern Schaltungen bestimmen, was wirklich ist", gerät die aktive oder kreative Rolle des Menschen als Sinnproduzent dabei gerade deshalb aus dem Blickfeld, weil sie eben dieses Blickfeld zu lange als vermeintlich dominant verstellt hat. Kittlers Abkehr von "jegliche[r] Hermeneutik des Sinnverstehens" zugunsten einer "Hermeneutik der Technologien" – d.h. einer Analyse der produzenten- und rezipientenfreien "Aufschreibesysteme", die nach eigenen Regeln beständig Wörter umwälzen – entspricht einer generellen Verabschiedung des Subjekts,[113] der sich die vorliegende Arbeit nicht anschließt.

Trotz McLuhans und Kittlers konsequent technizistischer Ausrichtung eröffnen ihre Arbeiten allerdings die Möglichkeit einer genaueren Betrachtung der anthropotechnischen Wechselverhältnisse zwischen Mensch und Medium.[114] Ausgehend von der Annahme, dass technische Schaltungen nicht automatisch deren gesellschaftliche Bedeutung erschließen, ist daher zu fragen, wie Medientechnologien den menschlichen Habitus verändern.[115] Wiegerling weist darauf hin,

> dass wir mit jeder medialen Neuentwicklung vor konkrete ethische Herausforderungen gestellt sind, denn Medien – wie sie McLuhan begreift – sind Formen der Lebensorganisation. Neue Medien bringen eine Neuorganisation mit sich, der wir uns stellen müssen. Diese Organisationsformen umfassen für ihn sowohl psychische als auch soziale Bereiche. Auch wenn McLuhan nie im eigentlichen Sinne medienethische Erörterungen angestellt hat, so legt er doch eine Sicht der Medien vor, die viele gegenwärtigen medienethischen [sic] Reflexionen erst ermöglicht.[116]

Die anthropotechnischen Wechselverhältnisse zwischen Mensch und Medium sollen in dieser Arbeit genau in dem von Koschorke formulierten Sinn einer Erforschung der *funktionalen Leistungen* von Medi-

---

[113] Vgl. Frank Hartmann, "Materialitäten der Kommunikation" 1-3.
[114] Rieger spricht von dem Wechselverhältnis zwischen Mensch und Medium als einer flexiblen anthropotechnischen Struktur. Jochen Hörisch erinnert in einer Auseinandersetzung mit der heftig umstrittenen, 1999 von Peter Sloterdijk auf Schloss Elmau vorgetragenen Rede "Regeln für den Menschenpark" daran, dass anthropotechnische Modellierungen des Menschen "deutlich älter sind als die neuere Gentechnologie. Buchdruck, Alphabetisierung und Lesekultur zählen zu den machtvollsten unter den bisherigen Anthropotechniken. Deutlich wird das natürlich erst in dem Maße, in dem es medientechnische Alternativen zur Schrift- und Buchkultur gibt". Siehe Hörisch, *Der Sinn und die Sinne* 161. Vgl. auch K. Ludwig Pfeiffer, *Das Mediale und das Imaginäre: Dimensionen kulturanthropologischer Medientheorie* (Frkf./M.: Surhkamp, 1999).
[115] Hartmann, "Materialitäten der Kommunikation" 5.
[116] Wiegerling 137.

entechnologien für die Konzeption menschlicher Autonomie erfolgen. Dieses Erkenntnisinteresse erfordert eine kritische Adaption technizistischer Medientheorien, bzw. (um Koschorkes in analoger Weise auf die Dekonstruktion bezogene Formulierung aufzunehmen) sie erfordert, dass man dieselben "um eine Vierteldrehung über sich hinaustreibt", um sich mit der Frage beschäftigen zu können, *wie* die Vorstellung und Praxis eines zum steuernden Eingriff in seine mediale Umwelt fähigen Menschen gerade unter den Bedingungen einer Depotenzierung der cartesianischen Subjektkonzeption durch die Medien generiert und immer neu stabilisiert werden kann.

3. Ethik

Mit dem für die Moderne grundlegenden, graduellen aber unwiederbringlichen Verlust transzendental verankerter und allgemein gültiger religiöser Normen sowie mit der damit einhergehenden modernen Erfahrung der Historisierung, der Kontingenz und des Wandels avancieren ethische Fragen, "the surrounding climate of ideas about how to live",[117] zum Gegenstand öffentlicher Verständigung:[118] "[T]he most significant parts of whatever morality can be found in modern societies will be located in the concrete processes of moral communication rather than in moral institutions".[119] Im Zuge des Modernisierungsprozesses wird moralische Verantwortung parallel zu einer säkularisierten, humanistischen

---

[117] Simon Blackburn, *Being Good: A Short Introduction to Ethics* (NY/Oxford: OUP, 2001) 1.

[118] Siehe Marcus Düwell, Christoph Hübenthal und Micha H. Werner, "Einleitung", *Handbuch Ethik*, ed. Düwell, Hübenthal und Werner (Stuttgart: Metzler, 2002) 1-23, bes. 6-7; Guido Kreis et al., "Moralisch — amoralisch", Barck et al., Bd.4, 183-224, hier 184-85; "Ethik", *Historisches Wörterbuch der Philosophie*, ed. Joachim Ritter et al., 12 Bde. (Darmstadt: WBG, 1971-2004) Bd. 2, 759-810, bes. 770-810; Winfried Fluck, "Fiction and Justice", *New Literary History* 34.1 (2003): 19-42.

[119] Luckmann 78. Als Beispiele für kommunikativen Kontexte, in denen moralische Fragen eine Rolle spielen, nennt Luckmann "family table talks [...], religious and secular conversion stories, gossip in private and institutional settings, entry interviews in psychiatric wards, fire department alarm calls, anti-smoking campaigns, meetings of local ecology groups, religious programmes on television, radio call-in programmes, public debates, *in situ* and on television, for example on the Golf War, genetic counselling as well as general family councelling, etc." (77). Vgl. dazu auch Rose.

Religion einer nominell universalen Menschlichkeit[120] zunehmend auf den Einzelnen übertragen:

> detraditionalization involves a shift to the authority of the 'individual' because the person has to acquire new 'individualistic' values – different from those provided by established orders – in order to lose faith in what has been on offer.[121]

Diese ideologische Befreiung und Stärkung des Individuums geht freilich mit neuen, subtiler veankerten Regularisierungsformen und entsprechenden Ansprüchen an den durch seine "transzendentale Obdachlosigkeit" verunsicherten Menschen einher.[122] Der Internalisierungsprozess bedeutet demnach weniger eine Auflösung als eine weitreichende Verschiebung in den Beschreibungen, Bewertungen, Kontextualisierungen, Routinierungen und Kodifizierungen von Verhaltensnormen und all der (erotischen, hygienischen, spirituellen, psychologischen, politischen, ökonomischen, ästhetischen) regulativen Prozesse, welche die neue Form des autonomen und verantwortlichen Subjekts bestimmen.[123] Als Spiegel, in denen sich Leserinnen und Leser imaginär als individuelle Einheiten und als national zusammengehörig erfahren können,[124] sind Romane, zumindest bis zum Ende des 19. Jahrhunderts, entscheidende Faktoren in diesen regulativen Prozessen, die sie als Reflexionsorgane gleichzeitig aufmerksam beobachten.

3.1 Habitus

Eine der Grundthesen dieser Arbeit lautet, dass mediale Bedingungen konstitutiv sind für Wahrnehmungs-, Denk- und Verhaltensmuster gesellschaftlich gebundener Individuen. Dieser Gedankengang erfordert ein begriffliches Scharnier zwischen Medientheorie und -geschichte einerseits sowie der Ethosbildung andererseits. Der Habitusbegriff des fran-

---

[120] Die Formulierung der Menschenrechte fußt auf dieser Annahme. Siehe Paul Heelas, "On Things not being Worse, and the Ethic of Humanity", Heelas, Lash und Morris 200-22.
[121] Heelas, "On Things not being Worse" 211.
[122] Vgl. dazu Steiners Hinweis darauf, dass das rationale bewusstseinsgesteuerte Individuum eine Kompensationsfigur für den Verlust tranzendentaler Versicherungen ist: "weil der feste Grund des Seins verloren geht, tritt das Bewußtsein in die Bresche und ist darum gehalten, alle seine Vorstellungen nach den Vorgaben der Transzendentalphilosophie zu begleiten" (19).
[123] Siehe dazu die auf Foucaults Arbeiten basierende Argumentation von Rose.
[124] Schulte-Sasse, "Medien/medial" 21-27.

zösischen Soziologen Pierre Bourdieu eignet sich dazu besonders gut, denn er artikuliert eine Alternative zu sowohl voluntaristischen als auch deterministischen Theorien bezüglich des Verhältnisses von Individuum und Gesellschaft, von Innen und Außen, von Subjektivem und Objektivem.[125] Voluntaristische Handlungstheorien wie insbesondere der Existentialismus statten das Subjekt mit einer als natürlich angenommenen Freiheit und Allmächtigkeit aus und tragen damit nicht den Prozessen Rechnung, die zur Ausbildung kognitiver, evaluativer, motivationaler und handlungsgenerierender Strukturen führen. Deterministische Theorien wie insbesondere die Medientheorie McLuhans und Kittlers wenden sich gegen voluntaristische oder subjektivistische Annahmen. Stattdessen denken sie das Subjekt als materiell festgelegtes, determiniertes Produkt, dessen Stellenwert innerhalb von Entscheidungsprozessen unerheblich ist, da diese nicht von ihm, sondern von technisierten Systemzusammenhängen gesteuert werden.

Der Habitusbegriff leistet eine Vermittlung zwischen anthropologischen und systemischen Positionen, die sowohl den prägenden Kräften materieller und kultureller Strukturen als auch dem eigenen Handlungs- und Entscheidungsspielraum des in soziale Felder eingebundenen Individuums Rechnung trägt. Er impliziert eine aktive Einbindung des materiell und kulturell geprägten Sozialen in die körperliche Gewohnheit. Durch diese Inkorporierung wird der Mensch ein entsprechend seiner spezifischen Umgebung sozial eingebundenes Individuum und denkt, fühlt, urteilt und handelt auf der Basis der so zur Verfügung gestellten kontingenten Prinzipien der Erzeugung und Strukturierung von Praktiken und Vorstellungen. Seine Handlungs- und Entscheidungsfreiheit ist eine im sozialen Kontext konditionierte und bedingte.[126] Individualität besteht aus dieser Perspektive, so Schwingel, "im akteurspezifischen Arrangement der materiellen und kulturellen Lebensbedingungen, denen ein Akteur, nicht anders als die übrigen Mitglieder seiner sozialen Gruppe bzw. Klasse ausgesetzt ist".[127]

Der Habitusbegriff stellt auch eine Alternative zum populär verbreiteten und weitgehend naturalisierten Rollenbegriff dar, der eine Tren-

---

[125] Siehe dazu Markus Schwingel, *Pierre Bourdieu zur Einführung* (Hamburg: Junius, [4]2003) 59-81; Beate Krais, "Habitus und soziale Praxis", *Pierre Bourdieu: Politisches Forschen, Denken, Eingreifen*, ed. Margareta Steinrücke (Hamburg, VSA, 2004) 91-106 und Dragica Pecić, "Habitus", *Literatur- und Kulturtheorie: Ein Handbuch gegenwärtiger Begriffe*, ed. Vladimir Biti (Reinbek: Rowohlt, 2001) 318-19.

[126] Pierre Bourdieu, *Sozialer Sinn: Kritik der theoretischen Vernunft* (Frkf./M.: Suhrkamp, 1987).

[127] Schwingel 72.

nung zwischen Selbst und Rolle, zwischen Individuum und Gesellschaft sowie die "Vorstellung vom Rollenträger als einem Kleiderständer" impliziert.[128] Der Habitusbegriff dagegen antagonisiert Selbst und Gesellschaft nicht, sondern konzipiert das Selbst zugleich als Produkt und Produzent gesellschaftlicher Vollzüge. Die sozialen Felder – Feld ist bei Bourdieu der Komplementärbegriff zu Habitus – in die das Individuum eingebunden ist, bilden dessen habituell inkorporierte Identität nicht als ein festgelegtes Handlungsprogramm, sondern als "vereinigendes Prinzip", das den verschiedenen, wiederum gesellschaftlich relevanten Handlungen des Individuums "ihre Kohärenz, ihre Systematik und ihren Zusammenhang gibt". Als verinnerlichtes Äußeres und inkorporierte Geschichte ist der Habitus ein kreatives und variationsreiches Prinzip, das "in neuen Situationen immer wieder zu neuen, jedoch charakteristischen und systematischen Veränderungen im Handeln führt".[129] Damit kann der Habitus soziale Strukturen reproduzierend stabilisieren oder aber in unterschiedlichen Graden variierend transformieren bzw. destabilisieren.[130] In jedem Fall ist er, wie Ralf Schneider zum Thema Medienhabituierung ausführt, gleichzeitig Ermöglichungsbedingung und Ausdruck sozialer Vollzüge.

Schneider bezeichnet den offenen Prozess der wahrnehmungs- und ausdrucksprägenden Aneignung von immer wieder neuen Medientechniken als "Medienhabituierung". Diesen Prozess zeichnet er in seiner umfangreichen Studie *Literatursystem und Medienwandel* am Beispiel der Wandlungen der britischen Erzählliteratur von der frühen Neuzeit bis ins Zeitalter des Internet nach.[131] Was die vorliegende Studie von der Schneiders unterscheidet ist zum einen ihre sehr viel stärker exemplarische und vom literarischen Text ausgehende Vorgehensweise, und zum anderen eine Verwendung des Habitusbegriffs, die sich nicht allein auf die Dokumentation der Habituierung medialer Wahrnehmungs- und Ausdrucksformen bezieht. Unter dem Stichpunkt Ethik beschäftigt sich die vorliegende Studie darüber hinaus auch mit der Frage, wie speziell der Roman Veränderungen in Medienhabituierung und dem dadurch entscheidend geprägten menschlichen Verständnis von Selbst und Welt kommentiert. In Bezug auf ihre Untersuchungsgegenstände ist meine

---

[128] Krais 92-97, hier 94.
[129] Krais 95, 100.
[130] Nichts anderes sagt im Übrigen auch Judith Butlers Konzept der Performativität von Identität. Siehe *Gender Trouble: Feminism and the Subversion of Identity* (NY/London: Routledge, 1990) und *Bodies that Matter: On the Discursive Limits of 'Sex'* (NY/London: Routledge, 1993).
[131] Ralf Schneider Abschnitt II.2, 104.

Arbeit also stärker, in Bezug auf die durch den Habitusbegriff bezeichneten Implikationen weniger stark eingegrenzt als Schneiders Ausführungen zu einem ganz ähnlichen Themenkomplex. Es geht in der vorliegenden Arbeit nicht unmittelbar um soziale und speziell mediale Felder und menschliche Akteure, sondern um die Perspektivierung ihres Verhältnisses zueinander durch literarische Texte. Auch Bourdieu wusste um die Besonderheiten des "literarischen Feldes" und seiner paradoxen Textuniversen, "deren Eigenschaften", so Louis Pinto, "nicht oder nie vollständig auf die anderer Universen reduzierbar sind".[132] Denn was an literarischen Texten gesellschaftlich ist, muss aus ihrer Formensprache heraus entwickelt werden. Nichtsdestoweniger besitzt die Literatursoziologie Bourdieus "allgemeine theoretische Implikationen bezüglich so entscheidender Punkte wie den Konzepten des Feldes und des Habitus", weil sie "eine besondere Ausprägung einer allgemeinen Theorie der Ökonomie der symbolischen Güter" darstellt. Bourdieu sieht die Kunst, unabhängig von ihrer spezifischen Formensprache, die es im einzelnen Rezeptionsakt auszulegen gilt, "von der *'Diesseitigkeit'* gekennzeichnet [...], dem unüberwindbaren Bezug zu *dieser* Welt".[133] Er betrachtet literarische Texte als spezifisch *literarische* gegenüber seinen *soziologischen* Konstruktionen der sozialen Welt. Auf je spezifische Weise ermöglichen Kunst und Wissenschaft einen neuen, ungewohnten, distanzierten Blick auf die soziale Realität als den "anerkannte[n] Referent[en] einer (nahezu) universell geteilten Illusion".[134]

Die Prämissen der vorliegenden Arbeit sind mit Bourdieus Position kompatibel, ohne selbst literatursoziologische zu sein: Es geht um die Frage, was ausgewählte Romantexte aus drei Jahrhunderten inhaltlich und formal über die Verinnerlichung und Habitualisierung von medialen Bedingungen im Rahmen des wirtschaftlich und technologisch entfesselten Modernisierungsprozesses aussagen und inwiefern sie selbst Elemente darin sind. Wie und welche Veränderungen artikulieren die literarischen Texte von Richardson, Brown, Hawthorne, Eliot, Thorpe und Powers in den strukturierten und strukturierenden Dispositionen der gesellschaftlichen Akteure, in ihren Wahrnehmungs-, Bewertungs-, Denk-

---

[132] Louis Pinto, "Feldtheorie und Literatursoziologie: Überlegungen zu den Arbeiten Pierre Bourdieus", *Streifzüge durch das literarische Feld*, ed. Pinto und Franz Schultheis (Konstanz: UVK, 1997) 9-32, hier 10. Zum Begriff des literarischen Feldes siehe Pierre Bourdieu, "Das literarische Feld", in Pinto und Schultheis 33-147.

[133] Pinto 11, 14, 27.

[134] Pierre Bourdieu, *Die Regeln der Kunst* (Frkf./M.: Suhrkamp, 1999) 68.

und Handlungsschemata innerhalb der sie umgebenden Medienkontexte? Welche Konsequenzen benennen die literarischen Inszenierungen für Selbst- und Weltverständnis sowie für das soziale Zusammenleben? Und welche Rolle spielen die Romane selbst in diesen Prozessen?

3.2 Ethik und Ästhetik

Aus dem bislang Gesagten geht hervor, dass sich diese Arbeit nicht auf der Ebene der moralischen Kategorien und deren bewertender Unterscheidung von gut und böse bewegt. Weder für den kulturwissenschaftlichen Diskurs im Allgemeinen noch für ihren eigenen im Besonderen beansprucht sie eine moralische Funktion. Vielmehr geht es um die Analyse von in Romantexten formal und inhaltlich präsentierten Beobachtungen und Beschreibungen ethisch-moralischer Konflikte, nämlich der vielschichtigen und mitunter impliziten und widersprüchlichen Ansprüche, die ein Mensch in einem zeitlich, räumlich und systematisch konkret verorteten Kontext erfüllen soll, um sein Verhalten in diesem Kontext als situationsangemessen, gut oder richtig legitimieren zu können. "Eine ästhetische Exploration der Moral", betont in diesem Sinne Uwe Steiner, "verfährt selbst nicht nach Moral-, sondern nach Formgesichtspunkten".[135] Was die ästhetische Kommunikation von der moralischen unterscheidet, ist ihr jeweiliges Verhältnis zur Kontingenz: Während die moralische Kommunikation Kontingenz zu bewältigen und zu beschränken sucht, produziert die ästhetische Kommunikation Kontingenz:

> Die Leistung des Ästhetischen, und damit wohl auch der Wissenschaften, deren Gegenstand es ist, besteht gerade nicht darin, normativ Sinnvorgaben zu erteilen, sondern in einem durch die Beschreibung der 'mores', des eigentümlichen menschlichen Verhaltens eröffneten Möglichkeitshorizont praktischer Orientierungen.[136]

---

[135] Steiner 31. Steiner warnt dezidiert davor, den Kulturwissenschaften moralische Kompetenz zuzumuten, und insbesondere davor, "daß ein Mehr an Moral nicht unbedingt zu moralischen Folgen führt" (24-29). W.J.T. Mitchell ergänzt jedoch: "Insofar as formalism insists on paying attention to a way of being in the path rather than to where the path leads, it seems to me central to any notion of right action". Siehe "The Commitment to Form; or, Still Crazy after All These Years", *PMLA* 118.2 (2003): 321-25, hier 324.

[136] Steiner 30. Siehe dazu auch Hans Robert Jauß, "Hermeneutische Moral: der moralische Anspruch des Ästhetischen", *Wege des Verstehens* (München: Fink, 1994) 30-48 und Dietmar Mieth, "Literarische Texte als Quelle ethischer Verunsiche-

Die Erzeugung von Ungewissheit und Kontingenz verbindet jedoch die ästhetische Kommunikation beispielsweise des Romans mit einem problemorientiert operierenden Ethikdiskurs. Denn sowohl Ethik als auch Ästhetik verfahren reflexiv. Wie der Ästhetik geht es auch dem Ethikdiskurs um einen "durch die Beschreibung [...] des eigentümlichen menschlichen Verhaltens eröffneten Möglichkeitshorizont".[137] An dieses Ethik und Ästhetik verbindende Reflexionspotential knüpfen auch Marcus Düwell und Wolfgang Welsch ihre Versuche, die dem modernen Ausdifferenzierungstheorem zuwiderlaufenden Verflechtungen zwischen den beiden Diskursen in den Blick zu bekommen.

> Der Reflexions- und Verhaltensspielraum, den die ästhetische Erfahrung eröffnet, ist gerade aufgrund seiner Ungerichtetheit und Offenheit für die Möglichkeit moralischen Handelns von Bedeutung. Das Spektrum der Handlungsmöglichkeiten nicht verengt wahrzunehmen, ein anschauliches und distanziertes Verhältnis zur Lebenswelt zu gewinnen und ein Verständnis und eine Deutungsmöglichkeit der eigenen und fremden Bedürfnisse zu erwerben, kann durch ästhetische Erfahrung ermöglicht werden.[138]

> [Eine aktuelle Ästhet/hik] macht nicht an den Grenzen der Kunst halt, sondern vermag auch auf lebensweltliche Kontexte auszustrahlen. In ihrer Zielperspektive führt sie zu dem, was ich andernorts eine 'Kultur des blinden Flecks' genannt habe. Das wäre eine Kultur, die prinzipiell für Ausschlüsse, Verwerfungen und Andersheit sensibel wäre. Sie verschriebe sich nicht einem Kult des Sichtbaren, Evidenten, Glänzenden und Prangenden, sondern eher dem Verdrängten, den Leerzonen, den Zwischenräumen, der Alterität. Die ästhet/hischen Valenzen reflektierten ästhetischen Bewußtseins vermögen ob der modernen Analogie von Kunst- und Lebensverhältnissen gerade auch in lebensweltlichen Problemkonstellationen wirksam zu werden.[139] Wünschens-

---

rung oder ethischer Modellbildung", *Schön und gut? Studien zu Ethik und Ästhetik in der Literatur*, ed. Susanne und Christian Krepold (Würzburg: Königshausen & Neumann, 2008) 19-40.

[137] Steiner 30.
[138] Marcus Düwell, *Ästhetische Erfahrung und Moral. Zur Bedeutung des Ästhetischen für die Handlungsspielräume des Menschen* (Freiburg/München: Alber, 1999) 317.
[139] Unter "der modernen Analogie von Kunst- und Lebensverhältnissen" versteht Wolfgang Welsch den aktuellen Generaltrend der Ästhetisierung, sowohl im Sinne der Verschönerung als auch im Sinne von Stilisierung und Virtualisierung: "Wirklichkeit nimmt für uns eine Verfassung an, wie wir sie bislang nur von der Kunst her kannten – eine Verfassung des Produziertseins, der Veränderbarkeit, der Unverbindlichkeit, des Schwebens[, der Pluralisierung] usw." Siehe *Grenzgänge der Ästhetik* (Stuttgart: Reclam, 1996) 21. Zur Ästhetisierung der amerikanischen Kultur siehe außerdem Klaus Benesch und Ulla Haselstein, eds.,

wert ist solcher Beistand zudem, weil die fraglichen Strukturen in den lebensweltlichen Verflechtungen aus vielerlei Gründen relativ opak, in der ästhetischen Sphäre hingegen transparenter sind und daher dort auch früher erfaßt wurden und nun gleichsam wie ein Modell beliehen werden können. Die Ästhetik sollte in der Lebenswelt nicht bloß, wie gegenwärtig grassierend, als Verschönerungsbranche, sondern als Instanz der Ästhet/hik zum Tragen kommen. Die Schale der Ästhetik mag sich als Design niederschlagen, ihr ästhet/hischer Kern jedoch zielt auf Gerechtigkeit.[140]

Die von Welsch hier zentral verwendete Vokabel der Gerechtigkeit (die vor allem auf eine ästhetisch wie ethisch relevante Sensibilisierung für Unterschiede zielt) würde Steiner in seiner Warnung vor der Überfrachtung der Kulturwissenschaften mit moralischer Funktion sicher nicht verwenden. Trotzdem konvergieren die Vorstellungen Steiners, Welschs und Düwells in zwei wichtigen Punkten: erstens in der Überzeugung von der spezifischen Leistungsfähigkeit der Kulturwissenschaften in Bezug auf die Förderung eines sensiblen Verständnisses für die wirklichkeitserzeugende Kraft der ästhetischen Kommunikation, für die tiefenästhetische Verfassung des Denkens und all dessen, was wir für sozial und materiell real halten, kurz: für die ästhetische Signatur von Wissen, Wahrheit und Wirklichkeit;[141] und zweitens in der entschiedenen Zurückweisung eines präskriptiven Konzepts von Moral zugunsten eines explorativen Konzepts von Ethik.[142]

Als eine Reflexionstheorie der Moral[143] ist Ethik ein mitunter paradoxer Diskurs, der die inkompatiblen Perspektiven der Freiheit und der Notwendigkeit, des Verlangens und des Gesetzes, des Allgemeinen und des Besonderen ("How ought *one* live? and What ought *I* to do?") zu verhandeln sucht; ein Diskurs, der Fragen aufwirft, und nicht einer, der Antworten liefert – letzteres tut die Moral. Auf die Frage "Was ist Ethik?" entgegnet Harpham daher: "The answers to this simple inquiry are complexity itself, for they take us straight to the decentered center of

---

The Power and Politics of the Aesthetic in American Culture (Heidelberg: Winter, 2007).

[140] Welsch 106-34, hier 133-4.
[141] Steiner 31-37, Welsch 9-105, Düwell, *Ästhetische Erfahrung*.
[142] Vgl. dazu Jauß' Unterscheidung zwischen einer präskriptiven und einer explorativen Moral und Jèmeljan Hakemulders Befund in *The Moral Laboratory: Experiments Examinig the Effects of Reading Literature on Social Perception and Moral Self-Concept* (Amsterdam/Philadelphia: John Benjamins, 2000), dass das Lesen von Erzählungen nuancierte Reflexionsfähigkeiten stimuliert.
[143] Siehe etwa Niklas Luhmann, "Ethik als Reflexionstheorie der Moral", *Gesellschaftsstruktur und Semantik: Studien zur Wissenssoziologie der modernen Gesellschaft* Bd. 3 (1989; Frkf./M.: Suhrkamp, 1993) 358-447; Geoffrey Galt Harpham, "Ethics", Lentricchia/McLaughlin 387-405.

ethics, its concern for 'the other'".[144] "The other" steht hier als Chiffre für das Unkontrollier- und Unregelbare, für Unwägbarkeiten, andere Perspektiven, das Dunkle, Latente, Unbewusste, Ausgeblendete, welches sich mit einer Wahrnehmungsaufgabe verbindet. Denn Ethik und Literatur verbindet, so Harpham, ein organisiertes und organisierendes Nachdenken über das, was sich der Organisation entzieht:

> As the locus of otherness, ethics seems to lack integrity 'in itself', and perhaps ought to be considered a matrix, a hub from which various discourses, concepts, terms, energies, fan out, and at which they meet, crossing out of themselves to encounter the other, all the others. Ethics is where thought itself experiences an obligation to form a relation with its other – not only other thoughts, but other-*than*-thought. Ethics is the *ought* in thought. And if the battles of literary theory are won on the playing fields of ethics, this is because literary theory, as a kind of oxymoron, has always already accepted the responsibility of otherness, just as literature itself bears the burden of managing the encounter between language and the world. Ethics will always be at the flashpoint of conflicts and struggles because such encounters never run smooth; that is what otherness is all about. No matter what settlement is reached with some other or other, there will always be some *other* other demanding our attention. Ethics does not solve problems, it structures them.[145]

Treffend folgert Harpham: "[E]thics can never hope to resolve its internal difficulties and offer itself to the world as a guide to the perplexed. *Articulating perplexity, rather than guiding, is what ethics is all about*".[146] Weil also Ethik und Ästhetik reflexiv und problemorientiert operierende Diskurse sind, können sie sich gegenseitig exemplifizierend und herausfordernd ineinandergreifen.[147] In ethischen Fragen überschneiden sich literarische und theoretische Diskurse, denn narrative Diskussionen von Sein und Sollen exemplifizieren ethische Reflexion und fordern sie heraus. In ethischen Fragen wird Literatur konzeptuell interessant und Theorie wird an die Lebenswelt zurückgebunden, d.h. auf ihre Fähigkeit befragt, lebensweltliche Zusammenhänge differenziert verständlich zu machen. In diesem Sinne werden die in literarischen Texten repräsentierten Welten sowie die Form ihrer Repräsentation in der vorliegenden Arbeit als historisch spezifische ästhetische Auseinan-

---

[144] Harpham, "Ethics" 394.
[145] Harpham, "Ethics" 404.
[146] Harpham, "Ethics" 394-95; meine Hervorhebung.
[147] Vgl. dazu Adam Zacharay Newton, *Narrative Ethics* (Cambridge/London: Harvard UP, 1997) und Thomas Claviez, *Aesthetics and Ethics: Otherness and Moral Imagination from Aristotle to Levinas and from* Uncle Tom's Cabin *to* House Made of Dawn (Heidelberg: Winter, 2008).

dersetzungen mit ethischen Konzepten im Kontext ihrer medialen Bedingungen gelesen.

3.3 Literaturwissenschaft und Ethik

Die Diskussion um das Verhältnis von Moral bzw. Ethik und Ästhetik ist keineswegs neu. Generell sind ethische und literarische Fragestellungen über die seit der Antike periodisch immer wieder aufkeimende Diskussion der moralethischen Funktion von kulturellen Artefakten im Allgemeinen und Literatur im Besonderen eng miteinander verbunden.[148] Nach Höhepunkten in der Renaissance, der Aufklärung und der Romantik[149] erlebt die Diskussion um das Verhältnis von Ästhetischem und Moralischem auch im 20. Jahrhundert eine wechselvolle Geschichte, deren Grundzüge ich in drei speziell auf die Kritik literarischer Texte bezogenen Stationen skizzieren werde,[150] um das gegenwärtige (nicht nur) literaturwissenschaftliche Interesse an ethischen Fragestellungen im Allgemeinen und das vorliegende Projekt im Besonderen zu kontextualisieren.

Gerade im Kontext der britischen Literatur und Literaturwissenschaft ist eine ethische Bewertung des zivilisationskritischen Potentials von literarischen Texten eng mit dem humanistisch geprägten Literaturwissenschaftler der ersten Stunde, F.R. Leavis, verknüpft, dessen Erbe überaus einflussreich und zugleich "im höchsten Maße umstritten" ist.[151] In Abgrenzung zum "Ideal des *gentleman conoisseurship*" der älteren akademischen Generation in Cambridge ging es Leavis in den 1930er Jahren zunächst um die Etablierung des Studiums der britischen Literatur als einer ernstzunehmenden eigenständigen und gesellschaftlich relevanten Wissenschaft. Dazu musste sich die Literaturwissenschaft von benachbarten Gebieten wie der Linguistik, der Geschichtswissenschaft und der Philosophie abgrenzen.[152] Zu diesem Zweck stellte sich Leavis in

---

[148] Siehe dazu Heinz Antor, "Ethical Criticism", *Metzler Lexikon Literatur- und Kulturtheorie*, ed. Ansgar Nünning (Stuttgart: Metzler, ²2001) 159-61; Kreis et al. 183-90, Harpham, "Ethics" 400-05 und Andrew Hadfield, Dominic Rainsford und Tim Woods, "Introduction", *The Ethics in Literature*, ed. Hadfield, Rainsford, Woods (London: Palgrave, 1999) 1-14, hier: 7-13.
[149] Siehe dazu Kreis et al. 193-205.
[150] Vgl. dazu auch Kreis et al. 205-24.
[151] Meinhard Winkgens, *Die kulturkritische Verankerung der Literaturkritik bei F.R. Leavis* (Paderborn: Schöningh, 1988) 14, 12.
[152] Siehe Peter Barry, *Beginning Theory: An Introduction to Literary and Cultural Theory* (Manchester UP, 1995) 12-32; Winkgens, *Literaturkritik bei F.R. Leavis*

seinem Hauptwerk von 1948, *The Great Tradition*,[153] in die Tradition des viktorianischen Kritikers Matthew Arnold und bewertete literarische Texte vor allem danach, ob sie ein kritisches und vitalistisches Gegengewicht zur Durchsetzung einer zunehmend utilitaristisch orientierten Massenkultur und zu dem damit einhergehenden Verlust "einer von ihm postulierten prä-industriellen, alle Mitglieder der Gesellschaft umfassenden Kulturgemeinschaft"[154] bilden können. Meinhard Winkgens spricht von Leavis' Programm als "einer in der Literaturkritik zentrierten und zivilisationskritisch ausgerichteten Erneuerung der wertstiftenden Leitbildfunktion der Kultur", die einem antizivilisatorischen und wertkonservativen humanistischen Liberalismus verpflichtet ist.[155]

Mit der Begründung, dass es ihm um die intersubjektive Herstellung eines Konsenses innerhalb einer fachkompetenten Kommunikationsgemeinschaft und nicht um allgemeine theoretische Zusammenhänge und Festlegungen ginge, verwahrte sich Leavis zeitlebens gegen eine Explikation seiner eigenen, vom britisch-französichen Aufklärungshumanismus und dessen zentralen Momenten der Freiheit, der Liebe und der Bildung geprägten Grundannahmen.[156] Diese Vorannahmen sind mit der

---

13-14 und Herbert G. Klein, "F.R. Leavis als Literatur- und Kulturkritiker aus heutiger Sicht, *Literatur in Wissenschaft und Unterricht* 31.3 (1998): 277-91, hier 280.

[153] F.R. Leavis, *The Great Tradition: George Eliot – Henry James – Joseph Conrad* (1948; Harmondsworth: Penguin, 1972).

[154] Klein 281.

[155] Winkgens, *Literaturkritik bei F.R. Leavis* 16, 442.

[156] René Wellek forderte Leavis 1937 in einem offenen Brief erfolglos zu einer solchen Explikation auf. Siehe "Literary Criticism and Philosophy", *Scrutiny* 5.4 (1936/37) 375-83 und F.R. Leavis, "Literary Criticism and Philosophy: A Reply", *Scrutiny* 6.1 (1937/38) 59-70. Peter Barry fasst diese kaum jemals explizierte, doch nach wie vor breitenwirksame humanistisch-weltanschauliche Konzeption in zehn Vorannahmen zusammen: (1) die Bedeutung guter Literatur ist historisch unabhängig, (2) der literarische Text enthält seine eigene Bedeutung und bedarf keiner erläuternden Kontexte, (3) Interpretation muss auf einer wertfreien Ausgangsbasis erfolgen, (4) die menschliche Natur ist eine feste, unveränderliche Größe, (5) Individualität ist eine im Menschen natürlich angelegte Essenz, (6) die Funktion von Literatur besteht in der Verbesserung des individuellen Lebens und der ebenso individuellen Vermittlung allgemeinmenschlicher Werte, (7) Inhalt und Form literarischer Werke müssen sich organisch ergänzen, (8) Ehrlichkeit und Aufrichtigkeit sind der literarischen Sprache inhärente Qualitäten, welche die Distanz zwischen der Sprache und den Dingen überbrücken, (9) literarische Texte werden weniger für ihre erläuternden als ihre zeigenden Dimensionen geschätzt, (10) es ist die Aufgabe von Literaturkritik zwischen Text und Rezipienten zu vermitteln, theoriegestützte Herangehensweisen können diese quasi empiristische

in den späten 1960er Jahren einsetzenden Theoretisierungswelle, die eine entscheidende Voraussetzung auch für das vorliegende Projekt darstellt, vor allem in Hinblick auf ihren statischen Subjektbegriff und ihr Konzept vom transparenten Text unhaltbar geworden.

Diese Theoretisierungswelle – die einerseits an eine ideengeleitete britische Traditionslinie anknüpfen kann[157] – wertet Barry vor dem Hintergrund der sich von anderen Fachgebieten abwendenden liberalhumanistischen Positionen auch als eine Rückkehr des Verdrängten: "The 'project' of 'theory' from the 1960s onwards is in essence to re-establish connections between literary study and these three academic fields [language, history, philosophy] from which it had so resolutely separated itself".[158]

Mit dem Einzug theoretischer Modelle (zunächst strukturalistischer, psychoanalytischer und feministischer, später poststrukturalistischer, *new historicist*, *cultural materialist*, und postkolonialer Provenienz) war auch ein weitreichender Bruch mit den tendenziell theoriefeindlichen Überzeugungen des *liberal humanism* und mit seinem auf die Metaphysik der Präsenz und einen cartesianischen Subjektbegriff rekurrierenden, ethisch-moralisch verankerten Erkenntnisinteresse verbunden:

> For most of the Theoretical Era (c. 1968-1987), ethics, the discourse of 'respect for the law', had no respect. All the critical schools that arose or redefined themselves during this era [...] took as their founding premise the radical inadequacy of such Enlightenment leftovers as 'the universal subject', the 'subject of humanism', the 'sovereign subject', the 'traditional concept of the self'; and in the assessment of the various crimes and misdemeanors committed by or on behalf of this subject, ethics was seen to be heavily implicated. For it was in the discourse of ethics – was it not? – that the subject, grossly flourishing in all its pretheoretical arrogance, claimed an undisturbed mastery over itself and indeed the entire world by claiming to base its judgments and actions on the dictates of universal law.[159]

Explizit ethisch orientierte Kritik "had fallen on hard times",[160] und das nicht ohne gute Gründe, wie etwa der marxistische Literaturkritiker Frederick Jameson betont – dessen politische Argumentation freilich

---

Vermittlungsfunktion nur mit vorgefertigten Theoremen verstellen. Barry 16-21. Vgl. dazu Tony Davies, *Humanism* (NY/London: Routledge, 1997).

[157] Siehe D.J. Enright und Ernst de Chickera, *English Critical Texts* (Oxford: OUP, 1962).

[158] Barry 16.

[159] Harpham, "Ethics" 387.

[160] Wayne Booth, *The Company We Keep: An Ethics of Fiction* (Berkeley: U of California P, 1988) 25-46.

seine eigenen ethischen Implikationen besitzt:[161] Wenn die Frage nach der Bedeutung eines Textes primär ethische Beantwortung findet, sei Skepsis gegenüber den damit verbundenen politisch fragwürdigen, statisch dualistischen Zuweisungen von gut und böse angezeigt, die, wie Parker erläutert, dazu führten, dass "'evil' inevitably denotes imagined characteristics of those who are Other to the hegemonic group".[162]

Die neue Konjunktur, die ethische Fragestellungen in den Kulturwissenschaften seit einigen Jahren erleben – Martha Nussbaum etwa spricht 1990 von einem "marked turn towards the ethical" – ist vor diesem Hintergrund in gewisser Weise ebenfalls als eine Rückkehr des Verdrängten lesbar.[163] Es ist allerdings in hohem Maße fragwürdig, ob poststrukturalistische Theorien tatsächlich ein ethisches Vakuum mit sich gebracht haben. Auch Harpham betont: "a persistent strain of ethical concern had for some time troubled the margins of critical discourse, even in the work of those who had been thought to be most rigorously antihumanistic".[164] Trotz der von Nussbaum zu Recht konstatierten weitgehenden Nichtbeachtung explizit moralphilosophischer Überlegungen in den Literaturwissenschaften zwischen den späten 1960er und den späten 1980er Jahren,[165] gehörten ethische Fragestellungen aus feministischer, neo-marxistischer und anti-rassistischer Perspektive ebenso wie in der Alteritätsforschung und in postkolonialistischen Arbeiten durchaus zum *state of the art* der Disziplin in diesen Jahren.[166] Ein anhaltendes Vermächtnis der explizit politisch orientierten Kritik der 1970er

---

[161] Frederic Jameson, *The Political Unconscious: Narrative as a Socially Symbolic Act* (Ithaca/London: Cornell UP, 1981) 60, 114.

[162] David Parker, "Introduction: The Turn to Ethics in the 1990s", Renegotiating Ethics in Literature, Philosophy, and Theory, ed. Jane Adamson, Richard Freadman und Parker (Cambridge: CUP, 1998) 1-17, hier 5. Vgl. dazu Harpham, "Ethics" 387-89.

[163] Martha Nussbaum, *Love's Knowledge: Essays on Philosophy and Literature* (NY/Oxford: OUP, 1990) 29, Fn. 52. Nussbaums Einschätzung erfolgt mit Blick auf die Bemühungen poststrukturalistischer TheorektikerInnen wie Derrida und Johnson, die Dekonstruktion als ethisch und sozial relevante Variante der formalen Kritik zu beschreiben. Harpham verweist auf die entscheidende Rolle, die dabei die Entdeckung der von dem jungen de Man zwischen 1941 und 42 für eine kollaborierende belgische Zeitung verfassten Artikel gespielt hat ("Ethics" 389-91, 394).

[164] Harpham, "Ethics" 392.

[165] Nussbaum 169-70. Eine der wenigen Ausnahmen stellt S.L. Goldberg, *Agents and Lives: Moral Thinking in Literature* (Cambridge: CUP, 1993) dar.

[166] Booth 5. Vgl. auch Parker 3-5 und Dominic Rainsford und Tim Woods, "Introduction", *Critical Ethics: Text, Theory and Responsibility*, ed. Rainsford und Woods (London: MacMillan, 1999) 1-19, hier: 4.

und 80er Jahre ist die beständige Erinnerung an die Kontingenz des Ethikdiskurses, des literarischen Kanons, der Geschlechterkonstruktion und anderer kultureller Formationen, die seither nicht mehr unproblematisch als zeitlos und universal gegeben vorausgesetzt werden können, sondern in ihren Konstruktions- und Funktionsweisen verstanden werden müssen.

Über die Tatsache hinaus, dass auch poststrukturalistische Theorie und Kritik grundsätzlich ethische Implikationen besitzt,[167] haben primär formale und vor allem sehr detailgenaue poststrukturalistische Analysen von Texten (insbesondere in Bezug auf Formen der Subjektkonstitution) dazu beigetragen, dass ethische Fragen nun in einem anderen Licht gestellt werden können und müssen.[168] Die etwa für Leavis offensichtlich ethische Dimension von Texten, nämlich die der narrativen Präsentation moralischer Fragen und Konflikte in Figuren und imaginierten Handlungsabläufen,[169] wird dabei, wie Parker ausführt, in Bezug auf klar festlegbare Konflikte und die Natur des zu moralischen Entscheidungen fähigen Subjekts nachhaltig in Frage gestellt:

> First, it [deconstruction] has insisted that literary meaning is finally undecidable, so the very notion of determinate 'moral questions' or 'dilemmas' is defeated in the end by the instabilities within language itself. Secondly, deconstruction has presented the inner life of moral deliberation, intentionality and choice not as something prior to language but as a mere effect of language. Thus the supposedly autonomous, rational subject of Kantian ethics is decentered into the various different discourses of which he [sic] is constituted. In this way, any interest in character or imagined characters,

---

[167] Siehe dazu Tobin Siebers, *The Ethics of Criticism* (Ithaca/London: Cornell UP, 1988).

[168] Explizit zeigt sich das Interesse an der Schnittstelle zwischen Poststrukturalismus und Ethik seit Ende der 80er Jahre. Siehe dazu Barbara Johnson, *A World of Difference* (Baltimore/London: Johns Hopkins UP, 1987); Hillis Miller, *The Ethics of Reading: Kant, DeMan, Eliot, Trollope, James, and Benjamin* (NY: Columbia UP, 1987); Simon Critchley, *The Ethics of Deconstruction: Derrida and Levinas* (1992; Edinburgh: Edinburgh UP, 1999); Geoffrey Galt Harpham, *Getting it Right: Language, Literature and Ethics* (Chicago/London: U of Chicago P, 1992); Dietrich Krauß, *Die Politik der Dekonstruktion: Politische und ethische Konzepte im Werk von Jacques Derrida* (Frkf./M./NY: Campus, 2001).

[169] Vgl. dazu Andrew Gibson, *Postmodernity, Ethics and the Novel: From Leavis to Levinas* (NY/London: Routledge, 1999) 54-57 und Winkgens, *Literaturkritik bei F.R. Leavis*. Winkgens führt Leavis' Aufmerksamkeit für inhaltliche vor formalen Dimensionen eines literarischen Textes auf dessen "schwerpunktmäßige Beschäftigung mit soziokulturellen Fragestellungen" zurück (24).

selves, or subjects is displaced by a rigorous attention to the differential system of signs in which such 'traces' allegedly have their only being.[170]

In diesem Zusammenhang ist Derridas Schrifttheorie, welche sich zunächst nicht explizit und wenn, dann nur sehr bedingt mit ethischen Fragen befasst, medienethisch interessant.[171] Denn sie unterläuft dogmatische Positionen dadurch, dass sie sie als unendliche Verweiszusammenhänge begreift, deren Bedingungen es zu erfassen gilt, um zu verantwortungsvollen (im Sinne von informierten und kritischen) Schlussfolgerungen bezüglich eines Textes oder einer Situation zu kommen.[172] Dabei wird

> [d]ie Frage nach einer vermeintlichen Unmittelbarkeit [...] bei Derrida gänzlich ad absurdum geführt. Auch das Handeln als bewußtes und im weitesten Sinne regelgeleitetes Tun ist wie das Erkennen auf Vermittlungen angewiesen. Realität, die Handeln ermöglicht, ist ein historisch gebildetes Konstrukt. Handeln ist in diesem Sinne nicht nur Ausdruck einer ethischen Einstellung, sondern auch eines Spiels, das nun einmal nicht ohne Regeln zu spielen ist. Ethosbildung ist somit ein regelgeleitetes Geschehen, das aber in seiner jeweiligen Konkretion nicht notwendig erfolgt. Derridas dekonstruktivistische Methode hat in diesem Sinne auch auf postmoderne Ethikansätze gewirkt, die ethischen Normen nur eine relative Bedeutung zumessen – nicht zuletzt deshalb, weil sich Realität medienbedingt nicht mehr absolut, sondern nur noch perspektivisch bestimmen läßt.[173]

An die Arbeiten von Nietzsche, Freud und Heidegger anknüpfend, unterläuft Derridas Schrifttheorie die für die abendländische Philosophie grundlegende Vorstellung eines eindeutig auszumachenden Ursprungs, eines Zentrums, einer transzendentalen Präsenz, die jeden Analyse- und Verstehensprozess verankert.[174] Diese Theorie entlässt den Menschen in

---

[170] Parker 8. Parker spricht von der Dekonstruktion der humanistischen Ethik, die als Ethik der Dekonstruktion reüssiert (9). Vgl. dazu Harpham, "Ethics" 392-93.

[171] Jacques Derrida, "Passions: 'An Oblique Offering'", *On the Name*, ed. Thomas Dutoit (Stanford: Stanford UP, 1995). Newton spricht von der Dekonstruktion daher auch als "surprisingly the most fruitful interlocutor for a narrative ethics" (37-51, hier 37).

[172] Siehe Jacques Derrida, "Afterword: Toward an Ethics of Discussion", *Limited Inc.* (Evanston, IL: Northwestern UP, 1988) 111-60.

[173] Wiegerling 85. Mike Sandbothe nennt Derrida den "Vordenker der theoretizistischen Medienphilosophie" (*Pragmatische Medienphilosophie* 14).

[174] Siehe Jacques Derrida, "Structure, sign and play in the discourse of the human sciences", *Modern Criticism and Theory: A Reader*, ed. David Lodge (London/NY: Longman, 1988) 108-23 und *Grammatologie*. Vgl. dazu Lawrence Cahoone, "Introduction", *From Modernism to Postmodernism*, ed. Cahoone (London: Blackwell, 1996) 1-23.

eine Welt aus Zeichen und letztlich unentscheidbaren semiotischen Prozessen. Derrida leitet daraus seinen erweiterten Textbegriff ab, welchen er auf die kurze Formel bringt: *"Ein Text-Äußeres gibt es nicht"*.[175] Diese Formel wird häufig dahingehend missverstanden, dass Derrida unterstellt wird, er bestreite die faktische Existenz der Welt, der Dinge und der Erfahrung und suchte sie in einer referenzlosen, epistemologisch hermetischen Gesamtbibliothek einzusperren. Doch es geht gerade nicht um Vereinheitlichung, sondern um Kontextualisierung: "the effort to take this limitless context into account".[176] Dazu schreibt Critchley:

> A generalized concept of the text does not wish to turn the world into some Borgèsian library, nor does it wish to cut off reference from some 'extra-textual' realm. The *qua* context is glossed by Derrida as 'the entire "real-history-of-the-world"', and this is said in order to emphasize the fact that the word 'text' does not suspend reference 'to history, to the world, to reality, to being, and especially not to the other'. Derrida's point is that all of the latter appear in an experience which is not an experience of presence, but rather the experience of a network of differentially signifying traces which are constitutive of meaning. Experience traces a ceaseless movement of interpretation within a limitless context.[177]

Wenn es in diesem Sinne kein Jenseits der Schrift, kein Jenseits des Textes gibt, sind diese textuellen bzw. medialen Vermittlungsformen auch Voraussetzungen (prinzipiell nicht absoluter) ethischer Artikulation. Der Ort des Ethischen wird damit in eine Unsicherheit hinein verlegt, die bereits sprachlich und nicht etwa intentional (bzw. durch mangelnde Intention) bedingt ist: "[T]he ethical moment in deconstruction, the moment of responsibility, arises out of the restlessness of an experience of aporia, that is, of the suspension of choice, ambiguity, equivocity, hesitation, undecidability".[178] Derrida selbst schreibt dazu:

> In order to recast, if not rigorously re-found a discourse on the 'subject', on that which will hold the place (or replace the place) of the subject (of law, of morality, of politics – so many categories caught up in the same turbulence), one has to go through the experience of a deconstruction. This deconstruction (we should once again remind those who do not want to read) is neither negative nor nihilistic; it is not even a pious nihilism as I have heard said. A concept (that is to say also an experience) of responsibility comes at this

---

[175] Derrida, *Grammatologie* 274.
[176] So einer von Derridas Definitionsversuchen dessen, was Dekonstruktion bedeutet. Siehe *Limited Inc.* 136.
[177] Critchley, *The Ethics of Deconstruction* 262. Die Derridazitate stammen aus *Limited Inc.* 136-37.
[178] Critchley, *The Ethics of Deconstruction* 261.

price. We have not finished paying for it. I am talking about a responsibility that is not deaf to the injunction of thought. [...] The subject, if subject there must be, is to come *after* this. [...] I believe there is no responsibility, no ethico-political decision, that must not pass through the proofs of the incalculable or the undecidable. Otherwise everything would be reducible to calculation, program, causality, and at best, 'hypothetical imperative'.[179]

Der Verdacht, dass diese Verlagerung der Subjektposition auf ein zunächst unbestimmtes "wer?" ein Entlassen des individuellen Subjekts aus der Verantwortung bedeutet, nährt die Kritik an dekonstruktivistischen Ansätzen. Ein typisches Beispiel für diese Kritik, die an traditionellen Konzeptionen von Subjektivität festzuhalten sucht, ist Tobin Siebers' *The Ethics of Criticism*: "The substitution of language for the self produces its own distinct moral dilemma because it has created a view of human consciousness in which ethical reflection is always destined to fail."[180] Die vorliegende Arbeit wendet sich entschieden gegen den Verdacht, dass die Dekonstruktion Verantwortungslosigkeit produziert. Denn die beliebte dichotomische Gegenüberstellung eines sprachbeherrschenden, selbstmächtigen Subjekts einerseits und einem in der Sprache konstituierten und daher ohnmächtigen Subjekt andererseits ist eine polarisierende Verzerrung des Problems.[181] Es ist gerade nicht ein *Übergehen* (Parker spricht von "by-passing"), sondern die *kritische Adaption* der poststrukturalistischen Einwände gegen statische Selbstkonzepte, die – beispielsweise in der Lösung der Diskussion von Verantwortung aus rein rationalistischen Kodierungen – die fruchtbarste Perspektive für ethische Fragestellungen eröffnen. Harpham beispielsweise erinnert daran, dass ethische Entscheidungen immer von unterschiedlichen Faktoren wie vorgefassten Prinzipien, Angst, Wünschen und unmittelbaren Interessen beeinflusste Entscheidungen zwischen verschiedenen ethischen Optionen sind.[182]

---

[179] Jacques Derrida, "Eating Well: On the Calculation of the Subject. An Interview With Jacques Derrida", *Who Comes After the Subject?*, ed. Eduardo Cadava, Peter Connor und Jean-Luc Nancy (London: Routledge, 1991) 96-119, hier 107-08.
[180] Siebers 10.
[181] So etwa bei Paul John Eakin, *Fictions in Autobiography: Studies in the Art of Self-Invention* (Princeton: PUP, 1985) 189-91, und in subtiler Form auch bei Parker, der diese Dichotomie akzeptiert, indem er zwischen beiden Polen dialektisch zu vermitteln sucht (9-11).
[182] Harpham, "Ethics" 395-96. Auch John Guillory betont, dass ethische Praxis nicht die Wahl zwischen gut und böse, sondern die zwischen unterschiedlichen Vorstellungen von gut ("the choice between goods") impliziert. Siehe "The Ethical Practice of Modernity: The Example of Reading", *The Turn to Ethics*, ed.

Gerade die Dekonstruktion zeigt, so argumentiert Andrew Gibson, dass "insufficiency and complicity – in particular, the impossibility of categorical or decisive separation from the excoriated other – may be the conditions ethics must reckon with".[183] In diesem Sinne folgert auch Harpham, dass 'das Subjekt' niemals liquidiert war und nun rehabilitiert werden müsste (eine Liquidation setzte dessen Präsenz voraus), sondern eine entscheidende Rekonzeptionalisierung erfahren hat:

> The subject can 'return' on the condition that it be transformed and modernized – no longer the self-identical, self-regulating subject of humanism, but rather a subject inmixed with otherness. This otherness, Derrida said, would consist not only of the obligation that all people owe to other people, but also of the iron laws, the internal otherness, which we as speaking animals, harbor within our living consciousness: 'the mark in general', 'the trace', 'iter-ability', *'différance'*, othernesses that *'are themselves not only human'*.[184]

Die kritische Adaption poststrukturalistischer Einwände gegen statische Selbstkonzepte bedeutet, dass die Feststellung, Bedeutung sei letztlich unentscheidbar und Intention, Freiheit und Verantwortung seien sprachlich bedingte Effekte, kein immer gleicher Endpunkt kritischer Arbeit ist,[185] sondern vielmehr Ausgangspunkt für die Frage danach sein muss, *wie* und mit welchen Konsequenzen im Angesicht von Unentscheidbarkeit dennoch entschieden *wird*, bzw. wie sich unter solchen Bedingungen Freiheit und Verantwortung äußern und entfalten. Es ist

---

Marjorie Garber, Beatrice Hanssen und Rebecca Walkowitz (NY/London: Routledge, 2000) 29-46, hier 38.

[183] Gibson 4. Siehe dazu auch Derrida, "Eating Well"; Jacques Derrida, *The Gift of Death* (Chicago/London: U of Chicago P, 1995); sowie Chris McNab, "Derrida, Rushdie and the Ethics of Mortality", *The Ethics in Literature*, ed. Andrew Hadfield, Dominic Rainsford und Tim Woods (London: Palgrave 1999) 136-51.

[184] Harpham, "Ethics" 392. Die in einfachen Anführungszeichen angegebenen Begriffe sind Zitate aus Derrida, "Eating Well" 116. Mit 'menschlich' bzw. 'nicht menschlich' unterscheidet Derrida im Rekurs auf Heideggers Unterscheidung zwischen Dasein und Zuhandensein eine bewusste, reflexive Form des Selbstbezugs, die dem Diskurs der Subjektivität unterliegt, von einer Form des Selbstbezugs, die vor- bzw. nicht reflexiv ist. Vgl. dazu "Eating Well" 105-06.

[185] So besonders ausgeprägt in Virilios apokalyptischer Kulturgeschichte der Beschleunigung, der 'Dromologie', und Baudrillards Theorie der realitätsauflösenden 'Simulacra', welche den Unterschied zwischen Mensch und Maschine unkenntlich und alles unentscheidbar machen, sodass Realität allein in der Agonie liege. Siehe Paul Virilio, "Fahrzeug", *Aisthesis: Wahrnehmung heute oder Perspektiven einer anderen Ästhetik; Essays*, ed. Karlheinz Barck et al. (Leipzig: Reclam, [4]1992) 47-70; "Das letzte Fahrzeug", Barck, *Aisthesis* 265-76; Jean Baudrillard, "Videowelt und fraktales Subjekt", Barck, *Aisthesis* 252-64.

dieses poststrukturalistisch gewendete Verständnis von Ethik, das die hier verfolgte Frage nach der Ethik medialer Repräsentationsformen leitet.

Harpham macht die Bewegung des Selbstkonzeptes durch die poststrukturalistische Kritik an einer Unterscheidung von Ethik und Moral deutlich:

> Morality represents [...] a particular moment of ethics, when all but one of the available alternatives are excluded, chosen against, regardless of their claims. [...] The moral moment is irremovable, however, not just because decisions must be made, but also because mere choice has, by itself, no ethical value whatsoever. [...] Decisions achieved without a passage through what Derrida would call undecidability and what a more traditional account would call the circumstance of free choice represent mere blindness and brutality. Ethics places imperatives, principles, alternatives on a balanced scale, sustaining an august reticence, a principled irresolution to which, nevertheless, the limited and precise prescriptions of morality must refer for their authority. So while, once again, neither ethics nor morality has any claim on our respect, their incoherent union is respect itself.[186]

Genau diese Bewegung durch die Unentscheidbarkeit artikuliert Koschorke in seinen methodologischen Ausführungen zur kritischen Adaption der Dekonstruktion. Vor dem Hintergrund einer unaufgeregten Akzeptanz der Prämissen des *linguistic turn* steht die neue Konjunktur ethischer Fragestellungen in einem weitgehend anderen Kontext als die Arbeiten etwa von Leavis und seinem wichtigsten Vorgänger, dem Viktorianer Matthew Arnold.[187] Während Leavis bemüht war, die Analyse

---

[186] Harpham, "Ethics" 397-98. Die hier von Harpham beschriebene Bewegung von der Unentscheidbarkeit zur Entscheidung figuriert bei Critchley in *The Ethics of Deconstruction* als "question of politics" (188-247), die er für die fundamentale Aporie der Dekonstruktion hält (275). Vgl. auch Jèmeljan Hakemulders Unterscheidung zwischen (1) "ethical effects" als Bezeichnung für "the enhancement of ethical reflection"; (2) "moral effects" als Bezeichnung für "the actual persuasion in favor of some moral position"; und (3) "pre-ethical effects" als Bezeichnung für eine Förderung bestimmter Differenzierungsfähigkeiten wie "being able to understand [...] conflicting demands, being able to determine our own norms and values, and predicting the consequences of either option of [a] dilemma" in: *The Moral Laboratory: Experiments Examining the Effects of Reading Literature on Social Perception and Moral Self-Concept* (Amsterdam/Philadelphia: John Benjamins, 2000) 3-4, siehe auch 25-26.

[187] Zu den Kontinuitäten zwischen Leavis und der neuen Konjunktur der Ethik siehe Michael Bell, "What Price Collaboration? The Case of F.R. Leavis", *Critical Ethics: Text, Theory and Responsibility*, ed. Dominic Rainsford und Tim Woods (London: MacMillan, 1999) 23-36. Auch Gibson weist auf Kontinuitäten zwischen Leavis und den Projekten von Rorty, Nussbaum, Booth, Parker und

von literarischen 'Werken' von explizit philosophischen Fragestellungen zu isolieren,[188] erhält die gegenwärtige Konjunktur des Ethischen in den Literaturwissenschaften ihren Auftrieb aus der ebenfalls neu belebten Moralphilosophie, insbesondere aus der Ansteckung der Philosophie durch das Sprachbewusstsein literarischer 'Texte' und aus der Dekonstruktion.[189] Aus dieser Perspektive sind Erzählungen, "[which] bear[...] the burden of managing the encounter between language and the world" nicht mehr oder weniger gelungene Bebilderungen für philosophische oder theoretische Ideen. Sie fordern, wie Harpham überzeugend darlegt, vielmehr die Erklärungsbildung (nichts anderes ist Theorie) heraus: "The name for this mutual stimulation of theory and example, this fundamental instance of the relation of consciousness to life, is ethics: it is 'in ethics' that theory becomes literary and literature becomes theoretical".[190] Als formal und inhaltlich unerreicht komplexe, vielschichtig kontextualisierte und gleichzeitig hoch partikularisierte ästhetische Formen der ethischen Reflexion sind literarische Texte hier Gegenstand der Untersuchung und Erkenntnismedium für historisch spezifische, medial ko-determinierte dialogische Prozesse der Selbstkonstitution.

4. Im transatlantischen Vergleich: britische und US-amerikanische Literatur und Kultur

Die vorliegende Untersuchung unternimmt vor dem Hintergrund des Modernisierungsprozesses eine vergleichende Lektüre britischer und amerikanischer Texte. Wie Malcolm Bradbury in *Dangerous Pilgrimages*, seiner Untersuchung des von Beginn an und anhaltend reichen "flourishing [two-way transatlantic] traffic in fancy, fiction, dream and

> Goldberg hin. Er spricht von deren "prä-strukturalistischem" Verständnis des Romans und der ethischen Dimension von Fiktion und, trotz ihres gegenteiligen Bemühens, von der Rückkehr der Neo-Humanisten zur Metaphysik (9-12).

[188] Winkgens, *Literaturkritik bei F.R. Leavis* dokumentiert, dass Leavis' explizit theoriefeindliche Programmatik durchaus Parallelen mit einer Reihe philosophischer Denkrichtungen aufweist, insbesondere der Lebensphilosophie und der Frankfurter Schule.

[189] Dass die KritikerInnen, die sich derzeit mit ethischen Implikationen literarischer Texte befassen (Martha Nussbaum, Cora Diamond, Wayne Booth, Tobin Siebers, Charles Altieri, Richard Eldridge, Paul Seabright, Frederick Olafson, Murray Krieger, Richard Rorty, Stanley Cavell und Alasdair MacIntyre), zum großen Teil gelernte PhilosophInnen sind, zeige, so Parker, dass "the 'turn towards the ethical' within literary studies is closely connected to the turn to the literary within ethics" (14).

[190] Harpham, "Ethics" 404, 402.

myth" betont: "The great transatlantic bridge is of enormous political and economic significance, and has everything to do with the destiny and evolution of the modern world".[191] Allerdings gibt es vergleichsweise wenige Studien, die sich mit diesem transatlantischen Zusammenhang befassen.[192] Der Grund dafür liegt weniger in den Texten selbst als vielmehr in dem nationalkulturell sowie institutionell begründeten Interesse, nationalliterarische Traditionen zu etablieren.

Tatsächlich vergleichende Studien beziehen sich zum großen Teil auf sehr eng definierte Untersuchungsbereiche wie etwa die Filmindustrie der 1920er Jahre, den Kriminalroman, den zeitgenössischen populären Liebesroman, den frühen historischen Roman, die Reiseliteratur oder die literarischen Transfer- und Transformationsleistungen einzelner Autoren. Daneben gibt es allerdings seit den 1980er Jahren eine Reihe von Studien, die über eine explizit transatlantische Perspektive den Versuch unternehmen, dem institutionell bedingten Graben zwischen den englischsprachigen Literaturen auf beiden Seiten des Atlantiks zu begegnen.[193] Ihre Themen reichen vom literarischen Austausch während des 17. und 18. Jahrhunderts bis zur Zeit der großen Revolutionen um die Wende vom 18. zum 19. Jahrhundert, von der literarischen Produktion des britischen, französischen, deutschen, spanischen und portugiesischen Amerika vor 1765 bis zum Black Atlantic, und von transatlantisch wirksamen Diskursformen wie beispielsweise dem Orientalismus bis zur Erforschung der Internationalität nationaler Literaturen.[194] Diese Studien suchen dem Befund Rechnung zu tragen, dass das, was heute unter dem Begiff 'amerikanische Literatur' firmiert, Resultat einer komplexen

---

[191] Malcolm Bradbury, *Dangerous Pilgrimages: Transatlantic Mythologies and the Novel* (London: Penguin, 1995) 2.

[192] Einen Überblick bieten Sabine Felsberg und Barbara Buchenau, "From Influence Study to Writer Response Criticism: A Brief Survey of Books on Relations between Anglo-American and British Literatures", *The Internationality of National Literatures in Either America: Transfer and Transformation*, vol. I/2: *British America and the United States, 1770s-1850s*, ed. Armin Paul Frank und Kurt Müller-Vollmer (Göttingen: Wallstein, 2000) 67-71.

[193] Beth Dolan Kautz und Wilhelmus M. Verhoeven, "Preface", *Revolutions and Watersheds: Transatlantic Dialogues, 1775-1815*, ed. Verhoeven (Amsterdam/ Atlanta: Radopi, 1999) 1-3, hier 3.

[194] Eine Liste entsprechender Publikationen findet sich bei Kautz/Verhoeven. Eine Übersicht über neuere Titel zum Thema Black Atlantic bietet Jeannine Marie DeLombard, "Turning Back the Clock: Black Atlantic Literary Studies", *The New England Quarterly: A Historical Review of New England Life and Letters* 75.4 (2002): 647-55. Vgl. dazu auch die seit 1997 bzw. 2004 bestehenden Zeitschriften *Symbiosis: A Journal of Anglo-American Literary Relations* und *Atlantic Studies: Literary, Cultural and Historical Perspectives*.

Mischung aus formalen, funktionalen, inhaltlichen und kontextuellen Kontinuitäten und Diskontinuitäten nicht nur gegenüber der britischen Tradition ist.

Auch wenn sich in bestimmten Bereichen kultureller Standardisierungen nationalkulturell sowie durch unterschiedliche ethnische Einflüsse spezifische britisch-amerikanische Unterschiede bestimmen lassen,[195] geht die vorliegende Studie von der Annahme aus, dass die politisch wie imaginär ineinander verwobene transatlantische Geschichte zur Etablierung von Symbolsystemen beigetragen hat, deren Verwendungs- und Interpretationsregeln nicht identisch, aber doch prinzipiell kompatibel sind: "American images have constantly been refracted in European art and writing," argumentieren Ruland und Bradbury, "and so have the images traded in reverse, of Europe in America. That is another reason why even to this day it is hard to identify a separate space for American literature which makes it distinct from the arts of Europe".[196] Meine Vorgehensweise setzt sich daher von einer Tradition ab, die die Differenzen zwischen den beiden Traditionen voraussetzt oder unbedingt hervorzuheben sucht.

Das Beharren auf der Unterschiedlichkeit britischer und amerikanischer Traditionen hat seine nachvollziehbaren Gründe im Bemühen um nationale und institutionelle Identitätsbildung. Jeweils in der Mitte des 19. und 20. Jahrhunderts spielen in diesem Zusammenhang vor allem zwei Momente eine entscheidende Rolle: Kurz nach dem amerikanischen Bürgerkrieg ist dies zunächst die professionelle Institutionalisierung des Transzendentalismus als zentraler Bezugspunkt für die amerikanische kulturelle Identität.[197] Nach den Jahren des zweiten Weltkriegs berufen sich literaturkritische Bemühungen dann wiederum auf den Transzendentalismus, um der amerikanischen Literatur und "the native strengths of writing in the American grain" einen gegenüber der als hegemonial empfundenen britischen Kultur eigenständigeren Platz

---

[195] Siehe dazu Fiedler 23-38; Richard Chase, *The American Novel and its Tradition* (Garden City, NY: Doubleday Anchor, 1957) vii-28; Kenneth B. Murdoch, "The Colonial Experience in the Literature of the United States", *Early American Literature: A Collection of Critical Essays*, ed. Michael Gilmore (Englewood Cliffs, N.J.: Prentice Hall, 1980) 168-76; und die Aufsätze in Ann Massa und Alistair Stead, eds., *Forked Tongues? Comparing Twentieth Century British and American Literature* (London/NY: Longman, 1994).

[196] Richard Ruland und Malcolm Bradbury, *From Puritanism to Postmodernism: A History of American Literature* (NY/London: Routledge, 1991) 16.

[197] Paul Giles, *Transatlantic Insurrections: British Culture and the Formation of American Literature, 1730-1860* (Philadelphia: U of Pennsylvania P, 2001) 3.

einzuräumen.[198] Dieser durch eine Hypostasierung des Transzendentalismus nationalistisch gefärbte Diskurs ist durchaus bis heute verbreitet.[199] Es geht hier weder darum, die Nützlichkeit einer notwendigerweise kontingenten Traditionsbildung zu bestreiten, noch darum, dieselbe zu Gunsten ihrer Transzendierung aufzulösen.[200] Doch Werner Sollors' und William Boelhowers Argumentation gegen homogene und statische Vorstellungen von kultureller Verwurzelung und Tradition und für eine Untersuchung der kulturellen Kontakte und kontingenten Beeinflussungen ethnisch oder kulturell spezifischer Kunst- und Literaturproduktion bleibt auch in diesem Kontext überzeugend.[201] Mein Interesse gilt deshalb den symbolischen Interdependenzen und Parallelen zwischen den Texten ausgewählter britischer und amerikanischer AutorInnen hinsichtlich der ethischen Implikationen ihrer Reflexion von Medienmaterialitäten. Dabei dient die vergleichende Perspektive als Instrument der Verfremdung: "By reflecting divergent literary traditions through a glass darkly", so argumentiert Paul Giles, "the comparative perspective suggests how inherited assumptions are based upon particular cathectic at-

---

[198] Giles 4. Vgl. auch A. Owen Aldridge, *Early American Literature: A Comparatist Approach* (Princeton: PUP, 1982) bes. 3-19, Davidson 84-86 und zu dem historisch kontingenten Bedürfnis nach einer spezifisch amerikanischen Literatur, das die Literaturgeschichtsschreibung zu immer wieder neuen Ansätzen anregt, Ruland und Bradbury 1-10. Zur Institutionalisierung der Amerikanischen Literatur siehe Kermit Vanderbilt, *American Literature and the Academy: The Roots, Growth, and Maturity of a Profession* (Philadelphia: U of Pennsylvania P, 1986) 263-68 und Gerald Graff, *Professing Literature: An Institutional History* (Chicago/London: U of Chicago P, 1987) 209-25. Zum Anglikanischen Einfluss auf die Konstruktion der "englischen Literatur" siehe Brian Doyle, *English and Englishness* (London: Routledge, 1989) 70-83.

[199] Siehe etwa Lawrence Buell, "American Literary Emergence as a Postcolonial Phenomenon", *American Literary History* 4 (1992): 411-42: "In Harold Bloom's theory of American poetic succession, no foreign power disrupts the symposium once Emerson enters it; British and American literary histories are kept rigorously distinct" (412).

[200] William C. Sprengemann legt mit seinem Argument für die Englische Sprache als gemeinsamem Distinktionsmerkmal der gesamten anglo-amerikanischen Literatur einen solchen Versuch vor. Siehe *A Mirror for Americanists: Reflections on the Idea of American Literature* (Hanover, N.H.: UP of New England, 1989).

[201] Siehe Werner Sollors, *Beyond Ethnicity: Consent and Descent in American Culture* (NY/Oxford: OUP, 1986) und "Ethnicity", Lentricchia/McLaughlin 288-305; William Boelhower, *Through a Glass Darkly: Ethnic Semiosis in American Literature* (NY/Oxford: OUP, 1987); und Antje Kley, *Das erlesene Selbst in der autobiographischen Schrift: Zu Politik und Poetik der Selbstreflexion bei Roth, Delany, Lorde und Kingston* (Tübingen: Narr, 2001) 30-33 und 337-38.

tachments and emotional affiliations, and not upon any natural sense of order".[202]

Der von Robert Fergusen unternommene und im Folgenden paradigmatisch diskutierte Versuch, zwischen eher praktisch orientierten amerikanischen und stärker theoretisch orientierten europäischen aufklärerischen Anliegen zu differenzieren, ist ein anschauliches Beispiel dafür, dass der Nachweis dezidierter Diskonstinuitäten zwischen verwandten Traditionen mitunter stark auf institutionelle Interessen rekurriert. Meine in Kapitel II vorgelegten Analysen von Richardsons *Pamela* und Browns *Arthur Mervyn* können im Einzelnen belegen, dass das Funktionspotential des Romans für starke Kontinuitäten zwischen dem frühen Roman in Großbritannien und dem wenige Jahrzehnte später erstarkenden frühen Roman in Amerika sorgt, und sie untermauern, dass Fergusen seine Unterscheidung überzeichnet, indem er auf zu wenig differenzierte Vorannahmen rekurriert.

In der *Cambridge History of American Literature* schreibt Fergusen mit Blick auf amerikanische Publikationen der Revolutionszeit, es seien vor allem zwei Aspekte, die den amerikanischen von dem europäischen Gebrauch der für die aufklärerische Epistemologie tragenden Lichtmetapher[203] unterscheiden: Optimismus und die Unmittelbarkeit der historischen Krise.

> First, Franklin and other Americans bring tremendous confidence and authority to the fusion of science, politics, and light in their explanation of the world in conflict. Second, and paradoxically, American writers experience many more problems than Europeans in the practical matter of discerning the object so enlightened. "O! SAY can you see?" asks the anthem, where saying is patently easier than seeing. Francis Scott Key's song in 1814 is a lively type in the difficulty of perceiving and experimental republic on the edge of a vast and unformed new world.[204]

Die Gründe für das amerikanische Selbstbewusstsein sieht Fergusen darin, dass sich die amerikanischen Kolonien mit der Unabhängigkeitserklärung tatsächlich von der "Tyrannei der Vergangenheit" zu befreien glauben. Sie richten das Licht der Erkenntnis ohne historische Herleitung aus der Vergangenheit auf die beispiellose gegenwärtige Situation

---

[202] Giles 196.
[203] John Lockes *Essay Concerning Human Understanding* ist sicher eines der deutlichsten Beispiele für die vorwiegend visuelle Kodierung des Wissens in der modern, säkularisierten Welt. Siehe dazu Hans Blumenberg, "Licht als Metapher der Wahrheit: Im Vorfeld der philosophischen Begriffsbildung", *Studium Generale* 10 (1957): 432-47.
[204] Ferguson 374.

der ungewissen nationalen Anfänge der "Neuen Welt", Europa hingegen muss sich im Rahmen dieser Vorstellung im Laufe der Aufklärung erst langsam von einer als dunkel konzipierten Vergangenheit absetzen.[205] Weil das Potential der "Neuen Welt" zum Guten wie zum Schlechten führen kann, bedarf es jedoch einer entsprechenden Richtungsweisung. Bei der Formulierung ihrer den Gang der Geschichte bestimmenden Ideen sind die Gründungsväter zwar sehr viel freier in der Wahl und Kombination ihrer vielfältigen europäischen Quellen,[206] doch gleichzeitig müssen diese Ideen als Grundlage ihrer Politik auch einer unmittelbaren praktischen Prüfung standhalten. Darin sieht Fergusen die im Vergleich zu Europa größere Unmittelbarkeit der Krise:

> The assumption of urgency denotes another difference between European and American Enlightenment. The conviction of a historical crisis comes late to the European Enlightenment and then only when the battle of ideas has assumed political dimensions. In America, by way of contrast, the Enlightenment *begins* in the political arena, where it unleashes the earliest recognitions of stress and disjuncture.
>
> Writing just a year before Kant's essay on the enlightenment, Washington actually wrestles with the same subject. Both men worry most about the uncertain period between revolution and enlightenment. But where the European philosopher works out a positive solution to a perceived problem, the American soldier and man of action dwells far more on the immediate implications of failure. Practical responsibilities bring an anxiety that theory does not have.[207]

Die entscheidende Schwäche von Fergusens zunächst plausibel erscheinender Unterscheidung zwischen europäischen und amerikanischen Schriften der Zeit besteht darin, dass sie den in Europa bereits erreichten Grad der modernen funktionalen Ausdifferenzierung insbesondere zwischen Philosophie und Literatur nicht berücksichtigt.[208] Was auf eu-

---

[205] Zum Zusammenhang von Unabhängigkeitserklärung und Veränderungen in Familienstrukturen und Autoritätskonzeptionen siehe auch Fliegelman.
[206] Ferguson 381.
[207] Ferguson 384, 386. Wenn Fergusen gleichzeitig den Kontrolleffekt hervorhebt, der mit aufklärerischen Normen und ihrem Versprechen einhergeht, klarer zu sehen, unterstreicht er lediglich die aufklärerische Dialektik von Befreiung und Steuerung, die bereits am Beispiel des empfindsamen Diskurses deutlich wurde.
[208] Zum unterschiedlichen Grad der Ausdifferenzierung der Literatur in Großbritannien und den USA bis zum frühen 19. Jahrhundert siehe Michael Davitt Bell, "From *The Development of American Romance*", McKeon, *Theory of the Novel* 632-56, hier 635-38; selektiver Wiederabdruck aus *The Development of American Romance* (Chicago: U of Chicago P, 1980). Winfried Fluck drängt darauf, die

ropäische *philosophische* Schriften zutreffen mag, hat für den *literarischen* Diskurs in Europa nicht unbedingt Gültigkeit. Der frühe Roman in Großbritannien präsentiert kein stabiles Wissen (auch wenn ein Autor wie Richardson das gerne möchte), wo sein wenige Jahrzehnte jüngeres amerikanisches Pendant ambivalent bleibt. Wenn Fergusen von Literatur spricht, überträgt er einen für den amerikanischen Kontext des ausgehenden 18. Jahrhunderts noch angemessenen, allgemeineren Literaturbegriff, der politische, philosophische und im engen Sinne literarische Texte versammelt, auf den europäischen Kontext.

Doch in Europa haben zu dieser Zeit bereits signifikante Ausdifferenzierungsprozesse stattgefunden, sodass diese unterschiedlichen Diskurse nur unzureichend unter dem Begriff der Literatur gefasst werden können. Die amerikanische Kultur vollzieht erst in dem halben Jahrhundert nach der Unabhängigkeitserklärung etwas Ähnliches wie den in Europa bereits abgeschlossenen Übergang vom Epos zum Roman: von einer vormodernen Form der Literatur, die öffentlich, funktional gebunden, wenig spezialisiert, kollektivistisch produziert und nicht urheberrechtlich geschützt war, zu einer, die subjektiv, hochspezialisiert und aus unmittelbaren Funktionszusammenhängen befreit, individualistisch produziert und rezipiert sowie entsprechend kommodifiziert und rechtlich geschützt war. Gilmore bestätigt, dass künstlerisch-imaginative Texte in Amerika bis zu den Transzendentalisten in den 1830er und 40er Jahren wenn überhaupt, dann sehr viel weniger klar von religiösen, moralischen, didaktischen und politischen Diskursformen unterschieden werden als es in Großbritannien längst etablierte Praxis war: "[T]he privileging of the aesthetic as something desirable purely for its own sake was itself the product – at least in America – of a historical configuration that postdated the early national period".[209] Daraus resultierte die bereits 1852 von Ralph Waldo Emerson formulierte und bis in die 1980er Jahre aufrecht erhaltene Annahme, dass die frühe Republik vor den Texten Washingston Irvings und James Fenimore Coopers nichts hervorgebracht habe, was den seit der Romantik gültigen Namen 'Literatur' verdiene: "From 1790 to 1820, there was not a book, a speech, a conversation, or a thought in the state", schreibt Emerson über Massachusetts in sein Jour-

---

Kritik der frühen amerikanischen Literatur durch eine Theorie der Moderne zu substantiieren und ihre eklektischen Ergebnisse vergleichbar zu machen. Siehe "From Aesthetics to Political Criticism: Theories of the Early American Novel", *Early America Re-Explored: New Readings in Colonial, Early National and Antebellum Culture*, ed. Klaus H. Schmidt und Fritz Fleischmann (NY: Lang, 2000) 225-68, bes. 255-57.

[209] Gilmore, "The Literature of the Revolutionary and Early National Periods" 541.

nal.²¹⁰ Als die einzig aufsehenerregenden Texte galten allein die politischen Schriften, auf die sich Fergusen in seiner Argumentation bezieht:

> The American literature of the Period thrives in the resonant space between the hope of blessing and the fear of curse. It defines itself in that crisis; this is where it holds its audiences. In so doing, early republican writings depend heavily upon the process of the Enlightenment. It is the *struggle toward realization* not the *celebration of knowledge*, that creates meaning and interest. The Americans who fight for their independence on the edge of the British Empire cannot compete with European writers for centrality in any *presentation of knowledge*. Instead, they find their importance on the very different edge of the Enlightenment. In dramatic combinations – the hope of blessing and the fear of curse – *they place themselves where light and darkness meet*.
>
> [...] Reason might clarify events, and the spread of knowledge might even make history new, but both remain entirely within the never-ending flux of circumstance – the rise and fall of nations. Time may be on the side of Revolution, but for how long? The limits of reason and knowledge are clear even to the most optimistic early republicans when this question and others like it are asked.²¹¹

Die Gegenüberstellung von amerikanischem "struggle toward realization" und europäischer "celebration of knowledge" hat offenkundig Teil an der amerikanischen Mythologie der nationalen Adoleszenz, die ihre Reife erst noch beweisen muss,²¹² und verrät Inferioritätsgefühle gegenüber etablierten europäischen Institutionen. Dadurch wird eine durchaus virulente Differenz überzeichnet, die ihre Wurzeln in – im Vergleich zu Europa – weniger festen und weniger stark ausdifferenzierten kulturellen Institutionen auf dem nordamerikanischen Kontinent hat. Nach der Unabhängigkeitserklärung erleben die Vereinigten Staaten von Amerika tatsächlich eine größere oder aufgrund des Fehlens etablierter Institutionen unmittelbarere ökonomische und soziale Verunsicherung. Die Romane von William Hill Brown, Susanna Rowson, Hannah Foster, Hugh Henry Brackenridge, Charles Brockden Brown – um nur einige der heute prominentesten AutorInnen der Zeit zu nennen – registrieren diese

---

[210] Ralph Waldo Emerson, *The Journals and Miscellaneous Notebooks of Ralph Waldo Emerson*, ed. William H. Gilman et al., vol. 8, (Cambridge: Belknap, 1970) 339. Gegen diese Überzeugung bekräftigt Gilmore den künstlerischen Charakter nicht im engen Sinne literarischer Texte. Siehe "The Literature of the Revolutionary and Early National Periods" 557. Zur Praxis des Copyright in Amerika siehe 625-28.
[211] Ferguson 387; meine Hervorhebung.
[212] Zur sogenannten "infancy theory" siehe Fluck, "Theories of the Early American Novel" 225-32.

Verunsicherungen in ihren eigenen formalen und thematischen Widersprüchlichkeiten minutiös:

> Rapid shifts in material condition pervade the postrevolutionary novel and register the genre's disorientation before an economy that seemed to bestow rewards and punishments on whim. Meteoric enrichments and abrupt collapses into indigence generate early fiction's endless complications of plot.[213]

In diesem Zusammenhang ist auch die in der Literaturkritik immer wieder hervorgehobene größere Bedeutung der Tradition der *romance* in Amerika zu sehen.[214] Die europäische Literatur im Allgemeinen deshalb zum Garanten der Stabilität und zum Präsentationsforum eines gefestigten Wissens zu machen, ist, wie die Analyse von Richardsons *Pamela* belegt, allerdings weit gefehlt. Es ist auch deshalb weit gefehlt, weil die Form des Romans, wie unter Abschnitt 1 bereits ausgeführt, mit einer zeitlichen Verschiebung von nur wenigen Jahrzehnten sowohl im Großbritannien des ausgehenden 18. als auch im Amerika des beginnenden 19. Jahrhunderts zunächst eine wildwüchsige Vielfalt entwickelt, bevor sie sich nachhaltig stabilisieren kann.[215] Erst mit Jane Austen und Sir Walter Scott in Großbritannien sowie Washington Irving, James Fenimore Cooper, Lydia Maria Child und Catherine Sedgewick in Amerika setzten sich AutorInnen durch, deren Texte eine von der mimetischen Selbstverpflichtung und von republikanischen Imperativen befreite, romantische Sensibilität entfalten und eine zukunftsweisende und gesellschaftsstabilisierende imaginative Integration des Fortgangs der (Sozial-)Geschichte und der persönlichen Erfahrung erlauben. Auch dann lässt sich freilich weder auf der einen noch auf der anderen Seite des Atlantik von Literatur als einem Präsentationsforum gefestigten Wissens sprechen.

In Bezug auf die amerikanische Literaturgeschichtsschreibung gelingt es Giles zu zeigen, dass sowohl die klassische Version in der Tradition von F.O. Matthiessens *American Renaissance* als auch die revisionistische Version der *New Americanists* (Jane Tompkins, David

---

[213] Gilmore, "The Literature of the Revolutionary and Early National Periods" 634-35. Vgl. Auch Myra Jehlen, "The Literature of Colonization", *The Cambridge History of American Literature, vol. I, 1590-1820*, ed. Sacvan Bercovitch et al. (Cambridge: CUP, 1994) 11-168, hier 167-77.

[214] Zum Begriff der Romance siehe Terence Martin, "The Romance", *The Columbia History of the American Novel*, ed. Emory Elliott et al. (NY: Columbia UP, 1991) 72-88.

[215] Siehe neben Schlaeger auch Clifford Siskin, *The Historicity of Romantic Discourse* (NY/Oxford: OUP, 1988) 125-47, 204-07; und Gilmore, "The Literature of the Revolutionary and Early National Periods" 637-43.

Reynolds, oder Eric Sundquist) auf das Muster des amerikanischen Exzeptionalismus sowie auf eine in der amerikanischen Kultur tief verwurzelte Erlösungsrhetorik rekurrieren.[216] Der britischen Literaturgeschichtsschreibung attestiert Giles einen nicht minder engen Nationalismus und eine "general tendency to exclude transatlantic dimensions from the privileged circle of British cultural identity".[217] Der vergleichende Blickwinkel leistet also Perspektivierungsarbeit:

> Rather than proffering a transparent medium of multiculturalism or internationalism, comparativism projects a prismatic mode of defamiliarization, predicated upon the paradoxical juxtaposition of apparently disparate objects. By disturbing the ethical proprieties associated with native appropriations of cultural identity, the comparative style works to refract such identities through its medium of diffusion and dispersal.[218]

Giles stellt die Kontingenzen und Reibungspunkte innerhalb der Formationsprozesse naturalisierter Vorstellungen britischer und amerikanischer Literaturtraditionen überzeugend heraus:

> To restore an American dimension to British literature of this period [1730-1860] is to denaturalize it, to suggest the historical contingencies that helped formulate the dynamics of Augustan order and imperial control. Conversely, to restore a British dimension to American literature is to politicize it: to reveal its intertwinement with the discourses of heresy, blasphemy, and insurrection, rather than understanding that writing primarily as an expression of local cultures or natural rights.[219]

Vor dem Hintergrund dieser Kritik an eng nationalliterarisch orientierten Vorgehensweisen und ganz im Sinne der auch von Jameson geforderten

---

[216] Zum Thema Erlösungsrhetorik siehe Bernd Engler, Joerg O. Fichte, Oliver Scheiding, "Transformations of Millennial Thought in America, 1630-1860", *Millennial Thought in America: Historical and Intellectual Contexts, 1630-1860*, ed. Engler et al. (Trier: WVT, 2002) 9-37, bes. 10, Fn. 1. Sacvan Bercovitch bemerkt in seiner Einleitung zu dem von ihm herausgegebenen Band *Typology and Early American Literature* (Amherst: U of Massachusetts P, 1972) 3-8: "the chronic
resistance of Americanists, in their zealous search for National Character, to give due attention to 'foreign' influences" (4). Vgl. dazu auch William C. Spengemann, *A Mirror for Americanists: Reflections on the Idea of American Literature* (Hanover, N.H./London: UP of New England, 1989) und *A New World of Words: Redefining Early American Literature* (New Haven/London: Yale UP, 1994).
[217] Giles 193.
[218] Giles 196.
[219] Giles 10-11.

"*internationalization of national situations*" verfolgt die vorliegende Arbeit ihr Interesse an der englischsprachigen Literatur auf beiden Seiten des Atlantiks.[220] Es ist klar, dass eine vergleichende Perspektive in diesem Sinne nicht eine Dokumentation mehr oder weniger direkter Beeinflussung einzelner AutorInnen impliziert (schon die hier getroffene Textauswahl ließe das nicht zu). Stattdessen geht es um eine exemplarische Konturierung der kulturellen Konvergenzen und Divergenzen ausgewählter Texte bezüglich ihrer Bearbeitung von Medienreflexion und der semantischen Modellierung von Affekten und Sozialcodes.

---

[220] Frederic Jameson, "The State of the Subject (III)", *Critical Quarterly* 29.4 (1987): 25.

II. Druckkultur, die Zirkulation der Diskurse und narrative Vermittlungsleistungen im Roman des 18. Jahrhunderts

Das 18. Jahrhundert ist auf unterschiedliche Weise sowohl in Großbritannien als auch in den britischen Kolonien auf dem nordamerikanischen Kontinent eine von komplexen wirtschaftlichen, politischen und nicht zuletzt medialen Umbrüchen geprägte Zeit. Aus der Perspektive einer strukturellen bzw. systemtheoretisch orientierten Theorie der Moderne erreicht der Modernisierungsprozess in Europa bis zum Ende des 18. Jahrhunderts ein Stadium, in dem die funktionale Ausdifferenzierung der Gesellschaft in nebengeordnete Kommunikationssysteme wie Religion, Recht, Politik, Wirtschaft, Wissenschaft, Liebe und nicht zuletzt die Literatur irreversibel geworden ist.[1] Auf dem nordamerikanischen Kontinent dauert die Durchsetzung dieses Ausdifferenzierungsprozesses aufgrund der größeren Offenheit und der geringeren Autorität der kulturellen Institutionen einige Jahrzehnte länger. Auf beiden Seiten des Atlantiks spielen die Druckkultur und die Zirkulation von Kommunikation, Geld und Information im Rahmen dieses ersten Modernisierungssyndroms, wie im Laufe der Untersuchung deutlich wird, eine entscheidende katalytische Rolle.

Neuere kulturgeschichtliche Untersuchungen seit den 1960er und insbesondere den 1980er Jahren präsentieren – im Gegensatz zu der lange vergleichsweise konventionellen Ausrichtung der geschichts- und literaturwissenschaftlichen Beschäftigung mit dem 18. Jahrhundert[2] – ein ein-

---

[1] Niklas Luhmann, *Gesellschaftsstruktur und Semantik. Studien zur Wissenssoziologie der modernen Gesellschaft*, 4 Bde. (Frkf./M.: Suhrkamp, 1980-1995) und *Beobachtungen der Moderne* (Opladen: Westdeutscher Verlag, 1992). Bezüglich der Zentralität der Ausdifferenzierung im Modernisierungsprozess besteht in der Soziologie "einschlägiger Konsens". Siehe dazu Alois Hahn, "Theorien zur Entstehung der europäischen Moderne", *Philosophische Rundschau* (1984): 178-202, hier 189.

[2] Siehe Felicity Nussbaum und Laura Brown, "Revising Critical Practices: An Introductory Essay", *The New Eighteenth Century: Theory, Politics, English Literature*, ed. Nussbaum und Brown (NY/London: Methuen, 1987) 1-22: "In comparison with current studies of the Renaissance, the Romantic period, or the Victorian novel, work in eighteenth-century literary studies relies more heavily on appreciative formalist readings that seek to describe a stable core of meaning in the text, or on a positivist historicism, unreflective about its theoretical grounds or its political

drucksvoll entstaubtes Bild einer "vibrant, unpredictable, troubled and precarious cultural era that retained its apparent serenity at a deep price and that always teetered on the edge of chaos".³ Indem diese Studien nicht nur die Hochkultur, sondern insbesondere die populärkulturellen, die als weiblich kodierten, die alltagsgeschichtlichen sowie politisch und theoretisch strittige Bereiche in den Blick nehmen, die lange als irrelevant und marginal galten,⁴ beschreiben sie ein breites gesellschaftliches Panorama der "Inkubationszeit der industriellen Revolution"⁵ zwischen 1700 und dem frühen 19. Jahrhundert. Darüber hinaus etablieren sie die Veränderung als die einzige Konstante dieser Zeit: "the new history [...] details change – often rapid change, as the one constant of the age".⁶

Aus medienkultureller Perspektive lässt sich trotz der heterogenen Veränderungsprozesse in der Landwirtschaft und den materiellen Lebens- und Arbeitsbedingungen, in den sozialen Gewohnheiten und den Beziehungen zwischen den Geschlechtern und den Klassen, in Verwaltungs-, Kontroll- und Bestrafungsmethoden, in den Debatten um Bildung, Wirtschaft, Wissen und Wissenschaft, sowie im sozialen Engagement für die Rechte der Frauen, den Frieden und gegen die Sklaverei insofern von dem "langen 18. Jahrhundert" zwischen 1700 und etwa 1830 sprechen, weil diese Veränderungen ausgehend von den medialen Bedingungen der Zeit in den Blick genommen werden können. Denn die Druckkultur, die Medien wie Zeitung, Zeitschrift, Buch und den Privatbrief hervorbringt,⁷ sowie die marktwirtschaftliche Logik der Zirkulation

---

  implications. [...] Thus, the eighteenth century has fostered a criticism whose ultimate concern is the preservation and elucidation of canonical masterpieces of cultural stability" (4-5). Vgl. auch J. Paul Hunter, *Before Novels: The Cultural Contexts of Eighteenth-Century English Fiction* (NY/London: Norton, 1990) xii-xvi und Monika Fludernik, "Einleitung: Das 'neue' 18. Jahrhundert", *Das 18. Jahrhundert*, ed. Fludernik und Ruth Nestvold (Trier: WVT, 1998) 5-15.

³ J. Paul Hunter, "The novel and social/cultural history", *The Cambridge Companion to the Eighteenth Century Novel*, ed. John Richetti (NY/Cambridge: CUP, 1996) 9-40, hier 12 und 13-18.

⁴ H.D. Weinbrot spricht angesichts der Aufwertung dieser Bereiche noch 1985 von der "Balkanisierung" der Literaturwissenschaft. Zitiert bei Nussbaum und Brown 2-3.

⁵ Dietrich Schwanitz, *Englische Kulturgeschichte*, 2 Bde. (Tübingen/Basel: Francke, 1995) I, 284.

⁶ Hunter 18. Siehe auch H. T. Dickstein, ed., *A Companion to Eighteenth-Century Britain* (Oxford: Blackwell, 2002).

⁷ Siehe Werner Faulstich, *Die bürgerliche Mediengesellschaft (1700-1830)* (Göttingen: Vandenhoeck & Ruprecht, 2002) 29-44, 83-102, 177-224; die folgenden Einträge in Margaret A. Blanchard, ed., *History of the Mass Media in the United States* (Chicago/London: Fitzroy Dearborn, 1998); Ralph Frasca, "British Antecedents of the American Press" 79-80, Michael Williams, "Magazine Technology"

sind Ermöglichungsbedingungen für den Prozess der Nationenbildung und begleiten die damit verbundenen vielgestaltigen Veränderungen.[8] Als ein genuin druckkulturelles Produkt und eine formal flexible Textsorte[9] erleichtert der Roman die abstrakten Identifikationsprozesse, die der integrativen nationalistischen Idee zugrunde liegen, indem er die sozial auseinanderdriftende menschliche Gemeinschaft in ihrer Vielfalt dramatisch in Szene setzt:

> The novel's distinct discursive mode of representation creatively encapsulated the chimera of a collective, a national life. Focusing on the individual subject, as indicated by prominent eighteenth-century titels such as *Robinson Crusoe*, *Pamela*, or *Tom Jones*, [*Arthur Mervyn* or *Charlotte Temple*] the novel paved the way for people to imagine themselves in relation to a more individuated community, bridging and collapsing social, geographical, and linguistic distances.[10]

Gemeinsam mit der Zeitung ist der Roman zumindest in Amerika ein tragendes Vehikel der Standardisierung von Sprache, der Verbreitung der Alphabetisierung und, in Großbritannien wie in Amerika, der allge-

---

342-5; Julie K. Hedgepeth Williams, "Newspapers in the Eighteenth Century" 450-3; sowie Ralf Schneider, "Literatursystem und Medienwandel: Systemische und anthropologische Aspekte der Entwicklung der Erzählliteratur in Großbritannien" (Habilitationsschrift, Albrecht-Ludwigs-Universität, Freiburg, 2004) Abschnitt III.2.2, S. 210-22.

[8] Benedict Anderson führt aus: "[T]he convergence of capitalism and print technology on the fatal diversity of human language created the possibility of a new form of imagined community, which in its basic morphology set the stage for the modern nation". Siehe *Imagined Communities: Reflections on the Origins and Spread of Nationalism* (1983; NY/London: Verso, 2006) 46.

[9] Elliott nennt den Roman "a form that was more formless". Siehe *Revolutionary Writers* 16.

[10] Martin Brückner, "Geography, Reading and the World of Novels in the Early Republic", *Early America Re-Explored: New Readings in Colonial, Early National and Antebellum Culture*, ed. Klaus H. Schmidt und Fritz Fleischmann (NY: Lang, 2000) 385-410. Siehe dazu außerdem Elliott, *Revolutionary Writers* 16-18; Michael McKeon, "Generic Transformation and Social Change: Rethinking the Rise of the Novel", *Theory of the Novel. A Historical Approach*, ed. McKeon (Baltimore: Johns Hopkins UP, 2000) 382-99; Michael T. Gilmore, "The Literature of the Revolutionary and Early National Periods", Bercovitch, *Cambridge History American Literature*, I, 539-693, hier 549; und Steven Watts, "The Novel and the Market in the Early Republic", *The Romance of Real Life: Charles Brockden Brown and the Origins of American Culture* (Baltimore: Johns Hopkins UP, 1994) 1-26. Martin Brückner reklamiert diese identitätsstiftende Funktion auch für (zu diesem Zeitpunkt noch unter dem Begriff Literatur zu fassende) über die ganze Nation verbreitete geographische Schriften.

meinen Verständigung: "Its manner of presentation allowed people to imagine the special community that was the nation".[11]

Für die transatlantische Perspektive ist in diesem Zusammenhang zu beachten, dass die druckmedialen Produkte Großbritanniens in den nordamerikanischen Kolonien lange Vorbildcharakter besaßen. "Kunst" blieb bis ins 19. Jahrhundert hinein mit Europa und aristokratischer Gönnerschaft assoziiert. Besonders nach der Jahrhundertmitte und weit über die Revolution hinaus werden europäische Druckmedien erstens rezipiert, zweitens werden ihre Formate, ihr Inhalt und ihr Stil aufgegriffen, und vor allem werden drittens die technologische Basis der Druckerpressen sowie die damit verbundenen verlegerischen Arbeitsweisen importiert.[12] Auf ihrem Weg über den Atlantik bringen die Siedler mit ihrer Habe und ihren Hoffnungen einen durch die materiellen und ideellen Gegebenheiten ihrer europäischen Herkunftskulturen geprägten Blick mit in die "Neue Welt". Sie überziehen das weder neue noch unberührte Land mit ihren millenaristischen Erwartungen und eröffnen mit ihrem Zug nach Westen Handels- und Verkehrswege über den Atlantik, auf denen die Errungenschaften Europas, darunter ganz prominent die Drucktechnologie, auch in die Kolonien kommen:

> The New World was not new, nor virgin, nor unsettled. But, arriving in historical daylight, sometimes with aims of conquest, sometimes with a sentimental vision of the noble savages or other wonders they might find, [...] [the discoverers and settlers who left the developed, literate cultures of Renaissance Europe] brought with them many of the things that formed the literature we now read. They brought their ideas of history and the world's purpose; they brought their languages and, above all, the book. The book was both a sacred text, the Bible (to be reinvigorated in the King James Author-

---

[11] Timothy Brennan, "The National Longing for Form", *Nation and Narration*, ed. Homi Bhabha (London/NY: Routledge, 1990) 44-70, bes. 49-56, hier 49. Vgl. dazu auch Ronald J. Zboray, *A Fictive People: Antebellum Economic Development and the American Reading Public* (NY/Oxford: OUP, 1993) 180-95, hier 180-7.

[12] Siehe Frasca; David D. Hall, "Introduction: The Uses of Literacy in New England, 1600-1850", *Printing and Society in Early America*, ed. William L. Joyce et al. (Worcester: American Antiquarian Society, 1983) 1-47; Stephen Botein, "The Anglo-American Book Trade before 1776: Personnel and Strategies", Joyce et al. 48-82; Robert A Ferguson, "The American Enlightenment, 1750-1820", Bercovitch, *Cambridge History American Literature* I, 345-537, hier 371-87. Bis zur Lockerung der mit der Restauration verbundenen Restriktionen im Jahr 1695 gab es in den britischen Kolonien sogar mehr Städte mit einer Druckerpresse als in Großbritannien selbst. Michael Warner, *Letters of the Republic: Publication and the Public Sphere in Eighteenth-Century America*. Cambridge: Harvard UP, 1990) 31.

ized Version of 1611), and a general instrument of expression, record, argument and cultural dissemination. In time the book became American literature, and other things they shipped with it – from European values and expectations to post-Gutenberg printing technology – shaped the lineage of American writing.[13]

Die britische Kolonisierung des nordamerikanischen Kontinents erfolgt nicht nur in der territorialen Aneignung, sondern auch in einer schriftlich fixierten und gedruckt verbreiteten narrativen Aneignung der Geschichte. Diese epistemologische Aneignung ist schon in den Aufzeichnungen des Christopher Columbus von der nur drei Jahrzehnte zurückliegenden, raum- und zeitüberbrückenden Erfindung der Druckerpresse beeinflusst: "'America' was conceived under the sign of the printing press".[14] Aufgrund der territorialen Ausdehnung der britischen Kolonien und der damit einhergehenden Schwierigkeit, einen regelmäßigen und dichten Informationsfluss zu gewährleisten, bleiben mündliche Verkehrsformen in weiten Teilen jedoch noch lange prägend und sorgen für eine gewisse lokal begründete kulturelle Konstanz:

> [T]he casual, seasonal and limited nature of [...] intracolonial avenues of communications allowed, in general, for a hightened localism in cultural construction and maintenance. Significant human contacts remained largely face-to-face, and the culture was steeped in orality; through this more tightly controlled world of interpretation only a relatively few texts made their way.[15]

Wie in Europa beginnt auch auf dem nordamerikanischen Kontinent im Laufe des ausgehenden 18. Jahrhunderts und im Zuge sowohl nicht abreißender Einwandererströme als auch eines sich dynamisch entwickelnden internationalen Marktes ein medialer Transformationsprozess, "bound to the economics of the production and consumption of print".[16] Dieser Prozess spiegelt nicht nur die Kultur einer emergenten Nation, die im Vergleich zu Großbritannien bis dahin noch weniger funktional differenziert entwickelt ist, in der also literarische, religiöse, moralische und politische Äußerungen noch wenig klar unterschieden

---

[13] Richard Ruland und Malcolm Bradbury, *From Puritanism to Postmodernism: A History of American Literature* (London/NY: Penguin, 1991) 3-4. Vgl. dazu Lawrence Buells Rekonzeptualisierung der Literatur in Amerika im Kontext eines europäisch geprägten kulturellen Imperialismus in "American Literary Emergence as a Postcolonial Phenomenon", *American Literary History* 4 (1992): 411-42.

[14] Myra Jehlen, "The Literature of Colonization", Bercovitch, *Cambridge History American Literature* I, 13-168, hier 36.

[15] Zboray, *A Fictive People* 182.

[16] Richard R. Brown, "Afterword: From Cohesion to Competition", Joyce et al. 300-9, hier 301.

und in ihren Implikationen stark vernetzt sind.[17] Er gestaltet sie entscheidend mit. Das nationale amerikanische Selbstverständnis, das mit den Gründungsdokumenten der *Declaration of Independence* (1776) und der *Constitution* (1787) offiziell inauguriert wird, ist aufgrund des Mangels an territorialen oder sprachlichen Bedingungen einer Nation wie kaum ein anderes an die politisch und moralisch selbstautorisierende und stabilisierende Funktion der Verbreitung gedruckter Texte gebunden.

> No generation, whether in reading or in writing, has looked more carefully to the printed word as the basis of its identity, and this reliance is all the more remarkable in a society still on the border between oral and print forms of literary and intellectual transmission.[18]

> By 1765 [...] print had come to be seen as indispensable to political life, and could appear to men such as Adams to be the primary agent of world emancipation. [...] The material constraints on the press – such as the scarcity of paper and the lack of skill to cast type domestically – remained in force until the end of the eighteenth century. Nevertheless, printing changed both in character and in volume, after 1720 growing much faster even than the population.[19]

Mit zunehmenden Verbreitungsmöglichkeiten innerhalb einer marktwirtschaftlich organisierten Druckkultur erwächst aus frühen schriftkulturellen Kommunikationsformen zum Zweck der Aufzeichnung eine technische Infrastruktur für die überindividuelle Fortschreibung eines kulturellen Gedächtnisses:[20]

> A world of print characterized by scarcity was replaced by a world of abundance. A mode of reading that was centered on the intensive scrutiny of a few key moral or religious texts gave way to a mode characterized by the extensive sampling of a wide range of (increasingly secular) material. And an era in which limited access to print reinforced a cohesive, hierarchical, deferential society was succeeded by a period in which individual taste in print, as in

---

[17] René Wellek, "Literary History", *Literary Scholarship: Its Aims and Methods*, ed. Norman Foerster (Chapel Hill: U of North Carolina P, 1941) 89-130, hier 128.
[18] Ferguson 350.
[19] Michael Warner 32.
[20] Vgl. dazu Michael Warner 33, Schwanitz I, 287-91 und II, 306-10. Schneider betont den hohen Stellenwert, den die Entwicklung des Produktions- und Distributionssystems gedruckter Texte für die Popularisierung der Textsorte des Romans einnimmt, noch bevor ihr eine eigentliche Funktion zugewiesen wird (230-32). Zum Begriff des kulturellen Gedächtnisses siehe Aleida Assmann, *Erinnerungsräume: Formen und Wandlungen des kulturellen Gedächtnisses* (München: Beck, 1999); und Alaida Assmann, Manfred Weinberg und Martin Windisch, eds., *Medien des Gedächtnisses* (Stuttgart: Metzler, 1998).

politics, religion, and every other era of choice, made for an increasingly atomized, competitive society.[21]

In dieser Hinsicht kann für den Zeitraum des 'langen' 18. Jahrhunderts bis etwa 1830 zumindest in den anglo-amerikanischen Teilen der westlichen Welt – die im Vergleich zu Deutschland oder Frankreich stärker puritanisch und weniger absolutistisch geprägt sind –, prinzipiell von einer parallelen druckkulturellen Entwicklung und der damit verbundenen beginnenden Kommerzialisierung der Kultur ausgegangen werden. David Hall spricht in diesem Zusammenhang von "fundamental continuities between European and American history in the early modern period".[22]

Um die Figuren der Zirkulation, der Spekulation und der Kredit- bzw. Glaubwürdigkeit in Samuel Richardsons *Pamela* und Charles Brockden Browns *Arthur Mervyn* zu kontextualisieren, wird es im folgenden ersten Abschnitt des vorliegenden Untersuchungsteils zunächst darum gehen, die Verbreitung der Druckkultur und deren Auswirkungen in den Blick zu nehmen. Dazu werde ich besonderes Augenmerk auf die druckkulturelle Überwindung von Distanz (1.1) und die kompensatorische, empfindsame Inszenierung von Präsenz (1.2 und 1.3) richten, um deren Funktion für die Modellierung von Sozialcodes und die Herausbildung einer durch das eigene Handeln legitimierten Identität im Rahmen zunehmender gesellschaftlicher Ausdifferenzierung (1.4) ermessen zu können. Innerhalb des Problemhorizontes, der durch mediale Zirkulationsprozesse und den damit einhergehenden Umbau der Sozialstrukturen abgesteckt wird, verfolgen die unter den Abschnitten 2. und 3. vorgelegten Lektüren der beiden Romane, die das Zentrum dieses Untersuchungsteils darstellen, die Frage nach der Konstitution einer 'integeren' und 'wahrhaftigen' subjektiven Identität. Dabei werde ich insbesondere die ökonomischen Analogien herausarbeiten, mit denen beide Texte extensiv arbeiten, um die sozialen und epistemologischen Probleme zu verhandeln, die printmedial konstituierte frühkapitalistische Ge-

---

[21] William L. Joyce und John B. Hench, "Preface", Joyce et al. ix-xii, hier xi. Vgl. auch Rolf Engelsing, *Der Bürger als Leser. Lesergeschichte in Deutschland 1500-1800* (Stuttgart: Metzler, 1974); Niklas Luhmann, "Kap. 2.6: Buchdruck", *Die Gesellschaft der Gesellschaft* (Frkf./M.: Suhrkamp, 1997) 291-302; Watts 1-26 und Davidson: "Psychologically, the early novel embraced a new relationship between art and audience, writer and reader, a relationship that replaced the authority of the sermon or bible with the enthusiasms for sentiment, horror, or adventure, all of which relocate authority in the individual response of the reading self" (14).

[22] David Hall 23.

sellschaften aufwerfen. Unter Punkt 4. sind die Untersuchungsergebnisse noch einmal abschließend zusammengefasst.

1. Das erste Modernisierungssyndrom und die Erfahrung von Kontingenz

Um 1700 endet die Phase des Übergangs vom oralen zum printmedialen Leitmedium, wobei mündliche und frühe schriftkulturelle Kommunikationsformen gerade in den britischen Kolonien fortwirken.[23] In ganz Europa nimmt der Postverkehr auf zu Postnetzen ausgebauten und zum Teil verstaatlichten Transportwegen erheblich zu.[24] Auch der transatlantische Schiffsverkehr und damit der Transport von Briefen, Büchern und Zeitungen verdoppelt sich zwischen 1680 und 1730.[25] In engem wechselseitigen Zusammenhang mit diesem infrastrukturellen Ausbau kommt ein Kommunikationsfluss in Gang, der nachhaltig strukturbildende Wirkung besitzt. Ein in großer Auflage gedruckter Text beispielsweise konzentriert die Aufmerksamkeit sehr vieler Leser. Gleichzeitig regeln Zustellung und Erreichbarkeit (unterstützt durch ein polizeiliches Meldewesen) die Teilhabe am gesellschaftlichen Prozess. Allein die Menge und Häufigkeit der so ermöglichten Kommunikationsakte sind eine Voraussetzung für den weiteren Ausbau einer Infrastruktur, die die Knüpfung kontinuierlicher ökonomischer und sozialer Beziehungen über räumliche und zeitliche Distanzen hinweg begünstigt. "Die Zeichen zirkulieren wie die Waren", argumentiert Winkler,

> sie bilden gesellschaftliche Netze aus, Teil jenes riesigen Tausch- und Austauschsystems, das wir insgesamt als 'Gesellschaft' ansprechen und das immer symbolische und außersymbolische Register umfasst. Es ist der Verkehr, der Gesellschaft konstituiert; der materielle Verkehr auf den Straßen und der symbolische Verkehr über das Netzwerk der Medien [....].[26]

Mit der Organisation von Transportwesen und Nachrichtenübermittlung wird im 18. Jahrhundert die Medienentwicklung zu einem integralen Bestandteil der wirtschaftlich-technisch-sozialen Entwicklung und damit gesellschaftlicher Vollzüge. Im Zuge der industriellen Revolution im

---

[23] Gilmore spricht von der "resilience of oral discourse in the United States" (546).
[24] Faulstich 93-101 und Thompson 63-9.
[25] Asa Briggs und Peter Burke, *A Social History of the Media: From Gutenberg to the Internet* (Cambridge: Polity, 2002) 27.
[26] Hartmut Winkler, *Diskursökonomie: Versuch über die innere Ökonomie der Medien* (Frkf./M.: Suhrkamp, 2004) 65.

engeren Sinne bricht um 1830 dann das Zeitalter der Massen und der Massenmedien an, welches mit der dampfbetriebenen Druckerpresse, der Eisenbahn, dem Telegraphen und einem entsprechend erhöhten symbolischen Verkehr einen ganz anderen Takt für Veränderungsprozesse schlägt.[27] Zuvor jedoch wird die neue Technologie der Repräsentation von Welt in der Schrift – die als "capacity to make something" die Tätigkeiten des Lesens und des Schreibens ebenso einschließt wie die Kultur des Drucks – gebändigt: Sie avanciert von einem noch unbegriffenen und potentiell bedrohlichen Instrument zu Beginn des 18. Jahrhunderts zu einem nachhaltig naturalisierten Teil des Alltagslebens zu Beginn des 19. Jahrhunderts.[28] Ein in Großbritannien früher als in den USA gezeigtes Resultat dieses Naturalisierungsprozesses, an dem auch der Roman entscheidend beteiligt ist, ist die konsolidierende Verengung unseres heutigen Verständnisses von "Literatur" als einem allgemeingültigen Begriff für Formen des imaginativen Schreibens: "with the surge of print at the end of the [18th] century, concerns about writing consolidated into the pleasurable familiarity of Literature".[29] Winkler beobachtet noch allgemeiner die systematische Entstehung eines von den gesellschaftlichen Vollzügen entkoppelten symbolischen Raumes: "*Die technisch-institutionelle Schließung*, so kann man summieren, *hat vor allem anderen den Effekt, das Symbolische als Symbolisches freizustellen*". Dieser symbolische Raum hat die Funktion, ein (gerade weil von gesellschaftlichen Vollzügen entkoppeltes) gesellschaftlich relevantes "*Probehandeln*" zu ermöglichen, das nicht zu irreversiblen Folgen führt und daher zum Experimentieren einlädt.[30]

---

[27] Siehe dazu Faulstich 26-8, Davidson 16, Michael Warner 32. Ronald J. Zboray diskutiert die beiden Standardthesen (die eine heilsversprechend, die andere apokalyptisch) zu dieser technologischen Revolution, die auch eine erneute 'Leserevolution' mit sich brachte, in "Antebellum Reading and the Ironies of Technological Innovation", *Reading in America: Literature and Social History*, ed. Cathy N. Davidson (Baltimore: Johns Hopkins UP, 1989) 180-200.

[28] Clifford Siskin, *The Work of Writing: Literature and Social Change in Britain, 1700-1830* (Baltimore/London: Johns Hopkins UP, 1998), hier 24. Nach 1830 machen die "steady sellers" des 17. und 18. Jahrhunderts (v.a. die Bibel und der *New England Primer*) sowie ihre Begleitliteratur einer veritablen Explosion des Druckmarktes Platz. Die Preise für Druckerzeugnisse sinken, die "penny press" entsteht und die Fiktion wird zu einer fest etablierten Textsorte auf einem sich konsolidierenden Buchmarkt. Siehe David Hall 42-4.

[29] Siskin 10, siehe auch 14. Dazu, was 'Literatur' vor diesem Übergang von einem stratifikatorischen zu einem funktional ausdifferenzierten Gesellschaftstyp bedeutet, siehe Ingo Stückmann, *Vor der Literatur: Eine Evolutionstheorie der Poetik Alteuropas* (Tübingen: Niemeyer, 2001).

[30] Winkler 256, 253; Hervorhebung im Original.

Die zunehmende Ablösung von *face-to-face*-Interaktion innerhalb einer Kultur der Nähe durch stärker mediatisierte Interaktionsformen innerhalb einer durch den Modernisierungsprozess vorangetriebenen Kultur der Distanz bewirkt zunächst eine quantitative Vermehrung und Beschleunigung des Transports von Informationen zwischen Individuen:

> New forms of business – particularly [...] the advent of modern professionalism – helped to fuel this increase in the practice of writing, whether the result was a novel, an account book, a contract, or an exam. More people had more occasions to write more.[31]

Die Entwicklung neuer druckschriftlicher Kommunikationswege, die quantitative Explosion der Kommunikationsanlässe sowie die damit verknüpften Prozesse der Kanalisierung, Hierarchisierung und Naturalisierung bringen zweitens weitreichende und nachhaltige Spezialisierungen der Arbeits- und Wissensformen mit sich: "The result was a shift in the ways of knowing from the older organization, in which every kind was a branch of philosophy, into our present system: narrow but deep disciplines divided between humanities and sciences".[32] Drittens entstehen dabei neue Formen der Interaktion und der sozialen Beziehung über räumliche und zeitliche Distanzen.[33] Weil "Teilhabe am gesellschaftlichen Prozess [...] zunehmend [bedeutet], an die Systeme der gesellschaftlichen Kommunikation angeschlossen zu sein", tragen Medien entscheidend zur Vergesellschaftung bei.[34]

Der von dieser Mediatisierung der Kultur begleitete, funktionale Ausdifferenzierungsprozess bewirkt, so führt Niklas Luhmann aus, eine "Gesamttransformation des semantischen Apparats der Kultur". Dabei handelt es sich um eine tiefgreifende Veränderung der handlungsorientierenden Ideen- und Begriffswelt innerhalb der menschlichen Lebenswelt.[35] Wesentliche Figuren dieser "gepflegten Semantik" innerhalb einer durch den Modernisierungsprozess geprägten Kultur der Distanz sind:

---

[31] Siskin 3. Zu den Begriffen "Kultur der Nähe" und "Kultur der Distanz" siehe Kapitel I.2.2
[32] Siskin 1-26, hier 20.
[33] Thompson 81-118 und Niklas Luhmann, "Kap. 2.5: Schrift", *Die Gesellschaft der Gesellschaft* (Frkf./M.: Suhrkamp, 1997) 249-90.
[34] Winkler 97.
[35] Luhmann, *Gesellschaftsstruktur und Semantik* I, 33. Für Luhmann ist die Lebenswelt lediglich eine funktionssystemische Dauerperipherie. Für neuere, posttechnizistische medientheoretische Ansätze wie den von Winkler ist sie allerdings eine erneut zentrale Größe.

Der Prozess der Zivilisierung des Menschen, die Bedeutung der Selbstbeherrschung, die Steigerung der emphatischen Kompetenz, die sorgfältige Auslotung eigener und fremder Motive, die Eskalation des Reflexiven, die Steuerung der Affekte, das Raffinement der Kommunikationsformen und die Dämpfung der Triebe.[36]

Kurz: Mit dem wesentlich durch mediale Zirkulationsprozesse mitbedingten Umbau der Sozialstruktur, der bis zum Ende des 18. bzw. bis zum Beginn des 19. Jahrhunderts einen ersten Abschluss erreicht,[37] wird ein enormes zivilisatorisches Disziplinierungsprogramm in Gang gesetzt, das – anschließend an frühere höfische und religiöse Selbstdisziplinierungsformen[38] – Bewusstsein und Verhaltensdispositionen vorstrukturiert.

Wie sich der Roman als neues und formal flexibles Medium der Zeit dieses Disziplinierungsprogramm zueigen macht, es fortschreibt, inszeniert und kritisiert, ist am Beispiel von Samuel Richardsons *Pamela* und Charles Brockden Browns *Arthur Mervyn* Gegenstand des vorliegenden Untersuchungsteils zu Medien und Ethik im 18. Jahrhundert. Dabei wird sich zeigen, dass es in beiden Texten sowohl formal als auch inhaltlich um Integrität im Angesicht von sozialer Desintegration geht: um die Integrität der Textsorte des Romans und um die Integrität der ProstagonistInnen. Auf beiden Ebenen spielt dabei die Frage nach der Wahrheit eine entscheidende Rolle, denn im Kontext der druckkulturellen Vervielfältigung inkompatibler Informationen rechtfertigt sich der Roman als Textsorte über die Behauptung, lediglich die Wahrheit abzubilden, und Pamela und Arthur Mervyn rechtfertigen ihr Sein, ihr Streben und ihre Sicht von sich selbst und der Welt mit ihrer Ehrlichkeit. Bevor ich mich jedoch den Texten selbst zuwende, rücken die Funktionen der beiden zentralen Medien des 18. Jahrhunderts ins Zentrum des Interesses: das der gedruckten Schrift, welches das Genre des Romans generell nutzt, und das des Privatbriefes, welches zumindest Pamela in Szene setzt (Arthur Mervyn setzt schriftkulturell kontextualisierte Erzählvorgänge an dessen Stelle). Denn die Überwindung von Distanz und die kompensatorische Inszenierung von Präsenz sind zwei zentrale Aspekte der durch Drucktechnologie und Mobilität geförderten Kultur der Distanz, die beide Romane inhaltlich und formal kontextuiert.

---

[36] Hahn 194.
[37] Luhmann, *Gesellschaftsstruktur und Semantik*; Hans-Ulrich Gumbrecht, "Modern, Modernität, Moderne", *Geschichtliche Grundbegriffe. Historisches Lexikon zur politisch-sozialen Sprache in Deutschland*, ed. Otto Brunner et al., 8 Bde. (Stuttgart: Klett, 1972-1997) Bd. 4, 93-131, bes. 109.
[38] Zu Norbert Elias und Max Weber siehe in diesem Zusammenhang Hahn 197-9.

1.1 Druckkultur und die Überwindung von Distanz

Samuel Richardsons *Pamela* und Charles Brockden Browns *Arthur Mervyn* erscheinen 1740 in Großbritannien bzw. 1799 in Amerika im Kontext einer im Entstehen begriffenen Mediengesellschaft, in der schriftliche und printmediale Aufzeichnungen die Formierung der bürgerlichen Öffentlichkeit aus dem Privaten heraus katalysieren und deren anhaltende Wirkmächtigkeit als indirektes Pendant zur politischen Macht garantieren.[39] Kennzeichen dieser neuen, durch die Printmedien ermöglichten Formen der Öffentlichkeit ist erstens die Tatsache, dass sich die Kommunikationsteilnehmer nicht notwendigerweise persönlich begegnen, sondern Zugang zu denselben Informationen haben. Das zweite Kennzeichen ist die Verzögerung bzw. die Mediatisierung des Rezeptionsprozesses und des Dialogs.[40] Michael Warner beschreibt diesen Zusammenhang als einen Ablösungsprozess von der politischen Partizipation in der *face-to-face*-Interaktion zu einer printmedial – zunächst vornehmlich über die Zeitschrift und in deren Gefolge auch über den Roman[41] – vermittelten, imaginären oder identifikatorischen Partizipation.[42]

---

[39] Die wiederholte und wiederholt beanstandete Konzentration auf die *bürgerliche* Öffentlichkeit – die nur eine von einer Reihe von frühmodernen Teilöffentlichkeiten darstellt – erklärt sich daraus, dass hier die nachhaltigen Impulse medienkulturellen Wandels gesetzt werden. Siehe Faulstich 11. Zur Entstehung der bürgerlichen Öffentlichkeit aus der Privatheit siehe darüber hinaus Faulstich 254-8; Watts 1-26; Briggs/Burke 72-105; Helmut Schanze, "Integrale Mediengeschichte", *Handbuch der Mediengeschichte*, ed. Schanze (Stuttgart: Kröner, 2001) 207-80, bes. 233-51; und die Ausführungen zu Habermas in Teil I.1. dieser Arbeit.

[40] Thompson 125-34. Aus dieser zunehmenden Indirektheit der Kommunikation leitet beispielsweise Grantland Rice eine umfassende Kritik an dem vermeintlich befreienden Potential der bürgerlichen Öffentlichkeit ab. Siehe *The Transformation of Authorship in America* (Chicago: U of Chicago P, 1997).

[41] Siskin betont, dass bis zu Beginn des 19. Jahrhunderts unterschiedliche Genres wie das Pamphlet, die Zeitschrift, der Roman und v.a. gegen Ende des 18. Jahrhunderts auch die Lyrik um die Fähigkeit konkurrierten, öffentliche Verständigung zu ermöglichen. In Bezug auf Zeitschrift und Roman spricht er von "the advent of a two-tier market – one in which the popularity of one product supports rather than cannibalizes the sales of the other" (155-71, hier 168).

[42] Zu Roman bzw. "*novelism*" und britischem Nationalismus siehe Siskin 180-7. Zum Zusammenhang von literarischer und politischer Repräsentation vgl. im Allgemeinen W.J.T. Mitchell, "Representation", *Critical Terms for Literary Study*, ed. Frank Lentricchia und Thomas McLaughlin (Chicago/London: U of Chicago P, 1995) 11-22 und im Besonderen Mark P. Patterson, *Authority, Autonomy and Representation in American Literature, 1776-1865* (Princeton: PUP; 1988);

Bereits mit Beginn des Gutenbergzeitalters im 15. Jahrhundert bzw. der "Epoche der technischen Graphien"[43] bewirkt die drucktechnische Vervielfältigung von Schriftstücken, so resümiert die amerikanische Historikerin Elizabeth Eisenstein in ihrer seit 1979 als Standardwerk anerkannten Studie *The Printing Press as an Agent of Change*, "a massive and decisive cultural 'change of phase'".[44] In Verbindung mit der Kommerzialisierung ist die Druckkunst wie kaum eine andere Erfindung ein Katalysator des Wandels. Helmut Schanze hält fest:

> Sie bildet ein neues Mediensystem aus und verändert grundlegend die alten: das Skriptorium, die Bibliothek, das Theater und das Forum und damit den gesamten politisch-sozialen Raum. Eisenstein hat diesen Zusammenhang ausgewiesen und damit ein Paradigma der Mediengeschichte entworfen.[45]

Kern dieses Paradigmas ist eine in allen in den Prozess der Modernisierung involvierten Bereichen bis dahin ungekannt reiche und insbesondere seit dem frühen 18. Jahrhundert stetig ansteigende, Raum und Zeit

---

Emory Elliott, *Revolutionary Writers* 19-54 und Larzer Ziff, *Writing in the New Nation: Prose, Print and Politics in the Early United States* (New Haven/London: Yale UP, 1991): Als "twins born from the same conditions and dependent upon one another for their well-being" (x) sind die Druckkultur und die amerikanische politische Kultur durch eine Verschiebung von der Immanenz zur Repräsentation gekennzeichnet.

[43] Schanze 213.
[44] Elizabeth Eisenstein, *The Printing Press as an Agent of Change. Communications and Cultural Transformations in Early-Modern Europe*, 2 Bde. (NY/Cambridge: CUP, 1979) II, 704. Hinsichtlich der alten Druckkulturen Asiens hat die Forschung die ansonsten unangefochtene These Eisensteins mittlerweile dahingehend präzisiert, dass die paradigmatischen Veränderungen nicht *alleine* als Folge der Drucktechnologie, sondern entscheidend von der frühkapitalistischen Kommerzialisierung der Kultur abhängig gesehen werden. Siehe Luhmann, *Gesellschaft der Gesellschaft*: "Nur in Europa erfolgt die Verbreitung [von Druckmaterial] dezentral über den Markt und den Preis im Unterschied zu China und Korea, wo die Druckpresse in den Händen der Herrschaftsbürokratie und damit auf die Verbreitung von zentral redigierten Mitteilungen beschränkt blieb" (292). Siehe auch Michael Warner 1-33, bes. 4-9 und die umfassende theoretische Studie zum Phänomen des Buchdrucks von Michael Giesecke, *Der Buchdruck in der frühen Neuzeit: Eine historische Fallstudie über die Durchsetzung neuer Informations- und Kommunikationstechnologien* (Frkf./M.: Suhrkamp, 1998) hier bes. 391-497, 697-703.
[45] Schanze 233. Vgl. dazu Thompson, *The Media and Modernity* 52-63. In Bezug auf den Roman betont auch Michael McKeon die Dialektik der printmedialen Produktion des Neuen ("objective history") und dadurch auch dessen, was als alt gilt ("medieval romance"). Siehe *The Origins of the English Novel, 1600-1740* (Baltimore: Johns Hopkins UP, 1987) 45-7.

überbrückende Disseminierung von Informationen, Ideen und Meinungen:

> [T]he effects produced by printing may be plausibly related to an increased incidence of creative acts, to internally transformed speculative traditions, to exchanges between intellectuals and artisans, and indeed to each of the contested factors in current disputes. [...] the new print technology [...] made food for thought much more abundant and allowed mental energies to be more efficiently used.[46]

Über die Rationalisierung und Ökonomisierung der Buchproduktion ermöglicht die Drucktechnik Standardisierung und Speicherung von Wissen, dessen Tradierung im Zeitalter mündlicher Überlieferung sehr viel flüchtiger und instabiler organisiert war: "Es entsteht ein neuer Typus von Information, 'wahres Wissen'", das Kriterien der Überprüfbarkeit standhalten muss.[47] Gleichzeitig werden unterschiedliche und gelegentlich inkompatible Informationen zu einzelnen Themen zugänglich, die die Identifikation der Wahrheit verkomplizieren: Sie provozieren Skepsis gegenüber dem neuen Medium und schaffen prinzipiell die Möglichkeit, Autoritäten zu kritisieren – wobei die Zensur sowie deren Unterminierung[48] mit wachsen. Die Effekte der neuen Technik betreffen jedoch nicht nur die veränderte Fortschreibung von Traditionen, sondern auch den Bereich der individualisierten Identitätsformation.[49] Diese Effekte greifen langsam aber unaufhaltsam und vor allem breitenwirksam um sich. Der Buchdruck fördert, so Luhmann,

> heimlich den Trend zur Individualisierung der Teilnahme an gesellschaftlicher Kommunikation, und dies in doppelter Weise. Wenn etwas bekannt ist, aber jemand es nicht kennt, hat er sich dies selbst zuzuschreiben. Er hat nicht genug gelesen. Ihm fehlt es an Bildung. Und andererseits reizt das Bekanntsein dazu, mit abweichenden Meinungen oder neuen Interpretationen hervorzutreten, um sich als Individuum bemerkbar zu machen. Aber erst im 18. Jahrhundert werden diese Folgen des Buchdrucks, Bildung und Kritik, auch positiv formuliert, führen zu einer eigenständigen Semantik der Aufklärung und des Individualismus, weil man damit die Hoffnung pflegen kann,

---

[46] Eisenstein II, 688. Siehe auch John B. Thompson, *The Media and Modernity: A Social Theory of the Media* (Cambridge: Polity, 1995) 2; Michael Warner xiii; und Luhmann, *Gesellschaft der Gesellschaft* 291-302.

[47] Giesecke 22.

[48] Siehe Briggs/Burke 48-54, Thompson, *The Media and Modernity* 56-8 und Giesecke 441-70.

[49] Siehe Thompson 179-206 zu Tradition und 207-34 zu Identitätsformation.

den bereits irreversibel laufenden strukturellen Umbau der Gesellschaft mit 'natürlichen' Sicherheitsgrundlagen zu versorgen.[50]

Der Zugang zu diversifizierten Informationen erweitert die gesellschaftlichen Optionen des Individuums in bis dahin nicht gekannter Weise und er lastet ihm die Bürde auf, da, wo relativ statische, traditionelle Verankerungen wegfallen, selbst für seine Verortung innerhalb eines zunehmend unüberschaubaren und materiell asymmetrischen gesellschaftlichen Gefüges verantwortlich zu sein.

Raymond Williams spricht angesichts der zwischen dem 15. und dem 18. Jahrhundert sehr allmählich voranschreitenden Gewöhnung an neue Präsentations- und Rezeptionsformen von einer "long revolution",[51] und Briggs und Burke betonen die anhaltende Koexistenz und Interaktion mündlicher, handschriftlicher und gedruckter Kommunikation.[52] Erst eine Verbesserung der kontinentalen und transatlantischen Langstreckendistribution im frühen 18. Jahrhundert und die Einrichtung kommerziell genutzter und staatlich unabhängiger Druckerpressen für regelmäßig und zumindest im britischen Kontext zum Teil sogar täglich erscheinende Druckerzeugnisse beginnen die "tyranny of distance" nachhaltig zu unterminieren.[53] Erst mit der Erfindung des elektrischen Telegrafen im frühen 19. Jahrhundert wird die Bindung des Informationsflusses an die traditionellen Handels- und Transportwege gelöst.[54] Bücher, Pamphlete, Zeitschriften, Poster, offizielle Formulare, Flugblätter, Straßen- und Ladenschilder sowie vor allem die Zeitung, "das erste gesamtgesellschaftliche Medium im 'bürgerlichen Zeitalter'",[55] machen Druckerzeugnisse im 18. Jahrhundert zu einer Alltagserscheinung und erweitern den Horizont ihrer LeserInnen nicht zuletzt dadurch, dass sie

---

[50] Luhmann, *Gesellschaft der Gesellschaft* 297-8.
[51] Raymond Williams, *The Long Revolution* (NY: Columbia UP, 1961).
[52] Briggs/Burke 27-48. Vgl. auch David Hall 6 und Schneider 217-18.
[53] Geoffrey Blainey zitiert bei Briggs/Burke 27. Siehe auch Thompson, *The Media and Modernity* 67-70: Die erste Tageszeitung in Großbritannien, Samuel Buckleys *Daily Courant*, erscheint 1702 kurz nach Abschaffung des Licensing-Systems am Ende des 17. Jahrhunderts. Weitere Tageszeitungen folgen in kurzen Abständen; bis 1750 erscheinen alleine in London fünf Tageszeitungen. Die erste Zeitung in den Kolonien war 1704 John Campbells *Boston News-Letters*. 1725 gibt es fünf, 1740 zwölf und 1764 bereits vierundzwanzig regelmäßig erscheinende Zeitungen in den Kolonien. Bis dahin hatten alle Kolonien von New Hampshire bis Georgia zumindest eine Zeitung. Siehe Hedgepeth Williams.
[54] Briggs/Burke 23-31. Siehe auch John Steele Gordon, *A Thread Across the Ocean: The Heroic Story of the Transatlantic Cable* (NY: Walker&Co., 2002) bes. 7-13.
[55] Faulstich 254, 29-44 und 177-224.

ihnen vor Augen führen, was sie alles nicht wissen.[56] Dabei leistet die "Blüte und Hochzeit der Druckmedien"[57] von 1700 bis 1830 der prinzipiell bereits durch die Alphabetisierung ermöglichten, praktisch aber noch lange verzögerten Dekontextualisierung der Wissensformen langsam aber unaufhaltsam Vorschub. Die Abstraktion und Entsinnlichung der bürgerlichen Medienkultur ist eine Voraussetzung für deren "erfolgreich identitätsstiftende Funktion", und diese Entsinnlichungstendezen werden durch das symbolisch generalisierte Handlungsmedum der 'Liebe' kompensiert.[58]

Das 18. Jahrhundert ist durch einen medial katalysierten und breitenwirksamen empirisch-wissenschaftlichen Ideenreichtum und weit aufgefächerte intellektuelle Interessen geprägt. In diesem Rahmen verändert sich auch das Druckergewerbe:[59] vormals eher in familiären Gilden organisiert, entwickelt es sich zu einer industrialisierten und internationalen Organisationsstruktur. Dafür ist nicht zuletzt ein finanziell zunehmend lukrativer Markt verantwortlich.[60] Im Kontext der Entstehung einer marktwirtschaftlich organisierten Gesellschaft von Konsumenten (und durchaus mittels umstrittener Methoden) avanciert London im 18. Jahrhundert zum weltweit führenden Zentrum des Buchhandels.[61] Zentrum der frühen, schon aus demographischen Gründen relativ kapital-

---

[56] Briggs/Burke 67-73 und Faulstich 37-8.
[57] Faulstich 26 und 252; Luhmann, *Gesellschaft der Gesellschaft* 298-9.
[58] Faulstich 256-8, siehe auch Schanze 211. Niklas Luhmann definiert symbolisch generalisierte Kommunikationsmedien als "semantische Einrichtungen, die es ermöglichen, an sich unwahrscheinlichen Kommunikationen trotzdem Erfolg zu verschaffen. 'Erfolg verschaffen' heißt dabei: die Annahmebereitschaft für Kommunikationen zu erhöhen, daß die Kommunikation gewagt werden kann und nicht von vornherein als hoffnungslos unterlassen wird". Siehe *Liebe als Passion: Zur Codierung von Intimität* (Frkf./M.: Suhrkamp, 1982) 21.
[59] Siehe dazu James Sambrook, *The Eighteenth Century: The Intellectual and Cultural Context of English Literature, 1700-1789* (London/NY: Longman, 1986) und Wendy Motooka, *The Age of Reasons: Quixoticism, Sentimentalism and Political Economy in Eighteenth-Century Britain* (London/NY: Routledge, 1998).
[60] Briggs/Burke 54-60. Auch Faulstich betont, dass innerhalb eines multifaktoriellen systemischen Strukturwandels vor allem die Ökonomisierung der Printmedien ein entscheidender Faktor war.
[61] Siehe Briggs/Burke 54-60: "London booksellers, like those of Venice and Amsterdam before them, were already notorious by the late seventeenth century for the theft of their rivals' literary property, a practice known as 'counterfeiting' or as 'piracy'" (59). Das Konzept individueller Autorschaft und intellektuellen Eigentums sowie entsprechende Copyrightgesetze entstehen erst als Reaktion auf diese Praktiken. Großbritannien erhält 1709 einen Copyright Act. Internationales Copyright wird erst durch die Berner Konvention 1887 geregelt. Siehe Briggs/Burke 55-6 und Faulstich 177-224.

schwachen und zumeist lokal arbeitenden amerikanischen Druckindustrie ist zunächst Massachusetts, später aufgrund ihrer infrastrukturell besseren Lage New York und Philadelphia.[62] Als "agent of change" katalysieren die Druckerpresse und das Selbstverständnis der in ihrem Umfeld beschäftigten Denker, Schreiber und Drucker einen (freilich keineswegs ungehinderten)[63] grenzüberschreitenden Sinn für eine programmatisch aufklärerische Offenheit gegenüber dem Neuen:

> The sense of a certain internationalism, and a brotherhood beyond frontiers, connected with a new religious sensibility even to the extent of creating in effect new sects, such as the 'Family of Love' that grew up around the Antwerp printer Christopher Plantin. [...] The printing fraternity was Richardson's most powerful immediate model of an international, diversified, and forward-looking 'family'.[64]

Richardson war als vielbeschäftigter und einer der wichtigsten und erfolgreichsten Drucker in London sowie als Autor von Pamphleten und Benimmbüchern Zeit seines Lebens Teil dieser aggressiv progressiven Kultur.[65] Margaret Anne Doody beschreibt ihn daher als einen paradigmatischen Mann des 18. Jahrhunderts:

> Samuel Richardson belonged to the age of the *Philosophes*, of the wits and men (and sometimes women) of letters who created or contributed to the new projects of mind – the dictionaries, encyclopedias, grammars, histories that gave order and definition to the pursuit of knowledge.[66]

---

[62] Siehe Hedgepeth Williams 450 und Davidson 15-37. Zum Zusammenhang von Autorschaft und Druckkultur in den USA siehe Klaus Benesch, "From Franklin to Emerson: Contestations of Professional Authorship in Early National America", *The Construction and Contestation of American Cultures and Identities in the Early National Period*, ed. Udo J. Hebel (Heidelberg: Winter, 1999) 77-96.

[63] Zum Thema Zensur in Richardsons Umfeld siehe T.C. Duncan Eaves und Ben D. Kimpel, *Samuel Richardson: A Biography* (NY/Oxford: OUP, 1971) 19-36.

[64] Margaret Anne Doody, "Samuel Richardson: Fiction and Knowledge", *The Cambridge Companion to the Eighteenth Century Novel*, ed. John Richetti (NY/Cambridge: CUP, 1996) 90-119, hier 95.

[65] Allan Dugald McKillop, *Samuel Richardson: Printer and Novelist* (Chapel Hill: U of NC P, 1936). William M. Sale, *Samuel Richardson: Master Printer* (Ithaca/London: Cornell UP, 1950); Eaves und Kimpel; Carol Houlihan Flynn, *Samuel Richardson: A Man of Letters* (Princeton: PUP, 1982); Catherine Ingrassia, *Authorship, Commerce and Gender in Eighteenth-Century England* (NY/Cambridge: CUP, 1998) 143-50.

[66] Doody 90.

Im Rahmen dieser Kultur übernehmen Romane eine ordnungsstiftende Funktion. Fiktionale "histories"[67] beispielsweise sind ausgedehnte Versuche, unter dem neoklassizistischen (und im amerikanischen Kontext puritanisch gestärkten)[68] Diktat der Mimesis mit der problematischen Vielfalt von Phänomenen, Meinungen und Perspektiven zurecht zu kommen und diese Vielfalt in moralisch belastbaren Repräsentationen narrativ zu bündeln. In diesem Sinne schreibt Ferguson auch der amerikanischen Literatur ordnungsstiftende Funktion zu:

> Revolutionary Americans use their faith in writing to stabilize the uncertain world in which they live. Either they accentuate perceived anxieties, problems, and unknowns on the page, to be subsumed in the substance of print, proof, style, and form, or they rigorously exclude them from what still pretends to be a 'comprehensive' treatment of the subject.[69]

Die von Ferguson hier nur angedeutete Differenz zwischen den Wahrheiten, die fiktionale Ordnungsversuche formal für sich reklamieren, und denen, die sie erzählen, arbeitet Spacks genauer heraus und stellt fest:

> authority belongs, finally, to authors, who may construct 'morals' for their fictions that obscure the operations of power, but who, in the mid-eighteenth century, consistently created fictions whose 'tendency' exposes power's omnipresence.[70]

Mit dieser inhärenten Ambivalenz von Überschreibung und Entdeckung der Welt ist die Gattung des Romans ein Instrument der Weltaneignung. Doody bestätigt: "[T]he novel is to be acknowledged as an inquiry into life, as a mode of knowing".[71] Im Kontext von erhöhter geographischer und sozialer Mobilität sowie entsprechend abnehmender Verlässlichkeiten übernehmen neben dem Roman auch andere Systeme eine solche

---

[67] Zum Begriff der "history" siehe McKeon, *The Origins of the English Novel* 45-7 und Gilmore 622-3.

[68] Michael Davitt Bell stellt die These auf, dass sich die amerikanische von der britischen Literatur gerade durch die immer wieder thematisierte, stärkere Skepsis gegenüber der Fiktion unterscheidet. Siehe "'The Double-Tongued Deceiver': Sincerity and Duplicity in the Novels of Charles Brockden Brown", *Early American Literature: A Collection of Critical Essays*, ed. Michael T. Gilmore (Englewood Cliffs, N.J.: Prentice Hall, 1980) 133-57, bes. 136-8 und 155. Vgl. auch Ruland und Bradbury 18, 22-3.

[69] Ferguson 351. Vgl. auch Jane Tompkins, *Sensationsal Designs:The Cultural Work of American Fiction, 1790-1860*. NY/Oxford: OUP, 1985. xi-xix.

[70] Patricia Meyer Spacks, *Desire and Truth. Functions of Plot in Eighteenth-Century Novels* (Chicago/London: U of Chicago P, 1990) 84.

[71] Doody 91.

Stabilisierungsfunktion. Dies ist zum einen die bereits erwähnte demokratisierte Codierung der Liebessemantik, der individualisierten, intimisierten Beziehung und die damit verbundene Konjunktur der aufrichtigen Gefühlsmitteilung;[72] zum anderen der Umlauf von Geld und Information.[73]

Die schriftlich fixierte Zirkulation emotionaler und ökonomischer Akte ist die Kommunikationsform einer schriftbasierten Kultur der Distanz, die von Vertrauens- und Autoritätszuschreibungen lebt. Der symbolische Raum des frühen Romans, der noch nicht eindeutig von den gesellschaftlichen Vollzügen abgekoppelt ist (und deshalb bis zum frühen 19. Jahrhundert immer wieder der moralischen Rechtfertigung bedarf), stellt ein fiktionales Trainingsprogramm für diese störungsanfällige Kultur bereit. Was Steven Watts über den amerikanischen Roman sagt, gilt auch für seinen britischen Vorläufer:

> In these salient ways, then – as an expression of market individualism, as a restraint on self-indulgence, as a ventilator for dissent, as a catalyst for class coherence – the early American novel helped create values and sensibility that permeated nineteenth-century bourgeois culture. These fictions were much more than a collection of intertextual sign-systems. They were part of an active process of cultural and class formation that was part and parcel of the American shift toward liberal capitalism from 1790 to 1820.[74]

Thomas Keymer und Peter Sabor weisen allerdings darauf hin, dass der durchschlagende Erfolg von Richardsons Roman *Pamela* nicht nur seiner literarisch erfolgreichen Diskussion zeitgenössischer Probleme, sondern auch überaus geschickten kommerziellen Strategien zuzuschreiben ist. Denn der Roman ist ein marktgerecht inszeniertes Medienereignis in der gesamten westlichen Welt: "*Pamela* was a bestselling coup, its rapidly acquired status as a cultural touchstone sped along by

---

[72] Niklas Luhmann, *Liebe als Passion* und "Darum Liebe", *Archimedes und wir: Interviews*, ed. Dirk Baecker und Georg Stanitzek (Berlin: Merve, 1987) 61-73; Michael Davitt Bell, *Sentimentalism, Ethics and the Culture of Feeling* (NY: Palgrave, 2000) 11-56 und Schwanitz 269-72.

[73] Zu den vertragsgebundenen Größen Fiktion und Kredit, der Konventionalität von Sinn und Wert siehe Nadja Gernalzick, *Kultur und Kredit: Ökonomie und Geldbegriff bei Jacques Derrida und in der amerikanischen Literaturtheorie der Postmoderne* (Heidelberg: Winter, 2000).

[74] Watts 20. Siehe auch Markman Ellis, *The Politics of Sensibility: Race, Gender and Commerce in the Sentimental Novel* (NY/Cambridge: CUP, 1996): "Reading sentimental fiction, then, was to be an improving experience, refining the manners by exercising the ability to feel for others" (17).

organized puffing".[75] In weniger als einem Jahr erscheinen sechs offizielle Ausgaben des Romans in London, eine davon in französicher Sprache, sowie eine Reihe von nicht autorisierten Nachdrucken in London und Dublin. In den nordamerikanischen Kolonien werden zusätzlich zu den importierten Exemplaren des Textes alleine 1744 drei Ausgaben gedruckt.[76]

Darüber hinaus löst *Pamela* in Europa und in den britischen Kolonien auf dem nordamerikanischen Kontinent eine literarische Lawine aus. Offizielle Neuauflagen, Überarbeitungen und Raubkopien, Lobpreis und harsche Kritik, Übersetzungen und Supplemente, Imitationen und Transformationen unterschiedlichster Couleur sowie eine Reihe von visuellen Repräsentationen sorgen dafür, dass die "*Pamela*-Kontroverse"[77] erstens finanziell einträglich und zweitens kulturell ungemein wirkmächtig ist. Hunderte von Adaptationen "took the Richardsonian themes and conventions as the basis and precondition of its art, while their situations and schemes entered the culture as almost mythic events".[78] Susanna Rowsons 1794 in der jungen amerikanischen Nation veröffentlichter empfindsamer Bestseller *Charlotte Temple* war in diesem Rahmen selbst ein Medienereignis.[79] Als Teil des neuen Diskurses des Romans bzw. über den Roman – Siskin spricht von "*novelism*"[80] – belebt die *Pamela*-Kontroverse die Imagination der zeitgenössischen kulturelle Szene auf beiden Seiten des Atlantiks mit "a fascinating variety of figures" und den Buchmarkt mit einem "riot of print".[81] Nicht zuletzt trägt sie entscheidend dazu bei, das emergente Genre des Romans sowohl in Großbritan-

---

[75] Thomas Keymer und Peter Sabor, "General Introduction", *The Pamela Controversy: Criticisms and Adaptations of Samuel Richardson's* Pamela, ed. Keymer und Sabor, 6 Bde. (London: Pickering & Chatto, 2001) xiii-xx, hier xxiii. Siehe auch Terry Eagleton, *The Rape of Clarissa: Writing, Sexuality and Class Struggle in Samuel Richardson* (Minneapolis: U of Minnesota P, 1982) 5; und William Beatty Warner, *Licensing Entertainment: The Elevation of Novel Reading in Britain, 1684-1750* (Berkeley: U of California P, 1998) 178, 200.

[76] Siehe Keymer/Sabor xxiii; und Sara Wadsworth, "Book Publishing in the Eighteenth Century", Blanchard 66-8, hier 67-8.

[77] In ihrer sechsbändigen Edition dokumentieren Keymer/Sabor die weitreichende und kontroverse Debatte, die sich in Großbritannien um den Text entzündete.

[78] Janet Todd, *Sensibility: An Introduction* (London/NY: Methuen, 1986) 66.

[79] Susanna Rowson, *Charlotte Temple*, ed. Cathy N. Davidson (1791; NY/Oxford: OUP, 1986). Mathew Carey, "the most successful and important publisher of the early national period", druckte in Philadelphia insgesamt 200 Auflagen des Romans; siehe Wadsworth 67. Der Roman war der unwiderrufliche Beweis dafür, "that American fiction was a marketable commodity"; siehe Davidson 95.

[80] Siskin 153-90.

[81] Keymer/Sabor I, xix, xiv.

nien als auch in Amerika ins Zentrum des Interesses zu rücken.[82] Dass innerhalb dieser Debatte sowohl symbolische als auch außersymbolische Prozesse, ein imaginatives Figuren- und Handlungsrepertoire sowie tatsächliche Auflagenzahlen eine Rolle spielen, bestätigt die Relevanz der fiktionalen wie der realen Zirkulation von Kommunikationsakten.

1.2 Briefkultur und die Inszenierung von Präsenz

Neben gedruckten Schriften ist der Privatbrief das zweite zentrale Medium des 18. Jahrhunderts, denn die Kultur der Distanz verlangt nach kompensatorischen Inszenierungen von Präsenz.[83] Die Ausweitung des postalischen Distributionsnetzes trägt dazu bei, dass sich eine politische, merkantile und gelehrte Briefkultur zu einer subjektivitätsbezogenen Privatbriefkultur ausdehnen konnte, innerhalb derer die empfindsame Verbindung von Emotionalität und Moral gepflegt werden konnte.[84]

> Das Briefeschreiben wurde bei vielen Zeitgenossen zur Manie, zur "Schreibseligkeit", zu einem Glückseligkeit verheißenden, wahrhaften Lebensbedürfnis. Briefe galten als "Behälter für die Ergießung der Herzen", als "Abdruck der Seele", als "Seelenbesuch" (Gellert). Sie fungierten als an fremde Empfänger addressierte Selbstgespräche und ermöglichten in der literarischen Form des Briefromans das Experiment der Entdeckung und Entfaltung eigener Subjektivität, der "psychologischen Emanzipation" (Habermas) des Bürgertums.[85]

Als "Zwitterform [...] zwischen Alltagskommunikation und Literarizität"[86] besitzt auch der Privatbrief ordnende Funktionen. Mit seiner emotionalen Eindringlichkeit, seiner programmatischen Vertraulichkeit und seiner klaren Adressatenstruktur dient er der Pflege freundschaftlicher Beziehungen; gleichzeitig ist er eine regelgeleitete Form der Abstraktion und Distanzierung vom gelebten Augenblick und ermöglicht so eine in-

---

[82] Thomas Keymer, "Introduction", Richardson, *Pamela* vii-xxxiv, hier xxv.
[83] Faulstich 83-101, bes. 94.
[84] Zur Briefkultur siehe Walter Uka, "11. Brief", *Grundwissen Medien*, ed. Werner Faulstich, 4. ed. (München: Fink, 2000) 114-32, hier 124. Zur Kultur der Empfindsamkeit siehe die Ausführungen unter Punkt 1.3 dieses Kapitels.
[85] Uka 119.
[86] Regina Nörtemann, "Brieftheoretische Konzepte im 18. Jahrhundert und ihre Genese", *Brieftheorie des 18. Jahrhunderts: Texte, Kommentare, Essays*, ed. Angelika Erbrecht et al. (Stuttgart: Metzler, 1990) 211-24, hier 212 und Uka 114.

terlokale und zumindest teilöffentliche Verständigung über sich selbst mit anderen:[87]

> Die Schriftlichkeit der Rede siegt über die Mündlichkeit, das Programm über das Leben. Rhetorik wird medialisiert über das Manuskript. Rhetorik wird zu einer Rhetorik der Sendschreiben, der Briefe. Der Brief ist mehr als nur Einkleidung des Gedankens, er ist die genuine Form des Redens von Ort zu Ort im Manuskriptzeitalter.[88]

Im festen Glauben an die Transparenz dieser Kommunikationsform nutzt Richardson die "genuine Form des Redens von Ort zu Ort im Manuskriptzeitalter", welche ihm im Medium der Schrift die kunstgemäße Herstellung von wirksamer Spontaneität und Unmittelbarkeit der Rede ermöglicht, in allen seinen aus fiktiven Briefen zusammengestellten fiktionalen Texten.[89] Die informellen und in ihrem Ton stark moralischen "Familiar Letters"[90] des Briefromans – "[w]ritten [...] to the Moment, while the Heart is agitated by Hopes and Fears, on Events undecided"[91] – sollen eine sozial vermittelte Reflexion der Erfahrung, wie sie vor allem von Frauen erwartet wurde,[92] und eine retrospektiv kontrollierende narrative Vermittlung umgehen. Todd und andere Kritiker stimmen darin überein, dass die Sprache der Korrespondenz für Richardson uneingeschränkt transparent ist. Im Gegensatz zu Dr. John-

---

[87] Norbert Oellers, "Der Brief als Mittel privater und öffentlicher Kommunikation in Deutschland im 18. Jahrhundert", *Brief und Briefwechsel in Mittel- und Osteuropa im 18. und 19. Jahrhundert*, ed. Alexandru Du.tu (Essen: Hobbing, 1989) 9-36, hier 18-9. Vgl. auch Roy Roussel, "Reflections on the Letter: The Reconciliation of Distance and Presence in *Pamela*", *Samuel Richardson*, ed. Harold Bloom (NY: Chelsea, 1987) 87-106.

[88] Schanze 231.

[89] Siehe dazu Donald L. Ball, *Samuel Richardson's Theory of Fiction* (Den Hag/Paris: Moutin, 1971) 23-30. Richardson ist allerdings nicht der erste, der die programmatische Unmittelbarkeit der Briefform nutzte: Aphra Behns *Love-Letters between a Nobleman and His Sister* führte diese Form der Fiktktion 1686 in Großbritannien ein. Siehe James Grantham Turner, "Richardson and His Circle", *The Columbia History of the British Novel*, ed. John Richetti (NY: Columbia UP, 1994) 73-101, hier 88.

[90] Samuel Richardson, *Pamela; or, Virtue Rewarded*, 1741, ed. Thomas Keymer und Alice Wakely (NY/Oxford: OUP, 2001) 11. Alle weiteren Belege erfolgen in Klammern im Text und beziehen sich auf diese Ausgabe. Ball weist darauf hin, dass die Bezeichnung "familiar" in Bezug auf Briefe bei "model letter writers" üblich ist und solche Briefe bezeichnet, die "informal, domestic, and somewhat moralistic in tone" sind (25).

[91] Samuel Richardson, "Preface", *The History of Sir Charles Grandison*, ed. Jocelyn Harris (NY/Oxford: OUP, 1986).

[92] Todd 87.

son, "whose sense of the artificiality of any writing was acute", war Richardson hartnäckig davon überzeugt, dass Briefe tatsächlich unmittelbare Medien sein könnten:[93]

> Richardson rejects the absolute insistence on artificiality, although he dramatizes the self-presentation of his correspondents, as well as the duplicitous evasions which Johnson considered always present in the act of writing. With all his knowledge of the fragility and vulnerability of letters, Richardson yet seemed to feel in some *inexplicable* way that they could, if honestly indited, bypass social speech and record the 'heart' of the writer.[94]

Freilich gelingt diese unmittelbare Vergegenwärtigung nur unzureichend, denn auch eine zeitnahe Aufzeichnung des Erlebten erfordert dessen Perspektivierung: "Pamela edits as she 'scribbles'".[95]

Die der Textsorte des Briefes inhärente mediale Ambivalenz zwischen emotionaler Präsenz und räumlicher Distanz ist auch dem empfindsamen Diskurs eigen: Beide dienen programmatisch freien, spontanen Gefühlsmitteilungen, sind aber effektiv ebenso reglementiert wie reglementierend. In seiner regelgeleiteten Diktion lässt der empfindsame Brief wirksam Präsenz an die Stelle von Distanz treten und untermauert die relationale Identität des schreibenden Ich.[96] Gerade in der Iteration didaktisch-empfindsamer Formeln bleibt der Roman an mündliche und gemeinschaftsstiftende Diskursformen gebunden, die, wie Gilmore in Bezug auf den amerikanischen Roman ausführt, den Individualismus, der dem Genre inhärent ist, einschränken und kontrollieren: "The composite epistolary narrative thoroughly subordinates the idea of individual creation; the image of storytelling it conveys is of a group of persons advising, exhorting, and confiding in each other".[97] Trotzdem erlaubt die Briefform die Herstellung eines hohen Grades an Unmittelbarkeit, die bezüglich komplexer Motivation und Konsistenz individualisierter und

---

[93] Todd 87.
[94] Todd 87; meine Hervorhebung. Siehe auch Keymer/Sabor I, xiv-xv sowie Roussel 97: "the language of correspondence is, for Richardson, perfectly transparent".
[95] So treffend Kevin L. Cope, "Richardson the Advisor", *New Essays on Samuel Richardson*, ed. Albert J. Rivero (London: Macmillan, 1996) 17-33, hier 21. Vgl. auch John B. Pierce, "Pamela's Textual Authority", *Passion and Virtue: Essays on the Novels of Samuel Richardson*, ed. David Blewett (London: U of Toronto P, 2001) 6-26.
[96] Siehe Roussel: "For Richardson, letters do make distance, presence" (97); "[E]ven when she is farthest from others she [Pamela] still addresses her writings to them, and this reference is important because it suggests how, for Richardson, the self exists only in its relation to others" (98).
[97] Gilmore 623-5 und 628-9, hier 525.

gleichzeitig typischer Charaktere, so Fiedler, erst in der Technik des Bewusstseinsstroms im frühen 20. Jahrhundert ihresgleichen findet.[98]

Im Gegensatz zu dem von Richardson ursprünglich geplanten Briefstellerprojekt[99] kommt den Briefen im Roman außerdem eine doppelte narratologische Funktion zu: Sie sind ein Medium des Erzählens auf der Diskursebene und gleichzeitig Elemente der Handlungsebene, auf der sie geschrieben werden, auf der sie also Handlungen sind und weitere Handlungen evozieren.[100] Während der aus Briefen zusammengestellte Roman also *seine* LeserInnen zu berühren sucht, testet er innerfiktional die Wirkung der medial ambivalenten Sendschreiben auf *deren* Leser. Ebenso wie die innerfiktionalen LeserInnen sind die LeserInnen des Textes immer wieder in Interpretationsversuche verstrickt. Selbst da, wo sie mehr Einblick gewinnen als die Charaktere selbst, verschafft ihnen der Roman keine das Geschehen souverän überblickende und kontrollmächtige Position.[101] So thematisiert das Genre des Briefromans die Kultur des Schreibens und setzt seine LeserInnen einer schriftkulturellen Erfahrung der epistemologischen Verunsicherung aus.

Mit seiner regelgeleiteten Inszenierung der Unmittelbarkeit und der authentischen Emotionalität trägt der Brief zur mimetischen Zähmung und zur moralischen Aufwertung der neuen Medientechnologie der Schrift bei. Gleichzeitig dient er als Autorisierungsstrategie für das neue Genre des Romans:

> To make writing 'new' [...] was [...] to domesticate it by containing it within the criteria of imitation; by bringing it into proximity with real life as something it could and should imitate, writing, they [Richardson and Fielding] thought, could be held accountable for lives that imitated it.[102]

---

[98] Leslie Fiedler, *Love and Death in the American Novel* 73.

[99] Keymer, "Introduction" xiii-xiv.

[100] Zu dieser Doppelfunktion des interpolierenden Erzählens siehe Gerard Genette, *Narrative Discourse: An Essay in Method* (1972; Ithaca/London: Cornell UP, 1980) 216-8; Bernard Duyfhuizen, "Epistolary Narratives", *Narratives of Transmission* (Rutherford, NJ.: Fairleigh Dickinson UP, 1992) 45-73, hier 45 und Göran Nieragden, "Multiperspektivisches Erzählen im 18. Jahrhundert", *Multiperspektivisches Erzählen: Zur Theorie und Geschichte der Perspektivstruktur im englischen Roman des 18. bis 20. Jahrhunderts*, ed. Vera und Ansgar Nünning (Trier: WVT, 2000) 155-74, hier 164-6.

[101] Vgl. dazu Bell, *Sentimentalism, Ethics, Feeling* 16, 24 und Siobhán Kilfeather, "The Rise of Richardson Criticism", *Samuel Richardson – Tercentenary Essays* (NY/Cambridge: CUP, 1989) 251-66, hier 254.

[102] Siskin 183. Vgl. dazu Todd 4 und 30. Die Strategie der mimetischen Zähmung war allerdings nicht von Dauer: "As writing was made more familiar, it no longer had to be handled in imitative terms: in fact, imitative caution toward the end of

Die Erbauungsfunktion und der ihr zu Grunde liegende Unmittelbarkeitsanspruch geschriebener Texte erwachsen also aus der Furcht vor der als potentiell gefährlich erlebten Macht der Schrift, Wirklichkeiten zu erschaffen. Diese Macht galt es zu kanalisieren und einem moralisch unbedenklichen Zweck zuzuführen. Wenn die Schrift den Menschen verändern kann, dann muss sie diese gleichsam gefährliche und verantwortungsvolle Aufgabe 'richtig' erfüllen. Daraus resultieren mit einem expliziten moralischen Lehranspruch überfrachtete Darstellungen vorbildhafter Charakterbildungen durch die Schrift und eine für den empfindsamen Diskurs der Zeit charakteristische Diskrepanz von Ausdruck und Anspruch:

> [D]urch die Explizierung von einer Rhetorik der Regellosigkeit wird Natürlichkeit unter Negierung eines jeglichen Regelwerks einem konventionalisierten Diskurs unterworfen. Das Paradoxon der empfindsamen Literatur, und im besonderen die Handhabung der empfindsamen Parameter durch Richardson, präsentiert sich dergestalt, daß die empfindsame Sprache in dem Augenblick, als sie durch schriftliche Fixierung erst ihre Legitimierung als Literatur erhält, bereits ihren Anspruch auf empfindsame Natürlichkeit wieder aufgeben muß.[103]

Diese Spannung zwischen Anspruch auf Natürlichkeit und Konvention ist empfindsamen Texten eingeschrieben und entscheidend dafür verantwortlich, dass diese Texte nach wie vor (und seit Watts *The Rise of the Novel* von 1957 wieder zunehmend) als literatur- und mentalitätsgeschichtliche Zeugnisse gelesen werden.[104]

Im Wettstreit um Mäßigung des Gefühls und die Kontrolle einer neuen Medientechnologie wurde diese Diskrepanz zwischen Unmittelbarkeit und Vermittlung im 18. Jahrhundert mit moralischen Ansprüchen 'überschrieben', die durch narrative Authentisierungsstrategien wie beispielsweise Herausgeberfiktionen und Briefen von LeserInnen unter-

---

the century seemed increasingly out of place" (Siskin 184). Bell erläutert die Hochschätzung der Fiktion seit dem späten 18. Jahrhundert mit einem analogen Argument bezüglich der Kultur des Gefühls: "The literalistic immediacy that characterized the models of sentimental response, both to literature and in life, for the eighteenth-century novelists and theorists has modulated into an awareness of the impossibility of knowing the emotional life by direct description. Hence the special significance of fiction *per se*". Siehe *Sentimentalism, Ethics, Feeling* 206.

[103] Svenja Weidinger, *Revisionen der Empfindsamkeit: Samuel Richardsons Fortschreibungen von* Pamela *(1739-1761)* (Frkf./M.: Lang, 2002) 28. Siehe auch Bell, *Sentimentalism, Ethics, Feeling* 39.

[104] Siehe Kilfeathers Ausführungen zum Stellenwert von *Pamela* in der Forschung zur Entstehung des Romans.

mauert wurden.[105] Die dem Hauptteil von *Pamela* als Lektüresteuerung vorangestellten fiktiven Leserbriefe an den vorgeblichen Herausgeber Richardson sollen in diesem Sinne die Illusion der Authentizität von Pamelas Briefen fördern. Gleichzeitig jedoch sind sie ungenierte Formen der Selbstrechtfertigung des Autors und seiner tugendadeligen Moralvorstellungen, die ihre Botschaft auch dann selbst untergraben, wenn sie tatsächlich von Lesern des Manuskriptes geschrieben sind.[106]

Der erste paratextliche Leser, über den der Autor seine Leistung beglaubigt, begründet seine Lektürebegeisterung mit der Unmittelbarkeit der Wirkung, die von der Briefform ausgehe:

> For, besides the beautiful Simplicity of the Style, and a happy Propriety and Clearness of Expression (the Letters being written under the immediate Impression of every Circumstance which occasioned them, and that to those who had a Right to know the fair Writer's most secret Thoughts) the several Passions of the Mind must, of course, be more affectingly described, and nature may be traced in her undisguised Inclinations with much more Propriety and Exactness, than can possibly be found in a Detail of Action long past, which are never recollected with the same Affections, Hopes, and Dreads, with which they were felt when they occurred.
>
> This little Book will infallibly be looked upon as the hitherto much-wanted Standard or Pattern for this Kind of Writing. (5)

Der zweite Leser lobt Richardsons gelungene Unterwerfung der Unterhaltung unter das didaktische Ziel der Erbauung, die der neoklassizistischen Erwartung entsprach, dass die poetische Imitation der Natur der Instruktion und der Unterhaltung der LeserInnen zu dienen habe. In diesem Lob formuliert der fiktive Leser ganz explizit die Ängste, die mit der Proliferation von Texten und eben auch der neuen Textsorte des Romans verbunden sind:[107]

> In short, Sir, a Piece of this Kind is much wanted in the World, which is but too much, as well as too early debauched by pernicious *Novels*. I know of nothing Entertaining of that Kind that one might venture to recommend to the

---

[105] Mit seiner expliziten Didaktisierung der Fiktion schlägt Richardson auch Kapital aus den durch die Skandalfiktion hervorgegangenen narrativen Mustern. Siehe Ingrassia 14, 148-50.

[106] Keymer/Wakely glauben zwar, die Namen der beiden Leser, deren Briefe Teil des Romans sind, identifizieren zu können, doch sie räumen ein: "one should not rule out Fielding's insinuation [in *Shamela*] that Samuel Richardson wrote some of *Pamela*'s preliminary puffs himself". Siehe Richardson, *Pamela* 526.

[107] Barbara Vinken spricht von Richardsons Romanen gar als Vollstreckungen des puritanischen Urteilsspruchs gegen die Fiktion. Siehe *Unentrinnbare Neugierde: Die Weltverfallenheit des Romans* (Freiburg: Rombach, 1991) 70.

Perusal (much less the Imitation) of the Youth of either Sex: All that I have hitherto read, tends only to corrupt their Principles, mislead their Judgements, and initiate them into Gallantry and loose Pleasures.
Publish then, this good, this edifying and instructive little Piece for their Sakes. (9)

Die kulturelle Integration der Technologien der Schrift – das Lesen, Schreiben und der Druck – werden, so zeigt sich hier deutlich, zumindest potentiell als gefährlich empfunden, denn ihre Macht ist zunächst nicht abzuschätzen: Was wird die neue Technologie mit uns und, schlimmer noch, aus uns machen?[108] Diese Verunsicherung ist dem Genre des Briefromans, der sukzessive eine sich entwickelnde Geschichte aufzeichnet, einerseits formal eingeschrieben: "Richardson's style of writing and living to the moment creates genuine uncertainty as to the outcome of the story".[109] Gleichzeitig treten Richardsons Texte dieser Verunsicherung mit der paratextlich untermauerten Entschlossenheit entgegen, die Macht der neuen Technologie zu kanalisieren und einem moralisch gehobenen Ziel zuzuführen. Diese Entschlossenheit manifestiert sich vor allem in der empfindsam-psychologischen Didaxe der Texte. Ihre empfindsame Assoziation der lesenden sowie der repräsentierten Sensibilität mit wahrer Tugend, strikter Moral, Mitgefühl und Offenherzigkeit ist die hier dominante Legitimationsstrategie für eine noch umstrittene neue Textsorte.

Auch Charles Brockden Browns zwischen 1798 und 1800 veröffentlichte Romane *Wieland*, *Ormond*, *Edgar Huntley* und *Arthur Mervyn* arbeiten sich immer wieder neu an der paradoxen Aufgabe ab, Authentizität in einer schriftbasierten Kultur der Distanz festzuschreiben. In dem hier untersuchten Text *Arthur Mervyn* sind es allerdings nicht Briefe, sondern es ist die Konfession, die die Unmittelbarkeit des Textes verbürgen soll und, wie Michael Davitt Bell bestätigt, sie gleichzeitig untergräbt:

> Brown turns from those forms in which a reliable narrator mediates between the audience and the world of the novel. He turns instead to the forms which pretend to authenticity and immediacy – letters, memoirs, confessions. And yet the paradoxical effect of this immediacy is to *subvert* authenticity, to bring narration into the action and thereby to raise questions about the novel's overt sincerity. All four novels reveal a basic fear, essentially similar to the fears of

---

[108] Zur Gefahr der neuen Technologie der Schrift siehe Siskin 1-26.
[109] Ian Donaldson, "Fielding, Richardson, and the Ends of the Novel", *Essays in Criticism* 32 (1982): 26-47, hier 42.

contemporary moralists, of both the illusoriness and the consequences of imaginative fiction.[110]

Das dem eigentlichen Text und seinen sukzessiven Untergrabungen von Autorität vorangestellte Vorwort fördert in *Arthur Mervyn* die Illusion, dass der Wahrheitsgehalt des Textes durch die offenkundig wohltätige Intention und die moralische Autorität eines realen, Bericht erstattenden Autors verbürgt ist.[111] Der Verfasser des Vorwortes stellt den Text in eine Reihe mit politischen und medizinischen Abhandlungen über die Gelbfieberepidemie im Jahr 1793 in Philadelphia, die ihm als moralisch relevanter Anschauungskontext für nachahmens- und verachtenswertes menschliches Verhalten dient. Es ist sein explizites Anliegen, "to snatch some of these [the influences of hope and fear, the trials of fortitude and constancy] from oblivion, and to deliver a brief but faithful sketch of the conditions of this metropolis during that calamitous period" (3). Ziel seiner "humble narrative" sei die moralische Instruktion und die Erregung von Mitgefühl und tätiger Benevolenz.

Brown suchte sich wiederholt von der empfindsamen Tradition zu distanzieren. Diese Abgrenzung wird auch literaturkritisch bestätigt,[112] um eine nationalliterarische Tradition zu begründen. Nichtsdestoweniger steht die Browns Texten eingeschriebene Lektion in republikanischer Wohltätigkeit klar in der aufklärerisch-empfindsamen Tradition,[113] zu deren semantischer Aufladung Richardsons Briefromane *Pamela* (1740),

---

[110] Bell, "Sincerity and Duplicity in the Novels of Charles Brockden Brown" 155.

[111] Michael Warner 151-76 legt eine Lektüre des Textes vor, die diese Lektüresteuerung durchgehend ernst zu nehmen versucht. Sie kann aufgrund der narratologischen Komplexität des Textes letztlich nicht überzeugen.

[112] Siehe Fiedler 23-161 und Gilmore 649. Michael Warner ordnet Browns Texte einem eindeutig republikanischen und nicht-sentimentalen Paradigma zu (174); er muss jedoch angesichts textimmanenter Widersprüchlichkeiten selbst wiederholt zugeben, dass diese klare Differenzierung nicht haltbar ist (172-3; siehe auch 170).

[113] Ludwig Borinski nennt die Benevolenz das zentrale Ideal der britischen Aufklärung; siehe "Das Humanitätsideal der englischen Aufklärung", *Europäische Aufklärung II*, ed. Heinz-Hoachim Müllenbrock, (Wiesbaden: Aula, 1984) 31-54, hier 45. Emory Elliott führt aus, dass Brown an den moralischen Philosophen der Zeit interessiert war; siehe "Narrative Unity and Moral Resolution in *Arthur Mervyn*", *Critical Essays on Charles Brockden Brown*, ed. Bernhard Rosenthal (Boston: Hall, 1981) 142-63, hier 142-3. Browns Essays beispielsweise sind stark von Shaftsburys Suche nach der geeigneten Form für moralische Kritik und Belehrung beeinflußt; siehe dazu Martin Christadler, *Der amerikanische Essay, 1720-1820* (Heidelberg: Winter, 1968). Zur moralisch-didaktischen Funktion, die Brown der Literatur zuwies, siehe Harald Mertz, *Charles Brockden Brown als politischer Schriftsteller* (Frkf./M.: Lang, 1994) bes. 173-83.

Clarissa (1747/48) und *Sir Charles Grandison* (1753) rund fünfzig Jahre vorher modellbildend beitragen.[114] Sowohl Richardsons empfindsam-psychologische Didaxe als auch Browns antisentimentaler Ruf nach verantwortungsvollem Mitgefühl partizipieren (wenn auch, wie sich zeigen wird, in unterschiedlicher Weise) an der Bändigung des potentiell gefährlichen neuen Mediums der gedruckten Schrift. Darüber hinaus sind sie Teil eines umfassenden sozialen Disziplinierungsprogramms, das sowohl auf individueller als auch auf nationaler Ebene wirksam ist, "producing cultured individuals privileged in sharing a national culture".[115]

Der mit dem Begriff Empfindsamkeit bezeichnete "Ruf nach humanitärem Mitgefühl", der Wunsch "nach Menschenfreundlichkeit und wahrer Seelentiefe",[116] kurz: das empfindsame Repertoire, das Richardsons Texte mit kultureller Wertigkeit aufladen, antwortet auf das Bedürfnis einer sich individuierenden und auseinanderdriftenden Gesellschaft nach Zugehörigkeit:

> If the novel developed as a genre that made significant the distinctive fate of a particular individual, then sentimentalism was the attempt to rescue that individual from isolation and selfishness. [...] Underlying sentimentalism is the belief that a capacity for deep, and even disabling, feeling renders individuals fit for society.[117]

Die empfindsamen Briefe in *Pamela* und die Konfessionen in *Arthur Mervyn* wirken in diesem Sinne gesellschaftsbildend: Pamela und Mr B etablieren sich durch die wechselseitige Lektüre ihrer ambivalent kodierten Seelendiagramme als gesellschaftsfähiges Ehepaar, und Arthur Mervyn kann sich durch Erzählen seiner Lebensgeschichte erfolgreich gegen den Verdacht verteidigen, ein Betrüger zu sein. Beide Romane inszenieren und untermauern damit die Wirkmächtigkeit von Lektüreprozessen, während sie gleichzeitig auf unterschiedliche Weise deren Anfälligkeit für Missverständnisse, Lug und Betrug dramatisieren.

---

[114] Siehe John Mullan, "Sentimental novels", *The Cambridge Companion to the Eighteenth Century Novel*, ed. John Richetti (NY/Cambridge: CUP, 1996) 236-54, bes. 245; und *Sentiment and Sociability: The Language of Feeling in the Eighteenth Century* (Oxford: Clarendon, 1988) 15; Todd 4. Zu Richardsons maßgeblichem Einfluß auf die Ausformung der Empfindsamkeit siehe Weidinger 14-34.

[115] Siskin 6. Vgl. auch Patterson 76-8.

[116] Weidinger 15.

[117] Mullan 248. Vgl. auch Todd: "Sentimental letters, written in the isolation of the closet, can forge rapturous ties of fellowship, making 'distance, presence' and communicating feelings without intruding the difficulties of physical social presence" (87).

Die Ambivalenz zwischen unmittelbarer Nähe und imaginativ vermittelter Distanz, die dem Genre des Privatbriefes und dem ihm anverwandten Diskurs der Empfindsamkeit innewohnt, ist gleichzeitig ein paradigmatisch verdichtetes Beispiel für die jeder Form der Re-präsentation eigene doppelte Qualität: Als eine Struktur, in der *etwas* für *etwas anderes* steht, ist Repräsentation eine notwendigerweise störungsanfällige Ermöglichung von Kommunikation.[118] Dieses Paradigma um das Bedürfnis nach Kontrolle und sich unwillkürlich immer wieder einschleichenden Kontrollverlust soll im Folgenden am Beispiel der Empfindsamkeit noch einmal auf den Punkt gebracht werden.

1.3 Zu Genealogie und Funktion des empfindsamen Diskurses

Die Empfindsamkeit ist eine nachhaltig wirksame geistige Strömung innerhalb der europäischen Aufklärung, die der bewussten Reflexion und Artikulation (und damit nicht unwesentlich der differenzierenden Herausbildung) der rational schwer fassbaren Größe des individuellen Gefühlserlebens diente. Als eine Kultivierung von Mitgefühl entwickelt sie sich innerhalb einer emergenten printmedialen Kultur der Distanz und kompensiert eine frühkommerziell verstärkte Orientierung am Eigeninteresse. Dabei steht sie in engem Zusammenhang mit emotionalen Reaktionen auf literarische Vorbilder und Anregungen. "Feeling and fiction are so interwoven that the one can hardly be understood without the other".[119] Darüber hinaus betrifft der Diskurs der Empfindsamkeit sowohl das individuelle akute Gefühl als auch "eine Disposition, einen Sinn für das Gute und Schlechte",[120] also ein Sein und ein Sollen. Bereits in der griechisch-christlichen Tradition der Affektenlehre "hat die Thematisierung der Gefühle eine ethische Dimension, insofern es von Beginn an darum geht, einen sozial und moralisch angemessenen Umgang mit den Affekten zu finden".[121] Dem gegenüber reklamiert nun der durch die schottische Moralphilosophie gestützte empfindsame Diskurs das *feeling* bzw. *sentiment* des 'transzendental obdachlosen' Individuums selbst als moralischen Sinn, der jede Bewertung fundiert. In diesem moralischen Leitanspruch sieht Michael Bell die Ambivalenz des empfindsamen

---

[118] Mitchell, "Representation" 16-21; Koschorke 318-9. Siehe dazu die Ausführungen in Teil I.2. dieser Arbeit.
[119] Bell, *Sentimentalism, Ethics, Feeling* 5.
[120] Hilge Landweer, "Gefühl/moral sense", *Handbuch Ethik*, ed. Marcus Düwell, Christoph Hübenthal und Micha H. Werner (Stuttgart: Metzler, 2002) 360-65, hier 360.
[121] Landweer 361.

Diskurses begründet, die er mit den widersprüchlichen Konnotationen von 'Prinzip' und 'Gefühl' zu benennen versucht: Während 'Prinzip' die fraglose Verlässlichkeit des natürlichen moralischen Sinns impliziert, ist 'Gefühl' vor allem mit spontaner Intuition und lebendiger Imagination assoziiert:

> Yet these apparently distinct meanings are only the ends of a continuous spectrum of usage whereby the word had both meanings at once so that, even at the ends of the spectrum, it carried some implication of the whole and thereby focuses the hopeful instability of the whole project of sentimentalism. Sentiment as 'principle' was invoked as if it had the intuitive and spontaneous impact of feeling, while sentiment as 'feeling' assumed the universal, impersonal authority of principle.[122]

Der Versuch, die Empfindung zur verlässlichen Basis des Verstandes zu machen, antwortet auf die nach der Deklamation einer parlamentarisch gebundenen Monarchie in der *Glorious Revolution* und im frühen 18. Jahrhundert nicht nur in Großbritannien zunehmend virulente Auffassung, dass eine komplementäre Ergänzung von Vernunft und Gefühl und eine Abwendung vom anthropologischen Pessimismus Thomas Hobbes'scher[123] Prägung notwendig sei.[124]

Mit der zunehmenden Verlagerung von Verantwortung auf den 'transzendental obdachlosen' Einzelnen rückt dieser Einzelne und die Frage danach, was seine Identität ausmacht und wie sie legitimiert werden kann, ins Zentrum des Interesses. Das frühe 18. Jahrhundert erlebt einen wahren Aufruhr um das Thema der Individualität und darum, was es bedeutet, über den Verlauf der Zeit dieselbe Person zu bleiben. Bereits John Locke (1632-1704) hatte diese Debatte mit seiner zunächst sehr

---

[122] Bell, *Sentimentalism, Ethics, Feeling* 19. Zur komplexen Begriffsgeschichte des Sentimentalismus siehe Ellis 5-48.

[123] Zu Thomas Hobbes siehe Tracy B. Strong, "How to Write Scripture: Words, Authority, and Politics in Thomas Hobbes", *Critical Inquiry* 29 (Autumn 1993): 128-59.

[124] Ich beziehe mich hier auf die hervorragenden Einführungen von Todd; Weidinger 14-34; Jochen Barkhausen, *Die Vernunft des Sentimentalismus: Untersuchungen zur Entstehung der Empfindsamkeit und empfindsamen Komödie in England* (Tübingen: Narr, 1983) sowie auf Bells Geschichte unterschiedlicher Konzeptionen von Gefühl und Fiktion zwischen dem frühen 18. und dem ausgehenden 20. Jahrhundert, in der er "the modern transformation of the sentimental inheritance into a concern for wholeness and integrity of being" nachzeichnet (205). Für eine Studie der historischen Veränderung empfindsamer Wirkungspotentiale siehe außerdem Wolfgang Herrlinger, *Sentimentalismus und Postsentimentalismus: Studien zum englischen Roman bis zur Mitte des 19. Jahrhunderts* (Tübingen: Niemeyer, 1987).

umstrittenen Infragestellung der substantiellen, metaphysisch verankerten Gegebenheit der persönlichen Identität fokussiert. Dieser traditionellen Vorstellung setzt er die Vorstellung von der Identität des Bewusstseins entgegen, einer im Bewusstsein gebündelten Einheit von Impressionen, Gedanken und Gefühlen.[125] Lockes radikal neue Vorstellung löste Ängste und agressiven Widerstand aus, weil sie der Verantwortung und der Zurechnungsfähigkeit des Einzelnen die Grundlage zu entziehen drohte. So widmet Joseph Butler (1692-1752) der Frage nach individueller Zurechnungsfähigkeit ein ganzes Werk, in dem er sich mit "the strange perplexities" auseinandersetzt, "[which] have been raised about the meaning of that identity or sameness of person, which is implied in the notion of our living now and hereafter, or in any two succesible moments".[126] Im Zusammenhang mit dieser verunsichernden Debatte um die Flüchtigkeit des Menschen erhält die individuelle Erfahrung eine bis dahin undenkbar hohe, scheinbar natürliche Wertigkeit:

> The early eighteenth-century appeal to the values of sentiment could be made only because these values had already found widespread, largely unreflective acceptance. They had come to seem, and therefore in a sense to be, natural. A major change of feeling preceded change of mind, while the mind had initially no adequate language in which to recognize or express this.[127]

Gegen Ende des 18. Jahrhunderts führten die bis dahin ungelösten Widersprüche, die aus dem Versuch hervorgingen, Verstand und Gefühl miteinander auszusöhnen, zu einer erneuten, durch gegensätzliche politische Reaktionen auf die Französische Revolution verschärften Entzweiung der Konzepte eines formalisierten Verstandes und eines formlosen Gefühls – wobei Verstand mit den Anliegen der Revolution und Gefühl mit Konservatismus assoziiert wurde.[128] Zu Beginn des 18. Jahrhunderts jedoch bestand die Hoffnung, dass eine Neukonzeption des Gefühls und des guten Geschmacks die Defizite einer als reduktionistisch empfundenen Konzeption von Vernunft würde aufwiegen können. Dazu bemerkt Annegreth Horatschek:

---

[125] Christopher Fox, "Locke and the Scriblerians: The Discussion of Identity in Early Eighteenth Century England", *Eighteenth-Century-Studies* 16 (1982/83): 1-25. John Locke entwickelt seine Theorie der persönlichen Identität in der zweiten Auflage seines *An Essay Concerning Human Understanding*, ed. Peter H. Nidditch (1694; Oxford: Clarendon, 1975).
[126] Zitiert bei Fox 2.
[127] Bell, *Sentimentalism, Ethics, Feeling* 17.
[128] Bell, *Sentimentalism, Ethics, Feeling* 52-57.

[I]n den nicht religiösen Schriften [des 18. Jahrhunderts] wird eine ganze Diskussion über den Geschmack geführt, wobei eben die Definitionen des Geschmacks als Regulativ funktionieren sollen für die Kontrolle und Regulierung all dessen, was nicht unter die Ratio fällt, also all der gefühlsmäßigen Reaktionen und Interaktionen mit der Umwelt.[129]

Das empfindsame und mit moralischen Implikationen beladene Geschmacksurteil ist die Basis einer europaweiten kulturellen Veränderung in der Wertigkeit des Gefühls. Die Wirkung dieses *affective turn* auf die Kultur der Moderne ist trotz heftiger Reaktionen gegen die vermeintlich sentimentale Gefühlsduselei nachhaltig: "That impact is so pervasive and internalized as to be invisible. We are too thoroughly constituted by it to see it clearly".[130] Die Auswirkungen des *affective turn* sind dauerhaft in das kulturelle Unbewusste eingeschrieben. Sie betreffen auch die vielen, die diese Tradition gerne abschütteln würden und finden, so argumentiert Bell, ihre moderne Entsprechung in unserer Sorge um Ganzheit und Integrität.

Zentrale Wegbereiter dieser Entwicklung sind, neben vielen anderen,[131] vor allem John Locke, der darauf besteht, die Voraussetzungen des Denkens in der Erfahrung und der Empfindung zu berücksichtigen,[132] Anthony Ashley Cooper, der dritte Earl of Shaftsbury (1671-1713) mit seiner Affektenlehre, die er von seiner deistisch fundierten Überzeugung von einem rational und harmonisch geordnetem Universum ableitet[133]

---

[129] Annegreth Horatschek, "Innenräume – Innenwelten in der englischen Literatur", unveröffentlichte Vorlesung, 2003; Dokument 5, 6 von 10.
[130] Bell, *Sentimentalism, Ethics, Feeling* 2.
[131] Siehe Bell, *Sentimentalism, Ethics, Feeling* 17: "their very multiplicity suggests the inappropriateness of looking among them for a single major cause". Neben der Moralphilosophie nennt Ellis die Ästhetik, die anglikanische Theologie und das Aufkommen der Philanthropie, die politische Ökonomie, die Naturwissenschaften (insbesondere die Physiologie und die Optik), den Genderdiskurs sowie die Populärkultur als weitere wichtige Quellen für den sentimentalen Diskurs, der speziell im Roman zum Thema wird (5-48, 190-221).
[132] Siehe dazu Locke und Bertrand Russell, *Philosophie des Abendlandes: Ihr Zusammenhang mit der politischen und sozialen Entwicklung* (1945; München/Wien: Europaverlag, 1992) 613-55.
[133] Anthony Ashley Cooper, Third Earl of Shaftsbury, *Standard Edition: Complete works, selected letters, and posthumous writings,* in English with parallel German translation, ed., trans., und comm. Wolfgang Breda et al. (Stuttgart: frommannholzboog, 1981). Shaftsbury weist den Schriftstellern als Experten der Selbst- und Fremdeinschätzung die Aufgabe zu, ihre Arbeit in den Dienst der Ausbildung des Gefühls und des *common sense*, des guten Urteilsvermögens zu stellen und nicht dem Publikumsgeschmack und der eigenen Geltungssucht zu huldigen. Bells im Jahr 2000 veröffentlichte Überzeugung, "that fiction provides an intuitive appreci-

und David Hume (1711-1776) mit seiner Gewohnheit, Instinkt und Gefühl favorisierenden Lehre von den generalisierten sittlichen Regeln.[134] Die Empfindsamkeit tritt weniger als ein 'gefühlsduselnder'[135] Gegendiskurs zu kalter Ratio an, sondern vielmehr als ein mäßigendes Integrationsinstrument, das dem lange missachteten Bereich des potentiell zerstörenden Gefühls einen durch strenge Konventionen klar definierten Platz einräumt und so der mutmaßlich bereicherten Vernunft unterordnet. Dem Gefühl eignet damit, so Bell, die zweischneidige Funktion des Supplements: Es ist einerseits nur ein Nachtrag, doch wenn es entsprechend unwichtig ist, warum wird es nachgetragen? Die Tatsache seines Nachtrags untergräbt die tragende Funktion der Vernunft, die zu stützen es angetreten ist. Die Konsequenzen dieser Supplementstruktur zwischen individuellem Gefühl und universaler Vernunft führt Bell bezüglich der Verschiebung der Geschlechterdefinition aus:

> The ambivalence of feeling, its being at the 'heart' of the culture and yet, constantly rejected or condescended to, is reflected in its association with the female. Apparently marginalized because it is female, it is perhaps seen as female because it is marginal. Once again, the circular logic of the supplement is reflected in the symbolic relations between the sexes. The emotional qualities of the female are necessary, yet they must be controlled by social reason to which they appear to be a threat. Hence it is precisely as feeling is ostensibly privileged that the structure of principle can be most coercive.[136]

Bell macht deutlich, dass es hier um den bis heute unabgeschlossenen Versuch einer kontrollierenden Fest*schreibung* eines als wichtig anerkannten Moments geht, dessen ermöglichende aber auch erschreckende Macht sich darin manifestiert, dass es sich der Definition entzieht. Weidinger spricht in diesem Zusammenhang treffend von einer "Normierung der Natur", die "zur anthropologischen Konstante" für das gesamte 18. Jahrhundert" avancierte.[137]

---

ation of the ontology of feeling" (5) legt Zeugnis für die Wirkmächtigkeit der von Shaftsbury formulierten Forderung ab. Siehe dazu Schwanitz 248-53.

[134] David Hume, *Enquiries Concerning Human Understanding and the Principles of Morals*, ed. L.A. Selby-Brigge (1751; Oxford: Clarendon, 1998). Siehe dazu Russell 668-83.

[135] Bell argumentiert überzeugend, dass der pejorative Sinn von Sentimentalismus nicht einfach nur ein Verfallsprodukt ist, sondern Zeichen einer Differenzierung innerhalb des seit dem "affective turn" des 18. Jahrhunderts nachhaltig aufgewerteten Bereichs des Gefühls (*Sentimentalism, Ethics, Feeling* 1-5).

[136] Bell, *Sentimentalism, Ethics, Feeling* 26.

[137] Weidinger 19. Siehe auch G.J. Barker-Benfield, *The Culture of Sensibility: Sex and Society in Eighteenth-Century Britain* (Chicago/London: U of Chicago P,

Der gefühls- und urteilsbildende Anspruch der Empfindsamkeit ist mit einer Reihe von Widersprüchen behaftet. Diese sind in der Verschränkung von naturrechtlich-liberaler Diktion und patriarchalischen soziopolitischen Strukturen, von der Verpflichtung auf eine differenzierte Deskription von Emotion und der Präskription hierarchischer Verhaltenskodizes begründet.[138] Mit diesen Widersprüchen ist der "affective turn" der Emfpindsamkeit eine entscheidende und anhaltend wirkmächtige Phase in der Herausbildung der modernen affektiven Subjektivität.[139] Darüber hinaus begründet er die Diskussion um die entweder naturrechtlich gegebene oder rational bzw. durch das gute – und das heißt *gebildete* – Geschmacksurteil geschaffene Basis von Ethik: "the pursuit of a chimerical grounding for moral values and motives is perennial and is one of the ways in which the eighteenth-century argument extends into our own time".[140]

Im Kontext von makrohistorischer Veränderung und Verunsicherung begründen fiktionale Ausfaltungen des empfindsamen Diskurses sowohl in Großbritannien als auch in Amerika den Roman als eigenständige Gattung: "For better or worse, the values of the Sentimental Love Religion, inextricably bound up with the example of Richardson, entered into the American novel at the moment of its creation".[141] Der empfindsame Roman inszeniert nicht einfach einen eskapistischen Rückzug oder ein sozial verträglicheres Gegenmodell zu den Kräften einer expandierenden Marktwirtschaft. Er mischt sich direkt ein, spiegelt und transformiert die Ängste der LeserInnen und humanisiert die unsichtbaren Kräfte des Marktes, indem er sie in ein menschliches Drama transponiert und so verständlich und zielgerichtetem menschlichen Handeln zugänglich macht. Er nutzt den empfindsamen Diskurs, um die konkreten Konsequenzen makrohistorischer Veränderung für das individuelle Welt- und Selbstverständnis und damit für das soziale Gefüge zu erforschen, abzufedern und vor allem seinen LeserInnen zu vermitteln. Darin liegt seine ethische Dimension.

Joseph Fichtelberg erläutert die Funktion des sentimentalen Diskurses für die Strukturierung des sozialen Wandels unter Rückgriff auf McKeons Studie *The Origins of the English Novel* und mit Blick auf eine heranwachsende amerikanische Unternehmenskultur:

1992): "'Sensibility' signified revolution, promised freedom, threatened subversion, and became convention" (xvii).
[138] Siehe Weidinger 18-19, 21, 23-7; Barkhausen 91-3 und Ellis 5-48.
[139] Bell, *Sentimentalism, Ethics, Feeling* 11-56, hier 11.
[140] Bell, *Sentimentalism, Ethics, Feeling* 18.
[141] Fiedler 75.

> At a time when conventional explanations of economic change failed to dull its devastations, writers of all kinds appropriated and transformed sentimental discourse to fashion a metanarrative of social process. For the language of sentiment was the currency of crisis, providing a web of meaning intended to resolve a culture's deepest contradictions. Sentimentalism was called on to mediate the complex and delicate transition between premarket and market mentalities, between face-to-face and long-distance economic relations, between the homogeneous village and the heterogeneous republic, between the family and impersonal exchange. Sentimental discourse performed these tasks through an imperialism of feeling. By attempting to extend the reach of affect, it sought to render more intimate and domestic the abstract forces of economy and polity. The sentimental narratives associated with economic crisis were a creative attempt to name, and possibly to control, the pressures that were reshaping lives.[142]

Sowohl in Großbritannien mit seinen etablierten kulturellen Traditionen und entsprechend gefestigten sozialen Strukturen als auch, zeitlich weit darüber hinausreichend, in einem noch weitgehend agrarisch geprägten, aber sozial und geographisch hochmobilen Amerika – "in a world of alien experience"[143] – arbeiten empfindsame Fiktionen an der Herausbildung und der Erhaltung eines neuen, flexiblen Verständnisses von Individualität, das den sozialen Ort, die Autonomie und die Verantwortung des Individuums gegenüber sich selbst und anderen im Kontext rapide voranschreitender Ökonomisierungs- und Vergesellschaftungsprozesse bestimmt. Als Sinnbild für Unberechenbarkeit und Kontingenz der Logik des Marktes taucht dabei, so Fichtelberg, immer wieder die Figur der Grenzenlosigkeit auf:

> Boundlessness was not only the expansive impulse that John Higham ascribed to early national culture. To moralists, boundlessness was also the logical contradiction at the core of rational capitalism itself. It was the engine behind the market's frequent panics and the origin of its most powerful innovations. As such, boundlessness posed an almost insoluble moral problem to conventional market apologists, particularly during periods of economic collapse, when zeal became a kind of contagion. Sentimental narratives groped toward a morally satisfying solution to this problem by reimagining the excesses of the

---

[142] Joseph Fichtelberg, *Critical Fictions: Sentiment and the American Market 1780-1870* (Athens/London: U of Georgia P, 2003) 7. Siehe dazu auch Davidson 110-50; Ziff; Gilmore 620-43 und Michael Warner.

[143] Fiedler 31: "It is not only a world where courtship and marriage have suffered a profound change, but also one in the process of losing the traditional distinctions of class; a world without a significant history or a substantial past; a world which had left behind the terror of Europe not for the innocence it dreamed of, but for new and special guilts associated with the rape of nature and the exploitation of dark-skinned people".

market through limitless feeling and by making sentimental heroines and heroes the only figures who could regulate its excesses. The boundless ability to circulate, negotiate, and sympathize became the mark of a new, more supple morality.[144]

Die Begegnung mit der Grenzenlosigkeit und deren effektive Transposition in den eigenen Affekthaushalt (in Form von Sympathie und Vertrauen) markieren Fichtelberg zufolge eine gelungene – d.h. moralisch belastbare – Individuation. Die beiden folgenden Textanalysen zeigen, dass diese affektive Individuation sehr unterschiedlich ausfallen kann.

Der Einfluss der durch Richardson geprägten fiktionalen Empfindsamkeit auf die Entwicklung des amerikanischen Romans hat seine eindeutigsten Spuren in solchen einschlägig empfindsamen Texten wie William Hills Browns *The Power of Sympathy* (1789), der häufig als der erste amerikanische Roman bezeichnet wird,[145] Susanna Rowsons Bestseller *Charlotte Temple* (1794), der bis heute weit über 200 Auflagen erfahren hat, und Hannah Fosters Roman *The Coquette* (1797) hinterlassen, der einen zeitgenössischen Skandal fiktionalisierte und bis zu Beginn der ersten feministischen Bewegung in der zweiten Hälfte des 19. Jahrhunderts regelmäßig gelesen wurde.[146] Allerdings soll hier mit Charles Brockden Browns *Arthur Mervyn* (1799) ein Text untersucht werden, dessen Autor sich *gegen* die angeblich fiebrige sentimentalistische Fiktion und stattdessen der Tradition des Schauerromans zuwandte,[147] denn *Arthur Mervyn* ist trotz Browns Ablehnung der sentimentalistischen Tradition deutlich von ihr gezeichnet.

Dass der Schauerroman weniger moralisierend und daher problematisch sei, ist ein häufig zu findender Fehlschluss. Wie viele frühe Kritiker des Genres bemängelt Alexander Cowie noch 1951 die mangelnde ästhetische und moralische Qualität sowie die Irrealität der Literatur des Bösen: "the Gothic novel had no ethical front [...] it left the reader a mass of gooseflesh and fluttering nerves".[148] Doch entgegen dieser Auf-

---

[144] Fichtelberg 9.
[145] Siehe dazu Davidson 83-8.
[146] Siehe Cowie 1-21 und Fiedler 74-104.
[147] Zu Browns Ablehnung sentimentalistischer Texte siehe Gilmore 649. Browns schauerromantische Vorbilder warenvor allem die Texte von Clara Reeve (1729-1807), Ann Radcliffe (1764-1823) und William Godwin (1756-1836). Siehe Douglass H. Thomson, "Charles Brockden Brown (1771-1810)", *Gothic Writers: A Critical and Bibliographical Guide*, ed. Thomson et al. (Westport, CT/London: Greenwood P, 2002) 76-82, hier 77-8.
[148] Alexander Cowie, *The Rise of the American Novel* (NY: American Book Company, 1951) 21-6, hier 21-2. G.R. Thompson dokumentiert, wie umstritten das Genre noch in den 1970er Jahren ist. Siehe "Introduction: Romanticism and the

fassung ist der schauerromantische Impuls von Beginn an ambivalent, denn er verbindet Gänsehaut erregenden Schauder mit moralischer Instruktion und Reflexion:

> All English Gothics up to this stage (1798), no matter how at cross purposes they at times seem, had been governed by a strong, normative moral code wherein, as Napier has noted, 'the vicious are punished, the virtuous are rewarded, and social and ethical imbalences are tidily corrected'.[149]

Ein solch klarer moralischer Code findet sich in erzählter Form auch in *Arthur Mervyn*. Brown flankiert beispielsweise das – durch genuin amerikanische Themen wie die Gelbfieberepidemie von 1793, die Gefahren der *wilderness* und interethnische Konflikte – realistisch gewendete schauerromantische Repertoire[150] mit der immer wieder explizit ausgeführten Werbung um die aktive Benevolenz der LeserInnen.[151] Die Ideen, die Browns fiktionale Charaktere lancieren – dass eine bessere Umwelt den Menschen verbessert, dass Fehler mit Hilfe des Verstandes korrigiert werden können und vor allem, dass menschliches Elend durch tätige Fürsorge gemildert werden kann – zeigen, wie sehr seine komplex kontextualisierten Romanszenarien durch aufklärerisches Gedankengut und nicht zuletzt durch den gefühls- und urteilsbildenden Anspruch der

---

Gothic Tradition", *The Gothic Imagination: Essays in Dark Romanticism* (Pullman: Washington State UP, 1974) 1-10. Seither hat das Genre allerdings entscheidende Aufwertungen erfahren. Siehe dazu Douglass Thompson et al., "Introduction", *Gothic Writers: A Critical and Bibliographical Guide*, ed. Thomson et al. (Westport, CT/London: Greenwood P, 2002) xv-xxv.

[149] Thomson 79. Das Zitat von Elizabeth Napier findet sich in ihrer Studie *The Failure of the Gothic: Problems of Disjunction in an Eighteenth-Century Literary Form* (NY/Oxford: OUP, 1986) 10.

[150] Siehe dazu Browns Ausführungen in seinem Vorwort zu *Edgar Huntly* in Charles Brockden Brown, *Three Gothic Novels* (NY: Library of America, 1984) 641; Thomson 76-82 und Warner Berthoff, "Introduction", *Arthur Mervyn or Memoirs of the Year 1793*, by Charles Brockden Brown, ed. Berthoff (NY: Holt, Reinhart and Winston, 1962) vii-xxi: "his [Brown's] interest was less in the sensations of danger and terror than in the behavior of men and women caught up in these trials of the spirit" (x). Vgl. auch Richard Chase, *The American Novel and its Tradition* (Garden City, NY: Doubleday Anchor, 1957) 29-41 und Davidson 238. In Bezug auf die konsistente Gestaltung der Protagonisten sowie das Raum-Zeit Gefüge sind Browns Texte freilich nicht im konventionellen Sinne 'realistisch'. Siehe Fiedler 154-61.

[151] Schon Cowie bemerkt: "Primarily, then, *Arthur Mervyn* is a novel of purpose" (82, siehe auch 96-99); "To regard Brown merely as a Gothic writer, an escapist from real life, is manifestly absurd" (91). Zu Browns sozialpolitischen Ansichten und seinen Überlegungen zur Funktion von Fiktion siehe Cowie 91-9.

empfindsamen Tradition geprägt sind,[152] auch wenn die diskurstypische Inszenierung erotischer Leidenschaft bis auf das konventionell empfindsame *happy ending* der Eheschließung des Protagonisten sehr sparsam ausfällt.[153]

Auch Emory Elliott betont die starke und sogar belastende Kontinuität zwischen den literarischen Texten der frühen amerikanischen Republik und "the moral burden of the Enlightenment", nämlich dem aus der schottischen *Common-Sense*-Philosophie abgeleiteten Anspruch an Autoren, ihre symbolische Imagination im Sinne einer säkularisierten Priesterschaft zu kanalisieren.[154] Browns Romane zeichnen sich dadurch aus, dass sie diese moralische Aufgabe mit dem Versuch verbinden, soziale und emotionale Komplexitäten ästhetisch angemessen zu berücksichtigen. Das zeigt sich insbesondere in ihrer komplexen Form, die – zur Missbilligung der zeitgenössischen Kritik – klare moralische Vorannahmen mit Wirklichkeiten konterkariert, die keine einfachen Schlüsse zulassen. Doch gerade die Präzision, die in der erzählerischen Vermittlung von Komplexität liegt, macht die ethische Qualität der medialen Repräsentation des Textes aus, denn diese erzählerische Vermittlung konfrontiert ihre LeserInnen mit Problemen, die die zeitgenössische, durch Druckerzeugnisse geprägte Kultur der Distanz erst aufwirft.

Browns "famous Gothic novels of the 1790s", so hält Watts fest, "delved deeply into questions of social obligation and human motivation as their outlandishly theatrical style belied their probing sensibility".[155] Dies war, wie Elliott betont, ein schwieriges und zu Lebzeiten des Autors kaum honoriertes Unterfangen: "The incipient American ideology and culture would admit religion, but it would not easily absorb the social criticism, the moral challenge, and the aesthetic appeal of serious

---

[152] Dietmar Schloss, *Die tugendhafte Republik: Politische Ideologie und Literatur in der amerikanischen Gründerzeit* (Heidelberg: Winter, 2003) 271-86. Zur moralischen Verteidigung des Romans siehe Charles Brockden Brown, "Novel-Reading", *Literary Essays and Reviews*, ed. Alfred Weber und Wolfgang Schäfer (1804; Frkf./M.: Lang, 1992) 134-37.

[153] Die Gründe für die zurückhaltende, wenn nicht gar gescheiterte Behandlung von heterosexuellen Liebesgeschichten ("the failure of love in our fiction" [143]) sieht Fiedler in der festen Verankerung eines zu einer einfachen Formel geronnenen "degraded Richardsonianism", der dafür sorgte, "that in the United States, no novelist, however committed and talented, could treat the relations between the sexes without falling prey to [its] influence. Only by bypassing normal heterosexual love as a subject could such writers preserve themselves from sentimentality and falsehood" (104).

[154] Elliott, *Revolutionary Writers* 51-2.

[155] Watts 25.

literature".[156] Bryce Traister erläutert, dass die zeitgenössische Leserschaft dem Autor und dem gedruckten Text als Verkörperungen des Libertin misstraute: "American culture understood both the libertine and the author to be animated by a language of sensibility either ultimately or easily subservient to the interests of an 'artful [male] villain'".[157] Browns Romane verleihen der schauerromantischen Untersuchung von Gut und Böse vor allem durch ihre vielschichtige Erzählstruktur eine neue Komplexität – und je komplexer der Text, desto bösartiger die aus zeitgenössischer Perspektive unterstellte Verführungsabsicht. Aus der Perspektive dieser Untersuchung liegen die besondere ästhetische Qualität sowie die ethischen Implikationen des Textes gerade in der verwickelten dramatischen Inszenierung rivalisierender Kräfte, welche klare moralische Vorannahmen konterkarieren. In diesem Sinne schreibt Berthoff: Browns "interest was less in the sensations of danger and terror than in the behavior of men and women caught up in these trials of the spirit".[158] Thompson bestätigt:

> With such complex characters as Victor Frankenstein, Beatrice Cenci, and Ahab on the horizon, Brown's gothic fiction paved the way for a much more complex moral vision, one in which the process of discovering the potential for evil within an individual became more terrifying than any threat from without.[159]

Neben einem mitunter gebrochenen, jedoch grundsätzlich moralischen Interesse bestehen auch auf der Handlungsebene Berührungspunkte zwischen empfindsamem Roman und Schauerroman, insbesondere bezüglich der für die sensationalistische Erzählung prototypischen, melodramatischen Konfrontation des Protagonisten bzw. der Protagonistin mit unvorhergesehenen und häufig unkontrollierbaren und extremen Gefahren: "[C]ontemporary nightmare" und die Inszenierung von Angst sind, so Leslie Fiedler, die genuinen Themen des Schauerromans, "projecting the same terrors which Richardson treated in terms of psy-

---

[156] Elliott, *Revolutionary Writers* 273. Zu Browns Ambitionen als Autor gegenüber einem kritischen ebenso wie einem populären Publikum siehe 218-25.
[157] Bryce Traister stützt seine Assoziation von Autorschaft, Empfindsamkeit und Verführung mit den aufgeschreckten zeitgenössischen Kommentaren zur gefährlich verführerischen Wirkung von Fiktion. Siehe "Libertinism and Authorship in America's Early Republic", *American Literature: A Journal of Literary History, Criticism, and Bibliography* 72.1 (2000): 1-30, hier 11.
[158] Berthoff x.
[159] Thomson 79-80.

chological motivation and social conflict",[160] wobei der schauerromantische Protagonist zumindest im Vergleich zur amerikanischen Adaption der empfindsamen Protagonistin tendenziell moralisch ambivalenter und insofern weniger stilisiert und didaktisch zielgerichtet angelegt ist.[161]

Festzuhalten bleibt an dieser Stelle, dass der aufklärerische Diskurs der Empfindsamkeit in Europa und in Amerika die westliche Vorstellung von individueller und doch gesellschaftlich gebundener Identität nachhaltig geprägt hat. Das Erbe dieses Diskurses ist tief in das kulturelle Unbewusste eingeschrieben und wirkt sowohl in Diskussionen um ein ausgewogenes Verhältnis von Vernunft und Gefühl als auch in der ethischen Frage nach der Begründung von Bewertungsmaßstäben fort. Fiktionale Ausfaltungen des empfindsamen Diskurses begründen sowohl in Großbritannien als auch in Amerika den Roman als eigenständige Gattung und tragen so zur Erschließung eines symbolischen Raumes bei, innerhalb dessen gesellschaftlich relevante Fragen, die sich aus der medial bedingten Erfahrung von Kontingenz ergeben, ohne unmittelbare pragmatische Konsequenzen und nur deshalb besonders eindringlich und weitreichend diskutiert werden können.

1.4 Medientechnologie und Kontingenz in Großbritannien und Amerika

Meine Ausführungen zur Entwicklung einer modernen, in ihrer Struktur wesentlich durch Drucktechnologie und wachsende Kapitalisierung begründeten Kultur der Distanz haben bereits deutlich gemacht, dass Kontingenz in diesem Zusammenhang eine zunehmend verbreitete Erfahrung ist. Kontingente Ereignisse, Aussagen oder Sachverhalte – die weder notwendig noch unmöglich, die also auch ganz anders oder eben nicht sein könnten – proliferieren da, wo eine Vielzahl neuer sozialer und ökonomischer Möglichkeiten relativ statische, traditionelle Verankerungen ablösen. Diese in Hinblick auf ihren hohen Grad an Kontingenz neue Situation erfordert Entscheidungsprozesse mit erheblichen Konsequenzen auf der Basis prinzipiell ungesicherter Kriterien. Das im Einzelnen unterschiedlich gelagerte Interesse an Kontingenz ist für die Entstehung des Romans als einem medialen Reflexionsorgan ganz entscheidend.[162]

---

[160] Fiedler 40. Vgl. auch Fiedler 126-41 und Chase 25-6. Elliott spricht im Zusammenhang von aufweichenden moralischen Standards auch von "the terror of uncertainty" (*Revolutionary Writers* 16).
[161] Siehe Davidson 136-7, 215.
[162] Siehe dazu Philipp Erchinger, *Kontingenzformen: Realisierungsweisen des Fiktionalen Erzählens bei Nashe, Sterne und Byron* (Würzburg: Königshausen und

Das Prinzip der Kontingenz will ich deswegen hier noch einmal im Zusammenhang mit sich verändernden Wissensformen und der daraus folgenden Verunsicherung ausführen, die mit Individualisierungsprozessen notwendigerweise einhergeht. Denn Individualisierung erfordert paradoxerweise die Einbindung in vielfältige, funktional ausdifferenzierte kommunikative Zirkulationsprozesse und die Internalisierung von Verantwortung.[163] Gerade da, wo Sachverhalte oder Situationen innerhalb von Handlungszusammenhängen stehen, die arbeitsteilig organisiert, durch technische Hilfsmittel oder soziale Systeme vermittelt und daher nicht eindeutig determiniert bzw. in dialogische Prozesse aufgelöst sind, bedarf es der (Selbst-)Zuschreibung von pro- oder retrospektiver Verantwortung, die den Einzelnen als autonom handlungsfähiges und vernunftbegabtes Subjekt 'anruft' bzw. als solches begründet.

Die durch die Printmedien beförderte enzyklopädische Akkumulation von Wissen während der Aufklärung beginnt dem Ideal eines umfassenden Wissens, das von Generation zu Generation weiter tradiert wird, den Boden zu entziehen.[164] Im Kontext von Begleiterscheinungen der Modernisierung, wie voranschreitende soziale Fragmentierung und moralische Verunsicherung,[165] die nicht zuletzt durch die Printkultur begünstigt werden, drängt ein Verständnis von Wissensproduktion und -erwerb als prinzipiell unabgeschlossene Prozesse an die Stelle der Vorstellung eines umfassenden, universalen Wissens.[166] "[A]lle Dogmatisierung [er-

Neumann, 2009). Erchinger liest fiktionales Erzählen als potentiell immer wieder neue Aktualisierung von Kontingenz.

[163] Micha H. Werner weist darauf hin, dass eine systematische Debatte um den *Begriff* 'Verantwortung' erst gegen Mitte des 19. Jahrhunderts einsetzt. Der *Sache* nach sei 'Verantwortung', und damit die Frage nach der jeweiligen Praxis des 'Für-etwas-Rede-und-Antwort-Stehens', allerdings "von Anbeginn Thema der philosophischen Ethik". Eine besondere Rolle für die Herausbildung der insbesondere im Sinne Kants "gleichursprünglichen" Konzepte von Freiheit und moralischer Verantwortung spielt darüber hinaus die "Auflösung traditioneller Moralanordnungen". Siehe "Verantwortung", Düwell/Hübenthal/Werner 521-27, hier 522, 523.

[164] Siehe dazu Eisenstein II, 683-708. Sie bemerkt beispielsweise: "It is surely one of the ironies of the history of Western civilization that Bible studies aimed at penetrating Gothic darkness in order to recover pure Christian truth – aimed, that is, at removing glosses and commentaries in order to lay bare the pure 'plain' text – ended by interposing an impenetrable thicket of recondite annotation between Bible-reader and Holy Book" (700). Vgl. auch Doody 97-9, Davidson 38-54, Briggs/Burke 18.

[165] Vgl. dazu Liz Bellamy, *Commerce, Morality and the Eighteenth-Century Novel* (NY/Cambridge: CUP, 1998).

[166] Vgl. dazu Sambrooks Bemerkung, dass die Rede vom 18. Jahrhundert als dem "Age of Reason" irreführend ist (206-7), sowie Motookas Feststellung, dass "the

fährt] im 18. Jhd. eine Krise".[167] Wissen beginnt sich als nicht mehr zentral beherrsch- und kontrollierbar zu erweisen. Die damit einhergehenden Relativierungen von Wahrheiten schüren Ängste und repressive Energien:

> The increase not only of the quantity of writing but also in the number of new generic combinations it assumed threatened eighteenth century Britain, conceptually and materially, with what even the writers themselves saw as a *Dunciad*-like excess of knowledge(s). But the solution, for a nation working its way into the accelerated forms of production and consumption we call capitalism, was not to curb production but to control it – in fact, to control it in such a way that productivity was actually enhanced. What worked, that is, was more writing. The work that writing performed was to constitute new classification systems that could provide discipline in [...] its distinctly modern sense: control for the sake of growth.[168]

Die Verunsicherung, gerade in Bezug auf die Frage nach den Grenzen der Freiheit und der Legitimität geistlicher und weltlicher Autorität, war auch in der jungen amerikanischen Nation groß.[169] In diesem Zusammenhang war der Roman in Amerika ebenso wie in Europa zunächst eine hart umstrittene Textsorte, die vielfach als subversiv und als ein Zeichen des kulturellen, sozialen und politischen Verfalls gesehen wurde. Cathy Davidson etwa bemerkt:

> According to former President John Adams, by 1805 America had entered an 'Age of Folly, Vice, Frenzy, Brutality, Daemons, Buonaparte, Tom Paine, or the Age of the burning Brand from the bottomless Pit: or anything but the Age of Reason'. For other men of power and prestige, too, it was a chaotic new world, and the novel, more than any other literary genre, was seen as the sign of a time when their authority was being called into question.[170]

Age of Reason" angemessener als ein "Age of Reasons" zu verstehen ist: "the pursuit of universal rationality is quixoticism" (232).

[167] Hahn 190.
[168] Siskin 19-20. Vgl. dazu auch Rhys Isaacs, "Books and the Social Authority of Learning: The Case of Mid-Eighteenth-Century Virginia", Joyce et al. 228- 49, hier 248-9.
[169] Siehe Jay Fliegelman, *Prodigals and Pilgrims: The American Revolution against Patriarchal Authority, 1750-1800* (NY/Cambridge: CUP, 1982); Gordon S. Wood, "The Democratization of Mind in the American Revolution", *The Moral Foundations of the American Republic*, ed. Robert H. Horwitz, 2nd ed. (Charlottsville: UP of Virginia, 1979) 102-28
[170] Davidson 39. Davidson zitiert aus Adrienne Koch und William Peden, eds., *Selected Writings of John and John Quincy Adams* (NY: Knopf, 1946) 148.

In diesem Kontext der sozialen, epistemologischen und auch ökonomischen Verunsicherung spielen Richardsons empfindsamer Briefroman *Pamela* und Browns realistisch konzipierter Schauerroman[171] *Arthur Mervyn* auf zwei Ebenen eine Rolle: Sie repräsentieren diese Verunsicherung *und* sind Teil davon. Sie repräsentieren wortmächtige Versuche, dieser Verunsicherung zu begegnen, *und* sind zugleich selbst wortreiche Instrumente der Kontrolle. Die Porträts einer jungen Frau bzw. eines jungen Mannes, die sich unter völlig unterschiedlichen sozialen Umständen mit einer willkürlichen Macht bzw. immer neuen Bedrohungen konfrontiert sehen, der sie als Schreibende bzw. durch die Produktion von Geschichten zu begegnen suchen, setzen sich mit den zentralen Problemen eines durch medienkulturelle Veränderungen beschleunigten Modernisierungsprozesses auseinander: Soziale Autorität und Dissens, die Erfahrung von Komplexität und die Sorge um persönliche Integrität sowie die damit verbundenen Konflikte zwischen den Geschlechtern und den sozialen Klassen. Jeweils geht es *im* Text sowie *dem* Text als kulturellem Produkt, so würde der Soziologe Hahn formulieren, um die "gesteigerte Suche nach Gewißheit [...] [a]us erfahrener Unsicherheit und aus dem Erlebnis der erschütterten Gewißheit",[172] wobei ihre ProtagonistInnen ebenso wie die Texte selbst gleichzeitig SucherInnen nach Gewissheit und exemplarische Figuren der Verunsicherung sind.

Auch Larzer Ziff und Cathy Davidson attestieren dem Roman des 18. Jahrhunderts ein besorgtes Interesse an den Implikationen wachsender sozialer Kontingenz und des in die Krise geratenen stabilen Selbst – ein Interesse, das gerade in Bedrohungs- und Verführungsszenarien zum Ausdruck komme:

> Beneath [the novel of seduction's] detailing of the *threat* to traditional standards of female conduct another concern was at stake, one for which sexual misconduct served as an attractive dramatic vehicle. This was a concern with the *destructive consequences* of a discrepancy between what another represented himself as and the self he truly was, an *anxiety* about the ease with

---

[171] Fiedler verankert Charles Brockden Brown literaturhistorisch als "father of the American gothic" (104, 126-61). Zur Neubewertung dieser Einschätzung, welche die realistische Konzeption der dominant in der Tradition der *romance* gelesenen amerikanischen Literatur betont, siehe Patrick Brancaccio, "Studied Ambiguities: *Arthur Mervyn* and the Problem of the Unreliable Narrator", *American Literature* 42.1 (1970): 18-27, hier 18-9; James H. Justus, "Arthur Mervyn, American", *American Literature* 42.3 (1970): 304-24, hier 304-5; William Hedges, "Charles Brockden Brown and the Culture of Contradictions", *Early American Literature* 9 (1974): 107-42, hier 112; Dorothy J. Hale, "Profits of Altruism: *Caleb Williams* and *Arthur Mervyn*", *Eighteenth Century Studies* 22.1 (1988): 47-69, hier 47-9.

[172] Hahn 183.

which persons could be separated from property in a mobile society in which traditional guides to an individual's worth were unavailable or inapplicable so that self representation had to be accepted as the self.[173]

> [S]eduction [...] is a metaphor not just of women's status in the Republic, but of a range of problems, all of which might be reduced to the same structure or seduction plot – that is a range of problems that arise when moral value and social responsibility are outweighed by the *particular desires*, no matter how basely self-serving, of privileged individuals or classes. The door is thereby thrown open to any *sins* that choose to walk in – lust, avarice, oppression – and the open door, the worst of society's sins, is the instituted inequality of the society itself.[174]

Beide Zitate machen deutlich, dass Kontingenz in den Verführungsszenarien des empfindsamen Romans als eine Bedrohung figuriert, die der Kontrolle unterworfen werden soll. Dies trifft, wie sich zeigen wird, für *Pamela* in höherem Maße zu als für *Arthur Mervyn*, denn Richardsons ist im Vergleich zu Browns Roman der Kontingenz gegenüber der weniger offene Text: Er ist angelegt, um der Kontingenz mit klaren moralischen Vorstellungen entgegenzutreten und auch seine Protagonistin will die Kontingenz bändigen. Doch der Roman wäre nicht nur schwer zugänglich, sondern auch vollkommen uninteressant, wenn die ihm eingeschriebene Wirkungsabsicht nicht erhebliche Reibungseffekte erzeugen würde. Der Text untermauert die tatsächliche Wirkmächtigkeit der Kontingenz, indem er von Beginn an die Anstrengung sichtbar macht, die mit dem Bemühen verbunden ist, sie zu glätten. Dazu zählt auch die Tatsache, dass sich Pamela wie der Roman selbst der an gesellschaftlicher Bedeutung gewinnenden und potentiell gefährlichen Technologien der Schrift – des Schreibens, des Lesens und des Drucks – bedient, um steuernd in Bedrohungsszenarien einzugreifen und ein bestimmtes Wirklichkeitsverständnis durchzusetzen.

Arthur Mervyn lebt dagegen von einem weniger angsterfüllten als vielmehr neugierigen Interesse an sozialer Kontingenz und an der Unsicherheit bezüglich der Beurteilung von Selbst- und Fremdrepräsentationen. Die benevolente Wirkungsabsicht ist auch hier gegeben, doch sie setzt Kontingenz voraus, wo *Pamela* sie – freilich vergeblich – zu tilgen sucht. Im Kontext des postrevolutionären und vom Gelbfieber verseuchten Philadephia – wo Austauschbarkeit, Instabilität und Betrug herrschen – sucht Arthur Mervyn zu überleben, indem er als mittelloser 18-Jähriger ohne feste soziale Bindungen unter allen Umständen den Anschein von

---

[173] Ziff 56; meine Hervorhebung. Siehe auch Watts 20-5 und zur Verbindung von sentimentalem Roman und politischer Auseinandersetzung Ellis.

[174] Davidson 108; meine Hervorhebung.

Ehrlichkeit, Anpassung und Bescheidenheit aufrecht zu erhalten sucht.[175] Der Roman ist ein einschlägiges Beispiel für die inhaltliche und formale Inszenierung der zeitgenössischen ideologischen Widersprüche sowie des damit verbundenen Medienwechsels zwischen gesprochenem Wort und Schrift. Insbesondere über seine Erzählstruktur markiert *Arthur Mervyn* die Verbindung zwischen Worten und ihrem Ursprung als unzuverlässig und komplex. Auf diese Weise unterstreicht er die Bedeutung und die Instabilität von Vermittlungsleistungen.

Es ist sowohl Pamelas als auch Arthur Mervyns Ziel, sich innerhalb zunehmend differenzierter Hierarchien sozialer und spiritueller Werte, die keine verlässlichen moralischen Anhaltspunkte bieten können, sozial und emotional möglichst sicher zu verorten. Beide Romane verknüpfen dabei das Schicksal ihrer Hauptfiguren mit einer sowohl inhaltlichen als auch einer narratologischen Kommentierung der Auswirkungen der marktwirtschaftlich organisierten Druckkultur auf die Modellierung von Sozialcodes. Ausgehend vom Funktionspotential des Genre des Romans, nämlich seiner Inszenierung der spezifisch modernen Suche nach Gewissheit im Kontext von allgegenwärtig wachsender Verunsicherung, lassen sich trotz der unterschiedlichen sozialen Kontexte und der soeben konturierten Differenzen in der den Texten eingeschriebenen Wirkungsabsicht sehr viel stärkere Kontinuitäten zwischen dem frühen Roman in Großbritannien und dem wenige Jahrzehnte später erstarkenden frühen Roman in Amerika identifizieren, als viele KritikerInnen dies bisher getan haben. Die Unterschiede zwischen *Pamela* und *Arthur Mervyn* bezüglich ihres angstbesetzten bzw. neugierigen Grundtenors erklären sich dabei eher aus dem Geschlecht des Protagonisten bzw. der Protagonistin als aus der nationalliterarischen Tradition, der sie entstammen.

---

[175] Miles Orvell zeigt, dass das Konzept der Authentizität an die gerade im Zusammenhang mit distanzkulturellen Transaktionen gegebene Möglichkeit des Betrugs gekoppelt ist. Siehe *The Real Thing: Imitation and Authenticity in American Culture, 1880-1940* (Chapel Hill/London: U of NC P, 1989) xvii.

2. Schreiben, Lesen und Selbstdisziplin in Samuel Richardsons Briefroman *Pamela* (1741)

2.1 Der Text

Die tugendhafte Dienstmagd Pamela ist die 15-jährige Titelheldin des gleichnamigen Romans von Samuel Richardson Roman. In einunddreißig über ein gutes Jahr hinweg geschriebenen Briefen und in insgesamt vier Mal so umfangreichen, sich über rund elf Wochen erstreckenden Tagebucheinträgen[176] fertigt Pamela umfangreiche an ihre Eltern gerichtete Protokolle ihrer Erlebnisse im Hause des Mr B, dem lüsternen Sohn der auf der ersten Seite des Textes verstorbenen Dienstherrin Lady B an. Pamela schildert in diesem überwiegend monoperspektivisch erzählten und fokalisierten Text,[177] wie sie sich, tugendhaft und keusch, gegen das mit Macht und List verfolgte Ziel des wohlhabenden, knapp zehn Jahre älteren Gentleman wehrt, sie sexuell zu korrumpieren, um nur zu einem immer noch attraktiveren Opfer seiner Zudringlichkeiten zu werden. Dabei artikuliert sie ihre Ängste und ihr Zögern, ihre Rationalisierungen für verpasste Gelegenheiten zu fliehen, ihre Perspektive auf Mr Bs Stimmungsumschwünge, ihre Gedanken an Selbstmord und ihre Versuche, ihre Situation als gottgewollte Prüfung zu

---

[176] Der mit der Nummer 32 versehene Brief (98) markiert den Beginn der Tagebuchaufzeichnungen, die, wie Weidinger bemerkt, einen "zunehmenden Verlust brieflicher Formalia" (34) wie Anredeformeln und Postskripta aufweisen.

[177] Im ersten Teil des Textes finden sich vier Transkriptionen von Briefen aus der Feder von Pamelas Eltern: Der Brief- und der Tagebuchteil des Textes sind durch einen heterodiegetischen Erzählerkommentar des fiktiven Herausgebers verbunden (92-8), ein solcher beendet auch den Text (498-503); der Tagebuchteil enthält Transkriptionen einer Reihe von Briefen auch aus der Feder anderer Figuren, darunter: Briefe des Mr B an Pamela (104-5, 116-7, 133, 164-5, 188-92, 379) und Farmer Norton (106), Mrs. Jewkes (197); Briefe, die Mr B für Pamela vorgeschrieben hat (117), ein Brief von John an Pamela (119-20); Briefe von Reverend Williams an Pamela (128-9, 134-6, 144, 157, 159), Briefe von Pamelas Eltern (159-60); einen anonymen Brief von Mr. Longman an Pamela (225), ein Brief von Lady Davers an ihren Bruder Mr B (257), und ein Brief von Mr B an Mr Longman (361). Trotz dieser Brechungen bleiben die nur begrenzt direkt vermittelten Perspektiven aller Figuren außer Pamela selbst "psychologisch und narrativ unterdeterminiert". Siehe Nieragden 158. Nieragden knüpft an diese Beobachtung den Befund, dass die normativ-ideologische Funktionalisierung der nur bedingt multiperspektivischen Struktur von *Pamela* im Vergleich zu der weniger kontrollierten Perspektivenstruktur in *Clarissa* didaktisch erfolgreicher ist.

verstehen. Am Höhe- und Wendepunkt der Ereignisse schickt der mit seinen Verführungskünsten am Ende angekommene Mr B Pamela endlich zu ihren Eltern zurück. Doch eine kurze Postille des durch die Lektüre ihrer Aufzeichnungen zu Hochachtung geläuterten Don Juan bewegt Pamela umgehend und in großer Sorge um das Wohlergehen ihres weiterhin als 'Master' apostrophierten Herrn zur Rückkehr, um ihn zu heiraten. Den zweiten, narrativ weniger dynamischen Teil des Romans[178] füllen dann Pamelas Berichte über ihre immer wieder Rechtfertigungen erfordernde Etablierung als Lady sowie die Glorifizierungen des mühevoll von ihr reformierten Herrn und Meisters, mit dem sie sich so sehr identifiziert, dass sie hinter ihm zu verschwinden droht.

Die ausufernde Ausführlichkeit von Pamelas Briefen provoziert die Frage, wann die Verfasserin neben dem Briefeschreiben auch noch die Zeit für die darin geschilderten Erlebnisse fand. Diese Frage begegnet dem Genre zwar mit einer unangemessen realistischen Rezeptionshaltung,[179] doch sie weist *zum einen* darauf hin, dass der Roman handlungsarm ist – seine sich über einen engen Zeitraum erstreckende und an nur zwei hermetischen Orten angesiedelte Handlung lässt sich in einem einzigen Satz zusammenfassen: Pamela sträubt sich so lange gegen die Avancen des Mr B, bis dieser, von ihrer Tugendhaftigkeit überzeugt, sie schließlich ehelicht. Diese Handlungsskizze wird dem Roman freilich nicht gerecht. Denn Pamelas eigene Handlungen im Dienste ihrer Selbstbehauptung sind *zum zweiten* vor allem sprachlicher Natur: Sie wehrt sich immer wieder wortgewandt gegen die Zudringlichkeiten des Mr B und seiner mannhaften Haushälterin Mrs Jewkes, und sie protokolliert ihre Wortgefechte anschließend minutiös für ihre Eltern – und damit für die LeserInnen des Textes, die, so die dem Text eingeschriebene Erwartung, die vorgezeichnete Rezeptionshaltung der um die Ehre ihrer Tochter zitternden Eltern übernehmen sollen. Samuel Johnson warnte

---

[178] Vgl. dazu Donaldson: "One of the remarkable things about *Pamela* [...] is that it does not end with the marriage of Pamela to her master; in fact, Richardson did not seem entirely clear where he should stop. [...] [A]rtistically the novel is never happily ended: it just peters out" (33-4) und Albert J. Riveros Bemerkung, der zweite Teil des Textes gleiche mehr und mehr einem Benimmbuch in "The Place of Sally Godfrey in Richardson's Pamela", *Passion and Virtue: Essays on the Novels of Samuel Richardson*, ed. David Blewett (Toronto/London: U of Toronto P, 2001) 52-72, hier 53-4.

[179] Elizabeth Deeds Ermarth bewertet Pamela schon aufgrund der Briefform eher als eine emblematische Erzählung denn als eine chronologische Geschichte. Siehe *Realism and Consensus in the English Novel* (1983; Edingburgh: Edingburgh UP, 1998) 95-120; Doody nennt Pamela "an extended fable with human characters". Siehe *A Natural Passion: A Study of the Novels of Samuel Richardson* (Oxford: Clarendon P, 1974) 34.

schon kurz nach Erscheinen des Romans, es sei tödlich langweilig, den Text der Handlung wegen zu lesen: "your impatience would be so much fretted that you would hang yourself"; seine Empfehlung, "consider the story as only giving occasion to the sentiment"[180] kann heute allerdings nur noch die wenigsten überzeugen. Die Kraft des Romans liegt vielmehr in seiner von der ambivalenten Stimme und den Niederschriften der Protagonistin abhängigen Form, die im Verhältnis zu der dem Text eingeschriebenen Wirkungsabsicht erhebliche Reibungseffekte erzeugt.

> Within the larger terms of Richardson's novel, [...] Pamela's reluctance to act is far outweighed by her readiness to speak and write: The rebellion complained of by Mrs Jewkes is above all a discursive rebellion: one constituted first by Pamela's defiant speeches, and then by the letters that record and transmit them. It is enshrined in the very fabric of the novel's first-person form, which gives her rebel voice (or, as she puts it a few lines later, her 'free Speech') precedence over characters who in all other ways hold authority over her.[181]

Pamelas verbale Paraden leben zum einen von ihrem selbstbewussten Einstehen für ihre niedrigere soziale Position, die sie auch durch die Wahl ihres Vokabulars und ihrer Redewendungen unterstreicht,[182] und zum anderen von einer Fülle philosophischer und politischer Anspielungen, welche die Diskussionen der Zeit um Epistemologie, Staatstheorie, Sklaverei und den Status von Frauen aufgreifen. So wird in Pamelas dominant monologischen Briefen eine Diskussion inszeniert, "in which many threads meet, complicating the minutely rendered specificities of the novel's action with a sharp sense of larger tensions in politics, gender, and language".[183] Vor allem aber etablieren Pamelas Briefe als schriftlich fixierte und daher zirkulierbare, konstitutive Artikulationen ihrer Gefühlslage eine kommunikative Brücke über die soziale Distanz zwischen Pamela und Mr B. Sie ermöglichen die imaginative Partizipation an einem Lebensentwurf und stellen damit die fiktive, sich aber im Text als sozial tragfähig erweisende Basis für die Verbindung der beiden Protagonisten her.

---

[180] James Boswell, *Life of Johnson*, ed. R.W. Chapman (1791; NY/Oxford: OUP, 1980) 480.
[181] Keymer, "Introduction" vii-viii. Die Passagen, auf die sich Keymer bezieht, finden sich auf S. 126.
[182] Keymer spricht von "strident lexical markers of her subaltern status", die Richardson in seinen späteren Revisionen des Romans systematisch abzumildern sucht ("Introduction" xvii). Zu diesem Revisionsvorgang und der mit ihm verbundenen Entwicklung des Empfindsamkeitskonzeptes siehe Weidinger.
[183] Keymer, "Introduction" ix.

Beispielsweise in Pamelas Versäumnissen, die Chance zu nutzen, das Haus zu verlassen, liefert der Text Anzeichen dafür, dass die wiederholt erklärte Zuverlässigkeit der Briefe des "mighty Letter-writer" (230) Pamela fragwürdig ist. Dadurch rückt der Text ab von der eindeutigen Didaxe, die Richardson nicht nur in seinen Benimmbüchern, sondern auch in seinem ersten, aus einem Briefstellerprojekt erwachsenen Roman verfolgt haben mag[184] und die seine Protagonistin in nahezu ermüdender aber durchaus paradoxer Weise immer wieder vorträgt. Will man nicht in den spöttischen Ton verfallen, den schon Fieldings 1741 veröffentlichte Parodie *Shamela*[185] anschlägt – "the first and cleverest of all the Antipamelist works, and in most respects their defining source"[186] –, ergibt sich aus der Infragestellung der unverstellten Ehrlichkeit der Protagonistin und einer Untersuchung dessen, wie der Text immer wieder in "illicit type"[187] und Skandalfiktion abzurutschen droht, Aufschluss über die der Kontroverse zwischen *Pamelists* und *Antipamelists* zugrundeliegenden epistemologischen und sozialen Verunsicherungen: "All the anti-pamelists perceive, quite rightly, that Richardson has presented a divided heroine, torn apart by impulses that run counter to her strict and

---

[184] Zu Richardons Tätigkeit als Benimmbuchautor siehe Keymer, "Introduction" xii-xvii und vgl. Silvia Mergenthal, *Erziehung zur Tugend: Frauenrollen und der englische Roman um 1800* (Tübingen: Niemeyer, 1997) 9-58.

[185] Der volle Titel von *Shamela* lautet: *An Apology for the Life of Mrs. Shamela Andrews. In which the many notorious Falsehoods and Misrepresentations of a Book called* Pamela, *are exposed and refuted; and all the matchless arts of that young Politician, set in a true and just Light. Together with a full Account of all that passed between her and Parson Arthur Williams; whose Character is represented in a manner something different from that which he bears in* Pamela. *The whole being exact Copies of authentick Papers delivered to the Editor.* Siehe Henry Fielding, *Joseph Andrews with Shamela and Related Writings: Authoritative Texts, Backgrounds and Sources, Criticism*, ed. Homer Goldberg (NY/London: Norton, 1987) 272.

[186] Keymer/Sabor I, xxxix-lxxi, hier xxxix. Die Begriffe "Pamelist" und "Antipamelist" stammen, so Keymer, aus einem plagiierten Kommentar, der 1750 in England veröffentlicht wurde. Sie sind seit McKillops Abdruck einer Passage daraus (101-2) im Jahre 1936 fester Bestandteil der Forschung zu *Pamela*.

[187] Keymer, "Introduction" xxii. Für eine Analyse zeitgenössischer Skandalfiktion und Richardsons nur sehr bedingt erfolgreicher Bemühung, dieselbe für seine Argumentation gegen unabhängige Frauen zu nutzen, siehe Felicity Nussbaum, "Heteroclities: The Gender of Character in the Scandalous Memoirs", Nussbaum/Brown 144-67, bes. 154. Ingrassia 14, 148-50 führt aus, dass Richardson mit seiner expliziten Didaktisierung der Fiktion auch Kapital aus den durch die Skandalfiktion etablierten narrativen Mustern schlägt.

'Puritanical' morality – but they cannot give him credit for this perception".[188]

Es ist anzunehmen, dass *Pamela* ein eindeutiges Erziehungsprogramm in bürgerlichem Tugendadel sein soll. Als Anschauungsmaterial dafür entwirft der bürgerliche Autor eine junge Titelheldin von ungesichertem sozialen Status, die ihrem landadeligen Gegenüber dadurch die Stirn bietet, dass sie die besseren Manieren hat. Ihr Tugendadel, der durch die Autoritäten des Vaters und des Autors verbürgt ist, soll den frivolen, an festen Besitz geknüpften Landadel Mr Bs überstrahlen und dadurch klar stellen, wo die emotional und moralisch verlässliche Zukunft liegt. Der Reiz des Textes liegt allerdings darin, dass er – wie sich spätestens im ersten Brief, wenn nicht schon in den Paratexten, also überall da zeigt, wo man dem Text Heuchelei unterstellen mag – auch die damit verbundenen Störfaktoren und Kosten sichtbar macht. Zum einen mischt sich immer wieder das Begehren der programmatisch körperlosen Jungfrau in das Referat ihrer bedrängten Situation. Zum anderen führt der Text den erheblichen rhetorischen Aufwand sowie die Autorität vor, die mit der Unterdrückung und Kanalisierung des Begehrens sowie mit der Durchsetzung bürgerlicher Tugenden verbunden sind. Cope bestätigt den Befund, dass sich die didaktische Zielsetzung des Textes selbst untergräbt: Die schiere Proliferation didaktischer Maximen legt Zweifel an ihrer Wirksamkeit nahe.[189] Diese Beobachtung verweist wiederum auf die bereits ausgeführte These, dass Richardsons Text selbst Teil der medientechnologischen Verunsicherung ist, der er wegweisend zu begegnen sucht:

---

[188] Turner 81-7, hier 86. Vgl. dazu Keymer/Sabor: "Below the surface of arguments about character and motive, also in play were the larger conflicts and questions of an age in which traditional ideologies were increasingly open to question or challenge: the relationships between virtue and class, or between virtue and gender; the rival claims of the Christian soul of faith and good works; the vague and troubled borderline between moral and immoral discourse. *Pamela* was not only a novel but a site of ideological contestation, and in the focus given by writers of the controversy to these and other areas of dispute we can read a whole culture and its discontents" (I, xix). Zu den epistemologischen und sozialen Verunsicherungen der Zeit siehe McKeon, *The Origins of the English Novel* und meine Ausführungen zu Gattungsgeschichte und Funktionen des Romans in Kapitel I.1.

[189] Cope beschäftigt sich mit dem polyvalenten und seriös-komischen Benimmbuchcharakter von Richardsons Romantexten, die er als fortlaufende enzyklopädische Sammlungen von Anekdoten und Maximen liest. Wie meine Analyse zeigt, ist diese Lesart plausiber als Nieragdens relativ pauschale Bewertung der dominant monoperspektivischen Struktur von *Pamela* als illusionsbildend und didaktisch weitgehend erfolgreich.

> Like today's self-help books, eighteenth-century advice anthologies promised big results. Yet the books kept coming, the need for advice kept increasing, and the number of problems held steady. [...] One aspect of the 'chaotic' form of big maxim anthologies and sprawling novels is this organizing asymmetry between the need, the nuance and the nostrum. Richardson's novels are always massively asymmetric, for there is always one character who writes far more than the rest, who is always giving ineffective advice, who is seldom aided by the advice of others, and yet who keeps on writing.
> Gratefully if paradoxically, it is their very inefficacy that makes Richardson's epistolary compositions valuable and relevant today. Had Richardson been a committed controversialist, had he intended to make a particular moral point, his reputation would have perished long before the sexual revolution. As an advisor, collector of advice, and editor of apophthegms, Richardson is engaged in a multidisciplinary and indeed metaphysical enterprise. [...] [Richarson's novels] served as the online information services of their day, as bulletin boards abounding with information, some of it true, some of it false, part of it useful, most of it entertaining, and all of it worth recording in compendious vehicles.[190]

Über diese von Cope diagnostizierte Selbstuntergrabung hinaus zeigt *Pamela* in der romanesken Entfaltung seiner didaktischen Zielsetzung ein psychisch und sozial sehr viel komplexeres Gesicht des bürgerlichen Lebensentwurfs innerhalb eines im Text nur implizierten frühkapitalistischen kulturellen Kontextes als es dem Autor lieb gewesen sein kann. In einer Analyse von Pamelas erstem Brief sowie ihrer Berichterstattung über ein Serie von fünf Verführungssituationen werde ich deshalb im folgenden Abschnitt 2.2 der Frage nachgehen, wie dieser bürgerliche Lebensentwurf aussieht und welche Rolle die Zirkulation der Briefe, das Schreiben und das Lesen für dessen Autorisierung spielen. Die vorliegende Lektüre von Pamela wird dabei immer wieder auf die im Text verwendete Metaphorik der Ökonomie verweisen. Denn ihr Interesse gilt vor allem der Funktion der *schriftlich fixierten* und in dieser Form *zirkulierten* kommunikativen Realität des Schreibens für die Herstellung und sozial sanktionierte Disziplinierung eines programmatisch "natürlichen" Habitus der Charaktere sich selbst und anderen gegenüber. Damit wird der Schwerpunkt auf die repräsentierte Interdependenz von Medialität und Ethosbildung innerhalb einer drucktechnologisch und zunehmend marktwirtschaftlich geprägten Kultur der Distanz gelegt.

---

[190] Cope 29-30; "apophthegms" sind Maximen.

2.2 Pamelas Briefe: Schreiben, Lesen und der Wettstreit um Definitionsmacht

Es ist ein Gemeinplatz der Richardsonforschung, dass Pamela bereits in ihrem ersten Brief erstaunlich umfassend (wenn auch nur zum Teil explizit) Aufschluss über ihre konkrete soziale Situation und ihre adoleszente Gefühlslage gibt: "Richardson characteristically chooses to begin his novels *in medias res*, sounding a note of anxiety, of apprehension, of troubles both present and impending, that draws us at once into the narrative".[191] Zu Beginn des Briefes, der auch den Roman eröffnet, schreibt Pamela an ihre Eltern: "I Have great Trouble, and some Comfort, to acquaint you with" (11). "Trouble" bezieht sich für Pamela hier nicht alleine auf den Umstand, dass die ihr zugetane Dienstherrin Lady B in Folge einer längeren Krankheit verstorben ist, sondern vor allem auf die ungewisse Zukunft, die sich für Pamela daraus ergibt.[192] Zu dieser sozialen Unsicherheit kommen emotionale und epistemologische Verunsicherungsmomente, vor deren Hintergrund sich die Romanhandlung entfaltet.

Als Dienstmagd aus einfachem Hause, der ihre Herrin "Qualifications above my Degree" (11) wie das Kunstnähen und vor allem das Schreiben beigebracht hatte, schreibt Pamela an ihre Eltern, "it *would have been* no easy Matter to find a Place that your poor *Pamela* was fit for" (11).[193] Sie fürchtet, hinter ihren bisherigen Status zurückzufallen und zu ihren Eltern zurückkehren zu müssen, was ihr offenbar wenig erstrebenswert erscheint, auch wenn sie als Begründung nur den Wunsch angibt, ihren Eltern nicht zur Last zu fallen: "Much I fear'd [...] I should be quite destitute again, and forced to return to you and my poor Mother, who have so much to do to maintain yourselves" (11).[194] Pamelas Gebrauch des Konditionals ("it would have been no easy Matter") und des Imperfekts ("Much I feared") zeigt jedoch an, dass sich ihre Bedenken zu dem Zeitpunkt, zu dem sie den Brief verfasst, bereits verflüchtigt haben. Nicht nur hat die sterbende Lady B sie (zusammen mit dem Rest des Dienst-

---

[191] Donaldson 27. Richard Folkenflik bestätigt: "much has been made [...] of the first embarrassing encounter between Pamela and her new master". Siehe "*Pamela*: Domestic Servitude, Marriage and the Novel", *Eighteenth Century Fiction* 5.3 (1993): 253-68, hier 261.
[192] Zum ambivalenten sozialen Status von Pamela siehe Roussel 90.
[193] Auch die Tatsache, dass sie als Dienstmagd den für ihren sozialen Status ungewöhnlichen Namen Pamela trägt, verweist auf ihre ambivalente Verortung in der sozialen Struktur. Siehe dazu Folkenflik 256-7.
[194] Auch an anderen Stellen artikuliert Pamela ihre sozial ambivalente Position (76, 79, 80)

personals und unter besonderer Hervorhebung) der Sorge ihres Sohnes Mr B anempfohlen, sondern Mr B hat dieses Vermächtnis – und darin besteht für Pamela der "Comfort", von dem sie ihren Eltern berichtet – dahingehend beherzigt, dass Pamela nicht zu ihren Eltern zurückkehren muss, sondern im Haus bleiben kann. So schließt Pamela mit einer kurzen Floskel ihren Bericht vom Tod ihrer Dienstherrin und wendet sich ihrem neuen Dienstherrn zu, der ihr zusammen mit einem Freundschaftsversprechen gleich die intime Aufgabe zuteilte, sich um seine Wäsche zu kümmern:[195]

> Well, but God's Will must be done! – and so comes the Comfort, that I shall not be oblig'd to return back to be a Clog upon my dear Parents! For my Master said, I will take care of you all, my Lasses; and for you, *Pamela*, (and took me by the hand; yes, he took me by the Hand before them all) for my dear Mother's sake, I will be a friend to you, and you shall take care of my Linen. God bless him! (11)

Noch im selben Satz ersucht Pamela ihre Eltern gemeinsam mit ihr für Gottes Segen für ihren Master zu beten, denn er habe alle Dienstboten mit "a Year's Wages" versorgt und ihr, zusammen mit dem Auftrag, sich ordentlich zu betragen und einem an diese Bedingung geknüpften erneuten Freundschaftsversprechen, direkt Geld ausgehändigt:

> [he] gave me with his own Hand Four golden Guineas, besides lesser Money, which were in my old Lady's pocket when she dy'd; and said, If I was a good Girl, and faithful and diligent, he would be a Friend to me, for his Mother's sake. (12)

Bereits hier deutet Pamela ihr im Folgenden noch sehr viel deutlicher zu Tage tretendes, wenn auch nicht anerkanntes Begehren für einen Mann an, der ihr mit seinem Begehren Angst macht:[196] In wenigen Sätzen vermittelt sie eine – ihr selbst im Gegensatz zu ihren Eltern und den LeserInnen hier wie später undurchsichtige – klaustrophobisch enge Mischung aus emotionaler und finanzieller Begünstigung, Kooperationserwartung, Abhängigkeit und geschmeichelter Dankbarkeit.

Diese verwirrte Gefühlslage bestätigt sich in Pamelas Postskriptum zu ihrem ersten Brief, worin sie berichtet, dass ihr Master sie beim Schreiben überrascht habe und sie sich ertappt fühlte:

---

[195] Zur Semiologie der Kleidung in *Pamela* siehe Folkenflik 258 und Carey McIntosh, "Pamela's Clothes," *ELH* 35.1 (1968): 75-83.

[196] Jerry C. Beasley, "Richardson's Girls: The Daughters of Patriarchy in *Pamela, Clarissa* and *Sir Charles Grandison*", *New Essays on Samuel Richardson*, ed. Albert J. Riverso (London: Macmillan, 1996) 35-52, hier 39.

> I have been scared out of my Senses; for just now, as I was folding this Letter in my late Lady's Dressing-room, in comes my young Master! Good Sirs! how I was frightened! I went to hide the letter in my Bosom, and he seeing me frightened, said, smiling, Who have you been writing to, *Pamela*? (12)

Mr Bs Frage scheint zunächst harmlos, doch sie verweist auf die klaren Machtverhältnisse zwischen ihm und Pamela. Ihre Furcht und ihre Schuldgefühle sowie ihr Bemühen, den Brief an ihrem Körper zu verstecken, den sie aufmüpfiger Weise in dem Zimmer geschrieben hat, in dem sie Wäsche falten sollte; ihre Scham angesichts der Aufforderung, den Brief herauszugeben, und die von ihr selbst im Nachhinein als unnötig bezeichneten Entschuldigungen für ihre Niederschrift stehen seinem sozial gefestigten Lächeln, seinem "cajoling masterly discourse",[197] gegenüber. Seine kontrollierende Lektüre des Briefes quittiert Mr B erneut mit der an die Bedingung vorbildlichen Verhaltens geknüpften Gewährung von emotionaler Zuwendung: "he took me by the Hand, and said, You are a good Girl, Pamela [...]. Be faithful, and diligent; and do as you should do, and I like you the better for this" (12). Desweiteren lobt Mr B schulmeisterlich Pamelas Schrift und ihre Rechtschreibung, und er erlaubt ihr, zu ihrer Erbauung die Bücher seiner Mutter zu lesen. Anstatt ihr also das Schreiben in ihrer Arbeitszeit zu verbieten,[198] eröffnet er ihr eine gewissermaßen noch ausgedehntere Nutzung der Medientechnologien der Zeit. In der Folge bezieht er die Legitimation für seine emotionale Zuwendung zur Dienstmagd seiner Mutter aus dem seinerseits *un*erlaubten Gebrauch eben jener Technologie, die er Pamela ans Herz legt: der Lektüre von (so wird er später von ihren Briefen sprechen) "pretty romances" (232).

Mit Pamelas Schreiben und Mr Bs Lektüre sind die beiden für die vorliegende Interpretation des Romans im Kontext der Medientechnologien des 18. Jahrhunderts zentralen Momente benannt: denn die Beziehung der beiden entwickelt und legitimiert sich vor dem Hintergrund epistemologischer, emotionaler und sozialer Verunsicherung über das Medium der Schrift.

Auf die Demonstration von Macht und Wohlwollen duch ihren Dienstherrn reagiert die fünfzehnjährige Pamela mit emotionaler Zerrissenheit: "To be sure I did nothing but curchee and cry, and was all in Confusion, at his Goodness. Indeed he is the best of Gentlemen, I think!"

---

[197] Maria K. Bachmann, "The Confessions of *Pamela*: 'a strange medley of inconsistence'", *Literature and Psychology: A Journal of Psychoanalytic and Cultural Studies* 47.1-2 (2001): 12-33, hier 13.

[198] Später wird er sich wiederholt wünschen, er könne ihre Schreibtätigkeit eindämmen.

(13). Pamelas Verstörung verweist auf ihren inneren Konflikt zwischen bürgerlicher Pflichterfüllung und ihrem eigenen Begehren, das sie regelmäßig mit ihrem Herzen benennt, der gebräuchlichen Chiffre für die im 18. Jahrhundert zunehmend starke Assoziation von Innerlichkeit und wahrem Charakter.[199] Dieser Konflikt erhält spätestens in Mr Andrews' Antwortschreiben auf den ersten Brief seiner Tochter genauere Konturen. Denn es ist der Brief der Eltern, der aus dem bisher Berichteten ein klar erkennbares sexuelles Bedrohungsszenario macht, in dem mit der Jungfräulichkeit oder genauer: der Asexualität der Tochter auch die Autorität des Vaters auf dem Spiel steht. Dieser fürchtet angesichts der bevorzugten Behandlung seiner Tochter durch Squire B, sie könnte "dishonest" (13) sein und Mr B "with that Jewel, your virtue" (14) belohnen: "you are to be ruin'd and undone!" (13).

Der Vater knüpft die Ehrlichkeit seiner Tochter sowie sein eigenes Wohlergehen kompromisslos an die unversehrte Jungfräulichkeit und damit den Gehorsam seiner Tochter und folgert: "the Loss of our dear Child's Virtue, would be a Grief that we could not bear" (14). Dazu bemerkt Maria Bachman in einem Artikel, der die psychologische Zerrissenheit Pamelas als eine typisch bürgerliche betont: "Specifically [the father's] injunctions to Pamela to protect her virtue and hence, repress or deny her sexuality, stand in for the cultural dread of female sexuality".[200] Der Vater ruft also seine Tochter zu patriarchalem Gehorsam auf und bewirkt, wie Pamela gleich im dritten Brief berichtet, dass sie ihren Gefühlen misstraut: "I Must needs say, that your Letter has filled me with much Trouble. For it has made my Heart, which was overflowing with Gratitude for my young Master's Goodness, suspicious and fearful" (15). Gleichzeitig läuft Mr B Sturm gegen Pamelas Versuche, trotz ihres gegenteiligen Verlangens dem durch den Vater repräsentierten gesellschaftlich Anspruch gerecht zu werden. An einer späteren Stelle vergleicht Pamela explizit die auch von Lady B unterstützen Ermahnungen ihres Vaters zur Tugendhaftigkeit mit Mr Bs Erwartungen an sie: "And what says he? – Why, in Effect, it is *Be not virtuous*, Pamela" (200). Vor diesem Hintergrund schreibt Bachman Mr B die Rolle des zumindest temporären Befreiers zu:

---

[199] Zur Herausbildung eines privaten Bereichs des Gefühls und der modernen affektiven Subjektivität zwischen 1600 und 1900 siehe Bell, *Sentimentalism, Ethics, Feeling* 11-56 und Felicity Nussbaums Analyse von Skandalfiktion von Autorinnen des 18. Jahrhunderts.

[200] Bachmann 13-5, hier 13. Zur bürgerlichen Semantik von unberührter Weiblichkeit und Tugend siehe Fiedler 65-73.

> If Pamela's cultural identity is a set of oppressive, iterated norms which are performed and sustained in her letters, then Mr B's attempts at reading them and preventing their transmission can be read as a liberation of Pamela from the power of her confessor.[201]

Das ist konsequent, aber hinsichtlich Pamelas und Mr Bs in Bezug auf Alter, Geschlecht und sozialen Status ungleiche Positionen,[202] wie sie selbst einräumt, auch nur bedingt zutreffend.

Darüber hinaus unterliegt Mr Bs Verhalten seinen eigenen, wiederholt kategorisch erklärten aristokratischen Absichten und Vorstellungen, die im Laufe des Textes erst einmal bearbeitet und mit Pamelas symbolischen Wertevorstellungen kompatibel gemacht werden müssen, bevor Pamela tatsächlich eine Befreiung von der Autorität ihres Vaters erleben kann. Dabei handelt es sich offensichtlich um eine Befreiung, die zumindest aus heutiger Sicht eine neuerliche Unterwerfung unter die patriarchalische Ordnung mit sich bringt:[203] Die gute Tochter wird – symbolisch besiegelt in der Übergabe ihrer Briefe durch ihren Vater an Mr B (296) – zur guten Ehefrau und erreicht mit der offiziellen Institutionalisierung ihres Status das "Klassenziel" einer vorher nicht gekannten emotionalen und finanziellen Sicherheit. Dabei handelt es sich um einen Schritt, der den Konflikt zwischen bürgerlicher Pflichterfüllung und Begehren dadurch lösen soll, dass das Begehren einen festgelegten Ort innerhalb der bürgerlichen Ordnung erhält, die Mr B gleichzeitig sehr viel umfassender in die Pflicht nimmt, als seine zunächst entworfenen großzügigen Pläne, Pamela zu seiner reich ausgestatteten Mätresse zu machen.

Der Text verschränkt soziale Ungleichheit mit dem Kampf des Begehrens gegen die bürgerliche Fetischisierung von Jungfräulichkeit im Namen patriarchaler Autorität. Er inszeniert vor diesem Hintergrund einen mit den Medientechnologien des Lesens und Schreibens ausgetragenen Kampf um Definitions- und Interpretationsmacht.[204] Sowohl Mr B als auch Pamela versuchen, ihre Selbst- und Weltsicht zu verteidi-

---

[201] Bachmann 15-21, hier 15. Bachmann räumt jedoch ein: "Mr B simultaneously *frees* and *subsumes* Pamela as she is transferred from one patriarchal institution (the family) to another (marriage)" (23-7, hier 24).

[202] Roussel 89-90 unterstreicht, wie sehr der Roman die Distanz zwischen den sozialen Klassen betont.

[203] Siehe dazu auch Beasley 37-41.

[204] Vinken argumentiert in Bezug auf *Clarissa*, der Text sei vornehmlich die Bühne eines "unversöhnliche[n] Konflikt[es] der Leseweisen, ein Drama sich ausschließender Interpretationen von Welt" (34-113, hier 35). Dieses Argument ist auch auf *Pamela* übertragbar, wobei sich die beiden anfangs unversöhnlichen Perspektiven annähern.

gen und durchzusetzen. In der Konfrontation und nur sehr bedingt als
frei wählende Subjekte modifizieren beide die ihren sozialen Positionen
eingeschriebenen Vorgaben und entwickeln einen vom empfindsamen
Diskurs geprägten kommunikativen Habitus. Pamelas und auch Mr Bs
Gefühlswelt wird in der Aufzeichnung in Brief und Roman intensiv dramatisiert und dadurch als eine Wirklichkeit geschaffen, mit der beide
umgehen müssen und können. Damit wird einem emotionalen Moment,
welches sich der rationalen Definition entzieht, ein effektiv normierender
Ausdruck verliehen. Diese Normierung zeigt sich im Laufe des zweiten
Teils der Romanhandlung in der Absorption und rationalen Beugung des
Gefühls durch die patriarchalische soziale Ordnung.

Die empfindsame Paradoxie von Gefühlsäußerung und -verheim-
lichung kommt in Pamelas in der Zurückgezogenheit verfassten und
dreifach adressierten Briefen – explizit an ihre Eltern, implizit an Mr B
und innerhalb der Logik des Briefromans funktional an die LeserInnen
des Romans – deutlich zum Ausdruck. Auch Pamelas wiederholt reflex-
artiges Verbergen dieser Briefe in ihrem Ausschnitt – eine Handlung, die
ich weder als einen Akt der Bescheidenheit noch als einen geplanten Akt
der Verführung lese,[205] sondern als spontanen Ausruck ihres nicht einges-
tandenen aber höchst wirkmächtigen Begehrens – folgt der Logik dieser
Paradoxie: Pamela versteckt die von ihrem begrenzten sozialen Umfeld
zunächst unerwünschten Zeugnisse ihrer eigenen sowie Mr Bs Gefühlslage und verleiht ihnen durch deren Assoziation mit ihrem Körper
gleichzeitig besonderen Wert. Die Nähe zwischen Körper und Text ist
ein zentrales Motiv in *Pamela*. Sie verweist auf die produktive Funktion
des Geschriebenen für die Inkorporierung eines Selbst- und Fremdver-
ständnisses und damit für die Habitualisierung von Bewertungs- und
Verhaltensmustern: "[T]he body and the text become one, dramatizing
an equivalence between the word and the self that forms the core of all
sentimental narratives".[206]

Bereits Pamelas erster Brief thematisiert über einem Abgrund aus
sozialer und emotionaler Verunsicherung den für den Gesamttext zentralen Konflikt zwischen Begehren und sozialer Autorität, zwischen
Freiheit und Kontrolle, der mit den Medientechnologien des Schreibens
und Lesens ausgetragen wird: Pamelas Briefe brauchen, um Wirkung zu

---

[205] An der Entscheidung zwischen diesen beiden Optionen entzündet sich immer wie-
der die Auseinandersetzung darüber, ob Pamela authentisch handelt oder nicht.
[206] Christine Roulston, *Virtue, Gender, and the Authentic Self in Eighteenth-Century
Fiction: Richardson, Rousseau, and Laclos* (Gainsville: U of Florida P, 1998) xi.
Zur empfindsamen Gleichsetzung von Wort und Innerlichkeit vgl. Todd 86 und
Weidinger 13.

entfalten, Leser; gleichzeitig wird über die Lektüre und Veröffentlichung ihrer privaten Aufzeichnungen eine Überwachungsinstanz eingerichtet. Dieser bereits im ersten Brief angelegte Konflikt erfährt in den narrativen Höhepunkten des Romans eine weitere Bearbeitung, auf die ich noch im Einzelnen eingehen werde. Dabei handelt es sich um ein Crescendo versuchter Verführungen, das sich von einer ersten Begegnung in Mr Bs Sommerhaus über drei überfallartige Besuche in Pamelas Schlafzimmer (kurz nach der Begegnung im Sommerhaus, kurz vor Pamelas Entführung nach Lincolnshire und kurz nach Mr Bs Ankunft in Lincolnshire am 37. Tag von Pamelas Gefangenschaft) bis hin zu einem erfolglosen Versuch steigert, Pamela am Abend vor ihrer dann doch abgebrochenen Abreise zu ihren Eltern zu entkleiden, um an ihre Briefe zu kommen. Wiederkehrende Elemente in diesem Konflikt sind neben den körperlichen und verbalen Zudringlichkeiten Mr Bs und den verbalen Paraden sowie den Ohnmachten Pamelas vor allem emotionale Ambivalenzen auf beiden Seiten: Mr B sieht sich außer Stande, das von ihm begonnene Spiel zu beenden und Pamela zu ihren Eltern zurückkehren zu lassen, und auch Pamela erfindet beständig neue Gründe, warum es ihr nicht möglich sei, zu gehen. Roy Roussel bemerkt daher treffend: "[W]e never feel that once their relationship is opened it can be abandoned by either".[207]

Von Anfang an wird dieses narrative Crescendo von Mr Bs ebenso heimlicher wie regelmäßiger Lektüre von Pamelas Briefen begleitet. Diese Lektüre ist sowohl Zeichen seiner Machtlosigkeit Pamela gegenüber – könnte er sie einfach überwältigen, bräuchte er sich nicht mit der Lektüre ihrer Briefe abzugeben – als auch Quelle seines Wissens und seiner Macht über sie. Darüber hinaus ist seine Lektüre ebenso notwendig für ihre eheliche Verbindung wie Pamelas Schreiben, denn wie McKeon konstatiert: "Pamela's power as a writer depends entirely on B.'s availability as a reader".[208] Ausgehend von der Überlegung, dass der Roman die Praxis der spekulativen Investition in ein häusliches Drama transponiert und so domestiziert und begreifbar macht, lässt sich festhalten, dass die Zirkulation von Pamelas Briefen ein wachsendes imaginatives oder symbolisches Kapital schafft, das sie innerhalb der geschlossenen Ökonomie des Romans für ihren gesellschaftlichen Aufstieg und die Erfüllung ihrer erotischen Wünsche investiert.[209]

---

[207] Roussel 94.
[208] McKeon, *The Origins of the English Novel* 361. Siehe auch Roussel 97-9.
[209] Siehe Ingrassia 138-65: "Richardson strategically deflects the anxiety about the practices associated with speculative investment and, thus, uses *Pamela* as a vehicle for the domestication of paper credit" (140).

Ohne Mr B als interessierten Leser und Investor wäre die textimmanente Produktion symbolischen Kapitals allerdings nicht möglich. Bei Mr B setzt sich gleichzeitig die Einsicht durch, dass Zensur zur Sicherung seines vor allem in materiellem Besitz begründeten Herrschaftsanspruchs Pamela und ihrem imaginativ gegründeten Wertesystem gegenüber nicht ausreicht. Zusätzlich muss er durch symbolische Überzeugungsarbeit gestützt werden, die an Pamelas Erleben ihrer Situation anknüpft. Neben der imaginativen Verarbeitung ökonomischer Problemstellungen liest Dussinger diesen Zusammenhang als ein objektives Korrelat der liberalisierten Informationspolitik der britischen Walpole Ära:

> [E]ven from the first nervous moments of the story, he [Mr B] demonstrates little real power as a tyrant over the wily letter-writer. On the contrary, in the spirit of the Walpole era, when newspapers and periodicals were gaining an increasingly wider circulation, government censorship remained a threat, but for the most part there seemed to be a prevailing sense that persuasion was the safer means of effecting political change and hence that a free press was at best an evil necessity. Pamela's triumphant virtue was no less than the power of the written word over the presumptive aristocratic social hierarchy, but without Mr B.'s complicity as sympathetic reader it could not have prevailed.[210]

Auch Mr B investiert also in eine gesellschaftliche Ordnung, in der die Tugendhaftigkeit seiner Frau einen symbolischen Wert besitzt, der seinen Status sichert. Nur weil er sich darauf einlässt, kann sich Pamela als bürgerliche Frau in der veröffentlichten Schrift selbst erschaffen und damit als rezipierte Schreibende über eine soziale Hierarchie triumphieren, die festlegt, dass sie Mr Bs Bett nur als Hure teilen kann. Ihre soziale Mobilität berührt jedoch nicht ihre spektakuläre Unterordnung als Ehefrau unter die Autorität des Mannes, den sie mit ihren Briefen zu dem *gemacht* hat, der er ist.[211] "[S]he encounters a species of status inconsistency that is impervious to the reparations of social mobility",[212] denn die bürgerliche Emanzipation mündet erst im 19. Jahrhundert in das

---

[210] John Dussinger, "'*Ciceronian* Eloquence': The Politics of Virtue in Richardson's *Pamela*", *Passion and Virtue: Essays on the Novels of Samuel Richardson*, ed. David Blewett (Toronto/London: U of Toronto P, 2001) 27-51, here 51.

[211] Vgl. Ute Kauer, Narration *und* Gender *im englischen Roman vom 18. Jahrhundert bis zur Postmoderne* (Heidelberg: Winter, 2003) 108-11; Ermarth 140; Folkenflik 268. McKeon versucht, Pamelas Unterordnung zu rechtfertigen: "So these instances of a creatural deference on Pamela's part are set in perspective by our knowledge that their strict premise is B's acknowledgement that she has in a sense already created him" (*The Origins of the English Novel* 362).

[212] John Dussinger, "What Pamela Knew: An Interpretation", *Journal of English and Germanic Philology* 69 (1970): 377-93, hier 378.

Bestreben der bürgerlichen Frauenemanzipation. In Pamelas Fall ist ihre Unterordnung – die etwa in ihrer Auflistung der 48 von ihr zu beachtenden Regeln besonders deutlich wird, die ihr Mr B in einer "awful lecture" (448-51) präsentiert – ein Zeichen dafür, dass sie ihr Ziel nicht nur erreicht, sondern auch verdient hat. Denn sie muss ihren Status, beispielsweise gegenüber Mr Bs Schwester Lady Davers, immer wieder legitimieren: "The persistence of Pamela's social deference is essential to justify her acquisition of power: it signifies, paradoxically, that she deserves the elevation by which it is obviated".[213] Darüber hinaus zeigt das Schicksal der von Mr B geschwängerten und daraufhin verbannten Sally Godfrey (432, 477-78, 480-86), dass ihre Geschichte auch anders hätte ausgehen können.[214] Während der Roman also Pamelas sozialen Triumpf feiert, markiert er gleichzeitig mehrfach die mit ihrer Etablierung als landadelige Ehefrau und Lady verbundenen Widersprüchlichkeiten: Ihr Status ist abhängig von einer geradezu gebieterischen Bekräftigung der Geschlechterdifferenz, die die zurückliegenden Transgressionen zwar nicht vollständig neutralisieren kann, Pamela aber zu einer aufwändig kontrollierten Aufrechterhaltung weiblicher Tugend zwingt.

Während das sozial assimilatorische, lange Ende des Romans eher soziale Stabilität als soziale Mobilität stützt, geht die rhetorische Kraft des Romans von dem Widerspruch zwischen Pamelas sozialer Machtlosigkeit und ihrer schriftlichen Wortmächtigkeit bis zu ihrer Eheschließung aus.[215] In der dreifach adressierten und in der Folge auch anerkannten schriftlichen Objektivierung und Zirkulation ihrers Charakters erschafft sie sich selbst als "simple girl" und beharrt darauf, dass nicht die Herkunft sondern die kulturell choreographierte und als natürlich kodierte Gabe der Tugendhaftigkeit die maßgebliche Voraussetzung für einen gehobenen sozialen Status ist. Pamela entkoppelt das Konzept der

---

[213] McKeon, *The Origins of the English Novel* 364.
[214] Siehe Rivero: Während Mr B mit Pamela bis zum Dinner durch seinen Garten schreitet und seine Vergangenheit mit "agreeable reflections" überdenkt, gibt es für Sally Godfrey keine solche soziale Leichtigkeit: "There is nothing agreeable about Sally Godfrey's fate. The presumably 'happy' 'poor Lady' – in Pamela's own oxymoron – sails away to inhabit a narrative limbo, dead to her child, living with a husband happily unaware of her shameful secret. Happiness in Pamela seems to be predicated on secrecy, on deceit, on a providential rewriting that allows the seducer the pleasant exercise of pitying his victim, in a fatuous display of his 'generous Mind'" (72). Vgl. dazu auch Felicity Nussbaums Ausführungen zu *Pamela II* in "The Other Woman: Polygamy, *Pamela*, and the prerogative of empire", *Women, "Race", and Writing in the Early Modern Period*, ed. Margo Hendricks und Patricia Parker (London/NY: Routledge, 1994) 138-59, hier 149-53.
[215] Siehe dazu Pierce.

Ehre vom aristokratischen Status und transformiert es – innerhalb einer zunehmend symbolisch, d.h. durch solche instabilen Werte wie Meinungen und Kredit, gestützten Diskursökonomie – in ein Konzept, das an individuelles Handeln gebunden ist.[216] Darüber hinaus gelingt es ihr, Mr B dazu zu bewegen, von seinen in 'Vorschriften' gefassten Vorstellungen von ihrer Zukunft abzusehen und sich in seinem Verhalten stattdessen von ihrem "uncurtail'd" (235) Text leiten zu lassen: "[T]here is such a pretty Air of Romance, as you relate them, in your Plots, and my Plots, that I shall be better directed in what manner to wind up the Catastrophe of the pretty Novel" (232). Um die Wirkung von Pamelas Briefen im Detail verfolgen zu können, soll das Crescendo der fünf Begegnungen zwischen Pamela und Mr B im Folgenden genauer untersucht werden.

Die erste Begegnung. Nach einer ersten Serie von Briefen entsteht im Roman eine mehrwöchige Informationslücke, die Pamela ihren Eltern gegenüber zunächst damit erklärt, dass deren Befürchtungen um die sexuelle Unversehrtheit ihrer Tochter wohlbegründet waren: "For to be sure, now it is too plain, that all your Cautions were well-grounded. [...] This very Gentleman [...] has degraded himself to offer Freedoms to his poor Servant" (21-2). Sie habe einen langen Brief geschrieben, so fährt sie fort, doch der sei ihr (dies bewahrheitet sich später) von Mr B entwendet worden (22, 26, 29). Weil der Brief nicht wie erhofft wieder auftaucht, schreibt sie erneut, um von der bislang nur kurz erwähnten, kompromittierenden Begegnung im "Summer-house" zu berichten. Mr B hatte sie bei der Hand genommen und begonnen, ihr zu erklären, warum er sie bei sich behalten und nicht zu seiner Schwester Lady Davers schicken wollte. Pamelas Einwänden begegnete er mit körperlichem Nachdruck, der ihre Kräfte schwinden ließ:

> I will make a Gentlewoman out of you, if you be obliging, and don't stand in your own Light; and so saying he put his Arm around me, and kiss'd me!
> [...] I struggled and trembled, and was so benumb'd with Terror, that I sunk down, not in a Fit, and yet not myself; and I found myself in his Arms, quite void of Strength, and he kissed me two or three times, as if he would have eaten me. (23)

---

[216] Zu den Verschiebungen, die das Konzept der Tugend im 18. Jahrhundert erfahren hat, siehe Caroll Smith-Rosenberg, "Domesticating 'Virtue': Coquettes and Revolutionaries in Young America", *Literature and the Body: Essays on Populations and Persons* (Baltimore: Johns Hopkins UP, 1988) 160-84 und Shelley Burtt, *Virtue Transformed: Political Argument in England, 1688-1740* (NY/Cambridge: CUP, 1992).

Pamela berichtet ihren Eltern weiter, dass Mr B sie nicht gleich entkommen ließ. Er beteuerte, ihr keine Gewalt antun zu wollen, und beschimpfte die Aufbegehrende als "Hussy" (23) und "foolish Slut" (24). Anschließend drückt er ihr – als Entschädigung für den Schrecken, den er ihr eingejagt hat sowie als Pfand für ihre Verschwiegenheit und damit als effektive Bestätigung seiner Beschimpfungen – ein paar Goldstücke in die Hand. Diese herablassende Geste weist sie zurück und bringt ihn dadurch wiederum so sehr in Verlegenheit, dass sie entkommen kann: "[H]e seem'd vex'd and confus'd at what he had done, I took the Opportunity to open the Door, and went out the Summer-house" (24). Pamela schließt ihren Brief hastig mit der nicht weiter begründeten Bitte, ihre Eltern mögen nicht verärgert sein, dass sie noch nicht aus dem Haus des Mr B, "so late my Comfort and Delight, but now my Anguish and Terror" (24), geflohen ist. Im folgenden Brief ergänzt sie eine Reihe insgesamt wenig überzeugender Begründungen für ihr Zögern: Sie wisse nicht, was sie hätte mitnehmen sollen; der Weg von zweieinhalb Meilen bis zur Stadt schien ihr zu weit: "being pretty well-dress'd, I might come to some harm, almost as bad as what I would run away from" (25); sie könne des Stehlens verdächtigt werden und sie wolle den Ruf ihrer Eltern nicht schädigen; schließlich riet ihr "in this Quandray, now considering, now crying, and not knowing what to do" (25) auch die ins Vertrauen genommene Mrs Jervis zu bleiben: "And so, as you order'd me to take her Advice, I resolved to tarry to see how things went" (26).

Aus Mr Bs Perspektive ist (auch eine gewaltsame) Verführung Pamelas ein zentraler Spielzug in einer in aristokratischen Kreisen als Luxus akzeptierten, illegitimen Affäre. Dies unterstreicht insbesondere der Kommentar von Mr Bs Freund Sir Simon Darnford gegenüber seiner Frau:

> Why, what is all this, my Dear, but that the 'Squire our Neighbor has a mind to his Mother's Waiting-maid? And if he takes care she wants for nothing, I don't see any great Injury will be done her. He hurts no Family by this. (134)

Darüber hinaus geht es Mr B aber ebenso wie Pamela vor allem um Interpretationsmacht: um die Bestimmung dessen, was vor dem Hintergrund einer konfliktgeladenen Modernisierung feudaler Konzepte von Öffentlichkeit und Privatheit, Ehre oder persönlichem Wert, Besitz, Anstellung und Ehe als real und was als sozial akzeptables Verhalten gilt.[217]

Für Mr B ist Pamela eine verräterische Rebellin gegen seine Autorität. Umgekehrt sieht sich Pamela im Kampf gegen einen Mr B, der

---

[217] Siehe McKeon, *The Origins of the English Novel* 369-74.

seine Rolle als Master und Autorität nicht erfüllt, gezwungen, sich über ihre Rolle zu erheben: "Well may I forget that I am your Servant, when you forget what belongs to a Master" (23, 35). Er repräsentiert für sie tyrannische Regellosigkeit, der gegenüber sie prinzipiell unschuldig ist: "O the Difference between the Minds of thy Creatures, good God! How shall some be cast down in their Innocence, while others shall triumph in their Guilt!" (67); "It is for *You*, Sir, to say what you please; and for *me* only to say, God bless your Honour!" (73, 109). Das Problem für Mr B besteht darin, dass Pamelas Anspruch auf körperliche und psychische Integrität nicht zu seinem hegemonialen Spiel passt. Sie ist eine Spielverderberin und das in mehrfacher Hinsicht: Erstens lässt sie ihn nicht gewähren, und zweitens verschafft sie, wie er aus dem entwendeten Brief weiß, seinem Verhalten in Rede und Schrift unerwünschte Öffentlichkeit. Mrs Jervis gegenüber sagt er deshalb, so schreibt Pamela in ihrem 14. Brief: "she's an artful young Baggage" (28), "the Girl has Vanity and Conceit, and Pride too", "she's a subtle artful Gypsey, and time will shew it you" (29). Für Mr B ist seine Zuneigung zunächst ein Spiel, das Pamela jedoch nicht bereit ist mitzuspielen. Daraus resultiert eine beiderseitige Verwirrung, der Pamela schreibend und Mr B über die Lektüre von Pamelas Briefen Herr zu werden suchen.

Die zweite Begegnung. Den zuletzt erwähnten 14. Brief versteckt Pamela, so erfahren wir in ihrem 15., erneut in ihrem Ausschnitt, als Mr B hereinplatzt, um sie wegen ihrer mangelnden Verschwiegenheit zu rügen (29). Er sehe sich "exposed, [...] *in* my House and *out* of my House, to the whole World, by such a Sawcebox as you" (31). Obwohl Pamela den Eindruck hatte, Mr B durch ihre freimütigen verbalen Entgegnungen bewegt zu haben – "He seem'd to be moved" (31) – bricht seine Wut erneut hervor. "[Y]ou may as well have *real* Cause to take these Freedoms with me, as to make my Name suffer for imaginary ones" (31). Mr B will Pamela weismachen: "you'll have the Merit and I the Blame; [...] Who ever blamed *Lucretia*, but the *Ravisher* only?" (32). Ausdrücklich dem Vorbild des Vergewaltigers der Lucretia folgend, greift Mr B nach Pamelas Ausschnitt, wo sie zuvor den letzten Brief versteckt hatte. Rhetorisch bedient er mit seinem Rekurs auf den römischen Mythos noch immer die Vorstellung, er spiele die aristokratische Rolle des Libertins, doch sein Interesse gilt offenbar zumindest ebenso sehr den Aufzeichnungen von Pamelas "Heart" (230) und ihren "private thoughts" wie den Reizen ihres Körpers. Roussel stellt fest, "that Pamela's bosom is both the most frequent hiding-place of her papers and the locus of most of B's advances toward her", und er folgert:

This association implies that her modesty functions to protect a psychological rather than a purely physical integrity, and that B's desire for Pamela is a desire to force access to her self rather than the expression of a physical need.[218]

Dass Mr B die begehrte Nähe gewaltsam erzwingen zu können glaubt, ist ein Zeichen seiner Selbstüberschätzung, zumal seine Zudringlichkeiten ihm nie den gewünschten Erfolg erbringen. In der gegenwärtigen Szene gelingt es Pamela, vor Mr Bs Zugriff auf Schrift und Körper – und damit auf die psychische Integrität ihres Selbst – ins benachbarte Zimmer zu fliehen, wo sie für zwei Stunden das Bewusstsein verliert (32). Damit ist sie als begehrtes (und als wissendes und begehrendes) Selbst gar nicht mehr anwesend. Während Pamelas Ohnmachtsanfälle (ebenso wie Mr Bs Angriffslust, die Verwechslungen und die Nebenfiguren) durchaus zum komischen Repertoire der Restaurationskomödie gehören, handelt es sich dabei nicht einfach um dramatisch effektvolle Inszenierungen weiblicher Heuchelei, sondern um Dramatisierungen eines bereits im Ansatz gescheiterten Kommunikationsversuchs. Eine Beziehung, die nicht den durch Standesgrenzen gesetzten, distanzierten Schicklichkeiten folgt, ist prekär und schlägt nur zu leicht in lähmende Angst um: "[T]he attempt to open another's self by a forceful intrusion into his [or her] privacy will fail as the inevitable consequence of its success".[219] In diesem Zusammenhang wird auch Mr Bs Zögern plausibel.

Obwohl Mr B nach der zweiten Begegnung mit Pamela Mrs Jervis gegenüber seinen Entschluss mitteilt, Pamela, "[the] prating, perverse Fool", wegzuschicken und auch Pamela sich gezwungen sieht das Weite zu suchen (33, 36), nimmt die emotionale Verwirrung erneut von beiden Besitz und sorgt für weiteren Aufschub. "I could neither eat nor drink, for my part; and do what I could, my Eyes were swell'd with crying" (33), schreibt Pamela und schließt Brief 16 mit der Bemerkung: "Mayhap I mayn't come this Week, because I must get up the Linen, and leave everything belonging to my Place in Order" (37). "[C]an I stay, and be safe?" (39), fragt sie in Brief 18 und stellt fest: "I believe my Master is fearfully angry with me", denn entweder beachtete er sie nicht oder er bedachte sie mit unerhörten Schmähungen: "D-n you! said he, [...] for a little Witch; I have no patience with you" (40).

Mr B gibt sich im Anschluss an die zweite Begegnung mit Pamela zunächst heftigen Beschimpfungen hin:

---

[218] Roussel 95.
[219] Roussel 96.

> O the little Hypocrite, said he [to Mrs Jervis]! she has all the Arts of her Sex; they are born with her; [...] I find I am likely to suffer in my Reputation by the Perverseness and Folly of this Girl. She has told you all, and perhaps more than all; nay, I make no doubt of it; and she has written Letters; for I find she is a mighty Letter-writer! [...]. (36)

Nur wenig später jedoch, so schreibt die treue Tochter, äußerte er Mrs Jervis gegenüber seine Verwirrung im Angesicht von Pamela:

> He said I was a strange Girl; he knew not what to make of me: And is she gone? said he: I intended to say something else to her, but she behav'd so oddly, that I had not Power to stop her. [...] I never met with the Fellow of her in my Life, at any Age. (38; siehe auch 47).

Mrs Jervis übermittelt seine Bitte, Pamela möge bleiben (40, 61) und, in der Überzeugung, Pamela sei "of more consequence to him than you think for" (46), erläutert sie sein Verhalten:

> I believe he loves my good Maiden, tho' his Servant, better than all the Ladies in the Land; and he has try'd to overcome it, because he knows you are so much his Inferior; and 'tis my Opinion he finds he can't; and that vexes his proud Heart, and makes him resolve you shan't stay, and so he speaks so cross to you, when he sees you by Accident. (41; siehe auch 47, 61)

Im 23. Brief berichtet Pamlea, dass Mr B sogar vor nachbarschaftlichem Besuch ihre Vorzüge lobte: "[H]er greatest Excellence is, that she is humble, and courteous, and faithful, and makes all her Fellow-servants love her" (51), und im 24. Brief gibt Pamela selbst zu: "I begin to think he likes me, and can't help it; and yet strives to conquer it, and so finds no way but to be cross to me" (54). Ein deutliches Beispiel dafür hatte er ihr nur kurz zuvor gegeben:

> He took me in his Arms, and presently push'd me from him. Mrs Jervis said he, take the little Witch from me; I can neither bear, nor forbear her! (Strange Words these)! – But stay, you shan't go! – Yet begone! – No, come back again. (57)

Ingrassia liest Mr Bs Zögern treffend als typisches Spekulantenverhalten:

> He reacts in the slightly scattered, somewhat frenzied manner of a stockjobber indecisive about an investment [...]. This insistence is the first in a series of moments where B's own behavior metaphorically mirrors that of the new economic man in a manner appropriate to his role as an 'investor' in Pamela. Like Exchange Alley, B-Hall becomes a site of social mixing with

the removal of the signifying codes of previously established cultural classifications.[220]

Trotz ihres wiederholten Zögerns (42, 56, 59), das ebenfalls als soziales Spekulantenverhalten lesbar ist, bleibt Pamela jedoch entschlossen, nicht den allein für *sie* nachteiligen Status einer Hure zu akzeptieren: "He may condescend, may-hap, to think I may be good enough for his Harlot; and these Things don't disgrace Men, that ruin poor Women, so the World goes" (41; siehe auch 225). Obwohl ihre Entschlossenheit noch mehrere Male auf eine harte Probe gestellt wird, bleibt Pamela in diesem Punkt bis zum Schluss konsequent.

Die dritte Begegnung. In ihrem 25. Brief berichtet Pamela ihren Eltern davon, wie sich ihr Master in ihrem Schrank versteckte, um sich an sie heranzumachen, und wie sie sich durch drei Stunden lang aufeinander folgende Ohnmachtsanfälle vor seinen Avancen – "I found his hand in my Bosom" (63) – schützte. Pamela verschafft die Nachricht, dass Mr B heiraten wolle, einen kurzen Moment der sogleich mit Bedauern gemischten Erleichterung: "I clasp'd my Hands together thro' my Apron, over-joy'd at this, tho' I was so soon to go away: For, naughty as he had been to me, I wish his Prosperity with all my Heart, for my good old Lady's sake" (66). Mr B, als Reaktion auf eine abermalige rhetorische Selbstbehauptung Pamelas selbst den Tränen nah, betitelt Pamela als "strange Medley of Inconsistence!" und schickt sie weg: "Get out of my Presence, Hussy, I can't bear you in my Sight" (75). Kurz darauf jedoch bittet er Pamela um "a little serious talk", um ihr seine Liebe zu gestehen:

> He sat down on a rich Settee; and took hold of my Hand, and said, Don't doubt me, *Pamela*. From this Moment, I will no more consider you my servant; and desire you'll not use me with Ingratitude for the Kindness I am going to express towards you. This a little embolden'd me; and he said, holding both my Hands in his, You have too much Wit and Good Sense not to discover that I, in spite of my Heart, and all the Pride of it, cannot but love you. Yes, look up to me my sweet-fac'd Girl! I must say I love you; and have put on a Behaviour to you, that was much against my Heart, in hopes to frighten you to my Purposes. (83)

Mr B gesteht, dass seine Lektüre von Pamelas Briefen seine nicht standesgemäße Liebe gefestigt habe. Denn, wie der Erzähler wenig später berichtet, der Bote John war angewiesen, Mr B jeden Brief aus Pamelas Feder vorzulegen (92; siehe auch Johns geständigen Brief 119):

---

[220] Ingrassia 155.

> I have seen more of your Letters than you imagine, (This surpriz'd me!) and am quite overcome with your charming manner of Writing, so free, so easy, and so much above your Sex; and all put together, makes me, as I tell you, love you to Extravagance. (84, siehe auch 229)

Dies ist der erste von mehreren Kommentaren, in denen Mr B deutlich macht, dass ihn die Lektüre von Pamelas Briefen beeindruckt und bewegt. Mit seinem Geständnis verbindet er die Bitte an Pamela, weitere vierzehn Tage zu bleiben. Daraufhin richtet Pamela, das Vaterunser betend, ihre Augen gen Himmel – "*Lead me not into Temptation. But deliver me from Evil*, O my good God!" – und überdenkt Mr Bs neue Strategie: "I have withstood his Anger; but may I not relent at his Kindness?" (85).

Gegen ihre wachsende Bereitschaft zu bleiben, beschließt sie, zu ihrer Entscheidung zu stehen, das Haus zu verlassen: "I resolved to go away, and to trust all to Providence, and nothing to myself" (86). Um nach diesem erneuten Misserfolg Zeit zu gewinnen, greift Mr B wieder auf absolutistisch-totalitäre Maßnahmen zurück: Er lässt Pamela nach Lincolnshire entführen, obwohl er als landbesitzende aristokratische Autorität längst irreversibel in Pamelas papiernes Spiel der verbalen Konstruktion von nicht-substantiellen Werten involviert ist: "He is beguiled by the notion of investing in Pamela (instead of bartering for her as he initially intended)".[221] So leitet er Pamelas zuletzt geschriebenen Briefe nicht weiter und schreibt stattdessen selbst an ihren Vater. Er begibt sich auf Pamelas Terrain und fingiert ein elaboriertes Verführungsszenario, was angesichts seiner Kritik an der romanzenverführten Imagination Pamelas und ihres Vaters (93) höchst ironisch ist. Die Verschiebung des Konfliktes von der körperlichen Auseinandersetzung hin zu einer verbalen Auseinandersetzung ist für Pamela insgesamt von Vorteil, denn das geschriebene und das gesprochene Wort sind ihre Stärke.

Die vierte Begegnung. In Lincolnshire dramatisiert Pamela – in schmerzlich empfundener Abwesenheit eines Publikums für ihre Briefe – ihren Kampf zwischen ihrem Begehren und der sozialen Ordnung (der sie zunehmend entfremdet ist) in Form von Berichten über zwei halbherzige und komisch missglückte Versuche, zu entkommen (152-4) und sich umzubringen (168-78). Als sie jedoch erfährt, dass Mr B einen Unfall hatte, ist sie, angeblich nur "for my late good Lady's sake," sofort in großer Sorge um ihren soeben noch verteufelten Dienstherrn und Entführer, und sie muss sich fragen: "What is the Matter, with all his ill Usage of me, that I cannot hate him?" (179; siehe auch 196).

---

[221] Ingrassia 158.

Als er gut fünf Wochen nach Pamelas Entführung selbst nach Lincolnshire kommt, lebt Pamela in verbotener Erwartung: "Tho' I dread to see him, yet do I wonder I have not" (182). Am 41. Tag ihrer Gefangenschaft beschreibt sie dann "My worst Trial, and my Fearfullest Danger!", nämlich den erneuten "most direct, but oddly equivocal, attempt"[222] des Squire B, sich ihr in ihrem Schlafzimmer zu nähern. Mr B hatte sich mit den Kleidern der von Mrs Jewkes gezielt alkoholisierten Dienstmagd Nan verkleidet, "sitting fast asleep, in an Elbow-chair, in a dark corner of the Room, with her Apron thrown over her Head and Neck" (199). Als sich die vermeintliche Dienstmagd dem Bett näherte, schlüpfte Pamela unversehens in die Rolle des Rotkäppchens, das verwundert den Wolf befragt, bevor es gefressen wird:

> How do you do? – She answered not one Word. [...] What ails you, Mrs *Ann*? And still no answer was made. [...] the guilty Wench took my Left-arm, and laid it under his Neck, as the vile Procuress [Mrs Jewkes] held my Right; and then he clasp'd me round my Waist!
> Said I, Is the Wench mad! Why, how now, Confidence? thinking still it had been *Nan*. But he kissed me with frightful Vehemence; and then his Voice broke upon me like a Clap of Thunder. Now, *Pamela*, said he, is the dreadful Time of Reckoning come, that I have threaten'd. (202-3)

In sexueller Angriffshaltung verlangt Mr B mit Pamela zu *sprechen*: "One Word with you, *Pamela*; one Word hear me but; and hitherto you see I offer nothing to you", während Mrs Jewkes ihn ob seines Zögerns schilt: "What you do, Sir, do; don't stand dilly-dallying" (203).[223] Diese Beobachtung der Mrs Jewkes bestätigt Mr B, als er Pamela gegenüber später erläutert: "[y]our pretty Chit-chat to Mrs. *Jewkes*, [...] so innocent, and so full of beautiful simplicity, half disarmed my Resolution before I approach'd your Bed" (213). Aber schon seine Verkleidung als Dienstmagd ist seinem Status unangemessen und entsprechend lächerlich.[224] Trotzdem will Mr B in dieser Szene kein *Gespräch*, sondern er formuliert eine Forderung. Pamela soll ihm ihre bislang eloquent verweigerte Zusage zu einer vertraglichen Einigung in sieben schriftlich niedergeleg-

---

[222] McKeon, *The Origins of the English Novel* 359.
[223] An die Beobachtung, dass Mr B trotz seiner überfallartigen Bedrängungen Pamelas insgesamt zögerlich agiert, knüpfen Argumentationen an, die Bs Rolle als Lebemann in Frage stellen. Siehe Mark Kinkead-Weekes, *Samuel Richardson: Dramatic Novelist* (Ithaca/London: Cornell UP, 1973): "B.'s first fumbling attempts [...] seem to show why Fielding called him 'Booby'" (19-20) und William Beatty Warner, *Reading* Clarissa*: The Struggles of Interpretation* (New Haven/London: Yale UP, 1979).
[224] Siehe Ingrassia 158.

ten Artikeln geben (187-92), die Pamela zu seiner prächtig ausgestatteten Mätresse und nach einem Jahr zu seiner Frau machen sollen: "Swear then to me, said he, that you will accept my Proposals! – And then, (for this was all detestable Grimace) he put his Hand in my Bosom" (203-4). Mit sexueller Gewalt klagt ein von jedem Klassenbewusstsein verlassener Mr B den Anspruch ein, Bestätigung für die Autorität der eigenen Selbst- und Wirklichkeitsdefinition – hier in Form des von ihm entworfenen Beziehungsszenarios – zu erhalten.

Die 'Spielverderberin' Pamela erlaubt Mr B jedoch nicht, sie bedingungslos seiner Herrschaft und seiner Sicht der Dinge zu unterwerfen. Sie verliert unversehens das Bewusstsein und als sie hört, dass Mrs Jewkes Mr Bs bereits verschobene Vergewaltigungsabsichten anstachelt – "And will you, Sir, [...] for a fit or two, give up such an Opportunity as this?" (204) –, bald darauf noch einmal. Als sie wieder zu sich kommt, versichert ihr ein offenbar geläuterter Mr B, sie sei unversehrt und er werde sie sich selbst überlassen, sobald es ihr besser ginge, wenn sie ihm nur vergebe (204-5). Weil Mr B sich in der Folge eine zärtlichere Disposition zu eigen macht – "shew'd great Tenderness to me" (205) –, weckt er erneut eine vorsichtige Hoffnung in Pamela auf eine Wendung, die ihr dann wiederum Angst macht. Sie belauscht ein Gespräch, in dem Mr B einen Strategiewechsel von "Terror" zu "Kindness" ankündigt: "I should have melted her by Love, instread of freezing her by Fear" (209). Dieser Strategiewechsel impliziert jedoch nicht einfach einen anderen Weg zum selben Ziel, denn die neue Strategie verändert den Strategen und seine Vorstellungen davon, was seine Ziele sind. Pamela erlaubt sich diese Einsicht nicht bewusst, doch ihre Aufzeichnungen registrieren noch im Verbot gegen sich selbst ihre heimliche Freude über das, was sie hört:

> Is he not a wicked Man for this? – To be sure, I blush while I write it. But I trust, that that God, who has deliver'd me from the Paw of the Lion and the Bear; that is, his and Mrs *Jewkes's* Violences; will also deliver me from this *Philistine*, myself, and my own Infirmities, that I may not defy the Commands of the Living God! (209)

Mr Bs Erklärungen seiner Liebe, die den Stolz zunichte mache, der ihn bisher vom Heiraten abgehalten hatte, "even with a Person of equal or superior Degree to myself" (213), betreffen Pamelas "most guarded thoughts" (214) und tun zum Ende des ersten Buches ein übriges zu ihrer emotionalen und kognitiven Verwirrung: Was darf sie hoffen, was soll sie tun? Was ist echt und was ist Spiel? "What shall I do, what Steps take, if all this be designing! – O the Perplexities of these cruel Doubtings!" (219). Auch wenn Mr B versichert: "I have no Obligation to your

Confidence or Opinion. But at present, I am really sincere in what I say", weiß Pamela seine wahre Gefühlslage so wenig einzuschätzen wie ihre eigene. Immer wieder muss der explizite Wunsch, zu ihren Eltern zurückzukehren, jeden Gedanken daran verdecken, was sie eigentlich möchte: Sie möchte Mr Bs Frau werden. Ihr Bericht kommt einem Blick auf diesen Verdrängungsmechanismus am nächsten in der Aufzeichnung ihrer Replik auf Mr Bs Eingeständnis seiner durch Pamela entzündeten, neuen Sensibilität. Gleichzeitig wird deutlich, dass sich auch Mr Bs Zuneigung zu Pamela auf sozial nicht abgesichertem Terrain bewegt:[225]

> Said he, [...] I have known in this agreeable Hour more sincere Pleasure, than I have experienc'd in the guilty Tumults that my desiring Soul put me into, in the Hopes of possessing you on my own Terms. [...]
> This sweet Goodness overpowere'd all my Reserves. I threw myself at his Feet, and embrac'd his Knees: What Pleasure, Sir, you give me, at these gracious Words, is not lent your poor Servant to express! – I shall be too much rewarded for all my Sufferings, if this Goodness hold! God grant it may, for your own Soul's sake, as well as mine. And Oh! how happy should I be, if –
> He stopt me, and said, But, my dear Girl, what must we do about the World, and the World's Censure? – Indeed, I cannot marry!
> Now was I again struck all of a Heap. However, soon recollecting myself, Sir, said I, I have not the Presumption to hope such an Honour. If I may be permitted to return in Peace and Safety to my poor Parents, to pray for you there; it is all I at present request! (218)

Die emotionale Verwirrung beider Protagonisten kristallisiert sich in einer Vertrauensfrage: Pamela weiß nicht, ob sie der Wahrhaftigkeit Mr Bs trauen kann, und Mr B weiß nicht, wie er sie seiner Wahrhaftigkeit versichern soll. Im Angesicht des Anderen bleibt die Grenze "between plot as deception and plot as aesthetic construct"[226] unbestimmt: Wo endet die Strategie im Sinne von Täuschung und wo beginnt die ästhetische Konstruktion, die eine vertrauenswürdige Investition und daher ethisch tragfähig ist? Diese Verunsicherung tragen beide noch eine Weile mit

---

[225] Zum Konflikt zwischen Liebe und gesellschaftlichen Rollen siehe Roussel 101-2. Zu Mr Bs entwürdigendem "unequal match" siehe auch (241) und das Schreiben seiner Schwester, Lady Davers: "The Girl was an innocent, good Girl; but I suppose that's over with her now, or soon will. What can you mean by this, let me ask you? Either you will have her for a kept Mistress, or for a Wife. If the former; there are enough to be had, without ruining a poor Wench that my Mother lov'd, and who really was a very good Girl; and of *this* you may be asham'd. As to the *other*, I dare say, you don't think of it; but if you *should*, you would be utterly inexcusable" (257).

[226] McKeon, *The Origins of the English Novel* 361. McKeon und Carson sehen Richardson als Autor vor dieselbe Wahl gestellt.

sich herum: Pamela ihre Briefe schreibend, Mr B ihre Briefe lesend, bis es beiden gelingt, sich in die Situation des anderen zu versetzen. Dieses unerhörte Vertrauen ist für beide jedoch mit unterschiedlichen Risiken verbunden: Pamela könnte es ergehen wie Sally Godfrey, die selbst untertauchen und ihre Tochter verleugnen musste, nachdem sie den Avancen des noch nicht zwanzigjährigen Mr B nachgegeben hatte; und Mr B. könnte mit einer nicht standesgemäßen ehelichen Verbindung, darauf lassen die anhaltend bestürzten Reaktionen der Lady Davers auf seine Hochzeit schließen, dem Ruf seiner Familie in einem sehr viel größeren Maße schaden als durch jede Affäre.

Die fünfte Begegnung. Ein weiteres Mal muss Pamela ihr gerade erst gefasstes Vertrauen hinterfragen und fürchten, dass der vermeintliche "reclaimed Gentleman" in Wahrheit ein "abandon'd Libertine" (226) ist. Denn eine (wie sich später haraustellt von Lady Davers beauftragte) Zigeunerin prophezeit ihr: "You will never be marry'd, I can see; and will die of your first Child" (224). Außerdem erhält sie einen anonymen Brief von einem "zealous Well-wisher" (225), der sie vor Mr Bs Absichten warnt, die er sogar mit einer falschen Heiratszeremonie vertuschen wird. Als ihr Mrs Jewkes kurz darauf auch noch ein ganzes Paket mit ihren Aufzeichnungen wegnimmt, um es auftragsgemäß an Mr B weiterzureichen, glaubt Pamela, ihre persönliche Integrität nun vollständig zu verlieren: "For now he will see all my private Thoughts of him, and all my Secrets, as I may say" (226). Zu diesem Zeitpunkt hat sie Mr B jedoch bereits als idealen Leser gewonnen, denn die Aufzeichnungen ihrer innersten Gedanken haben Mr B buchstäblich bewegt: Sie haben ihn von seinem ursprünglichen, auf klaren Standesgrenzen beruhenden Plan abgebracht und ihn für eine vertrauensvolle Form der standesübergreifenden Kommunikation geöffnet, die ihm bis dahin nicht möglich schien:

> I would divide with all my Soul, my Estate with you, to make you mine upon my own Terms. These you have absolutely rejected; and that, tho' in sawcy Terms enough, yet, in such a manner, as makes me admire you more. (213; siehe auch 247)

Während Mr B also weiter Nähe zu Pamela zu etablieren sucht, näht Pamela, die immer noch fürchten muss, dass die auch von ihr begehrte Nähe ihren guten Ruf kosten würde, ihre Briefe in einem letzten Rückzugsgefecht in ihr Unterkleid (227; siehe auch 131). Gleichzeitig bestärkt sie dadurch auf höchst aufschlussreiche Weise die im Text bereits angelegte Assoziation zwischen symbolischem Text und materiellem Körper. Sie lädt die Briefe mit derselben Wertigkeit auf, die ihr

Vater ihrer Jungfräulichkeit zuschreibt – "the Loss of our dear Child's Virtue, would be a Grief that we could not bear" (14) – und verteidigt dieselbe mit eben seinen Worten: "I *could not bear* the Thoughts of *giving up* my Papers" (235; meine Hervorhebung). Sie transformiert Wert also in eine symbolische Kategorie, doch indem sie die Zirkulation der Briefe verhindern möchte, sucht sie diesen Wert paradoxerweise gleichzeitig festzuschreiben. Doch selbst da, wo sie sich noch gegen eine symbolisch vermittelte Ökonomie der Werte verwehrt, bewegt sich Pamela bereits durchaus virtuos darin und trägt, wie noch deutlich werden wird, zu deren nachhaltiger Naturalisierung bei.

Die Lektüre derjenigen Tagebuchaufzeichnungen, die bereits in Mr Bs Besitz sind, gesteht Pamela ihm widerwillig zu: "since you *will*, you *must* read them" (230). Doch was er bekommt, macht ihn nur noch neugieriger auf den Rest ihrer Schriften. Unter Androhung von Gewalt (234) beschwört er Pamela, ihm zu sagen, wo sie sie versteckt hält, bis er glaubt zu wissen, wo sie sind:

> I'll see them all, said he, down to this Time, if you have written so far! – Or at least till within this Week. – [...] I have searched every Place above, and in your Closet, for them, and cannot find them; so I will know where they are. Now, said he, it is my Opinion they are about you; and I never undrest a Girl in my Life; but I will now begin to strip my pretty *Pamela*; and hope I shall not go far, before I find them. (234-5)

Es bleibt jedoch bei der Androhung von körperlicher Zudringlichkeit: Pamela entkommt und trennt ihre Briefe selbst aus ihrem Unterkleid, um sie Mr B nach weiteren Verzögerungen versiegelt zu übergeben. Mr B hätte sie sich in einem exquisiten Striptease lieber selbst geholt (238); stattdessen bricht er gegen Pamelas Bitte das Siegel und fragt sogleich nach der nächsten Serie, die Pamela ihm ebenfalls übergibt, obwohl er so gut wie sie wisse, was sie enthielten (239). In diesem Ringen um die Briefe werden unterschiedliche Konzepte von Repräsentation verhandelt: Während Pamela immer wieder insistiert, dass die Briefe nur *mimetische Kopien* der von Mr B bestimmten Realität sind – "Sir, [...] I could not have taken these Liberties, if you had not given me the Cause: And the Cause, Sir, you know, is before the Effect" (232) –, weiß Mr B, dass die Briefe *konstituierende Funktion* besitzen: Sie erlauben ihm eine andere Perspektive einzunehmen, "the Light you put Things in" (239) zu sehen und zu verstehen; sie sind meinungsbildend: "they gave me a very high Opinion of your Wit and Innocence" (229); sie zeigen den Entwicklungsprozess des schreibenden Selbst in Relation zu seinem Adressaten; und sie schmelzen die soziale Distanz zwischen Pamela und Mr B ein, für deren Überbrückung beide keine Vorbilder haben. Pamelas Briefe sind Verhaltensanweisungen für Mr B. Er erklärt:

> [M]y Pride of Condition made me both tempt and terrify you to other Terms; but your Virtue was Proof against all Temptation, and was not to be aw'd by Terrors: Wherefore, as I could not conquer my Passion for you, I corrected myself, and resolved, since you would not be mine upon my Terms, you should upon your own: And now I desire you not on any other, I assure you. (299)

Trotz gegenteiliger Beteuerungen scheint auch Pamela zu wissen, dass ihre Aufzeichnungen nicht nur Abbildungen sind, sondern selbst Wirklichkeit erzeugen. Sie will allerdings erst herausfinden, wie diese sich auswirkt, bevor sie weitere Einblicke gewährt: "I think, Sir, said I, [...] you *might* see *all the rest*. But I hope you will not desire it, till I can see how much my pleasing you in this Particular, will be of Use to myself" (231). Pamelas Interesse an dem Nutzen, den sie aus Mr Bs Lektüre ihrer Briefe ziehen kann, offenbart, wie sehr sie den Akt des Schreibens bereits als Investition in ihre Selbstkonstitution und -ermächtigung verinnerlicht hat.

Auch die erste Strophe des Liedes, das Pamela wenige Tage vor der Hochzeit für ihre Gäste aus der Nachbarschaft singt, zeugt vom verbindenden Potential der privaten Schrift:[227]

> *GO, happy* Paper, *gently steal,*
>   *And underneath her* Pillow *lie;*
> *There, in soft* Dreams, *my* LOVE *reveal,*
> *That* LOVE *which I must still conceal,*
>   *And, wrapt in awful* Silence, *die.* (288).

Die hier bediente Doppelung von "reveal" und "conceal" entspricht der empfindsamen Pardoxie zwischen der Annahme eines natürlich angelegten Gefühls und der Notwendigkeit, einer Regung diskursiven Ausdruck zu verleihen, die durch denselben erst als solche greifbar wird. Der zentrale Effekt von Pamelas Aufzeichnungen ist demnach ihr eigenes, im Kontext enger sozialer Grenzen in täglichen Folgen erschriebenes Selbstverständnis gegenüber einem ihr in Liebe zugeneigten Mr B:

> *Pamela* is a story of the creation rather than the discovery of the self.
>   It is because *Pamela* is concerned with such a creation that writing has the status it does in the novel. Pamela's manuscript is not simply the record of her and B's love. The manuscript is also its cause, the central factor in their marriage. Consequently their marriage and the self which it defines for her inevi-

---

[227] Siehe Roussel 99.

tably appear as the product of her act of writing. Writing in this way becomes associated with the freedom to choose an identity by choosing a new relation to another, and this new identity, because it is the product of writing, comes in turn associated with fiction. It becomes something which has been literally written into existence.[228]

Die schriftliche Repräsentation oder Vergegenwärtigung von innerem Erleben und deren Zirkulation in Briefform dienen also der Schaffung einer Realität, die nicht (oder zumindest nicht allein) durch Besitz und Status abgesichert ist. Roussel liest Pamelas Briefe darüber hinaus als "the sign of a choice"[229] und damit als Anzeichen für die gewöhnlich voluntaristisch konzipierte Fähigkeit des Einzelnen, Entscheidungen zu treffen und, abweichend von standesgemäßer Festlegung, den eigenen Lebensweg zu bestimmen. Die vorliegende Lektüre von *Pamela* zeigt, dass der Text diese Aussage erheblich qualifiziert, und ich möchte meine Ausführungen mit einer Diskussion darüber abschließen, welchen Rahmen der Roman für diese Freiheit, das eigene Leben selbst zu bestimmen, absteckt.

2.3 Printmediale Repräsentationsformen und die Individualisierung von Verhaltens- und Sozialcodes

Samuel Richardsons Briefroman *Pamela* ist sowohl formal als auch inhaltlich-thematisch im technologischen und mentalitätsgeschichtlichen Kontext des beginnenden Modernisierungsprozesses zu sehen. Als Druckerzeugnis und als Fiktion ist der Roman ein genuines Produkt einer relativ jungen Kultur der Distanz. Gleichzeitig ist er eine – gerade aufgrund seiner Fiktionalität moralisch umstrittene – Reflexionsinstanz für diese Kultur und die Umwälzungen in Verhaltens- und Sozialcodes, die sie mit sich bringt. Der Bezug, den diese Umwälzungen zu printmedialen Formen der Repräsentation von Welt haben, wirft die hier relevante Frage nach den ethischen Implikationen von medialer Repräsentation auf: Welchen ungeschrieben bleibenden Verhaltensformen und Handlungsnormen verleiht der Roman im Allgemeinen und *Pamela* im Besonderen Aus- und Nachdruck? Welchen Stellenwert und welche Qualität weist der Text den für den Individualisierungsprozess zentralen Figuren der Autonomie und der Verantwortung zu? Um mich einer Beantwortung dieser Fragen zu nähern, möchte ich noch einmal zusammenfassend auf die Bedeutung von Fiktionalität in *Pamela* einge-

[228] Roussel 104.
[229] Roussel 104.

hen, die für die Internalisierung von Moral und die Verbreitung ethischer Reflexion grundlegend ist.

Die Auseinandersetzung um das potentiell bedrohliche Verhältnis von Realität und Fiktion, die sich in der Debatte um die Integrität des Romangenres manifestiert, erfährt auf der Inhaltsebene von *Pamela* eine weitere Bearbeitung. Denn Pamela sucht ihre persönliche Realität über die Textualität ihrer Briefe zu legitimieren. Wie der Roman insgesamt, setzt seine Protagonistin geschriebenen Text an die Stelle des Körpers, der körperlichen Gewalt, der Materialität und der Präsenz. Und wie der Roman konventionell beteuert, nur die Realität abzubilden, sucht auch Pamela die fiktionale Qualität dieser Substitution (letztendlich vergeblich) herunterzuspielen: "And *the Cause* [things as they are], Sir, you know, *is before the Effect* [her writing]" (232; meine Hervorhebung). Der müßiggängerische Akt des Briefeschreibens, in den Pamela im Zimmer ihrer verstorbenen Dienstherrin all ihre Tatkraft fließen lässt, anstatt Mr Bs Wäsche zu falten, entwickelt unwillkürlich ein produktives Potential. Mit dem Briefeschreiben bedient sich Pamela – innerhalb der pervertierten Kultur der Nähe von Mr Bs Anwesen[230] – einer distanzkulturellen Technologie, die in ihrem Fall nicht nur der Überwindung, sondern zunächst der Schaffung von Distanz dient. Ihre Briefe sind Abstandshalter, und das im doppelten Sinn: Sie bieten Pamela in Ermangelung klarer Statusvorgaben und in Abwesenheit einer vertrauten Person eine Reflexionsmöglichkeit und verschaffen ihr so einen gewissen Abstand zu ihrer eigenen ungewissen Situation; gleichzeitig halten sie ihr Mr B vom Leib, der offenbar eine größere Befriedigung seiner Begierde, Pamela zu besitzen, aus der Lektüre ihrer Briefe als aus ihrer körperlichen Überwältigung zieht. Zudem ermöglichen die Briefe Pamela eine Verständigung über sich selbst mit ihren Eltern, mit Mr B und, in der Logik des Briefromans, mit den LeserInnen.

Pamela versucht ihre Situation zu kontrollieren, indem sie die an sie gerichteten Forderungen schriftlich festhält. Ihr Bemühen um die ordnende Abbildung dessen, was ihre Realität ist, erweist sich dabei notwendigerweise als mehr als nur das. Pamela mobilisiert ihre Kräfte, berichtet und interpretiert, was ihr widerfährt, um entscheiden zu können, was sie als nächstes tun soll. Die vermeintlich nur ordnende Abbil-

---

[230] Folkenflik bezeichnet Pamela als "effectively 'incarcerated' in her employer's household" und liest ihre Situation als einen Zusammenbruch der modernen Ausdifferenzierung der Lebensbereiche in eine Goffman'sche totale Institution: "all aspects of life are conducted in the same place and under the same single authority" (254). Folkenflik zitiert aus Erving Goffman, *Asylums: Essays on the Social Situation of Mental Patients and Other Inmates* (Garden City, NY: Doubleday, 1961), hier 5-6.

dung erfordert ihr schöpferisches Potential und *schafft* Realitäten: Pamelas "mournful Relation, and [her] sweet Reflections upon it" konstituieren nicht nur die Romanhandlung, sondern auch die sozial tragfähige kommunikative Basis für Pamelas und Mr Bs Verbindung. Schriftliche Verhaltensreflexionen und deren Zirkulation erhalten auf exemplarische Weise ein zuvor nicht gekanntes Gewicht in diesem Roman, weil sie Orientierung bieten, wo tradierte Regeln an Legitimationskraft verlieren. In Form einer spekulativen Investition entwerfen sie eine im eigenen Handeln legitimierte Identität.

Der Roman führt einen Prozess vor, der im Rahmen der druckkulturell katalysierten Diversifizierung von Informationen, von Bildung und Kritik in einer zunehmend symbolisch vermittelten Realität konstituierend für neue gesellschaftliche Strukturen wirkt. Über vermehrt schriftlich geregelte wirtschaftliche und familiäre Kommunikationsanlässe – die den traditionellen Glauben an weltliche und religiöse Autoritäten ebenso schwächen wie Statusdefinitionen – entstehen soziale und ökonomische Beziehungen, die das Individuum in seiner Identität relational zu anderen Menschen verorten und formen. Ingrassia betont in diesem Zusammenhang, dass *Pamela* dem hohen Durchsetzungsgrad schriftlicher Verkehrsformen Rechnung trägt:

> *Pamela* addresses not only issues of social volatility, cultural capital, and speculative finance; it also indicates how fully eighteenth-century culture, informed by fictional and financial narratives, had embraced the act of writing, accounting, and investing as a means of self-actualization, if not transformation.[231]

Mit der Durchsetzung der Schrift und druckkultureller Standardisierungen wird ein subtiles Disziplinierungsprogramm in Gang gesetzt, das in der Frühmoderne noch gültige, standesspezifische Normen mit der Konstanz des kultivierten Gefühls überschreibt. Das funktional paradoxe Genre des Romans führt diese Transformation nachdrücklich vor: Der frühe Roman, für den *Pamela* eines der international herausragenden Beispiele ist, empfiehlt sich als ein effektives Medium der sozialen Kontrolle und bietet mit seinen fiktionalen Welten gleichzeitig Freiräume für die Imagination und die Autorisierung neuer sozialer Perspektiven, die ebenso neuen Kontrollmechanismen unterliegen. *Pamela* entkoppelt die Ehre oder den Wert der/des Einzelnen von aristokratischem Status und transformiert ihn in ein Konzept, das sich über individuelles Verhalten legitimiert. Dieses individuelle Verhalten ist jedoch alles andere als freischwebend; es ist aufwändig und subtil choreographiert, und der Roman

---

[231] Ingrassia 165.

hat an diesen Kontrollprozessen ebenso Teil wie an der imaginativen Befreiung von Statusgrenzen.

Schriftliche Verkehrsformen eröffnen sowohl der Imagination als auch der steuernden Moderierung sozialer Prozesse vorher nicht gekannte Freiräume. Bei dieser Steuerung von Ereignissen, Affekten, intentionalen und unwillkürlichen Reaktionen usw. geht es nicht um die Installierung einer normgebenden Instanz, sondern um die Internalisierung einer mitfühlenden – und daher bestehende Differenzen ausgleichenden und Kohärenz stiftenden – empfindsamen Sympathie. Diese ist, wie Vogl ausführt, "keine Instanz, die eine präskriptive, repressive oder gesetzgebende Rolle – gleich welcher Diktion – übernehmen würde". Vielmehr übernimmt sie "die Funktion einer allgemeinen Regulierung und Moderation im sozialen Verkehr, deren Ziel in einer Feinabstimmung der einzelnen Akteure mit Rücksicht auf kontingente Folgen und Verknüpfungen besteht".[232] Die Sympathie ist demnach nicht selbst eine Norm, sie stellt in ihrer Ausübung eine Regel oder eine Verkehrsbedingung für die *Erzeugung* situativ mehr oder weniger angemessener Normen bereit. "What is being abandoned, then, is not morality", schreibt dazu Siskin, "but the mode of moralizing".[233] Die Mechanismen der moralischen Belehrung beginnen sich in Richtung einer kommunikativen Relation zu verschieben. Dabei spielt die Struktur der Erwartungserwartungen – eine über die Schrift und den empfindsamen Diskurs vermittelte Situation reflexiver Ansprüche, die ein effektives Kontrollregime ausüben – eine zentrale Rolle. Joseph Vogl liest diese Struktur als typisch für eine post-stratifikatorische gesellschaftliche Organisation:

> Die Situation reflexiver Ansprüche, die [...] sich in einem tautologischen Zirkel nach folgendem Grundmuster artikuliert: 'Ich mache, was du willst, wenn du tust, was ich will' – diese Situation wird ausgehalten, systematisch zur Bedingung aller weiteren Kommunikationen gewendet und zeugt damit von Begegnungen, die nicht hierarchisch, und von sozialen Ordnungsbegriffen, die nicht mehr stratifikatorisch gedacht werden.[234]

Dieser Struktur folgt Mr Bs Bereitschaft, Pamelas Perspektive einzunehmen – "the Light you put Things in" (239) zu sehen und zu verstehen –, denn diese Form des Mitgefühls erlaubt es ihm wiederum, seine Ansprüche wirksam geltend zu machen.

---

[232] Joseph Vogl, *Kalkül und Leidenschaft: Poetik des ökonomischen Menschen*, 2. ed. (Zürich/Berlin: diaphanes, 2004) 92.
[233] Siskin 204.
[234] Vogl 94-5.

Das Legitimationsvakuum, das mit dem Verlust tradierter (in diesem Fall aristokratischer) Regeln innerhalb des Modernisierungsprozesses entsteht, markiert einen Bedarf an neuen Orientierungslinien, die über solche Erwartungserwartungen – 'Ich mache, was du willst, wenn du tust, was ich will' – in Gang gesetzt werden. "Die Statik des personalen Aufbaus wird in die Dynamik pathischer und sympathetischer Bewegungen hineingezogen", schreibt Vogl im Kontext einer Diskussion von Adam Smiths Sympathielehre als moralphilosophische Grundierung einer politischen Ökonomie, und er fährt fort:

> Das soziale Feld scheint nun von einer Materialität komplexer Interdependenzen bestimmt, in denen Ereignisse und Affekte einander wechselseitig induzieren und fortzeugen; zugleich aber von einer Zirkulation des Scheinhaften, in der sich das Urteilssystem in der Gegenseitigkeit aller manifestiert.[235]

Innerhalb des durch Interdependenzen bestimmten sozialen Feldes, an dem Pamela Teil hat, ist der Entwurf einer im eigenen Handeln legitimierten Identität für alle Beteiligten potentiell bedrohlich, weil er nicht klar von der Täuschung unterscheidbar ist. Er kann sich nur dann als tragfähig erweisen, wenn er auf soziale Akzeptanz und Bestätigung trifft. Er muss gegebene Bedingungen aufgreifen, imaginative Anschlussmöglichkeiten bereitstellen und im Handeln wirksam sein. Der Roman und seine Protagonisten müssen also die noch immer virulente, wenn auch nicht mehr eindeutig bestimmende soziale Unterscheidung zwischen Pamela und Mr B sowie die Geschlechterdifferenz aufgreifen und Identitfikationsmöglichkeiten für ihre jeweiligen LeserInnen schaffen:

> Reading a novel, like investing in a speculative financial venture, demands readers' imaginative participation in a narrative that could potentially be a vehicle with which early modern subjects could reinvent themselves and envisage their lives differently.[236]

Bei dem Entwurf einer neuen sozialen Position handelt es sich nur sehr bedingt um einen willentlich gesteuerten Prozess. Pamelas Briefe sind zwar als "the sign of a choice" lesbar,[237] die Wahlfreiheit, die Pamela hat, und damit ihre indivduelle Autonomie, sind allerdings voraussetzungsreiche Größen und nicht als Akte des freien Willens denkbar. Das Sprechen von Freiheit fördert die Vorstellung, es gehe dabei um eine offene

---

[235] Vogl 87-96, hier 92.
[236] Ingrassia 2-4.
[237] Roussel 104.

Frage nach Zustimmung oder Ablehnung: "Nach Ansicht vieler ist die Zuschreibung von Verantwortung nur möglich, wenn freie Entscheidungen autonomer Personen in der Außenwelt kausal determinierend wirken können, ohne ihrerseits determiniert zu sein".[238] Doch Pamela ist, wie John Pierce ausführt, mit der sehr viel komplexeren Aufgabe konfrontiert, widersprüchliche und insgesamt überdeterminierte Anforderungen auszugleichen:

> Pamela's free manipulation of a variety of textual forms is at the centre of her liberty, as it is of the privileged status accorded to her character. Ultimately, the *balancing of conflicting claims to authority* is achieved by the assimilation of all received influences and by their *realignment in terms of individual human experience*.[239]

Keineswegs ist Pamela in diesem Prozess des Ausgleichens unterschiedlicher Anforderungen nur Opfer der Verhältnisse. Doch ihre Möglichkeiten der Steuerung bewegen sich innerhalb der durch die jeweiligen gesellschaftlichen Verkehrsbedingungen vorgegebenen Parameter.

Winkler verdeutlicht diese Qualifizierung der Freiheit über die Analogie zur Ökonomie: "Immer verschwistert mit der Not [...] lehrt gerade die Ökonomie, dass es zwar die Menschen sind, die handeln, dass sie, wo sie handeln (müssen), sich von ihrem freundlichen Selbstbild aber weit entfernen".[240] Dem sozial nicht mehr eindeutig verorteten Einzelnen wie Pamela, der Dienstmagd, wird durch widersprüchliche Ansprüche, hier repräsentiert durch den Vater und den Dienstherrn, aufgebürdet, neue Rechtfertigungen herzustellen und selbst Verantwortung für diese kontingenten Konstrukte zu übernehmen. Pamela ist insofern ein freies Individuum, als sie sich durch den Verlust ihrer stratifikatorisch festgelegten sozialen Verortung (ihre Dienstherrin ist gestorben, ihr neuer Dienstherr verhält sich nicht entsprechend) veranlasst sieht, sich über ihren gewohnten Status zu erheben, um die an sie gerichteten Ansprüche zu assimilieren und im Sinne dessen, was sich in diesem Prozess als ihre eigene "individuelle Erfahrung" konstituiert, zu kanalisieren. Was dabei nicht mehr über den Körper und die Tradition legitimiert werden kann, findet, so Ingrassia, eine neue spekulative Begründung:

---

[238] Werner 525. Siehe auch Bell, *Sentimentalism, Ethics, Feeling* 207.

[239] Pierce 26; meine Hervorhebung. Siehe dazu auch Marea Mitchell und Dianne Osland, "Poor in Everything But Will: Richardson's *Pamela*", *Representing Women and Female Desire from* Arcadia *to* Jane Eyre (Houndmills/NY: Macmillan, 2005) 117-40.

[240] Winkler 248.

Pamela is filled with the language of credit and speculation as Pamela strategically constructs a persona (and social position) based on the production of letters and journals, on her 'paper credit'. Her value exists in and can only be known through her discursive construction of self.[241]

Die Sozialisierungsfunktion, die der Frau im Zuge der Emanzipation des Bürgertums zufällt,[242] ist nur eine Spielform dieser realitätsstiftenden Transaktion. Die Entstehung einer im eigenen Handeln legitimierten Identität ist jedoch grundsätzlich, das hat die vorausgegangene Analyse deutlich gemacht, von Vermittlungsleistungen abhängig. Die komplexe kommunikative Maschinerie, die das Sozialverhalten reguliert und so zu einer sozialverträglichen Modernisierung des Menschen beiträgt, kommt vor allem über eine druckkulturell katalysierte symbolische Vermittlung in Gang. Das selbstverantwortliche Individuum, das kontingente Ereignisse, Affekte und Reaktionen nach *eigener* Maßgabe zu regulieren versteht, ist deren Produkt.

---

[241] Ingrassia 14; siehe auch 138-65.
[242] James Carson hebt diese Funktion besonders hervor. Siehe "Narrative Cross-Dressing in the Novels of Richardson", *Writing the Female Voice*, ed. Elizabeth C. Goldsmith (Boston: Northeastern UP, 1989) 95-113, bes. 102.

3. "indirect dealings": Druckkultur, Kommerzialisierung und die Modernisierung republikanischer Werte in Charles Brockden Browns *Arthur Mervyn* (1799)

Auf dem amerikanischen Kontinent begleitet die Verbreitung der gedruckten Schrift, insbesondere in der Form des Romans, den Formationsprozess der politischen Kultur: "Generic leanings coalesce with the national faith in starting afresh".[243] Darüber hinaus ist der Roman mit seiner labilen Mischung aus progressiven und prämodernen Tendenzen, wie Gilmore weiter anführt, von Anfang an einem marktwirtschaftlichen Ethos verpflichtet:

> In America, print's hegemony was historically as tied to the market as it was to politics. Trade was a vital motive – perhaps even the primary motive – for the spread of literacy and the diffusion of printed matter. Moreover, trade was closely bound up with the Republic's transition to a modern society based on mediated relations. The agricultural economy of the eighteenth century depended on face-to-face transactions. The commercial system that gradually supplanted it involved transactions at a distance and often through a mediation of commodities. Like print and like representative government, commerce displaced direct contact with indirect dealings.[244]

Charles Brockden Browns zwischen 1798 und 1800 veröffentlichte Romane *Wieland*, *Ormond*, *Arthur Mervyn* und *Edgar Huntly* sind herausragende Beispiele für die Verhandlung sich wandelnder kultureller Werte.[245] Wie viele frühe amerikanische Romane inszenieren sie ein ökonomisches Umfeld, das von einem expandierenden Markt und seinen ebenso beweglichen wie störungsanfälligen monetären Formen des Wohlstands geprägt ist: "wealth that can appear or disappear in an instant, created by a forger's pen [...] or vanished in a shipwreck"[246]. Sie registrieren die Widersprüchlichkeiten und Destabilisierungen, die mit der Zurücklassung der europäischen Tradition und mit dem Übergang von provinziell republikanischen zu frühkapitalistisch liberalen Wertvorstellungen einhergehen. Sie reagieren also auf eine komplexer werdende Lebenswelt. Ihre ethische Dimension liegt darin, dass sie gleichzeitig ein

---

[243] Gilmore 636. Siehe auch Ziff ix-xii und Elliott, *Revolutionary Writers* 11-3.
[244] Gilmore 620. Der größte Teil der Erzählliteratur, die vor der Revolution veröffentlicht und gelesen wurde, kam aus europäischen Federn: nur 35 von 400 zwischen 1789 und 1800 in Amerika veröffentlichten Titeln stammen von amerikanischen AutorInnen. Siehe Gilmore 626.
[245] Zur Biographie des Autors und einem ersten Überblick über sein Werk siehe Elliott, *Revolutionary Writers* 218-76.
[246] Gilmore 634-5.

Schulungsinstrument sind, das die Wahrnehmung dieser wachsenden Komplexitäten weckt und schärft.

Trotz anhaltend geringer LeserInnenzahlen zu Lebzeiten des Autors[247] sind Browns Romane ein viel beachteter Meilenstein in der Verbreitung bürgerlicher Gefühlswelten und der Geschichte der amerikanischen Kultur. Dazu bemerkt Watts:

> Although in quite different ways, Brown's major works all turned on a common cultural/psychological axis: the search for social identity, personal cohesion, and ethical unity by individual protagonists operating in a fluid and morally elusive society of commercializing values.[248]

Die 'verflüssigten' Werte einer moralisch nicht eindeutig gebundenen, zunehmend vielschichtigen Gesellschaft sind in *Arthur Mervyn* mit einer durch die Drucktechnologie vor allem in den Städten proliferierenden Kultur der Distanz assoziiert. Die Technologie des Drucks trägt durch die Verbreitung unterschiedlichsten Materials zu dieser moralischen Erschütterung bei und stellt gleichzeitig Foren für einen Umgang damit bereit. Demgegenüber assoziiert *Arthur Mervyn* eine klassisch republikanisch orientierte Wertekultur mit einer vor allem auf dem Land noch mündlich vermittelten Kultur der Nähe.[249] Insbesondere in der ambivalenten Figur seines Protagonisten auf seinem gefahrenträchtigen Weg zum Erfolg setzt sich *Arthur Mervyn* mit den Konsequenzen auseinander, die sich aus der Konfrontation dieser beiden, im Text im Umfeld von Philadelphia angesiedelten, politischen und sozialen Kulturen für die Konzeptionen von "truth" und "virtue" ergeben. Diese Auseinandersetzung in den ökonomischen Analogien, die der Text eröffnet, zu verfolgen und im Einzelnen zu bewerten, ist Aufgabe der vorliegenden Lektüre des Textes.

3.1 Der Text

Arthur Mervyn besteht aus zwei Teilen, die der Autor ab Juni 1798 zunächst seriell und 1799 und 1800 in Buchform veröffentlichte.[250] Der

---

[247] Siehe Watts 72; Fiedler 149; Patterson 77; Gilmore 658-9.
[248] Watts 73.
[249] Diese Begriffe "Kultur der Nähe" und "Kultur der Distanz" werden in Kapitel I.2. genauer erläutert und diskutiert.
[250] Siehe Norman S. Grabo, "Historical Essay", *Arthur Mervyn* by Charles Brockden Brown, ed. Sydney Krause und S.W. Reid (Kent/London: Kent State UP, 2002) 449-77, bes. 454-62. Im Folgenden beziehe ich mich auf diese Ausgabe: Charles

erste Teil beginnt mit einem Vorwort, in dem sich der Autor als "moral observer" der Gelbfieberepidemie neben Ärzten und politischen Ökonomen platziert, die ebenfalls ihre Schlüsse bezüglich der sozialen Folgen des in Philadelphia grassierenden Gelbfiebers ziehen: "[T]he change in manners and population which they [the evils of pestilence] will produce [...] have [...] furnished new displays of the influence of the human passions and motives". Der folgende Text sei ein "faithful sketch" der Lebensbedingungen in der mit Gelbfieber verseuchten Stadt und eine "humble narrative", deren Pflicht es sei, "the lessons of justice and humanity" zu vermitteln:

> Men only require to be made acquainted with distress for their compassion and their charity to be awakened. He that depicts, in lively colours, the evils of disease and poverty, performs an eminent service to the sufferers, by calling forth benevolence in those who are able to afford relief, and he who pourtrays examples of disinterestedness and intrepidity, confers on virtue the notoriety and homage that are due to it, and rouses in the spectators, the spirit of salutary emulation. (3)

Der Text empfiehlt sich genretypisch als ein mimetisch-pragmatisches Dokument, das die Realität der *yellow fever*-Epidemie aufzeichnet und für tätiges Mitleid wirbt. Lange – und häufig in Verbindung mit defensiven Kommentaren zur Unreife der frühen amerikanischen Literatur – wurde der Roman in diesem Sinne als ein Zeitdokument geschätzt.[251] Alexander Cowies Verurteilung der Formlosigkeit des Romans bleibt bis in die 1980er Jahre hinein typisch: "There is little to praise in *Arthur Mervyn* except its authentic rendering of the mood of a great city under the shadow of plague".[252] Seine Feststellung, dass "[t]he action of *Arthur Mervyn* is almost as chaotic as the condition of the plague-ridden city", mündet lediglich in eine Kritik an der planlosen Handlungsführung des Textes. Die symbolische Funktion der Gelbfieber-Dokumentation im

---

Brockden Brown, *Arthur Mervyn or, Memoirs of the Year 1973*, ed. Sydney J. Krause und S.W. Reid (Kent/London: Kent State UP, 2002).

[251] Selbst die 2002 herausgegebene Ausgabe der Kent State University Press – des Verlags, der 1980 die Bicentennial Edition der *Novels and Related Works of Charles Brockden Brown* herausgebracht hatte – bewirbt den Roman in ihrem Covertext als ein realistisches Pestdokument. Dies ist eine Lesart, die sich offenkundig schon im frühen 19. Jahrhundert verfestigt hatte und die als Rechtfertigungsstrategie für die Qualität des Textes literaturhistorisch immer wieder festgezurrt wurde. Siehe dazu Grabo sowie Paul Witherington, "Charles Brockden Brown: A Bibliographical Essay", *Early American Literature* 9 (Fall 1974): 164-87.

[252] Cowie 81.

Dienste einer passionierten, wenn auch düsteren Perspektivierung des Modernisierungsprozesses bleibt einer Lektüre des Romans als "novel of purpose" unerschlossen.[253]

Was dem Text lange als ein Makel anhing, nämlich seine mit einer klaren didaktischen Aufforderung nicht zu vereinbarende Vielstimmigkeit, wurde erst in den vergangenen zwanzig Jahren als eine Qualität begriffen, die einer frühkommerziellen Gesellschaft angemessen ist.

> What we look for in Brown's novels is the singleness of purpose, the unity of design, and the transparency of intention. In other words, we seek the authority of the author. But we find instead the multiplicity of purpose, discontinuity, and opacity.[254]

Aus dieser Vielstimmigkeit ergibt sich die Aufgabe zu erfassen, in welchem Verhältnis die zunächst scheinbar unmotivierten, aber dann doch als angemessen erkennbaren erratischen Handlungselemente zur explizit didaktischen Intention des Textes stehen. Dazu möchte ich die Handlung mit Blick auf das Thema der Untersuchung zunächst kurz umreißen.

Der Rahmenerzähler des Textes ist der mitfühlende und vertrauensvolle Arzt Dr. Stevens, der seine Abreise aus dem mit Gelbfieber verseuchten Philadelphia im Jahre 1793 immer wieder hinauszögert, um den Opfern der Epidemie zu helfen. Über die folgende Geschichte gibt er an, nur "a narrative of some incidents" komponieren zu wollen "with which my situation made me acquainted" (5). Er hält schriftlich fest, wie er gegen den Rat seiner Freude und Bekannten den 18-jährigen, an Gelbfieber erkrankten und angeblich wortkargen Landarbeiter Arthur Mervyn aus Chester County, dessen Jugend, "unspoiled by luxury and uninured by misfortune" (6), ihn sofort für sich gewann, in das Haus seiner Familie aufnahm, um ihn gesund zu pflegen. Kurz nach Arthur Mervyns Genesung erhält Stevens Besuch von seinem Freund Wortley, der mit großer Abneigung auf den 18-jährigen Mervyn reagiert, weil dieser für den Betrüger Thomas Welbeck gearbeitet hatte. Arthur Mervyn sieht sich im Dilemma, unter einem Verdacht zu stehen, den er nur abwenden kann, indem er ein Versprechen bricht, das er Welbeck zuvor gegeben hat. Doch er beschließt, Dr. Stevens als Dank für seine lebensrettende Zuwendung seine Geschichte zu erzählen: "you have a right to know whom it is that you protected" (16). "[G]iving a 'life' for a life",[255] bietet er die Geschichte seines Lebens als Bezahlung für die Rettung seines Lebens an. Die alles andere als wortkarge "tedious but humble

---

[253] Cowie 79, 82.
[254] Patterson 71. Siehe dazu auch Mertz 182.
[255] Tompkins 70.

tale" (16) umfasst auf der Handlungsebene des Romans die Zeit von Mervyns erster Abreise in die Stadt bis zu seiner Aufnahme durch die Stevens' im September 1793 und auf der Erzählebene den Rest des ersten Bandes, also insgesamt dreiundzwanzig Kapitel voller unerhörter Verwicklungen, Doppelungen und Zufälle.[256] Sie verdeutlichen, dass der Text weniger ein realistisches Dokument als eine Inszenierung ist, welche die Qualität des Dokumentarischen, der Autorität und der Tugend in Frage stellt und im Kontext des Modernisierungsprozesses zu diskutieren und neu zu entwerfen sucht. Warner Berthoff spricht treffend von einer "allegory of imperfection",[257] denn der Text beleuchtet, wie die folgende Analyse deutlich macht, die hochkontingente Produktion von Glaub- bzw. Kreditwürdigkeit in einer marktwirtschaftlich organisierten und printmedialen Kultur der Distanz.

Im ersten Teil des Romans berichtet Arthur Mervyn dem Ehepaar Stevens von seiner Flucht als mittel- und bindungsloser, aber des Schreibens mächtiger und zuversichtlicher Niemand in die Stadt, wo er in wenigen Tagen eine abenteuerliche Kette von verwirrenden Umständen durchlebt. Gleich am ersten Tag verliert er seine gesamte, wenn auch bescheidene Habe und trifft auf einen Fremden, der ihm eine Bleibe anbietet und ihn aus unerfindlichen Gründen in einem dunklen und verschlossenen Zimmer mit einem schlafenden Baby zurücklässt. Er findet eine Anstellung als *copywriter* bei dem zwielichtigen Welbeck, dem er verspricht, über seine Herkunft zu schweigen. Bis zu seiner Rettung durch Dr. Stevens hält sich Mervyn selbst dann an dieses Versprechen, als Welbeck ihn dazu auffordert, ihm beim Verscharren der Leiche des Bruders einer von Welbeck verführten Ehefrau zu helfen und kurz darauf verschwindet. Allerdings vertraut Welbeck Mervyn vorher die Geschichte seines eigenen unheilvollen Lebens an. Der Ich-Erzähler wechselt damit einmal mehr von Arthur Mervyn zu Welbeck und die Kapitel 10 und 11 sind Teil von Welbecks "tissue of iniquity and folly [that] has been my life" (85). Er berichtet Arthur Mervyn gegenüber von Verführung, Selbstmordgedanken, Lug und Trug sowie der wiederum *ihm* erzählten Lebensgeschichte des Vincentio Lodi, der Welbeck darum gebeten hatte, seine Schwester zu finden, um ihr ein Manuskript und 20.000 Dollar zu übergeben.

---

[256] Die Rahmenerzählung wird in Kapitel 13 noch einmal aufgegriffen, nachdem Mervyn seine erste Reise in die Stadt zu Ende gebracht hat. Stevens stellt fest, dass Arthurs Informationen mit denen, die er von Mrs Wentworth erhalten hat, übereinstimmen, und er bittet den 18-Jährigen weiterzuerzählen.

[257] Berthoff xiii.

Nach Welbecks Verschwinden findet Mervyn auf der Farm der Familie Hadwin in Malverton Unterschlupf und Arbeit, verliebt sich in Tochter Eliza und beginnt, Lodis Manuskript zu übersetzen, in dessen Seiten er weitere $20.000 findet, die er der Tochter des Autors, Clemenza Lodi, zu überbringen gedenkt. Währenddessen breitet sich die Nachricht von der Gelbfieberepidemie aus und die ältere Hadwintochter, Susan, fürchtet um ihren Verlobten Wallace, der in der Stadt Geld zu verdienen beabsichtigte. Auf der Suche nach Wallace kehrt Mervyn in die von der Seuche gezeichnete Stadt zurück, steckt sich bald an und gerät erneut in haarsträubende Verwicklungen. In deren Verlauf wird er fast lebendig begraben, trifft wieder auf Welbeck und verbrennt zu dessen Entsetzen die angeblich gefälschten Dollarnoten der Lodis: "The notes were genuine. The tale of their forgery was false" (210). Hätten die Stevens Mervyn zu diesem Zeitpunkt nicht gefunden und mitgenommen, wäre er wie viele andere an Gelbfieber gestorben.

Der bislang trotz aller Verwirrungen relativ positive Eindruck von Mervyns Lebensweg[258] ändert sich mit dem zweiten, in seinem Tonfall insgesamt skeptischeren Band des Romans, in dessen Verlauf auch die Bewertung von Stadt und Land an Komplexität gewinnt.[259] Der zweite, fünfundzwanzig Kapitel umfassende Band beginnt mit erneuten Infragestellungen von Arthur Mervyns Aufrichtigkeit, bringt rückwirkend Ungereimtheiten in Mervyns Selbsteinschätzung zu Tage und wirft Zweifel an der Motivation für seine Loyalität gegenüber Welbeck auf.[260] Je länger die Stevens nichts von Arthur Mervyn hören, desto mehr Gewicht gewinnen die Vorwürfe gegen ihn, bis Dr. Stevens eines Tages durch eine anonyme Notiz ins Schuldnergefängnis gerufen wird, wo ihn neben seinem Freund Carlton auch Welbeck und Arthur Mervyn erwarten. In den Kapiteln 6-15 präsentiert Stevens wiederum als schriftlich notierender Rahmenerzähler die zweite Rechtfertigungsgeschichte Mervyns, bevor dieser in Kapitel 16 selbst die Aufzeichnungen zu Ende bringt, um der Skepsis zu begegnen, die seinen Erzählungen entgegengebracht wird. Im Laufe seiner Geschichte, in der ihn eine Kette abenteuerlicher und unvorhersehbarer Zufälle zu einem wohlhabenden Gentleman macht, kommt immer wieder der Verdacht auf, Mervyn könnte doch ein berechnender Opportunist oder ein raffinierter *con-man* sein, der, so Elliott, "masks his real motives and self-interest by fashion-

---

[258] Vgl. Elliott, *Revolutionary Writers* 237.
[259] Siehe Gilmore 653-7.
[260] Für eine ausführliche Diskussion der Loyalitätsfrage siehe Elliott, *Revolutionary Writers* 240.

ing his rhetoric to strike the most responsive chords in his listeners".[261] Am Ende des Romans legt Arthur Mervyn seinen Federkiel nieder, um zu heiraten, denn: "What is given to the pen, would be taken from her [...] I *will* abjure thee, so let *this* be thy last office, till Mervyn has been made the happiest of men" (445-6).

Die komplizierte Handlungsführung ordnet die dem Text vorangestellte didaktische Empfehlung einem sozial und moralisch unübersichtlichen Terrain zu. Mit seinen vielgelobten, moralisch aufgeladenen Szenen der vom Gelbfieber paralysierten Stadt Philadelphia, seinen "cutthroat-financial intrigues" und "a sordid medley of subplots" präsentiert der Text, so Berthoff, "[a] grim image of metropolitan existence", und er folgert: "A long generation before Poe and Dickens, Brown had captured the moral chaos of the modern city for imaginative literature".[262] Schon die Verwicklungen der Handlung und die dramatische Inszenierung unterschiedlicher und widersprüchlicher Kräfte erschweren die Vermittlung klarer Botschaften und problematisieren die, wie Schloss betont, vom Autor ernsthaft verfolgten und im Vorwort explizierten didaktischen Absichten.[263] Zu dieser Problematisierung tragen außerdem die regressive narrative Einbettung der Handlung und die unklare Zuverlässigkeit der Erzählerfiguren (siehe Abschnitt 3.2) sowie zahlreiche Charaktermetamorphosen und Doppelungsphänomene bei, deren kollektiver Effekt eine tiefgreifende Verunsicherung ist (siehe Abschnitt 3.3). Denn, so folgert auch Gilmore, "[w]hat complicates Browns's deference to historical truth and social utility is the highly problematic nature of his facts. His writing destablizes the epistemological certainties of republican culture".[264]

Neben Gilmore identifiziert auch Norman Grabo soziale und epistemologische Verunsicherungsphänomene, insbesondere um die Themen Tugend und Wahrhaftigkeit als zentrale Problemstellungen des Textes:

> Various as recent interpretations are, they seem to circle constantly around the central issue in *Arthur Mervyn* – the issue of sincerity – addressed morally and aesthetically. Most conspicuously it takes the form of questioning Arthur's professed ideals in the light of what seems his shrewd and self-serving actions, but it also extends to other forms – the honesty of Brown's announced intentions and the degree of trust he himself put in Arthur's character; the functions of ambiguity, contradiction, irony, and even cynicism in the

---

[261] Siehe Elliott, *Revolutionary Writers* 238.
[262] Berthoff xv.
[263] Schloss 265-337 liest Arthur Mervyn in erster Linie als "einen Beitrag zur zeitgenössischen politischen Debatte über die Tugend in der Republik" (307). Siehe auch Mertz.
[264] Gilmore 645.

story; the purpose of the complicated narrative structure; the relative reliability of the several narrators; and even the question of Brown's artistic self-consciousness.[265]

Arthur Mervyn ist von einem Geflecht aus epistemologischen und sozialen Fragen durchdrungen: Wie kann man etwas wissen? Was macht eigentlich einen schlüssigen Beweis aus? Und wer darf aufgrund welcher Kriterien als kredit- bzw. vertrauenswürdig gelten? Indem *Arthur Mervyn* diese Fragen inhaltlich, formal und über ökonomische Analogien von Kredit- und Glaubwürdigkeit diskutiert, bewegt er sich genau wie Richardsons *Pamela* auf einem Reflexionsniveau, das gesellschaftlichen Vollzügen entspricht, die durch die Bodenlosigkeit druckkultureller Verkehrsformen geprägt sind und von emotionalen, finanziellen und narrativen Vermittlungsleistungen leben. Darin liegt seine ethische Qualität.

3.2 Die regressive narrative Einbettung von Arthur Mervyns Erzählungen: Funktion und Glaubwürdigkeit druckkultureller Verkehrsformen

Die beständig vorwärtsdrängende und dabei die unterschiedlichsten Fäden wieder aufgreifende Handlung von *Arthur Mervyn* erhält vor allem dadurch ihre Atemlosigkeit, dass alle Episoden zwar jeweils zeitlich retospektiv aber immer ohne Wissensvorsprung erzählt werden. Was eine jede Figur zum gegebenen Zeitpunkt nicht wusste, erwähnt sie auch im Nachhinein nicht in ihrer Erzählung, sodass Dinge als Tatsachen konstatiert werden, die sich später als Lügen oder Irrtümer erweisen oder erweisen könnten. Das deutlichste Beispiel für diese Technik der retrospektiven Ironie[266] dürfte Arthur Mervyns Bericht über Welbecks Selbstmord sein. In Kapitel 12 des ersten Teils konstatiert Mervyn: "He sunk to rise no more" (115), ohne anzugeben, dass sich dieser Eindruck später als falsch erweisen sollte. Theoretisch könnte er als retrospektiver Erzähler schon an dieser Stelle einen entsprechenden Hinweis geben, doch nur weil er es nicht tut, kann er in Kapitel 21 seiner ebenso überraschten Leserschaft mitteilen, dass Welbeck ganz unerwartet vor ihm stand: "He [...] whom I had imagined that I saw sink to rise no more, was now before me" (191).

---

[265] Grabo 476.

[266] Elliott führt diese traditionsbildende Technik auf die ambivalente und zeitweise antagonistische Beziehung zwischen dem amerikanischen Schriftsteller und seinem Publikum zurück. Siehe *Revolutionary Writers* 275.

Die LeserInnen des Textes finden sich aufgrund eines solchen Informationsmanagements wiederholt in einer mehr oder weniger offensichtlichen, schauerromantisch dunklen Enge, die nur eine der Gemeinsamkeiten zwischen ihr und dem Protagonisten darstellt, dessen erster Kontakt mit der Stadt ihn in einen ganz realen und nichtsdestoweniger mysteriösen *dark room* führt.[267] Die Unsicherheit bezüglich der Glaubwürdigkeit von Erzählungen grassiert im Text wie das Gelbfieber: Sie erfasst jeden und betrifft nicht nur Arthur Mervyns, sondern alle innerhalb des Textes erzählten Geschichten. Nach Mervyns eigenem Glaubwürdigkeitsmanagement werde ich das von Mr Stevens und Mr Wortley in ausgewählten Beispielen beleuchten, um zu zeigen, dass die erzählerische Vermittlung des Romans insofern ethische Dimensionen besitzt, als sie die Bedingungen für die Gewährung von Vertrauen innerhalb einer im Entstehen begriffenen Druck- und Handelskultur dramatisiert.

Arthur Mervyn äußert wiederholt die Vermutung, dass seine Geschichte unglaubwürdig wirken könnte, d.h. das erzählende Ich evaluiert die Erfahrungen des erlebenden Ich und überdenkt die Plausibilitätsprobleme, die die Vermittlung dieser Erfahrung mit sich bringt. Schon als Mervyn von seinem ersten Abend in der Stadt berichtet, an dem er sich dem unbekannten Wallace anschloss, ohne zu wissen, "[w]here [...] this adventure [will] terminate", gibt er zu Bedenken: "If I tell the tale by a kitchen fire, my veracity will be disputed. I shall be ranked with the story tellers of Shirauz and Bagdad" (35). Außerdem muss er sich fragen, ob ihm in dem Haus, in dem ihn Wallace zuvor zurückgelassen hatte, jemand geglaubt hätte: "Was the truth so utterly wild as not to have found credit?" (45). Welbeck erzählte er vorsichtshalber nichts davon, denn: "I half suspected that my companion would refuse credit to my tale" (50), obwohl die Verwandlung zum Gentleman, die ihm bei Welbeck widerfuhr, nicht minder unglaubwürdig war: "I know that my emotions are in danger of being regarded as ludicrous by those who cannot figure to themselves the consequences of a limited and rustic education" (54). Die Reaktionen seiner ZuhörerInnen antizipierend, betont Mervyn die Nähe seiner Erzählungen zu Fantastereien, um anschließend umso nachdrücklicher darauf zu bestehen, dass er sie nicht als solche erlebt hat: "The incident which I am going to relate may appear to have existed only in my fancy. Be that as it may, I experienced all the effects which the fullest belief is adapted to produce" (109-

---

[267] Vgl. Tompkins 88 und Elizabeth Jane Wall Hinds, *Private Property: Charles Brockden Brown's Gendered Economics of Virtue* (Newark: U of Delaware P, 1997) 19-20.

10). Mit all diesen Äußerungen untermauert Mervyn seinen Anspruch auf das Vertrauen seiner ZuhörerInnen, deren Bewertungen er ernst nimmt.

Um sich selbst seinen ZuhörerInnen gegenüber als vertrauenswürdig darzustellen, besteht Mervyn auf der Einzigartigkeit seiner Erlebnisse und präsentiert sich als lernfähig. Nachdem sich Welbeck in den Delaware River gestürzt hatte, fragt Mervyn: "What condition was ever parallel to mine? The transactions of the last three days, resembled the monstrous creations of delirium" (116). Wenig später fügt er jedoch an, dass er aus dem, was so fantastisch erscheint, in dieser kurzen Zeit mehr gelernt habe "than from the whole tissue of my previous experience" (120). Trotzdem machen ihn seine Erlebnisse auch zunehmend unsicher und nachdenklich.

Während er sich in einem fremden Haus im Schrank versteckt, "[he] reflected with amazement on the slightness of that thread by which human passions are led from their true directions" (39). Später muss Mervyn den Sinn seiner Loyalitätsversprechen in Zweifel ziehen: "I began to form conjectures as to the nature of the scheme to which my suppression of the truth was to be made thus subservient" (70). Mit Blick auf Welbecks Geschichte muss er sich außerdem eingestehen, dass er vorschnell und naiv geurteilt hatte: "The curtain was lifted and a scene of guilt and ignominy disclosed where my rash and inexperienced youth had suspected nothing but loftiness and magnanimity" (107). Die Einsicht, dass "[l]ife is dependent on a thousand contingencies, not to be computed or foreseen" (135), erleichtert ihm dann die Entscheidung, in Philadelphia nach Wallace zu suchen. Später lässt er sich sehr viel weniger leicht täuschen als noch zu Anfang. Deshalb entgegnet er einer der Frauen in Mrs Villars Haus, deren Aussagen er misstraut: "I am born to be deceived, and the semblance of modesty is readily assumed" (320). Doch nicht nur Mervyn muss die Glaubwürdigkeit seiner Mitmenschen bewerten; auch seine Zuhörer und nicht zuletzt die LeserInnen müssen entscheiden, wie sie seine Worte und die der anderen Erzähler bewerten.

Wortley beispielsweise, "the most outspoken of the book's characters in his reluctance to 'give full credit' to the hero's story",[268] bleibt felsenfest von Arthur Mervyns betrügerischer Absicht überzeugt: "[h]e suspected that Mervyn was a wily imposter; that he had been trained in the arts of fraud, under an accomplished teacher; that the tale which he had told [...] was a tissue of ingenious and plausible lies [...]" (226).[269] Die

---

[268] Gilmore 657.
[269] In der Forschungsdiskussion zu *Arthur Mervyn* ist vor allem der Name Warner Berthoff mit der Verbreitung dieser skeptischen Haltung gegenüber dem Protago-

Stevens' ziehen unterschiedliche Schlüsse aus Mervyns Geschichte, und es stellen sich ihnen eine Reihe von Fragen "involved in uncertainty" (225). Mr Stevens ist überzeugt, dass "[h]e that listens to his words may question their truth, but he that looks upon his countenance when speaking, cannot withhold his faith" (230). Mit seiner Unterscheidung zwischen einer direkten und daher glaubwürdigen mündlichen und einer indirekten und daher weniger eindeutig zu bestimmenden schriftlichen Präsentation macht er freilich das Lesen des Textes, der gedruckte Buchstaben an die Stelle der Wahrheit garantierenden Präsenz des Autors stellt, fragwürdig. Außerdem stellt er bei ehemaligen Nachbarn von Arthur Mervyns Familie, den Althorpes, Nachforschungen an, die Mervyn in ein schlechtes Licht rücken. Selbst als sich Wortleys Verdacht gegen Mervyn erhärtet, beharrt Stevens darauf, ihm zu glauben, denn sonst würde sein Weltbild erschüttert:

> If Mervyn has deceived me, there is an end to my confidence in human nature. All limits to dissimulation, and all distinctions between vice and virtue will be effaced. No man's word, no force of collateral evidence shall weigh with me an hair. (248-9)

Wortley kann über die Leichtgläubigkeit seines Freundes nur spotten: "It was time, replied my friend, that your confidence in smooth features and fluent accents should have ended long ago" (249). Doch so sehr Wortley selbst glaubt, sein Urteil nur auf Fakten zu gründen, sind auch seine Überzeugungen durchsetzt von Informationen, die nur auf dem Hörensagen beruhen: "These are the facts. Mrs. Wentworth [...] has furnished some intelligence respecting Mervyn, whose truth cannot be doubted" (249). Mrs Wentworth selbst lässt sich aber später durch Mervyn davon überzeugen, dass diese vermeintlichen Fakten Fehlinformationen waren (357). Obwohl ihr tief erschüttertes Vertrauen in Mervyn gerade wieder hergestellt ist, muss sie sich aufgrund seiner gleich darauf geäußerten Bitte, umgehend Clemenza Lodi, die Schwester eines flüchtigen Bekannten und kurzzeitige Geliebte von Welbeck, aufzunehmen, allerdings erneut fragen: "I can scarcely tell whether this simplicity be real or affected" (359); "I know not what to make of you. Your language and ideas are those of a lunatic" (362); "there must be other proofs besides an innocent brow and a voluble tongue, to make me give full credit to your pretensions" (363). Einen solchen anderen Beweis liefert Mervyn mit der eigenhändigen Vervollständigung der schriftlichen Aufzeichnung seiner

---

nisten als einem "chameleon of convenient virtue" verbunden. Siehe seine bereits zitierte Einleitung zur 1962 veröffentlichten Holt, Reinhart and Winston Ausgabe von *Arthur Mervyn* (xvii).

Geschichte, die den LeserInnen in Buchform vorliegt. Auf die Frage "what is all this writing about?" (411), antwortet er:

> I have, oftener than once, and far more circumstantially than now, told her [Mrs. Wentworth] my adventures, but she is not satisfied. She wants a written narrative, for some purpose which she tells me she will disclose to me hereafter. [...] Mrs Wentworth requested me to write not as if it were designed for her perusal, but for those who have no previous knowledge of her or me. 'Twas an odd request. I cannot imagine what she means by it, but she never acts without good reason, and I have done so. (412-13)

Weil Mervyn der für ihn merkwürdigen Bitte der Mrs Wentworth entspricht, um sich ihr Vertrauen zu sichern, liegt auch den LeserInnen von *Arthur Mervyn*, "those who have no previous knowledge of her or me" (413), eine schriftlich fixierte Erzählung vor, die um unser Vertrauen bittet, während sie uns beständig auf die fiktive und mitunter prekäre Natur des Vertrauens verweist. Insgesamt haben all die soeben zitierten reflexiven Einwürfe eine doppelte Funktion: Sie stellen zunächst die unmittelbare Glaubwürdigkeit der Erzählfiguren in Frage, stellen sie aber auf einer zweiten Ebene erneut her. Denn angesichts komplexer Zusammenhänge ist eine Erzählerfigur, die sich dieser Komplexitäten bewusst zu werden beginnt, glaubwürdiger als eine, der es nicht einfällt, solche Überlegungen anzustellen.

In dem Roman geht es also ganz zentral um die Bedingungen für die Gewährung von Glaubwürdigkeit und Vertrauen. Hier liegt seine Verbindung zur zeitgenössischen Druck- und Handelskultur. Denn der Text begleitet eine tiefgreifende Verschiebung innerhalb der amerikanischen Kultur von verbalen zu gedruckten Verkehrsformen und von provinziell oder nahkulturellen republikanischen zu distanzkulturellen Werten. Letztere sind mit der Funktion von Schrift und Druck assoziiert, Ort- und Zeit zu überwinden sowie Kritik und Bewertung zu ermöglichen.[270]

Mervyn, Welbeck, Wortley, Lodi, Carlton, Maravegli und Achsa Fielding bringen ihre Erzählungen innerhalb von *Arthur Mervyn* mündlich vor. Watts argumentiert, dass sich Brown mit der Inszenierung von Erzählvorgängen bewusst an ein populäres Publikum wandte, weil er überzeugt war, dass "common people, who are not much accustomed to books, hardly understand anything they read, unless it be accompanied by a voice".[271] Die von Brown geäußerte Überzeugung, dass eine poet-

---

[270] Siehe Gilmore 646.
[271] Charles Brockden Brown, "On the Nature and Essential Qualities of Poetry, as Distinguished from Prose", *Philadelphia Ladies Magazine* 1 (Sept. 1792): 151; zitiert bei Watts 74.

isch und emotional kraftvolle Prosa oralkulturelle Züge tragen müsse, widerspricht jedoch nicht der Tatsache, dass die Erzählvorgänge in *Arthur Mervyn* auf mehrfache Weise schriftkulturell kontextualisiert sind. Diese schriftkulturellen Kontextualisierungen will ich im Folgenden in vier Punkten entwickeln.

Erstens: Die sich immer wieder überschneidenden Abenteuer der Erzählerfiguren werden – so wie sie Mervyn erzählt und damit einem leserverunsichernden Muster der Entfernung folgend – von Stevens und gegen Ende des Romans auch von dem mittellosen aber schreibmächtigen und zunehmend städtisch gesinnten Mervyn selbst schriftlich fixiert und so einem nicht orts- und zeitgebundenen Publikum zugänglich gemacht.

Zweitens werden mündliche und schriftliche Verbalisierungen beständig thematisiert und in ihrem Ursprung – der in der mündlichen Tradition im direkten Gegenüber verbürgt ist – in Frage gestellt. So z.B. in Form eines verlorenen und wieder gefundenen Manuskriptes, eines Testaments, abgefangener Briefe, überhörter Gespräche, in Form von Plagiaten, Fälschungen, Stimmverstellungen, obsessiv dargebotener und wissbegierig gehörter Lebensgeschichten sowie in Arthur Mervyns Tätigkeit als *copywriter*. All diese kommerziell signierten Registraturen sind es, die dem Leben der Figuren in *Arthur Mervyn* Bedeutung zuschreiben.[272] Gerade Welbecks stimmliche Imitation Colvills ist ein interessanter Fall: Obwohl dies zunächst ein mündliches Phänomen ist, verleiht die von Welbeck beherrschte Fähigkeit, Stimmen zu fälschen, ihm die Macht des Schreibenden, nämlich zu kommunizieren, ohne für sein Publikum selbst präsent zu sein: "Brown's interest in ventriloquism suggests a coded preoccupation with the nature of writing".[273] Die distanzierende Thematisierung ist ein zentrales Merkmal einer Druckkultur, die einen hohen Grad an funktionaler Penetration, d.h. ein breites Angebot an schreibend oder lesend vorgenommenen Tätigkeiten, aufweist.[274] Dazu schreibt Gilmore:

> Throughout his fiction, Brown confers conspicuous visibility on acts of speech and writing. It is as though the transition in the culture from one type of discourse to the other has brought both to consciousness and made them accessible to scrutiny in works of literature. […] [Brown's] books seem al-

---

[272] Justus 315.
[273] Gilmore 647.
[274] Zum Begriff der funktionalen Penetration siehe Alan Durant, "Orality and Literacy", *The Johns Hopkins Guide to Literary Theory and Criticism*, ed. Michael Groden und Martin Kreiswirth (Baltimore: Johns Hopkins UP, 1994) 549-51.

most to caricature the idea of a 'writerly' text in which proximity yields to mediation.[275]

Drittens rückt der von dieser distanzierenden Wirkung der Schrift durchdrungene Text, trotz seiner vielen mündlichen Berichte, von der residual mündlichen Tradition der empfindsamen narrativen Iteration ab. Deren Zweck liegt, wie Gilmore erläutert, in der didaktischen Eröffnung von Identifikationsmöglichkeiten im Sinne kommunitaristischer Ziele:

> The iterative and formulaic qualities of eighteenth-century fictions – features that seem so tedious today – contributed to the novel's communal goals. Where the aim was to instruct, the predictable was more effective than the 'novel'. Here the genre, despite its dependence on print, veered toward the practices of oral storytelling. The constant repetition of familiar patterns endowed the narratives with a ritualistic air redolent of verbal discourse.[276]

Die in *Arthur Mervyn* mündlich vorgebrachten Episoden setzen dieser formelhaften Tradition Differenzierung, Komplikation und Beschleunigung entgegen. Wie oben bereits erwähnt, wurde Brown, gerade wegen des ungeheuren Tempos und der inhaltlichen Verwirrung seiner Handlungsstränge, häufig schlechte Kompositionsarbeit vorgeworfen. Gilmore spricht angesichts der von Brown in drei Jahren veröffentlichten sechs Romane von "notorious haste in composing" und "egregiously sloppy writing". Er schreibt seinen Texten "a rushed, unfinished quality" zu, "as though written at breakneck speed without attending to structural coherence" und er befindet, dass Browns syntaktische Konstruktionen entweder "overlong and convoluted" seien oder aber in kurzen Stakkati aufeinander folgten, "like the jottings of an eighteenth-century Hemingway".[277] Diese Qualitäten des Textes unterstreichen, wie weit sich Brown von der einer mündlichen Erinnerungskultur verpflichteten Notwendigkeit entfernt hat, sich an erinnerbare Wiederholungen, Muster und Vorzeichen zu halten. Er ersetzt sie durch Abschweifungen, narrative Sackgassen, Nachträge und Nebenhandlungen. Die Doppelungsphänomene, die innerhalb dieser Nebenhandlungen entstehen und die ich im folgenden Teil 3.3 berücksichtigen werde, haben einen ganz anderen und gegenüber den iterativen Formeln der empfindsamen Fiktion der frühen Republik eher unheimlichen Charakter.

Viertens sind die im Text mündlich vorgebrachten Erzählungen insofern eng an die Druckkultur geknüpft, als sie im Text in immer neuen,

---

[275] Gilmore 646.
[276] Gilmore 623-4.
[277] Gilmore 647-8.

bezüglich ihres Ursprungs und ihrer Autorität unklaren Versionen in Umlauf gebracht werden und als narrative Transaktionen – neben monetären und emotionalen Transaktionen – ihren Wert innerhalb eines kreisläufigen Austausches erhalten. Es liegt daher nahe, sie mit Jane Tompkins als Manifestationen einer durch den Druck beflügelten frühkommerziellen Handelskultur zu lesen.[278] In diesem Modell besitzt Mervyns Geschichte einen mehrfachen Tauschwert: Zum einen befriedigt sie die berechtigte Neugierde der Stevens' und beschert ihnen einen unterhaltsamen Abend. Zum anderen verteidigt sie Mervyn zumindest in den Augen der Stevens' gegen den Verdacht Wortleys, ein Betrüger zu sein, und sichert so seine Integrität. Die Erzählung führt zur Entdeckung einer ganzen Reihe von Fälschungen, Diebstählen, Verführungen und eröffnet die Möglichkeit der Wiedergutmachung, insbesondere gegenüber den von Besitz abhängigen Frauen Clemenza Lodi, Eliza Hadwin und Mrs. Watson. Als eine Aktie seiner Vertrauenswürdigkeit illustriert Arthur Mervyns Erzählen innerhalb der ökonomischen Struktur des Romans den fiktionalen Wert des Geldes. In diesem Sinne schreibt Hinds:

> Having convinced Stevens thus with a story, Arthur exchanges his story as a commodity; his script works like a scrip, just as his benevolent actions convert into wealth, since the trade value of both story and money amount to the same thing in the novel.[279]

Die Tatsache, dass Stevens Mervyn als Arzt in die Lehre nehmen, ihm also die Rettung von Menschenleben und damit eine Fähigkeit beibringen will, die wiederum in den sowohl ökonomisch als auch benevolent motivierten Kreislauf an Handlungen eingeht, ist als eine weitere Illustration des der Handlungsstruktur des Romans zugrundeliegenden ökonomischen Prinzips lesbar.[280]

Als narrative Transaktionen, die ihrerseits Effekte erzeugen, erhalten auch die Geschichten Welbecks und anderer Charaktere Bedeutung. Ob die jeweiligen Anschlusshandlungen tatsächlich ausgeführt werden oder verdienter Natur sind, steht allerdings auf einem anderen Blatt. Tompkins zeichnet meines Erachtens ein zu einseitiges Bild, wenn sie davon ausgeht, dass Unterstützungsleistungen immer positive Effekte zeitigen:

---

[278] Jane Tompkins, "The Importance of Merely Circulating", *Sensational Designs* 62-93.
[279] Hinds 78. Ein "scrip" ist ein Zwischenschein, eine Bescheinigung über die Mitgliedschaft in einer Aktiengesellschaft vor Ausgabe der Aktien.
[280] Vgl. Tompkins 70 und Hale 57.

> Benevolence has a ripple effect: acts of mercy engender acts of restitution (the telling of stories) that engender other acts of restitution (giving back money, passing along information) in a contagious series: In short, benevolence begets itself; it is contagious.[281]

Durch Informationen, die als Antwort auf offen angebotene Unterstützungsleistungen in einen Informationskreislauf eingehen, werden zwar Handlungsoptionen eröffnet. Diese können aber wie durch Welbeck korrumpiert oder wie durch Mervyn zum Wohlergehen bestimmter Personen positiv genutzt werden. Die Unterscheidung zwischen Korruption und Benevolenz ist zumal dann schwer zu treffen, wenn sich Mervyn als "do-gooder" und in dem festen Glauben, die Dinge richten zu können, in anderer Leute Angelegenheiten einmischt, ohne die Konsequenzen zu bedenken. Ein Beispiel dafür ist sein übereiltes Begräbnis für Susan Hadwin: In dem Bestreben, "to think only of the best expedients for putting an end to [the sufferings of these women]" (276), verscharrt er ihre Leiche im Garten, was ihm – wie er später eingestehen muss, zu Recht (281) – bittere Vorwürfe von Eliza, der Schwester der Verstorbenen, einhandelt (282).

Die mehrfache narrative Rahmung der in *Arthur Mervyn* vorgebrachten Erzählungen, die durch Weiterreichen von ihren Quellen getrennt und in einen effektiven Umlauf gebracht werden, sowie die von unterschiedlichen Figuren wiederholt geäußerten Warnungen nötigen die LeserInnen zur Reflexion auf die Bedingungen von Glaubwürdigkeit. Obwohl die Geschichten mündlich berichtet werden, ist die durch die Erzählsituation bedingte Entfernung von ihrem jeweiligen Autor ein distinktiv druckkulturelles Phänomen, das zusammen mit der expliziten Thematisierung von Kommunikationsformen den hohen Grad an funktionaler Penetration innerhalb der im Text porträtierten Druckkultur unterstreicht.

3.3 Charaktermetamorphosen und Doppelungsphänomene

Neben der komplexen narrativen Rahmung des Textes gibt es weitere Merkmale, die die Autorität des Textes untergraben. Dazu gehören insbesondere die vielfältigen charakterlichen und situationellen Doppelungsphänomene, die konventionelle Erwartungen an einen geschlossenen Handlungsverlauf und klar identifizierbare individuelle Figuren unbefriedigt lassen.[282]

---

[281] Tompkins 71.
[282] Siehe Tompkins und Watts 109-15.

Erstens tauchen zumindest drei Charaktere auf, die Mervyn zum Verwechseln ähnlich sehen: *Clavering*, Neffe der Mrs Wentworth, der eines Tages verwirrt auf der Mervyn Farm aufgetaucht und dort noch vor Beginn der Romanhandlung wenig später gestorben war (29-30); *Wallace*, der in der Stadt gebliebene Geliebte der Susana Hadwin; *Vincentio Lodi*, der fremde Passagier, dem Welbeck das Versprechen abnimmt, seine Schwester Clemenza zu finden und ihr ein von ihrem Vater verfasstes Manuskript und Geld zu übergeben (99). Sie alle repräsentieren ähnlich planlose, alternative Werdegänge, die jeweils mit dem Tod enden, dem Arthur Mervyn zu Beginn des Textes knapp entkommt. Außerdem unterstreichen sie die marktwirtschaftliche Logik der Austauschbarkeit.

Zweitens suggerieren klangliche Ähnlichkeiten zwischen den Namen von allem Anschein nach sehr unterschiedlichen Charakteren Korrespondenzen: Da ist zum einen *Welbeck*, der Betrüger; außerdem *Wortley*, der Vertraute von Dr Stevens, der Arthur Mervyn beständig misstraut; Mrs. *Wentworth*, die Arthur Mervyn schließlich auffordert, eine Selbstrechtfertigung und damit sein Leben niederzuschreiben (412); *Wallace*, der Arthur Mervyn an seinem ersten Tag in der Stadt in einem dunklen Zimmer hinterlässt, und der sich später als der Geliebte von Susana Hadwin entpuppt; und schließlich *Watson*, der Rache suchende Bruder einer von Welbeck verführten Ehefrau. Sie alle sind Figuren der Kontingenz, die Reaktionen erbitten, einfordern oder notwendig machen und so in immer wieder ähnlichen Situationen auf Mervyns Handeln und Denken Einfluss nehmen.

Die Häufung von Lebensgeschichten sorgt drittens für eine labyrinthische Verdichtung von Zufälligkeiten, Wiederholungen und Spiegelungen, insbesondere von Betrügereien und abenteuerlichen Rettungsaktionen. "We are always rushing off with this hero on half-formed quests that lead down unfamiliar streets," resümiert Tompkins, "only to find that we've been there before, faced the same faces, been surprised by the same events". Bei den LeserInnen entsteht so ein eindrucksvoller "sense of déjà vu, of being trapped in the same predicament, the doubling, tripling, and quadrupling of weirdly interconnected persons and events that the reader constantly encounters in this novel".[283] Einzeln betrachtet wären viele dieser Geschichten narrative Sackgassen. In ihrer Häufung dienen sie jedoch der Inszenierung paradigmatisch prekärer Siuationen, die in dem Maße anfällig für Ausnutzung und Betrug sind, in dem sie frei

---

[283] Tompkins 63, 64. Auch William Hedges spricht von déjà-vu-Effekten in der Handlungsführung ("Charles Brockden Brown and the Culture of Contradictions", *Early American Literature* 9 (Fall 1974): 107-42, hier 127).

gegebene Akte der Benevolenz erfordern. Als solche stellen sie den eigentlichen Fokus des Textes dar. "What is central", schreibt Hedges, "is that the world for Mervyn is a steady cry of distress which he virtually never stops answering".[284] In seinen Reaktionen auf die Hilferufe seiner Umwelt ist Mervyn von seinem unreflektierten Verlangen nach Gerechtigkeit getrieben, von seinem Streben danach, Gutes zu tun, ohne zu wissen, worin das Gute im Einzelnen besteht. "There is a selfishness about his selflessness and vice versa. And the selflessness seems both altruism and uncertainty or lack of identity", schreibt Hedges und sieht in diesen Ironien das vielfältig humoristische Potential des Textes.[285]

Die von Mervyn erzählte Geschichte des namentlich alliterierenden Maravegli – dem sterbenden Fremden, dem Mervyn auf seiner Suche nach Wallace in einem Haus in Philadelphia begegnet und an dessen Stelle er um ein Haar in einen Sarg genagelt wird –, ist ein einschlägiges Beispiel dafür, wie suggestive Situationen Mervyn immer wieder als Bühne seines ambivalenten Strebens dienen (143-55). Maravegli spielt als Person für die Handlung keine Rolle, doch der Text präsentiert seinen Tod als einen von vielen Anlässen für Arthur Mervyn, trotz des unerträglichen Gestanks und akuter Ansteckungsgefahr seiner Neugierde und seiner einfältigen Entschlossenheit nachzugehen und zu helfen, wo er kann: "This incident, instead of appalling me, tended rather to invigorate my courage. The danger which I had feared, had come" (144). Auch die Feststellung, dass es sich bei dem Sterbenden nicht um Wallace sondern um einen Fremden handelt, beeinträchtigte weder sein Mitgefühl noch seine Neugierde. Er berichtet:

> The life of Wallace was of more value to a feeble individual, but surely the being that was streched before me and who was hastening to his last breath was precious to thousands. Was he not one in whose place I would willingly have died? The offering was too late. (147)

Nachdem er in dieser nicht auflösbaren Situation passender Weise selbst niedergeschlagen wird, erkundigt er sich bei Estwick nach der Identität des Toten (151-4). Estwick hatte verhindert, dass die Totengräber den bewusstlosen Arthur Mervyn in einen Sarg einnageln. Seine Freundlichkeit bewegte Mervyn nachhaltig, sodass er gerne nach ihm geschaut hätte, als er am nächsten Tag nicht wieder auftauchte – wenn er nur gewusst hätte, wo er sich aufhielt. Spuren von Plünderern weisen darauf hin (147), dass andere Menschen ihren Nutzen aus der Situation gezogen haben, anstatt sich – wenn auch unmittelbar wirkungslos – wie Mervyn

---

[284] Hedges 124.
[285] Hedges 123.

den Menschen zu widmen, denen sie im Haus gerade begegnet waren. Diese häufig anzutreffende Plan- und Wirkungslosigkeit bringt Mervyn nicht von seiner wachen Neugierde und dem Wunsch ab, das zu tun, was für andere gut ist. Es sorgt allerdings dafür, dass er in seinem Streben nach Unschuld, dem Guten und Reinen nicht überlebensgroß erscheint und trägt damit letztendlich zu seiner Glaubwürdigkeit bei. In Mervyns idiosynkratischer Mischung aus den sich gegenseitig entdramatisierenden Momenten von benevolenter Absicht und unaufgeregt situationsnahen Verhaltensweisen liegt die ansonsten schwer festzumachende charakterliche Kontinuität des Protagonisten.

Dennoch macht es der Text seiner Leserschaft zunehmend schwer, ein klares Bild von Mervyn und Welbeck zu entwickeln. Darin liegt – neben visuell ähnlichen Figuren, ähnlich klingenden Namen und immer wieder ähnlichen Situationen im Handlungsverlauf – ein viertes Moment, das die Glaubwürdigkeit des Textes auf die fiktionale Probe stellt und seine klare didaktische Absicht "of inculcating on mankind the lessons of justice and humanity" (3) perspektiviert.

Zunächst erscheinen Mervyn und Welbeck in ihren Charakteren deutlich unterschiedlich angelegt: Mervyn, der neugierige aber mittel- und beziehungslose Farmersohn, der sich selbst als "the most calamitous and desolate of human beings" (31), wenn auch "not devoid of all mental and personal endowments" (33) sieht, verkörpert den naiven Guten. Welbeck, der mysteriöse Bewohner eines reich ausgestatteten Gutshauses, der Mervyn als *copywriter* aufnimmt, ihn sofort standesgemäß einkleidet und ihn zu dessen sorgevollem Erstaunen auffordert, nicht von seiner Vergangenheit zu sprechen, verkörpert den intriganten Bösen. Doch schon in ihren rastlosen Reaktionen auf beständig neue Situationen weisen beide auch Parallelen auf, die ihre Gegensätze zunehmend aufweichen.

Beide sind eloquent und jederzeit in der Lage, neue Rollen zu spielen, wobei Mervyn durch Welbecks Großzügigkeit und sein Vorbild allererst in die Lage versetzt wird, auf seine spekulative Fantasie und eine selbstbewusste Projektion seiner Person zu setzen.[286] Für beide entsteht daher kein Bild eines kohärenten Selbst. "In this novel the self is dispersed among several possible representatives simultaneously," schreibt Tompkins, "each of whom becomes for the reader that 'model of . . . conduct' – Stevens, Mervyn, Clavering, Wallace, Welbeck, Hadwin, Maravegli, Estwick, Medlicote, Colvill – which she must learn to emu-

---

[286] Siehe dazu Hinds 72-82.

late or shun".[287] In diesem Zusammenhang ist ihre Lektüre des Vermittlers Mervyn, nicht als eigenständiger Charakter, sondern als quecksilberne Energie, überzeugend.[288] Denn ebenso wie Welbeck bietet er immer wieder Anlass zur Inszenierung der oben bereits diskutierten paradigmatischen Situationen, die vornehmlich dazu geeignet sind, die Reaktionen der mit ihnen Konfrontierten herausfordern.

Welbeck gewinnt im Laufe des Textes durchaus auch Sympathien. So zum Beispiel dadurch, dass er, sobald er von Mervyn überführt ist, von sich selbst erstaunlich offen als Betrüger spricht (85-106) und sich Gedanken über die Implikationen seines Verhaltens für andere macht (108). Mervyn entwickelt ihm gegenüber eine kaum zu erschütternde Loyalität. So beschließt er ohne Zögern, Welbeck dabei zu helfen, die Leiche des von ihm erschossenen Watson zu verscharren: "To shut the spectacle from my view was the first impulse; but to desert this man, in a time of so much need, seemed a thankless and dastardly deportment" (108). Außerdem hält er ihn durchweg für einen potentiell reformierbaren Menschen. Im Schuldnergefängnis beispielsweise sagt er ihm unter Tränen zu, am nächsten Tag zurückzukehren, "not to vindicate my faith or my humanity; not to make you recant your charges, or forgive the faults which I seem to have committed, but to extricate you from your present evil, or to arm you with fortitude" (259). Später fragt er sich voller Mitgefühl für Welbeck:

> Is it rational to cherish the hope of thy restoration to innocence and peace? Thou art no obdurate criminal; hadst thou less virtue, thy compunctions would be less keen. Wert thoug deaf to the voice of duty, thy wanderings into guilt and folly would be less fertile of anguish. [...] Surely, even for such transgressors as thou, there is a salutary power in the precepts of truth and the lessons of experience.
>
> [...] Mankind [...] are unacquainted with the goadings of thy conscience and the bitter retributions which thou art daily suffering: they are full of their own wrongs, and think only of those tokens of exultation and complacency which thou wast studious of assuming in thy intercourse with them. It is I only that thoroughly know thee, and can rightly estimate thy claims to compassion.
>
> I have somewhat partaken of thy kindness, and thou meritest some gratitude at my hands. Shall I not visit and endeavor to console thee in thy distress? Let me, at least, ascertain thy condition, and be the instrument in repairing the wrongs which thou hast inflicted. Let me gain, from contemplation of thy misery, new motives to sincerity and rectitude. (333-4)

---

[287] Tompkins 67-8. Zum Zusammenhang von Selbst, dem Schauspiel und den Gesetzen der freien Marktwirtschaft siehe auch Jean-Christophe Agnew, "Prologue: Commerce and culture", *Worlds Apart: Market and the Theater in Anglo-American Thought, 1550-1750* (NY/Cambridge: CUP, 1986) 1-16.

[288] Tompkins 68.

Auch anderen gegenüber vertritt Mervyn seine Dankbarkeit dafür, dass Welbeck ihn aus seiner naiven Unschuld befreit hat. Auf Mrs Wentworths konzilianten Kommentar, Mervyns Kontakt mit Welbeck sei "so unfortunate to you" gewesen, entgegnet er deshalb:

> Unfortunate! Dear Madam! How unfortunate? It has done away a part of my ignorance of the world in which I live. It has led me to the situation in which I am now placed. It has introduced me to the knowledge of many good people. It has made me the witness and the subject of many acts of beneficience and generosity. My knowledge of Welbeck has been useful to me. It has enabled me to be useful to others. I look back upon that allotment of my destiny which first led me to his door, with gratitude and pleasure. (357-8)

Welbeck vermag in einzelnen Momenten auch den Respekt der LeserInnen zu erregen. Als er, selbst verzweifelt, auf den vom Gelbfieber geschwächten Mervyn trifft, entschließt er sich, ihn zu pflegen und anschließend in seinem Bett auf den Tod zu warten (193). Als er später selbst im Sterben liegt, bittet er Mervyn, sich um Clemenza zu kümmern und übergibt ihm Watsons Geld mit dem Auftrag, es an seine rechtmäßigen Besitzer zu überbringen (350-1).

Währenddessen weist Mervyns Verhalten zunehmend impertinente Züge auf. Besonders deutlich wird dies in seiner nonchalanten Angewohnheit, ungebeten in Häuser einzudringen oder sich der Aufforderung zu widersetzen, zu gehen. So dringt er auf der Suche nach Wallace bei den Thetfords ein: "Without weighing the consequences of my act, I involuntarily lifted the latch" (143). Bei Susan und Elizas Onkel Philip Hadwin, der lauthals fluchend den Besitz der Farm seines Bruders reklamiert, widersetzt er sich betont ruhig und erfolgreich dem wiederholt wutschnaubenden Befehl, das Haus zu verlassen (303-10). Mit Absichten, die er als "honest and steadfast" (312) bezeichnet, beschließt Mervyn, Clemenza Lodi in Mrs Villars "Bordell" aufzusuchen. Dort widersetzt er sich mit explizitem Lustgewinn dem Unwillen der Hausangestellten und der vehementen Aufforderung, das Haus zu verlassen (312-3): "My behavior, I well know, was ambiguous and hazardous, and perhaps wanting in discretion, but my motives were unquestionably pure. I aimed at nothing but the rescue of an human creature from distress and dishonor" (322). Auch über Clemenzas unmissverständliche Aufforderung: "go away! go away! be gone!" (325) setzt sich Mervyn unter Aufbringung all seines Mitgefühls hinweg:

> There was somewhat in the lines of her face, in her tones and gestures, that pierced to my heart. Added to this was my knowledge of her condition; her

> friendlessness; her poverty; the pangs of unrequited love; and her expiring infant. (325)

Als er als Dieb und Bösewicht mit einer Pistole bedroht wird, muss er sich fragen:

> It was plain that she conceived herself deeply injured by my conduct; and was it absolutely certain that her anger was without reason? I had loaded her house with atrocious imputations, and these imputations might be false. I had conceived them upon such evidence as chance had provided, but this evidence, intricate and dubious as human actions are, might be void of truth. (329)

Diese Überlegungen veranlassen ihn aber lediglich dazu, auch diesen eventuell begangenen Fehler wieder gutmachen zu wollen, was ihn um ein Haar das Leben kostet, denn die Frau schießt auf seinen Kopf. Noch benommen, aber weiterhin von seiner Mission überzeugt, zieht Mervyn aus dem Vorfall eine Lektion für sich und für die Frau am Abzug:

> For a moment I was bewildered and alarmed, but presently perceived that this was an incident more productive of good than evil. It would teach me caution in contending with the passions of another, [...] Instead of reviling my companion, I addressed myself to her thus:
> Be not frighted. [...] Learn, from hence, to curb your passions, and especially to keep at a distance from every murderous weapon, on occasion when rage is likely to take place of reason. (330)

Auch bei Mrs Wentworth, von der Mervyn weiß, dass sie ihn nicht hören will, tritt er ungebeten ein, um ihr von dem Schicksal ihres Neffen Clavering zu berichten: "I had opened doors without warning, and traversed passages without being noticed. This had arisen from my thoughtlessness" (354-5). Ihre Bitte, das Haus "with as little ceremony as you entered it" wieder zu verlassen, quittiert er mit der Versicherung, dass er "no selfish or sinister purpose" habe (355). Als Mervyn in Baltimore an der Tür von Mrs Maurice abgewiesen wird, tut er, was er tun muss, denn er kommt "to benefit and not to injure": "I lifted the latch, without a second warning" (379). Er rechtfertigt sein Handeln jedes Mal mit seiner Sorge um jemandes Glück oder Sicherheit und geht dabei zunehmend strategisch vor. Hinds spricht daher treffend von Mervyns "aggressive tactics of benevolence".[289]

Als sich Mervyn zu Anfang auf den einfältigen Wallace einlässt, betont er noch, dass er sich offenbar nicht durch seine Erfahrung leiten ließ, dass Großzügigkeit immer Eigeninteressen impliziert: "I know not

---

[289] Hinds 69.

whence my ideas of human nature where derived. They certainly were not the offspring of my own feelings. These would have taught me that interest and duty were blended in every act of generosity" (32). Er weiß um seine damalige "ignorance of what was passing in the world" (40). Er war leicht zu beeindrucken, sodass Welbecks "whole figure impressed [him] with veneration and awe" (52). Außerdem war er rhetorisch unerfahren – dies bestätigt die Beobachtung Stevens', dass Mervyn "far from talkative" (9) sei: "In this art, as in others, I was an unpracticed simpleton" (53).

Nachdem er Welbeck bereitwillig geholfen hat, Watsons Leiche zu beseitigen und anschließend unterzutauchen (115), nimmt er sein Schicksal stärker selbst in die Hand. Dass er Welbecks Geldbörse sowie Lodis Manuskript an sich nimmt, zeigt, dass er mehr als zuvor auf seinen eigenen Vorteil bedacht ist und strategisches Verhalten nicht mehr so unbedarft ablehnt wie bis dahin, denn "life is dependent on a thousand contingencies, not to be computed or foreseen" (135).[290] Zwar bleibt er, zeitweise in nachgerade absurder Weise, der Wahrheit verschrieben,[291] doch er ist sich nicht zu schade, die Wirkung seines Verhaltens genau zu kalkulieren. Besonders deutlich wird dies in seiner Konfrontation mit Philip Hadwin:

> There was but one mode for me to pursue: all forcible opposition to a man of his strength was absurd. It was my province to make his anger confine itself to words, and patiently to wait till the paroxism should end or subside of itself. To effect this purpose, I kept my seat, and carefully excluded from my countenance every indication of timidity and panick on the one hand, and of scorn and defiance on the other. My look and attitude were those of a man who expected harsh words, but who entertained no suspicion that blows would be inflicted.
>
> I was indebted for my safety to an inflexible adherence to this medium. [...]
>
> My demeanor was calculated to damp the flame, not only by its direct influence, but by diverting his attention from the wrongs which he had received, to the novelty of my behaviour. The disparity in size and strength between us, was too evident to make him believe that I confided in my sinews for my defence; and since I betrayed neither contempt nor fear, he could not but conclude that I trusted to my own integrity or to his moderation. I seized the first pause in his rhetorick to enforce this sentiment. (304-5)

---

[290] Siehe dazu Hinds 79-80.
[291] Obwohl er sicher ist, dass Welbeck Lodis Geld veruntreuen würde, lehnt er Verschwiegenheit ab (199) und informiert Welbeck, dass er im Besitz des Manuskriptes und des darin enthaltenen Geldbetrags ist, was in der oben bereits erwähnten Verbrennung der nur angeblich gefälschten Banknoten endet (210).

Über die strenge Kontrolle seiner Mimik, Gestik und Rhetorik projiziert Mervyn eine unaufgeregt selbstbewusste Präsenz, die ihm die Verfolgung seines Ziels, die für Eliza beste Lösung auszuhandeln, erleichtert. Obwohl er in Mrs. Villars' "temple of voluptuousness" (320) offensichtlich nicht willkommen ist, bleibt er überzeugt: "To ascertain Clemenza's presence in this house, and to gain an interview, were yet in my power" (316). Als er in einem der Zimmer auf zwei junge Frauen trifft, zeigen seine Spekulationen, dass er nicht mehr so leichtgläubig ist wie zuvor: "I am born to be deceived, and the semblance of modesty is readily assumed. Under this veil, perhaps, lurk a tainted heart and depraved appetites" (320). In der Überzeugung, auch diesen ihm unbekannten Frauen hilfreiche Informationen über Mrs Villars geben zu können, lässt er sich nicht von seinem Plan abhalten, Clemenza zu finden:

> What I had to say I compressed in a few words, and adhered to perspicuity and candor with the utmost care. I still held the hand that I had taken, and fixed my eyes upon her countenance with a steadfastness that hindered her from lifting her eyes. (321)

Es gelingt Mervyn, das Vertrauen von Mrs Wentworth und Achsa Fielding zu gewinnen. Mit seinem Verhandlungsgeschick erreicht er, dass sie sich bereit erklären, Eliza Hadwin und Clemenza Lodi zu unterstützen. Mit gewählten Worten und freundlich bestimmten Gesten kann er auch in Baltimore unter widrigen Umständen als integrer Helfer überzeugen (375, 385). Und er, der zu Beginn noch von sich behauptet: "I was unhabituated to ideas of floating and transfereable wealth" (56), lässt sich gerne die Belohnung für das von ihm übergebene Geld in Form eines Schecks aushändigen (389).

Mervyn und Welbeck sind also ambivalente Charaktere, die sich nicht durch ihre Eloquenz, ihre Rastlosigkeit und ihr virtuoses Rollenspiel, sondern vielmehr dadurch unterscheiden, wie sehr ihnen daran liegt und wie viel sie bereit sind dafür zu tun, akkreditiert zu sein, die Glaubwürdigkeit und damit das Vertrauen ihrer Mitmenschen zu genießen. Dass Mervyn dabei trotz seiner gerne betonten wohltätigen Absichten weniger eine Christusfigur als ein um Sensibilität bemühter Don Quixote ist, erhöht die Sympathien, die er zu wecken vermag:

> Neither picaresque saint nor complete confidence man, Mervyn, a near anagram of Everyman, is a symbol of the amoral, unschooled but intelligent individual struggling to survive in the social turmoil of the post-Revolutionary age. Using every skill he can acquire and exploiting every advantage nature has given him, including the strengths and weaknesses of others, Mervyn struggles to create a place for himself in society. Throughout this process of

accommodation, Mervyn's motives, ends, and means are constantly changing, and a careful assessment of his adjustment to those around him provides the only sound foundation on which to judge his character.[292]

Wie Elliotts Anspielung auf *Everyman* andeutet, liegt der besondere Wert des Romans in seiner Präsentation eines sympathisch unkonventionellen Antihelden, dessen chamäleonartige Züge auf Umweltbedingungen zurückzuführen sind, die konkret einmalig, aber strukturell mit dem Modernisierungsprozess verknüpft und daher in ungezählter Form wiederkehrend sind. Moderne gesellschaftliche Zusammenhänge, selbst innerhalb eines relativ kleinen Umfeldes wie der Stadt Philadelphia kurz nach der Amerikanischen Revolution, sind prinzipiell unübersichtlich und zwingen den Einzelnen dazu, sich zumindest punktuell und immer wieder neu auf Realitätsversionen zu verlassen, die ihm oder ihr präsentiert werden. Mervyn weiß, dass ihm ohne die Möglichkeit, auf ein übergreifendes Wertesystem zurückgreifen zu können, gar nichts anderes übrig bleibt. "I am incapable of any purpose that is not beneficent; but, in the means that I use and in the evidence on which I proceed, I am liable to a thousand mistakes" (330). Er weiß auch, dass sich jeder in seinen eigenen Bewertungen zum fragwürdigen Maßstab aller Dinge macht: "The standard of possibilities, especially in vice and virtue, is fashioned by most men after their own character" (346). In Mervyn führt der Roman vor, was es heißt, transzendental obdachlos, d.h. auf stets kontingente Situationen angewiesen zu sein. Hedges hebt den Aspekt der transzendentalen Obdachlosigkeit besonders deutlich hervor:

> Mervyn is an uneasy prophet of benevolence, quite unclear about that vaguely Christian inheritance which is his faith. He is anti-traditionalist, asks questions of established authority, rejects 'customary rites' as largely superstitious. He builds no code on biblical commandment or Christian example, has no conception apparently of a realm of absolute justice beyond the present world, does not take completely to Quakerism and the inner light, shows no sign of belief in an innate moral sense or faculty. He talks a good deal about relying on 'reason' and sometimes appears to act on sympathy or sensibility or on something like the Godwinian conception of justice. *But nowhere does he find assurance*. He can always find plausible reasons for what he does but is never sure he is not simply rationalizing. Lacking a clearly defined ethic, he is obligated to take seriously every claim on his good will, no matter how dubious.[293]

Auch wenn Hedges Einschätzung kritische Anklänge bezüglich Mervyns moralischen Verständnisses aufweist, verdeutlicht sie doch die Qualitä-

---

[292] Siehe Elliott, *Revolutionary Writers* 240 und vgl. Hedges 135-9.
[293] Hedges 136; meine Hervorhebung.

ten, die den Protagonisten zu einer charakteristischen Figur innerhalb des Modernisierungsprozesses machen. Nur für ein transzendental verankertes Ego, das im Text an keiner Stelle zu finden ist, könnte sich das Erleben von Widersprüchlichkeit und Komplexität innerhalb einer ganzheitlichen Matrix auflösen. Für die Figuren im Text bleibt jedoch der "terror of uncertainty",[294] dem Mervyn mit seinem erlernten Verständnis für die Mechanismen der kapitalistischen Spekulation um persönliche und materielle Wertschätzung die Stirn bietet.

3.4 Die ethische Schule einer "allegory of imperfection"

Arthur Mervyn impliziert keine Ethik im Sinne spezifischer normativer Verhaltenskodizes. Der Roman dramatisiert vielmehr die fiktiv zu schließende Lücke, die sich, allerdings ausschließlich für Männer, aus der Abwesenheit verbindlicher Kodizes im Kontext einer sich rapide verändernden frühkommerziellen Handelskultur. Hinds führt aus:

> What *Arthur Mervyn* dramatizes is a shifting ground of virtue, one in which males involved in public life could begin to create a morality based on credit and capital, but women, ever more defined as domestic creatures, were more conservatively bound to the spheres of domesticity, including social definition according to property itself, a definition leaving women 'sheltered' from the public means of transferable wealth.[295]

Der erste Teil von Arthur Mervyn etabliert eine Dichotomie zwischen einer freundlichen, ländlichen Kultur der Nähe und einer feindlichen, städtischen Kultur der Distanz. Die Kultur der Nähe ist mit dem Ideal stabiler Besitzverhältnisse und Werte sowie mit weitgehend stabilen Charakteren assoziiert. Verkörpert von der Familie Hadwin in Malverton bietet sie Zuflucht vor der hygienisch und moralisch verseuchten Stadt. Deren schriftbasierte Kultur der Distanz bringt sozial und moralisch dramatische Transformationen ebenso hervor wie bewegliche und entsprechend ungesicherte Besitzverhältnisse, instabile Werte, erratische Charaktere und eine weitverbreitete Betrugsanfälligkeit. Ausgehend von einem klassisch republikanischen Wertebegriff, wie ihn George Washington vertrat – ein Wertebegriff, hinter dem sich eine an der alten Welt orientierte, finanziell, sozial und familiär abgesicherte "ideology of leisure" verbarg –, erscheint die Stadt zunächst als Ort eines durch den Modernisierungsprozess und eine frühkommerzielle Handelskultur in-

---

[294] Elliott, *Revolutionary Writers* 16.
[295] Hinds 90-1. Vgl. auch Watts 107.

duzierten Werteverfalls: "[a]ttaching virtue to civic-mindedness, self-denial, and public service, the enemy of virtue was in [Wahington's] view a rapidly expanding market economy and an ethos just beginning to nurture that economy".[296]

Im zweiten Teil des Textes weichen diese Zuschreibungen jedoch zunehmend auf. Das Land verliert seine Unschuld – Elizas Onkel Philip Hadwin beispielsweise entpuppt sich als ein "noted brawler and bully, a tyrant to his children, [and] a plague to his neighbors" (302), der seine Nichte um ihren eben doch nicht so stabilen Besitz bringen will; Arthur Mervyns alkoholkranker Vater verliert seinen Besitz an seine zweite Frau und stirbt im Armenhaus; Arthur ist ein biologischer, sozialer und moralischer Waise. Die Stadt dagegen erscheint nicht mehr nur als "the chosen seat[...] of misery and vice", sondern "likewise the soil of all the laudable and strenuous productions of mind" (293). Die Stadt gibt seiner Neugierde und seinem Wissensdurst "new direction" (293). Mervyns Neubewertung geht mit der Hervorhebung der positiven Effekte der Kultur der Distanz einher:

> Arthur's transfer of allegiance to the city sets in motion a paradigm shift: landowning, public-spiritedness, and emotional stability give way to commercial transactions, individualism, and impetuosity. The revolution in the hero's thinking brings a new receptivity to urban forms of wealth.[297]

Vor allem erteilt diese neue Perspektive, die rückblickend im Zusammenhang mit "ungeordneten" Familienverhältnissen bereits im ersten Teil des Textes angelegt ist, der pastoralen Vorstellung eines untergehenden besseren Zeitalters eine Absage.[298]

Der Paradigmenwechsel in Mervyns Bewertungen der Stadt spiegelt postrevolutionäre Wertedebatten, die im Gegensatz von Thomas Jeffersons Verteidigung eines agrarischen Republikanismus und Alexander Hamiltons Einstehen für eine staatlich geförderte Handelskultur repräsentiert wurden. Während Jefferson Farmer, Plantagenbesitzer und einzelne Staaten gegen die Ausbreitung urbaner Interessen verteidigte, unterstützte Hamilton diese Interessen, indem er die Etablierung eines

---

[296] Hinds 9. Watts' in diesem Sinne pessimistische Lektüre des Romans folgt weitgehend Elliotts acht Jahre zuvor angestellten Beobachtungen in *Revolutionary Writers* und verbleibt zu Unrecht bei einer Bewertung der Stadt als Sündenpfuhl, Ort familiärer und öffentlicher Desintegration, problematischer Geschlechterbeziehungen, kommerzieller Gier und ungezügelter Selbstsucht (115).
[297] Gilmore 655.
[298] Mervyn ist heimatlos und sein Vater heiratet die angebliche Geliebte des Sohnes. Siehe dazu Hinds 25-33 und 68-98.

öffentlich abgesicherten Kreditsystems und einer zentralen Notenbank sowie die Entwicklung von arbeitsteilig organisierten Manufakturen forderte. Dazu bemerkt Hinds:

> Clearly, with the booming market expansion after the Revolutionary War, the definition of virtue split in two, one type associated with a rather Old-World-style, land-based economy, the other a new-grown capitalist virtue, rooted not in the ground that can feed and house, but in a shared fiction of the value of paper.[299]

Der postrevolutionäre Tugendbegriff unterscheidet sich von dem traditionell republikanischen vor allem durch eine Privatisierung der Sorge um den anderen: Tugend im öffentlichen und männlich definierten Sinne bezeichnet am Ende des 18. Jahrhunderts die Fähigkeit einer Person, sich um sich selbst und die Seinen zu kümmern, und nicht mehr eine Qualität, die es erlaubt, vom eigenen Interesse abzusehen, um für das Wohl der Gemeinschaft einzutreten.[300] Gleichzeitig sind diese Einzelnen in ökonomischer Hinsicht innerhalb der kreisläufigen frühkommerziellen Handelskultur weniger unabhänigig als zuvor. Ihre Identität und ihr Wohlergehen basieren auf den ökonomischen Fiktionen des Papiergeldes und der Spekulation und damit auf einem marktabhängigen Zeichensystem, das eine ungesicherte Investition von Vertrauen erfordert. Diese *Abhängigkeit* des *ideologisch unabhängigen* Einzelnen zeigt sich auch darin, dass sich die vermeintliche emotionale Quarantäne des Privathaushaltes vor dem Hintergrund des Eindringens der Geld- und Kreditwirtschaft in die alte, wirtschaftlich unabhängige Haushaltung als trügerisch erweist.

Die narrativ inszenierte Auseinandersetzung zwischen den in der frühen Republik durch Jefferson und Hamilton vertretenen Werten vermittelt eine weitgehende Skepsis gegenüber dem Verlangen nach direkter Repräsentation und damit eine Verinnerlichung der Ideologie der Druckkultur. Das Verlangen nach Unmittelbarkeit ist Produkt einer als unüberschaubar empfundenen gesellschaftlichen Situation, der Unmittelbarkeitsansprüche jedoch nicht entsprechen können, weil die Herstellung von Zusammengehörigkeit über Vermittlungsleistungen geregelt wird. Die Verinnerlichung der Ideologie des Drucks und damit des Vertrauens auf politische Vermittlungsleistungen an Stelle des repubikanischen Ideals der Präsenz kennzeichnet, wie Gilmore ausführt, bereits die 1787 unterzeichnete amerikanische *Constitution*:

---

[299] Hinds 10.

[300] Joyce Appleby, *Capitalism and a New Social Order: The Republican Vision of the 1790s* (NY/London: NYUP, 1984) 14-5. Dass sich daraus unterschiedliche Anforderungen an Männer und Frauen ergeben führt Hinds 19-40 aus.

Brown's repudiation of speech-inspired attitudes associates his fiction with the suppression of disruptive [agrarian] elements in the new Republic. The consolidation of established authority in the postrevolutionary era amounted to a print 'counterrevolution'. It was aimed against those persons in American society who inhabited an oral subculture where books other than the Bible and the almanac were practically unknown. These groups, which included disaffected farmers in the North and evangelicals in all regions of the country, found expression in popular verbal forms like extempore preaching and political oratory; they were people of the spoken, not the written, word. Their antideferential behavior thoroughly alarmed the elite in the turbulent decades after the war. The movement to check them deliberately devalued the immediacy of popular interchange; it culminated in a written document, the Constitution.

[...] Against the classical republican ideal of active civic participation and the close accountability of leaders – of immediacy, one might say – the Constitution attenuates the connection between rulers and the ruled and, through its complex system of federalism, sets authority at a distance from the citizen. In effect, the Constitution reproduces in the polity the essential feature of writing as opposed to speech, the nonpresence of the author.[301]

Die amerikanische *Constitution* bezeugt also den engen Zusammenhang von Medienkultur und politischen Strukturen. Die kulturell signifikante Verschiebung von einem mündlichen Leitmedium und seinen direkteren Kommunikationsformen zum Leitmedium der gedruckten Schrift und seinen über Institutionen und Publikationsorgane vermittelten Kommunikationsformen stellt die Bühne dar, auf der die komplex gerahmte und dadurch narrativ gebrochene Erforschung von moralischen Entscheidungssituationen in Browns Roman inszeniert ist. In *Arthur Mervyn*, so schreibt Hedges, "Brown created the first significant representation of the American in his 'solitary condition', the hero beset by the contradictions of the new-world culture".[302] Mervyn muss in einer neuen Welt zurecht kommen, in der Dogma und Tradition nicht die Macht besitzen, den im Entstehen begriffenen Komplexitäten erkennbare Formen zu geben; dies ist eine Welt, die sich nur der unermüdlichen, stets bruchstückhaften und vorläufigen Beobachtung und Bewertung erschließt.

Indem der Roman formal die Verbindung zwischen Worten und ihrer Quelle in all ihrer Unzuverlässigkeit präsentiert, unterstreicht er die Bedeutung von Vermittlungsleistungen und deren inhärente Anfälligkeit für Manipulation. Die Ethik, die der Text über seine Repräsentationsform artikuliert, fordert damit eine Technik des Lesens, des Verstehens und Interpretierens ein, die den Erfordernissen einer modernen, epistemologisch und moralisch ambivalenten Druckkultur entspricht. Sie bringt den

---

[301] Gilmore 648. Siehe dazu auch Zboray, *A Fictive People* 185-7.
[302] Hedges 122.

Zweifel sowie ein informiertes und differenziertes Urteil als die Markenzeichen dieser printkulturell geforderten Lesetechnik hervor. So wie Mervyn immer wieder neu die Glaubwürdigkeit der Menschen beurteilen muss, denen er begegnet, müssen die, die ihm zuhören bzw. die LeserInnen des Textes seine Glaubwürdigkeit sowie die derjenigen Menschen beurteilen, denen sie wiederum begegnen. Damit schult der Text die Bewertungssensibilität seiner LeserInnen:

> Both the work of fiction, as Brown conceptualizes it, and the emergent social economy require an ability to interrogate the assertions and trustworthiness of others to arrive at a true estimate of character. One could say that the novel retains a revised 'use' value as pedagogy: the difficulties of *Arthur Mervyn* compel readers to engage in incessant scrutiny of words and actions, a skill that can abet survival in the marketplace. The epistemologically and morally ambiguous universe of Brown's fiction, an imaginative world evocative of the nineteenth-century Romantic canon, grows out of his ambition to create a literature commensurate with the complexities of postagrarian America.[303]

Wie die Analyse des Textes gezeigt hat, weist der Roman den Akt der Wertzuschreibung als grundsätzlich schwierig aus. Er widersetzt sich der Vorstellung, dass jede Verwicklung menschlicher Motive und Handlungen prinzipiell auflösbar sei. Berthoff spricht deshalb von Arthur Mervyn als einer "allegory of imperfection".[304] Als eine solche Allegorie der Unvollkommenheit legt der Roman nahe, dass eine ausgewogene Bewertung der Glaubwürdigkeit eines Menschen im Kontext sich verändernder Motive, Ziele, Mittel und Meinungen erfolgen muss, auch wenn damit die Möglichkeit einer vollständigen Erfassung menschlicher Motive und Handlungen praktisch ausgeschlossen bleibt. Eine ausgewogene Beurteilung verlässt sich damit auf eine letztlich bodenlose Ökonomie der Glaubwürdigkeit, wobei Kredit sowohl im emotionalen als auch im finanziellen Sinne eine druckkulturelle Kommunikationsform ist. Finanzielle, emotionale und narrative Transaktionen müssen zirkulieren, um Wert zu erhalten; sie sind Manifestationen einer druckkulturell katalysierten, frühkommerziellen Handelskultur. Die Zirkulation von Informationen ermöglicht Anschlusshandlungen, die dann, immer im Kontext einer Vielzahl anderer, ebenfalls kontingenter Parameter, in moralische Entscheidungssituationen münden.

In diesem Kontext sind es weniger die benevolenten Absichten des Protagonisten als vielmehr seine mitunter naive aber nichtsdestoweniger konstruktive Frustrationstoleranz, die der Text zur Nachahmung emp-

---
[303] Gilmore 658.
[304] Warner Berthoff xiii. Siehe auch Fichtelberg 75.

fiehlt. Wer sich zu einem feinen Wahrnehmungs- und Bewertungssensorium auch noch diese unerschütterliche Zuversicht des Protagonisten zu eigen machen kann, ist für die printkulturelle Unübersichtlichkeit gut gerüstet. "We lose innocence perhaps when we know who we are. But when, in an increasingly contradictory world, will that be – at least for most of us?", fragt Hedges und resümiert: "In the meantime, crusading quixotically and trying at the same time to make it in America, we can greet Arthur Mervyn as a contemporary".[305]

---

[305] Hedges 139.

4. Zusammenfassung

Richardsons *Pamela* und Browns *Arthur Mervyn* zeigen, wie das genuin druckkulturelle Produkt des frühen Romans sowohl in Großbritannien um die Mitte des 18. Jahrhunderts als auch im postrevolutionären Amerika des ausgehenden 18. Jahrhunderts die Veränderungen auslotet und kommentiert, die die Verbreitung der Drucktechnologie für die sozialen Verkehrsformen der Zeit mit sich bringt. In beiden Romanen ist die streng didaktische Komponente durch eine Erzählweise gebrochen, die auf die Medienbedingungen der Zeit reflektiert. Dabei inszenieren *Pamela* und *Arthur Mervyn* über die Figuren der Zirkulation, der Spekulation und der Kredit- bzw. Glaubwürdigkeit sowohl inhaltlich als auch formal die Internalisierung ökonomischer Parameter.

Pamela stellt die sozialen Möglichkeiten und Disziplinierungen dar, die sich aus der Zirkulationslogik der Druckkultur ergeben, einer Kultur, die durch ihre räumlichen und zeitlichen Abstraktionsprozesse eine Transformation traditionell aristokratischer Verkehrsformen bewirkt. An Stelle von normativen Vorgaben, die an Besitz und Status orientiert sind, setzen sich zunehmend internalisierte Verkehrsformen durch, die sich am weniger statischen Maßstab der gesellschaftlich gebundenen individuellen Praxis legitimieren. Dass Teilbereiche dieser individuell konstituierten und prinzipiell beweglichen Normen durchaus änderungsresistent sein können, zeigt sich in der in *Pamela* vorgeführten Naturalisierung der sozialen Kategorien von Männlichkeit und Weiblichkeit.[306]

Arthur Mervyn inszeniert vor dem Hintergrund der zeitgenössischen Debatte zwischen dem Republikaner Thomas Jefferson und dem Föderalisten Alexander Hamilton um die Bedeutung von festem Landbesitz einerseits und kommerziellen, beweglichen Formen des Reichtums andererseits den Medienwechsel zwischen gesprochenem Wort und Schrift. Dabei ist das gesprochene Wort mit agrarischer Gesinnung und stabilen, einer einheitlich konzipierten Gemeinschaft verpflichteten, republikanischen Werten assoziiert. Die Schrift hingegen mit Urbanität, Wandel, Instabilität, der Anfälligkeit für Betrug und privater Ambition sowie einem erfolgsorientierten Individualismus. Der Roman transferiert im Laufe seiner zwei Teile seine Loyalität von einer mündlich vermittelten Kultur der Nähe auf eine druckkulturell geprägte Kultur der Distanz. In

---

[306] Vgl. dazu auch Antje Kley, "Print Culture, Contingency and the Discourse of Femininity in 18th Century England", *Proceedings Anglistentag 2004*, ed. Lilo Moessner (Trier: WVT, 2005) 121-35.

dieser Kultur erstellt und entzieht eine Semantik Identitäten, die in metaphorischer Analogie zu ökonomischen Kredit- und Spekulationskreisläufen funktioniert. Indem der Text die Verbindung zwischen Worten und ihren personalen Quellen oder Autoren als unzuverlässig und komplex markiert, unterstreicht der Roman die Anfälligkeit von Vermittlungsleistungen und fordert eine der modernen Kultur angemessene, distanzierte aber genaue Rezeptionshaltung. Dabei weist er den Zweifel, Deutungsleistungen und das differenzierte Urteil als die Markenzeichen der Druckkultur aus.[307]

Pamela und *Arthur Mervyn* werden normalerweise im Kontext unterschiedlicher nationalkultureller Traditionen gedeutet. Die vorangegangenen Analysen haben gezeigt, dass beide Texte umfassende Auseinandersetzungen mit dem im 18. Jahrhundert auf beiden Seiten des Atlantiks noch weitgehend unverstandenen konstitutiven Potential der Schrift leisten – mit deren Fähigkeit nämlich, die erst durch ihre printmediale Verbreitung beflügelt wird, Emotionen, Geld und Geschichten in einen wirkmächtigen Umlauf zu bringen.[308] Anstatt den Verlust direkter Kommunikationsverhältnisse zu beklagen (eine Klage, die gegen die Medialität des Genres selbst gerichtet und damit kraftlos wäre), erforschen die beiden Texte das in den Abstraktionen einer noch wenig regelgeleiteten druckkulturellen Kommunikation inhärente Potential für die stets komplex bedingte Formation selbstverantwortlicher Individuuen. Vor dem Hintergrund tiefgreifender medienkultureller und sozialer Veränderungen sind *Pamela* und *Arthur Mervyn*, wenn auch in sehr unterschiedlicher Weise, formal und inhaltlich durchdrungen von epistemologischen und sozialen Fragen: Wie kann ich etwas wissen? Was konstituiert einen verlässlichen Beweis? Auf der Basis welcher Kriterien, kann eine Person als vertrauenswürdig gelten? Durch die Verbreitung printmedialer Produkte verleiht die Druckkultur diesen Fragen zum einen Virulenz, zum anderen stellt sie ein Forum für deren Diskussion bereit. Indem sie unterschiedliche Meinungen zugänglich macht, trägt sie zu Komplexitätssteigerungen bei und ermöglicht einen zumindest potentiell steuernden Umgang mit Komplexität. Sie ermächtigt zu emotional distanzierten und präzisen Bewertungen, die in direkter sprachlicher Kommunikation strukturell abgemildert, wenn nicht unmöglich wären. Sie fördert eingehende Analyse- und Reflexionsprozesse und sie produziert eine weitgehend verdrängte aber nichtsdestoweniger zentrale, kompensatorische kulturelle Kapazität, nämlich die unwillkürliche Auf-

---

[307] Gilmore 657, Davidson 253.
[308] Siehe dazu Winklers Versuch, die Mediensphäre unter dem Titel *Diskursökonomie* über die Figur der Zirkulation zu begreifen.

wertung des nicht direkt oder unmittelbar erfass- und verstehbaren Gefühlserlebens.[309]

Als ein druckkulturelles Phänomen stellt das Genre des Romans ein imaginär und disziplinarisch effektives Trainingsprogramm für eine im Wandel begriffene, von Kontingenz beherrschte, moderne Kultur dar. Wie jedes Trainingsprogramm ermöglicht es erstens ein Ausprobieren ohne unmittelbare negative Konsequenzen und zweitens die Habitualisierung von Verkehrsformen. In Bezug auf den ersten Punkt spricht Hartmut Winkler von "*Probehandeln*", das im Rahmen des Symbolischen möglich ist; einer Form des Handelns, die von den Vollzügen der Gesellschaft abgekoppelt und insofern ohne irreversible Folgen ausprobiert werden kann.[310] Michael Bell sieht im Akt des Lesens eine Übung in emotional informiertem, rationalem Unterscheidungsvermögen:

> [T]he act of reading fiction is an exercise in 'real life' emotional discrimination in that the *discrimination* is real and, whether the given emotional object is fictive or real, the long-absorbed, implicit cultural knowlege of sentimentality as indulgence, or self-serving falsehood, is a key means of negotiating the depths and shallows of feeling.[311]

Freilich sind das Ausprobieren und die Habitualisierung von Verkehrsformen, auch wenn sie von unmittelbaren Konsequenzen innerhalb der gesellschaftlichen Vollzüge abgekoppelt und insofern unmittelbar folgenlos sind, nicht durch einen Graben von denselben geschieden.

> So wenig es eine vollständige 'Freiheit' des Symbolischen von solchem Druck [Praxisdruck] je gegeben hat, so klar ist eben auch, dass das Symbolische erst in gezielter Abkopplung von der Sphäre der Praxis seine eigentliche Kraft entfaltet.[312]

Die auf der Handlungs-, der Diskurs- und der Rezeptionsebene literarischer Texte generierten Bewertungsnormen und Umgangsformen sind jeweils von außerliterarischen Bedingungen durchdrungen. Zum einen spielen gegebene soziale Verhältnisse innerhalb des Textes eine entscheidende Rolle – so beispielsweise der ungesicherte soziale Status der Protagonistin in *Pamela* und die Bindungslosigkeit des Protagonisten sowie die Gelbfieberepidemie in *Arthur Mervyn*. Zum anderen aktualisieren die LeserInnen ihren Wahrnehmungshorizont in jedem Deutungsakt. Die innerhalb des symbolischen Raumes ausprobierten und eingeüb-

---

[309] Bell, *Sentimentalism, Ethics, Feeling* bes. 205-7.
[310] Winkler 253.
[311] Bell, *Sentimentalism, Ethics, Feeling* 206. Siehe auch Gilmore 658.
[312] Winkler 230.

ten Praxen treffen daher nicht auf einen vom *symbolischen* Raum unabhängig gegebenen *sozialen* Raum. Mit der fiktional vermittelten Verhandlung gesellschaftlich virulenter Fragen trägt die am geschützten symbolischen Raum des Textes geschulte Praxis des Deutens vielmehr zu einem Verständnis dessen bei, was wir unter dem sozialen Raum verstehen. In diesem Sinne gibt Lesen nicht im Text festgelegte Verhaltensnormen vor, sondern übt symbolisches Verhalten ein, das sich gegebenenfalls als Verkehrsform innerhalb eines weitläufigen Netzes von Relationierungen im sozialen Raum durchsetzt.

Mit anderen Worten: Die Relevanz des Trainingsprogramms, das das Genre des Romans anbietet, lässt sich nicht auf eine klare Handlungsanweisung reduzieren, die symbolische Operationen in gesellschaftliche Vollzüge übersetzt. Weil die Auswirkungen symbolischer Operationen innerhalb der funktional ausdifferenzierten Fiktionalität systematisch limitiert sind, kann und muss sich die Relevanz des literarischen Trainings der Wahrnehmung und der Bewertung für die Lebenswelt der LeserInnen erst noch erweisen: "Fiktiv und reflexiv umspielen" symbolische Operationen, so Winkler,

> das Tatsächliche, kommentieren es, verdoppeln und vervielfachen es, liefern Strukturentwürfe und Deutungen, formale Modelle und Karikatur. Dass sie das Tatsächliche luxurierend überbieten gehört zu ihrer Definition. Einige wenige dieser symbolischen Praxen mögen in neue Techniken [innerhalb des Tatsächlichen] einmünden; an dieses Telos gebunden aber sind sie in keiner Weise.[313]

Hier kommt die strukturbildende Kraft der *Rezeption* symbolischer Operationen ins Spiel, die im 18. Jahrhundert, genau wie die *Produktion* symbolischer Operationen, Sonderbedingungen innerhalb gesamtgesellschaftlicher Vollzüge zu unterliegen beginnt. Denn erst die Zirkulation und nicht schon das bloße Vorhandensein symbolischer Bezugnahmen ermöglicht die Verdichtung und damit die Durchsetzung von Verhaltensformen und Handlungsnormen, die keiner transzendentalen Verankerung bedürfen, sondern in ihrem Vollzug eine Legitimationsbasis für das selbstverantwortliche Individuum legen, das kontingente Ereignisse, Affekte und Reaktionen nach *eigener* Maßgabe zu regulieren versteht.

---

[313] Winkler 256.

III. "in quest of what was once a world": Die Regeln medial vermittelter Wirklichkeitsbezeugung im Roman des 19. Jahrhunderts

> Nicht die Referenz auf das Reale verschwindet, vielmehr hat uns das medientechnische Dispositiv der Fotografie dazu aufgefordert, die Paradoxien in der *Bezeugung* des Realen zu bedenken.
>
> — Hubertus von Amelunxen, "Fotografie nach der Fotografie"

Der Roman des 19. Jahrhunderts entwickelt sich sowohl in Großbritannien als auch in den USA im Kontext einer beginnenden bildmedialen Industrialisierung. Auch wenn die wenigsten britischen und amerikanischen Romane diese Entwicklung inhaltlich thematisieren, sind sie doch Produkte einer kulturellen Umwelt, die sich der Realität zunehmend medial versichert und ein Spannungsfeld zwischen distanzkulturell bedingter Mediatisierung und dem kompensatorischen Bedürfnis nach Unmittelbarkeit und Authentizität erzeugt. Diese Spannung kommt, wie der letzte Untersuchungsteil zeigen konnte, bereits im 18. Jahrhundert auf. Im 19. Jahrhundert jedoch wird sie im Rahmen des zweiten Modernisierungssyndroms breitenwirksam und ist bis heute in immer neuen Variationen und unter weiter gesteigerten Kontingenzbedingungen aktuell. Wie die exemplarischen Analysen von Nathaniel Hawthornes *The House of the Seven Gables* (1851) und George Eliots *Middlemarch* (1871/72) in Teil 2 und 3 des vorliegenden Kapitels zeigen werden, wächst dem Roman auch in diesem Kontext die Funktion zu, seine LeserInnen inhaltlich und formal in medial bedingte Kulturtechniken der Wahrnehmung einzuweisen.

Beide Romane nutzen das ästhetische Begriffsrepertoire, das die Industrialisierung der Sehgewohnheiten zur Verfügung stellt, um die Möglichkeiten und Grenzen des Wirklichkeitsbezugs ebenso zu reflektieren wie ihre eigene literarische Medialität. Um mit diesen Referenzen arbeiten zu können, werde ich im folgenden ersten Teil des Kapitels zunächst Medientechniken und Medienmentalitäten der Zeit erörtern. Nach einer kurzen Einleitung richte ich dabei besonderes Augenmerk auf schriftmediale Konsolidierungsprozesse und die Autonomisierung der

Literatur als Symbol- und Sozialsystem im frühen 19. Jahrhundert (1.1) sowie auf die nur wenig später aufkommende audiovisuelle Konkurrenz zur Schrift (1.2 und 1.3). Audiovisuelle Techniken wirken sich zwar erst im ausgehenden 19. Jahrhundert verdrängend auf die Schrift aus,[1] doch die visuelle Kultur des 19. Jahrhunderts leitet eine Industrialisierung der Sehgewohnheiten ein, die zu einer irreversiblen Infragestellung der Gegebenheit der Wirklichkeit beiträgt, während sie diese gleichzeitig zu bestätigen scheint. An die Ambivalenzen des Fotografiediskurses anknüpfend wende ich mich der Debatte um die Möglichkeiten und Grenzen der realistischen literarischen Repräsentation im 19. Jahrhundert zu (1.4), die mit ähnlichen Ambivalenzen arbeitet, bevor ich mit den beiden Romanlektüren zum Zentrum dieses Untersuchungsteils (2. und 3.) und zu einer abschließenden Zusammenfassung (4.) komme.

1. Das zweite Modernisierungssyndrom und die Semiotisierung des visuellen Weltzugriffs im anbrechenden Zeitalter der technischen Medien

In vielerlei Hinsicht ist das 19. Jahrhundert ein Zeitalter der weltweiten Vereinheitlichung nach europäischen Maßstäben.[2] Zeiteinteilung und Längenmaß werden im Dienst der globalen Koordination von Warenproduktion, Transport- und Kommunikationsnetzwerken ebenso vereinheitlicht wie der zivilisatorische Lebensstil, d.h. wie man sitzt, speist, repräsentiert, welche Praxis der Medizin und welche Informationstech-

---

[1] Friedrich Kittler schreibt, dass die "technische[...] Ausdifferenzierung von Optik, Akustik und Schrift [...] um 1880 Gutenbergs Speichermonopol sprengte". Siehe *Grammophon, Film, Typewriter* (Berlin: Brinkmann&Bose, 1986) 29. Ralf Schneider betont, dass erst die im 20. Jahrhundert entwickelte Fähigkeit, in Film, Radio und Fernsehen ebenfalls narrative Strukturen zu präsentieren, dem Roman Konkurrenz macht. Siehe Ralf Schneider, "Literatursystem und Medienwandel: Systemische und anthropologische Aspekte der Entwicklung der Erzählliteratur in Großbritannien" (Habilitationsschrift, Albrecht-Ludwigs-Universität, Freiburg, 2004) Abschnitt III.3.2, 263-66. Vgl. dazu auch das hier folgende Kapitel IV.1. zum 20. Jahrhundert.

[2] Siehe Adolf Max Vogt, "Einführung in das 19. Jahrhundert", *Belser Stilgeschichte: Neuzeit*, 3 Bde., ed. Christoph Wetzel (Stuttgart: Belser, 1993) Bd. 3, 11-48; Wolfgang Schivelbusch, *Geschichte der Eisenbahnreise: Zur Industrialisierung von Raum und Zeit im 19. Jahrhundert* (München/Wien: Carl Hanser, 1977); John B. Thompson, *The Media and Modernity: A Social Theory of the Media* (Cambridge: Polity, 1995) 31-37 und Eviatar Zerubaval, "The Standardization of Time: A Sociohistorical Perspective", *American Journal of Sociology* 88 (1982): 1-23.

nik Anerkennung findet. Diese Vereinheitlichungen gründen in der technischen Entwicklung und der Erhöhung der Reichweite von Waffen- und Konstruktionstechnik, des Verkehrs- und Handlesnetzes sowie der Information.[3] Auch mediale Entwicklungen dienen, wie Brian Winston ausführt, der Vereinheitlichung, die die (Selbst-)Verwaltung der industrialisierten Massengesellschaft erforderlich macht:

> The underlying supervening necessities behind various technologies, from the creation of the mass-circulation press through the refinement of the organisation of the popular stage to the appearance of the cinema, can be located in the needs of an industrialised mass society. Across the 150 years of the rise of mass culture, there has been concentration and standardisation of output and product (with a strong assumption on the part of many observers that this has produced an homogenisation of the consumers' experience).[4]

Breite, Komplexität und Verbreitungstempo der Informationen, visuelle, druckmechanische und chemisch-biologische Vervielfältigungstechniken sowie museale und lebensmittelchemische Konservierungstechniken sind Zeugnisse eines im 19. Jahrhundert zunehmend vereinheitlichten zivilisationstechnischen Stils: Dieser Stil betrifft nicht die durchaus heterogenen Produkte von Informations-, Reproduktions- und Konservierungstechniken, sondern diese Techniken selbst.[5] Er wird zusammen mit den Waren und Denkweisen offensiv exportiert und in einen weit über die Grenzen Europas hinausreichenden Umlauf gebracht. Im Zusammenhang mit diesem Zivilisationsstil, mit den Experimentalwissenschaften, der Technik und dem expandierenden Kapitalismus verfestigt sich im 19. Jahrhundert ein moderner, säkularisierter Wirklichkeitsbegriff, der anknüpfend an die Tradition von Bacon (1561-1626), Locke (1632-1704), Voltaire (1694-1778) und Newton (1643-1727) am einzelnen, empirisch gegebenen Phänomen Maß nimmt.

In ethischer Hinsicht ist diese Entwicklung deshalb von zentraler Bedeutung, weil der durch die Erfindung der Dampfmaschine eingeleitete Prozess der Emanzipation der modernen Produktionsweise von den Schranken der organischen Natur und die industriell-mediale Überwindung von Raum und Zeit auch eine Industrialisierung von Wahrnehmungs-, Denk- und Handlungsschemata mit sich bringt. Denn diese beziehen sich zunehmend auf industriell hergestellte Waren und um die Mitte des 19. Jahrhunderts auch Bilder. Materielle und kulturelle Vo-

---

[3] Vogt 31-32, 43-44.
[4] Brian Winston, *Media Technology and Society, A History: From the Telegraph to the Internet* (London/New York: Routlege, 1998) 77.
[5] Vogt 37.

raussetzungen wie die zeitliche Beschleunigung, die Schrumpfung des Raumes und die damit einhergehende Verregelmäßigung prägen die inneren Dispositionen der Menschen und passen sie an die veränderten Verhältnisse an.[6] Wie ich unter 1.2 und 1.3 am Beispiel von Stereoskop, Panorama und Fotografie ausführe, desorientieren und rekonfigurieren technisch-mediale Dispositive die Wahrnehmung und die soziale Praxis des Individuums, seine mentalen und psychischen Erzeugungs- und Strukturierungsprinzipien. Die kognitiven, evaluativen und motorischen Schemata, in die der Mensch im Rahmen einer sich industrialisierenden Gesellschaft hineinsozialisiert wird, werden in ihrer Aneignung durch die/den Einzelne/n als inkorporierte Geschichte zu ihrer bzw. seiner "zweiten Natur".[7] Denn, so schreibt Pierre Bourdieu, auf den der hier zugrunde liegende Habitusbegriff zurückgeht: "Was der Leib gelernt hat, das besitzt man nicht wie ein wiederbetrachtbares Wissen, sondern das ist man".[8] Es geht also um die wiederkehrende Frage nach den Formen des Menschseins in einer medial vermittelten Welt.

1.1 Literatur als Symbol- und Sozialsystem

Nach heftigen Auseinandersetzungen auf beiden Seiten des Atlantiks konsolidiert sich sowohl in Großbritannien als auch in den USA im Laufe des frühen 19. Jahrhundert der Status der Schrift. Die während des 18. Jahrhunderts proliferierenden Technologien des Schreibens, des Drucks und des Lesens, deren unberechenbares Potential ihre Benutzer zunächst beunruhigt hatte, wurden im Rahmen technologischer und ökonomischer Veränderungen schließlich weitgehend naturalisiert. Die Schrift ist zu einem selbstverständlichen Teil des Alltagslebens geworden. Das zeigt sich in der Vermassung der Schreib- und Printmedien auf beiden Seiten des Atlantiks, aber auch im Rückgang unterschiedlicher grafischer Darstellungskonventionen. Typographische Vereinheitlichungstendenzen, die zeitgleich mit einem erhöhten Medialitätsbewusstsein auftreten, zeigen, dass sich die Habituierung der Mediengat-

---

[6] Schivelbusch 142-51.
[7] Pierre Bourdieu, *Rede und Antwort* (Frkf./M.: Suhrkamp, 1992) 84. Vgl. dazu Markus Schwingel, *Pierre Bourdieu zur Einführung* (Hamburg: Junius, [4]2003) 59-81 und Beate Krais, "Habitus und soziale Praxis", *Pierre Bourdieu: Politisches Forschen, Denken, Eingreifen*, ed. Margareta Steinrücke (Hamburg, VSA, 2004) 91-106.
[8] Pierre Bourdieu, *Sozialer Sinn: Kritik der theoretischen Vernunft* (Frkf./M.: Suhrkamp, 1987) 136. mehr dazu unter I.3.

tung Roman bereits in einem fortgeschrittenen Stadium befindet.[9] Darüber hinaus ist eine Aufweichung des gerade in den USA besonders wirksamen Konsenses unter Geistlichen, Moralisten und anderen Kritikern bezüglich der Frivolität und der Gefährlichkeit der Fiktion ein Zeichen für die wachsende Akzeptanz der Literatur.[10] Die zunehmend verbreitete Aktivität des Lesens ist zu einem wirksamen distanzkulturellen Mittel der imaginären Teilnahme am Leben anderer, der möglichen Transformation des eigenen Lebens sowie der Affirmation des Selbst avanciert.

> Unprecedented numbers of people learned both the skills and – that crucial component of modern literacy – the belief in their transformative power: that writing was work that worked on an individual level and on a national one, producing cultured individuals privileged in sharing a national culture.[11]

Sowohl in Großbritannien als auch in den USA entwickelt sich das Veröffentlichungswesen im Laufe des 19. Jahrhunderts zu einem ebenso lukrativen wie kompetitiven Millionengeschäft.[12] Die Verfestigung kapitalistischer Strukturen und einer liberalen Ideologie der Privatisierung befördern die Entstehung eines autonomen sozialen Literatursystems, das sich in Großbritannien im ausgehenden 18. Jahrhundert und in den USA um die Mitte des 19. Jahrhunderts um die Beschäftigung mit seinen eigenen Regeln zu schließen beginnt. Diese Autonomisierung imaginativer Texte impliziert allerdings keine Transzendierung kultureller Bedingungen. Insofern ist Michael Gilmore beizupflichten, wenn er die Entwicklung des Literatursystems in den USA als einen korrumpierten Autonomisierungsprozess charakterisiert, der aus strukturellen und kom-

---

[9] Schneider 222-30.
[10] Zum amerikanischen Kontext siehe außerdem David J. Reynolds, "The New Religious Style", *Beneath the American Renaissance: The Subversive Imagination in the Age of Emerson and Melville* (New York: Knopf, 1988) 15-53, bes. 15-16; Michael Davitt Bell, *The Development of American Romance* (Chicago: U of Chicago P, 1980); und Nina Baym, *Novels, Readers, and Reviewers: Responses to Fiction in Antebellum America* (Ithaca/London: Cornell UP, 1984) 14. Zum britischen Kontext siehe Kate Flint, "The Victorian Novel and Its Readers", *The Cambridge Companion to the Victorian Novel*, ed. Deirdre David (Cambridge: CUP, 2001) 17-36.
[11] Clifford Siskin, *The Work of Writing: Literature and Social Change in Britain, 1700-1830* (Baltimore: Johns Hopkins UP, 1998) 6.
[12] Simon Eliot, "The Business of Victorian Publishing", *The Cambridge Companion to the Victorian Novel* (Cambridge: CUP, 2001) 37-60; Michael T. Gilmore, "The Book Marketplace I", *The Columbia History of the American Novel*, ed. Emory Elliott et al. (NY: Columbia UP, 1991) 46-71.

pensatorischen Gründen eng mit den ökonomischen und politischen
Bedingungen der Zeit zusammenhängt und die Literatur mitunter unabhängiger erscheinen lässt, als sie tatsächlich ist:

> Although autonomous art was in advance of mid-century economic practice,
> fiction's casting free from didacticism reproduced as cultural agenda the same
> structural imperative that informed liberal individualism. Art now presented
> itself as a circumscribed terrain analogous to the scene of commerce and no
> less secure from intrusions of church and state (or piety and politics). The new
> aesthetic ideology's privileging of disinterestedness bespoke not transhistorical 'purity' but rather rootedness in a modernizing capitalist society with affiliation with Adam Smith's increasingly influential defense of the market as a
> self-regulating sphere that should be 'let alone'.[13]

Von dieser strukturellen Analogie zwischen Kunst und der liberalen
Ökonomie ausgehend, unterstreicht Gilmore, dass Kunst den sozialen
Kontext ihrer Entstehung auch dann nicht transzendiert, wenn sie innerhalb eines geschlossenen Kunstsystems entsteht, das nach seinen eigenen
Regeln funktioniert. Auch Jonathan Arac spricht der Literatur mitunter
unfreiwillige gesellschaftliche Wirkungspotentiale zu:

> The establishment of a literary narrative made possible the *dream* of an
> autonomous world of art and pleasure, which proved however to depend on
> economic and political conditions that produced misery at the personal, local,
> and national levels. [...] Even as it was becoming established as a relatively
> autonomous practice and institution, literature was at once more powerful
> than it feared and more responsible than it wished.[14]

Die Annahme, dass literarische Texte gesellschaftlich relevante Funktionen erfüllen, ist auch für die vorliegende Arbeit grundlegend. Sie lässt
allerdings nicht den Schluss zu (der in Aracs Begriff "dream" angelegt
ist), dass der Sonderstatus der Literatur eine Täuschung ist und ein literarischer Text tatsächlich auf die gleiche Weise Bedeutung herstellt wie
jedes andere kulturelle Produkt, das, wie Gesetzestexte, Fernsehsoaps
und politische Pamphlete, außerhalb des Kunst- bzw. Literatursystems
entsteht. Denn Literatur ist *anders* politisch, "powerful" und "responsible" als ein politisches Pamphlet.[15] Ihre Andersheit leitet sich aus der

---

[13] Gilmore, "The Book Marketplace I" 60.
[14] Jonathan Arac, "Narrative Forms", *The Cambridge History of American Literature, vol. 2, 1820-1865*, ed. Sacvan Bercovitch et al. (Cambridge: CUP, 1995) 605-777, hier 724; meine Hervorhebung.
[15] An anderer Stelle weist Arac ausdrücklich darauf hin. Siehe "Nietzsche, Theology, the Political Unconsious", *Union Seminary Quarterly Review* 37 (1983): 273-81. Vgl. dazu auch Dietrich Harer, *Reinheit und Ambivalenz: Formen litera-*

funktionalen Schließung des sozialen Literatursystems ab, die dafür sorgt, dass solchen Texten, die als literarisch qualifiziert werden, ein "traumhaft" großer imaginativer Spielraum zugeschrieben wird.

Innerhalb dieses Literatursystems sind insbesondere die Namen von Sir Walter Scott (1771-1832) und Jane Austen (1775-1817) in Großbritannien sowie – in einem bis 1870 vergleichsweise geringeren, aber nicht unerheblichen Maße – James Fenimore Cooper (1789-1851) und Washington Irving (1783-1859) in Amerika mit unerhörten und anhaltenden Popularitätsschüben auf einem ökonomisierten literarischen Markt verbunden.[16] Anderen Autorinnen und Autoren signalisierten diese Erfolge vor allem eins: die Möglichkeit, aus dem Schreiben fiktionaler Texte einen Beruf zu machen. Obwohl gerade das für später kanonisierte Autoren wie Nathaniel Hawthorne und Herman Melville zu Lebzeiten ein schwieriges Unterfangen blieb, waren auch die USA in den 1850er Jahren "a country of novel readers".[17] Romane machen das "mentale[...] Miterleben von Nicht-Präsentem" möglich – und greifen damit eine Erfahrung auf, die durch die Technisierung der Kommunikationsmedien zunehmend weitere Verbreitung erfährt.[18] Romane haben Teil an der Konstruktion individueller und nationaler Identität, an der Formierung von Ideologien des Geschlechts, der Sexualität und der Rasse, an der sowohl verstehenden als auch kontrollierenden Integration sich wandelnder religiöser, naturwissenschaftlicher, sozialer und nationalkultureller Vorstellungen, sowie an der Diskussion um den Wert des Lesens und um angemessene ästhetische Richtlinien für die Fiktion.[19] Von außerliterarischen Ansprüchen und Funktionen abgekoppelt wohnt verbreitet privat gelesenen literarischen Erzählungen das Potential inne, Lebensformen zu bestätigen, zu hinterfragen und gegebenenfalls zu verändern. Genau darin liegt ihre ethische Dimension.

---

rischer Gesellschaftskritik im amerikanischen Roman der 1850er Jahre (Hamburg: Dr. Kovač, 2003).

[16] Bell, "Conditions of Literary Vocation" 11-73.

[17] Baym, *Novels, Readers, and Reviewers* 14. Auf der Basis umfangreicher empirischer Recherchen zu Romanrezensionen in amerikanischen Zeitschriften vor dem Bürgerkrieg schwächt Baym die literaturgeschichtliche Annahme, dass die USA grundsätzlich fiktionsfeindlich waren. Doch "[the] country of novel readers" (14) war an Texte, wie Hawthorne sie schrieb, nicht gewöhnt. Zum literarischen Markt der Zeit siehe auch Hubert Zapf, ed., *Amerikanische Literaturgeschichte* (Stuttgart: Metzler, 1997) 91-92.

[18] Schneider 255-56 und Hartmut Winkler, *Diskursökonomie: Versuch über die innere Ökonomie der Medien* (Frkf./M.: Suhrkamp, 2004) 256.

[19] Deirdre David, "Introduction", David 1-16, hier 1 und Flint.

In der Mittelklasse des viktorianischen England war die Lektüre von Romanen eine gängige Praxis, und im Rahmen der Kapitalisierung des Buchmarktes während des 19. Jahrhunderts avancierte sie dazu auch in den Nordstaaten der USA.[20] Regelmäßiges Lesen

> could consolidate one's sense of belonging to a particular sector of society, which could reinforce religious or gender norms: which could, in other words, confirm one's belief in the security, rightness, and communality of the life one led. On the other hand, it provided a space for exploring the self, trying out new thoughts, new possibilities, in private. Reading fiction, an activity which combined flexing the imagination with anticipating and reacting to the dynamics of a range of narratives, was a vicarious means of inhabiting other lives, and, potentially, changing one's own.[21]

Zu dieser Konsolidierung der Schrift und der Fiktion haben eine Reihe von Faktoren beigetragen. Bis 1830 sind die mit dem Druck verbundenen Prozesse der Papierherstellung, des Setzens und der Herstellung der Druckerpressen selbst voll mechanisiert und bis dahin sehr unterschiedliche Publikationsformen des Romans weitgehend standardisiert.[22] Kanäle, Straßen und vor allem die Eisenbahn – Vorbote neuer Wahrnehmungsformen von Raum und Zeit sowie Katalysator des Kapitalismus auf beiden Seiten des Atlantiks[23] – sorgen für eine bessere Distribution.

---

[20] In den präkapitalistischen amerikanischen Südstaaten ist die literarische Entwicklung durch einen anachronistisch als nicht-professionell konzeptualisierten Literaturbegriff gehemmt. Die Produktion solcher Autoren wie William Gilmore Simms (1806-1870) und John Peddleton Kennedy (1795-1870) orientiert sich am literarischen Markt des Nordens. Siehe Michael Davitt Bell, "Conditions of Literary Vocation", *The Cambridge History of American Literature, vol. 2: 1820-1865*, ed. Sacvan Bercovitch et al. (Cambridge: CUP, 1995) 9-123, hier 59-65. Jehlen und Bercovitch weisen auf die anglophile Ausrichtung der Südstaatenliteratur hin. Diese Vorliebe für eine "elite English culture" scheint mir allerdings weniger dem britischen Vorbild als dem Antagonismus zu den Nordstaaten geschuldet zu sein. Siehe Myra Jehlen, "Introduction: Beyond Transcendence", *Ideology and Classic American Literature*, ed. Sacvan Bercovitch und Jehlen (Cambridge/NY: CUP, 1986) 1-18, hier 1; Sacvan Bercovitch, "Afterword", Bercovitch/Jehlen 418-42, hier 420.

[21] Flint 29; Baym, *Novels, Readers, and Reviewers* 44-62; Gilmore, "The Book Marketplace I" 49-54.

[22] Asa Briggs und Peter Burke, *A Social History of the Media. From Gutenberg to the Internet* (Cambridge: Polity, 2002) 106-20; Faulstich und Rückert 94-147; Simon Eliot.

[23] Siehe Schivelbusch und Christopher Keep, "Technology and Information: Accelerating Developments", *A Companion to the Victorian Novel*, ed. Patrick Brantlinger und William B. Thesing (London: Blackwell, 2002) 137-54, sowie Briggs und Burke 121-28 und Schneider 235-37.

Druckerzeugnisse sind nun erstmals preisgünstig für einen sich ausdifferenzierenden Massenmarkt produzierbar, zumal Bevölkerungszuwachs, Bildungsprogramme und das gesteigerte Maß an frei verfügbarer Zeit für immer breitere Bevölkerungsschichten die Nachfrage nach neuem Lesestoff erhöhen.[24] Außerdem treibt die weit verbreitete Produktion und Konsumption von Schrift, d.h. die Proliferation von Information und ein entsprechender "sense of cognitive overload",[25] die Professionalisierung und die Entstehung neuer Disziplinen voran. Diese Formen der Spezialisierung gehen mit der Antagonisierung von theoretischem und praktischem Wissen, individuellen und kollektiven Bedürfnissen, imaginativer und rationaler Wahrheit, sowie subjektiver und objektiver Wahrheitsbezeugung einher.[26] Die Professionalisierung zeigt sich beispielsweise an der zunehmend spezialisierten Organisation des Drucker- und Verlegergewerbes, in der Stärkung der Autorfunktion und der Entwicklung der Autorschaft als Beruf sowie in der Einrichtung von Literaturstudiengängen.[27] Nicht zuletzt schlägt sie sich in der "Geburt" des modernen Copyright im Rahmen der 1774 getroffenen Entscheidung des britischen Oberhauses nieder, die den bereits seit 1709 bestehenden *Copyright Act* bestätigte.[28]

Auf dieser Basis kann sich Literatur als ein relativ eigenständiges Symbol- und Sozialsystem entwickeln, das sich auf einen stabilen und ausbaufähigen literarischen Markt sowie auf einen – vor allem in Amerika durchaus umstrittenen – Begriff von Literatur als ästhetischem Objekt stützt. Das in diesem Zusammenhang immer wieder als Meilenstein identifizierte Datum ist das Jahr 1830.[29] Dieses Datum korrespondiert mit dem traditionellen historiographischen Endpunkt der britischen Romantik, also mit dem Abschluss eines Zeitraums, innerhalb dessen

---

[24] Flint 19-20.
[25] Keep 151.
[26] McQuire 36-40.
[27] Christoph Reinfandt, *Romantische Kommunikation: Zur Kontinuität der Romantik in der Kultur der Moderne* (Heidelberg: Winter, 2004) 171-214; Siskin, *The Work of Writing* 155-227; Gerald Graff, *Professing Literature: An Institutional History* (Chicago: U of Chicago P, 1987) und Kelly J. Mays, "The Publishing World", *A Companion to the Victorian Novel*, ed. Patrick Brantlinger und William B. Thesing (London: Blackwell, 2002) 11-30.
[28] Siskin, *The Work of Writing* 109-12 und Lyman Ray Patterson, *The Nature of Copyright: A Law of User's Rights* (Athens: U of Georgia P, 1991).
[29] Siehe Siskin, *The Work of Writing*; Bell, "Conditions of Literary Vocation"; Werner Faulstich und Corinna Rückert, *Mediengeschichte in tabellarischem Überblick von den Anfängen bis Heute* (Bardowick: Wissenschaftlicher Verlag Werner Faulstich, 1993) 69-147.

sich bis heute wirksame Produktions- und Rezeptionskonventionen stabilisieren, um anschließend als "kulturelle[...] Normalisierung[en] bzw. Universalisierung[en] vormals literarischer Phänomene" in weite Bereiche der Gesamtkultur zu diffundieren.[30] Als einer der ersten, die den Versuch unternommen haben, die Kontinuität romantischer Diskursformationen zu erfassen, formuliert Clifford Siskin besonders prägnant:

> [The early 19th century] was precisely the time at which the constructs and strategies of Romantic texts became normal for the entire culture, not only constituting the new formal and thematic criteria of literariness but also – as the newly charged literary institution took up the cultural work of defining 'real language' and the 'common man' – transforming the prosaic self into what we now think of as the modern subject.[31]

Die strukturellen Veränderungen des Selbstverständnisses, die Siskin ausgehend von romantischen Kommunikationsformen beschreibt, die zuerst in literarischen Texten anzutreffen sind, gehen im Rahmen industrieller und kapitalistischer Expansion mit einer Ausweitung distanzkultureller Lebens- und Kommunikationsformen einher.[32] Romane tragen entscheidend zur Verinnerlichung dieses bürgerlichen Selbstverständnisses bei, indem sie Motive, Wünsche und Bestrebungen individualisieren und als solche naturalisieren. "The romantic artist [...] carries out a crucial class program", argumentiert Joel Pfister und erläutert:

> he not only puts his soul into his work, he puts his idea of a soul into his middle-class readers. His soul-machinery puts a class-specific soul and a class-specific individuality (disguised and aestheticized as universal individuality) into readers who are also workers – mainly middle-class workers. The romantic artist's ideological class assignment is to decorate this middle-class idea of individuality – to make it seem interior, spiritual, and elevating, and even, by implication, psychologically rebellious und thus subjectively potent.[33]

The House of the Seven Gables und *Middlemarch* sind insofern herausragende Beispiele des Genres als sie, über diese allegorische Präsentation essentieller Innerlichkeit hinaus, die sozialen und materiellen Bedingungen von bürgerlicher Identitätsformation identifizieren. Beide Ro-

---

[30] Reinfandt 24.
[31] Clifford Siskin, *The Historicity of Romantic Discourse* (NY/Oxford: OUP, 1988) 9-10.
[32] Zu den Begriffen "Kultur der Nähe" und "Kultur der Distanz" siehe Kapitel I.2. dieser Arbeit.
[33] Joel Pfister, "Hawthorne as Cultural Theorist", Millington, *Cambridge Companion* 35-59, hier 51.

mane weisen die Produktion dessen, was wir noch immer unter Herz, Verstand und Seele verstehen, als kulturelle Kompensationsphänomene innerhalb distanzkultureller Entfremdungserfahrungen aus – mit dem Effekt, dass das Benennen der Entfremdung selbst zum Zeichen subjektiven Empfindungsvermögens avanciert.

1.2 Die Industrialisierung der Sehgewohnheiten

Parallel zu den Konsolidierungsprozessen der Schriftkultur im Allgemeinen und des Romans im Besonderen auf beiden Seiten des Atlantiks erhält die Schrift mediale Konkurrenz. "[T]echnische Erfindungen von gesellschaftsverändernder Bedeutung",[34] insbesondere die Telegrafie (1832) und die Fotografie (1839),[35] werden die Funktion der schriftlichen Repräsentation von Welt langfristig verschieben. Die Entwicklung der elektrischen Telegrafie entkoppelt die Kommunikation vom Personentransport und verbürgt durch die Geschwindigkeit der Übermittlung den Wahrheitsstatus des Bezeugten.[36] Zusammen mit der Eisenbahn ermöglicht sie im Laufe des 19. Jahrhunderts den Ausbau medialer Institutionen zu großen kommerziellen Konzernen, die Entwicklung von internationalen Übertragungsnetzwerken und damit auch die Stabilisierung neuer, zunehmend mediatisierter Formen der sozialen Interaktion.[37] Im Rahmen eines entfesselten Fortschrittsoptimismus und der industriellen sowie wissenschaftlichen Neuerfassung des menschlichen Körpers[38] werden die Neuerungen der Zeit als Produktionsmaschinen konzipiert, die Menschen von Arbeit entlasten bzw. Aufgaben übernehmen würden, die die Fähigkeiten des Menschen über-

---

[34] Faulstich und Rückert 94.
[35] Roland Barthes bezeichnet die Fotografie als ein reines Produkt der industriellen Revolution. Siehe, "Über Fotografie. Interview mit Angelo Schwarz (1977) und Guy Mandery (1979)", *Paradigma Fotografie: Fotokritik am Ende des fotografischen Zeitalters*, ed. Herta Wolf (Frkf./M.: Suhrkamp, 2002) 82-88, hier 82.
[36] Die Telegrafie beruht auf verschiedenen, unabhängig voneinander stattfindenden Entwicklungen. Siehe dazu Briggs und Burke 133-43; Thompson 152-54; Zu ihren Effekten siehe Thompson 31-37.
[37] Siehe Thompson 75-118. Thompson sieht vor allem drei prägende medienindustrielle Trends im 19. Jahrhundert: "(1) the transformation of media institutions into large-scale commercial concerns; (2) the globalization of communication; and (3) the development of electronically mediated forms of communication" (76).
[38] Michel Foucault, *Die Ordnung der Dinge* (Frkf./M.: Suhrkamp, 1974) und *Überwachen und Strafen: Die Geburt des Gefängnisses* (Frkf./M.: Suhrkamp, 1976).

steigen.[39] Das erwartet man auch von der Fotografie: Die Wahrhaftigkeit, die der überzeugend genauen Wiedergabe der Realität immer wieder zugeschrieben wird, verspricht die Möglichkeit einer "Generalinventur der sichtbaren Welt".[40] Der Kunstkritiker und Journalist Jules Janin (1804-74) beispielsweise proklamiert die Hoffnung, die Welt nun als Ganzes – auch das Fremde und Unerreichbare, Natur und Kunst, jedes Detail in der Nähe und Ferne – in den Blick nehmen zu können.[41] In diesem Zusammenhang kursiert auch die Idee der Erzählmaschine, der sprachlichen Daguerreotypisierung der Gesellschaft.[42] Der Detailrealismus der literarischen und bildenden Künste, der im 19. Jahrhundert in Großbritannien, Deutschland und insbesondere Frankreich ebenso verbreitet ist wie in den USA, verdankt nicht zuletzt dem durch die Fotografie gegebenen Versprechen der spontanen und programmatisch unparteiischen Reproduktion der Natur einen entscheidenden Impuls. Auf der Basis einer Akkumulation objektiver Daten sollte die Welt verstehbar werden: "the invention of photography in 1839 had an immense effect on the way people looked at the world and existence in general. Here was precision; the scene, the fact, the episode were faithfully recorded".[43] Fotografie, Sozial- und Kriminalroman sowie die wissenschaftliche Statistik begeben sich vertrauensvoll auf Spurensuche unter den Dingen einer zunehmend flüchtigen und unüberschaubaren Welt.

Wie ich im Laufe dieses und des nächsten Untersuchungsabschnitts noch genauer erörtern werde, besitzt das technisch induzierte Vertrauen in die Beherrschbarkeit der Welt und in die Korrespondenz von Zeichen und Bezeichnetem auch seine Schattenseiten. Diese sind ein Symptom dafür, dass sich die Unüberschaubarkeit der Welt womöglich doch nicht empirisch bändigen lässt. Die Literatur des Modernismus erneuert sich

---

[39] Bernd Busch, *Belichtete Welt: Eine Wahrnehmungsgeschichte der Fotografie* (Frkf./M.: Fischer, 1995) 218, 235; Jonathan Crary, *Techniques of the Observer: On Vision and Modernity in the Nineteenth Century* (Cambridge/London: MIT P, 1990) 129-31.

[40] Busch, *Wahrnehmungsgeschichte* 218. Siehe auch Timm Starl, "Das Aufkommen einer neuen Bildwelt: Gebrauch und Verbreitung der Daguerreotypie", *Neue Geschichte der Fotografie* 33-50. Zur Diskussion der Fotografie im 19. Jahrhundert siehe die Sammlung von Wolfgang Kemp, *Theorie der Fotografie I: 1839-1912* (München: Schirmer/Mosel, 1980) und Gerhard Plumpe, *Der tote Blick: Zum Diskurs der Photographie in der Zeit des Realismus* (München: Fink, 1990).

[41] Busch, *Wahrnehmungsgeschichte* 216-28; Bernd Busch und Irene Albers, "Fotografie/fotografisch", Barck et al. Bd. 2, 494-550, hier 502-04.

[42] Busch, *Wahrnehmungsgeschichte* 220.

[43] J.A. Cuddon, "Realism", *Dictionary of Literary Terms and Literary Theory* (NY/London: Penguin, 1991) 772-77, hier 775 und Vogt 145-47.

nicht zuletzt dadurch, dass sie die Konsequenzen aus dem bereits im 19. Jahrhundert – gerade bei George Eliot und in den Texten der so genannten *American Renaissance* – immer deutlicher werdenden Schwierigkeit zieht, Darstellung und dargestellte Welt zur Deckung zu bringen. Sie kehrt sich explizit von der durch die Kamera erneut gestärkten positivistischen Illusion ab, durch die Imitation empirisch verifizierbarer Details verlässliche Ordnungsstrukturen bereitstellen zu können. Stattdessen verfolgt sie das Ziel, ein neues Bild der Realität zu entwerfen, indem sie in formalen Innovationen eine adäquatere Antwort auf die sich verändernden Herausforderungen der Zeit sucht.[44]

An dieser Stelle interessiert zunächst die formative Strahlkraft der neuen Technik sowie ihrer widersprüchlichen kulturellen Diskursivierungen und Verwendungsweisen auf die optischen Erwartungen und die Wahrnehmungsgewohnheiten der Menschen in den zentralen Dekaden des 19. Jahrhunderts. Im Anschluss an schriftmediale Zirkulationsprozesse machen Fotografie und viele andere Visualisierungstechniken Bilder zu zirkulierenden Konsumgütern. Innerhalb einer zunehmend kapitalistisch organisierten Welt beginnen sie zusammen mit dem Papiergeld, die Menschen in "a single global network of valuation and desire" einzubinden.[45] Die gesteigerte Präsenz von Visualisierungen leitet eine Neu- und Umstrukturierung des Sehens und des Selbstverständnisses ein, die in der rund 150 Jahre später beginnenden digitalen Abstraktion des Visuellen ihre konsequente Weiterentwicklung finden sollte.

In den 1820er und 1830er Jahren experimentierten drei Franzosen, der Autodidakt Joseph Nicéphore Niépce (1765-1833), der Maler, Theaterdekorateur und Betreiber eines Dioramas in Paris Louis Jacques Mandé Daguerre (1787-1851), der Jurist Hippolyte Bayard (1801-87) sowie der wohlhabende britische Mathematiker und Gelehrte Henry William Fox Talbot (1800-77) aus unterschiedlichen Gründen mit Bildaufzeichnungsverfahren. Dabei wurden Metall- bzw. Glasplatten oder Papier mit einem lichtempfindlichen Stoff sensibilisiert und in einem dunklen Kasten durch ein Objektiv belichtet.[46] Es sollte noch ein

---

[44] Siehe dazu Orvell 141-286 und zur bildenden Kunst McQuire 25.

[45] Crary 13. Siehe dazu auch Kevin McLaughlin, *Paperwork: Fiction and Mass Mediacy in the Paper Age* (Philadelphia: U of Pennsylvania P, 2005).

[46] Walter Uka, "16. Foto", *Grundwissen Medien*, ed. Werner Faulstich (München: Fink, [4]2000) 221-38, hier 225. Zur wissenschaftlichen Vor- und zur Frühgeschichte der Fotografie siehe Busch, *Wahrnehmungsgeschichte* 157-270, die ersten (an entsprechender Stelle noch einzeln aufgeführten) fünf Kapitel in Michel Frizot, ed., *Neue Geschichte der Fotografie* (Köln: Könemann, 1998) 15-102; und Busch und Albers 496-516.

weiteres Jahrzehnt dauern, bis die Entwicklung von lichtstärkeren Objektiven und speziellen Papieren, die von unabhängig voneinander arbeitenden Personen an unterschiedlichen Orten vorangetrieben wurde, den Belichtungsprozess beschleunigte und damit den regulären Gebrauch und die Verbreitung der "Lichtschrift" möglich machte. "Die Erfindung der Fotografie ist weder die Tat eines Einzelnen, noch ist sie das Ergebnis eines Geniestreiches", betont Frizot.[47] Trotzdem gilt das Jahr 1839 als das offizielle Geburtsjahr der mimetisch präzisen Daguerreotypie und damit der sich etappenweise ausweitenden und bis zu Beginn der 1850er Jahre allgemein verbreiteten Technik der Fotografie.[48]

Die technische Verknüpfung des optischen Prinzips der perspektivischen Wahrnehmung mit einem chemischen Aufzeichnungsverfahren verbreitet sich so rasant schnell, "als hätte man auf solche Bilder seit langem gewartet".[49] Und tatsächlich knüpft die Fotografie an zentralperspektivische Raumanordnungen an, die die Illusion eines beherrschenden Betrachters vermitteln.[50] Damit ist sie Teil einer umfassenden, industriellen Visualisierung der Kultur des 19. Jahrhunderts.

'Visuelle Kultur' bezeichnet zunächst ganz allgemein Begegnungen zwischen BeobachterInnen und visuellen Technologien wie Ölbildern, Fotografien, Fernsehbildern oder dem Internet,[51] wobei die Formen und die Bedingungen dieser visuellen Begegnungen dem historischen Wandel unterliegen. Die Visualisierung der Kultur des 19. Jahrhunderts zeichnet sich vor allem durch die Industrialisierung der Bildproduktion aus, die die Möglichkeit der Vervielfältigung und einen entsprechenden quantitativen Anstieg visueller Begegnungen sowie die wirkmächtige Suggestion mit sich bringt, Wirklichkeit direkt abzubilden.

---

[47] Frizot, "1839-1840: Fotografische Entdeckungen", Frizot 23-31, hier 23. Siehe auch Starl 33-40; Wolfgang Hagen, "Die Entropie der Fotografie: Skizzen zu einer Genealogie der digital-elektronischen Bildaufzeichnung", Wolf 195-235, hier 196-202.

[48] Der Begriff "photograph" wurde im Februar 1839 von John Herschel (1792-1871), einem Freund Daguerres, vorgeschlagen. Zur ersten Technik, die seit 1840 ein Negativ-Positiv-Verfahren zur Grundlage hatte und mit Papier arbeitete – und daher andere und flexiblere Anwendungen ermöglichte als die Unikate der Daguerreotypie – siehe Michel Frizot, "Eine Automatische Zeichnung: Die Wahrheit der Kalotypie", Frizot, *Neue Geschichte* 59-82.

[49] Starl 35-42. Zur technologischen Verknüpfung physikalischer und chemischer Verfahren siehe Busch, *Wahrnehmungsgeschichte* 157-77.

[50] Siehe McGuire 18-26 und Christian Metz, *Psychoanalysis and Cinema: The Imaginary Signifier* (Bloomington: Indiana UP, 1982) 49.

[51] Die folgenden Ausführungen stützen sich auf Nicholas Mizroeff, *An Introduction to Visual Culture* (London/NY: Routledge, 1999) 1-90, hier 3.

Im 19. Jahrhundert kommen eine Reihe äußerst populärer optischer Geräte auf den Markt, die mit den Unwägbarkeiten visueller Sinneseindrücke experimentieren und den Konsum illusorischer Realitätsabbildungen popularisieren.[52] Thaumatrop oder Wunderscheibe (1825), Phenakistiskop oder Phantaskop (1832) und Zootrop oder Wundertrommel (1834) spielen mit der neu entdeckten Trägheit der Netzhaut und produzieren für die BeobachterIn den Eindruck von Bewegung aus einer Serie einzelner Bilder.[53] Das Kaleidoskop (1817) lebt von der gespiegelten Produktion systematisch wiederholter Selbstreflexionen. Das Panorama (1792) stellt Landschaften und Städteansichten in einem hyperrealistischen Rundblick bzw. einer "Allschau" dar, die dem Zuschauer ein Gefühl der Allgegenwart vermittelt. Stephan Oettermann definiert das Panorama in seiner gleichnamigen Monografie daher als "Maschine, in der die Herrschaft des bürgerlichen Blicks gelernt und zugleich verherrlicht wird, als Instrument zur Befreiung und zur erneuten Einkerkerung des Blicks, als erstes optisches Massenmedium im strengen Sinne".[54] Die Bedeutungsverschiebung, die der Begriff Panorama von der Bezeichnung für eine solche Installation zur Bezeichnung für einen unverstellten Ausblick erfahren hat,[55] verweist bereits darauf, dass diese visuellen Phänomene zu einer nachhaltigen Verinnerlichung von Blicködonomien beitragen, die, wie gleich noch genauer ausgeführt werden soll, *indirekt* Realität bezeugen. Das von Louis Daguerre erfundene Dio-

---

[52] Die folgenden Ausführungen beziehen sich auf Crary 67-136; Heinz Buddemeier, *Panorama, Diorama, Photographie: Entstehung und Wirkung neuer Medien im 19. Jahrhundert* (München: Fink, 1970) bes. 15-51, und Laura Burd Schiavo, "From Phantom Image to Perfect Vision: Physiological Optics, Commercial Photography, and the Popularization of the Stereoscope", *New Media, 1740-1915*, ed. Lisa Gitelman und Geoffrey B. Pingree (London/Cambridge: MIT P, 2003) 113-37. Stärker als Crary betont Schiavo die hier herausgearbeitete Kontinuität von Stereoskop und Fotografie. Für eine Geschichte der Sehmaschinen und Bilderwelten sowie ein Glossar der optischen Medien siehe auch Bodo Derwitz und Werner Nekes, *Ich sehe was, was Du nicht siehst! Sehmaschinen und Bildwelten. Die Sammlung Werner Nekes* (Göttingen: Steidl, 2002).
[53] Für eine genaue Beschreibung und Demonstration dieser optischen Geräte siehe courses.ncssm.edu/gallery/collections/toys/opticaltoys.htm. 24.02.09.
[54] Stephan Oettermann, *Das Panorama: Die Geschichte eines Massenmediums* (Frankfurt/M.: Syndikat, 1980) 9.
[55] Ralf Schnell, "Medienästhetik", *Handbuch der Mediengeschichte*, ed. Helmut Schanze (Stuttgart: Kröner, 2001) 72-95, hier 77-78; Uwe Pirr, "Zur technischen Geschichte des Rundumblicks: Vom Panoramagemälde zur interaktiven Virtuellen Realität", *HyperKult: Geschichte, Theorie und Kontext digitaler Medien*, ed. Martin Warnke, Wolfgang Coy und Georg Christoph Tholen (Basel: Stroemfeld, 1997) 291-330.

rama (1820er) ist im Vergleich zum Panorama zusätzlich bewegt, weist dem Zuschauer einen festen Platz innerhalb der visuellen Maschinerie zu und ist durch eine zeitliche Abfolge von Spezialeffekten wie Wind, Beleuchtung, Nebel und Geräusche belebt. Ein Blick durch das binokulare Stereoskop (1838) blendet zwei unterschiedliche Bilder ineinander und vermittelt den dreidimensionalen Eindruck räumlicher Tiefe. Das Mikroskop, das bereits im späten 16. Jahrhundert erfunden wurde, wird um die Mitte des 19. Jahrhunderts durch achromatisch korrigierte Linsensysteme verbessert und erfährt gerade in Großbritannien beachtliche Verbreitung.[56] Seit 1851 finden darüber hinaus in unregelmäßigen Abständen Weltausstellungen statt, um Industrieprodukte und Kunsthandwerk aus aller Herren Länder zur Schau zu stellen.[57] All diese Visualisierungstechniken stellen insofern *Abstraktionen* von Welt zur Verfügung, als sie vom Dinglichen gelöste Repräsentationen sind, die den Anspruch erheben, die Faktizität der Dinge und Phänomene zu bezeugen. Diese Abstraktionen tragen zu einer bis dahin ungekannten Verbreitung visueller Erfahrungen bei. "In a sense what occurs is a new valuation of visual experience", erläutert Crary: "it is given an unprecedented mobility and exchangeability, abstracted from any founding site or referent".[58]

Was Andrew Prichard 1832 in Bezug auf das Mikroskop ausführt, gilt auch für die anderen visuellen Phänomene der Zeit: Sie versprechen einen genauen Blick, "vision without aberration", setzen aber ein zu interpretierendes Bild an die Stelle der Natur: "they only show us a picture of an object, instead of nature itself".[59] Sie versprechen Transparenz, doch wie die Schrift abstrahieren sie von der unmittelbaren Präsenz und setzen die artifizielle Präsenz der Abbildung an deren Stelle. Gleichzeitig machen sie diese Abstraktion unsichtbar, indem sie sie durch eine konkrete und emphatisch objektive,[60] die Sinne ansprechende Abbildung naturalisieren.

---

[56] Siehe dazu Hubert und Waltraud De Martin, *Vier Jahrhunderte Mikroskop* (Wien: Weilburg, 1983) 19-21, 107-08; Stella Butler, R.H. Nuttall und Olivia Brown, *The Social History of the Microscope* (Cambridge: Whipple Museum, 1986); Harold Malies, *A Short History of the English Microscope: The 19th Century Instrument* (Chicago: Microscope Publications, 1981).

[57] Franz Bosbach und John R. Davis, eds., *Die Weltausstellung von 1851 und ihre Folgen* (München: Saur, 2002).

[58] Crary 14.

[59] Andrew Prichard, *The Microscopic Cabinet of Selected Animated Objects: With a Description of the Jewel and Doublet Microscope, Test Objects, Etc.* (London: Whittaker, Treacher, and Arnot, 1832) 106.

[60] Zur konkreten Qualität visueller Bilder im Gegensatz zur abstrakten Qualität des Wortes siehe Christian Doelker, *Ein Bild ist mehr als ein Bild: Visuelle Kompe-*

Die Technologisierung der Bildproduktion und "the uncanny equivalence between direct and indirect perceptions",[61] die sie mit sich bringt, bewirken eine Verschiebung des Verhältnisses von Subjekt und der äußeren Wirklichkeit. Denn die Industrialisierung der Bildproduktion schiebt sich mit einem genauen, aber interpretationsbedürftigen Abbild zwischen Subjekt und Welt und setzt so im 19. Jahrhundert einen bis heute anhaltenden Prozess der Transformation der Art und Weise in Gang, wie wir der Welt begegnen. Die visuelle Kultur des 19. Jahrhunderts beginnt, die Welt selbst zum Bild zu machen, so dass die BetrachterIn nicht der Welt direkt, sondern einer vermeintlich neutralen und besonders objektiven Repräsentation von Welt begegnet. Die Fotografie ist "a gift given and received across an abyss".[62] In der Begegnung mit dem betrachteten Objekt nimmt die BetrachterIn jedoch unversehens eine produzierende und nicht mehr eine vornehmlich rezipierende Funktion ein.

Im Rahmen der allgemeinen zeitlichen und räumlichen Dynamisierung begünstigt die Visualisierung der Kultur im 19. Jahrhundert eine Ablösung klassischer Sehgewohnheiten, die noch auf einer klaren analytischen Trennung von nachvollziehendem Subjekt und objektiv gegebener Welt sowie auf einer statischen Analogie von Sehen und Tastsinn beruhen. Stattdessen konnte nun ein exaktes *Abbild* der Realität Wirklichkeit bezeugen, wobei der Beobachter zum integralen Teil der Apparatur wird, die die Beobachtung ermöglicht. Die Verschiebung von einem souveränen "klassischen" zu einem kontingenten "industrialisierten" bzw. "romantischen Blick" ist ganz wesentlich eine Folge der industriell in Gang gesetzten Zirkulation von Zeichen, Waren und Bildern. Jonathan Crary erläutert diese Verschiebung anhand der diskursiven Verwendungsweisen (1) der Camera obscura (etwa bei Newton, Locke, Leibniz und Descartes) und (2) des Stereoskops. Diese optischen Geräte fungieren, so Crary, als

> points of intersection where philosophical, scientific, and aesthetic discourses overlap with mechanical techniques, institutional requirements, and socioeconomic forces. Each of them is understandable not simply as the material ob-

---

tenz in der Multimedia-Gesellschaft (Stuttgart: Klett, 1997) 52. Zum anhaltenden Vertrauen in die mimetischen Qualitäteten von Fotografie, Film und Fernsehen siehe McQuire 13-17.

[61] Scott McQuire, *Visions of Modernity: Representation, Memory, Time and Space in the Age of the Camera* (London/Thousand Oaks, CA: Sage, 1998) 1.

[62] McQuire 49.

ject in question, or as part of a history of technology, but for the way in which it is embedded in a much larger assemblage of events and powers.[63]

Die diskursiven Verwendungsweisen von Camera obscura und Stereoskop möchte ich hier kurz ausführen, weil sie eine genauere Konturierung der Verschiebung in den Sehgewohnheiten von einem "klassischen" zu einem "romantischen" oder "industrialisierten" Blick ermöglichen.

(1) Die Camera obscura fungiert in einer post-kopernikanischen Welt unabhängig von technischen Weiterentwicklungen bis ins frühe 19. Jahrhundert als ein Modell dafür, wie empirische und rationalistische Beobachtung der Welt zu wahren Schlüssen über dieselbe führt. Sie gilt als "Hort der Wahrheit", als ein Apparat, der durch die Trennung von Repräsentation im Inneren und der äußeren Realität die freie und monadisch-souveräne visuelle und taktile Erfahrung der bewegten Wirklichkeit ermöglicht. Sie wird als ein Analogon zum menschlichen Auge und zu den rationalen, von jeder körperlichen oder emotionalen Spur befreiten Prozessen des Sehens und des Be*greifens* verstanden:

> If at the core of Descartes's method was the need to escape the uncertainties of mere human vision and the confusion of the senses, the camera obscura is congruent with his quest to found human knowledge on a purely objective view of the world. [...] The camera, in a sense, was a metaphor for the most rational possibilities of a perceiver within the increasingly dynamic disorder of the world.[64]

Das Sehen wird in Analogie zum Tastsinn konzipiert, wobei die Daten der Sinne rational zusammengefügt werden müssen, um Gewissheit über die objektiv gegebene Welt zu erlangen: "the camera obscura allows the subject to guarantee and police the correspondence between exterior world and interior representation and to exclude anything disorderly or unruly".[65]

Doch zu Beginn des 19. Jahrhunderts hat die Camera obscura als Anordnung für ein objektives erkenntnistheoretisches Prinzip, das auf einer Analogisierung von Sehen und Tastsinn beruht, ausgedient. Denn diese Anordnung setzt die Vorstellung einer statisch gegebenen Welt vo-

---

[63] Crary 8.
[64] Crary 25-66, hier 48, 53. Vgl. Dazu McQuire 18-26, bes. 22.
[65] Crary 42-43. Siehe dazu auch Wolfgang Iser, *The Range of Interpretation* (NY: Columbia UP, 2000): "throughout the Age of Enlightenment there was still an unquestioned belief that whatever had been organized according to the rules and categories of reason presented either a state of affairs or an object as it really was" (45).

raus – und diese Vorstellung kann der Einsicht in den konstruktiven Charakter von Schrift und Bild im 19. Jahrhundert nicht mehr standhalten:

> The notion of vision as touch is adequate to a field of knowledge whose contents are organized as stable positions within an extensive terrain. But in the nineteenth century such a notion became incompatible with a field organized around exchange and flux, in which a knowledge bound up in touch would have been irreconcilable with the centrality of mobile signs and commodities whose identity is exclusively optical. The stereoscope [...] became a crucial indication of the remapping and subsumption of the tactile within the optical.[66]

Es wird zunehmend klar, dass Verstehen nicht in Analogie zur Camera obscura funktioniert, dass die Welt nicht transparent und die BeobachterIn keine neutrale Instanz ist. In seiner Studie *The Mirror and the Lamp: Romantic Theory and the Critical Tradition* von 1953 fasst der Literaturkritiker M.H. Abrams die epistemologische Verschiebung, die Crary an Camera obscura und Stereoskop festmacht, in den beiden Metaphern des mimetischen Spiegels und der expressiven Lichtquelle der Lampe.[67] Analog zu dem Paradigmenwechsel von einem klassischen zu einem romantischen Modell der Bedeutungskonstitution verschiebt sich das Erkenntnisinteresse und der Ort der Analyse in den Sozialwissenschaften, der Philosophie, der Psychoanalyse, der optischen Physik und der Physiologie von der Außenwelt und ihrer mimetischen Repräsentation auf den Menschen und seinen physiologischen Erkenntnisapparat. Durch die Aufhebung der klaren Trennung zwischen Subjekt und Welt als vorgegebene Bedingung für den Erwerb von Wissen über die Welt wird ein neues Verhältnis zwischen BeobachterIn und Welt gestiftet: Sie bzw. er blickt nicht mehr aus einer inhärent gesicherten und neutralen Position, wie sie das klassische Modell vorsieht, innerhalb eines abgeschlossenen Innenraumes zum alleinigen Zweck der Akkumulation wahren Wissens auf die Weite der äußeren Welt. Im Rahmen einer romantischen Modellierung des Selbst wird die körperlich bedingte Subjektivität stattdessen zur Voraussetzung einer jeden Betrachtung.

---

[66] Crary 62, siehe auch 67-96 und Schiavo.
[67] M.H. Abrams, *The Mirror and the Lamp: Romantic Theory and the Critical Tradition* (NY: Norton, 1953). Klaus Bartels zeigt, dass dieser Paradigmenwechsel seine Vorläufer in frühen Projektionsexperimenten hat. Siehe "Proto-kinematographische Effekte der Laterna magica in Literatur und Theater des achtzehnten Jahrhunderts", *Die Mobilisierung des Sehens. Zur Vor- und Frühgeschichte des Films in Literatur und Kunst*, ed. Harro Segeberg (München: Fink, 1996) 113-47.

Die romantische Aufhebung der klassischen Trennung von Subjekt und Objekt belegt Crary mit Bezug auf Goethes *Farbenlehre* und die Arbeiten des Philosophen und Psychologen Maine de Brian (1766-1824), der sich insbesondere mit der Ausbildung von Gewohnheiten beschäftigte, sowie des Philosophen und Wissenschaftshistorikers Georges Canguilhem (1904-1995):

> For both Goethe and Maine de Brian, subjective observation is not the inspection of an inner space or a theater of representations. Instead, observation is increasingly exteriorized; the viewing body and its objects begin to constitute a single field on which inside and outside are confounded. Perhaps most importantly, both observer and observed are subject to the same modes of empirical study. For Georges Canguilhem, the reorganization of human knowledge at the beginning of the nineteenth century signals an end to the idea of a qualitatively different human order, and he cites the major discovery by Maine de Brian that since 'the soul is necessarily incarnated, there is no psychology without biology'. It was the potentiality of this body that would be increasingly subjected to forms of investigation, regulation, and discipline throughout the nineteenth century.[68]

Das Subjekt wird also selbst zum Objekt der Betrachtung, während gleichzeitig die Formen der Betrachtung einer rationalen, formalen und technischen Regulierung zu unterliegen beginnen. Die Standardisierung der Bilder und die Modernisierung des Blicks, d.h. der Abstraktionsprozess, der visuelle Erfahrung stärker auf die subjektive Wahrnehmung von seriell produzierten Repräsentationen des Realen als auf eine objektiv gegebene und berührbare Welt bezieht, unterwerfen das Subjekt einem festgelegten Beobachterstandpunkt, damit es von dort aus die Illusion gewinnen kann, selbst Kontrolle zu besitzen.

(2) Im Gegensatz zur Camera obscura ist der Effekt des Stereoskops nicht Transparenz, sondern eine ausschließlich visuell produzierte Begreifbarkeit, die visuelle *Illusion* einer "immediate, apparent *tangibility*".[69] Lambert Wiesing spricht bezüglich der industriellen Visualisierung der Kultur auch von "artifizieller Präsenz": der Eröffnung des Blicks auf eine künstlich sichtbar gemachte, quasi "physikfreie" Wirklichkeit durch das Bild.[70] Mit diesem Effekt trägt das Stereoskop dazu bei, die Art und Weise zu definieren, wie Fotografien, die ebenfalls eine in Wiesings Sinne physikfreie Wirklichkeit präsentieren, funktionieren.

---

[68] Crary 73.
[69] Crary 124.
[70] Lambert Wiesing, *Artifizielle Präsenz: Studien zur Philosophie des Bildes* (Frkf./M.: Suhrkamp, 2005) 7.

Die Gebrauchsweisen des Stereoskops exemplifizieren, wie die Industrialisierung des Blicks den klassischen Wissensbegriff erodiert: Sie abstrahieren den Wahrnehmungsprozess von der gegenständlichen Welt und erreichen die Bezeugung visueller Tiefe, beispielsweise von Straßenszenen, häuslichen Arrangements, oder pornographischen Darstellungen allein durch die Organisation optischer Zeichen und die Einbeziehung der Beobachterperspektive in die Apparatur. Instrumentelle Techniken konstruieren so neue Formen einer 'echten' Welt, der sich der Betrachter nicht ausgeliefert fühlen muss, sondern die für ihn beherrschbar erscheint, die also die Wirklichkeit scheinbar seinem Blick ausliefert.

In der Kultur des 19. Jahrhunderts war insbesondere durch die Verbreitung schneller telegrafischer Nachrichtenübertragung das Verlangen auch nach visueller Teilnahme groß. Dieses Bedürfnis förderte die Entstehung einer grenzüberschreitenden Illusion von Realität und es bahnte der menschlichen Wahrnehmung den Weg für die referentiell ungebundene Flut von Bildern und Tönen, die die zunehmend audiovisuell geprägte Kultur der Moderne produzieren wird, um sich ihrer Realität zu vergewissern: "In effect, vision is redefined as a capacity for being affected by sensations that have no necessary link to a referent, thus imperiling any coherent system of meaning".[71] Dabei ist die Erzeugung immer höherer mimetischer Standards der Wahrheitsbezeugung und die dadurch gestützte Illusion der Unmittelbarkeit nur eine Seite der Medaille. Sie ist einem Blickwinkel verpflichtet, der deren andere Seite systematisch ausblendet: die bereits durch das Stereoskop vorbereitete, systematische Entkopplung zwischen Wahrnehmung und ontologisch gegebenem Objekt, zwischen der Nachträglichkeit der Abbildung und der Vergangenheit des Vorbilds, zwischen Bild und Spur. Im Gegensatz zum Stereoskop, das diesen Effekt eher ausstellt als verschleiert, vermag die Fotografie die Fiktion der referentiellen Illusion und die Vorstellung eines kontrollierenden Beobachtersubjekts eher zu bewahren.[72] Als technisches Verfahren, das überzeugend und fast selbstverständlich den Schein von Objektivität und Originaltreue zu vermitteln vermag, während es beliebig reproduzierbare und flexibel rekontextualisierbare Abbilder zur Verfügung stellt, ist die Fotografie ein entscheidendes Moment in der Geschichte der Wirkmächtigkeit medialer Realitäten vor dem Hintergrund ihrer (weitgehend verschleierten) referentiellen Entkopplung.

---

[71] Crary 91.
[72] Siehe Crary 133-36, 149-50 und McQuire 26-32.

1.3 Wie die Fotografie sich und die Welt entwickelt

Beflügelt von ökonomischen und naturwissenschaftlichen Interessen und damit *den* klassischen Fortschrittsmotoren des 19. Jahrhunderts, sind Daguerreotypien bereits im Herbst des Jahres 1839 in vielen größeren europäischen Städten und in New York im Handel zu erwerben. Das zu Reichtum gekommene gehobene Bürgertum bestätigt mit den Produkten des modernsten Bildgebungsverfahrens seinen neu erworbenen sozialen Status als Avantgarde der Geschäftswelt.[73] Dies ist insbesondere in den USA der Fall. Zum einen liegt das an der bis dahin wesentlich kürzeren amerikanischen Bildtradition und der entsprechend schwächeren Konkurrenz zu den Idealen der zeitgenössischen Kunst, zum anderen an dem Bedürfnis der neuen Welt, ihre politische Emanzipation symbolisch zu besiegeln. Von New York und Philadelphia ausgehend verbreitet sich die Daguerreotypie daher rascher und aufgrund der geographischen Weite des Landes länger anhaltend als in Europa.[74]

Im Zuge der Industrialisierung wird die Daguerreotypie hoffnungsfroh als Dienerin der forschenden Neugierde sowie der Dokumentation und Bewahrung begrüßt, aber auch skeptisch, vereinzelt sogar empört abgelehnt: "From its birth the medium aroused contradictory responses".[75] Wo viele technischen Fortschritt, Präzision, Aktualität und eine Demokratisierung des Bildgebrauchs sehen, fürchten andere Alchemismus, blasphemische Anmaßung, Geistlosigkeit und den Verfall der Einbildungskraft.[76] Bezeichnenderweise verkehrt der Daguerreotypist Holgrave in Hawthornes *The House of the Seven Gables* mit Anarchisten, Vegetariern und Anhängern des Mesmerismus. Er ist zudem der Nachkomme eines Mannes, welcher der Zauberei überführt und dafür gehenkt wurde. Seine Beschäftigung mit der Daguerreotypie wird dadurch in ein zweifelhaftes Licht gerückt. Trotzdem glaubt der Protago-

---

[73] Busch und Albers 506.
[74] Zu den unterschiedlichen Verbreitungsformen der Daguerreotypie auf den beiden Seiten des Atlantiks siehe Trachtenberg, "Introduction" x-xii. Zur amerikanischen Tradition der Fotografie siehe Robert Taft, *Photography and the American Scene: A Social History, 1839-1889* (1938; NY: Dover, 1964); Richard Rudisill, *Mirror Image: The Influence of the Daguerreotype on American Society* (Albuquerque: U of New Mexico P, 1971) 3-32; Martha A. Sandweiss, ed., *Photography in Nineteenth-Century America* (NY: Harry N. Abrams, 1991).
[75] Alan Trachtenberg, *Reading American Photographs: Images as History. Mathew Brady to Walker Evans* (NY: Hill & Wang, 1989) 3.
[76] Trachtenberg, *Reading American Photographs* 13-15; Cathy Davidson, "Photographs of the Dead: Sherman, Daguerre, Hawthorne", *The South Atlantic Quarterly* 89.4 (Fall 1990): 667-701, hier 677-86.

nist Holgrave an die mimetische Kraft seiner Erzeugnisse. Der Autor Hawthorne dagegen nutzt die Daguerreotypie, wie sich unter 2.2 noch genauer zeigen wird, als poetologische Rechtfertigung für die gegenüber der *novel* größere imaginative Freiheit der *romance*, indem er der Daguerreotypie gerade die Fähigkeit zuschreibt, das Unsichtbare sichtbar zu machen.

Die unterschiedlichen Positionen zur Technik der Fotografie berufen sich auf Grundoppositionen wie die zwischen Kunst und Technik, Romantik und Realismus, Künstler und Maschine, Imagination und oberflächlicher Erscheinung, Leben und Tod.[77] In diesen Argumentationen und vor dem Hintergrund rasch einsetzender Diversifikationsprozesse in den sozialen Gebrauchsweisen der Fotografie gewinnt bereits in den ersten Jahrzehnten nach ihrer Erfindung eine Diskussion des Fotografischen an Kontur, die in Analogie zu der oben skizzierten Opposition zwischen klassischen und romantischen Positionen oszilliert.[78] Die jeweiligen Argumente für eine klassisch-wissenschaftliche oder aber eine romantisch-magische Sichtweise auf die Daguerreotypie gehen mit entsprechenden Diskussionen um die mimetisch-kopierende oder expressiv-gestalterische Funktion des Mediums einher.[79]

Bei dieser bis heute periodisch wiederaufflammenden Debatte spielen zwei bereits in der ambivalenten materiellen Qualität der Daguerreotypie angelegte Positionen eine zentrale Rolle, die nicht immer so unvereinbar sind, wie sie häufig erschienen: die der Dokumentaristen und die der Kunstfotografen.[80] Die einen argumentieren "klassisch" und konzipieren die Fotografie als eine handwerkliche Abbildtechnik, setzen sie als wissenschaftliches Korrektiv menschlicher Wahrnehmung oder, sozial gewendet, als visuell erschütterndes Hilfsmittel für die Durchsetzung von Reformen ein.[81] Diese dokumentarische 'Selbstabbildung' der Dinge mündet in den modernen Bildjournalismus und die Pressefotografie. Die Kunstfotografen hingegen argumentieren "romantisch" und knüpfen

---

[77] Busch und Albers 536.
[78] Busch und Albers 496, 508-11.
[79] Siehe dazu Trachtenberg, *Reading American Photographs* 4. Zum Kampf um die Kunstwürdigkeit der Fotografie siehe Busch und Albers 508-11.
[80] Siehe Michel Frizot, "Die Transparenz des Mediums: Vom Industrieprodukt zum Kunstgegenstand" und Mike Weaver, "Künstlerische Ambitionen: Die Versuchung der Schönen Künste", beide in Frizot, *Neue Geschichte* 91-101, 185-94; Herta Wolf, "Einleitung", Wolf 7-19, hier 14-18; Busch, *Wahrnehmungsgeschichte* 178-270; Busch und Albers 508-11.
[81] Gegen Ende des Jahrhunderts waren sie prominent vertreten durch die Amerikaner Mathew Brady (1823-1896) und Eadweard Muybridge (1830-1904) sowie Jacob A. Riis (1849-1914) und Lewis Hine (1874-1940).

entweder an die Tradition der Malerei an, oder bemühen sich um die Etablierung der Fotografie als eigenständige Kunst.[82] Sie erheben den Gestaltungsanspruch der Licht*schrift* zum Gegenmodell der Vorstellung, dass die Technik die subjektive Imagination umgehe und lediglich "die natürliche Ein-Bildung der Sprache der Dinge sei". Sie machen auf die gezielte Steuerung des kulturell kontextualisierten Räderwerks der Fotografie aufmerksam: "in seinem künstlerischen Eingriff tritt der vom objektivistischen Ähnlichkeitspostulat verdeckte Produktionszusammenhang des fotografischen Blicks offen und begehrlich hervor".[83]

Doch schon die Daguerreotypie selbst, viel gepriesen als bis dahin unübertroffen exaktes Dokumentationsmittel, das eine regelgeleitete und nicht durch die menschliche Hand verfälschte Selbstabbildung der Dinge zur Verfügung stelle, erweist sich in mehrfacher Hinsicht als ambivalent, d.h. als ebenso zugänglich für klassisch-abbildende wie für romantisch-gestaltende Modellierungen der Technik. Erstens bleiben bereits aus der Malerei bekannte Motive die beliebtesten Quellen fotografischer Bilder. Kultur und Tradition stellen sich auch in der technischen Aufzeichnung zwischen die Welt und ihre vermeintlich exakte Abbildung. Zweitens erzeugt die spiegelnde Oberfläche der Daguerreotypie, die Negativ und Positiv auf einer Ebene vereint, in Abhängigkeit vom Standpunkt des Betrachters Lichtreflektionen. Dieses Phänomen macht auf die Abhängigkeit der mimetischen Qualität der Abbildung von einer Normierung der Blickrichtung aufmerksam und steht darüber hinaus in einer alchimistischen Tradition, an die, wie Busch ausführt, "der neuartige Gebrauch der überlieferten Elemente – der dunklen Kammer, des Lichts und der Leuchtstoffe" anknüpft:

> Der technisch produzierte Wahrnehmungsgegenstand der Daguerreotypie gebietet die Einjustierung des Wahrnehmungskörpers auf den richtigen Standpunkt, im Grunde den unkörperlichen Augenpunkt der Perspektive, der Macht

---

[82] Die Anknüpfung an die Malerei erfolgt zum Teil in umstrittener Weise. Edward Weston und Roland Barthes kritisieren beispielsweise die Tradition der Fotomalerei, den Piktorialismus (wie ihn vor allem Henry Peach Robinson [1830-1901] vertrat), als fehlgeleitet. Siehe Edward Weston, "Seeing Photographically", *Classic Essays on Photography*, ed. Alan Trachtenberg (New Haven, CT: Leete's Island, 1980) 169-75 und Barthes, "Über Fotografie" 83. Die Kunstfotografen waren prominent vertreten zunächst durch den französischen Maler und Wegbereiter der Papierfotografie Gustave Le Gray (1820-1882), die in Indien geborene und in Frankreich erzogene überzeugte Anglikanerin Julia Margaret Cameron (1815-1879), später durch den Deutschen Hugo Erfuth (1874-1948) sowie den Amerikaner Edward Steichen (1879-1973) und Alfred Stieglitz (1864-1946). Zu diesen unterschiedlichen Traditionen siehe Frizot, *Neue Geschichte*.

[83] Busch, *Wahrnehmungsgeschichte* 226.

und Realitätsmächtigkeit verheißt und begründet. Zwei konstitutive Pole des fotografischen Verfahrens werden hieran erkennbar. Die richtige Betrachter-Position liegt im Kreuzpunkt zweier Kraftlinien: der der Scharfsinnigkeit und der des Lichts, das nicht direkt einfallen darf, damit es das beobachtende Auge nicht blendet. [...] Verläßt der Betrachter den Blickwinkel des legitimen und legitimierten Sehens, so blockieren sich sein musterndes Beobachten des Bildes und die Lichtstrahlen auf dem Spiegelbild der Welt gegenseitig. Er fällt aus dem Rahmen und verliert seine Zentralperspektive: das Schattenreich des Negativs tritt zutage – eine umgekehrte, verkehrte Welt, eine Unwirklichkeit, die von der Positivität des genauen Sehens verleugnet und ausgegrenzt wird. Im Extremfall ist sogar nur das glänzende Modell wahrzunehmen, bedeckt von rätselhaften Hieroglyphen – der gleißende alchimistische Beiklang der Fotografie tritt hervor.[84]

In diesem Übergang von einem positiven Abbild, das die subjektive Wahrnehmung bedingt und normiert, zu seinem Negativ, das den Blick des Betrachters zum außerordentlichen macht, tritt also drittens die Materialität der spiegelnden Platte und des Lichts selbst hervor. Genau auf dieses Oszillieren bezieht sich die unter Abschnitt 2.2 genauer untersuchte Abneigung der Phoebe Pyncheon gegen die Daguerreotypien Holgraves in Hawthornes *The House of the Seven Gables*:

> I don't much like pictures of that sort – they are so hard and stern; besides dodging away from the eye, and trying to escape altogether. *They* are conscious of looking very unamiable, I suppose, and therefore *hate to be seen*. [...] *I don't wish* to see it any more.[85]

Mit dem Realismuseffekt, den die Fotografie produziert, trägt sie – zunächst kaum wahrnehmbar und im geschäftsmäßigen Gebrauch der Technologie vielfach verdrängt und doch nachhaltig wirksam – zur Habitualisierung eines subjektiv perspektivierten Wirklichkeitszugriffs bei. Dabei überschneiden sich unterschiedliche Rezeptionsvorgaben, nämlich zum einen dominant klassisch-objektivistische, die durch die Technik noch einmal gestärkt werden, und zum anderen bis dahin ausdifferenzierte romantisch-subjektivistische, deren gesamtkulturelle Stabilisierung Siskin als "lyric turn" bezeichnet.[86] Die Kennzeichen romanti-

---

[84] Busch, *Wahrnehmungsgeschichte* 213, siehe auch 198.
[85] Nathaniel Hawthorne, *The House of the Seven Gables* (1851; NY: Penguin, 1981) 91; meine Hervorhebung. Die Seitenzahlen zu allen weiteren Zitaten aus dem Text werden unter Bezugnahme auf diese Ausgabe in Klammern angegeben.
[86] Siskin, *Romantic Discourse*. Vgl. dazu die Ausführungen zur Zentralität von Metaphern des Sehens und Bauens bei den amerikanischen Transzendentalisten in Dieter Schulz, *Amerikanischer Transzendentalismus: Ralph Waldo Emerson*,

scher im Gegensatz zu klassischen Rezeptionsvorgaben sind die Interiorisierung und die Markierung von Interpretationsbedarf. "Romantic lyrical features, then", so schreibt Siskin, mit Bezug auf die Entwicklung literarischer Konventionen,

> can be understood as those features intended to produce in specific interrelations, through strategies of inadequacy *or* excess, an effect of fragmentation experienced by the disciplined reader as a call for interpretive activity. These include: flexible blank verse, measured stanzas, economy of language, multiplicity of metaphor, seriality, deliberate fragmentation, negative transitions, apostrophes, reader surrogates and framed narration. Their cumulative effect is ultimately self-referential because, in their appeal to the reader, they call attention to the discourse they constitute.[87]

Diese Strategien autorisieren das Konzept eines offenen, sich entwickelnden Selbst,[88] das sich aufgrund von Beobachtung und Analyse im Rahmen der Interpretationsarbeit verändert. Die Interpretationsfähigkeiten, die das neue Bildgebungsverfahren mit der Bereitstellung objektiv-mimetischer aber beliebig vervielfältigbarer und neu kontextualisierbarer Verweise auf substantielle Referenten voraussetzte,[89] sind also kulturell bereits eingeübt. Sie tragen zur Herausbildung eines Selbstverständnisses bei, das eben jener ungebundenen fotografischen Fragmente bedarf,[90] um sich selbst zu bestätigen. Aus dieser Perspektive betrachtet konnte sich die Technik der Fotografie auch deshalb so rasch verbreiten und popularisieren, weil sie dem intellektuellen und emotionalen Bedürfnis des so konstituierten Selbst nach der Stiftung von Zusammenhängen entsprach: "Image and perspective both imply sight and vision: an act of reading".[91] In diesem Akt des Lesens manifestiert sich das neue, "romantische" Selbst.

Die wachsende kulturelle Signifikanz der Subjektivität war im 19. Jahrhundert allerdings auch Gegenstand von Verdrängung und Regulierung:

Henry David Thoreau, Margaret Fuller (Darmstadt: Wissenschaftliche Buchgesellschaft, 1997).
[87] Siskin, *Romantic Discourse* 55.
[88] Siehe dazu Siskin, *Romantic Discourse* 94-124, bes. 95.
[89] Siehe Oliver Wendell Holmes, "The Stereoscope and the Stereograph", *Classic Essays on Photography*, ed. Alan Trachtenberg (New Haven, CT: Leete's Island, 1980) 71-82. Holmes stellt eine Analogie zwischen monetärer und fotografischer Transformation von Substanz in Form her. Zu Holmes Theorie der ubiquitären Zirkulation der Bilder siehe Busch und Albers 505-06.
[90] Siehe Susan Sontag, *On Photography* (NY: Picador, 1973) 71.
[91] Trachtenberg, *Reading American Photographs* 290.

In the name of Reason, much was occulted as superstition, folklore, mysticism, primitivism, or madness, or routinely stigmatized as irrational and emotive – often simply feminine – and thus disqualified from the threshold of legitimate knowledge.[92]

Trotz der Subjektivierung des Wirklichkeitszugriffs bewirkt das von Benjamin als "die blaue Blume im Lande der Technik"[93] bezeichnete fotografische Verfahren auch eine erneute Stärkung der bürgerlichen Rationalität und des naturwissenschaftlich-positivistischen Denkens. Denn die Technik verbindet die beiden Pole der Erkenntnisarbeit, Subjekt und Objekt (indem sie die körperlich bedingte Subjektivität des Betrachters zur Voraussetzung der Betrachtung macht), während sie dieselben auf einer anderen Ebene voneinander trennt (indem sie die repräsentierte Welt der kühlen Betrachtung ausliefert). So sehr die Fotografie die Subjektivität untermauert, trägt sie auch dazu bei, sie zu kanalisieren: "the valorization of photographic objectivity moved in concert with, rather than in opposition to, the new concern for embodied vision".[94] Die Fotografie, so Busch,

> lieferte [die Welt] dem Studium aus [und] erschloß dem Subjekt einen 'privilegierten Beobachterstandpunkt'. Die aus dem Fluß der Zeit und der Alltäglichkeit herausgehobene Wahrnehmung konnte die ganze Kraft und Neugier der Beobachtung entfalten. Sie inaugurierte jene subjektive Machtanmaßung, die bereits die Aufklärung im 'Prinzip der Rahmenschau' angestrebt hatte, ja, die schon zu Beginn der Neuzeit in der Struktur der Perspektivität als programmatische Version der Subjekt-Objekt Beziehung hervorgetreten war.[95]

Indem die Fotografie die Welt dem Blick ausliefert, vermittelt sie dem Betrachter die Illusion, selbst nicht der Flut der Welt ausgeliefert zu sein.

Die im Medium der Fotografie wirksame Spannung zwischen suggeriertem Objektivismus der Abbildung und Subjektivismus des Blickes, der die Abbildung aktualisiert, ist bereits früh identifiziert worden und erfasst Busch zufolge "ein zentrales Moment des bis heute gültigen fotografischen Diskurses". Trotzdem bleiben die verunsichernden Implikationen dieser Spannung weitgehend im Verborgenen. "Bei aller Subjektivierung der fotografischen Sicht, bei aller Ästhetisierung und konnota-

---

[92] McQuire 35.
[93] Zitiert nach Hubertus von Amelunxen, "Das Memorial des Jahrhunderts: Fotografie und Ereignis", Frizot, *Neue Geschichte* 131-47, hier 132.
[94] McQuire 36.
[95] Busch, *Wahrnehmungsgeschichte* 222. Das Zitat im Zitat stammt aus John White, *The Birth and Rebirth of Pictorial Space* (London: Faber&Faber, 1967) 123.

tiven Überlagerung, blieb", so stellt Busch klar, "das Authentizitätspostulat der unverzichtbare Legitimationshintergrund der Fotografie".[96] Gerade im alltäglichen, geschäftsmäßigen Gebrauch der Fotografie tritt die Entkopplung der Wahrnehmung von der Welt, die das Stereoskop so deutlich vor Augen führt, in den Hintergrund. Die Fotografie beglaubigt die vergangene Präsenz dessen, was sie abbildet und macht dadurch, wie Roland Barthes erläutert, erstmals "die Vergangenheit so gewiss wie die Gegenwart" und "das, was man auf dem Papier sieht, so gewiß, wie das, was man berührt".[97] Diese Beglaubigung von Präsenz hält die Angst in Schach, die zumindest aus psychoanalytischer Perspektive dem Streben nach technischer Perfektionierung innewohnt: die Angst nämlich, von der unstrukturierten Welt, den eigenen Sehnsüchten und den Schattenseiten des technischen Traums überwältigt zu werden. "[D]er von der Fotografie entfesselte und forcierte Augenhunger [trägt] die Male einer zunehmenden Ohnmachtserfahrung" vor der Wirklichkeit. Der technisch stabilisierte, optische Zugriff auf die "Bild-Beute" stellt sich dieser Ohnmacht entgegen. Er trotzt dem Zweifel an der objektiven Gegebenheit der Wirklichkeit und deren Fähigkeit, das Individuum in seiner Souveränität zu bestätigen.[98]

Bereits die frühen Fotografen erkannten, dass ihre Technik zu einer Entkopplung von Wahrnehmung und ontologisch gegebenem Objekt beiträgt, die schon das Stereoskop ausstellt. Die Lektion ihrer Tätigkeit war, so schreibt Trachtenberg,

> that meanings are not fixed, that values cannot be taken for granted, that what an image shows depends on how and where and when, and by whom, it is seen. The connection between photography's image-world and the real world or *Lebenswelt* of everyday life defines a problem – a question rather than a certain answer.[99]

Das technische Instrumentarium der Fotografie bedroht also durch die flexibel rekontextualisierbare Vervielfältigung der Abbildungen die Gegebenheit der Welt, die Vorstellung des transparenten Zeichens und "die Souveränität als Attribut individueller Existenz". Gleichzeitig wird sie

---

[96] Busch, *Wahrnehmungsgeschichte* 226. Siehe auch Busch und Albers 511 und Carol Shloss, *In Visible Light: Photography and the American Writer, 1840-1940* (NY/Oxford: OUP, 1987) 25-53.
[97] Roland Barthes, *Die helle Kammer: Bemerkungen zur Photographie* (Frkf./M.: Suhrkamp, 1989) 92-99, hier 97.
[98] Busch, *Wahrnehmungsgeschichte* 234. Siehe dazu auch Siskin, *Romantic Discourse* 194.
[99] Trachtenberg, *Reading American Photographs* 19-20.

zum Garanten der Wirklichkeit und "zum Organ der Wirklichkeitsbemächtigung".[100]

Die Diskussion um die Fotografie als Medium der objektiven Wiedergabe einer als gegeben vorausgesetzten Welt oder der subjektiven Gestaltung eines Verständnisses einer Welt, die jenseits dieser Gestaltungen unzugänglich bleibt, ist insofern folgenreich, als im Anschluss an die Schrift zum ersten Mal ein im engeren Sinne technisches Medium die Semiotisierung und damit die Infragestellung des Status der Erfahrungswirklichkeit veranlasst.[101] In dieser Hinsicht ist die Fotografie ein wichtiger Vorläufer der über serielle Reproduktion funktionierenden technischen Medien wie Radio, Film und Fernsehen, die die Wahrnehmungsweisen des 20. Jahrhunderts prägen. Busch spricht in diesem Zusammenhang von einem "historische[n] Prozess, in dem die Fotografie am allmählichen Übergang von den herkömmlichen Künsten zu den neuesten elektronischen Verfahren" mitwirkt.[102]

Wie die Fotografie werden Film, Fernsehen und selbst die digitale Audiovision immer wieder als Garanten der Realität konzipiert. "Whether the image is photographic, cinematic, or televisual, belief in a mimetic power *beyond all previous jurisdiction* constitutes the camera's codex".[103] Dieses Ideal der perfekten Imitation, des transparenten Zeichens und der universalen Sprache – das von Fragen des Stils, der Form, des Materials, der Technik und des Mediums unabhängig bleibt –, scheint in Bezug auf immer wieder neue Techniken auf. Gleichzeitig wird dieses Ideal durch eine ungebundene Bilderflut, die eine eigene, interpretationsbedürftige Realität präsentiert, unterlaufen. Wie das Teleskop und das Mikroskop[104] – signalisiert die Kamera Macht und Ohnmacht des modernen Menschen. Einerseits dient sie der Ehrenrettung des entmachteten Subjekts, denn sie stärkt seine Illusion, einen sicheren Platz in der Welt zu haben. Gleichzeitig ist sie Teil einer Anordnung, die die Vorstellung einer vom eigenen bzw. vom vergesellschafteten Blick

---

[100] Busch, *Wahrnehmungsgeschichte* 236.
[101] Faulstich und Rückert 95. Siehe auch Busch, *Wahrnehmungsgeschichte* 8 und Starl 33.
[102] Busch, *Wahrnehmungsgeschichte* 9. Siehe auch Vilém Flusser, *Für eine Philosophie der Fotografie* (Göttingen: European Photography, 1983) 16; Crary 13; Hubertus von Amelunxen, "Fotografie nach der Fotografie", Warnke/Coy/Tholen 369-81.
[103] McQuire 13.
[104] Gerard L'E. Turner identifiziert das Mikroskop als "the most important of that group of scientific instruments classified as optical, that is, as aids to the eye". Siehe *God bless the Microscope! A History of the Royal Microscopical Society over 150 Years* (Oxford: Royal Microscopical Society, 1989) 1.

unabhängig gegebenen Welt auflöst. "Even as photography emerged as the central pillar of the modern hierarchy of realism, it disturbed the paradigm it sought to inhabit", erläutert Scott McQuire und führt aus:

> By combining the directness of embodied perception with a freely transportable image which could be multiplied at will and viewed in a multiplicity of contexts, the camera intersected the configurations of knowledge and formations of subjectivity which had dominated European thought for several centuries, only to set them adrift in new ways.[105]

Das optische Gerät ist "Signum für die dem Menschen zugestandene Herrschaft über die Welt, aber seine Macht bleibt an den Verlust des ursprünglichen, theologisch sanktionierten Einvernehmens von Mensch und Kosmos geknüpft".[106] Symptome dieses Verlusts von gesicherten Bedeutungsrelationen, dem die Fotografie ihr wirkmächtiges Mimesisversprechen entgegenstemmt, sind die Gestaltungsspielräume, die das Medium bietet: die Möglichkeit zur Fälschung, die im Schatten des uneingeschränkten Glaubens an die Authentizität der Bilder ihre Blüten treiben kann,[107] das Ereignis, das eine Fotografie selbst ist,[108] und die in der Regel schriftlichen Kontextualisierungen, die fotografische Bilder konventionell begleiten, weil diese nicht sagen können, was sie zeigen, auch wenn sie doch mehr zeigen, als eine Bildunterschrift zu sagen vermag.[109]

Die Infragestellung des Wirklichkeitsverständnisses durch eine ungebundene Flut gestochen scharfer Abbildungen droht den Blick dem Bereich des Vertrauten zu entreißen und führt da, wo sich die Schrift einen verhältnismäßig gefahrlosen Platz in der Kommunikationslandschaft verschafft hat, zu erneuten Verunsicherungsschüben: "the photographic camera offers the modern subject [...] an image of its own ambivalence, suspended between the silken promise of liberation and nostalgia at loss of anchorage".[110] Mit dieser Ambivalenz sind die Kamera und das fotografische Prinzip bis ins späte 20. Jahrhundert paradigmatisch für die Medienentwicklung und Wirklichkeitskonstruktionen:

> Enthusiastisch begrüßt als Fortschrittszeichen der Modernität, hat [das] fotografische Prinzip im 19. Jahrhundert bis dahin unvertraute und ungeahnte Vorstellungen von Wirklichkeit und ihrer Aufzeichnung begründet und dabei

---

[105] McQuire 26, siehe auch 44-104.
[106] Busch, *Wahrnehmungsgeschichte* 240.
[107] von Amelunxen, "Fotografie und Ereignis" 134.
[108] Vgl. Trachtenberg, *Reading American Photographs* xiii-xvii.
[109] McQuire 48 spricht von der Diskontinuität von Schrift und Bild.
[110] McQuire 55.

den Status des Realen selbst verändert. Um das technische Produktionsverhältnis der Bilder hat sich seitdem ein Netzwerk fotografischer Praktiken und Diskurse entfaltet: unterschiedliche Formen der Bildproduktion und -rezeption, politische, kulturelle oder ästhetische Gebrauchsstrategien, die nicht abreißende Kette von Verständigungsversuchen über die Besonderheiten der Fotografie, aber auch das Gefüge wirtschaftlicher und berufsständiger Interessen, oder technische Neuerungsprozesse und Konkurrenzen mit anderen Künsten und Medien. *In diesem komplexen Netzwerk hat Fotografie sich und die Welt entwickelt.* Sie hat damit die Geschichte des technisch reproduzierten Bildes eröffnet, die zugleich Auftakt und Modell für die Geschichte der technischen Medien überhaupt ist.[111]

Die Aktualität der Frage nach den Funktionsweisen und Effekten der fotografischen Repräsentation in einer Zeit, in der die analoge Fotografie mediengeschichtlich zugunsten einer digital verrechneten Repräsentationen verabschiedet wird, zeigen beispielsweise die Arbeiten der Fotokünstlerin Cindy Sherman. Seit den 1970er Jahren sind Shermans Arbeiten, die immer den Blick der BetrachterIn irritieren, an dem Verhältnis zwischen Bild, BetrachterIn und dem kollektiven kulturellen Imaginären interessiert. Vor allem weisen sie die Fotografie als einen Dokumentationsakt aus, "that screens us from the real even as it points to it".[112] Ohne postmodernistische Konzeptualisierungen sind Shermans analytisch präzise Arbeiten undenkbar.

Fast 150 Jahre früher arbeiten Hawthorne und Eliot vor dem Hintergrund der Verbreitung visueller Ereignisse ohne Zugang zu kulturell etablierten Analysekategorien an vergleichbaren Problemen. Auf sehr unterschiedliche Weise beschäftigen sich Hawthorne und Eliot in ihren Texten mit Fragen nach den Effekten der Repräsentation sowie danach, wie Tradition und Innovation, Stabilität und Veränderung, akkurate Beobachtung und Imagination vereinbar sein könnten. Diese Fragestellungen prägen sowohl die Form ihrer Romane als auch die komplexe Konstitution ihrer Romanfiguren. Die sich an die folgenden Ausführungen zu den Konventionen des Realismus anschließenden Romanlektüren werden zeigen, dass sowohl Hawthornes *The House of the Seven Gables* als auch Eliots *Middlemarch* die Interiorisierung von Normen als eine kompensatorische Entwicklung ausweisen, die im Kontext von zunehmend distanzkulturell geprägten gesellschaftlichen Bedingungen das Bedürfnis nach Nähe, Unmittelbarkeit und Authentizität erfüllt.

---

[111] Busch, *Wahrnehmungsgeschichte* 8; meine Hervorhebung.
[112] Joanna Lowry, "From the Site of Desire to the Scene of Destruction: Photography and the Work of Cindy Sherman", *The Hasselblad Award 1999: Cindy Sherman*, ed. Gunilla Knape (Göteborg: Hasselblad Center, 2000) 3-8, hier 6.

Obwohl im 19. Jahrhundert auf beiden Seiten des Atlantiks die wenigsten Romane inhaltlich von den Neuerungen der Zeit handeln,[113] ist die Fotografie eine Vorbedingung des realistischen wie des fantastischen Romans der Zeit: Das Netzwerk der Praktiken und Diskurse, das sich um die technische Produktion der Bilder entfaltet, erzeugt einen Resonanzraum für vergleichbare Auseinandersetzungen um die Produktion und Rezeption des Romans sowie um seine politischen, kulturellen, wirtschaftlichen und ästhetischen Gebrauchs- und Legitimationsstrategien. Im folgenden Abschnitt gehe ich daher zunächst auf den literarischen Realismus und seine Bezüge zum Fotografiediskurs ein.

1.4 Konventionen des Realismus

So wie die Fotografie im 19. Jahrhundert auf einen fruchtbaren diskursiven und mentalitätsgeschichtlichen Boden fällt, *nährt* sich der Roman – das Genre, das Virginia Woolf ein Jahrhundert später als einen "Kannibalen" bezeichnen sollte[114] – von der durch die Fotografie entflammten Debatte über die Möglichkeiten und Grenzen der realistischen Repräsentation. Jenseits motivgeschichtlicher Interessen verdichten sich verstreute und implizite literarische Verweise auf Fotografien, Fotografen und das Fotografische zu einem ästhetischen Begriffsrepertoire, das der Selbstreflexion literarischer Medialität dient.[115] Die in der amerikanischen Literaturgeschichtsschreibung übliche Unterscheidung zwischen *novel* und *romance*, die im wesentlichen auf Nathaniel Hawthornes Vorwort zu *The House of the Seven Gables* zurückgeht, greift beispielsweise auf Unterscheidungskategorien zurück, die der emergente fotografische Diskurs bereits in Umlauf gebracht hat. Alan Trachtenberg bestätigt:

> The literary distinction between two kinds of mimesis – one strictly adherent to an imitation of the probable and the ordinary, the other less constrained and freer to deploy atmospheric effects – corresponds to a distinction already for-

---

[113] Vgl. Schneider 233. Für die deutsche Literatur bestätigt Plumpe diesen Befund (165-73).

[114] Virginia Woolf, "The Narrow Bridge of Art", *Collected Essays*, Vol. 2 (London: The Hogarth Press, 1966) 218-29.

[115] Busch und Albers 535-50; Erwin Koppen, *Literatur und Photographie. Über Geschichte und Thematik einer Medienentdeckung* (Stuttgart: Metzler, 1986); Jane M. Rabb, *Literature and Photography: Interactions 1840-1990. A Critical Anthology* (Albuquerque: U of New Mexico P, 1995).

mulated in theories of photography at the time, between merely mechanical and self-consciously artistic uses of the medium.[116]

Ein wichtiger Aspekt innerhalb der Debatte um die Möglichkeiten und Grenzen der realistischen Repräsentation ist das Problem der Perspektive, das sich angesichts des Anspruchs aufdrängt, eine absolute Objektivität als wertfreie Teilnahmslosigkeit – "a writing-as-if-one-were-not-present" – zu konzipieren: "Once seen, it is impossible not to continue to see that one of the most pressing problems in our literary history is the problem revealed to us by the camera," schreibt Carol Shloss,

> the problem of coming-upon, of approach, of the politics enacted in and throughout art – not as something that precedes creativity or that stands to the side of it, but as something enacted through the creation of a text and something that remains embodied in it.[117]

In Hawthornes *The House of the Seven Gables* wird dieses Problem der Perspektivität insbesondere in der Figur des Erzählers deutlich. Er selbst bezeichnet sich als einen "disembodied listener" (30) und scheint alles, was er hört, nur weiterzugeben. Doch er steuert den Blick der LeserInnen durch seinen "Wahrnehmungstext", d.h. durch seinen bereits vorgängig gedeuteten und im Text literarisch vermittelten Wirklichkeitsbezug.[118]

Unabhängig davon, ob sich einzelne AutorInnen tatsächlich mit dem Phänomen der Fotografie beschäftigten, stellten die Verwendungsweisen der Kamera ein abrufbares Paradigma für einen dynamisch konzipierten Weltzugriff bereit. Wie die Fotografie (in all ihren Ausprägungen) ist auch der realistische Roman (in all seinen Ausprägungen), wie bereits George Lukács bemerkte, eine Methode der Entdeckung, nicht eine der Wiedergabe von etwas Vorgefundenem.[119] Die neuere Forschung zum realistischen Roman lässt keinen Zweifel daran, dass realistische Schreibweisen – so sehr sie ästhetisch und moralisch dem Drang nach unverzerrter Abbildung und der rein exemplarischen Vermittlung von Grundsätzen und Ideen verpflichtet sind – im Schatten ihres zentralen Versprechens von Wahrscheinlichkeit immer auch Skepsis gegenüber

---

[116] Alan Trachtenberg, "Seeing and Believing: Hawthorne's Reflections on the Daguerreotype in *The House of the Seven Gables*", *National Imaginaries, American Identities: The Cultural Work of American Iconography*, ed. Larry J. Reynolds und Gordon Hunter (Princeton/Oxford: Princeton UP, 2000) 31-51, hier 32.

[117] Shloss 16, 15.

[118] Mehr dazu unter 2.2.3.

[119] George Lukács, *Studies in European Realism: A Sociological Survey of the Writings of Balzac, Stendhal, Zola, Tolstoy, Gorki and Others* (London: Hillway, 1950).

der Erfüllbarkeit dieses Anspruchs kommunizieren.[120] Andererseits ist der realistische Roman im Rahmen der "Vielfalt medialer Inszenierungen, der Ausweitung und Kombination von Textualität, Visualität und Performanz",[121] selten so eindimensional, wie manche poststrukturalistische Kritik ihn zu zeichnen suchte,[122] um dadurch andere Schreibweisen zu legitimieren. Angesichts dieser widersprüchlichen Einschätzungen sind Neubewertungen des literarischen Realismus notwendig. Dies fordert schon in den frühen 1980er Jahren beispielsweise George Levien:

> We need to shift the balance in our appraisal of realism. It was not a solidly self-satisfied vision based in a misguided objectivity and faith in representation, but a highly self-conscious attempt to explore or create a new reality. Its massive self-confidence implied a radical doubt, its strategies of truth-telling, a profound self-consciousness.[123]

Auch der Kunsthistoriker Jonathan Crary fordert eine Überprüfung herkömmlicher Annahmen über das realistische Paradigma, weil es die Subjektivierungstendenzen der Romantik außer Acht lässt, die sich nicht nur in der Kunst und der Literatur, sondern auch in philosophischen, wissenschaftlichen und technologischen Diskursen des 19. Jahrhunderts zeigen. Er vertritt die These, dass diese herkömmlichen Annahmen auf ein vermeintlich neutrales und historisch unverändertes Subjekt rekurrieren, das seine Welt "realistisch" abbilden kann. Dabei wird übersehen, dass der Mensch durch ökonomische und technische Entwicklungen sowie soziale und literarische Diskurse im 19. Jahrhundert als ein Subjekt normiert wird, das sowohl Produkt als auch Produzent des von ihm beobachteten Feldes ist. Ein angemessenes Konzept "realistischer" Re-

---

[120] Vgl. Meinhard Winkgens, *Die kulturelle Symbolik von Rede und Schrift in den Romanen von George Eliot: Untersuchungen zu ihrer Entwicklung, Funktionalisierung und Bewertung* (Tübingen: Narr, 1997) 37.

[121] Schneider 266.

[122] Ein einschlägiges Beispiel ist Colin McCabe, "The End of Metalanguage: From George Eliot to *Dubliners*", *George Eliot*, ed. K.M. Newton (NY: Longman, 1991) 156-68.

[123] George Levine, "From *The Realistic Imagination: English Fiction from* Frankenstein *to* Lady Chatterley"; McKeon 627, rpt. *The Realistic Imagination: English Fiction from* Frankenstein *to* Lady Chatterley (Chicago: Chicago UP, 1981). Vgl. dazu ausführlicher George Levine, *Realism, Ethics and Secularism: Essays on Victorian Literature and Science* (Cambridge: CUP, 2008) und speziell für die amerikanische Malerei und Literatur zwischen Romantik und dem Realismus Ernst-Peter Schneck, *Bilder der Erfahrung: Kulturelle Wahrnehmung im amerikanischen Realismus* (NY/Frkf./M.: Campus, 1999).

präsentation gewinnt innerhalb dieser Konstellation und nicht unabhängig davon Kontur.

Dass Modernisierung nicht einfach eine Verbesserung der Werkzeuge in der Hand eines unveränderten Subjekts bedeutet, unterstreicht auch Lawrence Cahoone mit seinem Verweis auf eine rhetorische Frage des amerikanischen Soziologen Peter Berger:

> [A]re we simply ancient Egyptians in airplanes? That is, is the sole important shift in modernity a difference in the tools that human beings use, rather than a difference in the human beings themselves, their worldview, their sense of self? If only the tools matter, then the sole significant difference between a contemporary corporate executive riding in a Boeing 747 and an astrologer in the Pharaoh's court is the 747.[124]

So verstanden wäre Modernisierung eine rein technische Angelegenheit. Crary dagegen geht von einer "Modernisierung des Subjekts" in Analogie zur Entwicklung der materiellen Kultur aus und unterstreicht damit einen Prozess, dessen Analyse am Leitfaden fiktionaler Texte im Zentrum der vorliegenden Arbeit steht:

> Over the course of the nineteenth century, an observer increasingly had to function within disjunct and defamiliarized urban spaces, the perceptual and temporal dislocations of railroad travel, telegraphy, industrial production, and flows of typographic and visual information. Concurrently, the discursive identity of the observer as an object of philosophical reflection and empirical study underwent an equally drastic renovation. [...] modernity is inseparable from on one hand [sic] a remaking of the observer, and on the other a proliferation of circulating signs and objects whose effects coincide with their visuality, or what Adorno calls *Anschaulichkeit*.[125]

Das Beobachter-Subjekt konfiguriert sich also entsprechend einer Konstellation von neuen Ereignissen und institutionellen Anforderungen. Zweifelsohne können diese Konfigurationen Gegenstand von Kritik sein, doch auch diese Kritik gewinnt ihre Durchschlagskraft in Relation zu raumzeitlich zunehmend inkohärenten, hegemonialen gesellschaftlichen Diskursen und Praktiken.

Crary beschreibt am Beispiel des Stereoskops die qualitativ neue Konfiguration des Betrachter-Subjekts im frühen 19. Jahrhundert als Folge einer abstrahierenden Neubewertung der visuellen Erfahrung: Sie wird mobilisiert, d.h. sie wird aus einem festen raumzeitlichen Bezugs-

---

[124] Lawrence Cahoone, "Introduction", *From Modernism to Postmodernism. An Anthology* (NY/London: Blackwell, 1996) 1-23, hier 11-12.
[125] Crary 10-11.

rahmen gelöst und stattdessen in der empirisch verifizierbaren Körperlichkeit des Subjekts verankert. Dabei wird die Wahrnehmung insofern "entsinnlicht", als Greifbarkeit und Sichtbarkeit zugunsten einer apparativen Stärkung des Sehens getrennt werden und eine sinnlich vielfältige auf eine dominant visuelle Erfassung der Realität reduziert wird. Die Aufwertung oder gar Autonomisierung des Sehens, die mit der ideologischen Autonomisierung des Subjekts einhergeht, autorisiert neue Formen der Wirklichkeitsbezeugung, die nicht mehr auf taktile Vergewisserungen angewiesen sind.[126] Denn die artifizielle Präsenz des Abgebildeten ist ebenso gewiss wie das, was man berührt. So werden "Beobachter-KonsumentInnen" hervorgebracht, die sich über Repräsentationen der Welt und nicht über die gegenständliche Welt ihrer selbst vergewissern:

> [C]ertain forms of visual experience usually uncritically categorized as 'realism' are in fact bound up in *non-veridical* theories of vision that effectively annihilate a real world. Visual experience in the nineteenth century, despite all the attempts to authenticate and to naturalize it, no longer has anything like the apodictic claims of the camera obscura to establish its truth. On a superficial level, the fictions of realism operate undisturbed, but the process of modernization in the nineteenth century did not depend on such illusions. New modes of circulation, communication, production, consumption and rationalization all demanded and shaped a newer kind of observer-consumer.[127]

Als paradigmatische "observer-consumers" ihrer Zeit sind AutorInnen weniger passive *spectatores*, die die sozialen Verhältnisse, so *wie sie eben sind*, registrieren, sondern aktiv kulturkritische Be(ob)achterInnen einer dynamischen Konfiguration von Regeln und Verhaltensweisen, in die sie selbst mit eingebunden sind. Ihre literarischen Produkte haben nicht die Qualität von apodiktischen Bezeugungen, selbst wenn sie als besonders realistische naturalisiert sind. Zu stark sind die Verwerfungen, als dass AutorInnen auf einen kulturellen Konsens zurückgreifen könnten, auf dessen Basis sie die Wirklichkeit ihrer Zeit beschreiben könnten. Sie müssen vielmehr darum kämpfen, diesen Konsens *against all odds* – die Levine nachfolgend in wissenschaftlicher, religiöser, literarischer, sozialer und philosophischer Hinsicht benennt – herzustellen:

> In a culture whose experience included the Romantic poets and the philosophical radicals; Carlyle and Newman attempting to define their faiths; Charles Lyell telling it that the world reveals 'no vestige of a beginning, no prospect

---

[126] Siehe Crary und Vogt 32-33. Diese Entsinnlichung nimmt im Zuge der Digitalisierung, die taktil handhabbare Datenträger wie Fotografien, Videos und Musik CDs obsolet werden lässt, auf einer neuen Ebene zu.

[127] Crary 14.

of an end'; the Higher Criticism of the Bible from Germany; Hume, Kant, Goethe, Comte, and Spencer with their varying systems or antisystems; non-Eucledian geometry and a new anthropology made possible by a morally dubious imperialism; John Stuart Mill urging liberty and women's equality; Darwin, Huxley, and the agnostics; Tennyson struggling to reimagine faith; Browning, Arnold, Swinburne, Pater – in such a culture it is more than a little difficult to imagine a serious literary mode based on a 'massive confidence as to what the nature of reality actually was'.[128]

In Bezug auf die fundamentalen Veränderungen, die Levine schildert, können Realismuskonventionen im Alltagsleben, in der Wissenstheorie und in der Kunstbetrachtung als historisch spezifische Techniken der Aufmerksamkeitssteuerung zur approximativen Kompatibilisierung zunehmend subjektivierter Wahrnehmungen – als Steuerung von Kontingenz – gesehen werden.[129] Denn wie die von menschlichen Maßeinheiten abstrahierende Vereinheitlichung des Längenmaßes sind fotografische und literarische Realismuskonventionen im ersten exakt messenden Jahrhundert Teil eines Systems,[130] das Bilder und Texte zu zirkulierenden Konsumgütern macht und mit dem Geld dazu beiträgt, die subjektiv verankerten Perspektiven in ein kompatibles Netzwerk von Bewertungen und Bedürfnissen einzubinden. In Anlehnung an Marx liest Crary Realismuskonventionen daher wie das Geld als Generatoren einer Zeichenwelt, als "magical forms that establish a new set of abstract relations between individuals and things and impose those relations as real".[131] Realistische Konventionen *produzieren* eine temporäre und grundsätzlich dynamische Übereinkunft darüber, was *ist*, indem sie Repräsentationen bereitstellen, über die breit kommuniziert werden kann und kommuniziert wird.

In der Überzeugung, dass realistische Repräsentationskonventionen eine moralisch aufgeladene Vermittlungsfunktion erfüllten, nimmt Levine zumindest die seriösen viktorianischen AutorInnen gegen den populären Vorwurf eines naiven Glaubens an eine Korrespondenz zwischen Worten und der Welt in Schutz: "The Victorians, surely, did write with an awareness of the possibilities of indeterminate meaning

---

[128] Levine, "From *The Realistic Imagination*" 627. Levine zitiert am Ende dieser Passage, stellvertretend für die lange dominante angelsächsische Rezeption des Realismus, aus Ioan Williams, *The Realist Novel in England: A Study in Development* (London: Macmillan, 1974) x, 13.

[129] Crary 18, 147; Orvell 33-137.

[130] Vogt spricht von der Ablösung menschlicher Maßeinheiten wie Elle und Fuß durch abstraktere Maßeinheiten als "'Dezimalisierung' unseres Denkens, Vorstellens und Handelns" (27).

[131] Crary 13.

and of solipsism, but they wrote *against* the very indeterminacy they tended to reveal".[132] Levine fährt fort:

> Realists take upon themselves a special role as mediator, and assume self-consciously a moral burden that takes a special form: their responsibility is to a reality that increasingly seems 'unnamable' [...]; but it is also to an audience that requires to be weaned or freed from the misnaming literatures past and current. The quest for the world beyond words is deeply moral, suggesting the need to reorganize experience and reinvent it with value for a new audience reading from a new base of economic power.[133]

Selbst wenn realistische Strategien alleine ihr erzählerisches oder fotografisches Produkt, den Inhalt der Geschichte bzw. das Abbild, in den Mittelpunkt stellen, legitimieren sie sich dadurch, dass sie vorhergehende Repräsentationsstrategien implizit als nicht-realistische markieren. Repräsentationen müssen sich also auf Repräsentationen beziehen, um Aussagen über die Realität zu treffen. Auf diese Komplizierung des Bezugs auf die Welt zielt im gegebenen Zusammenhang der Begriff "Abstraktion". Als Widerspruch zwischen Ablehnung und Neubegründung von Repräsentationskonventionen ist die Abstraktion von den Dingen dem realistischen Projekt inhärent.[134]

Ziel des realistischen Projekts ist nicht eine Beweisführung, dass einer kohärenten Welt mit einer kohärenten Form entsprochen werden kann, sondern die sprachliche (oder visuelle) Präsentation der Welt als eine verstehbare. Die Intensität, mit der sich der viktorianische Roman ebenso wie die amerikanische *romance* dem Bemühen verschreibt, in der Sprache über die Sprache hinaus auf die Erfahrungswirklichkeit zu verweisen, impliziert eine diesem Anspruch entgegengesetzte Verunsicherung bezüglich der Selbstverständlichkeit eben dieser Erfahrungswirklichkeit, des Selbst, der Gesellschaft und der Kunst. "The impelling energy in the quest for the world beyond words", so Levine, "is that the world be there, and that it be meaningful and good; the persistent fear is that it is merely monstrous and mechanical, beyond the control of human

---

[132] Levine, "From *The Realistic Imagination*" 614. Vgl. Klein 153 und 167-68; Robert Weimann, "Repräsentation zwischen Konsens und Ausdifferenzierung: Zur Vorgeschichte der Moderne in Nordamerika", *Der nordamerikanische Roman 1880-1940. Repräsentation und Autorisation in der Moderne*, ed. Weimann (Berlin: Aufbau, 1989) 45-46; und John P. McGowan, *Representation and Revelation. Victorian Realism from Carlyle to Yeats* (Columbia: U of Missouri P, 1986) 23.
[133] Levine, "From *The Realistic Imagination*" 621.
[134] Levine, "From *The Realistic Imagination*" 617. Siehe auch George Levine, "Introduction: George Eliot and the art of realism", Levine, *Cambridge Companion* 1-19.

meaning". Auch Mieke Bal bekräftigt die konstitutive Funktion visueller oder linguistischer Kontinuität für die Suggestion einer kohärenten Welt: "Having a certain continuity in one's thoughts depends, at a level more subliminal than conscious, on having a certain continuity [not coherence!] in one's images".[135]

Die Voraussetzung des realistischen Projekts ist also nicht Korrespondenz zwischen Text und seinem Gegenstand sondern Differenz (und Angst vor der Differenz) zwischen Kunst und Realität – eine Differenz, die es zu überwinden gilt, um "a certain continuity" und damit Verständnismöglichkeiten herzustellen. Unter impliziter Bezugnahme auf den zeitgenössischen Fotografiediskurs greift Nathaniel Hawthorne diese Problematik in der Einleitung zu *The House of the Seven Gables* mit seiner Unterscheidung zwischen *novel* und *romance* und damit zwischen zwei unterschiedlichen Formen der Mimesis auf. George Eliot dagegen schreibt diese Differenz zwischen Kunst und Welt in die multiperspektivische Form ihrer Romane ein, die insbesondere in *Middlemarch*, der allgemein als herausragendes Beispiel realistischer Romankunst anerkannt ist, die trügerische Eindeutigkeit einer einzelnen Perspektive auf eine in Veränderung begriffene und zunehmend komplexe Welt untergräbt. Die nun folgenden Romanlektüren werden zeigen, dass Hawthorne und Eliot das ästhetische Begriffsrepertoire nutzen, das die Industrialisierung der Sehgewohnheiten zur Verfügung stellt, um die literarische Medialität ihrer der "world beyond words" verpflichteten Texte zu reflektieren.

---

[135] Mieke Bal, "Figuration", *PMLA* 119.5 (Oct. 2004): 1289-91, hier 1289. Siehe auch Levine, "From *The Realistic Imagination*" 629.

2. Die "wonderful insight" der Daguerreotypie und die endlose Auslegungsarbeit des Wirklichen in Nathaniel Hawthornes *The House of the Seven Gables* (1851)

Nathaniel Hawthornes Roman *The House of the Sven Gables* (1851) gehört zu den seit den 1950er Jahren als zentral anerkannten Publikationen der so genannten *American Renaissance*. Seit F.O. Matthiessens 1941 veröffentlichter Studie *American Renaissance: Art and Expression in the Age of Emerson and Whitman* gelten die Jahre von 1850 bis 1855 als Konsolidierungsphase der amerikanischen Literatur.[136] Aufgrund ihrer transzendentalistisch inspirierten, lyrischen, essayistischen, Reiseberichts- und Romanbeiträge, die dem am Gemeinwohl orientierten Geist des Republikanismus ein individualistisches Selbstverständnis entgegensetzten, gelten seither mit Ralph Waldo Emerson, Nathaniel Hawthorne, Herman Melville, Henry David Thoreau und Walt Whitman Autoren, die die amerikanische Nation radikal in Frage stellten und zu ihrer Zeit nicht im Zentrum des Publikumsinteresses standen, zu den Wegbereitern einer eigenständigen amerikanischen Nationalliteratur:

> Gerade am Dissens nämlich, am antinomischen Denken dieser Autoren wurde ihr spezifisch amerikanischer Charakter festgemacht, womit die Prinzipien von Individualismus und liberaler Demokratie als Grundlage auch der künstlerischen Höchstleistungen des Landes ansetzbar waren. In der Artikulation der inneren Widersprüche und gegensätzlichen Entfaltungskräfte ihrer Kulturwelt, und in deren Synthese im Prozeß ihrer ästhetischen Transformation blieben die Texte der Klassiker noch in ihrer kulturkritischen Distanzierung den Grundwerten des amerikanischen Selbstverständnisses verpflichtet.[137]

Hawthorne und Melville, die beiden nach wie vor bedeutenden Vertreter des amerikanischen Romans um die Mitte des 19. Jahrhunderts, veröffentlichen ihre literarisch imaginativen und kulturkritischen Texte zeitgleich mit den viktorianisch temperierten romantischen Gedichten der

---

[136] Trotz aller Einwände insbesondere bezüglich seines engen Fokus auf wenige Texte ist der Begriff "American Renaissance" bis heute erhalten geblieben. Siehe dazu beispielsweise Richard Ruland und Malcolm Bradbury, "American Naissance", *From Puritanism to Postmodernism: A History of American Literature* (London/NY: Penguin, 1991) 104-30; Zapf 85-153.

[137] Zapf 86. Siehe dazu Caroline Rosenthal, "The Other American Renaissance", *Vergessene Texte*, ed. Aleida Assmann und Michael C. Frank (Konstanz: UVK, 2004) 83-103, hier 87-88. Für einen Überblick über die Forschungslage siehe Richard H. Millington, ed., *The Cambridge Companion to Nathaniel Hawthorne* (Cambridge: CUP, 2004); Brian Harding, ed., *Nathaniel Hawthorne: Critical Assessments*, 4 Bde. (The Banks: Helm Information, 1998).

Bostoner *Fireside Poets*, den schauerromantischen Texten Edgar Allan Poes, den visionär-pragmatischen Texten der Transzendentalisten, der durch das Ideologem der *Manifest Destiny* geprägten Geschichtsschreibung, einer zwischen Bestätigung und Subversion konventioneller Moralvorstellungen breit ausgefächerten populären Massenliteratur, den *slave narratives* sowie einer Vielzahl sentimentalistischer und vereinzelter frühfeministischer Romane. Dabei speist sich die innovative Kraft der Texte Hawthornes und Melvilles auch da, wo sie populäre Konventionen aufgreifen, aus einer Abwendung von den dominanten kulturellen Tendenzen der Zeit: Beide Autoren

> gehen auf radikale Distanz sowohl zum materialistisch geprägten Fortschrittsglauben der Zeit, als auch zu den idealisierten Antwortmodellen, die die christliche Orthodoxie der sentimentalen religiösen Romane, aber auch die heterodoxe, säkularisierte Heilsbotschaft der Transzendentalisten auf die dadurch ausgelöste spirituelle Krise zu geben versuchten. Bei ihnen lösen sich jedes feste Weltbild und jeder verlässliche Halt der Subjektivität auf, ohne in die geschichtsfernen labyrinthischen Innenwelten Poes abzustürzen.[138]

Stärker als sein fünfzehn Jahre jüngerer und ihm geistesverwandter Zeitgenosse Melville setzt Hawthorne in seiner Kulturkritik auf die Auseinandersetzung mit der puritanisch geprägten amerikanischen Geschichte und der anhaltenden Wirkmächtigkeit der Vergangenheit. Dabei überschreitet er eine realistische Darstellung historischer Kontexte durch Einbeziehung des Schauerromantisch-Fantastischen sowie des Allegorischen.[139] Insbesondere *The Scarlet Letter* (1850), *The House of the Seven Gables* (1851) und *The Blithedale Romance* (1852), aber auch Hawthornes Kurzgeschichten konfrontieren die offizielle Selbstdeutung der jungen Nation mit deren inneren Widersprüchen und sind insofern als kritische Geschichtsschreibungen lesbar, "to which we return for ethical guidance, for an acknowledgement of life's moral complexity, for encouragement in difficulty".[140] Die ethische Dimension, die in der Of-

---

[138] Zapf 133.

[139] Siehe Gillian Brown, "Hawthorne's American History", Millington 121-42; Susan L. Mizruchi, *The Power of Historical Knowledge: Narrating the Past in Hawthorne, James, and Dreiser* (Princeton: PUP, 1988). Zu Hawthorne als schauerromantischem Autor siehe Frederick S. Frank, "Nathaniel Hawthorne (1804-1864)", *Gothic Writers. A Critical and Bibliographical Guide* (Westport, CT/ London: Greenwood P, 2002) 165-76; speziell zu *The House of the Seven Gables* siehe Michael T. Gilmore, "The Artist and the Marketplace in *The House of the Seven Gables*", Harding Bd. 3, 392-406.

[140] Richard H. Millington, "Introduction", Millington, *Cambridge Companion* 1-9, hier 2.

fenheit der Texte, in ihrer Verweigerung, die Konflikte, die sie eloquent dramatisieren, zu lösen, sowie in ihrer Überantwortung derselben an ihre LeserInnen liegt, ist für ihre immense Nachwirkung verantwortlich.[141] In diesem Zusammenhang gilt das Interesse der vorliegenden Analyse von *The House of the Seven Gables* den bislang kaum erforschten medienhistorischen Dimensionen der Hawthorne'schen Kulturkritik.

Ein Jahr nach Veröffentlichung des von Publikum, Kritik und nicht zuletzt von Hawthorne selbst als düster bezeichneten Romans *The Scarlet Letter* erscheint *The House of the Seven Gables* 1851 als ein Versuch des Autors, seinem Publikum einen atmosphärisch etwas ausgewogeneren Text zu präsentieren.[142] Die Frage nach der atmosphärischen Ausgewogenheit von *The House of the Seven Gables* ist insofern von Bedeutung für die folgende Romananalyse, als die binnenfiktionale Reflexion der Daguerreotypie, die hier im Zentrum des Interesses stehen soll, einen entscheidenden Beitrag sowohl zur Herstellung als auch zur Infragestellung einer Ausgewogenheit von Licht und Schatten, von Zuversicht und Vertrauensverlust, von offizieller Geschichtsschreibung und Mythos leistet. Darüber hinaus jedoch trägt die Reflexion der Daguerreotypie im Text dazu bei, die widersprüchlichen Bedingungen von Integrität innerhalb einer zunehmend distanzkulturell geprägten und ökonomisch wie politisch prekären Kultur fiktional zu atikulieren.[143]

Der Funktion der Daguerreotypie in diesem Roman ist bisher kaum systematische Aufmerksamkeit geschenkt worden,[144] obwohl sie für die Bewertung des Romanendes und die wesentlich auf Hawthornes Vorwort zu *The House of the Seven Gables* zurückgehenden Unterscheidung

---

[141] Siehe dazu Zapf 136; Richard H. Brodhead, *The School of Hawthorne* (NY/Oxford: OUP, 1996).

[142] In seiner Einführung zu *The Scarlet Letter*, "The Custom-House", spricht Hawthorne von der nachfolgenden Erzählung als unpopuläre "sunless fantasies" (1850; NY: Norton, ³1988) 33. Zu Hawthornes nicht zuletzt ökonomisch motiviertem Versuch, diesem Eindruck mit seinem zweiten Buch entgegenzuwirken, siehe Gilmore, "The Artist and the Marketplace" 393.

[143] Zum Verhältnis von Ökonomie und Subjektivität bei Hawthorne siehe Cindy Weinstein, *The Literature of Labor and the Labors of Literature: Allegory in Nineteenth-Century American Fiction* (Cambridge: CUP, 1995) 1-86 und Walter Benn Michaels, "Romance and Real Estate", Harding Bd. 3, 373-91.

[144] Neben den bereits zitierten Aufsätzen von Cathy Davidson und Alan Trachtenberg ("Seeing and Believing") ist die folgende Quelle die Ausnahme: Alfred H. Marks, "Hawthorne's Daguerreotypist: Scientist, Artist, Reformer", *The House of the Seven Gables: An Authoritative Text, Backgrounds and Sources, Essays in Criticism*, by Nathaniel Hawthorne, ed. Seymor L. Gross (NY/London: Norton, 1967) 330-47. Wiederabdruck aus *Ball State Teachers College Forum* 3 (Spring 1962) 61-74.

von *romance* und *novel* von besonderer Wichtigkeit ist. Darauf weisen die textimmanenten Verknüpfungen von unterschiedlich stark problematisierten Formen des Weltzugriffs und der Reflexion der Daguerreotypie hin. An diesen Befund anknüpfend werde ich nach einer einleitenden, historisch kontextualisierten Charakterisierung des Textes (2.1) die Verwendungsweisen der Daguerreotypie im Text aus einer medienhistorisch und medientheoretisch informierten Perspektive darstellen und auf ihre Funktion für die Artikulation der Auflösung einer eindeutigen kulturellen Zeichengebung befragen (2.2). Zu diesem Zweck konzentriert sich die Analyse zunächst auf das "Preface" zu *The House of the Seven Gables* (2.2.1), daran anschließend auf Holgraves Umgang mit den von ihm erstellten Daguerreotypien (2.2.2), drittens auf den Erzählvorgang (2.2.3) sowie viertens auf die Metaphorik des Textes (2.2.4). Auf der Basis der so gewonnenen Einsichten verfolgt die Analyse die Frage danach, welche Funktionen die erzähllogische und metaphorische Ambivalenz des Textes für die Reflexion des Transformationszusammenhangs von distanzkultureller Mediatisierung und handlungsorientierendem Selbst- bzw. Weltverständnis besitzt.[145] Abschließend wird nach der ethischen Dimension des Textes zu fragen und daher zu klären sein, welche Möglichkeiten des Umgangs mit den als kontingent ausgewiesenen Größen des Selbst und des Anderen der Text entwirft bzw. einfordert, auch wenn er sie nicht explizit narrativ entfaltet (2.3).

2.1 Der Text

Die Haupthandlung von *The House of the Seven Gables* erstreckt sich über nur wenige Jahre um die Mitte des 19. Jahrhunderts. Sie befasst sich mit den Konsequenzen einer rund 200 Jahre zurückreichenden Feindseligkeit zwischen zwei neuenglischen Familien: den proletarischen, der Magie und dem Mesmerismus zugewandten Maules und den aristokratischen, reichen und stolzen Pyncheons.[146] Die Auseinandersetzung zwischen diesen beiden Familien dramatisiert die Kluft zwischen arm und reich, die sich in der ersten Hälfte des 19. Jahrhunderts bis zum Ausbruch des amerikanischen Bürgerkriegs im Jahr 1861

---

[145] Siehe Davidson 675.
[146] Brook Thomas liest die beiden Familien außerdem als Repräsentanten der *romance* bzw. der *novel*: Siehe "*The House of the Seven Gables*: Reading the Romance of America", Harding Bd. 3, 347-72, hier 353.

deutlich verbreitert hatte.[147] Die soziale Mobilität ist in dieser Zeit tatsächlich geringer als im ausgehenden 18. Jahrhundert. In einer Welt "threatened by both past and future, by inherited corruption founded upon illegitimate class privilege, and by the discordant energies of modernity, the railroad, the telegraph, market society",[148] sind soziale Differenzen, auch wenn sie im Zuge der Kommerzialisierung nicht mehr so offen hervortreten wie noch ein Jahrhundert zuvor, höchst wirksam.

Die Fehde zwischen den Maules und den Pyncheons dramatisiert außerdem insofern die Konsequenzen aus den gesellschaftlichen Konfliktlinien aus dem späten 18. Jahrhundert zwischen traditionell republikanischen und marktwirtschaftlich orientierten Interessen, als der Despotismus der Pyncheons und die Rachsucht der Maules zwei unterschiedliche Formen der Gefährdung nationaler Einheit darstellen.[149] Insbesondere die Jackson-Jahre (1829-37) verschärfen den Konflikt zwischen republikanischer und marktwirtschaftlicher Orientierung, der das gesamte 19. Jahrhundert in den USA bis zur vollständigen Ablösung agrarischer durch expansiv kommerzielle und urbane Wertvorstellungen prägte. Präsident Jacksons Bestreben, das ökonomische Wachstum der Zeit nach dem Ende des Unabhängigkeitskrieges mit einer Rückkehr zu Jeffersons Vision der agrarischen Republik zu verbinden, erwies sich als nicht realisierbar. Nicht zuletzt Jacksons Opposition gegen die *Second Bank of the United States* förderte die private Marktwirtschaft und öffnete Tür und Tor für finanzielle Spekulation und monetäre Inflation. Hawthorne kannte diese Situation aus seiner Zeit als Zollbeamter: "The Hawthorne who was fired as Surveyor of Customs knew mid nineteenth-century New England [...] as the howling marketplace", bemerkt Joel Pfister und verweist auf einen Kommentar des Erzählers in *The House of the Seven Gables*, der ebenfalls die Zusammenhänge von wachsender Kapitalisierung und sozialer Antagonisierung durchschaut: "In this republican country, amid the fluctuating waves of our social life, somebody is always at the drowning-point" (38).[150]

Vor diesem ökonomisch und politisch prekären Hintergrund stellte sich in den Jahrzehnten vor dem Bürgerkrieg die auch in Hawthornes Texten thematisierte Frage, ob die Republik im Angesicht von ökonomischer und territorialer Expansion und dem damit verbundenen Ausbau

---

[147] Zur soziopolitischen Situation der Zeit siehe George Brown Tindall und David E. Shi, eds., *America: A Narrative History* (New York: Norton, 1993) 252-334.
[148] Trachtenberg, "Seeing and Believing" 35. Vgl. auch Alison Easton, "Hawthorne and the Question of Women", Millington 79-98, hier 92-93.
[149] Siehe dazu Michaels 374-77.
[150] Pfister 36.

des Transport- und Informationswesens ihren Zusammenhalt würde bewahren können.[151] Im Gegensatz zum weit verbreiteten Reformgeist der Zeit war Hawthorne diesbezüglich bekanntermaßen skeptisch. Hawthorne "never shared the sunny optimism of his Transcendentalist neighbors nor their belief in perfectionist reform".[152] Seine konservative Kritik an der Perfektionierbarkeit des Menschen, "the insane triumph of the head over the heart",[153] speiste sich aus der Überzeugung, dass der reformerische Impuls gegen Armut, Sklaverei, Prostitution und Alkoholismus sowie für die Rechte der Frauen letztlich unberechenbar und ambivalent sei: "He distrusted reformers because they very often seemed to him only the reverse image of what they opposed, and equally apart from the bonds of common human affection".[154] Als "articulate discomfort"[155] prägt diese Skepsis Hawthornes Romane. In *The House of the Seven Gables* manifestiert sie sich in der zentral an die Daguerreotypie gekoppelten Infragestellung des naiven Glaubens daran, dass die Dinge so sind, wie sie scheinen. Der Roman drängt aber, wie die folgende Lektüre zeigen wird, auch über Hawthornes Skepsis hinaus, indem er die historisch und medial bedingten Voraussetzungen für die Prägung individueller Bedürfnisse und Hoffnungen sowie individuellen Strebens analysiert, und Figuren wie LeserInnen auf dieser Basis die Möglichkeit eröffnet, einen geschichtlichen Prozess mitzugestalten, der sie erst zu dem macht, was sie sind.[156]

Im Folgenden widme ich mich vor allem der Vorgeschichte des Familienkonfliktes zwischen den Maules und den Pyncheons, die der Erzähler im ersten Kapitel des Romans mit dem erklärten Ziel rekapituliert, historische Kontinuität herzustellen. Dem Erzähler liegt daran, ein Bewusstsein für die anhaltende Wirkmächtigkeit der Vergangenheit und damit

---

[151] Larzer Ziff, *Literary Democracy* (NY: Penguin, 1981) 108-28.
[152] Tindall/Shi 317-18. Zum Reformgeist der Zeit siehe Zapf 88-90.
[153] Ziff 124.
[154] Ziff 114. Vgl. Dazu auch Larry Reynolds, "Hawthorne's Labors in Concord", Millington, *Cambridge Companion* 10-34; F.O. Matthiessen, *American Renaissance: Art and Expression in the Age of Emerson and Whitman* (London/NY: OUP, 1941) 316-37.
[155] Millington, "Introduction" 9.
[156] Zu Hawthornes Theoretisierung der Subjektivitätsformation siehe Pfister, der auch von "industrial-era soulmaking" (47) spricht; Christopher Castiglia, "The marvelous Queer Interiors of *The House of the Seven Gables*", Millington, *Cambridge Companion* 186-206; Roy Harvey Pearce, "Romance and the Study of History", Harding Bd. 4, 128-42, Wiederabdruck aus *Hawthorne Centenary Essays*, ed. Pearce (Columbus: Ohio State UP, 1964) 221-44; und Thomas. Diese vier Aufsätze bilden den Ausgangspunkt für die hier vorgelegte Lektüre.

auch für die nachhaltige Verantwortung zu wecken, die dem einzelnen in der Gegenwart für die Zukunft zukommt:

> [W]e shall commence the real action of our tale at an epoch not very remote from the present day. Still, there will be a connection with the long past [...] which, if adequately translated to the reader, would serve to illustrate how much of old material goes to make up the freshest novelty of human life. Hence, too, might be drawn a weighty lesson from the little regarded truth, that the act of the passing generation is the germ which may and must produce good or evil fruit, in a far distant time; that, together with the seed of the merely temporary crop, which mortals term expediency, they inevitably sow the acorns of a more enduring growth, which may darkly overshadow their posterity. (6)

Am Schluss dieser Passage, die die für den gesamten Text charakteristische Licht- und Schattenmetaphorik aufnimmt,[157] führt der Erzähler zurück in die Zeit der puritanischen Besiedlung der nicht namentlich benannten Halbinsel, die Schauplatz des Textes ist. Um die Mitte des 17. Jahrhunderts hatte Matthew Maule, "a man of inconsiderable note" (8), einen Morgen Land aus dem Urwald gehauen, um eine kleine Hütte an die damals noch vom Zentrum der Siedlung weit entfernte Stelle zu bauen, an der nun seit 160 Jahren das titelgebende Haus der Familie Pyncheon steht. Weil der Wert von Maules Land nach den ersten Jahrzehnten stark gestiegen war, hatte Colonel Pyncheon beharrlich an der Enteignung Matthew Maules gearbeitet. Pyncheon konnte seinen Anspruch auf das Land jedoch erst nach der von ihm selbst fanatisch geforderten Hinrichtung Maules wegen Hexerei durchsetzen, was Pyncheons rechtlich abgesicherte Legitimation nachhaltig moralisch in Frage stellte. Direkt vor seinem Tod hatte Maule, so weiß der Erzähler aus "history, as well as fireside tradition", Pyncheon für seine eiserne Unnachgiebigkeit verflucht: "God will give him blood to drink!" (8). Innerhalb des moralischen Gefüges des Romans ist Maules Fluch "the moral sentence of society which a man inevitably brings on himself in sinning against his fellow".[158] Als solche Strafe lastete dieser Fluch seither auf den Pyncheons.

Der Erzähler berichtet weiter über die Vorgeschichte der Haupthandlung des Romans, dass die Baupläne des Colonels für einen großzügigen Familienwohnsitz auf Maules Land – und damit "over an unquiet grave" (9) – von den Nachbarn verständnislos verfolgt wurden. Der Colonel, den der Erzähler als eisenhart, unergründlich und äußerst einflussreich

---

[157] Siehe dazu Abschnitt 2.2.4 des vorliegenden Kapitels.
[158] Lawrence Sargent Hall, "The Social Ethic", Gross 376-83, hier 379. Wiederabdruck aus *Hawthorne: Critic of* Society (New Haven: Yale UP, 1944) 160-67.

charakterisiert, blieb von solcherlei Zweifeln jedoch völlig unbeeindruckt. Seine Selbstüberzeugung fand allerdings am Tag der großen Eröffnungsfeier des Hauses ein jähes Ende, denn an diesem Tag starb der Colonel – zumindest für den Volksmund – in Erfüllung von Maules Fluch in seinem Lehnstuhl:

> [T]here was blood on his ruff, and [...] his hoary beard was saturated with it. [...] There is a tradition – only worth alluding to, as lending a tinge of superstitious awe to a scene, perhaps gloomy enough without it – that a voice spoke loudly among the guests, the tones of which were like those of old Matthew Maule, the executed wizard: – 'God hath given him blood to drink!' (15-16).

Der Konflikt zwischen den Maules und den Pyncheons ist ein Konflikt zwischen natürlichem Recht und einem Recht, das sich auf schriftliche Dokumente stützt.[159] Dieser Konflikt verlängert sich über viele Generationen bis in die Textgegenwart im anhaltenden und letztlich gegen die eigene Familie gerichteten Bestreben der Pyncheons, die Rechtmäßigkeit ihres durch ein zweifelhaftes Schriftstück verbürgten Anspruchs auf ein großes und mittlerweile längst besiedeltes Stück Land in Waldo County, Maine durchzusetzen:

> [T]he bare justice or legality of the claim was not so apparent, after the Colonel's decease, as it had been pronounced in his lifetime. Some connecting link had split out of the evidence, and could not anywhere be found. [...] This impalpable claim, therefore, resulted in nothing more solid than to cherish, from generation to generation, an absurd delusion of importance, which all along characterized the Pyncheons. (18-19)

Die Verletzungen, die auch innerhalb der Familie Pyncheon im Namen dieser "absurd delusion of importance" begangen werden, sind vor allem dem rücksichtslosen Streben der Pyncheons nach Landbesitz, Macht und öffentlicher Anerkennung, aber auch den ähnlich unerbittlichen Rachegelüsten der Maules geschuldet. Die Grundlage politischer Autorität in schriftlich verbürgtem Recht wird im Text immer wieder kritisiert. Am deutlichsten wird diese Kritik in der Handlungsführung, die den Colonel und den Richter – die sich als beinharte Rationalisten und strahlende Männer der Öffentlichkeit damit brüsten, niemals "a shadow for a substance" (118) zu halten – bis zum Schluss unnachgiebig an dem Irrglauben festhalten lässt, das alte Schriftstück könne ihren Wohlstand dauerhaft sichern. Schließlich sterben beide in der Dunkelheit des Hauses mit den sieben Giebeln.

---

[159] Zur politischen Allegorie dieses Konflikts siehe Thomas und Michaels.

Die ethische Dimension des Textes eröffnet die Frage, wie "this visionary and impalpable Now" (149) zwischen einer rückwärts gewandten Orientierung an traditionellen Privilegien nach Art der Maules oder nach Art der Pyncheons einerseits und Geschichtsvergessenheit andererseits gestaltet werden kann. Wie kann eine belastbare Balance zwischen Unschuld und Erfahrung, Bewahrung und Veränderung, Substanz und Illusion hergestellt werden? Ohne die aktive Fähigkeit, diese Balance immer wieder neu herzustellen und mit Neuem und Unvorhergesehenem umzugehen, so der Erzähler, ist der Mensch substanzlos:

> Nothing gives a sadder sense of decay, than this loss or suspension of the power to deal with unaccustomed things and to keep up with the swiftness of the passing moment. It can merely be a suspended animation; for, were the power actually to perish, there would be little use of immortality. We are less than ghosts, for the time being, whenever this calamity befalls us. (161)

Dem Roman geht es um eine Erkundung der Koordinaten und Implikationen einer sich ankündigenden neuen Ordnung – "a new configuration of emotional life, a new conception of civil society, a new sensibility attuned to a distinctively modern experience, a new understanding of men and women"[160] – und dabei vor allem um die Frage, ob und wie ein authentischer Umgang mit der Kontingenzerfahrung im Rahmen des Modernisierungsprozesses möglich ist. Wie sieht das innerhalb der privaten und öffentlichen Relationen dieser Kultur produzierte Selbst aus? Joel Pfisters Befund gilt in diesem Sinne auch für *The House of the Seven Gables*: Sehr subtil und zum Teil über den Umweg einer universalistischen oder transzendenten Konzeption von Identität arbeitet der Roman "on identifying how the cultural selfing of subjectivity (usually labled 'individuality') is constituted by (transformable) social forces".[161]

The House of the Seven Gables lebt deutlich mehr von Figurenzeichnungen als von seiner Handlung: "a narrative more of picture than action, of tableaux than plot, of gothic device than dialogic interaction".[162] Schon Henry James bemerkte, die Figuren des Textes seien weitgehend Abstraktionen: "all figures rather than characters – they are all pictures rather than persons".[163] Matthiessen beurteilt statische Charakterisierungen als typisch für Hawthornes Erzählen und sieht die Gründe dafür in den noch unbestimmten Zügen der amerikanischen Demokratie:

---

[160] Millington, "Introduction" 9. Vgl. auch Pfister.
[161] Pfister 40.
[162] Trachtenberg, "Seeing and Believing" 33.
[163] Henry James, *Hawthorne* (1879; Ithaca: Cornell, 1967) 124.

Even in [characters'] conflicts with one another, description nearly always usurps the place of immediate action. [...]. Drama [...] was beyond him: he could not project individuals against a fully developed society. For no such thing had yet been evolved in the individualistic career of our democracy.[164]

Aus der Perspektive dieser Untersuchung steht die Dominanz der bildhaften Charakterzeichnung darüber hinaus in engem Zusammenhang mit dem Rekurs des Textes auf die Daguerreotypie. Durch den zögerlichen Erzählvorgang rücken die ProtagonistInnen des Textes ins Zentrum des Interesses und können als sprachbildliche Repräsentationen studiert werden. Keine dieser Figuren ist besonders heroisch, und doch sind sie in ihrer widerständigen und mitunter unsozialen emotionalen Undurchdringlichkeit auf unterschiedliche Weise eindrucksvoll oder, wie Christopher Castiglia es formuliert, "queer".[165]

Die menschenscheue Hepzibah Pyncheon bewohnt völlig zurückgezogen den alten Familiensitz mit den sieben Giebeln und lebt vorwiegend in der Vergangenheit. Ihr Bruder Clifford Pyncheon kehrt nach dreißig Jahren zu Unrecht verbüßter Gefängnisstrafe als gebrochener Mann nach Hause zurück. Die junge Nichte der beiden, Phoebe Pyncheon, bringt mit ihrer erfrischend patenten und zugleich vernunftgeleiteten Unbeschwertheit eine einladende Ordnung ins Haus, und als immer wieder mit der Sonne assoziierte Lichtgestalt verkörpert sie das Ideal bürgerlicher Weiblichkeit. Sie verliebt sich in den Daguerreotypisten Holgrave, der als lange Zeit unerkannter Repräsentant der Familie Maule im Haus lebt und arbeitet. Seine Tätigkeit als Daguerreotypist verleiht ihm im Text die Eigenschaftem eines kühlen aber zuversichtlichen Berufsbeobachters, der die Welt zu verstehen, zu formen und zu erneuern strebt. Der hoch angesehene Richter Jaffrey Pyncheon, Cousin von Hepzibah und Clifford, wird als ein ökonomisch privilegierter Widerling und kalter Rationalist und damit als der wahre Nachkomme des alten Colonels präsentiert, der schließlich auch auf die gleiche Weise wie dieser in dessen altem Lehnstuhl stirbt. Mit dieser Ansammlung auch im Vergleich zu *The Scarlet Letter* unorthodoxer HeldInnen baut der Roman Idealisierungen vor und registriert stattdessen in unterschiedlichen Figurationen die ideologischen Voraussetzungen der Verhaltensweisen seiner ProtagonistInnen, die in ihrem Bemühen begründet sind, sich gegenüber den mit dem Modernisierungsprozess verbundenen psychologischen und politischen Konflikten zu behaupten.

---

[164] Matthiessen 335.
[165] Castiglia 187. Zur Bedeutung des Begriffs ergänzt Castiglia: "one of the earliest meanings of 'queer' is [...] 'counterfeit' or 'swindle', a betrayal of the orderly transmission of property or economic value" (188-89).

Die weit zurückliegende Gewalttat, die ungeklärten Besitzansprüche, der Fluch, die Rachegelüste und nicht zuletzt das baufällige Haus, in dem es spukt und das für jede Todsünde einen Giebel besitzt – sie alle gehören zum Inventar des Schauerromans. Dazu passt, dass sich die heterodiegetische und explizite Erzählinstanz des Textes auf einen inoffiziellen Wissensschatz, auf Gerüchte und Legenden bezieht und so die Versicherung der LeserInnen in der Schwebe hält. Bereits im ersten von insgesamt 21 Kapiteln hebt der Erzähler in einer der vielen metanarrativen Passagen die Qualität seiner Quellen und seine eigene Rolle als Vermittler hervor. Bei dem vorliegenden Text handele es sich um einen "brief sketch", der aus der Notwendigkeit heraus geboren sei, "to *make short work* of most of the *traditional lore* of which the old Pyncheon House, otherwise known as the House of the Seven Gables, has been the theme" (6; meine Hervorhebung). Der Erzähler greift "whisper[s]", "fireside tradition" (8), "gossip" (9), "the writer's recollection" (10), "rumors" (16, 22), aber auch Dokumente wie medizinische Berichte (17, 310) und eine schriftlich festgehaltene Trauerrede (17) auf, dann aber wieder "some singular stories murmured, even at this day, under the narrator's breath" (122), "a hidden stream of private talk, such as it would have shocked all decency to speak loudly at the street-corners" (310), "popular imagination", "received opinion" (21), "suppositions" und Dinge, die "to all appearance" (25) so und nicht anders zu sein scheinen.[166] Mit seinen Darstellungen tritt der Erzähler offiziellen Verlautbarungen und Inszenierungen der jungen Republik entgegen. Damit verdoppelt er die Diskrepanz, die der Text zwischen unterschiedlichen visuellen Repräsentationen von Geschichte und Geschichten aufmacht, nämlich "between portraits intended for engraving, and the pencil-sketches that pass from hand to hand, behind the original's back" (91; mehr dazu unter 2.2.2).

Obwohl der Erzähler von sich selbst als "disembodied listener" spricht (30), nimmt er klare Wertungen vor. So beispielsweise in Bezug auf den selbstbewussten Holgrave, der als ein Repräsentant der Zuversicht seiner Zeit dargestellt wird (181), dessen jugendlichem Reformwillen der Erzähler aber die Vision eines gealterten und gesetzten Holgrave entgegenstellt:

> He would still have faith in man's brightening destiny, and perhaps love him all the better, as he should recognize his helplessness in his own behalf; and

---

[166] Mizruchi glaubt dagegen, dass sich der Erzähler zumindest zu Beginn des Romans von diesen emotional gefärbten Informationen absetzt, "speaking from the tower of reason" (132). Das möchte er vielleicht, doch er hat keine anderen Quellen.

> the haughty faith, with which he began life, would be well bartered for a far humbler one, at its close, in a discerning that man's best-directed effort accomplishes a kind of dream, while God is the sole worker of realities. (180)

Die Ironie, die in diesem imaginären Vergleich des jugendlichen und des gesetzten Holgrave milde durchscheint und die Gegenwart von der Zukunft her relativiert, ist, wie im Folgenden noch eine Reihe von Zitaten belegen werden, andernorts noch sehr viel stärker.[167] Narratologisch gesehen ist die Erzählinstanz also keine körperlos implizite, sondern eine dem auktorialen Erzähler verwandte, mit patriarchalischer Ruhe beherrschende Instanz, die wie eine voreingenommene LeserIn ausdrückliche und andeutungsweise Bewertungen vornimmt. Im Gegensatz zum klassischen auktorialen Erzähler fehlt der Erzählinstanz in Hawthornes Roman trotz ihrer ironischen Distanz jedoch die souveräne Informationsgewalt: Sie bleibt, wie sie selbst immer wieder einräumt, auf eine Vielzahl fragmentarischer und mitunter widersprüchlicher Informationen angewiesen, die im Text nur langsam ein Bild ergeben. Der Roman – den Mizruchi als Hawthornes "most theoretical historical fiction"[168] bezeichnet – ist damit Teil eines kulturellen Dialogs darüber, wie Geschichte perspektiviert und erzählt werden kann bzw. sollte, über die Grenzen und Möglichkeiten historischen Wissens und darüber, welche Konsequenzen für die Konzeption von Selbst und Welt sich aus der Kontingenzerfahrung im Rahmen des Modernisierungsprozesses ergeben.

2.2 Funktionalisierungen der Daguerreotypie

Der Roman artikuliert das Problem zuverlässiger Repräsentations- und Verstehensprozesse, indem er immer wieder nach einer adäquaten Lektüre und Interpretation von Bildern und Erscheinungen fragt: "How does one read images of the world, the world deflected into image? The question of visuality as cognition lies athwart the entire narrative".[169] Wie die vorangegangenen Ausführungen zu den Verwendungsweisen visueller Geräte, insbesondere des Stereoskops, zeigen, begleitet diese Fragestel-

---

[167] Bereits einer der frühen Rezensenten des Textes bemerkt dessen überragenden Humor. Siehe Edwin Percy Whipple, "*The House of the Seven Gables*: Humor and Pathos Combined", Gross 356-60. Weitere Ausführungen zur Ironie des Textes finden sich bei Clark Griffith, "Substance and Shadow: Language and Meaning in *The House of the Seven Gables*", Gross 383-94. Wiederabdruck aus *Modern Philology* 51 (Feb. 1954) 187-95.
[168] Mizruchi 44.
[169] Trachtenberg, "Seeing and Believing" 42.

lung die historische Medienentwicklung im Rahmen des Modernisierungsprozesses, weil zunehmend medial gebrochene Vermittlungsleistungen die Schwierigkeit und damit auch das Bedürfnis danach steigern, wahr von falsch und verstrauenswürdig von (be)trügerisch unterscheiden zu können. Die Fähigkeit, diese Unterscheidung innerhalb konkreter Situationen zu treffen, wird in Abwesenheit zuverlässiger äußerer Maßstäbe kulturell nach innen verlegt. *The House of the Seven Gables* inszeniert diese Subjektivierung, die kulturell als essentielle Identität naturalisiert wird, auf der Handlungsebene und durch die Gesamtstruktur des Textes auch auf der Ebene seiner Rezeption über den Rekurs auf die Technik und die Verwendungsweisen der Daguerreotypie. Der Roman macht erstens einen Daguerreotypisten zum Protagonisten, der ausführlich über seine Produkte und die angemessene Form der Deutung derselben spricht. Zudem beleiht er die so diskursivierten Verwendungsweisen der Daguerreotypie in Analogiebildungen und auf der metaphorischen Ebene. Der Vorgang der Subjektivierung wird dabei schon in Hawthornes "Preface" autorisiert. Der Poetik dieses "Preface" will ich mich nun zuwenden.

2.2.1 Die Poetik des "Preface"

Das Vorwort zu *The House of the Seven Gables* ist in der Literaturkritik als ein Schlüsseltext für die Definition der *romance* anerkannt.[170] Unter der Überschrift *romance* verteidigt Hawthorne hier seine "Legend" (2) als eine eigenständige fiktionale Realität. Im Gegensatz zur der im 18. Jahrhundert üblichen paratextlichen Bezeugung der Wahrhaftigkeit des Textes beansprucht die Stimme des Autors hier eine kreative Freiheit, die für das amerikanische Lesepublikum um die Mitte des 19. Jahrhunderts noch nicht so selbstverständlich war wie für das europäische.[171] Hawthorne beansprucht diese Freiheit

> by laying out a street that infringes upon nobody's private rights, and appropriating a lot of land which had no visible owner, and building a house, of materials long in use for constructing castles in the air. The personages of the Tale [...] are really of the Author's own making, or, at all events, of his own

---

[170] Siehe Terence Martin, "The Romance", *The Columbia History of the American Novel*, ed. Emory Elliott et al. (NY: Columbia UP, 1991) 72-88, hier 72-73 und außerdem Ziff 129-45; Jonathan Arac, "Narrative Forms", *The Cambridge History of American Literature, vol. 2, 1820-1865*, ed. Sacvan Bercovitch et al. (Cambridge: CUP, 1995) 605-777, hier 717; Ruland/Bradbury 152-53.

[171] Thomas 347-48.

mixing; their virtues can shed no lustre, nor their defects redound, in the remotest degree, to the discredit of the venerable town of which they profess to be inhabitants. (3)

Nach dieser Erklärung seines Verzichts auf eine im engen Sinne realistische Referenz warnt er zudem vor einer literalistischen Form der Kritik, die auf dieser Referenz besteht: "an inflexible and exceedingly dangerous species of criticism", die seine quasi stereoskopen "fancy pictures almost into positive contact with the realities of the moment" bringen würde (3). Gleichzeitig beansprucht er, mit seinem Text Wahrheiten zu benennen und eine reale Wirkung zu erzielen. Doch für die Präsentation seiner Geschichte, die an "the truth of the human heart" gebunden bleibt (1), reklamiert er einen größeren imaginativen Spielraum als ihm die Genrekonventionen der *novel*, "presumed to aim at a very minute fidelity, not merely to the possible but to the probable and ordinary course of man's experience" (1), gewähren würden. Dieser Spielraum dient nicht der Flucht vor oder der Kompensation von unzureichenden gesellschaftlichen Zuständen, sondern zu deren Erforschung. Denn mit diesem Spielraum sichert sich der Text die Möglichkeit, über das, was die bestehenden gesellschaftlichen Verhältnisse erwarten lassen – "the probable" – hinaus zu reichen und mit der Präsentation gesellschaftlicher Widersprüchlichkeiten alternative Entwürfe – "the possible" – zu skizzieren.[172]

Mit dieser Unterscheidung zwischen einer Form der Mimesis, die sich der äußeren Welt und einer anderen, die sich dem inneren Empfinden verpflichtet weiß, greift Hawthorne auf bereits etablierte, zeitgenössische Theorien der Fotografie zurück, die entweder vornehmlich mechanisch-mimetische oder aber bewusst künstlerisch-expressive Vewendungsweisen des Mediums in den Mittelpunkt rücken, und ordnet diese den Konventionen der *novel* bzw. der *romance* zu. Auch Trachtenberg hält fest: "the preface subtly recruits the daguerreotype for a key role in the definition of 'Romance' that the narrative will unfold".[173] Der gesamte Roman ist im Sinne dieser prätextuellen Vorzeichen als eine Auseinandersetzung mit veränderten und zunehmend kontingenten Wahrnehmungs- und Repräsentationsweisen sowie als eine Dramatisierung der Bedingungen nicht nur der Fiktion sondern auch der Kognition lesbar.

Um den imaginativen Möglichkeitsspielraum der *romance* zu konturieren, unterscheidet Hawthorne zwischen klaren und weniger eindeutigen Textaussagen. Über die klare Aussage äußert er sich folgendermaßen:

---

[172] Vgl. Ziff 139 und Thomas, 347.
[173] Siehe Trachtenberg, "Seeing and Believing" 32.

> Many writers lay very great stress upon some definite moral purpose, at which they profess to aim their work. Not to be deficient, in this particular, the Author has provided himself with a moral; – the truth, namely, that the wrongdoing of one generation lives into the successive ones, and, divesting itself of every temporary advantage, becomes a pure and uncontrollable mischief; – and he would feel it a singular gratification, if this Romance might effectually convince mankind (or, indeed, any one man) of the folly of tumbling down an avalanche of ill-gotton gold, or real estate, on the heads of an unfortunate posterity, thereby to maim and crush them until the accumulated mass shall be scattered abroad in its original atoms. (2)

Allerdings relativiert er den Wert der eindeutigen Autorintention, denn nicht die eindeutigen, buchstäblichen, sondern die subtileren und weniger eindeutigen Aussagen, die die Interpretationsmacht in letzter Instanz der Leserin und dem Leser überlassen, seien die eigentlich entscheidenden:

> In good faith, however, he is not sufficiently imaginative to flatter himself with the slightest hope of this kind. When romances do really teach anything, or produce any effective operation, it is usually through a far more subtile process than the ostensible one. The Author has considered it hardly worth his while, therefore, relentlessly to impale the story with its moral, as with an iron rod – or rather, as by sticking a pin through a butterfly – thus at once depriving it of life, and causing it to stiffen in an ungainly and unnatural attitude. A high truth, indeed, fairly, finely, and skilfully wrought out, brightening at every step, and crowning the final development of a work of fiction, may add an artistic glory, but it is never any truer, and seldom any more evident, at the last page than at the first. (2-3)

Weder Autor noch Leser dürfen Hawthornes Reglement der *romance* zufolge also ihre Tätigkeit des Schreibens bzw. Lesens zu eindimensional auf *closure* bedacht betreiben, weil sie sonst dem Schmetterling des sinnhaften Verstehens das Leben nehmen, indem sie ihn auf dem Spieß ihrer positivistischen Moral in einer verzerrten Haltung erstarren ließen und die Prozesshaftigkeit ständiger Veränderung gewaltsam unterbinden würden. Was an die Stelle des positivistischen Forschergeistes tritt, der bezeichnenderweise am Beispiel eines klassisch-klassifizierenden Schmetterlingsforschers illustriert ist, bleibt, ganz im Sinne des hier formulierten Programms, implizit und muss es bleiben, da es über den Text hinausweist. Aus der Leserperspektive jedoch zielen die Hinweise des "Preface" auf eine Instanz, derer ich mich bedienen muss, um sie als Autorität zu benennen: meine subjektive und, in diesem speziellen Fall, durch die Institutionen der Literatur im Allgemeinen und an Hawthornes Text im Besonderen geschulten Urteilskraft. Hawthornes Definition der *romance* dient letztendlich einer expressiven Subjektivierung der Genrekonventionen des amerikanischen Romans, die die Mimesis auf eine neue, selbstreflexive Ebene hebt.

2.2.2 Die "wonderful insight" der Daguerreotypie und die endlose Auslegungsarbeit des Wirklichen

Die handlungstragenden Abbildungen in *The House of the Seven Gables* sind die beiden Daguerreotypien des lebenden und des toten Jaffrey Pyncheon, das Porträt des alten Colonels und das Miniaturporträt Cliffords.[174] Darüber hinaus tauchen zahlreiche weitere Abbildungen auf, die in metaphorischer Beziehung zu den von Holgrave angefertigten Daguerreotypien stehen.[175] Der Erzähler schildert das Haus mit den sieben Giebeln selbst als eine Repräsentation, deren "picturesqueness [...] can attract the imagination or sympathy to seek [the whole story of human existence] there" (27). Die Wasseroberfläche von Maule's Quelle vergleicht er wiederholt mit einem in alten Steinen gerahmten, magischen Spiegel, der durch die Bewegung des Wassers das Mosaik am Grund der Quelle zu unterschiedlichen Kombinationen zusammenfügt (88). Die so erzeugte "constantly shifting phantasmagoria of figures" hat je nach Betrachter unterschiedliche Wirkung. Wo Clifford abwechselnd "beautiful" und "dark faces" sieht, kann Phoebe nichts davon erkennen (154). Auch die Seifenblasen, die Clifford vom Balkon bläst – "[l]ittle, impalpable worlds [...] with the big world depicted, in hues bright as imagination, on the nothing of their surface" – fordern die Vorübergehenden zu unterschiedlichen Reaktionen heraus (171). Der Text präsentiert seinen LeserInnen nicht zuletzt die Figuren selbst immer wieder als Porträts, die die Zeit anhalten und ein Studium erlauben. Ein besonders deutliches Beispiel dafür ist der seifenblasende Clifford:

> *Behold* him, therefore, at the arched window, with an earthen pipe in his mouth! *Behold* him, with his gray hair, and a wan, unreal smile over his countenance, where still hovered a beautiful grace, which his worst enemy must have acknowledged to be spiritual and immortal, since it had survived so long! *Behold* him, scattering airy spheres abroad, from the window into the street! (171; meine Hervorhebung)

Alle Bildphänomene werden im Text als Interpretationsanlässe präsentiert, d.h. als Aufforderungen oder Einladungen an ihre BetrachterInnen, sich über die nie eindeutig bestimmte Abbildung von Realität und die

---

[174] Vgl. Marks 336-39.
[175] Vgl. Trachtenberg, "Seeing and Believing" 41.

Qualität der Abbildung ein Urteil zu bilden: "Behold [...]!". Dass dabei der Beobachtungstext der Wahrnehmung erst das Gesehene aktualisiert und als exitent ausweist, wird im Text im Rückgriff auf den Fotografiediskurs und am Beispiel der Daguerreotypie vorgeführt.

Holgrave stellt seine Tätigkeit als Daguerreotypist vor, indem er auf den populären Diskurs der Daguerreotypie als direkte Aufzeichnungstechnik zurückgreift, die nicht durch die menschliche Hand verfälschte Selbstabbildungen der Dinge zur Verfügung stellt: "I misuse Heaven's blessed sunshine by tracing out human features, through its agency" (46). Während sich Holgrave in seiner Freizeit um den Garten kümmert – "I dig, and hoe, and weed, in this black old earth, for the sake of refreshing myself with what little nature and simplicity may be left in it" –, beschäftigt er sich beruflich, so erklärt er Phoebe, mit "leichteren" bzw. "helleren" Aufgaben, die seiner "agency" angeblich nicht bedürfen: "My sober occupation, so far as I have any, is with a lighter material. In short, I make pictures out of sunshine" (91). Direkt im Anschluss an seine Erläuterungen untergraben jedoch sowohl Phoebes ablehnende Reaktion auf die Produkte der neuen Technik als auch Holgrave selbst die positivistische Illusion seines technischen Bildgebungsverfahrens. Phoebe schaudert: "I don't much like pictures of that sort – they are so hard and stern; besides dodging away from the eye, and trying to escape altogether" (91). Sie reagiert damit einerseits auf die Arretierung der Zeit, die aufgrund der extrem hohen Belichtungszeiten, die für die Daguerreotypie notwendig sind, besonders augenfällig ist; andererseits auf die zwischen Negativ und Positiv schillernde materielle Qualität der Abbildung, die sie dazu zwingt, einen bestimmten Blickwinkel einzunehmen, um das Bild zu erkennen.

Darüber hinaus dramatisiert ihre Reaktion auch die Subjektivierung des Blicks, die die Abbildungstechnik einfordert. Phoebe schreibt Daguerreotypien zunächst im Allgemeinen zu, nicht gesehen werden zu wollen, um dann angesichts der Daguerreotypie des Richters zu entscheiden, dass *sie* sie nicht sehen will: "They are conscious of looking very unamiable, I suppose, and therefore hate to be seen. [...] Well; I don't wish to see it any more" (91, 92). Phoebe sieht sich in dieser Szene gezwungen, von einem klassisch-objektivierenden Bewertungsraster, das sich von der Beobachtung selbst unabhängig wähnt, zu einem romantisch-subjektivierenden zu wechseln, welches die Daguerreotypie als eine "ungewisse Kunst" ausweist: als eine Repräsentation, die auf die "Gefühlsregungen einer willfährigen Subjektivität" angewiesen ist.[176]

---

[176] Barthes, *Die helle Kammer* 25, 26.

Dagegen wehrt sie sich. Holgrave versichert jedoch, an das klassische Modell des transparenten Zeichens anknüpfend, dass eine Daguerreotypie von Phoebe sicher nicht "unamiable" wäre, und dass es die meisten nur deshalb sind, "because the originals are so" (91). Über ihre mimetische Kraft hinaus schreibt er seinen Bildern allerdings die magische Fähigkeit zu,[177] Wahrheiten jenseits der allgemein sichtbaren Oberfläche zu entdecken:

> There is a *wonderful* insight in heaven's broad and simple sunshine. While we give it credit only for depicting the merest surface, it actually brings out the secret character with a truth that no painter would ever venture upon, even could he detect it. There is at least no flattery in my humble line of art. (91; meine Hervorhebung)

In der Daguerreotypie, so Holgrave, bringt die Sonne an den Tag, was jenseits von sorgfältig choreographiertem "Imagemanagement" im Verborgenen liegt. Die Malerei sei dagegen zur schmeichelnden Schönfärberei gezwungen, denn, wie der Erzähler an anderer Stelle erläutert, selbst wenn Maler in der Lage sind, Verborgenes zu erkennen, können sie ihre Porträts nur dann verkaufen, wenn sie den Porträtierten gefallen (59). Was das Porträt betrifft, ist Holgrave von der größeren Genauigkeit und der gegenüber der Malerei offenbar geringeren Abhängigkeit der neuen Technik von dem persönlichen Verhältnis zwischen Porträtiertem und Porträtierendem überzeugt. Mit dem Anspruch der direkten und ungeschönten Wirklichkeitsabbildung benennt Holgrave eine wichtige Eigenschaft der industrialisierten Bildproduktion, die dieselbe von der vorindustriellen visuellen Kultur unterscheidet. Interessanterweise unterstreicht Holgrave, der sich auch mit dem Mesmerismus beschäftigt, die Zeugniskraft der Daguerreotypie, indem er die im 19. Jahrhundert häufig als negativ identifizierte Verbindung der Technik zur Magie – "it brings out the secret character" (91) – zu ihrem größten Vorzug aufwertet. Seine expliziten Erklärungen seiner Tätigkeit als Daguerreotypist sind also insofern ambivalent, als sie sowohl auf rationale als auch magische Modelle der Herstellung von Bedeutung rekurrieren, wobei sich hinter dem Rekurs auf die Magie, wie sich noch genauer erweisen wird, die konstitutive Strategie seiner eigenen Bildlektüre verbirgt.

Holgrave untermauert seine allgemeinen Beobachtungen sogleich mit dem Beispiel der Daguerreotypie des Richters. Dabei demonstriert er vor allem seine subtile Lektüretechnik als diejenige Kraft, die den Abbildungen Bedeutung zuweist. Phoebe identifiziert die Daguerreotypie des

---

[177] Vgl. Marks 334, Koppen 130, Michaels 379-81 und dagegen Davidson 687.

Richters zunächst mit einem flüchtigen Blick als eine manipulierte Aufnahme des über 150 Jahre alten, gemalten Porträts des Colonels. Ihre Verwechslung der Aufnahme einer öffentlichen Person mit der eines alten Porträts verweist erstens auf die über die verschiedenen Methoden der Herstellung hinaus bestehende Kontinuität der Konventionen des Porträts, und zweitens auf die Ähnlichkeit der abgebildeten Personen, um die es auch Holgrave geht. Holgrave versichert allerdings, dass es die neue Technik *selbst* ist, die die charakterliche Ähnlichkeit zwischen Jaffrey Pyncheon und seinem alten Vorfahren zum Vorschein kommen lässt und auf diese Weise den Richter, Politiker, Präsident der "Bible Society" und Kassenwart eines Witwen- und Waisenfonds, der sich so gewandt öffentlich zu präsentieren weiß, in die Nähe des gewissenlosen Colonels rückt. Holgraves Erläuterungen der magischen Eigenschaft der Technik sind jedoch vor allem Zeugnis seines eigenen interpretierenden Blicks auf seine Daguerreotypien:

> [T]he original wears, to the world's eye – and, for aught I know, to his most intimate friends – an exceedingly pleasant countenance, indicative of benevolence, openness of heart, sunny good humor, and other praiseworthy qualities of the cast. The sun, as you see, tells quite another story, and will not be coaxed out of it, after half-a-dozen patient attempts on my part. Here we have the man, sly, subtle, hard, imperious, and, withal, cold as ice. Look at the eye! Would you like to be at its mercy? At that mouth! Could it ever smile? And yet, if you could see the benign smile of the original! It is so much more unfortunate, as he is a public character of some eminence, and the likeness was intended to be engraved. (92)

Holgrave kontrastiert die sozial gewandte Selbstpräsentation des Richters mit der Daguerreotypie eines verschlagenen und kaltherzig berechnenden Menschen und erläutert, dass die mangelnde Übereinstimmung der beiden Gesichter und deren "Geschichten" dazu geführt habe, dass die Abbildung nicht wie vorgesehen veröffentlicht wurde. Die von Holgrave praktizierte und ausführlich erläuterte Lektürestrategie ist insofern eine doppelte, als sie die Differenz von Sein und Schein voraussetzt. Diese Lektürestrategie schult auch Phoebes offenbar intuitive Wahrnehmung, die vom Text ebenfalls als besonders subtil markiert wird. Denn als Phoebe dem Richter nach Holgraves Ausführungen das erste Mal begegnet, durchschaut sie ihn sofort:[178] "The fantasy would not quit her that the original Puritan […] [i.e. the Colonel] had now stepped into the shop" (120).

---

[178] Vgl. Marks 335.

Sarkastisch bezeugt auch der Erzähler das Vexierbild des Richters, als er anlässlich dieses ersten Zusammentreffens Jaffreys mit Phoebe den Leser kritisch auf eine Persönlichkeit einstimmt, deren gewinnende öffentliche Wirkung er als "susceptible observer" durch die von Holgrave vorgeführte, besonders sensible Lektüretechnik, die hinter dem Schein ein anderes Sein erkennt, durchschauen kann:

> *A susceptible observer*, at any rate, might have regarded it as affording very little evidence of the genuine benignity of soul, whereof it purported to be the outward reflection. And if the observer chanced to be ill-natured, as well as acute and susceptible, he would probably suspect that the smile on the gentleman's face was a good deal akin to the shine on his boots, and that each must have cost him and his boot-black, respectively, a good deal of hard labor to bring out and preserve them. (116-17; meine Hervorhebung)

Der Erzähler adaptiert die von Holgrave beispielhaft verdeutlichte doppelte Lektüretechnik, bei der der unmittelbare Augenschein durch einen Wahrnehmungskontext erweitert wird, der sich aus der Vorannahme vom Täuschungscharakter der konventionellen Selbstermächtigung speist und seine Bestätigung aus einer Vielzahl inoffizieller Quellen bezieht. Der Erzähler versichert, dass es sich bei der von ihm identifizierten Ähnlichkeit zwischen Colonel und Richter nicht nur um einen flüchtigen äußeren Eindruck oder eine Vermutung handelt: "The similarity, intellectual and moral, between the Judge and his ancestor, appears to have been *at least* as strong as the resemblance of mien and feature would afford reason to anticipate" (121; meine Hervorhebung). Offizielle und öffentliche Quellen sprechen von beiden Pyncheons zwar nur in den höchsten Tönen. Doch der Erzähler bezieht sich auf inoffizielle und private Quellen, um dem Colonel wie dem Richter Geiz, Hochmut und rücksichtslos vernichtende Absichten zu bescheinigen. Außerdem versichert er, diese anderen Quellen seien vertrauenswürdiger als offizielle Quellen und ihr Einfluss sei "usually greater than we suspect" (124).

> [B]esides these cold, *formal*, and empty *words* of the chisel that inscribes, the voice that speaks, and the pen that writes *for the public eye and for distant time* – and which inevitably lose much of their truth and freedom by the fatal *consciousness of so doing* – there were *traditions* about the ancestor, and *private diurnal gossip* about the Judge, remarkably accordant in their testimony. It is often instructive to take *the woman's, the private and domestic view*, of a public man; nor can anything be more curious than the vast discrepancy between portraits intended for engraving, and the pencil-sketches that pass from hand to hand, behind the original's back. (122; meine Hervorhebung)

An dieser Stelle passiert Entscheidendes: Der Erzähler korreliert distanzkulturelle Bedingungen der Informationsvergabe und seine Bewertungsmaßstäbe implizit mit der Unterscheidung zwischen *novel* und *romance*, die den Roman einleitet, und mit Holgraves Ausführungen zur Daguerreotypie. Diese Verknüpfungen werden im Folgenden analytisch ausgeführt.

Der Erzähler unterscheidet in der soeben zitierten Passage zwischen Quellen, die *bewusst* "for the public eye and for distant time" angefertigt werden, von zufälligeren oder *weniger bewusst* auf die Überwindung von Raum und Zeit angelegten Informationen. Ein Grabstein ("the chisel that inscribes"), eine Trauerrede ("the voice that speaks"), die Geschichtsschreibung ("the pen that writes"), und ein repräsentatives Porträt ("Portraits intended for engraving") werden als Beispiele für öffentliche Dokumentationsmodi zitiert, die bewusst gewählt werden, um ganz bestimmten und hier geschönten Informationen Dauer zu verleihen. Für den Erzähler sind sie negativ konnotiert ("cold, formal and empty words"), weil sie ein einseitig devotes Bild zeichnen:

> So also, as regards the Judge Pyncheon of to-day, neither clergyman, nor legal critic, nor inscriber of tombstones, nor historian of general or local politics, would venture a word against this eminent person's sincerity as a christian, or respectability as a man, or integrity as a judge, or courage and faithfulness as the often-tried representative of his political party. (122)

Dagegen zitiert der Erzähler "traditions", "private diurnal gossip", "the woman's, the private and domestic view of a public man" sowie "pencil-sketches that pass from hand to hand, behind the original's back" als Beispiele eines nicht öffentlichen Gegendiskurses, den er positiv bewertet ("remarkably accordant in their testimony", "instructive"). Denn dieser Gegendiskurs verläßt sich auf eine subjektiv verankerte Urteilskraft und verweilt nicht an solch sonnigen Oberflächen wie der Selbstpräsentation des Richters – "the broad benignity of smile, wherewith he [Jaffrey Pyncheon] shone like a noonday sun along the streets, or glowed like a household fire, in the drawing rooms of his private acquaintance" (122).

Diese Überlegenheit gegenüber offiziellen Quellen haben die inoffiziellen Quellen des Erzählers bezeichnenderweise mit der von Holgrave praktizierten Lektüre der Daguerreotypie gemein. Dieses erste industrielle Bildgebungsverfahren bleibt ebenfalls nicht, wie Holgrave erläutert, an sonnigen Oberflächen hängen. Er beschreibt es als eine Art "truth detector",[179] der Wirklichkeiten bezeugen kann, die nicht berührbar sind. Die Daguerreotypie wird im Text als ein Medium funktionalisiert, das aufgrund seiner Stärkung der bereits durch das Stereoskop vorbereiteten Entkoppelung der Sehgewohnheiten vom Tastsinn reflexive Formen der Wirklichkeitsbezeugung autorisiert. Diese indirekte, durch materielle Zeichen vermittelte Form der Wirklichkeitsbezeugung – die "das, was man auf dem Papier sieht, so gewiß [macht], wie das, was man berührt"[180] – ist "part and parcel" der kulturellen Proliferation von Zeichen im Zuge zunehmend dynamischer gesellschaftlicher Vollzüge. Die durch die Fotografie medial autorisierte Form der Wirklichkeitsbezeugung ist auf eine Beobachtungsexpertise angewiesen, die, wie meine Ausführungen zur Industrialisierung der Sehgewohnheiten im 19. Jahrhundert gezeigt haben, mit einer Verwischung der lange als gegeben akzeptierten Trennung zwischen Subjekt und Welt einhergeht. Auf die damit verbundene Unterscheidung zwischen einem die Wirklichkeit als gegeben voraussetzenden klassischen und einem auf die individuelle Wahrnehmung rekurrierenden romantischen Blick komme ich am Ende dieses Abschnitts noch einmal zurück.

An dieser Stelle ist wichtig, dass die vom Erzähler getroffene Unterscheidung zwischen einem offiziellen Diskurs und einem inoffiziellen, privaten Gegendiskurs im Text *innerhalb* einer zunehmend distanzkulturell organisierten Gesellschaft angesiedelt wird und nicht als Differenzkriterium zwischen einer negativ konnotierten, zunehmend technisierten Kultur der Distanz und einer positiv konnotierten, pastoralen Kultur der Nähe fungiert.[181] Hawthornes fiktionale Welten sind keine nostalgischen, selbst da nicht, wo sie Missstände benennen. Auch Ziff hält fest: Hawthorne "trenchantly saw that the commonplace association of the art of oratory with the spirit of democracy was outdated in a republic in which decisions were made in an assembly remote from the regions that were affected. Print was now the crucial medium".[182] Die These, dass es dem Roman um die Erforschung distanzkultureller Bedingungen und nicht um eine wertende Gegenüberstellung von entfremdeter Kultur der Distanz und authentischer Kultur der Nähe geht, erfährt im Text mehrfach Bestätigung. Erstens ist es gerade ein Ausweis distanzkultureller Kommunikation, dass sie widersprüchlich ist, während Kommunikationsformen in einer Kultur der Nähe sehr viel stärker an Konsensbedin-

---

[179] Marks 335.
[180] Barthes, *Die helle Kammer* 97.
[181] Zu den heuristischen Begriffen „Kultur der Distanz" und "Kultur der Nähe" siehe Kapitel I unter Abschnitt 2.2.
[182] Ziff 118.

gungen gebunden sind. Zweitens ist die Daguerreotypie, die im Text als technisches Pendant zu dem vom Erzähler aufgegriffenen Gegendiskurs fungiert, ganz sicher nicht in einer Kultur der Nähe unterzubringen. Drittens entsprechen die mündlichen Gegendiskurse, die der Erzähler aufgreift, insofern distanzkulturellen Bedingungen, als ihr Ursprung bzw. ihre Autorschaft – ähnlich wie bei den mündlich vorgebrachten Erzählungen in Brockden Browns *Arthur Mervyn* – unklar ist: Denn wer könnte "fireside tradition" oder "some singular stories, murmured, even at this day, under the narrator's breath" (122) oder "ancient superstitions [...] passing from lip to ear in manifold repetition, through a series of generations" (124) verbürgen? Auch Gilmore konstatiert:

> [T]he distinction being made here is not primarily between speech and writing. Hawthorne contrasts spoken words and written ones only insofar as they lend support to the more fundamental distinction between private and public discourse.[183]

Diese wichtigere Unterscheidung zwischen privat und öffentlich ist eine, die erst innerhalb von distanzkulturell geprägten Gesellschaften überhaupt relevant wird. Viertens ist die Textsorte des Romans selbst ein distanzkulturelles Produkt und die mündlich bzw. unter der Hand tradierten kritischen Informationen erscheinen innerhalb eines gedruckten Textes, der für seine Figuren wie für seine LeserInnen widersprüchliche Informationen zugänglich macht, um die genuin distanzkulturellen Möglichkeiten der Kritik und der Bewertung in Gang zu setzen.

Der in *The House of the Seven Gables* unter der Hand tradierte Wissensschatz aus inoffiziellen Informationen und unpublizierten Bleistiftzeichnungen ist also ein abseitiges Produkt der zeitgenössischen, zunehmend distanzkulturell organisierten Gesellschaft. Er ist ihr nicht vorgängig, wie Alan Trachtenberg fälschlich annimmt, wenn er schreibt: "The narrative comes down on the side of tradition, gossip, and pencilsketches, linked through Uncle Venner and Phoebe to an older village culture, a republican culture founded on community and consensus".[184] Signifikanterweise hat die Diskrepanz zwischen offiziellem Diskurs und traditionellem Gegendiskurs für die vom Land stammende Phoebe gar keine Relevanz, bis sie in die Stadt kommt. Denn "[her] country-birth had left her pitifully ignorant of most of the family traditions, which lingered, like cobwebs and incrustations of smoke, about the rooms and chimney-corners of the House of the Seven Gables" (123). Daher greift

---

[183] Gilmore, "The Artist and the Marketplace" 393.
[184] Trachtenberg, "Seeing and Believing" 42-43.

Trachtenbergs Reklamation des gegendiskursiven Wissensschatzes in *The House of the Seven Gables* für eine konsensorientierte, republikanische Kultur der Nähe zu kurz. Gegendiskurse sind vielmehr ein Symptom der Distanzkultur und als solches Zeugnis für die Skepsis, die distanzkulturell bedingt verstärkte Mediatisierungen politischer und ästhetischer Formen der Stellvertretung mit sich bringen.

Der Erzähler legt besonderen Wert auf gegendiskursive Informationen. Er greift sie auf, hält sie fest, gleicht sie miteinander ab und zieht seine Schlüsse daraus. Er bettet sie erzählerisch in seine Wahrnehmung ein, sodass im Laufe von gut 300 Seiten ein Bild entsteht, das die Leserschaft, so legt der Text insgesamt nahe, nun wiederum in ihren Wahrnehmungskontext einzubetten und so zu aktualisieren hat. Der Erzähler verhält sich so – und die LeserInnen sollen sich auch so verhalten –, wie sich Holgrave gegenüber seinen Daguerreotypien verhält, die, wie dieser romantisch formuliert, einen Eindruck von "the secret character" (91) einer Person vermitteln könnten: Unter der Vorannahme vom Täuschungscharakter der Zeichenwelt entwickelt er die Bedeutung seiner exakt abbildenden Daguerreotypien mit der Sensibilität seiner eigenen Beobachtungsgabe. Sie ist es nämlich – Hepzibah spricht von Holgraves "law of his own" (85) –, die aus dem Kontext schöpfend Bedeutung zuweist. Auch Thomas hält fest: "If we ask what instantly establishes something as fixed, we find that it is Holgrave's personal vision of what is true".[185] Busch und Albers deuten diesen Vorgang der Bedeutungszuweisung als eine medial induzierte Verlagerung von Bewertungsmaßstäben von außen in das menschliche Bewusstsein hinein: "Innerhalb des romantischen Paradigmas wird die Fotografie nicht als Wiedergabe der Realität verstanden, sondern analog zur Literatur als Medium einer Visualisierung des Geistigen und Unsichtbaren".[186] Im Gegensatz zur literarischen Wortkunst jedoch besitzt das visuelle Zeugnis als "Emanation des *vergangenen Wirklichen*" eine höhere Autorität,[187] die Hawthornes Text nun wiederum für sich reklamiert.

Die Bezeugung des unsichtbaren Wirklichen leisten die Daguerreotypien im Text nur auf der Basis von Holgraves Wahrnehmungsexpertise, deren "denkende[s] Auge"[188] eine erneut belichtende Wirkung entfaltet. Denn, so schreiben Busch und Albers über die Fotografie im Allgemeinen,

---

[185] Thomas 360.
[186] Busch und Albers 537.
[187] Barthes, *Die helle Kammer*, 95-99, hier 99.
[188] Barthes, *Die helle Kammer* 55.

als Gegenstand der Wahrnehmung bedarf die Evidenz des Bildes der Beschreibung, um sich aus der Ferne, in der sie versunken ist, zu lösen. [...] Die im Bild angehaltene und aufgehobene Zeit soll nun durch den Text der Wahrnehmung zurückgegeben werden.[189]

Der "Text der Wahrnehmung" fordert eine Lektüre, die das Bild ein zweites Mal entwickelt, indem sprachlosen Bildelementen Bedeutungen zugeordnet werden. Denn das Foto selbst, so Barthes, "kann nicht *sagen*, was es zeigt".[190] Die fotografische Abbildung und ihre Lektüre stellen immer wieder eine Kreuzung eines im Foto arretierten, zeitlich zurückliegenden und eines aktuellen Blicks her: "der eine, der aus dem Bild heraus insistiert, ist in die raum-zeitliche Ferne der Aufnahme verschlossen, der andere, der Einsicht fordert, richtet sich auf das Bild als eine gegenwärtige Vergangenheit". So manifestiert sich in der Fotografie – d.h. in ihrer Verbindung einer Repräsentation mit einem "auf seinen Wahrnehmungskörper zurückverwiesenen Subjekt" – die "endlose Auslegungsarbeit des Wirklichen".[191] Diese Auslegungsarbeit fordert auch der Verfasser des Vorwortes zu *The House of the Seven Gables* ein, wenn er seinen als "fancy-pictures" bezeichneten Text nicht zu unvermittelt auf "the realities of the moment" (3) bezogen wissen will.

Die Daguerreotypie ist im Text als Modell für eine Form der Beobachtung funktionalisiert, die die Wirklichkeit als einen arbiträren Zusammenhang von Zeichen begreift, der durch die Beobachtung kanalisiert wird, wobei jede dieser Kanalisierungen immer auch Teil der willkürlichen Vernetzung von Zeichen ist. Diese Form der Beobachtung, auf die ich mich im Folgenden als "daguerreotypische Logik" bzw. die "Spielregeln der Daguerreotypie" beziehen werde, setzt eine geschulte Sensibilität auf der Seite des Beobachters voraus, die, insbesondere in der Person der Phoebe in *The House of the Seven Gables*, als spontane Intuition naturalisiert wird.[192] Wenn Busch und Albers von dieser Sensi-

---

[189] Busch und Albers 501.
[190] Barthes, *Die helle Kammer* 111.
[191] Busch und Albers 506.
[192] In der Sekundärliteratur wird Phoebe immer wieder als Repräsentantin einer reinen, spirituellen Natur gelesen. Siehe beispielsweise T. Walter Herbert, *Dearest Beloved: The Hawthornes and the Making of the Middle-Class Family* (Berkeley: U of California P, 1993) 95-97. Harvey L. Gable, Jr. erklärt hingegen, dass Natur in Hawthornes Texten als symbolische Repräsentation von Innerlichkeit funktioniert: "Hawthorne uses the natural world as a symbolic universe to mirror inner life". Er spricht auch von "corresponding worlds of nature and soul". Siehe *Liquid Fire: Transcendental Mysticism in the Romances of Nathaniel Hawthorne* (NY: Lang, 1998) xv.

bilität, beispielsweise der des Schriftstellers, als "divinatorischer Schau" sprechen, betonen sie deren schöpferische Qualität:

> Die 'Beobachtung' der Realität durch den Schriftsteller soll eine Wahrheit erfassen, die nicht unmittelbar sichtbar ist, sondern 'Objekt' der divinatorischen Schau einer als Zeichenzusammenhang verstandenen Wirklichkeit zu sein hat.[193]

In diesem Sinne sind Holgraves Lektüren seiner Daguerreotypien sowie das literarisch verdichtete Sehen des Vorwortverfassers und des Erzählers Beobachtungen von Nicht-Sichtbarem. Wo sich der Vorwortverfasser eloquent das Privileg einräumt, in wohldosierter Form das Wunderbare in seine öffentliche Präsentation zu mischen (1), spricht Holgrave, der Erbe des bösen Blicks seines Vorfahren und praktizierender Mesmerist, in Bezug auf seine Daguerreotypien von "wonderful insight" (91), die seine eigene Einsicht und nicht die der Repräsentation ist. Text und Bild *sind* schöpferische Interpretationen und *erfordern* schöpferische Interpretation ihrer RezipientInnen, um aus der Überkreuzung von produktiv und rezeptiv tätiger Imagination zur Darstellungen einer Wahrheit zu werden. *The House of the Seven Gables* weist den Repräsentationsprozess als einen (durch Produktion und Rezeption gedoppelten) Akt des Vermittelns und Bewertens aus, der binnenfiktional durch Holgraves Produktion und Lektüre der Daguerreotypie autorisiert ist.

2.2.3 Daguerreotypie und Erzählvorgang: vermittelte Bezeugungen von Wahrheit

Ein zentraler Agent des binnenfiktionalen Repräsentationsprozesses in *The House of the Seven Gables* ist der Erzähler. Denn er setzt die durch die Daguerreotypie legitimierten Spielregeln der Erzeugung und der Bezeugung von Wahrheit sowohl pragmatisch als auch metaphorisch um.

In einer selbstreflexiv gewendeten Bemerkung über den Spiegel, der in dem alten Haus mit den sieben Giebeln gehangen hatte, nimmt der Erzähler explizit zu den Regeln des Repräsentationsprozesses Stellung:

> a large dim looking-glass used to hang in one of the rooms and was fabled to contain within its depths all the shapes that had ever been reflected there; [...] Had we the secret of that mirror, we would gladly sit down before it, and transfer its revelations to our page. (21)

---

[193] Busch und Albers 537.

Doch der Erzähler besitzt das Geheimnis des Spiegels nicht, er kann dessen mimetisches Gedächtnis nicht in seinen Text übertragen, und es ist auch gar nicht seine Absicht, mit entsprechend transparenten Zeichen zu arbeiten:

> We have already hinted, that it is not our purpose to trace down the history of the Pyncheon family in its unbroken connection with the House of the Seven Gables; nor to show, as in a magic picture, how the rustiness and infirmity of age gathered over the venerable house itself. (20)

Sein Kompositionsprozess funktioniert insofern anders, als er den Spielregeln gehorcht, die die Holgravesche Lektüre der Daguerreotypie vorgibt. Dabei handelt es sich um einen Kompositions- bzw. Lektüreprozess, der die Wirklichkeit als Zeichenprozess begreift. Um diese medientheoretische Einsicht zu vermitteln und um ihr gerecht zu werden, beschreitet der Erzählvorgang immer wieder Umwege über interpretationsbedürftige visuelle und narrative Repräsentationen. Durch den erzähltechnischen Einsatz von Porträts und die indirekte Form der Berichterstattung kommt die Geschichte nur langsam voran und unterstreicht, wie ich an mehreren Beispielen zeigen werde, immer wieder die Notwendigkeit der Interpretation.

Direkt im Anschluss an seine Abkehr vom Spiegel der unreflektierten Mimesis beginnt der Erzähler mit seiner indirekten Berichterstattung, indem er eine *Geschichte* aufgreift – "a story for which it was difficult to conceive any foundation" (20) –, die von einem anderen, nicht nur passiv rezipierenden Umgang mit dem Spiegel kündet. Denn der Geschichte zufolge konnten die Maules eben jenem alten Spiegel *aktiv* Geheimnisse *entlocken*, die jenseits der Mimesis lagen:

> by what appears to have been a sort of mesmeric process – they could *make* its [the looking-glass'] inner region all alive with the departed Pyncheons; not as they had shown themselves to the world, nor in their better or happier hours, but as doing over again some deed of sin, or in the crisis of life's bitterest sorrow. (20-21; meine Hervorhebung)

Wie ihr Nachfahre Holgrave und seine fotografische Apparatur besitzen die Maules einen mesmerisierenden Blick, der Oberflächen zu durchschauen vermag.[194] Sie sehen nicht nur "what meets the eye", son-

---

[194] Zu Hathornes Funktionalisierung des Mesmerismus im Text siehe Betsy van Schlun, "Old Witchcraft and Modern Science in *The House of the Seven Gables*", *Science and the Imagination: Mesmerism, Media and the Mind in Ninetheenth Century English and American Literature* (Berlin/Madison: Galda+Wilch, 2007) 86-98.

dern auch nicht unmittelbar Sichtbares. Diesen Blick reklamiert der Erzähler auch für sich. Wie die Maules kann auch er hinter die öffentlichen Fassaden der Pyncheons sehen und so Schlüsse ziehen, die es ihm erlauben, in Wahrheit ein Unglück zu sehen, wo andere eine Erfolgsgeschichte lesen:

> From father to son, they [the Pyncheons] clung to the ancestral house, with singular tenacity of home-attachment. For various reasons, however, and from impressions often too vaguely founded to be put on paper, the writer cherishes the belief that many, if not most, of the successive proprietors of this estate, were troubled with doubts as to their moral right to hold it. Of their legal tenure, there could be no question; but old Matthew Maule, it is to be feared, trode downward from his own age to a far later one, planting a heavy footstep, all the way, on the conscience of a Pyncheon. If so, we are left to dispose of the awful query, whether each inheritor of the property – conscious of wrong, and failing to rectify it – did not commit anew the great guilt of his ancestor, and incur all its original responsibilities. And supposing such to be the case, would it not be a far truer mode of expression to say, of the Pyncheon family, that they inherited a great misfortune, than the reverse? (20)

Die Geschichte, die der Erzähler über die mesmerisierenden Fähigkeiten der Maules aufgreift, um die Frage der Erbsünde als Frage individueller Verantwortung zu wenden, veranschaulicht sein eigenes Vorgehen: Sie verweist erneut auf den ungesicherten Status seiner Informationen – "a story for which it was difficult to conceive any foundation" (20) –, sie benennt die spekulative Qualität des Erkennens und sie untermauert den Wahrheitsanspruch, den auch er für seine sorgfältig argumentierten Spekulationen erhebt: "If so, we are left to dispose of the awful query, whether [...]. And supposing such to be the case, would it not be a far *truer* mode of expression to say [...]" (20; Meine Hervorhebung). Der Erzähler entwirft die Wahrheitsfindung also als eine Frage der Repräsentation. Er bestätigt damit den in Holgraves Lektüre der Daguerreotypie autorisierten Vertrag über die Regeln der Bedeutungskonstitution, indem er die schöpferische Dimension des Verstehensprozesses im Erzählvorgang zur Schau stellt. Die Vielfalt der von ihm aufgegriffenen Geschichten verdichtet sich dabei zu einem Geflecht von Beglaubigung und Kohärenzstiftung, die die Verlässlichkeit und Autorität der Fragmente binnenfiktional durch gegenseitige Bestätigung steigert bzw. selbst erst stiftet.

In die Reihe binnenfiktionaler Ausfächerungen medientheoretischer Überlegungen gehören auch die Einführungen des Richters Pyncheon und Cliffords. Die LeserInnen lernen beide Figuren zunächst indirekt über zueinander in Beziehung gesetzte Repräsentationen kennen. Als der

Richter bald lächelnd, bald seine Stirn runzelnd Hepzibahs Ladenfenster studiert, wendet sich seine Cousine dem mittlerweile stark verblassten Porträt des alten Colonels in ihrer Wohnstube zu, um sich die wahren Züge des gut gekleideten und sozial gewandten Richters vor Augen zu führen. Dabei erfolgt ihr Erkenntnisgewinn analog zu Holgraves Bildauslegung: "the face in the picture enabled her – at least, she fancied so – to read more accurately, and to a greater depth, the face which she had just seen in the street" (59). Hepzibahs Lektüre des alten Porträts des Colonels vermittelt den ersten Eindruck, den die LeserInnen des Textes von Jaffrey Pyncheon erhalten. Als Kontrast zu dem Porträt des Colonels ruft sich Hepzibah ihren Bruder Clifford in Erinnerung. Ihre Vorstellung vergleicht der Erzähler sodann mit einem Miniaturporträt von Clifford – "far inferior to Hepzibah's airdrawn picture, at which affection and sorrowful remembrance wrought together" (59). Nach den einleitenden Andeutungen des Erzählers über einen nicht genauer identifizierten Pyncheon, der seinen Onkel umgebracht haben und nach dreißig Jahren Gefängnis nach Hause zurückkehren soll (22-24), ist diese mehrfach gebrochene Beschreibung des Miniaturporträts die erste Information über Clifford Pyncheon (59-60).

Hepzibah wiederum benutzt die Miniatur, um Clifford ihrer Nichte Phoebe vorzustellen. Phoebes Beurteilung des ihr unbekannten Gesichts auf dem Porträt als "handsome" und "beautiful" (75) bestätigt die vorangegangenen Ausführungen des Erzählers: "It is as sweet a face as a man's can be, or ought to be. It has something of a child's expression – and yet not childish – only one feels so very kindly towards him!" (75; vgl. 92). Als Holgrave in Bezug auf Cliffords Vergangenheit, die er zu kennen glaubt und von der Phoebe nichts weiß, kurz darauf die Frage stellt, ob sie etwas Bedrohliches in den Augen des Abgebildeten entdecken könne – "Is there nothing dark or sinister, anywhere? Could you not conceive the original to have been guilty of a great crime?" –, antwortet sie klar und eindeutig: "It is nonsense" (93). Auch alle weiteren Informationen über Clifford vermittelt der Text stets indirekt: Clifford bleibt sowohl auf der Handlungsebene als auch auf der Ebene der erzählerischen Vermittlung ein Vexierbild, aus dem ein besonders sensibler Beobachter, so der Erzähler, seine Rückschlüsse ziehen könne: "An eye, at once tender and acute, might have beheld in the man some shadow of what he was meant to be" (139). Als Clifford nach Hause kommt, ist er für Phoebe und für die LeserIn wie ein Geist nur in seiner Stimme, seinen Schritten und als vage Schattenfigur präsent. Dass er Hepzibahs Bruder ist, erfährt die LeserIn erst aus dem Mund des Schuljungen Ned Higgins, der beim Einkauf in Hepzibahs Laden von seiner

Mutter nachfragen lässt, "how Old Maid Pyncheon's brother does? Folks say he got home" (116). Dass Clifford darüber hinaus eine kriminelle Vergangenheit haben soll, können Phoebe (und die LeserIn) den Andeutungen des Judge entnehmen: "To be an inmate with such a guest may well startle an innocent young girl! [...] Heaven grant him at least enough of intellect to repent his past sins!" (125). Phoebe und die LeserInnen des Textes lernen gemeinsam Stück für Stück, sich ein Bild von Cliffords Geschichte zu machen: "when her [Phoebe's] involuntary conjectures, together with the tendency of every strange circumstance to tell its own story, had gradually taught her the fact, it had no terrible effect upon her" (144). Was es mit diesem "fact" auf sich hat, wurde bisher freilich auch für die LeserInnen noch nicht deutlich.

Diese mehrfach gebrochenen Beschreibungen führen vor, wie Wissenserwerb in einer zeichenvermittelten Welt funktioniert, die nicht mehr als objektiv gegeben vorausgesetzt werden kann, sondern im Prozess des Wissenserwerbs erst im Sinne der ihm zugrundeliegenden Verstehenskategorien entsteht. An die Stelle eines Be*greif*ens der Dinge tritt eine Abstraktion vom physikalisch Gegebenen und die sozial eingebundene, subjektive Wahrnehmung der Welt über Repräsentationen des Realen. Diese Verschiebung vom objektiv Gegebenen hin zu den subjektiven Empfindungen hat der Begründer des philosophischen Liberalismus und des Empirismus in der Erkenntnistheorie John Locke bereits 1690 in seinem *Essay Concernig Human Understanding* zu theoretisieren versucht.[195] Damals beherrschte noch der Substanzbegriff der Leibniz'schen Metaphysik und die cartesianische Vorstellung der eingeborenen Ideen die Philosophie der Zeit. Diese Verschiebung findet in der visuellen Kultur des 19. Jahrhunderts, auf die sich *The House of the Seven Gables* bezieht, insofern eine materielle Entsprechung, als Wirklichkeit zunehmend über den Umweg interpretationsbedürftiger Repräsentationen von Welt bezeugt wird.

Es entspricht der Argumentationsstruktur des Textes, dass eine zweite Daguerreotypie, bzw. das "denkende Auge", das Holgrave darauf wirft, im vorletzten Kapitel des Textes Licht ins Dunkel von Cliffords Vergangenheit bringt. Als Holgrave den toten Richter im verlassenen Haus mit den sieben Giebeln findet, weiß er, dass sich aus den mageren Fakten unterschiedliche Geschichten zusammensetzen lassen. Phoebe erklärt er daher im vorletzten Kapitel: "The Judge is dead, and Clifford and Hep-

---

[195] John Locke, *An Essay Concerning Human Understanding*, ed. Peter H. Nidditch (1694; Oxford: Clarendon, 1975). Siehe dazu Bertrand Russell, *Philosophie des Abendlandes: Ihr Zusammenhang mit der politischen und sozialen Entwicklung* (1945. München/Wien: Europaverlag, 1992) 613-55.

zibah have vanished! I know no more. All beyond is conjecture" (302). Die Ungewissheit, die Holgrave hier äußert, macht auch der Erzähler im Laufe seines "rhetorical dance of triumph"[196] deutlich, den er zwei Kapitel vorher vor dem Toten vollführt. "Indulging our fancy in this freak" (280) zählt er dort all die wichtigen Termine auf, die der Richter verpasst, während es langsam dunkel wird, um sich dann in der Schwärze der Nacht seiner Unsicherheit über die Bedeutung dieses Todes bewusst zu werden:

> Now it is no longer gray, but sable. There is still a faint appearance at the window; neither a glow, nor a gleam, nor a glimmer – any phrase of light would express something far brighter than this doubtful perception, or sense, rather, that there is a window there. Has it yet vanished? No! – yes! – not quite! And there is still the swarthy whiteness – we shall venture to marry these ill-agreeing words – the swarthy whiteness of Judge Pyncheon's face. The features are all gone; there is only the paleness of them left. And how looks it now? There is no window! There is no face! An infinite, inscrutable blackness has annihilated sight! Where is our universe? All crumbled away from us; and we, adrift in chaos, may hearken to the gusts of homeless wind, that go sighing and murmuring about, in quest of what was once a world! (276-77)

Mit abnehmendem Licht wird es für den Erzähler schwer, die Konturen des Raumes und das explizit paradox als "swarthy-white" wahrgenommene Gesicht der Leiche zu erkennen. Mit dem Licht schmelzen die Koordinaten seiner Wahrnehmung und er sieht sich mit einer "inscrutable blackness" konfrontiert, die ihn in ein substanzloses Chaos entlässt. In dieser vom Erzähler so eindringlich geschilderten bodenlosen Verunsicherung daguerreotypisiert Holgrave die Leiche des Richters.[197] Auch für ihn ist keine Wirklichkeit mehr zu erkennen, und er kann sich nicht mehr verorten: "The world looked strange, wild, evil, hostile; – my past life, so lonesome and dreary; my future a shapeless gloom, which I must mold into gloomy shapes!" (306). In dieser Situation sorgt er für ein materielles Zeugnis. Mit dem Dokument will er nicht nur die Ähnlichkeit zwischen diesem Tod und dem des Onkels, für den Clifford verantwortlich gewesen sein soll, sondern auch Cliffords Unschuld in beiden Fällen dokumentieren. Dass diese Dokumentation notwendig ist, zeigt ein Kommentar des im Text als Repräsentant des Volkes gezeichneten

---

[196] Henry Nash Smith, "Hawthorne: The Politics of Romance", Harding Bd. 4, 143-58, hier 155; Wiederabdruck aus *Democracy and the Novel* (Oxford/NY: OUP, 1978) 16-34.

[197] Zur Verbindung zwischen Erzähler und Holgrave siehe Herbert, *Dearest Beloved* 100-01.

Dixey: "[I]t would be no wonder if the Judge has gone into that door, and never come out again! A certain cousin of his may have been at his old tricks" (296). Um solchen Anschuldigungen entgegenzutreten, liest Holgrave, "in quest of what was once a world", mit Hilfe seiner Daguerreotypie den bei den Pyncheons mindestens schon zwei Mal aufgetretenen, *plötzlichen* Tod des Richters als gerechte Strafe und als eine Befreiung für Clifford:

> His own death [the judges's], so like the former one, yet attended with none of those suspicious circumstances, seems the stroke of God upon him, at once a punishment for his wickedness, and making plain the innocence of Clifford. (304)

Holgraves "Wahrnehmungstext" wird von offiziellen und inoffiziellen Quellen bestätigt. Medizinische Untersuchungen zeigen, dass der Richter eines natürlichen Todes gestorben ist (309), und "a hidden stream of private talk, such as it would have shocked all decency to speak loudly at the street-corners" bezeugt Holgraves lang gehegte Vermutung, dass es auch in dem 30 Jahre zurückliegenden Fall keine Gewaltanwendung gab (310). Die gegenteiligen Beweise, die zur Verurteilung Cliffords geführt hatten, werden nun, ausgehend von den Informationen eines Mesmeristen, anders gelesen:

> Whencesoever originating, there now arose a theory that undertook so to account for these circumstances as to exclude the idea of Clifford's agency. Many persons affirmed, that the history and elucidation of the facts, long so mysterious, had been obtained by the Daguerreotypist from one of those mesmerical seers, who, now-a-days, so strangely perplex the aspect of human affairs, and put everybody's natural vision to the blush, by the marvels which they see with their eyes shut. (310-11)

Erneut autorisiert der Text die Wahrheit über die Missgunst des Richters durch eine Form der Beobachtung, die der textimmanenten Logik der Daguerreotypie entspricht. Im Kontext der distanzkulturellen Proliferation narrativer und visueller Zeugnisse sieht der Daguerreotypist – wie "those mesmerical seers, who [...] put everybody's natural vision to the blush, by the marvels which they see with their eyes shut" (311) – mit seinem interessierten Blick auf die von ihm geschaffene Repräsentation Zusammenhänge, die einem auf klassischen Vorannahmen basierenden Blick auf die Welt verborgen bleiben. Wo der klassische Blick seinen Ausgangspunkt als verlässlich voraussetzt und die Wahrheit in den Dingen selbst *entdecken* und in transparenten Zeichen speichern zu können glaubt, *erzeugt* der romantische Blick des Daguerreotypisten auf industriell hergestellte Abbilder von Welt Wahrheit. Dieser Blick verschränkt das auf seinen Wahrnehmungskörper zurückverwiesene Subjekt mit der Welt über einen Zeichen- bzw. Interpretationsprozess.

Wenn man "Theorie" ganz allgemein als eine konsistente und hinreichend komplexe Erklärung des Zusammenhangs von unübersichtlichen Faktoren versteht, ist der Erzähler des Textes von der Wahrheit der "Theorie" überzeugt, die Holgrave mit Hilfe seiner Daguerreotypie und er selbst mit Hilfe unterschiedlicher Gerüchte entwickelt haben.[198] "Theorien sind dazu da, die Wahrheit zu sagen", bemerkt Jochen Hörisch in seiner *Theorie-Apotheke*.[199] Einschränkend muss Hörisch allerdings gleich anfügen, dass das

> kein einfaches Geschäft [ist]. Denn Wahrheit ist nicht nur im Deutschen ein Wort, das sich nur widerstrebend in den Plural setzen lässt. [...] Die Wahrheit will eine und nur eine sein. Theorien hingegen gibt es im Plural.[200]

Auch Hawthornes Erzähler hält seine Wahrheit für die *eine*, und mit Hilfe der an der Lektüre der Daguerreotypie illustrierten Beobachtungslogik gelingt es ihm, seine LeserInnen davon zu überzeugen. Der Erzähler pflegt jedoch einen stärker umschränkten Umgang mit seiner Überzeugung, als es über Jahrzehnte hinweg die Pyncheons getan haben. Nicht zuletzt angesichts des Schadens an Cliffords Leben sieht er sich zur Bescheidenheit verpflichtet: "If, after long lapse of years, the right seems to be in our power, we find no niche to set it in" (313).

Diese Bescheidenheit ist, wie die Geschichte der Pyncheons zeigt, angemessen: Wahrheiten machen sich nicht gut auf dem Podest der Unanfechtbarkeit. Dies verdeutlicht in *The House of the Seven Gables* noch einmal der Fund des alten und längst wertlos gewordenen Schriftstücks in einer Nische hinter dem Porträt des Colonels, das den Anspruch der Pyncheons auf ein Stück Land im Osten Maines sichern sollte. In dem Glauben, Clifford wisse über den Verbleib des Schriftstücks Bescheid, vermutete Jaffrey Pyncheon bis zuletzt, er könne seinen Cousin mit erpresserischen Methoden dazu zwingen, sein Geheimnis preiszugeben, um sich selbst zu bereichern. Ironischerweise ist nicht nur die vermeintliche Urschrift, die schließlich aus Zufall gefunden wird, wertlos. Weil Jaffreys Sohn ohne das Wissen seines Vaters bereits

---

[198] Siehe etwa Jonathan Culler, *Literary Theory: A Very Short Introduction* (Oxford: OUP, 1997) 1-16.
[199] Jochen Hörisch, *Theorie-Apotheke: Eine Handreichung zu den humanwissenschaftlichen Theorien der letzten fünfzig Jahre, einschließlich ihrer Risiken und Nebenwirkungen* (Frkf./M.: Eichorn, 2004) 10.
[200] Hörisch 10.

gestorben ist, fällt außerdem der gesamte Besitz des Richters an Hepzibah und Clifford – und damit an die Personen, die er sein Leben lang übervorteilt hatte. Der schriftlich verbürgte und daher offenbar unanfechtbar wahre Besitzanspruch der Pyncheons stellt sich im Text als fatales neoaristokratisches Blendwerk heraus. Die Geschichte, die der Text in Bezug auf die lange Auseinandersetzung zwischen den Maules und den Pyncheons als die wahre (weil überzeugende) erzählt, beansprucht dagegen, trotz des schließlich glücklichen Handlungsverlaufs, kein Heilsversprechen. Sie *kann* keine Heilsversprechungen machen, wenn sie nicht repressiv sein will. Und wäre sie repressiv, würde sie ihren vehement erhobenen Anspruch darauf, eine im Vergleich zur öffentlichen Selbstpräsentation der Pyncheons *bessere* (weil Zukunft ermöglichende) Erklärung der Vergangenheit zu liefern, sofort verwirken.

In diesem Anspruch des Textes steckt ein implizites Demokratiemodell, das der Text nicht aus- oder vorführt, sondern formal, d.h. in seiner Erzähl- und Bezeugungslogik sowie in seiner Metaphorik stützt. Diese narrativen Apekte vermitteln, dass die Welt, die im Zuge beschleunigter Reise- und Informationstechnik zunehmend aus den Fugen gerät,[201] nicht durch einen "stern old Puritan" oder sonst einen Heilssprecher, der der Überzeugung erliegt, to "never mistake a shadow for a substance", wieder einzurichten ist. Um innerhalb des Modernisierungsprozesses ein soziales Umfeld aufrecht zu erhalten, das Entfaltungsmöglichkeiten bietet, müssen stattdessen zunehmend komplex dimensionierte Problemlagen differenzierter beobachtet und situationsangemessen beurteilt werden. Gefordert ist daher ein kritisches Denken, das kulturelle Widersprüchlichkeiten und Komplexitäten erfasst und sich davon nicht erschlagen lässt, obwohl es keine Patentlösungen anbieten kann. "There is even more at stake in thinking critically about culture than unveiling its relations to the reproduction of systemic social contradiction and complicity", schreibt Pfister:

> The ability to imagine a culturally vital reorganization of life, value and feeling depends partly on recognizing the life-enhancing and playful as well as

---

[201] Kapitel 17 des Romans, "The Flight of Two Owles", vermittelt einen allegorischen Eindruck dieser Veränderungen. Nach dem Tod des Richters unternehmen der euphorisierte Clifford und die orientierungslose Hepzibah spontan eine Zugreise nach Osten – "Everything was unfixed from ist age-long rest, and moving at whirlwind speed in a direction opposite to their own" (256) —, in deren Verlauf Clifford die kurzlebige Vision einer völlig veränderten Lebenswelt entwirft.

mystifying and damaging powers of culture, partly on maintaining critical humility.[202]

Nichts anderes bedeutet für Hawthorne Demokratie. Sein Schreiben, so bestätigt Ziff,

> was devoted to the embodiment of what had to be retained privately and made expressible publicly if his democracy was to prove itself successful, not as a political entity nor an economic enterprise, but as a historically created environment for the cherishing of humanity in its frailty as well as its vigor.[203]

Problemlösungsstrategien ohne allumfassenden Anspruch sind gleichzeitig störungsanfällige und Erfolg versprechende Mittel, die Gegenwart fruchtbar zu gestalten. Die Gestaltung des verbindenden Moments zwischen "odious and abominable Past" (184) einerseits und ungewisser Zukunft andererseits – "the very Present that is flitting away from us" (2), "this visionary and impalpable Now" (149) – ist die Aufgabe, die sich dem frisch vermählten Paar Phoebe und Holgrave und der jungen Demokratie, in der sie leben, am Ende des Romans stellt. Bevor ich darauf unter Abschnitt 2.3 zurückkomme, möchte ich jedoch zunächst untersuchen, wie der Motivkomplex um die Daguerreotypie und die Spielregeln der Bezeugung von Wahrheit zusätzlich durch die Licht- und Schattenmetaphorik des Textes verdichtet wird.

2.2.4 Licht- und Schattenmetaphorik

Eine dichte, detaillierte und systematische Metaphorik, die das Augenmerk der LeserInnen auf sich zieht, ist grundsätzlich charakteristisch für Hawthornes Romane. Harvey Gable etwa betont Hawthornes Tendenz, "to layer multiple metaphors in a way that shifts our interest away from the literal action and onto the layered images themselves. [...] Hawthorne uses these layered images to conduct a kind of philosophical inquiry beneath the literal level of events."[204] In *The House of the Seven Gables* haben insbesondere die Wortfelder um Helligkeit und Dunkelheit, Substanz und Schatten eine Reihe von vernetzten Funktionen, die Clark Griffith bereits 1954 im Detail herausgearbeitet hat, um zu zeigen, dass dieser relativ handlungsarme Roman eine seiner herausragenden Stärken auf der Ebene der Metaphorik entwickelt:

---

[202] Pfister 56.
[203] Ziff 145.
[204] Gable xi-xxi, hier xiii.

> [F]ar from being aesthetically slopshod or thematically unsatisfying, *The House of the Seven Gables* is, in the main, among Hawthorne's most effectively executed works of art, one in which expression, symbolism, irony, drama, and meaning are alike subsumed under the far-reaching implications of substance and shadow.[205]

An Griffiths Befunde anknüpfend möchte ich nun zeigen, wie die Hell-Dunkelmetaphorik in die daguerreotypische Logik des Textes hineinwirkt, indem sie die Herstellung und Infragestellung von Sichtbarkeit verdichtet. Wie ist das, was man von der äußeren Welt bzw. von der "Natur" des Menschen sieht, zu bewerten? Und was ist mit den stillschweigend vorausgesetzten Anteilen, die nicht sichtbar sind? Mit diesen durch die Licht- und Schattenmetaphorik verhandelten Fragen fordert der Text den forschenden Blick nach innen als ein notwendiges Pendant zur medial begünstigten Verschiebung von einem klassischen zu einem romantischen Paradigma, die der menschliche Blick im Rahmen der zunehmend dynamischen Gesellschaftsordnung des 19. Jahrhunderts, "organized around exchange and flux",[206] erfährt.

Die zunehmende Bedeutung mobiler Zeichen und Güter ist im Text nicht eindeutig positiv oder negativ konnotiert, denn sie zeigt sich in so unterschiedlichen Figuren und Phänomenen wie dem charakterfesten *Jack-of-all-trades* Holgrave, dem despotischen Richter und der Eisenbahn, mit der Hepzibah und Clifford nach dem Tod des Richters orientierungslos und euphorisiert in einem "common and inevitable movement onward" (257) wie der Wind davonrasen. Die gesellschaftliche Dynamisierung bewirkt auch eine Umkodierung der "Natur" des Menschen sowie die Notwendigkeit, neue Bewertungsmaßstäbe für den Umgang mit diesen veränderten Bedingungen zu entwickeln. Damit sind wir wieder bei der zentralen These dieser Arbeit, dass nämlich materielle Gegebenheiten – wie sich verändernde mediale Bedingungen und eine zunehmend kapitalistische Gesellschaftsordnung – prägende Voraussetzungen für das Selbstverständnis und den sozialen Habitus bilden, und dass Romane insofern ethische Momente implizieren, als sie inhaltlich und vor allem formal eine Leseerfahrung gewähren, die es den LeserInnen ermöglicht, entsprechende Wahrnehmungs- und Analysetechniken auszubilden.

In Bezug auf Hawthornes Prosa benennt der Rezensent Henry Tuckerman, der den Autor aufgrund seines unprätentiösen aber metaphorisch dichten, philosophisch-meditativen Stils als einen "prose-poet" bezeich-

---

[205] Griffith 384. Siehe außerdem Gilmore, "The Artist and the Marketplace" 397-98.
[206] Crary 62.

net, schon im Erscheinungsjahr des Romans den Zusammenhang zwischen medialer Entwicklung und Psychologie:

> What the scientific use of lenses – the telescope and the microscope – does for us in relation to the external universe, the psychological writer achieves in regard to our own nature. He reveals its wonder and beauty, unfolds its complex laws and makes us suddenly aware of *the mysteries within and around individual life.*[207]

Die Implikationen seiner Beobachtung, dass Hawthornes psychologisch sensible Texte die "mysteries within and around individual life", also die äußeren Bedingungen und die inneren Verstrickungen individuellen Lebens zur Sprache bringen, hat Tuckerman allerdings nicht untersucht. Wie funktioniert und was bedeutet die Übersetzung zwischen Medien und Mentalitäten? Dieser Frage will ich mich hier über die Metaphorik des Romans nähern.

In *The House of the Seven Gables* unterstützen "substance words" und "shadow words" zunächst die Charakterisierung bestimmt und selbstsicher bzw. bezwungen und unsicher auftretender Figuren. Der Richter beispielsweise klammert sich so vehement an seine sonnige Selbstpräsentation, dass, so berichtet der Erzähler ironisch, gelegentlich "an extra passage of the water-carts was found essential, in order to lay the dust occasioned by so much extra sunshine!" (131). Holgrave arbeitet mit dem Sonnenlicht und besitzt "that deep consciousness of inward strength [...] which gave warmth to everything that he laid his hand on" (181). Phoebe "was by nature as hostile to mystery, as the sunshine to a dark corner" (218) und sie besitzt "[a] proper gift of making things look real, rather than fantastic, within her sphere" (297). Clifford dagegen, "[who] had none but shadowy gold at his command" (243), bezeichnet sich selbst und seine Schwester als substanzlose Geister: "We are ghosts! We have no right among human beings – no right anywhere, but in this old house, which has a curse on it, and which therefore, we are doomed to haunt" (169).

Über diese Charakterisierung hinaus stellen die Wortfelder um Substanz und Schatten die helle Straße – in der sich Umzüge, Händler, Karren und Kutschen ihren Weg bahnen – dem undurchdringlich dunklen und freudlosen Haus, der Stagnation und Kälte der Vergangenheit sowie der moralischen Desintegration gegenüber:

---

[207] Henry T. Tuckerman, "Hawthorne as a Psychological Novelist, from 'Nathaniel Hawthorne', in the *Southern Literary Messenger*, June 1851, xvii, 344-49", *Hawthorne: The Critical Heritage*, ed. J. Donald Crowley (London: Routledge & Kegan Paul, 1970) 210-18, hier 211, 210; meine Hervorhebung.

> The gloomy and desolate house, deserted of life, and with awful Death sitting sternly in its solitude, was the emblem of many a human heart, which, nevertheless, is compelled to hear the trill and echo of the world's gaiety around it. (295)

Schon zu Beginn des Romans bemerkt der Erzähler, die Geschichte des Hauses "was not destined to be all so bright" (12). Und wie die in dem alten Porträt festgehaltenen Gesichtszüge des Colonels – "[which] seemed to symbolize an evil influence" (21) – wird auch das Haus wiederholt mit einer dunklen, anthropomorphen Physiognomie versehen: "The old house creaks again, and makes a vociferous, but somewhat unintelligible bellowing in its sooty throat [...] in tough definance" (277; siehe auch 5, 285, 294). Daraus folgert Griffith:

> Shadow, the past, the inner house – all combine to symbolize the tragedy of human sin, while the substantial, contemporaneous world without provides a warmly optimistic atmosphere in which it seems possible to conceal this tragedy or banish it or to live unaware that it even exists.[208]

Aus diesen Gegenüberstellungen ergeben sich allerdings keine eindeutigen Bewertungen, denn mit Jaffrey, Holgrave und Phoebe stehen drei höchst unterschiedliche Figuren auf der Seite des Lichts, die mit der durch Hepzibah und Clifford vertretenen dunklen Vergangenheit ebenso unterschiedlich umgehen. Um den richtigen Umgang mit der Vergangenheit, um die richtige Mischung aus Zuversicht und einem Bewusstsein für historische Zusammenhänge, aus Hell und Dunkel geht es im Text – wobei das, was "richtig" zu nennen ist, nicht so leicht erkennbar ist. In Abwesenheit einer transzendenten Versicherung menschlichen Seins und Handelns, so erläutert der Erzähler, ist, wer nicht "poetic insight" oder "the gift of discerning", also ein feines Sensorium für Unterscheidungen besitzt, daher geneigt, zu verzweifeln:

> Life is made up of marble and mud. And, without all the deeper trust in a comprehensive sympathy above us, we might hence be led to suspect the insult of a sneer, as well as an immitigable frown, on the iron countenance of fate. What is called poetic insight is the gift of discerning, in this sphere of strangely mingled elements, the beauty and the majesty which are compelled to assume a garb so sordid. (41)

Die Aufgabe, ein solches Sensorium für "the beauty and the majesty" im Dunkel "[of] this sphere of stangely mingled elements" zu entwickeln und im eigenen Handeln zu entfalten, stellt sich auf jeweils unter-

---

[208] Griffith 386.

schiedlichen Ebenen den Figuren des Textes, dem Erzähler und seinen LeserInnen. Die Figuren sind am unmittelbarsten mit dieser Aufgabe konfrontiert und sie bewältigen sie zum Teil nur ansatzweise. Der Text insgesamt vermittelt über seine Form allerdings die Notwendigkeit einer weitergehenden Auseinandersetzung mit der Prozessualisierung gesellschaftlicher Bedingungen. Die Form des Umgangs der einzelnen Figuren mit Vergangenheit wird vom Text nur dann positiv bewertet, wenn er Licht und Schatten zu mischen versteht. Denn Licht konnotiert sowohl Wärme (Phoebe) als auch Illusion (Judge Pyncheon), und Licht ohne Schatten ist falsch. Schatten dagegen konnotiert sowohl Tod (Colonel und Judge Pyncheon) als auch Wahrheit (Hepzibah), aber Schatten ohne Licht ist kalt. Diese metaphorischen Verschränkungen sollen nun genauer untersucht werden.

Im Gegensatz zu Hepzibahs "scowl" (passim) glänzt der Richter bei jeder Gelegenheit mit einem breiten Lächeln und "the sultry, dog-day heat [...] of benevolence" (119). Er brüstet sich "on eschewing all airy matter, and never mistaking a shadow for a substance" (118). Am deutlichsten wird seine Verdrängungskunst in Kapitel 15, "The Scowl and the Smile", in dem Jaffrey das Haus mit den sieben Giebeln aufsucht, um von Clifford Informationen zu erpressen. Hier beschreibt der Erzähler den Richter als einen prächtigen Palast mit einer "Leiche im Keller":

> Hidden from mankind – forgotten by himself, or buried so deeply under a sculptured and ornamented pile of ostentatious deeds, that his daily life could take no note of it – there may have lurked some evil and unsightly thing. (229)

Als ein Mann "of strong mind[...], great force of character, and a hard texture of the sensibilities", gelingt dem Richter die Verdrängung der Tatsache, dass er sich aus Eigennutz und Habgier an Clifford schuldig gemacht hat, mit Bravour. Denn solche Menschen, so der Erzähler weiter,

> possess vast ability in grasping, and arranging, and appropriating to themselves, the big, heavy, solid unrealities, such as gold, landed estate, offices of trust and emolument, and public honors. With these materials, and with deeds of goodly aspect, done in the public eye, an individual of his class builds up, as it were, a tall and stately edifice, which, in the view of other people, and ultimately his own view, is no other than the man's character, or the man himself. Behold, therefore, a palace! Its splendid halls and suits of spacious apartments are floored with mosaic-work of costly marbles; its windows, the whole height of each room, admit the sunshine through the most transparent of plate-glass; its high cornices are gilded, and its ceilings gorgeously painted; and a lofty dome — through which, from the central pavement, you may gaze

up to the sky, as with no obstructing medium between — surmounts the whole. With what fairer and nobler emblem could any man desire to shadow forth his character? (229)

Unter Analogisierung des "stately edifice" und der Subjektivität präsentiert der Erzähler den Richter als ein Anschauungsobjekt – "Behold [...]!" (229). Indem er die Geschichte der Herstellung dieses Objekts erzählt, gibt er außerdem deutliche Hinweise darauf, *wie* das Objekt angeschaut werden soll. Er fordert den daguerreotypischen Blick, der nicht an der sonnigen Oberfläche des lichtdurchlässigen Gebäudes mit seinen "splendid halls and suites of spacious apartments [...] floored with a mosaic work of costly marbles", an dessen großzügigen Fensterflächen, vergoldeten Gesimsen, bemalten Decken und einer zum Himmel hin offenen Kuppel (229) hängen bleibt, sondern der sieht, dass das, was so öffentlich, "splendid" und verlässlich daherkommt, erstens eine dunkle Vorgeschichte hat und zweitens aus einer Aneignung von "solid unrealities" besteht.

Die Wendung "solid unrealities" ist bezeichnend, denn in ihrer Verbindung von Substanz, die mit Helligkeit, und Substanzlosigkeit, die mit dunklen Schatten assoziiert ist, bringt sie in der soeben zitierten Passage die Verwischung der Unterscheidung zwischen wirklich und unwirklich, die der durch Pyncheon symbolisierte Modernisierungsprozess mit sich bringt, metaphorisch auf den Punkt. Was berührbar ist, ist womöglich nur bedingt wirklich, und das, was diese Bedingungen ausmacht, lässt sich nicht dingfest machen. Davon weiß Jaffrey Pyncheon offenbar zu profitieren. So konnte er sich vor dreißig Jahren auch der Verantwortung für seine Verwicklung in den Tod seines Onkels entziehen:

> Jaffrey Pyncheon's inward criminality, as regarded Clifford, was indeed black and damnable; while its merest outward show and positive commission was the smallest that could possibly consist with so great a sin. This is just the sort of guilt that a man of eminent respectability finds it easiest to dispose of. (312)

Die LeserInnen werden daher metaphorisch und ganz direkt aufgefordert, der Verschiebung der Unterscheidung zwischen wirklich und unwirklich, wahr und falsch Rechnung zu tragen und zu sehen (hier zu *riechen*), was hinter der berührbaren Oberfläche liegt:

> Ah, but in some low and obscure nook – some narrow closet on the ground floor, shut, locked, and bolted, and the key flung away – or beneath the marble pavement, in a stagnant water-puddle, with the richest pattern of mosaic-work above – may lie a corpse, half-decayed, and still decaying, and diffusing

its death-scent all through the palace! The inhabitant will not be conscious of it; for it has long been his daily breath! (229-30)

Die Palastmetapher, die der Erzähler für die Selbstrepräsentation des Richters wählt, erhebt Jaffrey Pyncheon zu einem symbolischen Repräsentanten der modernen Marktwirtschaft, die große Räume für die Ausstellung, Lagerung und den Umschlag von Waren benötigt. Als ein gläserner Palast erinnert der Richter an den 1851 auf der ersten Weltausstellung in London präsentierten Crystal Palace, der als Ausdruck moderner funktioneller Architektur zu einem Symbol des zeitgenössischen Fortschrittsglaubens avancierte. Wolfgang Schivelbusch erläutert, dass die Glasarchitektur des 19. Jahrhunderts und ihre Auflösung traditionell architektonischer Licht-Schatten-Kontraste den Menschen bezüglich der Raumwahrnehmung einen ähnlichen Schock versetzte wie die Eisenbahn bezüglich der Wahrnehmung der Geschwindigkeit.[209] Beide Neuerungen trieben durch die Herstellung schneller Verkehrsverbindungen und großer kontrollierbarer Räume die Hoffnung auf eine zunehmende Unabhängigkeit von der Natur voran. Als ein Glaspalast verkörpert Pyncheon in The House of the Seven Gables die zeitgenössische Befürchtung, die zunehmend kommerzialisierte und fortschrittsgläubige Republik, die sich als eine geschickte Aneignung der "big, heavy, solid unrealities" des Wohlstands, der Macht und der öffentlichen Anerkennung ganz selbstverständlich und scheinbar unanfechtbar als "a tall and stately edifice" präsentiert, müsse das kalte Ende republikanischer Ideale bedeuten.

Interessanterweise erinnert die Palastmetapher des Erzählers außerdem an Hepzibahs panoramische Vision eines "splendid bazaar", eines hellen, kommerziellen Zentrums unregulierter ökonomischer Macht, der gegenüber sich ihr kleiner, dunkler Laden besonders schäbig ausnimmt:

> Some malevolent spirit, doing his utmost to drive Hepzibah mad, unrolled before her imagination a kind of panorama, representing the great thoroughfare of a city, all astir with customers. So many and so magnificent shops as there were! Groceries, toy-shops, dry-goods stores, with their immense panes of plate glass, their gorgeous fixtures, their vast and complete assortment of merchandize, in which fortunes had been invested; and those noble mirrors at the farther end of each establishment, doubling all this wealth by a brightly burnished vista of unrealities! (48)

Diese Vision sieht Hepzibah in Form eines plastisch wirkenden, illusionistischen Rundschaubilds. Panoramen entstanden Ende des 18. Jahrhun-

---

[209] Schivelbusch 45-50.

derts und erfreuten sich mit ihrem Effekt, "to make observers [...] feel as if really on the very spot",[210] großer Beliebtheit.[211] Aus einer medienanthropologischen Perspektive betrachtet stellen sich publikumswirksame optischen Technologien der Zeit, wie das Stereoskop, die Fotografie und das Panorama – das kein anderer als Daguerre zu Beginn der 1820er Jahre zum zusätzlich beweglichen Diorama ausbaute –, als technisch gestützte, optische Disziplinierungsmethoden dar: Indem das Panorama die äußere Wirklichkeit durch ein täuschend echtes Bild ersetzt, dem Zuschauer von einem genau festgelegten Standpunkt aus "am Schein das Wahre"[212] bietet und den eigenen Aufbau weitestgehend ausblenden möchte, partizipiert es an der breitenwirksamen Lösung der Sehgewohnheiten vom Tastsinn und damit an dem Versuch, das Gefühl des Ausgeliefertseins an eine zunehmend komplexe moderne Wirklichkeit umzukehren. Denn die populären Neuerungen Stereoskop, Panorama, Diorama und Fotografie arrangieren die Wirklichkeit so, dass für den Betrachter die Illusion entsteht, sie sei seinem Blick und seiner rezeptiv tätigen Imagination ausgeliefert.

Dass Hepzibah ihre Vision in Form eines Panoramas sieht, ist daher doppelt signifikant: Form und Inhalt der Vision weisen sie als die sensible und gegen allen Anschein souveräne Beobachterin aus, als die sie der Text zunächst tentativ einführt und im weiteren Verlauf zunehmend bestätigt.[213] Auch wenn Hepzibahs panoramische Vision, wie Walter Herbert bemerkt, narrativ wenig plausibel bzw. nicht realistisch motiviert sein mag – schließlich lebte sie "for above a quarter of a century gone by [...] in strict seclusion" (31) –, kündet sie neben ihrem "discernment" auch davon, was sie als Gefahr empfindet und zu kontrollieren sucht:

> This incongruity in Hepzibah's knowledge marks an important feature of the transitional reality that embraces the action of The House of the Seven Ga-

---

[210] So der deutsche Erfinder des Panoramas, Robert Barker (1739-1806); siehe Buddemeier 164.
[211] Buddemeier 15-51.
[212] Buddemeier 18.
[213] So qualifiziert der Erzähler Hepzibahs Überzeugung, das Porträt des alten Colonels sei eine aussagekräftigere Informationsquelle über den Richter als dessen eigene Person: "at least she fancied so" (59). An anderer Stelle fragt er: "was this unconquerable distrust of Judge Pyncheon's integrity [...] founded in any just perception of his character, or merely the offspring of a woman's unreasoning prejudice, deduced from nothing?" (228). Nur kurz darauf warnt er jedoch vor zu eiligen Schlüssen: "we should hesitate to peril our own conscience on the assertion, that the Judge and the consenting world were right, and that Hepzibah, with her solitary prejudice, was wrong" (229).

bles: instances of the old order and the new are figured as discordant psychic structures even as they illustrate historical change".[214]

Was Hepzibah in ihrer Vision sieht, bestätigt die Analogisierung Jaffreys mit dem Kapitalismus, dessen "noble mirrors [...] doubling all this wealth by a brightly burnished vista of unrealities" (48) es in seinen Funktionsweisen zu durchschauen gilt. Die Vision verweist auf die Hintergründe der lichten Selbstdarstellung des Richters, nämlich, so Trachtenberg, auf seine strategische Aneignung von Reichtum und Anerkennung:

> Condensed in Hepzibah's fantasy lies the historical secret of the Judge – not only of his wealth garnered from the 'crime' of appropriation in a capitalist market but his 'public character' raised by a trick of mirrors into an edifice resembling a commercial emporium disguised as a domed, neoclassical palace.[215]

Während der Text aus dieser Perspektive in der Figur des Jaffrey Pyncheon und insbesondere über Hepzibahs Vision eine klare Kapitalismuskritik formuliert, zeigt er gleichzeitig, dass Hepzibah von der Kommerzialisierung profitiert – und das weniger, weil sie finanziell daran verdient, sondern weil sie gezwungen ist, die erdrückende und dunkle Enge des Hauses ebenso wie ihr aristokratisches Selbstverständnis hinter sich zu lassen. So sehr Hepzibah sich mit ihrem widerwilligen Schritt in eine kompetitive Öffentlichkeit, der sie kaum gewachsen ist, selbst zu verkaufen glaubt, ist er doch ihre einzige Verbindung mit ihrem sozialen Umfeld. "Miss Hepzibah, by secluding herself from society, has lost all true relation with it, and is in fact dead", urteilt Holgrave, und der Erzähler weiß: "She was well aware that she must ultimately come forward, and stand revealed in her proper individuality" (40). Die Eröffnung ihres Geschäfts artikuliert der Erzähler im Rückgriff auf die Licht- und Schattenmetaphorik als ein zaghaftes, indirektes Aufhellen des dunklen Ladens und als eine Befreiung:

> The inevitable moment was not much longer to be delayed. The sunshine might now be seen stealing down the front of the opposite house, from the windows of which came a reflected gleam, struggling through the boughs of the elm-tree, and enlightening the interior of the shop, more distinctly than heretofore. The town appeared to be waking up. [...] The moment had arrived. To delay longer, would be only to lengthen out her misery. Nothing

---

[214] Herbert, *Dearest Beloved* 94. Siehe dazu auch Weinsteins Ausführungen zum Zusammenhang von allegorischen Figuren, Subjektivität und Ökonomie 1-86.
[215] Trachtenberg, "Seeing and Believing" 43-44.

> remained, except to take down the bar from the shop-door, leaving the entrance free – more than free – welcome, as if all were household friends – to every passer-by, whose eyes might be attracted by the commodities at the window. This last act Hepzibah now performed, letting the bar fall, with what smote upon her excited nerves as a most astounding clatter. Then – as if the only barrier betwixt herself and the world had been thrown down, and a flood of evil consequences would come tumbling through the gap – she fled into the inner parlor, threw herself into the ancestral elbow-chair, and wept. (40)

Die ersten wenigen Kundenkontakte bestätigen Hepzibahs Befreiung, auch wenn ihre neue Stärke nicht ohne Rückschläge bleibt:

> [I]t is altogether surprising what a calmness had come over her. The anxiety and misgivings which had tormented her, whether asleep or in melancholy day-dreams, ever since her project gained an aspect of solidity, had now vanished quite away. She felt the novelty of her position, indeed, but no longer with disturbance or affright. Now and then, there came a thrill of almost youthful enjoyment. It was the invigorating breath of a fresh outward atmosphere, after the long torpor and monotonous seclusion of her life. (51)

Gemessen an der Dauer und der Intensität ihrer Zurückgezogenheit gelingt es Hepzibah erstaunlich gut, sich gegen alle Widerstände auf ihre alten Tage aus dem dunklen Haus heraus zu bewegen, um nach seiner dreißigjährigen Haft für Clifford und sich selbst eine materielle, mentale und emotionale Lebensgrundlage zu schaffen. Der Richter dagegen ist und bleibt ein vom Schatten unerlöster Meister der Verdrängung. Sein entwicklungsresistenter Habitus amalgamiert einen allgemeinen Mangel an Sensibilität für seine Umwelt mit einer leuchtenden Selbstdarstellungskunst, die der Erzähler in aller Deutlichkeit missbilligt.

Phoebe ist ganz im Gegensatz zu ihrer Cousine regelmäßig mit Sonnenschein, Ehrlichkeit und Substantialität assoziiert. Im Text symbolisiert sie deshalb die bodenständig unmittelbare Beobachtung und Erfahrung der Realität.[216] Der Erzähler erklärt:

> She was real! Holding her hand you felt something; a substance, and a warm one; and so long as you should feel its grasp, soft as it was, you might be certain that your place was good in the whole sympathetic chain of human nature. The world was no longer a delusion. (141)

Wo Hepzibah aufgrund ihres Alters fürchtet, sich nicht verändern zu können, ist die Aussicht auf Veränderung eine Bedrohung für Phoebes ganz selbstverständlich als gegeben hingenommenes Weltbild. Als sie dem Richter das erste Mal begegnet und seinen Wechsel von einem ag-

---

[216] Siehe Smith 155-57.

gressiv gewinnenden zu einem versteinerten Äußeren erlebt, durchschaut sie mit ihrem durch Holgraves Lektüre der Daguerreotypie geschulten Blick die Situation sofort:

> [T]he change in Judge Pyncheon's face [...] was quite as striking, allowing for the difference of scale, as that betwixt a landscape under a broad sunshine, and just before a thunder-storm; [...] 'He looks as if there were nothing softer in him than rock, nor milder than the east wind! [...]'
> Then, all at once, it struck Phoebe, that this very Judge Pyncheon was the original of the miniature, which the Daguerreotypist had shown her in the garden, and that the hard, stern, relentless look, now on his face, was the same that the sun had so inflexibly persisted in bringing out. (118-19)

Doch Phoebe wehrt sich vehement gegen die auch von Hepzibah bestätigte Erkenntnis, dass der Richter sie an den Colonel erinnert (119-31). Sie weiß nichts über die Vergangenheit der Familie und, auf eine naive Weise unschuldig, ist sie nicht darauf vorbereitet, zu erkennen, was sich im Haus mit den sieben Giebeln abspielt. Sie kann nicht glauben, dass "judges, clergymen, and other characters of that eminent stamp and respectability could really, in any single instance, be otherwise than just and upright men" (131). Zu gewaltig sind die Implikationen der Vermutung, es könnte anders sein, als es die gesellschaftlichen Konventionen vorgeben als dass Phoebe derselben in ihrem engen Weltbild Raum geben könnte: "A doubt of this nature had a most disturbing influence, and, if shown to be a fact, comes with fearful and startling effect, on minds of the trim, orderly, and limit-loving class, in which we find our little country-girl" (131).

Von diesem Beispiel ausgehend fordert der Erzähler einen größeren Weitblick, als ihn Phoebe zu diesem Zeitpunkt zu leisten imstande ist. Selbst Hepzibah mit ihrem kurzsichtigen und "forbidding scowl", der nichts anderes ist als "an effort to concentrate her powers of vision, as to substitute a firm outline of the object, instead of a vague one" (34), entspricht dieser Forderung eher, auch wenn sie daran kaum den ebenfalls geforderten Gefallen findet.

> Dispositions more boldly speculative may derive a stern enjoyment from the discovery, since there must be evil in the world, that a high man is as likely to grasp his share of it, as a low one. A *wider scope of view*, and a *deeper insight*, may see rank, dignity, and station, all proved illusory, so far as regards their claim to human reverence, and yet not feel as if the universe were thereby tumbled headlong into chaos. But Phoebe, in order to keep the universe in its old place, was fain to smother, in some degree, her own intuitions as to Judge Pyncheon's character. And as for her cousin's testimony in disparagement of it, she concluded that Hepzibah's judgement was embittered by

one of those family feuds, which render hatred the more deadly, by the dead and corrupted love that they intermingle with its native poison. (131-32; meine Hervorhebung)

Phoebe klammert sich an ihre mit Helligkeit assoziierte Naivität, weil sie ihre Orientierung verlieren würde, wenn nicht mehr gelte, was sie bislang als gegeben angenommen hat. Wie der Richter verdrängt sie, was nicht in ihr Weltbild passt, um nicht dorthin gehen zu müssen, "where it is pathless. I cannot do so. It is not my nature", insistiert sie Holgrave gegenüber (306). Trotzdem wird Phoebe im Laufe der Erzählung durch ihren Umgang mit Hepzibah und Clifford, die beide vor allem mit Dunkelheit assoziiert sind, reifer, ohne dabei ihre ansteckende Lebensfreude zu verlieren:

> [H]er experiences had made her graver, more womanly, and deeper-eyed, in token of a heart that had begun to suspect its depth – still there was the quiet glow of natural sunshine over her. Neither had she forfeited her gift of making things look real, rather than fantastic. (297)

Holgrave braucht nicht lange, um sie davon zu überzeugen, dass sich ihre stabile und seine bewegliche Einstellung produktiv ergänzen würden (306-07). Damit macht die ordnungsliebende Phoebe einen Entwicklungsschritt, der dem Anspruch auf ein Zusammenspiel von Licht und Schatten, den der Text über seine Metaphorik artikuliert, zumindest entgegen kommt.

Als aufmerksamer Beobachter entspricht Holgrave dem Anspruch des Textes auf einen Licht und Schatten vereinenden Weitblick am ehesten. Er verfolgt die Absicht, "to look on, to analyze, to explain matters to myself, and to comprehend the drama which, for almost two hundred years, has been dragging its slow length over the ground, where you [Phoebe] and I now tread" (216). Im Habitus des Anfang 20-Jährigen, dem der Erzähler gleich zu Beginn "rather a grave and thoughtful expression, for his years, but likewise a springy alacrity and vigor" (43) zuspricht, mischen sich die Schatten der Nachdenklichkeit mit dem Licht energischer Neugier. Der Text führt Holgrave als traditionsfeindlichen aber charakterfesten *Jack-of-all-trades* (176-77) und damit als typischen Amerikaner und Repräsentant der Zuversichtlichkeit seiner Zeit ein, der, im Gegensatz zu Hepzibah, Veränderungen kennt und die Vergangenheit gerne hinter sich lassen würde. So kann er die angsterfüllte Alte am Tag ihrer Ladeneröffnung mitfühlend ermutigen:

> 'Oh, believe me, Miss Hepzibah,' said the young man quietly, 'these feelings will not trouble you any longer, after you are once fairly in the midst of your

enterprise. They are unavoidable at this moment, standing, as you do, on the outer verge of your long seclusion, and peopling the world with ugly shapes, which you will soon find to be as unreal as the giants and ogres of a child's story-book. I find nothing so singular in life, as that everything appears to lose its substance, the instant one actually grapples with it. So it will be with what you think so terrible.' (44)

Dass Holgrave hier von angsterfüllten Vorstellungen als Repräsentationen spricht, die ihre Substanz verlieren werden, bestätigt seinen geübten Umgang mit Licht und Schatten. Er hat die Erfahrung gemacht, dass "actually grappl[ing] with it", also die Auseinandersetzung, Klarheit verschaffen kann, wo selbst produzierte "ugly shapes" den Blick trüben.

Jaffrey Pyncheon dagegen glaubt ironischerweise, Klarheit besitzen zu können und immer genau zu wissen, wie er die Dinge zu bewerten habe: "the Judge prided himself on eschewing all airy matter, and never mistaking a shadow for a substance" (118). Für Holgrave ist "mistaking a shadow for a substance" (118) an sich kein Fehler, es ist "unavoidable" (44), ein unvermeidliches Moment innerhalb von Veränderungsprozessen. Diese erfordern es immer wieder neu, sich ein Bild von der Realität zu machen und verschränken so das Wahrnehmungssubjekt mit dem Objekt der Wahrnehmung in der Welt. Wie angemessen ein Bild bzw. seine wahrnehmungstextliche Interpretation tatsächlich ist, muss sich in seiner Anschlussfähigkeit innerhalb der sozialen Praxis erweisen. In einem Text, der sich mit dem Vorgang des Sich-ein-Bild-Machens und mit dem Sehen als Verstehensprozess innerhalb einer zunehmend komplexen Welt auseinandersetzt, sagt daher Phoebes Vorwurf, Holgrave betrachte das Leben von Hepzibah und Clifford als ein Theaterstück (217), das er als kaltherziger Zuschauer verfolge, zumindest genauso viel über ihre insgesamt nicht unproblematische Direktheit, wie über Holgraves zuweilen defizitäre Herzlichkeit.

Auch als Daguerreotypist ist Holgrave ein geübter Manipulator der Lichts: "I misuse Heaven's blessed sunshine" (46). Dazu passt einerseits – und diese Eigenschaft verbindet ihn mit Jaffrey Pyncheon, mit dem ihn der Erzähler an anderer Stelle aufgrund seiner Integrität kontrastiert (177) –, dass er sein Umfeld über seine Identität als Nachkomme Matthew Maules im Dunkeln lässt. Dazu passt auch, dass er Phoebe, als sie von ihrem Besuch auf dem Land zurück in die Stadt kehrt und das Haus verschlossen findet, die Tür öffnet und sie nicht in die dunkle Wohnstube bringt – in der, was sie noch nicht weiß, die Leiche des Richters im Lehnstuhl sitzt –, sondern in einen unbewohnten und ganz hellen Raum des Hauses:

> The sunshine came freely into all the uncurtained windows of this room, and fell upon the dusty floor; so that Phoebe now saw – what, indeed, had been no secret, after the encounter of a warm hand with hers – that it was [...] Holgrave, to whom she owed her reception. (300)

Diesen unbestimmten aber hellen Raum wählt Holgrave nicht nur, um der erwartungsvollen Phoebe anhand seiner Daguerreotypien die Nachricht vom Tod des Richters zu überbringen. In diesem Moment, in dem die beiden durch ihr alleiniges Wissen von den schrecklichen Geschehnissen des Vorabends verbunden sind – "like two children who go hand in hand, pressing closely to one another's side, through a shadow-haunted passage" (305) –, erklärt er ihr, wiederum im Rückgriff auf die Licht- und Schattenmetaphorik, seine Liebe:

> 'Could you but know, Phoebe, how it was with me, the hour before you came!' exclaimed the artist. 'A dark, cold, miserable hour! The presence of yonder dead man threw a great black shadow over everything; he made the universe, so far as my perception could reach, a scene of guilt, and of retribution more dreadful than guilt. The sense of it took away my youth. I never hoped to feel young again! The world looked strange, wild, evil, hostile; – my past life, so lonesome and dreary; my future, a shapeless gloom, which I must mould into gloomy shapes! But, Phoebe, you crossed the threshold; and hope, warmth, joy, came in with you! The black moment became at once a blissful one. It must not pass without the spoken word. I love you!' (306)

Bis zu seiner Liebeserklärung macht auch Holgrave eine Entwicklung durch. Sein dringender Wunsch, die Geschichte seiner Vorfahren zu verstehen, verleitet ihn zeitweise zu einer nahezu fanatischen Halsstarrigkeit, die den *self-made man* in gefährliche Nähe zu seinem Gegenspieler und *alter ego*, dem *con-man* Jafferey Pyncheon rückt.[217] Die Konsequenz aus diesem Machtspiel zwischen den Maules und den Pyncheons wird innerhalb der von Holgrave verfassten Geschichte über den Tod der Alice Pyncheon in Kapitel 13 entwickelt. Holgrave trägt Phoebe diese Geschichte so eindringlich vor, dass er die Vorgänge innerhalb der Geschichte damit spiegelt.[218]

Der Enkel des "wizard", der junge Matthew Maule, wird in dieser von Holgrave erzählten Geschichte von Gervayse Pyncheon, dem Enkel des

---

[217] Zu Jaffrey Pyncheon "as the opposite of Holgrave, but also as Holgrave's secret twin" siehe T. Walter Herbert, "Hawthorne and American Masculinity", Millington 60-78, hier 67, und *Dearest Beloved* 101.
[218] Zur Bedeutung dieser Binnengeschichte für den Gesamttext siehe Nina Baym, "Thwarted Nature: Nathaniel Hawthorne as Feminist", Harding Bd. 4, 201-19, hier 211-12 und Davidson 689-90.

Colonels, gebeten, ihm Informationen über den Verbleib des Schriftstücks zu verschaffen, das den Anspruch der Pyncheons auf Land im Osten besiegelt. Denn Gervayase vermutet, was der Roman bestätigt, nämlich dass die Maules über den Verbleib des Schriftstücks Bescheid wissen. Holgrave wird später zugeben, dass dieses Geheimnis das einzige Vermächtnis seiner Vorfahren ist (316), ein Vermächtnis, dass den Maules Macht über die Pyncheons verleiht, deren Status von diesem Schriftstück abhängt. Auf die Bitte von Gervayse Pyncheon bringt Maule, der wie sein Vater und Großvater davon überzeugt ist, der rechtmäßige Besitzer des Pyncheon-Grundstücks zu sein, die junge Alice Pyncheon in seine Gewalt, indem er sie mit der Zustimmung ihres habgierigen Vaters mesmerisiert. Sie bleibt Maules überlegener Macht sklavisch ergeben, bis sie schließlich erniedrigt stirbt. Maule bereut ihren Tod, den er mit seinen fanatischen Rachegelüsten ebenso verschuldet hat wie ihr Vater mit seiner Habgier: "He meant to humble Alice, not to kill her; – but he had taken a woman's delicate soul into his rude gripe, to play with; – and she was dead!" (210). Die Geschichte dramatisiert den Preis der unbedingten Verfolgung vor sich selbst legitimer Ziele. Im Prozess des Erzählens ist Holgrave versucht, eine analoge Macht über Phoebe auszuüben, wie Gervayse über Alice, doch er lernt den Preis für diese Macht als zu hoch einzuschätzen. Denn die Geschichte zeigt auch, dass die Welt nicht besser ist, wenn die Maules statt der Pyncheons am Hebel der Macht sitzen. Thomas bringt die Mitverantwortung der Maules auf den Punkt:

> Ironically, [...] the secret to the document that controls this ruler of the everyday world [the Judge] belongs to the people his family seems to have totally dominated – the Maules. But there is an irony to this irony. Recognizing that the Maules control the world of the book does not make that world any better. [...] As soon as the Maules are put in control, they lose their innocence. While the Pyncheons try to establish control over a piece of land, the Maules repeat the crime metaphorically by trying to acquire 'empire over the human spirit' (212). Apparently any attempt to seize control and possession – by either a Pyncheon or a Maule – leads to wrongdoing and a drying up of life.[219]

Der Erzähler macht im darauf folgenden Kapitel deutlich, dass diese Mitverantwortung auch für Holgrave gilt.

Holgraves Vortrag hat auf Phoebe einen Eindruck gemacht, der einer Mesmerisierung nahe kommt und Holgrave in Versuchung führt, sich ihrer genauso zu bemächtigen, wie Maule es mit Alice getan hat:

---

[219] Thomas 358.

> To a disposition like Holgrave's, at once speculative and active, there is no temptation so great as the opportunity of acquiring empire over the human spirit; nor any idea more seductive to a young man, than to become the arbiter of a young girl's destiny. (212)

Anstatt wie Gervayse Pyncheon und der junge Mathew Maule in seiner Geschichte und wie Jaffrey Pyncheon in der Erzählgegenwart die Verfolgung seiner Ziele über alles zu stellen und der Versuchung der Macht nachzugeben, widersteht Holgrave und stellt seine Ansprüche hinter seine Achtung Phoebes zurück. Was der Erzähler als Holgraves "rare and high quality of reverence for another's individuality" würdigt (212), verhindert, dass Holgraves positiv konnotierte Neugier sowie sein reformerisches Bestreben, die Dinge zu richten, in negativ stigmatisierte Willkürlichkeit und Fanatismus umschlägt. Er gewinnt dadurch an Größe, dass er der Versuchung widersteht, Phoebe zu unterwerfen. Umgekehrt antwortet Holgrave auf Phoebes Bemerkung, sie sei älter und weniger leichtgläubig geworden: "You have lost nothing, Phoebe, worth keeping, nor which it was possible to keep" (215). Die Helligkeit von Holgraves stürmischer und Phoebes naiver Zuversicht erfährt durch ihr soziales Umfeld eine partielle und vom Text als notwendig markierte Trübung. Denn nur die Verabschiedung des Ideals paradiesischer Unschuld eröffnet die Möglichkeit der historisch wirksamen Veränderung: "the fall can be construed as a happy fall, for it leads to the only real possibility of change – the abandonment of the cherished American belief in innocence".[220]

Die Aufblendung, die der Erzähler im Anschluß an Holgraves Liebeserklärung vornimmt, steht zu dieser notwendigen Trübung allerdings in einem klaren Widerspruch. Im wahrsten Sinne des Wortes *überblendet* der Erzähler das Wechselspiel von Licht und Schatten in dem hellen Raum innerhalb des überschatteten Hauses und "in this hour, so full of doubt and awe" (307) in Vorbereitung des raschen *happy ending*:

> [T]he one miracle was wrought, without which every human existence is a blank. The bliss, which makes all things true, beautiful, and holy, shone around this youth and maiden. They were conscious of nothing sad or old. They transfigured the earth, and made it Eden again, and themselves the two first dwellers in it. The dead man, so close beside them, was forgotten. At such a crisis, there is no Death; for Immortality is revealed anew, and embraces everything in its hallowed atmosphere. (307)

---

[220] Thomas 368. Zum Motiv des Falls bei Hawthorne siehe Ziff 139-42.

Diese Aufblendung, die jede Spur eines Schattens in einer Flut von lichter Wahrheit und Schönheit vernichtet, ist das Gegenteil der verzweifelten Verdunklung, die der Erzähler im zweiten Kapitel als Konsequenz aus der transzendentalen Obdachlosigkeit des säkularisierten Menschen befürchtet, und die er durch ein feines Unterscheidungsvermögen zu bannen einlädt: "What is called poetic insight is the gift of discerning, in this sphere of strangely mingled elements, the beauty and the majesty which are compelled to assume a garb so sordid" (41). Im Verhältnis zu dem von ihm geforderten Antidot gegen die Verzweiflung, dem "gift of discerning", stellt die soeben zitierte erzählerische Aufblendung eine Überbelichtung dar. Die resultierende "hallowed atmosphere" (307) entspricht nicht "the beauty and the majesty", die sich der "poetic insight" erschließt (41). Das zumindest impliziert die Metaphorik, die die daguerreotypische Logik des Textes zusätzlich stützt. Diese Implikationen möchte ich im folgenden letzten Abschnitt dieser Analyse auf das Romanende beziehen, um seine produktiven Widersprüche herauszuarbeiten.

2.3 Die ethischen Implikationen des Romanendes

The House of the Seven Gables schließt nach Jaffreys Tod mit der Verbindung zwischen Holgrave und Phoebe. In nur wenigen Sätzen wird die Handlung so zu einem glänzenden *happy ending* verschnürt: Durch das Erbe gemeinsam zu Reichtum gekommen, verlassen Clifford, Hepzibah, Phoebe und Holgrave zusammen das alte Haus und ziehen mit Uncle Venner auf den eleganten Landsitz des verstorbenen Richters. Dieses Ende signalisiert narrativ eine konventionell glückliche Wendung der familiären und ökonomischen Konflikte, die den Roman durchgängig beschäftigt haben, ohne die Voraussetzungen und Implikationen tatsächlicher sozialer Transformation zu benennen. Aus diesem Grund wird das Romanende in der Sekundärliteratur aus unterschiedlichen Perspektiven immer wieder als zu melodramatisch und grundsätzlich defizitär bezeichnet.[221] Die folgenden Ausführungen werden allerdings deutlich machen, dass solche kritischen Einschätzungen auf Vorannahmen basieren, die der Text selbst bereits hinter sich lässt.

Ich werde an dieser Stelle zwei der interessantesten Argumentationen, die mir begegnet sind, herausgreifen, um in Abgrenzung dazu die ethische Qualität des Textes noch einmal auf den Punkt zu bringen. Da-

---

[221] Für einen Überblick über die Reaktionen, die das Romanende provoziert hat, siehe Thomas 364-68.

bei lasse ich mich von der durch die vorliegende Analyse gewonnenen Überzeugung leiten, dass für einen Roman, der seine besonderen Stärken auf der formalen Ebene entwickelt, eine Lektüre angemessen ist, die diese Ebene auch für eine Bewertung des Endes mit berücksichtigt. Denn es ist ja gerade die Form des Romans, die es seinen LeserInnen ermöglicht, im Prozess der Lektüre den deutenden Umgang mit einer medial ausgefächerten Welt einzuüben. Auf der formalen und metaphorischen Ebene umreißt der Roman, um mit dessen Metaphorik zu sprechen, die Konturen des Schattens, der auf dem Romanende liegt, sehr genau und verwahrt ihn nicht als "Leiche im Keller".[222] Die Spannung, die das Romanende unbestritten erzeugt, hat die Funktion, Holgrave und Phoebe auf der Handlungsebene ebenso wie die LeserInnen des Textes auf der Ebene seiner Rezeption in die Verantwortung zu nehmen: Ihnen obliegt es, den Roman auf der jeweiligen Ebene mit ihrer historisch bzw. durch den literarischen Text geprägten Vision einer am Ende des Textes nur konventionell benannten besseren Zukunft zu beschließen. In diesem Sinne liest Roy Harvey Pearce die Symbolik und die Form des Romans als eine historisch situierte Aufforderung an seine Leserschaft: "[T]he burden of Hawthornes fiction is to teach us that we must learn to live in, to be responsible to and for, a world which we never made ... or at least did not intend to make".[223] Erstaunlicherweise liest allerdings auch Pearce das Ende des Romans als misslungen, obwohl seine Hervorhebung der historischen Relevanz der Symbolik des Romans geradezu dazu einlädt, eine komplexere Beurteilung des Endes vorzunehmen.

Brook Thomas, einer der wenigen KritikerInnen,[224] die das Ende ernst nehmen, ohne es ironisch so zu wenden, dass es den immer gleichen Lauf der Dinge bestätigt,[225] schlägt vor:

> Rather than call the ending a failure because it creates such a muddle that we must impose our own beliefs on the text to clear it up, we could see it as creating an opportunity for new possibilities of reading. Perhaps, as in Brecht (another author who frequently uses melodrama), we should feel some tension. Perhaps an important function of the melodrama, which self-consciously refuses to close the 'broken circuit' novelistically, is to allow us a moment of

---

[222] Herbert, *Dearest Beloved* sieht das anders (105-06).
[223] Pearce 128.
[224] Smith (156-57) und Castiglia (200-05) sind zwei weitere.
[225] Siehe beispielsweise Michael Davitt Bell, "The Death of the Spirit: Nathaniel Hawthorne", Harding Bd. 4, 159-84, hier 171-74; Wiederabdruck aus *The Development of American Romance* (Chicago: CUP, 1980); und Herbert, *Dearest Beloved* 103-06.

participation in the book. If so, the ending continues the strategy of the Preface, in which Hawthorne opens his book up to the reader.²²⁶

Diesem Vorschlag kann ich mich vorbehaltlos anschließen, denn die Leserin und der Leser sind am Ende des Textes weder mit der immer gleichen Perpetuierung der Vergangenheit, noch mit einer konkreten Sozialreform konfrontiert, die die Vergangenheit auszustreichen strebte, sondern mit einer ungeklärten Situation, die wie das Vorwort ihre literarisch raffinierte Urteilskraft einfordert: Während der Verbleib des Vermögens die über zwei Jahrhunderte weiter getragene Fehde offenbar beendet, widerspricht die narrativ präsentierte *deus-ex-machina* Lösung des Konflikts der bis zuletzt weiter vertretenen These des Textes, der zufolge Licht immer Schatten erzeugt. Vor dem Hintergrund dieser Überlegungen wende ich mich nun den Einwänden Jonathan Aracs und Michael Gilmores zu.

In seinem Beitrag zur *Cambridge History of American Literature* sieht Jonathan Arac einen Zusammenhang zwischen dem raschen Romanende und Hawthornes umstrittener Einstellung zur Sklaverei.²²⁷ In der Biographie *Life of Franklin Pierce*, die Hawthorne 1852 für den demokratischen Präsidentschaftskandidaten und seinen Collegefreund schrieb, bezeichnet Hawthorne die Sklaverei als ein Phänomen, das von selbst verschwinden werde, nämlich als

> one of those evils which divine Providence does not leave to be remedied by human contrivances, but which, in its own good time, by some means impossible to be anticipated, but of the simplest and easiest operation, when all its uses shall have been fulfilled, it causes to vanish like a dream.²²⁸

Hawthornes Opposition gegen Reformen speist sich aus seiner Überzeugung, dass notwendige Veränderungen nicht in glatten, durch rationale Pläne projektierten Schnitten, sondern nur in graduellen Schritten erfolgen können, die die historische Gewordenheit der emotionalen Dispositionen der Menschen mit einbinden.²²⁹ In der hier zitierten Formulierung, mit der Hawthorne die politische Überzeugung seines Auftraggebers artikuliert, löst er die Möglichkeit, diesen Prozess überhaupt zu beeinflussen, allerdings völlig auf.

---

[226] Thomas 365.
[227] Zu Hawthornes bekanntermaßen anti-reformerischer Haltung siehe Ziff 108-28.
[228] Zitiert bei Arac 713.
[229] In *The English Notebooks*, ed. Randall Stewart (NY: Russel & Russel, 1962) schreibt Hawthorne: "If mankind were all intellect, they would be continually changing so that one age would be entirely unlike another" (45).

Das Romanende, so Arac, erinnere an eine solche "fantasy of evanescence", in der das Böse verschwinde "like a 'defunct nightmare'". Wie in Pierces Vision vom Verschwinden der Sklaverei ersetze der natürliche Gang der Dinge am Ende von *The House of the Seven Gables* sowohl Stasis als auch die Wiederholung vergangener Vergehen:

> The key to redemption in *The House of The Seven Gables* is the replacing of all human action, which is guilt ridden, with the beneficent process of nature – in particular a nature that has been domesticated, in keeping with the book's intense household focus. The dreadful pattern of stasis in the house and repetition in the crimes of its inhabitants is undone by the natural development of Phoebe at her moment of transition from girl to woman.[230]

Arac wirft Hawthorne die Naturalisierung historischer Prozesse vor, die letztlich das Resultat seiner eigenen kritischen Textlektüre ist. Denn an dieser Stelle ist es Arac, der spezifische Entwicklungsprozesse und in konkreten sozialen Kontexten situierte Verhaltensweisen – "all human action" – durch die geschichtslose Kraft der Natur – "the beneficent process of nature" – ersetzt. So kommt es, dass er Phoebes Entwicklung als eine kontextfrei natürliche und Holgraves Widerstand gegen die Versuchung, Phoebe zu unterwerfen, sowie die Haltung des Richters bei Cliffords Verurteilung als "non-action" lesen kann.[231] Wie Hawthorne in der oben zitierten Passage über die Sklaverei raubt Arac, der Kritiker, (und nicht Hawthorne, der Autor), der Handlung des Romans die soziokulturell verankerte Motivation. Denn Phoebes Entwicklung ist entscheidend durch ihre Begegnung mit Clifford, Hepzibah und dem "kühlen" Beobachter Holgrave geprägt; Holgraves Achtung vor Phoebe zeugt von *seinem* Entwicklungsprozess und ist nicht allein organisches Resultat eines vermeintlich natürlichen "course of love"; Jaffrey Pyncheon kann nur deshalb bei der Gerichtsverhandlung gegen Clifford relativ passiv sein, weil er zuvor die Beweise so manipuliert hat, dass sie eine klare Sprache gegen Clifford sprechen.[232] Dass Arac dennoch einen "beneficient process of nature" am Werke sieht, der alle Probleme wie von selbst löst, verweist in diesem Kontext auf konzeptionelle Voraussetzungen, die dem Text nicht gerecht werden. Arac legt seiner Lektüre eine klare Dichotomie von natürlich oder voluntaristisch gesteuerten Prozessen zugrunde. Er geht von einem klassischen epistemologischen Verständnis des Verhältnisses zwischen Welt und Wissen aus, dessen mediale Verflüssigung der Roman gerade reflektiert.

---

[230] Arac 714.
[231] Arac 714.
[232] Arac 714.

Weil Arac in *The House of the Seven Gables* keine voluntaristisch gesteuerten Handlungen finden kann, schließt er auf die Macht der Natur. Besonders deutlich wird diese Dichotomisierung von Natur und Bewusstsein darin, dass für Arac die Dominanz der Figurenzeichnung gegenüber der Handlung des Romans und der hohe Stellenwert, den der Roman der sensiblen Beobachtung zuweist – beides zentrale Punkte auch meiner Textlektüre –, den alleinigen Zweck haben, soziale Praxis zu diskreditieren, "to erase and undo all action".[233] Auf der Basis einer metaphysischen Geschichtsphilosophie konzipiere Hawthorne Entwicklungen als Entfaltungen einer wesenhaften Essenz, nicht als durch den Menschen beeinflussbaren Prozess: "Hawthorne's temporal concerns emphasize persistence with development. Their effect is not change [...]; rather, it is the unfolding of an essence, in accord with the laws of the human heart".[234] Die "Gesetze des Herzens", die Wahrnehmungs-, Denk- und Verhaltensdispositionen des Individuums – das, was erst später seine "Psyche" genannt wird – haben für Arac – ganz im Gegensatz zu Hawthorne, der mit seinen Romanen eher eine kritische Geschichtsphilosophie vertritt[235] – offenbar keine Geschichte. Auch wenn Hawthornes Figuren oder sein Erzähler zu einem gewissen Grad eine solche Einstellung unterhalten, zeichnet der Text insgesamt ein anderes Bild. Die Sensibilität der Charaktere, ihre Wahrnehmungs-, Denk- und Handlungsschemata entwickeln sich als in ihren Habitus inkorporierte konkrete Erfahrungen innerhalb zunehmend komplexer sozialer und medialer Zusammenhänge.

Ziff bestätigt, dass Hawthornes literarische Welten gefallene Welten sind, die die Spaltung zwischen öffentlich und privat als gegeben voraussetzen und nach den Konsequenzen dieser Spaltung fragen. Hawthorne ergab sich nicht dem Glauben, die Natur werde Unstimmigkeiten zwischen dem sozialen Arrangement der "American scene" und den Ansprüchen der "American psyche", zwischen den Kräften, die Whitman zu Beginn von *Leaves of Grass* mit "One's-self" und "En-masse" benannte, zwischen "head and heart",[236] schon richten:

> [I]f Hawthorne saw discrepancies between the demands of the psyche and the arrangements of social life, he did not believe that because the latter were artificial, the former were natural. [...] Hawthorne the artist did not believe in the existence of a true self that stood apart from the determinations of history. He

---

[233] Arac 714-18, hier 714.
[234] Arac 718.
[235] Siehe dazu Pearce 130-34.
[236] Ziff 135, 140.

believed the psyche was structured by the external world, not by an unmoved first cause such as nature or the deity.[237]

In *The House of the Seven Gables* schlägt sich diese Einstellung insbesondere in den Funktionalisierungen der Daguerreotypie nieder. Sie machen die kontextuellen und nicht zuletzt medialen Herausforderungen und Bedingungen für die Bildung und Verfeinerung der Wahrnehmungsdispositionen der Romanfiguren deutlich. Auf diese Weise vermitteln sie einen Eindruck davon, was es heißt, nicht einer Geschichte gegenüberzustehen, die notwendigerweise so verläuft, wie sie es eben tut, sondern als denkende, empfindende und handelnde Personen in einen geschichtlichen Prozess involviert zu sein, durch Geschichte gestaltet zu werden und sie aktiv mitzugestalten.

Auch Pearce argumentiert, dass Hawthornes Texte auf symbolischer Ebene das Werden und die Gewordenheit hervorheben, und damit die Tatsache, dass uns geschichtliche Prozesse zu den Personen machen, die wir sind:

> [I]n his work Hawthorne is not only calling for, but forcing his readers [...] toward a new and radical vision of history. The radical quality derives more from the process whereby the vision is to be achieved than from what is envisioned. But the two – process and substance – are not unrelated. In his fiction [...] Hawthorne would inculcate in his readers not just a sense of what history had been but a sense of what it was to be in history: by virtue of historical understanding to discover oneself once and for all inescapably paying the price for the rewards of the past.[238]

Weil Arac diese Dimension des Textes nicht erfasst, verkennt er seine zentrale ethische Qualität, nämlich seine Inszenierung von distanzkulturell bedingter Kontingenz, die die eindeutigen Unterscheidungen zwischen handelndem Subjekt und objektiv gegebener Welt, die er in seiner Lektüre vornimmt, dadurch erschwert, dass sie die Verschiebung ihrer Ermöglichungsbedingungen in Erscheinung treten lässt.

Wie der Schmetterlingsforscher in Hawthornes Vorwort argumentiert Arac auf der Basis einer klassischen Epistemologie, derzufolge die sichere Grundlage des Wissens in der Gegebenheit der Welt besteht. Smith erläutert diese Epistemologie, von der Hawthorne sich abwendet, folgendermaßen:

> [T]he extra-mental universe of solid and stable objects is constructed and maintained according to natural laws that are fully comprehensible by the

---
[237] Ziff 139.
[238] Pearce 130.

human mind, as are indeed the mental processes of human beings themselves. The purpose of art is to represent portions of this natural universe that are pleasing to spectator or reader, in such a way as to convey moral lessons.[239]

In diesem Sinne sucht Arac wie jener Schmetterlingsforscher "relentlessly to impale the story with its moral, as with an iron rod – or rather, as by sticking a pin through a butterfly – thus at once depriving it of life, and causing it to stiffen in an ungainly and unnatural attitude" (2). Hawthornes Text dagegen artikuliert eine ganz andere Epistemologie: Es geht ihm nicht um die Veränderungen der Außenwelt selbst, sondern um deren Spuren in der Befindlichkeit und den Verkehrsformen des Menschen. "The mode of fiction that Hawthorne in effect invented was derived from exactly antithetical premises; a different psychology, a different epistemology, a different ontology", argumentiert Smith und fährt fort:

> The truth to be communicated by literature was not for him a truth about the outer universe, either physical or social, but what he called 'the truth of the human heart'. [...] This conception transformed the reading of fiction from a frivolous pastime into a profoundly disturbing experience.[240]

Diese romantische Epistemologie konzipiert Wissen als eine methodologisch bedingte Größe, die in konkreten Kontexten immer wieder neu gebildet werden muss, um ein intersubjektiv verlässliches und handlungsrelevantes Bild von der Realität zu erzeugen.[241] Die Konsequenz daraus ist eine Verwischung der Trennung zwischen Subjekt und Welt, innen und außen, Imagination und Faktizität. Wo eine traditionelle Epistemologie Wissen und Handeln analytisch trennt, etabliert die romantische Epistemologie eine Kontinuität zwischen Wissen und Handeln, denn Handeln kontextualisiert Wissen. Wissen ergibt sich nicht aus dem nachvollziehenden Begreifen unabhängiger Fakten oder Zustände, sondern aus einer kommunikativ vermittelten Interaktion, die durch bereits habitualisierte Werte und Prozeduren vorgeprägt ist, die sich nicht einfach restlos abschütteln lassen:

> The 'essences' of things rather than being givens before experience are always a matter of the relations in which they are engaged. [...] interactions

---

[239] Smith 146-47.
[240] Smith 147. Vgl. dazu auch Gable.
[241] Eine Erläuterung der philosophischen Voraussetzungen der klassischen und der romantischen Positionen bietet Scott L. Pratt, "Knowledge and Action", *The Blackwell Guide to American Philosophy*, ed. Armen T. Marsoobian und John Ryder (Oxford: Blackwell, 2004) 306-24.

form[...] a limited foundation of knowledge and serve as the starting point for new knowledge and new being.[242]

Die Funktionalisierungen der Daguerreotypie in *The House of the Seven Gables* evozieren diese Epistemologie, um den Implikationen Form zu geben, die die Industrialisierung des Blicks für die individuelle Wahrnehmung der Welt und damit auch für das Dasein hat – Implikationen, die einer Figur wie Jaffrey Pyncheon ebenso Raum geben wie Hepzibah, Holgrave und Phoebe.

Hawthorne platziert seine Figuren also nicht in einer objektiv gegebenen Welt, wo sie eine Reihe von Handlungen durchführen. Stattdessen ist die Umwelt der Figuren Ermöglichungsbedingung und Ausdruck ihrer Befindlichkeiten und der sozialen Vollzüge, in die sie involviert sind. Die Art und Weise, wie die Figuren die Welt wahrnehmen und auf sie einwirken, ist Produkt ihrer innerhalb dieser Welt strukturierten Wahrnehmungs- und Handlungsdispositionen. Beobachtung und Reflektion der Möglichkeit, der Reichweite und der Gültigkeit von Wissen haben für Arac jedoch nichts mit Handlungsfähigkeit zu tun. In der Nähe des Textes zu seinen (beobachtenden) LeserInnen und in seiner kritischen Entfernung von den (handelnden) Figuren sieht Arac daher eine unzulässige Theatralisierung des Handlungsverlaufs, der zum Vergnügen des intellektuell sensiblen Zuschauers sich selbst überlassen wird. Bezeichnenderweise nimmt Arac mit diesem Urteil Phoebes Position ein, die seiner eigenen Interpretation zufolge die Natur repräsentiert: In Kapitel 14 wirft sie Holgrave vor, sich wie ein kaltherziger Zuschauer eines Theaterstücks zu benehmen, anstatt Klartext zu sprechen:

> I wish you would speak more plainly ‚[...] you talk as if this old house were a theatre; and you seem to look at Hepzibah's and Clifford's misfortunes [...] as a tragedy [...] played exclusively for your amusement! I do not like this. The play costs the performers too much – and the audience is too cold-hearted. (217)

Wie Phoebe von Holgrave erwartet Arac vom Text "[that it] would speak more plainly": die Artikulation eines engagierten, kritischen Standpunktes gegenüber der politischen Ordnung der Zeit. Einem politischen Manifest wie *Life of Pierce* gegenüber ist diese Forderung nur legitim, und Pierces dort zum Problem der Sklaverei geäußerte Teilnahmslosigkeit ist politisch obszön. Der Roman, der kein politisches Manifest, sondern eine Erkundung menschlicher Ressourcen im Kontext einer kaum an Traditionen gebundenen Veränderung sein will, erfüllt die Erwartung der

---

[242] Pratt 308.

"plain speech" nicht. Von dieser Erwartung ausgehend ist die subtilere und durchaus politische Argumentationsstruktur des Textes, die gerade auf den Zusammenhang von Beobachtung und Handlungsmöglichkeiten, von Kunst und Welt verweist, allerdings gar nicht erschließbar.

Arac hält Hawthorne vor, er versuche die Kunst gegenüber der Welt zu immunisieren. Er räumt zwar ein, dass seine Texte auch die Unhaltbarkeit eines solch defensiven Projektes demonstrierten, doch hält er sich damit nicht auf und schließt:

> Hawthorne's romances powerfully proclaim the separation of art from life and also show that such separation is impossible. Even as it was becoming established as a relatively autonomous practice and institution, literature was at once more powerful than it feared and more responsible than it wished.[243]

Die Macht und die Verantwortung, von der Arac hier spricht, sind allerdings genau in der von ihm so gering geschätzten Autonomisierung der Literatur begründet.[244] Diese Autonomisierung besitzt insofern ethische Implikationen, als sie dem im Werden Begriffenen und noch Unerfassten – hier insbesondere der Industrialisierung des Blicks und der damit verbundenen Semiotisierung der Wirklichkeit – literarisch Ausdruck verleiht sowie inhaltlich und formal Wahrnehmungstechniken inszeniert, die erst im Rahmen der Semiotisierung der Wirklichkeit notwendig werden. Weil literarische Texte nicht politisch Stellung beziehen und konkrete Handlungsanleitung sein müssen, können sie sehr viel genauer die Verflechtungen menschlicher Handlungsweisen inszenieren und so demonstrieren, wie entscheidend die Habitualisierung sowohl für die reproduzierende Stabilisierung als auch für die Durchsetzung von variierender Transformation des Bestehenden ist.

In seiner Studie *American Romanticism and the Marketplace* bezeichnet auch Michael Gilmore das "fairy-tale ending" von *The House of the Seven Gables* als unbefriedigend. Hawthorne beuge sich damit gegen seine eigene Überzeugung harmonisierend den Anforderungen des vom Melodrama dominierten Marktes: "The comic resolution demanded by his readers, he clearly felt, was violating the logic of his tale and covering up its scowl with an inappropriate smile".[245] Hawthorne werde

---

[243] Arac 724.
[244] Vgl. dazu das von Winfried Fluck an die politisch revisionistische Literaturkritik gerichtete Plädoyer für die Berücksichtigung des Konzepts der Ästhetik in "Aesthetics and Cultural Studies", *Aesthetics in a Multicultural Age*, ed. Emory Elliott, Louis Freitas Caton und Jeffrey Rhyne (Oxford: OUP, 2002): 79-103.
[245] Gilmore, "The Artist and the Marketplace", hier 392, 402.

damit seinem eigenen Text nicht gerecht; er erreiche "[the] contrivance of a happy ending at the expense of narrative consistency".[246]

Gilmores Lektüre ist zunächst insofern problematisch, als sie nicht zwischen dem Autor Hawthorne und dem unbenannten Erzähler seines Textes differenziert. Diese mangelnde Differenzierung schwächt seine durchaus überzeugende These, dass sich Hawthorne in *The House of the Seven Gables* mit den Gesetzen des literarischen Marktes und mit dem Verhältnis von Integrität und Popularität auseinandersetzt. Immer wieder lastet Gilmore dem Autor bzw. dem Text insgesamt an, was Sache des Erzählers und damit des Äußerungs-, nicht aber des Kompositionssubjektes des Textes ist.[247] Durch die melodramatische Aufblendung am Schluss des Textes entsteht darüber hinaus erst die Spannung, die aus Gilmores Perspektive dem Text nicht gerecht wird.

Gilmore erwartet, ähnlich wie Arac, ein Ende, das gemessen an den Aussagen des Textes insgesamt die Wahrheit spricht und sich nicht anbiedernd ins Melodrama flüchtet: Hawthorne könne es sich offensichtlich nicht leisten, "to be honest because his truth-telling may alienate his audience and deprive him of his livelihood".[248] Die Einsicht, dass dieses Ende gerade in der Spannung, die es erzeugt, seine überzeugendsten Wahrheiten formuliert, verbietet sich Gilmore. Denn eine ironische Lektüre des Romanendes stütze eine "policy of deception", die der Roman in der Figur des Jaffrey Pyncheon selbst verurteile.[249] In dem Maße, in dem der Text eine dunkle Botschaft enthalte, die nicht in seinem hellen Ende aufgehe, sei er ein literarisches Äquivalent zu Jaffrey Pyncheons Selbstdarstellung als glänzender Glaspalast und Hawthorne (wiederum muss der Autor für den Erzähler den Kopf hinhalten) ideologisch ein Pyncheon: Hawthorne "pour[s] sunshine over the tale's darkening close, and in doing so he follows the example of Judge Pyncheon manufacturing a sunny exterior to win the favor of the public".[250] Auch in Holgraves Bemerkung, nun doch lieber in einem Haus aus Stein und

---

[246] Gilmore, "The Artist and the Marketplace", hier 402.
[247] Siehe Gilmore, "The Artist and the Marketplace", 393, 395, 404 für einige einschlägige Beispiele. Die Begriffe Äußerungs- und Kompositionssubjekt sind gut handhabbare deutsche Übertragungen der etwas schwerfälligen Begriffe, die der britische Literaturtheoretiker Anthony Easthope für die beiden Ebenen eines lyrischen Textes wählt: "(subject of) the enounced" und "(subject of) enunciation". Siehe *Poetry as Discourse* (London: Methuen, 1983) 30-47 und Peter Hühn, "Einleitung: Ansatz und Modellanalyse", *Geschichte der englischen Lyrik*. Bd. 1 (Tübingen/Basel: Francke, 1995) 9-20.
[248] Gilmore, "The Artist and the Marketplace", 394.
[249] Gilmore, "The Artist and the Marketplace", 403.
[250] Gilmore, "The Artist and the Marketplace", 403-04.

nicht "in something as fragile and temporary as a bird's nest" (315) leben zu wollen, erkennt Gilmore eine unwillkürliche Adaption der Lebensweise des Richters:

> When the daguerreotypist expresses a wish that the exterior of the house might differ from its interior, he unwittingly endorses a scheme of domestic architecture that has been practiced metaphorically by Jaffrey Pyncheon.[251]

Diese Interpretation jeder Differenz zwischen privat und öffentlich als Betrug greift zu weit. Sie beruht auf der nostalgischen Annahme eines "state of undivided light", die Hawthornes Text gerade unterläuft. Hawthornes literarische Welten sind gefallene Welten, die die Spaltung zwischen öffentlich und privat als gegeben voraussetzen und nach Möglichkeiten eines lebensbejahenden Umgangs damit fragen. Sie inszenieren Bedingungen, artikulieren Konflikte, geben jedoch keine Antworten. Stattdessen überantworten sie die Suche nach Lösungen denen, die sie konkret umzusetzen haben. Das sind Holgrave und Phoebe am Ende des Romans auf der Ebene seiner Handlung und die LeserInnen auf der Ebene seiner Rezeption. Anders als Clifford, für den "the condition of whatever comfort he might expect lay in the calm of forgetfulness" (313), ist Holgrave und Phoebe die Auseinandersetzung mit der Vergangenheit und einer zunehmend medial vermittelten Öffentlichkeit durchaus zumutbar. Pyncheon repräsentiert *eine* Spielart, nämlich die antidemokratische Verweigerung dieser Auseinandersetzung: Er unterwirft seine Sensibilität restlos den Anforderungen der glatten öffentlichen Selbstdarstellung. Holgrave und Phoebe repräsentieren die Möglichkeit einer *anderen* Spielart, mit der Spaltung zwischen öffentlichem Leben und privater Befindlichkeit ("head and heart") umzugehen. Dass dabei wichtige Fragen offen bleiben, ist richtig. "Hawthorne's conclusion may well leave us wondering how the newly constituted Maule household will lead its life", schreibt beispielsweise Herbert und führt mit zynischem Unterton aus:

> Will Phoebe continue to clean her clothes by wearing them? How will the fastidious Mr. Maule respond when he finds out that she doesn't? Will Phoebe continue to relieve her husband of the moral uneasiness that he feels when he deceives her? How will she, with her practical shrewdness and her gift for bargaining, reconcile herself to his lifelong control of the family's finances? What if they have a son who insists on living like Clifford? What if they have

---

[251] Gilmore, "The Artist and the Marketplace" 404.

> a daughter with the talents and temperament of Jaffrey Pyncheon? Now that the domestic sphere has been formed, how will they live in it?[252]

Mit diesen Fragen benennt Herbert einige der Fallstricke, die der Roman selbst mit der Bildung des Mittelklassehaushaltes und der Innerlichkeit seiner BewohnerInnen in Verbindung bringt. Daher ist meines Erachtens die Schlussfolgerung nicht überzeugend, dass Hawthorne mit dem Romanende glaubt, den Konflikt tatsächlich abstellen zu können. Allerdings inszeniert der Roman in seiner Gesamtstruktur die ganz unironische Hoffnung, dass Holgrave und Phoebe eine glücklichere Vermittlung ihrer Sensibilitäten mit den Anforderungen einer Außenwelt erreichen, die alte Privilegien einer "whiggish aristocracy" perpetuiert und in "money power" beständig neue produziert;[253] dass sie also, ohne dem nostalgischen Glauben an die natürliche und unbefleckte Autorität einer "unscribbled serenity" zu verfallen,[254] eine sozial verträglichere Inkorporation medial vermittelter gesellschaftlicher Vollzüge leben können, die allein Autorität verleihen.

---

[252] Herbert, *Dearest Beloved* 106.
[253] Siehe dazu Herbert, *Dearest Beloved* 88-106 und Smith 143-48.
[254] Zu dieser Gefahr siehe Thomas 361-64. Die wunderbare Wendung "unscribbled serenity" zitiert Thomas aus Thomas Pynchon, *Gravity's Rainbow* (NY: Viking, 1973) 265.

3. Mikroskopieren, Beobachten und interpretierende Welterklärung: George Eliots *Middlemarch* (1871/72) als Medienroman

"So far from *organic bodies* being independent of *social circumstances*, they become more dependent on them as their organization becomes higher, so that *organism* and *medium* are the two correlative ideas of life" – so schreibt George Eliots Lebensgefährte, der praktische Philosoph und "the age's most imaginative scientific popularizer"[255] George Henry Lewes (1817-1878) in seiner 1853 erscheinenden Studie *Comte's Philosophy of Science*.[256] Indem er den Menschen in wachsender Abhängigkeit von sich verändernden sozialen Bedingungen sieht, schreibt er der deterministischen Vorstellung von ontologischer Ursache und daraus notwendig folgender Wirkung ein unberechenbares, vitalistisches Element und die Idee der Interdependenz ein.[257] Vitalismus und Interdependenz sind beide auch für die Romane der viktorianischen Intellektuellen und Autorin George Eliot, die mit den neuesten Entwicklungen in einer Vielzahl von Wissensgebieten vertraut war, von zentraler Bedeutung. Das gilt insbesondere für ihren Roman *Middlemarch* – "that most 'scientific' of Victorian novels" und "[t]he nineteenth century's most representative fiction".[258] Mit der Leitmetapher des Gewebes sucht der Roman "[the] new consciousness of interdependence"[259] und damit der

---

[255] Mark Wormald, "Microscopy and Semiotic in *Middlemarch*", *Nineteenth-Century Literature* 50.4 (1995): 501-24, hier 507.

[256] Zitiert bei Diana Postlethwaite, "George Eliot and Science", Levine, *Cambridge Companion George Eliot* 98-118, hier 110. Siehe dazu auch Michael York Mason, "*Middlemarch* and Science: Problems of Life and Mind", *George Eliot: Critical Assessments*, ed. Stuart Hutchinson, Bd. 3 (The Banks: Helm Information, 1996) 351-69; Wiederabdruck aus *Review of English Studies* 22 (1971): 151-69.

[257] Neben Auguste Comtes Philosophie waren auch Edmund Burkes politische Philosophie, die Arbeiten der Soziologen Herbert Spencer und Wilhelm Riehl sowie des Geologen Charles Lyell prägende Quellen dieses organizistischen Gedankens. Zu George Eliots vielfältigen intellektuellen Interessen siehe Tim Dolin, *George Eliot* (Oxford/NY: OUP, 2005); Suzy Anger, "George Eliot and Philosophy", Levine, *Cambridge Companion* 76-97; Postlethwaite; und Sally Shuttleworth, *George Eliot and Nineteenth-Century Science: The Make-Believe of a Beginning* (Cambridge/NY: CUP, 1984).

[258] Postlethwaite 114 und Wormald 503. Siehe dazu auch die beiden folgenden, programmatisch betitelten Biographien: Frederick R. Karl, *George Eliot: Voice of a Century* (NY: Norton, 1995) und Kathryn Hughes, *George Eliot: The Last Victorian* (NY: Farrar, Straus & Giroux, 1999).

[259] George Eliot, *Middlemarch: An Authoritative Text, Backgrounds, Criticism*, ed. Bert G. Hornback (NY/London: Norton, ²2000) 11/61. Alle weiteren Zitate aus dem Text stammen aus dieser Ausgabe und werden im Text unter Angabe der Kapitel- und Seitenzahl in Klammern belegt.

Einsicht Rechnung zu tragen, dass Erklärungsmodelle, die Einheit und Universalität privilegieren, einer Welt unangemessen sind, deren historische Entwicklung sowohl in physiologischer als auch in psychologischer Hinsicht in fluktuierende organische Strukturen eingebettet ist.[260]

Bei aller Gelehrsamkeit, die sich in Eliots Texten zeigt, und trotz der weitgehend objektivistischen Begriffe von Moral, Wissen und Wahrheit, um die die Autorin im Angesicht mächtiger gegenläufiger Tendenzen bemüht ist,[261] ist es gerade die Darstellung lebensweltlicher Komplikationen von eindeutigen Positionen und in diesem Kontext die Untersuchung der Bedingungen für angemessene Entscheidungen, die die anhaltende Faszination ihrer Texte ausmacht. Die beiden Hauptfiguren von *Middlemarch*, Dorothea Brooke und Tertius Lydgate, repräsentieren jeweils Versuche, *innerhalb* sozial und medial überdeterminierter Situationen als individuelle Akteure Fuß zu fassen. Ihre Handlungsweisen sind Produkte konkreter, historisch spezifischer und mitunter intern widersprüchlicher sozialer Verhältnisse und Praktiken. Sie sind, wie die Erzählinstanz in der Schlusssequenz des Romans berichtet,

> the mixed result of young and noble impulse struggling amid conditions of an imperfect social state, in which the great feelings will often take the aspect of error, and great faith the aspect of illusion. For there is no creature whose inward being is so strong that it is not greatly determined by what lies outside it […] the medium in which their ardent deeds took shape. (Finale/514-15)

Es ist das Ziel der folgenden Textlektüre zu zeigen, dass über diese organischen Beziehungen hinaus mediale Bedingungen im engeren Sinne im Roman formal mitreflektierte Voraussetzungen der moralischen Konflikte sind, in die Eliot ihre ProtagonistInnen verstrickt. Nicht nur sind mündlich bzw. schriftlich vermittelte gesellschaftliche Vollzüge auf unterschiedliche Weise bestimmende Faktoren sozialen Lebens in dem titelgebenden regionalen Zentrum Middlemarch, welches der Text mit dem Untertitel *A Study of Provincial Life* der erzählerischen Beobachtung unterwirft. Darüber hinaus ist das Problem der visuellen Wahrnehmung selbst ein zentraler Untersuchungsgegenstand des Romans: Wie greifen Imagination und rationale Analyse, subjektive Wahrnehmung und objektiv gegebene Welt ineinander? Die Industrialisierung der Seh-

---

[260] Siehe Dolin 190-215.
[261] Siehe dazu Anger; Winkgens 273-82; J. Hillis Miller, "Narrative and History", *English Literary History* 41 (1974): 455-73: "*Middlemarch* is an example of the inevitable reweaving of the spider-web of metaphysics even in a text so explicitly devoted to contracting it to its 'pilulous smallness' [2/xx] and so showing it as what it is" (470).

gewohnheiten und die damit verbundene Semiotisierung des Sichtbaren bildet den Hintergrund für die in *Middlemarch* thematisierte kulturelle Proliferation der Zeichen, die den Figuren auf der Handlungsebene, der Erzählinstanz auf der Dikursebene und den LeserInnen auf der Rezeptionsebene immer neue Interpretationsleistungen abverlangt.

Der Abstraktionsprozess, der die visuelle Erfahrung von der objektiv gegebenen und berührbaren Welt löst und stattdessen auf die subjektive Wahrnehmung von zunehmend seriell produzierten Repräsentationen bezieht, ist im Text vor allem in metafiktionalen Reflexionen über das Mikroskop und die Praxis des Mikroskopierens präsent. Als Instrumente wissenschaftlich genauer und imaginativ spekulierender Beobachtung metaphorisiert das Mikroskop den Prozess narrativer Kohärenzbildung im Angesicht von "the double change of self and beholder" (11/61). Dabei sind die Interdependenz von konkretem Einzelnen und abstrakter Generalisierung für die Beobachtung so grundlegend wie die von Organismus und Medium für die Individualisierung. Die Erzählinstanz betont die wechselseitige Abhängigkeit auf beiden Ebenen:

> [A]ny one watching keenly the stealthy convergence of human lots, sees a slow preparation of effects from one life on another, which tells like a calculated irony on the indifference of the frozen stare with which we look at our unintroduced neighbour. (11/61)

Der epistemologisch und moralisch *des*interessierte Blick, "the frozen stare", kann den subtilen kontingenten Abhängigkeiten nicht gerecht werden, in denen jede kommunikative Begegnung und damit auch jede Beobachtungsleistung steht. Robert Heilman hat explizit auf diese beiden Ebenen, die der dargestellten subtilen Verbindungen und die der subtil verbindenden Darstellung hingewiesen:

> 'Stealthy convergence' [...] is George Eliot's compact description of an ironic development of interconnection among people who do not expect it. It is in effect a restatement of 'No man is an island'. Yet its emphasis is different: less on the denial of separateness than on the almost imperceptible, or unperceived, process by which apparently independent lots turn out to be related. The primary process takes place, obviously, in the human experience depicted. But there is also a secondary process that is worth attention: it is an important ingredient in Eliot's depicting methods – her ways of bringing parts into coalescence and ultimate oneness. 'Convergence' then not only denotes a conceptual position but is a metaphor for artistic ordering. For Eliot's characters 'stealthy' means a near invisibility of the developments that tie their lives together. For Eliot's readers it images the inconspicuous devices by which the

artist draws us from area to area – the local transitions as well as the organic fusions.²⁶²

Diese "inconspicuous devices", die medialen Formen des "artistic ordering" sowie die Abhängigkeiten, die sie im Verhältnis zum Dargestellten erzeugen, ironisieren einen sich unschuldig wähnenden Blick – "[they] tell[...] like a calculated irony on the indifference of the frozen stare" –, der in den Verwicklungen, die er nur zu registrieren glaubt, impliziert ist. Für die Erzählinstanz und den Text insgesamt ergeben sich daraus weitreichende medientheoretische und ethische Konsequenzen, die ich im Folgenden herausarbeiten werde.

Die ungeheure Dichte und die repräsentative Qualität von *Middlemarch* ist für eine seit den 1950er Jahren wieder erstarkte und seit den 1970er Jahren besonders lebendige Forschungsdiskussion verantwortlich.²⁶³ Obwohl zahlreiche Studien zu den religiösen, philosophischen, natur- und sozialwissenschaftlichen Kontexten von George Eliots Romanschaffen vorliegen und obwohl sich der Text auch für eine medienhistorische Analyse anbietet, ist das provinzielle Heimatepos *Middlemarch* bislang noch nicht explizit als Medienroman gelesen worden. Zwar liegt mit der bereits zitierten, 1997 von Meinhard Winkgens veröffentlichten Studie *Die kulturelle Symbolik von Rede und Schrift in den Romanen von George Eliot* eine Untersuchung medial fokussierter Fragestellungen im Rahmen der Forschung zu Mündlichkeit und Schriftlichkeit vor, doch die zeitgenösische Industrialisierung der visuellen Kultur spielt darin keine Rolle.²⁶⁴

Einen Roman als Medienroman zu lesen, der, wie die meisten Romane der Zeit, zwar im Kontext des Medienwandels steht,²⁶⁵ ihn aber nicht explizit inhaltlich zum Thema macht, bedeutet zu untersuchen, wie sich dieser Medienwandel in den Wahrnehmungs- und Äußerungsdispo-

---

[262] Robert B. Heilman, "'Stealthy Convergence' in *Middlemarch*", Hornback 618-23, hier 618-19. Wiederabdruck aus *George Eliot: A Century Tribute*, ed. Gordon S. Haight (London: Macmillan, 1982) 47-54.

[263] Nach dem Tod der Autorin sind ihre Texte als Inbegriff moralisch aufgeladenen viktorianischen Selbstvertrauens vorübergehend besonders hart kritisiert worden. Für einen Überblick über die Forschungssituation siehe Stuart Hutchinson, ed., *George Eliot: Critical Assessments*, 4 Bde. (The Banks, Helm Information, 1996); George Levine, ed., *The Cambridge Companion to George Eliot* (NY/Cambridge: CUP, 2001); und Karen Chase, ed., *Middlemarch in the Twenty-First Century* (Oxford/NY: OUP, 2006).

[264] Da, wo sich Winkgens doch auf ein Visualitätsmodell bezieht, handelt es sich um ein dezidiert prä-technologisches, das visuelle Präsenz und zeichentranszendente Unmittelbarkeit signalisiert (241, 261-63).

[265] Siehe dazu Keep 152.

sitionen der informationsvermittelnden Erzählinstanz des Romans manifestiert.[266] Nach einer einleitenden Charakterisierung des Textes aus dem Blickwinkel des hier skizzierten Erkenntnisinteresses (3.1), werde ich dazu zunächst anhand ausgewählter Textpassagen die textimmanente Problematisierung der Beobachtungsleistung der Erzählinstanz analysieren und auf zeitgenössische technische und wissenschaftliche Entwicklungen beziehen, um die Bedeutung des Sehens und Begreifens für den Roman und seinen kulturellen Kontext zu konturieren (3.2). Abschließend sollen die durch den Roman thematisierten ethischen Implikationen der Visualisierung der Kultur des 19. Jahrhunderts auf den Punkt gebracht werden.

3.1 Der Text

In 86 Kapiteln (88 inklusive Vorwort und Finale), die auf acht zunächst in zweimonatigem Abstand veröffentlichte Bücher verteilt sind, schildert die heterodiegetische Erzählinstanz die sozial stratifizierte *middle-class community* der exemplarischen Provinzstadt Middlemarch.[267] Trotz der auktorialen Präsentation des Materials ist der Ideenroman, der dem modernen Regionalismus zugerechnet werden kann,[268] mit seiner mehrsträngigen, variabel fokalisierten und dadurch dezentralisierten Handlung alles andere als monologisch. "[T]he time was gone by for guiding visions and spiritual directors" (55), stellt die Protagonistin Dorothea Brooke fest. Die Erzählinstanz formuliert schon früh im Roman die Devise: "it is a narrow mind which cannot look at a subject from various points of view" (43), an die sie sich durchgängig hält, indem sie unterschiedliche und mitunter konkurrierende Formen der Sinnstiftung und Weltsicht beobachtet, miteinander abgleicht und sich gegenseitig in Frage stellen lässt. Außerdem sieht sich die Erzählinstanz immer wieder veranlasst, ihre narrativen Verbindungen von generalisierender Beobachtung und den Details der Handlung zu erläutern und zu rechtfertigen, so

---

[266] In Bezug auf Henry James leistet genau das Renate Brosch, *Krisen des Sehens: Henry James und die Veränderung der Wahrnehmung im 19. Jahrhundert* (Tübingen: Stauffenburg, 2000).

[267] Zur anhaltenden Relevanz des stratifikatorischen Denkens in der modernen Klassengesellschaft für Eliot siehe Dolin 57-67, 109-30.

[268] Zu George Eliot als führender Repräsentantin des modernen literarischen Regionalismus siehe Winkgens 39-47.

dass die Souveränität der auktorialen Präsentation ins Wanken gerät.[269] Winkgens betont die Radikalität, mit der Eliots Text so

> die monologische Homogenität einer gemeinschaftlich verstandenen und ausgelegten Welt in die dialogische Heterogenität subjektiv gebrochener und sich different zueinander verhaltender individueller Erlebniswelten aufgefächert hat.[270]

Die Transformationen, mit denen Middlemarch und die Sensibilität der BewohnerInnen des Provinzzentrums in Eliots Roman konfrontiert sind, vollziehen sich im Kontext materieller Veränderungen im Zuge des Modernisierungsprozesses. Diese sind im Text am augenfälligsten in der Eisenbahn, finanziellen Transaktionen sowie Repräsentanten urbaner Professionalität und des Kapitals – wie dem Arzt Lydgate und dem Bankier Bulstrode – präsent.[271] Der Roman inszeniert die synchrone Konfrontation traditioneller Denk-, Gefühls- und Verhaltensdispositionen mit modern-distanzkulturellen Dispositionen, die mit Schriftlichkeit und Professionalisierung assoziiert sind. Insofern präsentiert der Text eine Chronik der modernen Erfahrung und der Sensibilitäten, die sie produziert. Wie Asa Briggs schon 1948 bemerkt, "in exploring Middlemarch, we shall be learning how to explore England as well".[272] Middlemarch wird im Text nicht als eine kulturkritisch-idyllische Gegenwelt zur Moderne konzipiert, sondern, wie Winkgens ausführt, "als modellhafter Ort ausgestaltet, an dem sich die Modernisierungsprozesse exemplarisch veranschaulichen und in ihrer janusköpfigen Am-

---

[269] David Carroll, *George Eliot and the Conflict of Interpretations: A Reading of the Novels* (Cambridge: CUP, 1992) 6, 234-72. Vgl. dagegen Colin McCabe, "The End of Metalanguage: From George Eliot to *Dubliners*", *George Eliot*, ed. K.M. Newton (London/NY: Longman, 1991) 156-68. McCabe verfolgt das insgesamt nicht überzeugende Argument, dass *Middlemarch* die Totalisierungsbestrebungen der Erzählinstanz in den Vordergrund stelle und das Verhältnis zwischen Sprache und Realität nicht problematisiere. Dem widersprechen die Befunde von David Lodge, "Middlemarch and the Idea of the Classic Realist Text", Newton 169-86; D.A. Miller, "The Wisdom of Balancing Claims", Newton 187-97; J. Hillis Miller, "Optic and Semiotic", *New Casebooks:* Middlemarch, ed. John Peck (London: Macmillan, 1992) 65-83; und jüngst Masayuki Teranishi, *Polyphony in Fiction: A Stylistic Analysis of* Middlemarch, Nostromo, *and* Herzog (NY/Frkf./M.: Lang, 2008).

[270] Winkgens 203.

[271] Vgl. Mason 355.

[272] Asa Briggs, "*Middlemarch* and the Doctors", Hutchinson, III 313-25, hier 319-20; Wiederabdruck aus *The Cambridge Journal* 1 (Sept. 1948): 749-62.

bivalenz von Gewinnen und Verlusten beurteilen und bewerten lassen".[273]

Aus der Perspektive des späten Viktorianismus erstreckt sich die Handlung des Romans von 1829 bis 1832 und verwebt vier große Erzählstränge ineinander.[274] Zwei davon sind eher psychologisch, zwei eher soziologisch angelegt, was der engmaschigen dramatischen Verknüpfung der beiden Ebenen dient. "*Middlemarch* is the first English novel to analyse the psychology of historical consciousness", bemerkt dazu Barbara Hardy: "Its analysis involves seeing the relation between public and private worlds, recognising that private experience shapes the sense of the public, just as the 'larger public life' shapes the private world".[275] In seinen vielgestaltigen Porträts von guten und schlechten Historikern und von mehr oder weniger guten Menschen, die keinen Sinn für Geschichte haben,[276] sucht der Text die Verbindung zwischen historischen Entwicklungen und persönlichen Befindlichkeiten, zwischen Öffentlichem und Privatem, Politik und Moral *innerhalb* des individuellen Bewusstseins zu verstehen, also so, wie sie sich im individuellen Habitus zeigt und nicht als Zusammenschau perspektivisch klar unterscheidbarer äußerer Gegebenheiten und innerer Dispositionen. Darum bietet sich *Middlemarch* als Gegenstand für die vorliegende Analyse an, der es um die in Romanen repräsentierte Inkorporation materieller Bedingungen individuellen Denkens, Handelns und Fühlens geht. Eliots Roman zeichnet sich dadurch aus, dass er diese Inkorporation einer gesellschaftlich geteilten öffentlichen Welt in subjektive Erlebnisstrukturen, die Verbindung von *organism* und *medium*, zum einen als eine Gegebenheit, eine Notwendigkeit oder eine kulturelle Norm darstellt. Zum anderen faltet er unterschiedliche Formen derselben aus und bewertet sie in Abhängigkeit davon, ob es den Romanfiguren gelingt, mit einer offenen und aktiven Imagination, bewusst sowie sich selbst und anderen gegenüber integer mit den Kontingenzen und Unvorhersehbarkeiten ihrer sozialen Umwelt umzugehen.

Die vier Haupthandlungsstränge, die der Roman zum Zweck dieser breit angelegten Untersuchung ineinander verwebt, sind: *Erstens* die

---

[273] Winkgens 43-44. Siehe auch Dolin 41-73, 109-30.
[274] Vgl. Heilman.
[275] Barbara Hardy, "*Middlemarch*: Public and Private Worlds", Hutchinson, III 370-86, hier 373; Wiederabdruck aus *English* 25 (1976): 5-26.
[276] Dazu schreibt Hardy: "George Eliot's concern with the historical consciousness in *Middlemarch* is not simply a moral one, for she observes the co-existence of a public sense with moral responsibility and moral inactivity, and the co-existence of public ignorance with a lack of moral sense and with moral decency" (376).

Geschichte der Dorothea Brooke, deren sehnsüchtige und passionierte Wissbegier sie in eine Ehe mit dem sehr viel älteren und emotional unterkühlten Religionswissenschaftler und Traditionsbewahrer Casaubon treibt, bevor sie nach dessen Tod und gegen seinen testamentarisch bezeugten Willen dessen offenherzigen Cousin, den Reformer Ladislaw heiratet. Ladislaw ist ein Mann, der in Middlemarch anhaltend als ein Fremder gilt, in dessen Temperament, Sensibilität und Verstand sie aber den Raum und ein Echo findet "for what she cared most to say" (225). *Zweitens* die Geschichte um den kulturell konservativen Arzt Tertius Lydgate, der sich als ebenso einfallsreicher wie disziplinierter Wissenschaftler der Avantgarde für medizinische Reformen einsetzt und den Ehrgeiz besitzt, "to do good small work for Middlemarch, and great work for the world" (15/96), und dessen traditionelle Ansicht von Frauen als geistlose Ornamente sich in einer unglücklichen Ehe mit Rosamund Vincy manifestiert.[277] *Drittens* die Geschichte um Fred Vincy, der die Erwartung seines Vaters, eine religiöse Laufbahn einzuschlagen, nicht erfüllen kann und will, und der von seinem Onkel zugunsten eines unehelichen Cousins weitgehend enterbt wird. Schließlich macht er sich gegen den Willen seiner Eltern im Dienst des Caleb Garth so verdient, dass er dessen bodenständige Tochter, seine langjährige Freundin Mary Garth, heiraten kann. *Viertens* die Geschichte um den calvinistischen Bankier Bulstrode, dessen viele Jahre zurückliegende persönliche Bereicherung an seiner ersten Ehefrau auf Kosten von deren verloren geglaubter Tochter durch sein *alter ego* Raffles ans Licht kommt.[278] In der komplexen Verbindung dieser Erzählstränge thematisiert der Roman die politische Auseinandersetzung um die erste von insgesamt sieben demokratisierenden Wahlrechtsreformen. Mit seiner psychologischen Perspektive ist der Text auf historische Ereignisse und die Auswirkungen konzentriert, die der Aufbruch politischer, sozialer und religiöser Orthodoxien für individuelle Wahrnehmungs-, Gefühls- und Handlungsdispositionen sowie für das Sozialgefüge von Middlemarch mit sich bringt.

In diesem Kontext fordert der Text insbesondere in den beiden Hauptfiguren eine sinnvoll aufeinander bezogene Integration nah- und dis-

---

[277] Zu Lydgate als dezidiert imaginativ-empirischem Wissenschaftler bzw. als provinzieller Märtyrer siehe Mason 352-67 bzw. Carroll 263-72. Eine intelligente Lektüre der Rosamund Vicy/Lydgate liefert Alan Shelston, "What Rosy Knew: Language, Learning and Lore in *Middlemarch*", *George Eliot: Critical Assessments*, ed. Stuart Hutchinson, Bd. 3 (The Banks: Helm Information, 1996) 410-18; Wiederabdruck aus *Critical Quarterly* 35 (Winter 1993): 21-30.

[278] Für eine Lektüre von Bulstrode als einen durch die protestantische Arbeitsethik motivierten Machtmenschen und "justified sinner" siehe Carroll 254-63.

tanzkultureller Ambitionen, Bedürfnisse und Praktiken, d.h. eine für ihren unmittelbaren Lebenszusammenhang fruchtbare Einbettung ihrer intellektuellen Fähigkeiten: "The unification [this novel] desires is the unification of human knowledge in the service of social ends".[279] Gleichzeitig weist der Text diese Verknüpfung aber durch die jeweils unterschiedlichen Beispiele seiner ProtagoistInnen als äußerst schwierig und von vielen miteinander vernetzten Faktoren abhängig aus, die beständig für immer neue Formen des Missverständnisses sorgen. J. Hillis Miller spricht diesbezüglich von "that universal propensity for misinterpretation which infects all characters in *Middlemarch*".[280] Sie alle sprechen in ihren eigenen Registern und bewegen sich innerhalb sprachlich und epistemologisch gesetzter Schranken, die sowohl sich selbst als auch anderen gegenüber nur indirekte und hoch kontingente Verständigungsmöglichkeiten eröffnen, "this world being apparently a huge whispering-gallery" (41/256).[281] Eine Flüstergallerie ist eine gewölbte Struktur, die leise Stimmen und Geräusche sehr weit transportiert, sodass derjenige, der sie hört, nicht weiß, woher sie kommen. Dieses Bild konkretisiert also die Kontingenz ort- und zeitungebundener distanzkultureller Kommunikation. In dem alles relativierenden Schwätzer Brooke beispielsweise, der sich politisch für Reformen stark macht und seine eigenen Güter verkommen lässt (38/239), gipfeln die innerhalb der Flüstergallerie regelmäßig produzierten Missverständnisse in humoristischer Persiflage.[282] Auch wenn öffentliche und private, historische und psychologische, mediale und ethische Belange grundsätzlich interdependent sind, ist die Form dieser Interdependenz nicht festgelegt und, so zeigt der Roman in immer neuen Variationen, ihre Sinnhaftigkeit weder garantiert noch leicht herstellbar.

Die 19-jährige Dorothea Brooke ist nicht nur ungemein wissensdurstig, sondern hat auch das passionierte Bedürfnis, ihr Wissen in all-

---

[279] Mark Schorer, "Fiction and the 'Matrix of Analogy'", *Middlemarch: An Authoritative Text, Backgrounds, Criticism*, ed. Bert G. Hornback (NY: Norton, [2]2000) 587-92, hier 591. Wiederabdruck aus *The Kenyon Review* 11.4 (autumn 1949): 539-60.

[280] J. Hillis Miller, "Narrative and History" 466. Auch in "Optic and Semiotic" argumentiert Miller, dass die Verhaltensweisen ganz unterschiedlicher Figuren insofern universalen Bedingungen unterworfen sind, als sie grundsätzlich Teil eines komplexen interdependenten Systems sind.

[281] Vgl. Shelston 414 und Claudia Moscovici, "Allusive Mischaracterization in *Middlemarch*", Hornback 663-74, hier 666.

[282] Winkgens 217-39 legt eine umfassende Lektüre von Brooke, Casaubon und Lydgate als individuell verschiedene Porträts gescheiterter Integrationen von nah- und distanzkulturellen Dispositionen vor.

tagsrelevante Zusammenhänge zu bringen: "Her mind was theoretic, and yearned by its nature after some lofty conception of the world which might frankly include the parish of Tipton and her own rule of conduct there" (1/6). Jenseits von "village charities" und den einfachen Zufriedenheiten einer "Christian young lady of fortune" (3/19) will sie ihr Leben so gestalten, dass es "greatly effective" sein kann: "What could she do, what ought she to do?" (3/18). Obwohl sie damit kaum ernst genommen wird, beschäftigt sie sich beispielsweise intensiv mit den Lebensbedingungen der *tenant farmers* auf den Gütern Middelmarchs und will deren verwahrloste Hütten durch menschenwürdigere Unterkünfte ersetzen. Da, wo sich ihr die größeren Zusammenhänge nicht unmittelbar erschließen, wie etwa in Bezug auf die antiquierten Studien ihres Bräutigams Casaubon, geht die unerfahrene Dorothea vertrauensvoll davon aus, dass diese Zusammenhänge gegeben sind und dass sie mit der Zeit lernen wird, sie zu sehen. Sie hält Casaubon für einen Mann "who could understand the higher inward life and with whom there would be some spiritual communion" (15), weil es das ist, was sie sich wünscht. Damit aber projiziert sie lediglich ihre Bedürfnisse auf Casaubon und sieht, was sie in ihm sehen möchte. Casaubon selbst verfolgt mit seiner Arbeit die Rekonstruktion der Vergangenheit um ihrer selbst willen und ist, nicht zuletzt aufgrund seiner bohrenden Selbstzweifel, die er zu verbergen sucht, nicht an Schlussfolgerungen für die Gegenwart interessiert – eine Gegenwart, die für ihn ohnehin nur "ruin and confusing changes" (12) bedeutet. Dessen ungeachtet birgt das, was Dorothea zunächst für "the ungauged reservoir of Mr Casaubon's mind" (16) hält, für sie die Hoffnung auf ganz neue Perspektiven und Möglichkeiten:

> There would be nothing trivial about our lives. Everyday-things would mean the greatest things. It would be like marrying Pascal. I should learn to see the truth by the same light as great men have seen it by. And then I should know what to do, when I got older: I should see how it was possible to lead a grand life here – now – in England. (19)

Die Erzählinstanz unterstützt Dorotheas Ambitionen und macht in der freien indirekten Rede gleichzeitig deutlich, wie sehr Dorothea im Kontext moderner gesellschaftlicher Verhältnisse, die weder "[a] coherent social faith and order", noch gerade für Frauen die Bedingungen für ein "constant unfolding of far-resonant action" bieten (3), ihre eigenen Bedürfnisse auf Casaubon projiziert und projizieren muss:[283]

---

[283] Moscovici und Kathleen Blake legen hervorragende Lektüren des Romans als fiktionale feministische Analyse frauenfeindlicher gesellschaftlicher Verhältnisse vor. Blake etwa schreibt: "Middlemarch has made, Middlemarch is, the conditions

> It would be a great mistake to suppose that Dorothea would have cared about any share in Mr Casaubon's learning as mere accomplishment; [...] She did not want to deck herself in knowledge – to wear it loose from the nerves and blood that fed her action; and if she had written a book she must have done as Saint Teresa did, under the command of an authority that constrained her conscience. But *something she yearned for* by which her life might be filled with action at once rational and ardent; and since the time was gone by for guiding visions and spiritual directors; since prayer heightened yearning but not instruction, *what lamp was there but knowledge?* Surely learned men kept the only oil; and *who more learned than Mr Casaubon?* (55; meine Hervorhebung)

Für Dorothea ist das Verstehen größerer historischer und sozialer Zusammenhänge erstens religiös aufgeladen[284] und zweitens nur in Bezug auf ihre Alltagspraxis relevant. Die wiederum erscheint ihr trivial, wo sie sich nicht diesen größeren Zusammenhängen öffnet. Diese Disposition macht sie innerhalb einer trägen sozialen Umwelt zu einer konsequent modernen Figur, die die Vielgestaltigkeit menschlicher Dispositionen zu verstehen und förderlich zu unterstützen sucht. Bert Hornback erläutert:

> Dorothea is a radical because of what she sees, with her imagination, and what that vision teaches her. Like George Eliot's, Dorothea's imagination is moral: its intention is a 'sympathetic understanding of the human condition'. That is arguably the most radical perspective possible for any of us.[285]

Die Integration privater, alltäglicher und öffentlicher, historischer Dimensionen erfordert jedoch nicht nur die Willenskraft und die moralische Integrität, die Dorothea aufgrund ihrer Sozialisation mitbringt. Zudem bedarf sie einer enormen Differenzierungs-, Interpretations- und Vermittlungsfähigkeit, die sie sich innerhalb einer rapide verändernden Gesellschaft, die aber insbesondere von Frauen vornehmlich Konformität erwartet, erst in einem schmerzhaften Entwicklungsprozess aneig-

---

that make a poor dry mummified pedant appear to an ardent young woman who has seen nothing better as a sort of angel of vocation and of the education that enables vocation. Middlemarch need not smile on their union to bring it about. [...] Instead of being reinforced, her energy, which is greater than anyone else's in the book, often fails of effect precisely because energy is not expected of a woman". Siehe *"Middlemarch* and the Woman Question", Hutchinson III, 387-409, hier 393, 394; Wiederabdruck aus *Nineteenth Century Fiction* 31 (1976/77): 285-312.

[284] Carroll 242-54 liest Dorothea als eine säkularisierte Heiligenfigur. Siehe dazu auch Schorer.

[285] Bert G. Hornback, "The Moral Imagination of George Eliot", Hornback 606-18, hier 609.

nen muss. Denn sie muss ihre idealistischen Ziele und ihre kompromisslose Verbindung von analytischem Verstand und Gefühl innerhalb einer ganz und gar unidealistischen Welt für eine relative Erweiterung dessen investieren, was sie für sozial erstrebenswert hält: "widening the skirts of light and making the struggle with darkness narrower" (39/244).

Ähnlich ambitioniert wie Dorothea will der 27-jährige Tertius Lydgate sowohl ein guter Arzt für die Bewohner Middlemarchs sein, der um das Wohl eines jeden einzelnen besorgt ist, als auch ein bahnbrechender Forscher und Reformer. Mit seinem historisch neuen professionellen Enthusiasmus ist er der Überzeugung,[286] dass sein Beruf die perfekte Verbindung von Wissenschaft und Kunst, intellektuellem Ehrgeiz und sozialer Verantwortung erlaubt:

> [T]he medical profession as it might be was the finest in the world; presenting the most perfect interchange between science and art; offering the most direct alliance between intellectual conquest and the social good. Lydgate's nature demanded this combination: he was an emotional creature, with a flesh-and-blood sense of fellowship which withstood all the abstractions of special study. He cared not only for 'cases,' but for John and Elizabeth, especially Elizabeth. (93)

Die Verfolgung einer großen Idee, nämlich die Identifikation "of certain primary webs or tissues out of which the various organs – brain, heart, lungs, and so on – are compacted" (95), soll ihm daher ein seiner alltäglichen professionellen Praxis gleichrangiges Ziel sein.

> There was fascination in the hope that the two purposes would illuminate each other: the careful observation and inference which was his daily work, the use of the lens to further his judgement in special cases, would further his thought as an instrument of larger inquiry. Was not this the typical pre-eminence of his profession? He would be a good Middlemarch doctor, and by that very means keep himself in the track of far-reaching investigation. (94)

In seinem Enthusiasmus unterschätzt Lydgate jedoch "the hampering threadlike pressure of small social conditions, and their frustrating complexity" (115). Dies zeigt sich erstens in seiner Annahme, dass er in Middlemarch im Gegensatz zu London seine Ziele völlig unbehelligt verfolgen und seine privaten und beruflichen Entscheidungen unabhängig treffen kann (112); zweitens in seinen "spots of commonness"

---

[286] Alan Mintz, *George Eliot and the Novel of Vocation* (Cambridge/London: Harvard UP, 1978) 53-71; und Clifford Siskin, *The Work of Writing: Literature and Social Change in Britain, 1700-1830* (Baltimore/London: Johns Hopkins UP, 1998) 103-52.

(96), die darin bestehen, dass sich sein Differenzierungsvermögen weder in politischen noch in Liebesdingen auf die doppelt kontingenten Vollzüge des alltäglichen sozialen Lebens erstreckt. Darauf werde ich im Verlauf des folgenden Abschnitts noch genauer eingehen.

Ebenso wie Dorothea und Lydgate sucht auch die Erzählinstanz mikro- und makrohistorische Ereignisse zu verbinden, indem sie in dem Gewebe der alltäglichen Geschehnisse in Middlemarch den Gang des Modernisierungsprozesses verfolgt. Wie Casaubon, der nach dem religiösen Grundmythos, und wie Lydgate, der nach dem prototypischen organischen Gewebe sucht; und wie Dorothea, die sich nach "a binding theory" sehnt, "which could bring her life and doctrine into strict connection with that amazing past, and give the remotest sources of knowledge some bearing on her actions" (55), ist auch die Erzählinstanz dabei der Faszination des Ursprungs und dem Wunsch erlegen, "[to] show[…] the very grain of things, and revise[…] all former explanations" (95).[287] Nicht nur für die Charaktere, sondern auch für die Erzählinstanz erweist sich diese Faszination für universale Erklärungen als trügerisch, weil sich jeder noch so umfassende Versuch zu verstehen als widersprüchlich, vielfach bedingt und letztlich fragmentarisch erweist. Diese Einsicht führt jedoch für die Erzählinstanz nicht zu Resignation und der Aufgabe ihres Anspruchs, sondern zu dessen dynamischer Bearbeitung.[288] Sie nutzt den Vorteil der zeitlichen Rückschau, um Fragen zu stellen, die im Kern ihre eigene Erzählleistung betreffen: Wenn es vor dem Hintergrund nie da gewesener Expansionsbewegungen – der Bevölkerung, der industriellen Produktion, der medialen Vermittlung und der Semiotisierung des Sichtbaren, der Ökonomie, des imperial besetzten Territoriums, der Wissensproduktion und des Dranges einfacher, männlicher Bürger nach politischem Mitspracherecht – keine allgemeingültigen Erklärungen geben kann, wie muss dann eine wohlüberlegte, kritische Methode des Wissenserwerbs beschaffen sein? Wie können traditionelle Erklärungen, die jenseits althergebrachter gesellschaftlicher Bedingungen ihre Gültigkeit einbüßen, so übersetzt werden, dass sie dem modernen sozialen Kontext des *reform age*[289] angemessene Perspektiven und Entscheidungsgrundlagen bieten können? Diese Fragen machen den Akt der Interpretation selbst zum Problem und sind für die explizit selbstreflexive Qualität des Textes, in der auch seine ethischen Implikationen liegen,

---

[287] Vgl. dazu Carroll 236-42.
[288] Vgl. J. Hillis Miller, "Narrative and History".
[289] Zum *reform age* siehe Dolin 49-56; Jerome Beaty, "History by Indirection: The Era of Reform in *Middlemarch*", und Cherry Wilhelm, "Conservative Reform in *Middlemarch*", beide in Hornback 593-97, 597-605.

sowie für seine exponierte Position im Kanon realistischer Romanliteratur verantwortlich.[290] Die ethischen Implikationen des Romans sind auf die Ausbildung von Wahrnehmungs- und Analysetechniken gerichtet, die einer Semiotisierung der Wirklichkeit entsprechen, oder, mit David Carolls Worten, auf die Definition eines "state of mind appropriate to a crisis of interpretation".[291] Die folgende Analyse wird zeigen, dass der Roman diesen "state of mind" als ebenso komplex wie vorläufig, ebenso leistungsfähig wie selbstkritisch und offen für Revisionen ausweist.

3.2 "to all fine expression there goes somewhere an originating activity, if it be only that of an interpreter": Beobachten, Erzählen und Interpretieren

Middlemarch erscheint 1871/72 und damit wenige Jahre nach der Verabschiedung der zweiten *Reform Bill* im Jahr 1867. Die Romanhandlung ereignet sich vor dem Hintergrund der bis 1832 erfolglosen Bemühungen um die erste *Reform Bill* und damit um eine breitere politische Repräsentation des Bürgertums. Zwischen der Veröffentlichung des Romans und der erzählten Zeit besteht eine Verschiebung um knapp vierzig Jahre. Diese Verschiebung ist insofern signifikant, als medien-, wissenschafts-, und kulturhistorische Entwicklungen dieses Zeitraums im Text die Perspektivierung eines Sozialverbandes prägen, der diese Entwicklungen bestenfalls antizipiert. "George Eliot sustains in our attention, by implication and by many explicit allusions, a sense of the interval between the time of the book's action and of its composition", schreibt in diesem Sinne Michael York Mason. Er stellt fest, dass der wissenschaftliche Vorsprung der späten 1860er gegenüber den 1830er Jahren in Referenzen auf die Humanbiologie, insbesondere die Zelltheorie, und auf die Erforschung der Molekularstruktur,[292] aber vor allem in der Qualität des

---

[290] Zu *Middlemarch* als realistischem Roman siehe John Murdoch, "English Realism: George Eliot and the Pre-Raphaelites", Hutchinson Bd. 4, 279-96, Wiederabdruck aus *Journal of the Warburg and Courtauld Institutes* 37 (1974): 313-29; G.A. Wittig-Davis, "Ruskin's *Modern Painters* and George Eliot's Concept of Realism", Hutchinson Bd. 4, 297-303; Wiederabdruck aus *English Language Notes* 18 (March 1981): 194-201; Elizabeth Deeds Ermarth, *Realism and Consensus in the English Novel: Time, Space and Narrative* (1983; Edinburgh: Edinburgh UP, 1998) 222-56, bes. 247-54; J. Hillis Miller, "Narrative and History".
[291] Carroll 1-37, hier 9. Siehe auch Rohan Maitzen, "Martha Nussbaum and the Moral Life of *Middlemarch*", *Philosophy and Literature* 30.1 (2006): 190-207.
[292] Dem Pfarrer und Hobby-Naturhistoriker Farebrother gegenüber spricht Lydgate von "Robert Brown's new thing – Microscopic Observations on the Pollen of

Wissens liegt, das der Text selbst entfaltet.²⁹³ Diese neue Qualität des Wissens ist nicht nur eine empirische, sondern sie hat mit der Industrialisierung der Sehgewohnheiten zu tun. Diese sind im Text in der wissenschaftlich genauen, vergleichenden und sowohl zu induktiver als auch zu deduktiver Spekulation führenden Beobachtung der Erzählinstanz präsent, und sie reflektiert dieselben in ihren epistemologischen Überlegungen zum Einsatz des Mikroskops.

In den einzelnen Figuren des Textes, in ihren Familien, Freundschaften und professionellen Beziehungen sowie in den inkompatiblen Ideologien, über die sie sich in Form von religiösen Überzeugungen, politischen Programmen, Familientraditionen, Berufsethiken und Standesbewusstsein jeweils implizit oder explizit legitimieren, beobachtet die Erzählinstanz den voranschreitenden Prozess der Fragmentarisierung, der mit der funktionalen Ausdifferenzierung der modernen Gesellschaft einhergeht und der dem Einzelnen sowohl enorme Synthetisierungsleistungen als auch andauernde Flexibilität abverlangt. Über viele hundert Seiten folgt die Erzählinstanz dabei der leitenden Fragestellung, wie es möglich sein kann, unter widrigen Bedingungen und in Abwesenheit einer metaphysisch verankerten Sinn- und Sozialordnung das eigene Handeln und ein möglichst angemessenes Selbst- und Weltverständis in fruchtbare Übereinstimmung zu bringen.

Der Roman, den Mark Schorer 1949 treffend "a novel of religious yearning without religious object" genannt hat,²⁹⁴ allegorisiert diese Fragestellung in seinem Prelude als einen Vergleich zwischen der spanischen Mystikerin Theresia von Ávila im 16. Jahrhundert und den vielen "later-born Theresas" in den drei Jahrhunderten danach. Die heilige Theresia, so die Erzählinstanz, kann im Rahmen einer religiös verankerten spätmittelalterlichen Sozialordnung ihr Verlangen nach einem "epischen" Lebensentwurf in der Reform des römisch-katholischen Ordens der Karmelitinnen realisieren:

> [Her] passionate, ideal nature demanded an epic life [...]; and [her flame], fed from within, soared after some illimitable satisfaction, some object which would never justify weariness, which would reconcile self-despair with the

---

Plants" (17/111) und bezeugt mit seinem "interest in structure" (17/110) seine Vertrautheit mit den neuesten Forschungstendenzen der Zeit.

²⁹³ Siehe Mason 351; Blake 404-05; und Carroll 1-37, 234-72. T.R. Wright verweist in diesem Zusammenhang auch auf die Tatsache, dass Dorotheas religiöse Skepsis unhistorisch ist: "Mid-Victorian doubt is somewhat foisted upon her as a character – but the text itself is what I take to be representative of its time". Siehe "*Middlemarch* as a Religious Novel, or Life without God", Hornback 640-49, hier 641.

²⁹⁴ Schorer 591. Siehe dazu auch Wilhelm 599.

rapturous consciousness of life beyond self. She found her epos in the reform of a religious order. (Prelude/3)

Die unheiligen "later-born Theresas" dagegen, die die Erzählinstanz als Repräsentantinnen des modernen Menschen einführt, der sich vornehmlich durch "indefiniteness" auszeichnet, haben es im Angesicht einer sehr viel komplexeren Welt und "helped by no coherent social faith and order which could perform the function of knowledge for the ardently willing soul" ungleich schwerer, ihr Streben in "a constant unfolding of far-resonant action" aufgehen zu lassen:[295]

> perhaps only a life of mistakes, the offspring of a certain spiritual grandeur ill-matched with the meanness of opportunity; perhaps a tragic failure which found no sacred poet and sank unwept into oblivion. With dim lights and tangled circumstance they tried to shape their thought and deed in noble agreement; but after all, *to common eyes* their struggles seemed mere inconsistency and formlessness [...]. (Prelude/3; meine Hervorhebung)

Diesen unbesungenen modernen Menschen, deren Streben "after an unattained goodness" (Prelude/3) für das gemeine Auge kein Bild ergibt, und ihren "unhistoric acts" (Finale/515), die im Text allein Geschichte ausmachen, gilt nun die Aufmerksamkeit des gesamten Romans. Denn wie die Erzählinstanz unter expliziter Einbeziehung der LeserInnen am Ende des Romans noch einmal betont: "that things are not so ill with you and me as they might have been, is half owing to the number who lived faithfully a hidden life, and rest in unvisited tombs" (Finale/515).

Für Henry James machte die für seinen Geschmack übertriebene narrative Hingabe an das alltägliche Detail die zentrale Schwäche des Romans aus: "*Middlemarch* is a treasure-house of details, but it is an indifferent whole. [...] With its abundant and massive ingredients *Middlemarch* ought somehow to have depicted a weightier drama. [...] It is a tragedy based on unpaid butcher's bills".[296] Aus dieser narrativen Hingabe an die unkoordinierten (aber stets aufeinander bezogenen) alltäglichen Handlungsweisen und Beobachtungsleistungen der Romanfiguren

---

[295] In diesem Sinne schreibt auch der Zeitgenosse Eliots Lord Acton in einer Rezension der von Eliots spätem Ehemann J. W. Cross veröffentlichten Biographie der Autorin: "The sleepless sense that a new code of duty and motive needed to be restored in the midst of the void left by lost sanctions and banished hopes never ceased to stimulate her [George Eliot's] faculties and to oppress her spirits". Siehe Lord Acton, "Review of J.W. Cross' George Eliot's Life", *The Nineteenth Century* 17 (1885): 471; zitiert bei Carroll 3 und 315.

[296] Henry James, "George Eliot's Middlemarch", Hornback 578-81, hier 578, 579, 581.

leiten sich jedoch wichtige Indizien für George Eliots Geschichtsbild ab, das erstens beweglich und nicht teleologisch sowie zweitens ein Geschichtsbild "von unten" ist. Dazu schreibt Miller:

> History, for George Eliot, is not chaos, but it is governed by no ordering principle or aim. It is a set of acts, not a passive, inevitable process. It is the result of the unordered energies of those who have made it, as well as of the interpretations theses energies have imposed on history. History, for her, is stratified, always in movement, always in the middle of a march, always open to the reordering of those who come later.[297]

Die Aufmerksamkeit der Erzählinstanz gilt also der Geschichte, die das Resultat ungeordneter menschlicher Energien ist: den Ambitionen und Widerständen der Romanfiguren, ihren ganz unterschiedlich gelagerten Bemühungen, ihr Weltverständnis zu zementieren, zu schützen, zu bearbeiten oder anzupassen und ihre Umwelt dementsprechend zu kontrollieren, zu manipulieren, zu erklären, zu erleben, zu erleiden und zu verstehen. Diese Aufmerksamkeit zeichnet sich durch zwei aufeinander bezogene Eigenschaften aus: erstens durch ihre Perspektivenvielfalt und ihre Kombination von Weitblick und Tiefenschärfe; zweitens durch einen hohen Grad an Differenzierungsfähigkeit und die damit verbundene Problematisierung der Beobachtungsleistung. Gemeinsam rücken beide Dimensionen, die durch die Metaphern des Gewebes und die Thematisierung visueller Kognition gestärkt werden, die Komplexitäten der Beobachtung d.h. des niemals neutralen Vorgangs des Interpretierens und Verstehens, ins Zentrum des Textinteresses.[298]

Dieser Vorgang des Interpretierens und Verstehens ist deshalb niemals neutral, weil er immer die Übersetzung einer Sache in eine andere, einer konkreten Situation in Zeichen oder Kategorien und damit eine Metaphorisierung involviert. "Interpretation confronts things as signs to be read, not as objects to be seen correctly or incorrectly", schreibt Miller. "To see something as a sign is to see it as figure. To see it as figure is to see it as standing for something else with which it is not identical or that it does not literally picture".[299] Wolfgang Iser bestätigt in sei-

---

[297] J. Hillis Miller, "Narrative and History" 467. Siehe dazu auch Beaty.
[298] Zur der in *Middlemarch* konfliktträchtig wirksamen Metaphorik des Gewebes, des Fließens, der Multiplizität einerseits und des Beobachtens andererseits siehe J. Hillis Miller, "Optic and Semiotic".
[299] J. Hillis Miller, "Teaching *Middlemarch*: Close Reading and Theory", *Approaches to Teaching Eliot's* Middlemarch, ed. Kathleen Blake (NY: MLA, 1990) 51-63, hier 62. Siehe auch Elaine Freedgood, "Toward a History of Literary Underdetermination: Standardizing Meaning in *Middlemarch*", *The Ideas in Things* (Chicago: U of Chicago P, 2006) 111-38.

ner Anatomie der Interpretation *The Range of Interpretation*, in der es ihm darum geht, "[to] lay bare the mechanics of interpretive procedures", dass unterschiedliche Formen der Interpretation ihre Gemeinsamkeit darin finden, dass sie "acts of translation" sind, "that transpose something into something else".[300] In *Middlemarch* wird diese notwendige Übersetzungsleistung, die Metaphorisierung und die semiotische Verweislogik der Zeichen besonders augenfällig in einem viel zitierten, paradigmatischen Kommentar der Erzählinstanz über die schwer auszumachenden Gründe für Mrs Cadwalladers "match-making".

Dabei handelt es sich um eine Passage, die dem Interpretationsprozess eine eher performative, generative oder gar interventionistische als eine erklärende Qualität zuschreibt, indem sie ihn mit einem Blick durch ein Mikroskop vergleicht, das je nach Linsenstärke andere Schlüsse zulässt.

> Even with a microscope directed on a water-drop we find ourselves making interpretations which turn out to be rather coarse; for whereas under a weak lens you may seem to see a creature exhibiting an active voracity into which other smaller creatures actively play as if they were so many animated taxpennies, a stronger lens reveals to you certain tiniest hairlets which make vortices for these victims while the swallower waits passively at his receipt of custom. In this way, metaphorically speaking, a strong lens applied to Mrs Cadwallader's match-making will show a play of minute causes producing what may be called thought and speech vortices to bring her the sort of food she needed. (6/38)

In dieser Beobachtung zweiter Ordnung bezeichnet die Erzählinstanz soziale Interpretationsleistungen – die der Romanfiguren, ihre eigenen und die der LeserInnen –, als auch dann noch "rather coarse", wenn wir, metaphorisch gesprochen, ein Mikroskop und damit ein Gerät zu Hilfe nehmen, das den menschlichen Sehsinn verstärkt und zuverlässige Informationen zu geben verspricht. Sie illustriert dies am Beispiel der Frage, was hinter Mrs Cadwalladers Kuppeleien steckt: "Was there any ingenuous plot, any hide-and-seek course of action [...]?" (6/38). Mit einer schwachen Linse glauben wir in Bezug auf diese Frage *eine* Sache zu sehen, mit einer stärkeren Linse *eine andere* – nämlich *entweder* kausale Zusammenhänge (als "a creature exhibiting an active voracity" verfolgt Mrs Cadwallader zielstrebig bestimmte Intentionen und hat dabei eine Reihe von aktiven Helfern) *oder* Kontingenzen (die vermeintlichen Helfer erscheinen nun selbst als Opfer vorgängiger Bedingungen

---

[300] Iser 3, ix und 5-12.

und Mrs Cadwallader scheint nur warten und nicht eingreifen zu müssen, um zu bekommen, was sie will).

Zum Teil ist diese Passage über die Praxis des Interpretierens selbstversichernd so interpretiert worden, dass die stärkere und daher vermeintlich genauere Linse im Vergleich zu der schwächeren das wahrere Bild ergibt ("under a weak lens you may *seem* to see" versus "a stronger lens *reveals* to you").[301] Die Differenz zwischen einer Täuschung und dem ungetrübten Blick auf die Wahrheit ist jedoch eine rein sprachlich suggerierte. Die Passage macht explizit und implizit deutlich, dass jeder Akt des Durch-eine-Linse-Sehens, unabhängig von der Stärke der Linse, einen Akt der Interpretation und eine entsprechende sprachliche Übersetzung involviert, die zudem "rather coarse" sein mag. Darauf hat Miller explizit hingewiesen: "Seeing is reading, and reading means seeing one thing as another thing. To see one thing as another thing is to name it but to name it in metaphor".[302] Dass diese metaphorische Benennung tückisch ist und keinesfalls eine klare Unterscheidung der benannten Dinge selbst garantiert, zeigt die "match-making"-Passage bei genauerer Lektüre nur zu deutlich: Während die Unterscheidung zwischen Mrs. Cadwallader als "creature exhibiting an *active* voracity" und als "swallower wait[ing] *passively* at his receipt of custom" (meine Hervorhebung) noch recht deutlich ist, ist die zwischen den beiden Perspektiven auf die "other smaller creatures" sehr viel weniger deutlich. Denn "so many animated tax-pennies" sind kaum stärker aus sich selbst aktiv als Opfer von geißeltiergleichen "tiniest hairlets which make vortices for these victims". Beider Aktivität findet ihren Antrieb jenseits eigener Ressourcen in der Einbindung in ein semiotisches Verweissystem, das über das System des Geldkreislaufs metaphorisiert ist,[303] bzw. in fein verästelten sozio-historischen Bedingungen, die in mikrobiologische Analogien gefasst sind.

Nicht allein die Beschaffenheit der Linse bestimmt also den Prozess des Interpretierens, sondern auch das Register einer "testing vision of details and relations" (16/105), die im Interpretationsakt aktualisiert wird. In meiner Lektüre von Hawthornes *The House of the Seven Gables*

---

[301] So z.B. Wormald 511-12.
[302] J. Hillis Miller, "Teaching *Middlemarch*" 55.
[303] J. Hillis Miller legt in "Teaching Middlemarch" eine an der Ökonomie orientierte Lektüre der *taxpennies* vor. Er liest sie als ein anti-aristotelisches Modell, das gegen eindimensionale Kausalitäten und die Vorstellung voluntaristischer Einflussnahme gerichtet ist: "the movement of money in society, as in tax paying and tax gathering [...] is both deliberately controlled by human beings and self-governing" (57).

habe ich in diesem Zusammenhang von einer bereits vorgängig gedeuteten Wirklichkeitsreferenz bzw. einem "Wahrnehmungstext" gesprochen, der Beobachtungen ebenso sehr aktiv produziert wie sie scheinbar passiv rezipiert werden. Für *Middlemarch* heißt das, dass die Erzählinstanz im Beobachtungsprozess impliziert ist: sie produziert die Unterscheidung zwischen einer aktiven bzw. einer passiven Mrs Cadwallader, zwischen innerem und äußerem Antrieb, sowohl durch das Instrument der mikroskopischen Linse, dessen sie sich im Akt der Beobachtung bedient, als auch durch ihre Bereitstellung und Überarbeitung von Kriterien und Konzepten, die ihr erlauben, das, was sie passiv rezipiert, zu unterscheiden und zu bewerten.

In der Thematisierung des Interpretierens als Beobachtungsprozess manifestiert sich in der "match-making"-Passage eine Problemstellung, um die Eliots Schreiben immer wieder kreist: die regelmäßig spirituell gewendete Problemstellung des Sehens und Begreifens. "[The] problem which haunts Eliot's fiction is the nature of vision: the relations between imagination and rational analysis; and between subjective perception and rational analysis".[304] Die "match-making"-Passage macht den Prozess des Verstehens als einen Beobachtungsprozess selbst zum Gegenstand der Beobachtung und zeigt, dass es sich dabei nicht um einen privilegierten Zugang zu einem zuverlässigen Wissen handelt. Der wäre gar nicht zu ertragen, denn, so bemerkt die Erzählinstanz: "If we had keen vision and feeling of all ordinary human life, it would be like hearing the grass grow and the squirrel's heart beat, and we should die of that roar that lies on the other side of silence" (20/124). Interpretation ist dagegen eine prinzipiell kontingente Angelegenheit, die vornehmlich zwei Ziele hat: die Konstitution ihres Gegenstandes und die Herstellung eines Verständnisses dessen, was da konstituiert wurde. Die eigentliche Sprengkraft der "match-making"-Passage liegt also darin, dass sie auf die Diskontinuität zwischen Mrs Cadwalladers Machenschaften und dem vielfach bedingten Versuch verweist, sie zu begreifen. Diese Passage zeigt, so führt Miller aus,

> [that] there is always an incommensurability between what is there to be seen and the semiotic, or one might say 'semioptic' function that is projected into it. What is there can never be seen neutrally as it is in itself. Seeing is always interested.[305]

---

[304] Dolin 211. Zur spirituellen Dimension dieses Problems siehe Schorer.
[305] J. Hillis Miller, "Teaching *Middlemarch*" 52.

Auf die Interpretation als Übersetzungsleistung werde ich noch zurückkommen. Zuvor jedoch möchte ich mich dem Medium zuwenden, an dessen Beispiel die selbstreflexive Schleife der Beobachtung zweiter Ordnung hier vorgeführt wird.

Die semiotische Verweislogik, die in der Regel durch das Modell der Schrift vergegenwärtigt wird, wird in der "match-making"-Passage unter Bezugnahme auf ein optisches Gerät expliziert, dessen Verwendung seit den späten 1820er Jahren sowohl populär als auch für die Gewinnung und Verbreitung neuer wissenschaftlicher Erkenntnisse eine zunehmend wichtige Rolle gespielt hat. Wie die Erzählinstanz in Bezug auf Lydgates Forschung betont, "reasearch had begun to use [the microscope] again with new enthusiasm of reliance" (15/95). Lydgate selbst macht täglichen Gebrauch davon: "the use of the lens to further his judgement in special cases, would further his thought as an instrument of larger inquiry" (15/94). Zur selben Zeit wie das Genre des Romans entwickelte sich das Mikroskop von einem beliebten Unterhaltungsmedium zu einem "agent of fundamental social and scientific revision".[306] Dieser Entwicklungsschub in den Möglichkeiten der empirischen Beobachtung führte zu einer unüberschaubaren Vielzahl neuer und neuartiger Daten, die die Grenzen bisheriger Kategorisierungspraktiken sprengten. Nicht nur die Vielzahl der Daten oder ihre für geltende religiöse Vorstellungen ketzerische Qualität – insbesondere bezüglich des Ursprungs und der göttlichen Kontrolle des Lebens – machen die Neuartigkeit dieser Informationen aus, sondern auch die Tatsache, dass sie *Bilder* der Realität an die Stelle der Realität selbst setzen und entsprechende Erklärungsmodelle erfordern.

Das Mikroskop ist eines der visuellen Geräte, die an der Industrialisierung der Sehgewohnheiten und damit an der visuellen Abstraktion der Wirklichkeitsbezeugung partizipieren. Der Blick durch das Mikroskop priviliegiert den menschlichen Sehsinn und setzt sich an die Stelle taktiler Welterfahrung. Der Blick auf eine Untersuchungsprobe, auf "scrapings, bodily fluids, bits of earth, and fragments of tissue that are located at the juncture of descriptive and speculative natural history", schiebt sich zwischen den Menschen und seine Umwelt und führt eine Differenz bzw. einen Grenzraum zwischen dem zu interpretierenden Sachverhalt und der Interpretation ein.[307] Das optische Gerät kann nicht mehr in

---

[306] Siehe Wormald 504 und vgl. Olivia Brown, "Microscopy and the Amateur", *The Social History of the Microscope*, ed. Stella Butler, R.H. Nuttall und Brown (Cambridge: Whipple Museum, 1986) 1-9, hier 5.

[307] Catherine Wilson, *The Invisible World: Early Modern Philosophy and the Invention of the Microscope* (Princeton/Oxford: PUP, 1995) ix.

metaphorischer Analogie zum idealen Auge begriffen werden, das die Dinge so erfasst, wie sie sind, denn der Gebrauch des Geräts inkorporiert das Auge als funktionalen Teil einer wahrheitserzeugenden Apparatur. So wird die Rolle des Subjekts im Prozess der Herstellung von Bedeutung deutlich. "Beginning in the nineteenth century, the relation between eye and optical apparatus becomes one of metonymy", erläutert Crary: "both were now contiguous instruments on the same plane of operation with varying capabilities and features. The limits and deficiencies of one will be complemented by the capacities of the other and vice versa".[308]

Der populäre Gebrauch optischer Geräte fördert die Einübung und Habitualisierung der Beobachtung zweiter Ordnung und damit eine indirekte Form der Wirklichkeitsbezeugung, die sich hermeneutischer Routinen der Bewertung dessen bedient, was sie dem Auge in Form von zunehmend massenproduzierten Bildern und populären mikroskopischen Untersuchungsproben als Realität vorstellen. Was Crary über die Einübung der Beobachtung in Bezug auf das Stereoskop schreibt, gilt auch in Bezug auf das Mikroskop. Beide vermitteln die Erfahrung der Nutzung elaborierter optischer Geräte zur Visualisierung abstrahierter Repräsentationen bzw. zunehmend entfernter *"subvisibilia"*:[309]

> The content of the images is far less important than the inexhaustible routine of moving from one card [or specimen] to the next and producing the same effect, repeatedly, mechanically. And each time the mass-produced and monotonous cards [or the popular specimen] are transubstantiated into a compulsory and seductive vision of the 'real'.[310]

Der technisch bedingte Entwicklungsschub in den Möglichkeiten der empirischen Beobachtung und in der Bezeugung der Realität macht eine wissenschaftliche Methodenreflexion notwendig, denn er generiert Repräsentationen, die an sich nichts erklären und daher eine hypothetische Relationierung von Erscheinungen erfordern.[311]

Diese Methodenreflexion koinzidiert mit anderen Selbstreflexionsmomenten des 19. Jahrhunderts, insbesondere mit dem romantischen "lyric turn" in der Literatur und mit der hermeneutischen Wende. Beide machen den Vorgang der Interpretation überall da zu einem notwendig selbstreflexiven, wo die epistemologischen Sicherheiten der klassischen Episteme und der aufklärerische Glaube an eine direkte rationale Erfassbarkeit der Welt nicht länger unangefochten bleiben. "At the historical

---

[308] Crary 131.
[309] Wilson x
[310] Crary 132.
[311] Zur Vorgeschichte dieser Methodenreflexion siehe Wilson, bes. 251-56.

juncture [...] when reason as the structuring principle of truth was no longer taken for granted, reason itself had to be understood".[312] An der Erosion rationalistischer Gewissheiten und der mit ihr verbundenen entgrenzenden Semiotisierung der Welt ist die Medienentwicklung zunächst durch die Druckkultur und beginnend im 19. Jahrhundert auch durch die zunehmende Visualisierung der Kultur wesentlich beteiligt. Vermutlich ist es kein Zufall, dass die Visualisierung der Kultur, die die menschliche Wahrnehmung weniger mit den Dingen *an sich* und stattdessen vermehrt mit deren Repräsentationen konfrontiert, in dieselbe Zeit fällt wie "[t]he major event in the developing history of interpretation":[313] die Entwicklung der Hermeneutik zu einer Kunstlehre des Verstehens durch Friedrich Schleiermacher im 19. Jahrhundert. Das in der Medienentwicklung immer wieder neu produzierte Moment der Entfernung und der Abstraktion erfordert eine kompensatorische Entwicklung zunehmend komplexer Formen der medialen Präsentation und der Interpretation. Letztere beschreibt Iser anhand der heuristischen Modelle der hermeneutischen Zirkularität, der kybernetischen Rekursivität und des Differentials als unterschiedlich gelagerte Übersetzungs*akte*. Diese Interpretationsformen "are responses to the ever-increasing open-endedness of the world".[314] Sie geben situationsspezifische Antworten auf jeweils aktuelle Problemkonstellationen, die beständig Missverständnisse produzieren und nur durch das Gerüst von Interpretationsleistungen vorübergehend stabilisiert werden können.

Der praktische Gebrauch der visuellen Apparatur ist auf die plastische Kraft des Sehsinns angewiesen, die beispielsweise winzige Zellen unter der mikroskopischen Linse in aussagekräftige Bezeugungen biologischer Zusammenhänge transformiert. In diesem Prozess wird die deduktive Dimension induktiven Denkens bzw. die Logik des hermeneutischen Zirkels deutlich. Denn nur vor dem Hintergrund eines auch anders möglichen Rezeptionshorizontes – den Iser "nothing but the bootstraps" nennt, "by which we pull ourselves up to comprehension"[315] – sind konkrete empirische Beobachtungen bewertbar, die dann wiederum zu einer Anpassung oder Bearbeitung des Rezeptionshorizontes beitragen. Dieser

---

[312] Iser 45. Zur klassischen Episteme siehe Foucault, *Ordnung der Dinge* 78-264.
[313] Iser 41.
[314] Iser 9. Zu den drei Modellen, die er nicht als trennscharfe sondern als ineinander übergehende bespricht, schreibt Iser: "The circle mediates between the given and its understanding, the recursion effects a switch from a stance to entropy and open-endedness, and the differential enables an unbounded potential to achieve conceivability" (147).
[315] Iser 6.

Prozess transponiert eine empirische Sache (in der "match-making"-Passage eine mikroskopische Untersuchungsprobe, die bereits metaphorisch für das Verhalten einer Person steht) in ein sprachliches Register und erzeugt damit eine Differenz, "a liminal space" – d.h. keine klare Grenze sondern einen Grenz*raum* zwischen beiden. Dieser Grenzraum "demarcates both the subject matter and the register from one another, as it does not belong to either but is opened up by interpretation itself".[316] In ihm manifestiert sich nicht nur die Unmöglichkeit der Unmittelbarkeit; er ist vor allem eine Ermöglichungsbedingung für Erklärungsmodelle und eine Quelle der Emergenz: "As the register is bound to tailor what is to be translated, it simultaneously is subjected to specifications if translation in its 'root meaning of "carrying across"' is meant to result in a 'creative transposition'".[317]

So verstanden ist Interpretation ein katalytisches Ereignis: in der strukturellen Koppelung eines Gegenstandes oder eines Sachverhaltes mit einem Interpretationsregister lässt sie etwas Neues entstehen, das mit keinem von beiden identisch ist; etwas Neues, das immer eine Darstellung der auf direktem Wege unzugänglichen Realität ist, in der wir leben, und die Voraussetzung der Problemlagen ist, mit denen wir uns konfrontiert sehen. In ihrer Studie zu den philosophischen Implikationen der Mikroskopie macht Wilson deutlich, dass Repräsentationen notwendige Hilfskonstruktionen für eine effektive Erfassung der nicht direkt zugänglichen Realität sind. Es sei daher absolut korrekt,

> that our theories do not [mimetically] represent, do not correspond to, reality, and yet it is true that there is a reality beyond our representations and that it is the weight and push of that reality that determines the appearances for us. It is true, then, both that scientific apparatuses permit us to see more of the world as it really is and that they produce for us only an illusory image, which we can learn nevertheless to turn to practical ends.[318]

Dieser Akt des "turn[ing] to practical ends" ist nichts anderes als interpretierende Welterklärung – und darin sieht Iser eine anthropologische Notwendigkeit: Weil uns die Welt und das Sein an sich nicht zugänglich sind ("we are but do not know what it is to be"), stellen wir immer wieder neue Weltmodelle her, auf deren Basis wir ein temporäres und störungsanfälliges Verständnis von Welt und Sein erschaffen: "whatever comes about is a charting of the reality we live in. As we cannot encom-

---

[316] Iser 6.

[317] Iser 6. Iser zitiert hier aus Willis Barnstone, *The Poetics of Translation: History, Theory, Practice* (New Haven: Yale UP, 1993) 15, 11.

[318] Wilson 256.

pass this reality, we map it out into a plurality of worlds, for which interpretation as emergence is a central activity".[319] Indem die Interpretation dabei ihren eigenen Antrieb erzeugt, hält sie sich selbst in Gang.

Middlemarch fiktionalisiert die Einsicht, dass die Beobachtung zweiter Ordnung die Signatur der Moderne ist. Winkgens spricht in diesem Zusammenhang von der "zerbrochenen Unmittelbarkeit".[320] Ich bevorzuge jedoch die Vorstellung einer Verschiebung von der Beobachtung erster zur Beobachtung zweiter Ordnung, weil sie diese Entwicklung nicht von vorneherein als Verlust markiert. Denn im Text mündet diese Einsicht nicht in einen von KritikerInnen häufig befürchteten Nihilismus, sondern dient der Konturierung der kompensatorischen imaginativen Kraft, die jenseits von haltlosen "cheap inventions" (16/105) liegt und dem interpretierenden Blick durch die eine oder andere Linse erst einen kontingenten Kontext verschafft, innerhalb dessen dieser bedeutsam werden kann. In einer Fokalisierung Lydgates entwickelt die Erzählinstanz ein Bild dieser Imaginationskraft und ihrer Arbeitsweise:

> Many men have been praised as vividly imaginative on the strength of their profuseness in indifferent drawing on cheap narration [...]. But these kinds of inspiration Lydgate regarded as rather vulgar and vinous compared with the imagination that reveals subtle actions inaccessible by any sort of lens, but tracked in that outer darkness through long pathways of necessary sequence by the inward light which is the last refinement of Energy, capable of bathing even the ethereal atoms in its ideally illuminated space. He for his part had tossed away all cheap inventions where ignorance finds itself able and at ease: he was enamoured of that arduous invention which is the very eye of research, provisionally framing its object and correcting it to more and more exactness of relation; he wanted to pierce the obscurity of those minute processes which prepare human misery and joy, those invisible thoroughfares which are the first lurking-places of anguish, mania, and crime, that delicate poise and transition which determine the growth of happy or unhappy consciousness. (16/105-06)

Diese Passage weist eine Form der "imagination" als "the very eye of research" und damit als Zentrum und Instrument von Lydgates Forschungstätigkeit aus, die nicht "cheap" sondern *arduous* invention" ist. Die Wahl der Vokabel ist bezeichnend: Einerseits bedeutet "arduous" hart, beschwerlich und anstrengend, andererseits steht der Begriff aber auch in phonetischer Nähe zu "ardour", der Leidenschaft, und damit zu derjenigen Qualität, die der Text vor allem in den Figuren Tertius Lydgate und Dorothea Brooke durchgehend hoch bewertet. Die Form

---

[319] Iser 156, 154.
[320] Winkens 245-64.

der Imagination, die hier gemeint ist, ist deshalb "arduous", weil sie sich dem verschreibt, was zwar nicht sichtbar, aber nichtsdestoweniger real und wirkmächtig ist: den "subtle actions inaccessible by any sort of lens", der "obscurity of those minute processes" und "those invisible thoroughfares". Darüber hinaus zeichnet sich die "arduous imagination" durch ihre Vorgehensweise aus, denn sie gibt nicht vor, diese subtilen Realitäten auf schnellem oder direktem Wege erfassen zu können. Die "subtle actions" im Dunkel der Realität sind nur indirekt beobachtbar, nämlich über die Vermittlung von immer wieder zu testenden Repräsentationen und Interpretationen, "provisionally framing [their] object[s] and correcting [them] to more and more exactness of relation". Durch beständige Anpassung seiner Hypothesen hofft Lydgate jene "Urbewegungen" erfassen zu können, die ihm nicht auf direktem Wege zugänglich sind: "to *pierce* the obscurity of those minute processes". Er forscht nach diesen 'Urbewegungen' im Licht seiner wissenschaftlich geschulten Imagination, "in that outer darkness through long pathways of necessary sequence by the inward light which is the last refinement of Energy, capable of bathing even the ethereal atoms in its ideally illuminated space" (16/105-06). Sprachlich wird Lydgates Forschungstätigkeit in einem elaboriert metaphysischen Vokabular präsentiert.[321] Doch in den Ausführungen der Erzählinstanz wird auch die kontrollierte Form der Spekulation deutlich, die Lydgates Interpretationen zum eigentlichen Ursprung seiner Erkenntnisse macht und Zeugnis der bereits angesprochenen Methodenreflexion ist. Auch sein wissenschaftliches Credo, "that 'there must be a systole and diastole to all inquiry' and that 'a man's mind must be continually expanding and shrinking between the whole human horizon and the horizon of an object-glass'" (63/396), verweist auf die Zentralität und die Komplexität der Interpretationsleistung im Rahmen sich verändernder und miteinander konkurrierender Konzeptionen von empirisch induktiver und theoretisch deduktiver Wissenschaft.

Lydgates wissenschaftliches Credo erhält im Text eine eingehende Kommentierung. Diese Szene möchte ich im Folgenden genauer betrachten, weil sie einen Zusammenhang zwischen der wissenschaftlichen Tätigkeit Lydgates auf der Handlungsebene und der narrativen Vorgehensweise der Erzählinstanz herstellt.

Zu Beginn von Buch 7 wird der Pfarrer Mr Farebrother auf einer von Mr Tollers weihnachtlichen Dinnerpartys unfreiwillig Zeuge kritischer Äußerungen einiger Gäste über Lydgates berufliche und private Ent-

---

[321] Zur Metaphorik der Offenbarung in *Middlemarch* siehe Schorer.

scheidungen. Die sarkastischen, neidischen und hämischen Bemerkungen erinnern Farebrother nicht nur an weitere Gerüchte, die er über Lydgates finanzielle Schwierigkeiten gehört hat, sondern auch an eine kürzliche Begegnung, bei der Lydgate nicht er selbst zu sein schien. Im Gegensatz zu seinem gewohnten Enthusiasmus, "his usual easy way of keeping silence or breaking it with abrupt energy whenever he had anything to say", schien Lydgate an diesem Abend "to be talking widely for the sake of resisting any personal bearing" (63/396). Lydgates wiederholt geäußerte wissenschaftliche Glaubenssätze, an die sich Farebrother in dieser Situation erinnert, dienen hier als Folie für einen Lydgate, der seinen Überzeugungen nicht gerecht werden kann und der kurz darauf, offenbar durch ein Opiat sediert, in einen Sessel sinkt:

> Lydgate talked persistently when they were in his work-room, putting arguments for and against the probability of certain biological views; but he had none of those definitive things to say or to show which give the way-marks of a patient uninterrupted pursuit, such as he used himself to insist on, saying that 'there must be a systole and diastole to all inquiry' and that 'a man's mind must be continually expanding and shrinking between the whole human horizon and the horizon of an object-glass'. (63/396)

Von finanzieller Überforderung und der akuten Sorge geplagt, die sozialen Erwartungen seiner Frau nicht erfüllen zu können, redet sich Lydgate um Kopf und Kragen, um ja nicht thematisieren zu müssen, was ihn tatsächlich bewegt, denn er ist nicht in der Lage, sich selbst einem guten Freund zu öffnen. Diese Unfähigkeit ist nicht zuletzt eine Konsequenz aus der Vorurteilsstruktur Lydgates, die die Erzählinstanz seine "spots of commonness" nennt und im Vergleich zu seinen wissenschaftlichen Leistungen deutlich negativ bewertet:

> [T]hat distinction of mind which belonged to his intellectual ardour, did not penetrate his feeling and judgement about furniture, or women, or the desirability of its being known (without his telling) that he was better born than other country surgeons. (15/96-7)

Nach seinen schlechten Erfahrungen mit der Schauspielerin Madame Laure in Paris[322] hatte sich Lydgate der Illusion hingegeben, "that illusions were at an end for him" (15/99). Daher verschreibt er sich in seinem Privatleben nicht der feinen Unterscheidungsgabe, die er in sei-

---

[322] Madame Laure hatte dem liebestrunkenen Lydgate erfolgreich vorgespielt, dass sie ihren Ehemann auf der Bühne *nur aus Versehen* tatsächlich umgebracht hat. Später stellt sich heraus, dass sie die Bühnensituation ausgenutzt hat, um sich von ihrem Mann zu befreien.

ner wissenschaftlichen Arbeit kultiviert, als er sich schwört: "henceforth he would take a strictly scientific view of woman, entertaining no expectations but such as were justified beforehand" (15/99). Auf der Basis dieser Einstellung könnte er seine Forschung nach "those minute processes which prepare human misery and joy" (16/105-06) nicht vorantreiben. In seinem Privatleben jedoch sollen komplexe Zusammenhänge und Problematisierungen keinen Platz haben. "He never clearly recognizes the connection between the passionate articulation of his professional ideals", so Auster, "and the melancholy working out of these very same issues in his own life".[323] Die fatale Folge ist, dass sie sich raumgreifend auswirken und er sich hilflos ausgeliefert sieht. Doch von all dem kann Farebrother, der Lydgate aufgrund seiner intellektuellen Beweglichkeit schätzt, in dem Moment, als er sich um seinen Freund Sorgen zu machen beginnt, wiederum nichts wissen, sodass die Erzählinstanz mit einer externen Fokalisierung die Beobachtung der Situation und damit die narrative Regie übernehmen muss:

> Mr Farebrother was aware that Lydgate was a proud man, but having very little corresponding fibre in himself, and perhaps too little care about personal dignity, except the dignity of not being mean or foolish, he could hardly allow enough for the way in which Lydgate shrank, as from a burn, from the utterance of any word about his private affairs. (63/396)

Mit ihren Erläuterungen zu Lydgates inneren Dispositionen folgt die Erzählinstanz einer Einsicht, die sie schon in Buch 2 formuliert, als sie Lydgate vorstellt:

> At present I have to make the new settler Lydgate better known to any one interested in him than he could possibly be even to those who had seen the most of him since his arrival in Middlemarch. For surely all must admit that a man may be puffed and belauded, envied, ridiculed, counted upon as a tool and fallen in love with, or at least selected as a future husband, and yet remain virtually unknown – known merely as a cluster of signs for his neighbours' false suppositions. (15/91)

In dieser Passage beschreibt die Erzählinstanz den Menschen im Allgemeinen zum wiederholten Male als "a cluster of signs" und damit als einen Text, den es zu lesen und zu interpretieren gilt. "Signs are small measurable things, but interpretations are illimitable" (3/16), erläutert sie bereits früh im Roman im Zusammenhang mit Dorotheas Fehlschlüssen

---

[323] Henry Auster, "George Eliot and the Modern Temper", Hutchinson Bd. 4, 337-57, hier 350, Wiederabdruck aus *The Worlds of Victorian Fiction*, ed. Jerome H. Buckley (Cambridge/London: Harvard UP, 1975) 75-101.

über Casaubon. Mit ihren komplex gerahmten Figurendarstellungen und ihren differenzierten Einsichten artikuliert die Erzählinstanz ein Problem, das aus systemtheoretischer Perspektive als die doppelte Kontingenz der Verhaltensabstimmung zwischen psychischen Systemen beschrieben wird.[324]

Jedes psychische System glaubt notwendigerweise, das Verhalten anderer als gegeben voraussetzen zu können, um, wie Luhmann es formuliert, "eigene Verhaltensbestimmungen anhängen zu können". Dadurch ist es mehr oder (in Lydgates und Farebrothers Fall) weniger gut gewappnet für die Logik der Erwartungserwartung und die darin begründete, produktive Unbestimmbarkeit des Verhaltens anderer. Im Kommunikationsprozess produzieren Menschen durch ihre Entscheidungen und ihr Verhalten beständig und sowohl kalkuliert als auch zufällig oder gar irrtümlich Zeichen, die Informations- und Anschlusswerte für anderes Handeln gewinnen, sobald sich jemand irrtümlich, zufällig oder kalkulierend auf sie bezieht. Als Beobachterin der zweiten Ordnung kann die Erzählinstanz in *Middlemarch* sehen und den lesenden BeobachterInnen der dritten Ordnung vermitteln, was die Romanfiguren selbst, hier Lydgate und Farebrother, auf der ersten Ebene nicht sehen können – sich selbst und den anderen.

Was die Erzählinstanz in *Middlemarch* von einem herkömmlichen auktorialen Erzähler unterscheidet, ist ihr Bewusstsein für die Qualität, die Möglichkeiten und Grenzen dessen, was sie tut: Jede ihrer Beobachtungen ist auf ihre aktive Rolle als Beobachterin angewiesen; sie hat den Vorteil zeitlicher sowie operationaler Distanz; ihre Beobachtungen sind grundsätzlich kontingent – d.h. weder notwendig noch unmöglich, aber eben auch anders möglich. Daher ist sie nicht in der Lage, neutrale Beschreibungen dessen zu liefern, was nur in Abhängigkeit ihrer Beobachtung (darin liegt ihre Macht) existent ist.

In *Middlemarch* schlägt sich dieses weltergründende Bewusstsein für deren Unergründbarkeit – gemäß der beiden oben ausgeführten Eigenschaften der Erzählinstanz: ihrer weitblickenden und tiefenscharfen Perspektivenvielfalt und ihrer Differenzierungsfähigkeit – in variablen internen Fokalisierungen sowie in metafiktionalen Bemerkungen nieder, in denen sie, wie in der oben zitierten "match-making"-Passage, ihre eigene Beobachtungsleistung problematisiert. "Like a scientist pausing over his experiment to reflect on the general state of his discipline, the novelist

---

[324] Zum Begriff der "doppelten Kontingenz" siehe das gleichnamige Kapitel in Niklas Luhmann, *Soziale Systeme: Grundriß einer allgemeinen Theorie* (Frkf./M.: Suhrkamp, 1984) 148-90, hier 173.

[the narrator!] looks up from her narrative long enough to deliver a meditation on the state of her art".[325]

Eine weitere in diesem Sinne metafiktional problematisierende Beobachtung ihrer eigenen Tätigkeit stellt die Erzählinstanz in ihrem Vergleich mit Henry Fieldings auktorialen Erzählern an. Ihnen schreibt sie die zum Zeitpunkt ihrer eigenen Erzählung nicht mehr zu erreichende Fähigkeit zu, mit Leichtigkeit einen souveränen und universalen Überblick über ihre fiktionalen Welten präsentieren zu können. Ihre gegenwärtige Situation, die gegenüber der Situation Fieldings dramatisch beschleunigt ist, fordert andere Formen der Beobachtung:

> A great historian, as he insisted on calling himself, who had the happiness to be dead a hundred and twenty years ago and so to take his place among the colossi whose huge legs our living pettiness is observed to walk under, glories in his copious remarks and digressions as the least imitable part of his work, and especially in those initial chapters to the successive books of his history, where he seems to bring his arm-chair with us to the proscenium and chat with us in all the lusty ease of his fine English. But Fielding lived when the days were longer (for time, like money, is measured by our needs), when summer afternoons were spacious, and the clock ticked slowly in the winter evenings. We belated historians must not linger after his example; and if we did so, it is probable that our chat would be thin and eager, as if delivered from a campstool in a parrot-house. I at least have so much to do in unravelling certain human lots, and seeing how they were woven and interwoven, that *all the light I can command* must be concentrated on *this particular web*, and not dispersed over that tempting range of relevancies called the universe. (15/91; meine Hervorhebung)

Verweilend erläutert die Erzählinstanz, dass sie in ihrem Text nicht nach dem Beispiel von Fieldings Erzählern wie ein "great historian" verweilen kann, der aus seinem bequemen Sessel am Bühnenrand seiner fiktionalen Welt zum Publikum spricht, um ihm das Geschehen zu erklären. Würde sie zu adaptieren versuchen, was "the least imitable part of his [Fielding's] work" sei, so müsste sie kläglich scheitern. Ihre Erklärungen wären billige Imitationen ohne analytische Kraft: "thin and eager, as if delivered from a camp-stool in a parrot-house". Stattdessen verweilt sie am Bühnenrand ihrer fiktionalen Welt, um genau diese souveräne Beobachtungshaltung zu problematisieren.[326] Denn ihre eigene Beobachtungs-

---

[325] Mintz 54.

[326] T.R. Wrights Behauptung, dass dem nicht so sei, kann bei einer genauen Lektüre dieser Passage nicht überzeugen: "There is an assumption", schreibt Wright, "that the narrator is freed from the disturbing egoism of the characters and enabled to see the impartial direction of the scratches on the pier-glass" (648). Sicher generalisiert die Erzählinstanz, doch ihre mitunter ehrwürdigen Generalisierungen haben

leistung ist die eines "belated historian" – ihre produktive erzählerische Kraft nimmt sie so vollkommen in Anspruch, dass sie nicht in der Lage ist, das Geschehen von einem neutralen Punkt aus direkt und in seiner Gesamtheit zu überblicken: "*all the light I can command* must be concentrated on *this particular web*, and not dispersed over that tempting range of relevancies called the universe". Gegenüber der Erzählweise der Fiedlingschen Erzähler betont sie ihre eigene Implikation im Erzählprozess. Denn Sehen ist in *Middlemarch*, wie Miller ausführt,

> never simply a matter of identifying correctly what is seen, seeing that windmills are windmills and not giants, a washpan a washpan and not the helmet of a Mambrino, to use the example from Don Quixote cited as an epigraph for chapter 2. Seeing is always interpretation, that is, what is seen is always taken as a sign standing for something else, as an emblem, a hieroglyph, a parable.[327]

Die metafiktionale Beschreibung der Beobachtung als eine aktive Tätigkeit durch die Erzählinstanz ("all the light I can command") hat eine doppelte, sowohl problematisierende als auch authentisierende Funktion. Zum einen problematisiert sie Formen wissenschaftlicher und alltäglicher Beobachtungsleistung nicht nur auf der Handlungsebene sondern auch auf der Ebene ihres eigenen Diskurses.[328] Die Erzählinstanz macht für sich auf der Diskursebene dieselbe Unterscheidung geltend, die sie auf der Handlungsebene bezüglich der Figuren geltend gemacht hat: Wo diese im Vergleich zu der Heiligen Theresia "later-born Theresas" (Prelude/3) sind – und wie Lydgate und Farebrother in ihren Verständnismöglichkeiten sich selbst und anderen gegenüber durch vielfache Kontingenzen eingeschränkt sind –, ist die Erzählinstanz selbst im Vergleich zu dem "great historian" ein "belated historian", deren Verständnis auf der nächsthöheren Ebene durch dieselben Kontingenzen eingeschränkt ist wie das der Figuren. Dass die Konsequenz daraus nicht eine Rückbesinnung auf Mrs Farebrothers Devise sein kann, "[to] keep hold of a few plain truths and make everything square with them" (17/108), wird sowohl auf der Ebene der Handlung als auch auf der des Diskurses deutlich.

Die Figur der Mrs Farebrother dient als komisches Porträt eines antimodernen Menschen, für den es nur die eine Wahrheit gibt, die er selbst kennt, und die er für jeden für direkt erfassbar hält. Ihr Plädoyer gegen

---

nicht dieselbe Autorität wie die eines gottgleichen, klassisch auktorialen Erzählers.
[327] J. Hillis Miller, "Optic and Semiotic" 79.
[328] Siehe dazu Wilhelm 602; Dolin 190-215.

den Untergang der moralischen Eindeutigkeit zeigt zudem, dass die technologisch bedingte Verschiebung der Beobachtung von der ersten in die zweite Ordnung ethische Implikationen besitzt, auf die im nächsten Abschnitt 3.3 genauer einzugehen sein wird:

> When I was young, Mr Lydgate, there never was any question about right and wrong. We knew our catechism, and that was enough; we learned our creed and our duty. Every respectable Church person had the same opinions. But now, if you speak out of the Prayer-book itself, you are liable to be contradicted. [...] Any one may see what comes of turning. If you change once, why not twenty times? [...] If you go upon arguments, they are never wanting, when a man has no constancy of mind. My father never changed, and he preached plain moral sermons without arguments, and was a good man – few better. When you get me a good man made out of arguments, I will get you a good dinner with reading you the cookery-book. That's my opinion, and I think anybody's stomach will bear me out. (17/108-09)

Für diejenigen, die wie Mrs Farebrother die Implikationen der Kontingenz und den dadurch notwendigen Kommunikationsaufwand fürchten, ist die Beobachtung zweiter Ordnung ein Albtraum. In Mrs Farebrother und Mr Casaubon – der einfallslos und ängstlich die Beschäftigung mit den Argumenten konkurrierender wissenschaftlicher Erklärungsmodelle verweigert – setzt der Text den Kontingenzgeängstigten zwei besonders ironische Denkmäler. Doch auch Fieldings Erzählern würde es nicht besser ergehen. Wenn der Autor noch lebte und daher nicht das Glück hätte, bereits wie eine Statue verehrt zu werden (90), wäre der bewährte Plauderton seiner Erzähler ähnlich anachronistisch wie die hier ausführlich zitierte Meinung der Mrs Farebrother. Fielding würde zum gegenwärtigen Zeitpunkt die Souveränität seiner Erzähler nicht aufrecht erhalten können, ohne dabei einer beschleunigten Zeit unangemessene Ergebnisse zu produzieren.

Die Alternative zu solch anachronistischen Ansichten sieht die Erzählinstanz in den von Lydgate praktizierten wissenschaftlichen Beobachtungstechniken, in seinem "continually expanding and shrinking between the whole human horizon and the horizon of an object-glass" (63/396). Sie selbst versucht, diese Techniken erzählerisch umzusetzen, indem sie zwischen unterschiedlichen, aber stets genauen psychologischen Fokussierungen und dem sozialgeschichtlichen Weitwinkel, zwischen Partikularisierung und Generalisierung wechselt, die jeweiligen Erkenntnisse abgleicht und die Prinzipien ihrer Verknüpfung der beiden Ebenen beständig hinterfragt, um zu gültigen Aussagen zu kommen.

In allen ihren Romanen entwickeln Eliots Erzählinstanzen eine im weitesten Sinne wissenschaftliche Vorgehensweise, "at once practicing and enjoining their readers to practise empirical techniques such as close observation, comparison, and prediction, and applying forms of reasoning more usual in the laboratory".[329] In *Middlemarch* jedoch adaptiert Eliot, so schreibt Dolin weiter, die zunehmend theoretisierten wissenschaftlichen Methoden ihrer Zeit, die noch vor Ende des Jahrhunderts zu einer von Eliot beklagten Ausdifferenzierung naturwissenschaftlicher und humanistischer Methoden des Erkenntnisgewinns führen sollten:

> the rigorous and challenging modes of scientific reasoning that came to prominence after 1850: what scientists called 'hypothetico-deductive' modes, the discovery of what is unknown and, even to the microscope, unknowable, by presenting a hypothesis which can be tested and verified.[330]

Die deduktive Hypothesenbildung stellt eine Alternative zur klassisch auktorialen Haltung der Fieldingschen Erzähler dar, die in ihrem Anspruch gleichzeitig bescheidener (weil weniger souverän) und ambitionierter (weil trotz widriger Umstände auf eine relativ umfassende Darstellung angelegt) ist.[331] Darüber hinaus ist mit der ebenso bescheidenen wie ambitionierten Interpretationspraxis der Erzählinstanz von *Middlemarch* auch die moralische Forderung verbunden, stets auf diese Weise zu verfahren, und nicht, wie Lydgate, ganze Bereiche davon auszunehmen. Auch wenn sie einräumt, dass ein direkter Zugang und eine unverstellte Darstellung von Selbst und Welt nicht möglich und jede Interpretationsleistung kontingent ist, fordert sie eine konsequente und *moralisch selbstlose* Hingabe an die Neugierde und an deren genaue, wenn auch *epistemologisch selbstbezügliche* Befriedigung.[332]

Beides erfüllt Lydgate in Bezug auf seine Forschung in vorbildlichem Maße, in Bezug auf sein Privatleben allerdings gar nicht. Als Privatmann ist er einer der figurativen "ancient Egyptians in airplanes", für die der Modernisierungsprozess einfach nur eine Verbesserung der Werkzeuge bedeutet, die Menschen benutzen, "rather than a difference in the human

---

[329] Dolin 191.

[330] Dolin 194. Zur Ausdifferenzierung naturwissenschaftlicher und humanistischer Formen des Erkenntnisgewinns siehe Richard R. Yeo, "Scientific Method and the Rhetoric of Science in Britain, 1830-1917", *The Politics and Rhetoric of Scientific Method: Historical Studies*, ed. John A. Schuster und Yeo (Dordrecht: Reidel, 1986).

[331] Vgl. Moscovici 673-74.

[332] Siehe dazu Peter Jones, "Imagination and Egotism in Middlemarch", *Philosophy and the Novel* (Oxford/NY: OUP, 1975).

beings themselves, their worldview, their sense of self", so Cahoone: "If only the tools matter, then the sole significant difference between a contemporary corporate executive riding in a Boeing 747 and an astrologer in the Pharaoh's court is the 747".[333] Denn Lydgate versteht sich als professioneller Mediziner, der mit neuestem technischen Gerät und entsprechend theoretisch gerüstet an der Front der Forschung arbeitet. Die mit dem technischen Fortschritt einhergehende Modernisierung des Subjekts hat sich in seinem Selbstverständnis allerdings noch nicht niedergeschlagen.

"*Poetry* begins when passion weds thought by finding expression in an image", schreibt George Eliot in ihrem Essay "Notes on Form in Art".[334] Diesem Grundsatz gemäß sucht die Erzählinstanz in *Middlemarch* narrative Vermittlungsleistungen generell durch die Verbindung von analytischem Verstand und emotionaler Passion, von genauer Beobachtung und der leidenschaftlichen Kraft der Imagination zu autorisieren. Der Autorisierung solcher interpretatorischen Vermittlungsleistungen und damit des gesamten Romans dient auch ein anderer Aspekt des Vergleichs mit Fieldings Erzählern. Weil *Middlemarch* keine vorgängige Konvention imitiert – "we belated historians must not linger after his example" (91) –, sondern sich entschlossen davon absetzt, kann sich der Roman trotz oder gerade wegen der Komplexitäten der Beobachtung zweiter Ordnung als besonders realistisch profilieren.

3.3 "a set of experiments in life": Die Ästhetik des Romans als ethische Versuchsanordnung

Als ein literarhistorisch exponiertes Beispiel des realistischen Romans unternimmt *Middlemarch* den Versuch, das Leben in dem gleichnamigen englischen Provinzzentrum im frühen 19. Jahrhundert in all seiner Vielfältigkeit zur Darstellung zu bringen. Dieser Versuch ist paradoxerweise deshalb erfolgreich, weil er durch seine systematische Unterminierung begleitet wird: Indem der Roman die mediale Vermittlung 'sichtbar' macht, auf deren verborgener Leistung jeder Repräsentationsprozess basiert, thematisiert er die Voraussetzungen und Kontingenzen seiner eignen Darstellungsleistung. Vor allem hebt er die passionierte

---

[333] Cahoone 11-12.

[334] George Eliot, "*From* Notes on Form in Art", Hornback 529-31, hier 531. Den Bezug auf die Lyrik wählt Eliot stellvertretend für das Literarische: Die Lyrik sei insofern allen anderen Künsten sogar überlegen, als "its medium, language, is the least imitative, and is in the most complex relation with what it expresses".

Involvierung der Beobachtungsinstanz hervor, die dem klassischen Ideal der epistemologischen Interesselosigkeit widerspricht und dasselbe zudem mit moralischer Interesselosigkeit, mit "the indifference of the frozen stare" (11/61) assoziiert.[335] Damit fiktionalisiert *Middlemarch* auf formaler und inhaltlicher Ebene die Unzulänglichkeit lange unangefochten gültiger moralischer und ästhetischer Prinzipien und etabliert die Industrialisierung der Wahrnehmungsgewohnheiten und die Beobachtung zweiter Ordnung als Leitprinzipien des modernen Selbst- und Weltverständnisses. Vor diesem Hintergrund inszeniert der Roman eine Ethik, die aus konkreten Situationen einen Prozess der konstruktiven Formulierung und der kritischen Selbstbefragung – und nicht eine Form der "moralischen Orthopädie" – ableitet.[336]

Das Verlangen der jungen Dorothea Brooke, ihr Leben "greatly effective" zu machen – "What could she do, what ought she to do?" (18) –, benennt das zentrale moralische Interesse des Textes, das der Roman im Kontext des medientechnisch beförderten epistemologischen Abstraktionsprozesses einer umfassenden Bearbeitung unterzieht.[337] Das Ziel, das diesem Bearbeitungsprozesses innewohnt, ist die Artikulation einer paradoxen modernen Position, die in Abwesenheit einer göttlichen Autorität und in vollem Bewusstsein sowohl vielfacher Abhängigkeiten als auch des nur indirekt möglichen Zugangs zu Selbst und Welt zwei Dinge verknüpft: die spirituelle Qualität einer tief religiösen Disposition mit der Aussicht auf Interventionsmöglichkeiten zugunsten einer Verbesserung des sozialen Zusammenlebens. "[T]he whole thrust of the novel is", so Wilhelm, "to erect an ethical platform on a Godless ticket, to be an Independent Candidate of a more successful kind than Mr Brooke, with his comic flounderings on the Middlemarch platform".[338]

---

[335] Vgl. Heilman 621, 623.

[336] Die treffende Wendung "moralische Orthopädie" entlehne ich bei Marjorie Garber, Beatrice Hanssen und Rebecca L. Walkowitz, "Introduction: The Turn to Ethics", *The Turn to Ethics*, ed. Garber, Hanssen, Walkowitz (NY/London: Routledge, 2000) vii-xii.

[337] Vgl. dazu S.L. Goldberg, *Agents and Lives: Moral Thinking in Literature* (Cambridge/NY: CUP; 1993). Goldberg macht auf die moralische bzw. ethische Wendung der zentralen Frage moralischen Denkens "How to live" aufmerksam: "For it makes an important difference whether we emphasize the word 'how' or the word 'live': *how* to live, or how to *live*" 36. Die Unterscheidung zwischen "conduct-centered morality" und "Life-centered morality", die er damit trifft, entspricht im Wesentlichen der Differenzierung zwischen präskriptiver Moral und explorativer Ethik, die ich in Kapitel I unter Abschnitt 3.2 vorgenommen habe.

[338] Wilhelm 599.

Dem Roman sind aus religiöser Perspektive eine leere "Rhetoric of Enthusiasm" und "Ersatz Christianity" vorgeworfen worden.[339] Dieser Vorwurf zielt jedoch ins Leere, weil er dem Roman seine eigenen Voraussetzungen vorhält. Vor einem religiös nicht verankerten Hintergrund bewertet *Middlemarch* eine starke innere Berufung und das Vermögen "of wedding the mind to reality and thus transforming it, however slightly", sowie die vor allem von Dorothea verkörperte "religion of radiant sympathy" nicht nur positiv, sondern verlangt sogar danach: "George Eliot's moral and aesthetic ideal requires the most strenuous, heroic effort of consciousness".[340] Dabei macht "the stealthy convergence of human lots" (11/61) es den Romanfiguren immer wieder schwer, ihre Berufung zu verwirklichen: "Dorotheas womanhood, instead of being an anomaly", so argumentiert Mintz überzeugend, "is simply the most extreme example of the variety of constraints and contingencies that frustrate the urge to alter the world".[341] Das deutlichste Anzeichen von Schwäche in Eliots Figuren ist das Unvermögen, aus dem gegenseitigen Missverstehen und dem inkohärenten Austausch von Gedanken neue Kraft und Vertrauen zu schöpfen.[342] Denn *Middlemarch* präsentiert eine Welt, "unredeemed by revelation in which religious needs must be met by entirely human means".[343] Die Konsequenz daraus ist, dass sich "the growing good of the world" aus den "incalculably diffuse [effects]" ergibt, die die Menschen auf ihre Umwelt ausüben (Finale/515).

In dem Bemühen, eine 'Position' oder Geisteshaltung zu artikulieren, die im Umgang mit Abstraktion und Kontingenz nicht nur irgendwie bestehen, sondern auch sozial verträglich und produktiv sein kann, inszeniert der Roman das, was Eliot in einem Brief "a set of experiments in life" genannt hat:[344] eine fiktionale Versuchsanordnung, die dem modernen Leben gerade deshalb in all seiner Komplexität gerecht werden

---

[339] I.T. Ker, "George Eliot's Rhetoric of Enthusiasm", *Essays in Criticism* 26 (1976): 134-55; Paul Hammond, "Geroge Eliot's Ersatz Christianity", *Theology* 84 (1981): 190-96.

[340] Auster 350; Matthew Rich, "'Not a Church, but an Individual Who Is His or Her Own Church': Religion in George Eliot's *Middlemarch*", Hornback 649-56, hier 653; Ermarth 254. Vgl. Dazu Moscovici, die den Roman "an endorsement of a passionate, perhaps even idealistic, engagement in life" nennt (664).

[341] Mintz 60.

[342] Siehe Ermarth 256.

[343] Wright 649. Wiederabdruck aus *Images of Belief in Literature*, ed. David Jasper (NY: St. Martin's P, 1984) 138-53.

[344] Gordon S. Haight, ed., *The George Eliot Letters*, 9 Bde. (New Haven: Yale UP, 1954-78) Bd. 6, 216.

kann, weil sie von seinen Vollzügen abgekoppelt ist und dieselben aus der Distanz beobachten und das heißt auch: bewusst machen kann.[345] Dabei scheut Eliot aus guten Gründen die Gleichsetzung von Ästhetik und Moral: "I think aesthetic teaching is the highest of all teaching because it deals with life in its highest complexity – if it lapses anywhere from the picture to the diagram – it becomes the most offensive of all teaching".[346] Die Autorin besteht auf dem Qualitätsunterschied zwischen ästhetisch komplexem "picture" und eindeutigem "diagram". Diese Position entspricht sowohl der Ästhetik als auch der Ethik ihres Romans, die sich beide im Lektüreprozess auf Augenhöhe mit der zeitgenössischen Semiotisierung der Wirklichkeit durch die Industrialisierung der visuellen Kultur entfalten.

Ausgehend von ihrer begründeten Skepsis gegenüber der Didaxe verbindet Eliot mit ihren künstlerisch vermittelten Versuchsanordnungen trotzdem die pragmatische Hoffnung auf eine Wirkung durch den Rezeptionsprozess und damit auf konkrete Handlungsperspektiven. Denn:

> If Art does not enlarge men's sympathies, it does nothing morally. [...] the only effect I ardently long to produce by my writings, is that those who read them should be better able to *imagine* and to *feel* the pains and the joys of those who differ from themselves in everything but the broad fact of being struggling erring human creatures.[347]

Die Kunst soll der Erweiterung eines intensiven und feingliedrigen Mitgefühls dienen, ohne politisches Programm, religiöse Predigt, oder moralische Didaxe zu sein. Nur die Kunst – insbesondere die realistische Kunst, die Eliot wegen ihrer synthetischen Kombination naturalistisch-mimetischer und idealistisch-imaginativer Dimensionen schätzte[348] – verbindet die Präsentation des konkreten Details mit einem hohen Grad an bewusst differenzierender, kritischer Einsicht. Beide sind Voraussetzung für die Entwicklung von Mitgefühl unter Menschen "who *differ* [...] in everything but the broad fact of being struggling erring human creatures". Die traditionelle Sympathielehre, die auf Shaftsburys noch der klassischen Episteme verpflichtete Moralphilosophie zurückgeht, fußt auf grundsätzlich anderen Voraussetzungen als Eliots Roman und seine Inszenierungen moderner Medialität und Kontingenz.

---

[345] Vgl. Dazu auch Sherryll S. Mleynek, *Knowledge and Mortality:* Anagnorisis *in* Genesis *and Narrative Fiction* (NY: Lang, 1999) 14-55.
[346] Eliot in Haight Bd. 4, 300.
[347] Eliot in Haight Bd. 3, 111. Siehe auch George Eliot, "The Natural History of German Life", *Westminster Review* (July 1856): 51-56, 71-72.
[348] Siehe dazu Wittig-Davis.

Shaftsbury ging von einem natürlich angelegten moralischen Empfinden aus, das die Menschen miteinander verbinde, eine gegenseitige Transparenz garantiere, emphatische Identifikation ermögliche und den rationalen Abgleich des gesellschaftlichen Verhaltens sicher stelle. Unter diesen Voraussetzungen leistet das Mitgefühl im Kontext einer emergenten, wesentlich durch die Drucktechnologie katalysierten Kultur der Distanz im 18. Jahrhundert das von Beginn an nur bedingt einlösbare kompensatorische Versprechen eines ungetrübten und direkten Selbst- und Fremdverstehens, das *Middlemarch* durchgängig als illusorisch ausweist.[349] Demgegenüber erfordert die Annahme, dass sich der eine vom anderen Menschen "in everything but the broad fact of being struggling erring human creatures" unterscheidet, eine vermittelnde Projektion von Gemeinsamkeit, die nicht mehr als gegeben, sondern erst auf dieser kontingenten Basis vorausgesetzt werden kann.[350] Sobald das Ideal der wechselseitigen Transparenz unhaltbar wird, ist das Mitgefühl auf Vermittlungsleistungen angewiesen, auf eine Ökonomie gegenseitiger Projektionen, Beobachtungen und Identifikationen. Das Mitgefühl ist mit Opazität und Differenz, mit einem für Beobachtung und Intuition unzugänglichen Anderen konfrontiert und auf die indirekte Form der Beobachtung zweiter Ordnung (und ein bewusstes Zulassen und Begreifen von Komplexität) angewiesen, um modernen Kommunikationsbedingungen gerecht werden zu können. Deshalb kann es auch nicht überzeugend direkt vermittelt werden. Nur das ebenso indirekte Mittel der Kunst vermag aufgrund seines funktions*entlasteten* Status, in Inszenierungen die Prinzipien der Indirektheit, der Opazität und der Differenz zu vermitteln, deren Gültigkeit mit der einsetzenden Visualisierung der Kultur im 19. Jahrhundert in allen Bereichen der modernen Gesellschaft, privat und öffentlich Raum zu greifen beginnt.[351]

Mit seinem vitalen Interesse an Wahrnehmungs- und Interpretationsprozessen ist *Middlemarch* nicht nur ein vorausblickend moderner Ro-

---

[349] Siehe dazu Brigitte Scheer, "Gefühl", Barck et al. Bd. 2, 629-60, hier 634-40; und Abschnitt 1.3 in Kapitel II dieser Arbeit zu Genealogie und Funktion des sentimentalistischen Diskurses.

[350] Siehe dazu Martin Klepper, "The Discovery of Point of View: Observation and Narration in the American Novel 1790-1910" (Habilitationsschrift, Universität Hamburg, 2004) Abschnitt 2.1 "Observing 1800".

[351] Vgl. dazu die Analyse der nachklassischen Sympathielehre des Adam Smith bei Kai Merten, "Plays on the Essential Passions of Men: Adam Smith, Joanna Baillie and the Textual Theatre of the *Lyrical Ballads*", *Romantic Voices, Romantic Poetics: Selected papers from the Regensburg Conference of the German Society for English Romanticism*, ed. Christoph Bode und Katharina Rennhak (Trier: WVT, 2005) 85-96.

man, Eliot hat auch eine moderne Vorstellung davon, was sie als Autorin literarischer Texte tut: Sie begreift ihre fiktionalen Experimente als distanzierte Beobachtungen und als Beispiele für die Herstellung interpretatorischer Hilfskonstruktionen, wie wir sie auch in Bezug auf unsere lebensweltlichen Kontexte erstellen müssen, nämlich als

> *an endeavor to see* what thought and emotion may be capable of – what stores of motive, actual or hinted as possible, give promise of a better after which we may strive. [...] I become more and more timid – with less daring to adopt any formula which does not get itself clothed for me in some human figure and individual experience, and perhaps that is a sign that if I help others to see at all it must be through the medium of art.[352]

Als fiktionale Versuchsanordnung verfolgt *Middlemarch* das Ziel, die produktive Funktion der verstandes- und gefühlsmäßigen Beobachtungsgabe zu *sehen* und zu begreifen: "to see what thought and emotion might be capable of". Die ethische Forderung, die sich aus dieser Versuchsanordnung ableitet, ist die nach Anerkennung der prinzipiellen Offenheit des Interpretationsvorgangs, nach einem bewussten Umgang mit der Kontingenz, die die mediale Brechung der Wirklichkeitswahrnehmung und insbesondere die Industrialisierung der Sehgewohnheiten mit sich bringt, sowie nach einer entsprechend ambitionierten Bescheidenheit der Selbst- und Welterfassung. Zu dieser Forderung bemerkt Iser:

> By deliberately defying any attempt toward closure, we may achieve a position that will enable us to conceive how far basic human unavailabilities translate into a productive mapping of ever-new territories. What thus emerges from interpretation is an insight into the unforeseeable multifariousness of human beings' responses to their constitutive blanks. Viewed from this angle, *interpretation indicates what it might mean to lead a conscious life that is permeated by an awareness of the unfathomableness out of which it arises.*[353]

Auf diese Weise autorisiert *Middlemarch* ein die Ergründung der zunehmend medial vermittelten Welt begleitendes Bewusstsein für deren Unergründbarkeit. Gleichzeitig trainiert die Lektüre des Romans Wahrnehmungs- und Identifikationstechniken, die erst im Rahmen der visuellen Semiotisierung der Wirklichkeit nötig werden. Darin besteht die ethische Dimension des Textes.

---

[352] Eliot in Haight Bd. 6, 216-17; meine Hervorhebung.
[353] Iser 158; meine Hervorhebung.

4. Zusammenfassung

Die vorangegangenen Analysen von Nathaniel Hawthornes *The House of the Seven Gables* (1851) und George Eliots *Middlemarch* (1871/72) im Kontext der Industrialisierung der visuellen Kultur haben gezeigt, dass das Genre des Romans auf beiden Seiten des Atlantiks diese medialen Entwicklungen und ihre Konsequenzen für Selbst- und Weltverständnis sowie für die soziale Praxis registriert und literarisch inszeniert. Darüber hinaus weist er seine LeserInnen in Kulturtechniken der Wahrnehmung und Beurteilung ein, die diese medialen Entwicklungen und die damit verbundene Semiotisierung der Wirklichkeit erst erforderlich machen.

Während die Schrift im Allgemeinen und der Roman im Besonderen zu Beginn des 19. Jahrhunderts zu einem selbstverständlichen Teil des Alltagslebens breiter Bevölkerungsschichten avanciert, erhält die Schriftkultur mediale Konkurrenz durch solche populären visuellen Apparaturen wie Panorama, Diorama, Kaleidoskop, Thaumatrop, Phenakistiskop, die Wundertrommel, das Stereoskop und die Fotografie sowie durch verbesserte Mikroskope und die Veranstaltung der Weltausstellung. Im Zuge der Popularisierung visueller Geräte und Ereignisse wird die Welt zunehmend über visuelle Zeichen und Repräsentationen erfahrbar, die ein unverfälschtes Abbild der Welt zu geben versprechen. Visualisierungstechniken steigern das Vertrauen in die technische Beherrschbarkeit der Welt und in die Korrespondenz von Zeichen und Bezeichnetem. Gleichzeitig unterlaufen sie dieses Vertrauen, indem sie die Realität nur indirekt über den Umweg von Abbildern oder Abstraktionen von Welt beziehen, die zudem zu zirkulierenden Konsumgütern werden. Sie versprechen semantische Transparenz, doch wie die Schrift abstrahieren sie von der vermeintlich unmittelbaren Präsenz und setzen die artifizielle Präsenz der Abbildung an deren Stelle. Die Menschen des späten 19. Jahrhunderts begegnen der Welt also zunehmend *indirekt*. Die künstliche Unmittelbarkeit einer konkreten, die Sinne ansprechenden Abbildung rückt dabei den Vorgang der Abstraktion und den Prozess der visuellen Semiotisierung in den Hintergrund.

Wie am Beispiel der Daguerreotypie, der ersten fotografischen Technik, ausgeführt, leitet die Industrialisierung der visuellen Kultur im 19. Jahrhundert fast unmerklich eine epistemologische Verschiebung der Sehgewohnheiten von einem souveränen "klassischen", die Welt als gegeben voraussetzenden Blick zu einem kontingenten "romantischen" Blick ein, der seinen Gegenstand selbst erst als solchen konstituiert. Die beginnende Industrialisierung der visuellen Kultur und ihre semiotisierenden Effekte koinzidieren zeitlich nicht zufällig mit dem romantischen "lyric turn" in der Literatur und mit der Entwicklung der Hermeneutik zu einer Kunstlehre des Verstehens durch Friedrich Schleiermacher. Denn das durch die Technisierung der visuellen Medien neu produzierte Moment der Entfernung und der Abstraktion erfordert eine kompensatorische Entwicklung zunehmend komplexer Formen der Interpretation.

In diesem Kontext spielen Romane wie *The House of the Seven Gables* und *Middlemarch* insofern eine entscheidende Rolle, als sie literarische Verweise auf die medialen Entwicklungen der Zeit, hier die Daguerreotypie bzw. das Mikroskop und deren jeweilige Verwendungsweisen, als Begriffsrepertoire für die Reflexion literarischer Medialität nutzen. Eine entsprechende Analyse von Hawthornes "Preface" macht dies ebenso deutlich wie die Untersuchung von Eliots metafiktionalen Erzählerkommentaren zur visuellen Kognition. Zudem vermitteln beide Romane im erzählerischen Rekurs auf neue bildmediale Phänomene und ihre Verwendungsweisen sowohl ihren Figuren auf der Handlungsebene als auch ihren LeserInnen auf der Rezeptionsebene die Notwendigkeit und mitunter auch die Fähigkeit, Interpretationsleistungen zu erbringen, die durch diese medialen Neuerungen und die damit verbundene Semiotisierung der Wirklichkeit erst aufgeworfen werden.

IV. Der Roman des 20. Jahrhunderts als medien- und diskurskritisches Metamedium

Mit der Entwicklung der industriellen Audiovision in den ersten beiden Dritteln des 20. Jahrhunderts und der digitalen Integration der Medien seit den 1970er Jahren vollziehen sich zwei Informationsrevolutionen,[1] die nur die vorläufig letzten in einer Serie zunehmend schneller aufeinander folgender und sich immer weiter überlagernder medialer Umwälzungen seit dem Beginn der Geschichtsschreibung sind. S.J. Schmidt konzipiert die industrielle Audiovision durch Kino und Fernsehen als Teil des zweiten Modernisierungssyndroms, das im 19. Jahrhundert vor allem mit der Technisierung der visuellen Kultur einsetzt, und die Digitalisierung als mediales Zentrum des dritten Modernisierungssyndroms, das die postmoderne Gesellschaft zu einer zunehmend reflexiven macht.[2] Weil die Institution der Literatur im Kontext der "Anhäufung" konkurrierender Medien im 20. Jahrhundert die kulturelle Zentralität verliert, die ihr noch im 19. Jahrhundert zukam,[3] geht das vorliegende Kapitel der Frage nach, inwiefern das medienkulturell zunehmend marginale, sich literarisch allerdings behauptende Genre des Romans durch die Entwicklung von Audiovisualisierung und Digitalisierung geprägt ist und auch unter den Bedingungen der fortgeschrittenen Audiovision noch die Funktion erfüllen kann, seine LeserInnen in For-

---

[1] Zum Begriff der Informationsrevolution und seiner Kritik siehe Irving Fang, *A History of Mass Communication: Six Information Revolutions* (Boston/Oxford: Focal Press, 1997); Hans-Dieter Kübler, *Mythos Wissensgesellschaft: Gesellschaftlicher Wandel zwischen Information, Medien und Wissen. Eine Einführung* (Wiesbaden: Verlag für Sozialwissenschaften, 2005).

[2] S.J. Schmidt, "Modernisierung, Kontingenz, Medien: Hybride Beobachtungen", *Medien – Welten – Wirklichkeiten*, ed. Gianni Vattimo und Wolfgang Welsch (München: Fink, 1998) 173-86, hier 182. Vgl. dazu Peter V. Zima, *Moderne/Postmoderne: Gesellschaft, Philosophie, Literatur* (Tübingen/Basel: Francke, 1997).

[3] Natalie Binczek und Nicolas Pethes schlagen vor, die "Mediengeschichte nicht als Ablösung, sondern als Anhäufungsprozess konkurrierender Medien zu konzipieren". Siehe "Mediengeschichte der Literatur", *Handbuch der Mediengeschichte*, ed. Helmut Schanze (Stuttgart: Kröner, 2001) 282-315, hier 303; und vgl. Hartmut Winkler, *Dokuverse: Zur Medientheorie der Computer* (München: Boer, 1997) 49, 187.

men der Wahrnehmung einzuweisen, die die Medienentwicklung selbst erst notwendig macht.

Im gängigen Sprachgebrauch leitet das gegenwärtige Zeitalter seinen Namen von dem Begriff 'Information' ab, obwohl die informationelle 'Formgebung'[4] keineswegs eine beispiellose Eigenart elektronischer und digitaler Kommunikationskanäle ist. Daher mahnt Manuel Castells:

> Knowledge and information have always been essential sources of productivity and power. If, by emphasizing the knowledge component of our world, we imply that we know now and were ignorant in earlier times, a little modesty would be welcome.[5]

Presseberichte, Literatur, Film, sowie elektronische und digitale Unterhaltung – all das sind informationelle 'Formgebungen', die Wirklichkeit in Schrift, Bild und Ton darstellen, um sie verfügbar und kommunizierbar zu machen. Indem diese Formgebungen Daten 'über' die Wirklichkeit zusammenstellen, die gesammelt, archiviert, übertragen und abgerufen werden können, kodeterminieren sie, *was* Wirklichkeit ist und wer *ich* bin, wenn ich mich darauf beziehe.[6] Die sogenannte Informationsgesellschaft unterscheidet sich nicht nur dadurch von früheren medialen Konstellationen, dass sie exponentiell mehr Information und Wissen produziert, sondern vor allem durch die Logik der ausgedehnten technologischen und sozialen Vernetzung unterschiedlich positionierter individueller und institutioneller Akteure, sowie durch die so beförderte immaterielle "Ökonomie der Aufmerksamkeit",[7] die Wertschöpfung aus

---

[4] Siehe Heinz Buddemeier, "Informationsgesellschaft/Multimedia", *Von der Keilschrift zum Cyberspace: Der Mensch und seine Medien* (Stuttgart: Urachhaus, 2001) 234-45, bes. 237; Asa Briggs und Peter Burke, *A Social History of the Media. From Gutenberg to the Internet* (Cambridge: Polity, 2002) 260-61.

[5] Manuel Castells, "Informationalism, Networks, and the Network Society: A Theoretical Blueprint", *The Network Society: A Cross-Cultural Perspective* (Cheltenham, UK/Northhampton, MA: Edward Elgar, 2004) 3-45, hier 41.

[6] Siehe dazu Mark Poster, "The Mode of Information and Postmodernity", *Communication Theory Today*, ed. David Crowley und David Mitchell (Cambridge: Polity, 1994) 173-92; Vilém Flusser, "Auf dem Weg zur telematischen Informationsgesellschaft", *Medienkultur* (Frkf./M.: Fischer, 1997) 143-236; und speziell zu Kameratechnik und Wahrnehmungsgewohnheiten Scott McQuire, *Visions of Modernity: Representation, Memory, Time and Space in the Age of the Camera* (London: Sage, 1998).

[7] Siehe dazu Georg Franck, *Ökonomie der Aufmerksamkeit: Ein Entwurf* (München: Hanser, 1998) und *Mentaler Kapitalismus* (München: Hanser, 2005); Charles Derber, *Pursuit of Attention: Power and Ego in Everyday Life* (Oxford/NY: OUP, ^{2}2000).

subjektiven Akten des Achtgebens und des Beachtung Einnehmens bezieht:

> If [...] we identify our society as a network society, [...] we must place at the center of the analysis the networking capacity of institutions, organizations, and social actors, both locally and globally. Connectivity and access to networks become essential. The right combination of information and communication technology, development of human capacity to take advantage of the full potential of these technologies, and organizational restructuring based on networking becomes the key to ensuring productivity, competitiveness, innovation, creativity, and ultimately power and power sharing.[8]

Das dritte Modernisierungssyndrom, d.h. der durch Informations- und Aufmerksamkeitsaustausch geformte soziale Kosmos und die alle Lebensbereiche erfassende Formationskraft der sogenannten Informations- bzw. Netzwerkgesellschaft für das Individuum sowie für die "soziale Plastik"[9], kontextualisiert die im vorliegenden Kapitel verfolgte Frage nach dem Status der Literatur in der aktuellen Mediengesellschaft. Die beiden Textanalysen von Adam Thorpes *Ulverton* und Richard Powers' *Plowing the Dark* in Teil 2 und 3 bilden dabei, analog zu den vorangegangenen Kapiteln, das Zentrum der Untersuchung. Beide Romane sind literarische Kommunikationen über die mediale Verfasstheit von Wahrnehmungs-, Denk- und Handlungsmustern und perspektivieren die Netzwerkgesellschaft in einer Form, die deren Logik reflektiert, ohne sich darin zu verfangen. Der den beiden Textanalysen vorangestellte medienhistorische Teil 1 der Untersuchung widmet sich nach einer Einleitung zur Konkurrenz der Medientechniken im 20. Jahrhundert und ihren mentalitätsgeschichtlichen Auswirkungen zunächst dem Film als zentralem Paradigma der visuellen Kultur des 20. Jahrhunderts. Wie die zeitgleich entstehende Institution der Psychoanalyse vermittelt der Film die Wirklichkeit über den fremden Blick – hier der kinematographischen Apparat, dort des Psychoanalytikers – und trägt zur Flexibilisierung der Aufmerksamkeit und zur weitergehenden Bearbeitung der "zweiten Natur" des Menschen bei (1.1). Anschließend wende ich mich den sozialen Konsequenzen der Netzwerkgesellschaft und der Funktion zu, die den Geisteswissenschaften und der Literatur darin zuwächst (1.2).

---

[8] Castells, "Informationalism" 42. Aus seiner Analyse leitet Castells die Hoffnung ab, dass die Kultur der Netzwerkgesellschaft ein Prozess sein kann, "developed on the basis of a common belief in the power of networking and of the synergy obtained by giving to others and receiving from others", der unterschiedlichste Akteure einbindet und der "the ancestral fear of the other" entgegenwirkt (40).
[9] Joseph Beuys, zitiert bei Buddemeier 243.

Ein Abschnitt zur Romanliteratur im Medienverbund schließt die nachfolgenden medienhistorischen Überlegungen ab (1.3).

1. Informationsrevolutionen: Audiovisualisierung und das dritte Modernisierungssyndrom der digitalen Integration der Medien

Aus medienhistorischer Perspektive ist das entscheidende Erbe des 19. Jahrhunderts eine sich verschärfende Konkurrenz zwischen den Medientechniken. Die Unterhaltungsindustrie des ausgehenden 19. und frühen 20. Jahrhunderts differenziert sich rasch aus und erlangt eine enorme Popularität. Zu Beginn des 20. Jahrhunderts ist die Präsentation von bewegten Bildern zumindest in den Großstädten Paris, Berlin, London und New York eine bereits seit einigen Jahren übliche Praxis.[10] Mit dem erstmals durch den Amerikaner Bell vorgestellten Telefon (1876), mit Hertz' Beschreibung von Radiowellen (1880) und der dadurch ermöglichten drahtlosen Telegrafie (1895/96) war der Siegeszug des Radios vorbereitet, der in den 1920er Jahren beginnt.[11] Das Ideal einer durch die Presse informierten Öffentlichkeit weicht seit rund zwei Jahrzehnten einer zunehmend demokratisierten Massenmarktorientierung.[12] Nach der New Yorker Weltausstellung im Jahr 1939, als elektronisches Fernsehen zum ersten Mal einer breiten Öffentlichkeit vorgestellt wurde, wird das Fernsehen um die Mitte des Jahrhunderts mit günstig zu erwerbenden Geräten und einem weitgefächerten Programm gesellschaftliche Realität. Das audiovisuelle Fenster zur Welt holt die äußere Wirklichkeit massenhaft in die Privathaushalte und realisiert sein Potential in der zeitgleichen Rezeption und in der Synchronität von Ereignis und Übertragung.[13] Die elektronischen Medien sind wie die ihnen vorausgehenden Leitmedien des Drucks und der mündlichen Präsentation Agenten me-

---

[10] Zur Frühgeschichte des Films siehe Margit Dorn, "15. Film", *Grundwissen Medien*, ed. Werner Faulstich (München: Fink, ⁴2000) 201-20; Fang 95-100, 123-37.

[11] Zur Geschichte des Radios siehe Gerhard Schäffner, "18. Hörfunk", Faulstich 252-73, bes. 255-58; Brian Winston, *Media Technology and Society, A History: From the Telegraph to the Internet* (London/New York: Routledge, 1998) 19-87; Albert Kümmel, "Innere Stimmen – Die deutsche Radiodebatte", Kümmel/Scholz/Schumacher 175-97; Briggs und Burke 152-87, 216-33; Fang 83-95, 114-18, 148-52.

[12] Briggs und Burke 192-216; Fang 101-06.

[13] Christina Bartz, "'Das geheimnisvolle Fenster in die Welt geöffnet' – Fernsehen", *Einführung in die Geschichte der Medien*, ed. Albert Kümmel, Leander Scholz und Eckhard Schumacher (Paderborn: Fink, 2004) 199-223; Winston 88-143; Briggs und Burke 233-60; Fang 152-88,

dialer Weltveränderung. Sie funktionieren nach dem Live-Prinzip und installieren eine mediale Wirklichkeitsverdoppelung, die den Wirklichkeitsbezug zu festigen vorgibt, ihn aber gleichzeitig erneut und vehement zur Debatte stellt. Dies geschieht analog zur Kompensation früherer Abstraktionsprozesse: Das technisch gegebene Versprechen von Aktualität und Präsenz ist mit einer Furie des Verschwindens verschränkt. Besonders virulent wird diese Verschränkung gegen Ende des Jahrhunderts mit der Steigerung der Wirklichkeitsverdoppelung zu der von Baudrillard als Wirklichkeitssimulation diagnostizierten Ersatzwirklichkeit.[14] Hier steht die scheinbar unmittelbare und überzeugend echte *Präsentation* der Wirklichkeit in offenem Widerspruch zu ihrer medialen Herstellung.

Freilich gehen die Umwälzungen des 20. Jahrhunderts nicht allein auf das Konto medialer Transformationen. Doch im Verbund mit natur-, geistes-, und sozialwissenschaftlichen Entwicklungen,[15] der rasant fortschreitenden Kapitalisierung, der Entwicklung der Städte sowie der Politisierung von Arbeitern und Frauen hat die Medienentwicklung radikale Revisionen früherer Wirklichkeitsmodelle vorangetrieben: einen gesteigerten Subjektivismus, den Niedergang normativer Orientierungen sowie einen systematischen Zweifel an Rationalität und Wissenschaft. Um 1900 "the continuity snapped", stellt der amerikanische Historiker und Geschichtsphilosoph Henry Adams (1838-1919) in seiner autobiographischen Untersuchung der Bedeutung von Geschichte fest. Aus diesem Bruch leitet er die Notwendigkeit einer neuen Konzeptualisierung des Verhältnisses von Subjekt und Welt ab: "[T]he break of continuity amounted to abysmal fracture for a historian's subjects".[16] Um die Jahrhundertwende, "[t]he world had ceased to be a unity and become a multiple, the human mind had taken on a new relationship to power and

---

[14] Werner Faulstich und Corinna Rückert, *Mediengeschichte in tabellarischem Überblick von den Anfängen bis heute* (Bardowick: Wissenschaftler-Verlag Werner Faulstich, 1993) 149; Jean Baudrillard, "Die Simulation", *Wege aus der Moderne: Schlüsseltexte der Postmoderne-Diskussion*, ed. Wolfgang Welsch (Berlin: Akademie, ^{2}1994) 153-62.

[15] Besonders wichtig waren u.a. die Forschungen Ernst Machs (1838-1916) zur Stroboskopie, Albert Einsteins (1879-1955) zur Relativität von Raum und Zeit und Niels Bohrs (1885-1962) zur Quantenphysik, die relativistische Philosophie Arthur Schopenhauers (1788-1860) und Friedrich Nietzsches (1844-1900) sowie die Entwicklung der Freudschen Psychoanalyse und der Soziologie zu Beginn des 20. Jahrhunderts.

[16] Henry Adams, *The Education of Henry Adams* (NY: The Modern Library, 1946) 381. Adams druckte seine Autobiographie 1907 zunächst privat und veröffentlichte sie erneut im Jahr 1818.

force".[17] Mit den technischen, wissenschaftlichen und politischen Entwicklungen der Zeit, so Schmidt,

> wurde die 'Realität' Schritt für Schritt in ein Netzwerk von Realitäten überführt, das von Beobachtern, ihren Systemrationalitäten, Perspektiven und Erfahrungsmodi (sensu W. James), ihren Interessen, Bedürfnissen und Machtstrukturen abhing.[18]

Die reale Welt wird in ihrem Wesen zum "Spektakel": zu einem durch Bild, Ton und Events vermittelten gesellschaftlichen Verhältnis zwischen Personen.[19] Einmal mehr sind die Medien dabei nicht Mittel zum Zweck, etwa um Botschaften zu transportieren. Sie stellen vielmehr eine "zweite Natur" des Menschen her, die, anknüpfend an druckmediale Verbreitungstechniken, das Gegebene der "ersten Schöpfung" weiter in die Ferne rückt,[20] dessen "Aura" auflöst,[21] und mit in die Nähe gerückten Bild/Tonfolgen aus der Ferne überlagert.[22] Dieses "andere Sehen" ist – im Gegensatz zur Schrift – nicht an einen einzelnen Körper, eine einzelne Perspektive oder einen bestimmten Ort gebunden. Die Kontrolle, die die Bastion des Subjekts noch über die Schrift auszuüben vermeinte, verliert sich auf einem fremden – oder wie Freud in Bezug auf das Unbewusste sagte, einem *anderen Schau*platz. Nicht zufällig fällt auch die nachhaltig wirksame Infragestellung der referenziellen Kraft der Sprache durch beispielsweise die Semiotik Ferdinand de Saussures

---

[17] Malcolm Bradbury, *Dangerous Pilgrimages: Trans-Atlantic Mythologies and the Novel* (London/NY: Penguin, 1995) 251.
[18] S.J. Schmidt 180.
[19] Siehe Guy Debord, *Die Gesellschaft des Spektakels* (Berlin: Ed. Tiamat, 1996) und Jean Baudrillard, "Requiem für die Medien", *Kool Killer oder der Aufstand der Zeichen* (Berlin: Merve, 1978) 83-118.
[20] Dietmar Kamper, "Der Januskopf der Medien: Ästhetisierung der Wirklichkeit, Entrüstung der Sinne", *Digitaler Schein: Ästhetik der digitalen Medien*, ed. Florian Rötzer (Frkf./M.: Suhrkamp, 1991) 93-99; Paul Virilio, "Das Privileg des Auges", *Bildstörung: Gedanken zu einer Ethik der Wahrnehmung*, ed. Jean-Pierre Dubost (Leipzig: Reclam, 1994) 55-71.
[21] Walter Benjamin, "Das Kunstwerk im Zeitalter seiner technischen Reproduzierbarkeit", *Das Kunstwerk im Zeitalter seiner technischen Reproduzierbarkeit: Drei Studien zur Kunstsoziologie* (Frkf./M.: Suhrkamp, 1963) 7-44. Vgl. dazu Norbert Bolz, "Interface: Walter Benjamin", *Theorie der Neuen Medien* (München: Raben, 1990) 67-110 und Rolf H. Krauss, *Walter Benjamin und der neue Blick auf die Photographie* (Ostfildern: Cantz, 1998), der die Fotografie "als einen Sonderfall der allgemeinen Rezeption und Wirkungsgeschichte des Benjaminschen Werks" liest.
[22] Samuel Weber, "Zur Sprache des Fernsehens: Versuch einem Medium näher zu kommen", Dubost 72-88, hier 80;

(1857-1913) und die Sprachphilosophie Ludwig Wittgensteins (1889-1951) ins frühe 20. Jahrhundert.[23] An die Stelle der Vorstellung, Sprache sei ein transparentes Medium zur kommunikativen Erfassung einer vorgängig gegebenen Welt, tritt die Überzeugung, dass Sprache Bedingung des Denkens und Instrument der Konstruktion von Wirklichkeit ist — einer Wirklichkeit, die jenseits kontextuell gebundener, sprachlicher, visueller oder ganz allgemein medialer Modellierungen unerreichbar bleibt.

Will man im Kontext dieses abstrakteren Wirklichkeitsbildes und seiner destabilisierenden Auswirkungen auf verbindliche Sinnsysteme weder den Anspruch auf Vernunft aufgeben, noch den nachhaltigen Verlust ihrer Kraft und Reichweite ignorieren, ergibt sich die Notwendigkeit einer paradoxen Selbstermächtigung, die den Anspruch auf legitime Autorität gleichzeitig geltend macht und als uneinholbar zu erkennen gibt.[24] In den Künsten gibt die Anerkennung der Kontingenz und des Zerfalls umfassender Sinnsysteme einer begrenzten Objektivierung Raum, die ihre Überzeugungskraft aus der Aufmerksamkeit für das Alltägliche und aus dem Rückgriff auf artifizielle Ordnungssysteme wie Mythos, Psychoanalyse und Mythopoesie, sowie Rhythmus, Metapher und Erzählstruktur bezieht.[25] Auch die Satire, die sich auf eine vorgängige Ordnung bezieht und sie in Frage stellt, kann im Dienst einer solchen begrenzten Objektivierung stehen.[26] Gerade im Angesicht der Greuel des ersten Weltkrieges, die den Liberalismus und seinen Fortschrittsglauben in eine Krise stürzten, von der sich beide nicht erholen sollten, sind die Psychoanalyse, das Kino und der modernistische Roman als Projekte begreifbar, die aus den Ruinen des Rationalismus durch freie Assoziation sowie filmische und literarische Poiesis die

---

[23] Siehe dazu Johanna Drucker, "Semiotics, Materiality, and Typographic Practice", *The Visible Word: Experimental Typography and Modern Art, 1909-1923* (Chicago/London: U of Chicago P, 1994) 9-47; Victor Burgin, "Beim Wiederlesen der *Hellen Kammer*", *Theorie der Fotografie*, 4 Bde., ed. Hubertus von Amelunxen (München: Schirmer/Mosel, 2000) Bd. 4, 24-45, bes. 25; und Peter Lunenfeld, "Digitale Fotografie: Das dubitative Bild", *Paradigma Fotografie: Fotokritik am Ende des Fotografischen Zeitalters*, ed. Herta Wolf (Frkf./M. Suhrkamp, 2002) 158-77, hier 166-67.

[24] Siehe dazu Vincent Sherry, "Literature and World War I", *The Cambridge History of Twentieth-Century English Literature*, ed. Laura Marcus und Peter Nicholls (Cambridge: CUP, 2004) 152-72.

[25] Steven Connor, "Modernity and Myth", Marcus und Nicholls 251-68; Michael Bell, *Literature, Modernism, Myth: Belief and Responsibility in the Twentieth Century* (Cambridge: CUP, 1997); Lindsey Stonebridge, "Psychoanalysis and Literature", Marcus und Nicholls 269-85.

[26] David Bradshaw, "Modern Life: Fiction and Satire", Marcus und Nicholls 218-31.

Möglichkeiten erneuern, das Selbst zu benennen, das sich selbst nicht mehr kennt, und "the muted malaise of the modern soul"[27] zu artikulieren.

Nach den drei großen narzisstischen "Kränkungen" durch die Kosmologie des Kopernikus, durch die Evolutionsbiologie Darwins und durch die Psychologie Freuds erlebt der Mensch im Informationszeitalter eine vierte Kränkung, die seinen Narzissmus abermals in bescheidene Grenzen verweist.[28] Diese vierte Kränkung führt uns erneut vor Augen, dass wir nicht souverän, sondern von der Außenwelt abhängige Wesen sind, die sich mit dieser Außenwelt verändern. Es gibt keine unüberbrückbare Kluft zwischen Mensch und Medium,[29] wir sind mit unseren technischen Werkzeugen verwoben und mit der – kaum neuen aber durch die mediale Durchdringung des Alltags neu ins Blickfeld gerückten – Tatsache konfrontiert, dass es Wirklichkeit ohne Wirklichkeitskonstruktionen nicht gibt. Darüber hinaus unterliegt die Selbstwertschätzung in der Netzwerkgesellschaft einer immateriellen Ökonomie, die besagt, so Georg Franck, "daß die Autonomie, die das Selbst haben muß, um Selbst zu sein, von nur geliehenem Charakter ist. Sie ist ein kollektives Werk und vom Kollektiv jederzeit zu revidieren".[30]

---

[27] Stonebridge 269, 277.

[28] Bruce Mazlish, *Faustkeil und Elektronenrechner: Die Annäherung von Mensch und Maschine* (Frkf./M.: Insel, 1998); Michael Wetzel, "Wissen als nachrichtentechnisches Problem", *Die Enden des Buches oder die Wiederkehr der Schrift* (Weinheim: VCH, 1991) 79-97; Roger Luckhurst, "Literature and Digital Technology", Marcus und Nicholls 787-805, hier 788-90, 801-05.

[29] Stefan Rieger denkt diesen Befund der mangelnden Trennschärfe des Schemas Mensch/Medium konsequent durch und spricht vom Menschen selbst als Medium, denn: "Durch das, was wir gewohnt sind, *den Menschen* zu nennen, laufen die ganze Zeit nur Daten; Wissenschaften organisieren diesen Datenstrom und modellieren im Zuge dieser Organisation eine Adresse, eine Schnittstelle, die als vielleicht einzig echte (?) anthropologische Konstante immer noch nicht aufgehört hat, *Mensch* zu heißen. [...] die Rede über den Menschen und seine Leistungen [ist] eine Rede über Kulturtechniken und Medien [...]. Ob in der Goethezeit oder ob in der klassischen Moderne: es sind Medien, nach deren Kriterien die Rede über den Menschen erfolgt. Die Gestalt, die dem Menschen in solchen Redeweisen gegeben wird, schwankt zwischen technomorpher und anthropomorpher Ausrichtung" (470, 473). Siehe *Die Individualität der Medien: Eine Geschichte der Wissenschaften vom Menschen* (Frkf./M.: Suhrkamp, 2001) und vgl. Georg Christoph Tholen, *Die Zäsur der Medien: Kulturphilosophische Konturen* (Frkf./M.: Suhrkamp, 2002).

[30] Franck, *Mentaler Kapitalismus* 237-39: Dieser gesellschaftlich organisierte Verteilungskampf um materielles Glück und glückende Identität "wird in einem Spiel der Kooperation und Konkurrenz entschieden, in dem es weder immer fair, noch immer mit rechten Dingen zugeht" (238).

Mit den vorhergehenden Kränkungen hat diese neuerliche Anfechtung menschlicher Autonomie und Zentralität gemein, dass sie aus dem Alltagsbewusstsein verdrängt wird. Wir verdrängen die Tatsache, dass eine glückende Aufrechterhaltung von Identität von der Aufmerksamkeit anderer abhängig ist, dass unser Selbstwertgefühl nur geliehen ist. Ebenso blenden wir den Abstraktionsgrad der Abbildungen von Wirklichkeit aus, die uns tagtäglich umgeben. Abbildfetischistische Wahrnehmungsmuster, die auf einem tranparenten Zeichenverständnis basieren, kompensieren die Abstraktion zwischen Urbild und Abbild, die sich mit jeder Form der Repräsentation und seit der technischen Bildproduktion besonders deutlich einstellt. Die digitale Abstraktion des gedruckten Wortes, des Tons und der Bilder seit den späten 1970er Jahren ist insofern eine konsequente Weiterentwicklung des durch die technische Schrift- und Bildproduktion eingeleiteten Abstraktionsprozesses, als sie den Referenten eines jeden Bild- oder Tondokumentes weiter entrückt und in unbegrenzt bearbeitbare bits und Pixel auflöst.[31] Die Evidenz, die fotografischen und filmischen Dokumenten trotz der von Beginn an vorhandenen Manipulationsmöglichkeiten in einer breiten Öffentlichkeit zugesprochen wird, wird damit gleichzeitig untergraben. Der evidentielle Status eines digitalisierten Bilddokuments unterscheidet sich nicht mehr grundsätzlich von dem eines gedruckten Textes: Beide sind unterschiedliche Outputs desselben binären Codes und, da das technisch produzierte Bild endgültig nicht mehr den indexikalischen Wert einer realen Beziehung zu seinem Referenten in Anspruch nehmen kann, gleichermaßen auf das Vertrauen der RezipientInnen in ihren Wahrheitsgehalt angewiesen. Bild und Text müssten daher "so behandelt werden, als hätte[n] sie denselben Wahheitsgehalt (oder Mangel an Wahrheitsgehalt)".[32] Kontext und Interpretation sowie verabredete Umgangs-

---

[31] Siehe dazu etwa W.J.T. Mitchell, *The Reconfigured Eye. Visual Truth in the Post-Photographic Era* (Cambridge: MIT P, 1992); Lunenfeld; und Wolfgang Hagen, "Die Entropie der Fotografie: Skizzen zu einer Genealogie der digital-elektronischen Bildaufzeichnung", Wolf 195-235.

[32] Lunenfeld 165-72, hier 167. Siegfried Zielinski spricht auch in einem anderen Zusammenhang von der "Literarisierung" des Audiovisuellen: Über Video- und DVD-Geräte sowie Computer lässt sich der visuelle Rezeptionsprozess so steuern wie der Leseprozess. Der tägliche Fernsehkonsum ist darüber hinaus zunehmend individualisiert und gleicht sich auch damit dem Leseprozess an. Siehe *Audiovisionen: Kino und Fernsehen als Zwischenspiele in der Geschichte* (Reinbek: Rowohlt, 1989) 237.

weisen mit den Medien werden somit wichtiger denn je.[33] Das gilt auch für das individuelle und kollektive Identitätsmanagement.

In einem Zeitraum, "in dem die vollständig entwickelten Mediensysteme Radio, Film und Fernsehen das gesellschaftliche Leben zu einem erheblichen Anteil bestimmen",[34] kommt Jacques Derridas These vom Ende des Buches als Anfang der Schrift zum rechten Zeitpunkt, denn sie unterstreicht aus philosophischer Sicht, was die Digitalisierung praktisch vorführt: Alle kulturellen Tätigkeiten rekurrieren auf vorgängige Sekundärsysteme, auf die semiotische Vermittlungsform der "Ur-Schrift", die Wirklichkeit, Präsenz, Bewusstsein und Bedeutung ausschließlich in semiologisch vermittelter Sekundärform zugänglich macht.[35] Diese Abstraktionsprozesse werden häufig als Realitätsverlust beklagt und gelegentlich auch enthusiastisch als Entgrenzung begrüßt.[36] Aus medienanthropologischer Perspektive, die hier in die ethische Frage nach den medienbedingten Formen des Menschseins mündet, steht allerdings fest, dass beide Reaktionen insofern unangemessen sind, als sie die mit dieser Entwicklung verbundene Transformation des Sozialen nicht in den Blick nehmen können.[37] Wir verlieren nicht, was wir einmal hatten. Wir sind auch nicht endlich befreit von den Fesseln der Natur. Wir werden anders: Anschließend an die folgenden Ausführungen geht es aus der Perspektive zweier zeitgenössischer Romane daher um die Manifestation medialer Transformationen in den kognitiven, sinnlichen, evaluativen und motorischen Schemata der/des Einzelnen, um die "zweite Natur" einer medienvermittelten Sozialstruktur.

---

[33] Daher fordert Hagen: "Für moderne Zivilisationen, die sich nahezu ausschließlich auf digitale Kommunikations- und Wahrnehmungstechnologien gründen, ist [...] nichts wichtiger als eine gut begündete, strikt verabredete Medienpolitik. Auf Erinnerung, Dokumentation und Wahrheit der Bilder ist nicht mehr zu bauen" (235). Siehe auch Mike Sandbothe, *Pragmatische Medienphilosophie: Grundlegung einer neuen Disziplin im Zeitalter des Internet* (Weilerswist: Velbrück, 2001) 230-33.

[34] Ralf Schneider, "Literatursystem und Medienwandel: Systemische und anthropologische Aspekte der Entwicklung der Erzählliteratur in Großbritannien" (Habilitationsschrift, Albrecht-Ludwigs-Universität, Freiburg, 2004) Abschnitt III.4.1.2, S. 303. Schneider bewertet Derridas Aufwertung der Schrift aus medienwissenschaftlicher Perspektive allerdings eher als eine Gegenreaktion auf dominante, nicht-schriftliche Medienumwelten.

[35] Jaques Derrida, *Grammatologie* (1967; Frkf./M.: Suhrkamp, 1983). Siehe dazu Sandbothe, *Pragmatische Medienphilosophie* 221.

[36] Siehe beispielsweise "Extropian Principles 3.0: A Transhumanist Declaration", www.maxmore.com/extprn3.htm (24.02.09).

[37] Siehe etwa Zielinski 275-96.

1.1 Audiovisualisierung der äußeren und der inneren Welt

Das Kino übt international eine enorme Wirkung auf das kulturelle und das literarische Bewusstsein des frühen 20. Jahrhunderts aus und festigt das Sehen und die Bewegung als zentrale kulturelle Bedingungen der klassischen Moderne.[38] "The cinema has become so much a habit of thought and word and deed", schreibt der Mitherausgeber der Avantgarde Filmzeitschrift *Close Up*, Kenneth Macpherson, im Jahr 1928, "as to make it impossible to visualize modern consciousness without it".[39] Die amerikanische Dichterin HD, die ebenfalls Beiträge für *Close Up* schrieb, erklärt im selben Jahr:

> [T]he world of the film to-day [...] is no longer the world of the film, it is *the* world. It is only those who are indifferent to the world itself and its fate, who can afford to be indifferent to the fate of the film industry and the fate of the film art. [...] There has never been, perhaps since the days of the Italian Renaissance, so great a 'stirring' in the mind and soul of the world consciousness.[40]

Ich behandle den Film hier paradigmatisch für die audiovisuelle Kultur des 20. Jahrhunderts. Dies scheint mir aufgrund der Tendenz zu einer zunehmend mobilen Wahrnehmung gerechtfertigt, die sich jenseits der unbestrittenen Veränderungen durch das Fernsehen und die Produktpalette der fortgeschrittenen Audiovision seit der Popularisierung des Kinos durchsetzt. Von diesem Befund ausgehend, stellt Zielinski einen Funktionszusammenhang her zwischen dem subjektiven Empfinden von Zeitnot und der technischen Herstellung von Bildern durch Kino, Fernsehen und die fortgeschrittene Audiovision.[41] Walter Benajmin benennt in seinem Essay "Das Kunstwerk im Zeitalter seiner technischen Reproduzierbarkeit", einem der meistzitierten Beiträge der Medientheorie,

---

[38] Laura Marcus, "Literature and Cinema", Marcus und Nicholls 335-58; Mary Anne Doane, *The Emergence of Cinematic Time: Modernity, Contingency, the Archive* (Cambridge: Harvard UP, 2002).

[39] Kenneth Mcpherson, "As Is", *Close Up* 2.2 (Jan. 1928): 5-16, hier 8.

[40] H.D. "Russian Films", *Close Up 1927-33: Cinema and Modernism*, ed. James Donald, Anne Friedberg und Laura Marcus (London: Cassell, 1998) 134-39, hier 135.

[41] Zielinski 227-41. Zum Kino und zu TV-Formaten und -Technologien seit den 1980er Jahren siehe David Harvey, *The Condition of Postmodernity: An Enquiry into the Origins of Cultural Change* (Oxford: Blackwell, 1989) 308-23; Val Hill, "Postmodernism and Cinema", *The Routledge Companion to Postmodernism*, ed. Stuart Sim (London/NY: Routledge, 2005) 93-102; Marc O'Day, "Postmodernism and Television", Sim 103-10.

bereits 1935 die Tatsache, dass audiovisuelle Produkte zur Entwicklung der alltäglichen und ästhetischen Wahrnehmung weg von einheitlicheren, "auratischen", individuell kontemplativen hin zu zerstückelten, beschleunigten und kollektiv zerstreuten Erfahrungsformen beitragen.[42] Technisch reproduzierte Bewegungsillusion trägt also zur Zerstückelung der Zeit im Kontext von steigender Arbeitsintensität und erhöhten Alltags- und Freizeitanforderungen bei, gleichzeitig reflektiert sie diese Befindlichkeiten und stellt Kompensationen dafür zur Verfügung. Zielinski stellt fest: "An diesem prinzipiellen Funktionszusammenhang hat die Geschichte seit der Herausbildung des Kino-Dispositivs festgehalten".[43]

Darüber hinaus steht der Film in einer Kontinuitätsbeziehung mit der in Kapitel III.1. ausführlich analysierten Fotografie, die mit der semiotisierenden Infragestellung des Status der Erfahrungswirklichkeit und der damit einhergehenden Industrialisierung der Sehgewohnheiten "am allmählichen Übergang von den herkömmlichen Künsten zu den neuesten elektronischen Verfahren" mitwirkt.[44] Wie die Fotografie hat auch der Film anhaltend ambivalente Reaktionen hervorgerufen und eine entsprechend ambivalente Rezeption erfahren. Insbesondere frühe Kritiker wie Béla Balázs (1884-1949), Erwin Panofsky (1892-1968) und Siegfried Kracauer (1889-1966) widmen sich dem Film als einem Medium, das jenseits des Begrifflichen die Seele unmittelbar erfahrbar macht und die äußere Wirklichkeit "errettet".[45] "Der Film ist es, der den unter Begriffen und Worten verschütteten Menschen wieder zu unmittelbarer Sichtbarkeit hervorheben wird", schreibt Balázs.[46] Und Kracauer beantwortet die Frage, welchen Wert die Erfahrung hat, die der Film vermittelt, mit der Feststellung, dass das Kino – im Gegensatz zur Kunst, die das Leben nicht registriert, sondern formgebend überwältigt – die Ab-

---

[42] Benjamin, "Das Kunstwerk". Für neuere Quellen zum Thema siehe Peter Weibel, "Ortlosigkeit und Bilderfülle – Auf dem Weg zur Telegesellschaft", *Iconic Turn: Die Neue Macht der Bilder*, ed. Christa Maar und Hubert Burda (Köln: DuMont, 2005) 216-26; Jonathan Crary, *Suspensions of Perception: Attention, Spectacle and Modern Culture* (Cambridge/London: MIT P, 1999).

[43] Zielinski 232.

[44] Bernd Busch, *Belichtete Welt: Eine Wahrnehmungsgeschichte der Fotografie* (Frkf./M.: Fischer, 1995) 9. Siehe auch Hubertus von Amelunxen, "Fotografie nach der Fotografie", *HyperKult: Geschichte, Theorie und Kontext digitaler Medien* (Basel: Stroemfeld, 1997) 369-81.

[45] Siegfried Kracauer, *Theorie des Films: Die Errettung der äußeren Wirklichkeit* (Frkf./M.: Suhrkamp, 1964).

[46] Béla Balázs, "Der sichtbare Mensch oder die Kultur des Films", *Schriften zum Film*, 2 Bde., ed. Helmut H. Diederichs, Wolfgang Gersch und Magda Nagy (München: Hanser, 1982/1984) Bd. 1, 51-58, hier 54.

straktionen und Ideologien des modernen Lebens zu unterlaufen vermag und uns die Welt, in der wir leben, so direkt, konkret und unverfälscht präsentiert, wie wir sie schon lange nicht mehr erlebt haben:

> Das Kino scheint zu sich selbst zu kommen, wenn es sich an die Oberfläche der Dinge hält. [...] Seine Bilder gestatten uns zum ersten Mal, die Objekte und Geschehnisse, die den Fluß des materiellen Lebens ausmachen, mit uns fortzutragen.[47]

Anknüpfend an dieses Verständnis des Films als eher realistisch abbildende denn als formgebende Kunst ist allerdings ein Verständnis des Kinos als Illusionsmaschine besonders wirksam.

In diesem Zusammenhang ist die gleichzeitige Entwicklung von Film und Psychoanalyse aus dem Geist des 19. Jahrhunderts interessant. Im selben Jahr, in dem die Gebrüder Lumiere im Pariser *Grand Café* ihren Cinematographen vorstellen, veröffentlichen Sigmund Freud (1856-1939) und Jospef Breuer (1842-1925) ihre *Studien über Hysterie*, die gemeinhin als Gründungsschrift der Psychoanalyse bewertet werden. Beide Ereignisse haben zunächst nichts miteinander zu tun, und doch gibt es wichtige Konvergenzen, denn beide sind zentral in einer Geschichte der Indirektion, der Vermittlung von Wirklichkeit über den fremden Blick. Indem Psychoanalyse und Kino die Autorität körperzentrierter Wahrnehmung *de*zentrieren und so das Verhältnis von Präsenz und Absenz destabilisieren, erweitern sie die Möglichkeiten, Zeuge von Ereignissen zu werden, die jenseits lange gültiger Grenzen von Raum und Zeit liegen und verschieben damit die Bedingungen der Identitätsbildung. Träume und technisch hergestellte Bilder machen das Abwesende präsent, indem sie ein fantastisches Doppel des Gegebenen herstellen und an dessen Stelle setzen.

In der Präsentation bewegter Bilder, die sich un-heimlich über die Dinge legen, sieht das Zuschauersubjekt, was die Kamera sieht, und identifiziert sich mit diesem fremden Blick ebenso wie mit den Bildern, die er projiziert. Im Prozess des Zuschauens löst es sich auf und reformiert sich.[48] Die Psychoanalyse theoretisiert den Stellenwert mangelnder Selbstpräsenz für die Ichbildung, und die psychoanalytische Praxis suspendiert das Bewusstsein, um der unbewussten Bedeutung von Reden, Handlungen und Imaginationen Raum zu geben. Psychoanalyse und Kino stellen außerdem eine erhöhte Analysierbarkeit her, indem sie, wie Walter Benjamin bemerkt, die Darstellung der Umwelt mit Großauf-

---

[47] Kracauer 372, 389.
[48] Zum Thema *spectatorship* siehe Judith Mayne, *Cinema and Spectatorship* (London/NY: Routledge, 1993).

nahmen und Zeitlupen strukturieren und Details isolieren und in neue Kontexte stellen: Mit dem Objektiv und dem "Dynamit der Zehntelsekunde" dehnt der Film die vordem hermetischen Größen Raum und Zeit. Und die Freudsche 'Psychopathologie des Alltagslebens' isoliert Phänomene wie Fehlleistungen im Gespräch, Witze und Traumbilder, "die vordem unbemerkt im breiten Strom des Wahrgenommenen mitschwammen" und macht sie damit analysierbar. Beide Kulturleistungen vermehren so "auf der einen Seite die Einsicht in die Zwangsläufigkeiten [...], von denen unser Dasein regiert wird" und kommen "auf der anderen Seite dazu, eines ungeheuren und ungeahnten Spielraums uns zu versichern!"[49]

Die Strukturierungsleistungen von Psychoanalyse und Kino haben eine Steigerung der Wahrnehmungsleistung zur Folge,[50] wobei ihre Suche nach Bedeutung jeweils dem Dunkel verpflichtet ist. Beide befördern die Erfahrung von Spaltung, während sie gleichzeitig die temporäre Integration der Fragmente moderner Existenz versprechen.[51] Aus der Einsicht in die Notwendigkeit und Flüchtigkeit der Sinnstiftung, die symbolische Welten vermitteln können, leitet Elizabeth Bronfen die zentrale These ihrer Filmlektüren ab, dass nämlich die Rezeption visueller Fiktionen der temporären Selbstverortung dient:

> [Wir kehren] in das Archiv des vertrauten Erzählkinos zurück, um dort für die widersprüchlichen, unlösbaren und nie eindeutig bestimmbaren Gegebenheiten unserer gelebten Wirklichkeit ein sinnstiftendes Gedankengebäude zu finden. [...] der Wunsch, etwas zu verstehen, [führt uns] zu der Erkenntnis, daß wir das uns dargebotene Bildmaterial nur verwalten und aufbewahren können. [...] der Eintritt in das Filmarchiv [ist] ein Versuch, eine Konsistenz herzustellen, damit wir vom Eigentlichen, das nicht repräsentierbar ist, geschützt sind [...] [D]er Eintritt in die Landschaft des Erzählkinos [fordert uns auf], den nicht erschließbaren Kern durch seine refigurierende Umsetzung in die bildliche und erzählerische Figuration in den Griff zu bekommen, gleichzeitig aber auch die diese Selbstversicherung vereitelnde Tatsache auszuhalten lernen, daß er sich diesem Zugriff immer widersetzen wird. [...] Der Pakt, auf den wir uns einlassen, wenn wir uns über die Schwelle in diese virtuelle Heimat begeben, bleibt nicht mehr, aber auch nicht weniger als das Versprechen eines provisorischen Glücks.[52]

---

[49] Benjamin, "Das Kunstwerk" 34, 35.
[50] Zur modernen Figur der Steigerung siehe Rieger.
[51] Vgl. dazu die Beiträge in Janet Bergstrom, ed., *Endless Night: Cinema and Psychoanalysis, Parallel Histories* (Berkeley/London: U of California P, 1999).
[52] Elizabeth Bronfen, *Heimweh: Illusionsspiele in Hollywood* (Berlin: Volk & Welt, 1999) 38.

Als fantastische Erfahrungs- oder Simulationsmaschine reproduziert das Kino – mit seiner Anordnung von wahrnehmendem ZuschauerInnen-Subjekt und projizierter Imagination in einem künstlichen Regressionsraum – die Verschmelzung von außen und innen und inszeniert in seiner Flüchtigkeit gleichzeitig die alltägliche Erfahrung der Instabilität der Bedeutungen und das Scheitern der Bedeutungsproduktion.[53] Psychoanalyse und Kino, so stellt August Ruhs daher fest, sind aufgrund ihrer jeweils engen Beziehung zum Nichts sowie zu Illusion und Fantasie, die dieses Nichts verdecken, von Anfang an eng aufeinander bezogen. Beiden geht es um "die grundsätzliche Position des Subjekts und seine Beziehung zum Ideal".[54]

Trotz dieser engen Verwandtschaft bleiben Psychoanalyse und Filmtheorie auf institutioneller Ebene bis heute weitgehend auf Distanz.[55] Seit den 1960er Jahren allerdings hat vor allem das Werk Jacques Lacans eine nachhaltige Durchdringung der Filmtheorie durch die Psychoanalyse inspiriert und mit dafür gesorgt, dass sich die Filmwissenschaften seit den frühen 70er Jahren – als das Kino bereits drei Viertel seines Publikums an das Fernsehen verloren hat[56] – als psychoanalytisch angelegte Untersuchung einer technisch hergestellten Illusion durchgesetzt haben.[57] Die Filmwissenschaften sehen ihre Aufgabe vor allem darin, die Herausforderung der Kamera anzunehmen und das Andere, das Fremde und die Differenz als integrale Bedingungen des individuellen und kollektiven Eigenen zu denken.[58] In dieser Faszination mit dem

---

[53] Vgl. Heath 36-41 und Jean-Louis Baudry, "Das Dispositiv: Metapsychologische Betrachtungen des Realitätseindrucks", *Psyche* 11 (1994): 1047-74.

[54] August Ruhs, "Erweiterte Überlegungen zum Thema", *Das Unbewusste Sehen: Texte zu Psychoanalyse, Film, Kino*, ed. Ruhs, Bernhard Riff und Gottfried Schlemmer (Wien: Löcker, 1989) 11-15, hier 11. Vgl. auch McQuire.

[55] Ruhs 12-15; Stephen Heath, "Cinema and Psychoanalysis: Parallel Histories", Bergstrom 25-56, hier 25-27, 48-50; Renate Lippert, "Einleitung – Film und Psychoanalyse", *Vom Winde Verweht: Film und Psychoanalyse* (Frkf./M./Basel: Stroemfeld/Nexus, 2002) 7-18, hier 7.

[56] Zielinski 242.

[57] Siehe dazu Christian Metz, *Film Language: A Semiotics of the Cinema* (Chicago: U of Chicago P, 1974) und *The Imaginary Signifier: Psychoanalysis and the Cinema* (Bloomington: Indiana UP, 1982). Zur Geschichte der Verbindung zwischen Psychoanalyse und Film*theorie* siehe Bergstrom 3-5 und Heath 33-35. Das umgekehrte Interesse der Psychoanalyse am Kino ist anders gelagert, weniger fokussiert und vor allem nicht im eigenen Erkenntnisinteresse begründet. Siehe dazu Janet Bergstrom, "Introduction: Parallel Lines", Bergstrom 1-23, hier 1-2.

[58] McQuire 7.

Unheimlichen, ebenso wie in seinem Buhlen um Aufmerksamkeit,[59] liegt der moderne Charakter des Kinos.

Die Faszination des Anderen und die erfolgreich aufmerksamkeitsheischende visuelle Präsentation von erfolglos verdrängten Wünschen und Ängsten, die dem Kino inhärent ist, nivelliert die Unterscheidung, die gemeinhin zwischen Kino und Fernsehen gemacht wird. Während das Kino eine klar strukturierte öffentliche Institution ist, ist das Fernsehen Instrument gesteigerter Telepräsenz von äußerer Wirklichkeit in der Privatsphäre, die zugleich immer auch durch andere Einflüsse geprägt ist.[60] Unabhängig von dieser wesentlichen Unterscheidung wirken beide Institutionen an der zunehmenden Zergliederung, Flexibilisierung und Steuerung der menschlichen Aufmerksamkeit mit. Die Reorganisation der Welt der kommerziellen Audiovisionen durch die Digitalisierung macht die Dichotomisierung zwischen "Kinofetischismus und Bildschirmpragmatismus" dann endgültig obsolet.[61] Fernbedienung, Video- und DVD-Technologie sowie die mikroelektronisch ermöglichte Digitalisierung und Mobilisierung von Abspielgeräten machen audiovisuelle Produkte allerorts verfügbar. Die seit den "Gründerjahren der neuen Medien"[62] gebotenen Möglichkeiten der Interaktion, der Selektion, der Modifikation und der eigenen medialen Produktion dienen allerdings vornehmlich der Ausdifferenzierung und Intensivierung des Tauschverkehrs der visuellen Waren. Und diese Waren wollen sich doch immer wieder "mit den alten Mythen, Sehnsüchten und Träumen verbinden [...], mit dem Heldenhaften und Überwirklichen, mit Angst und Schrecken, mit Leidenschaft und Liebe, mit Tod und Gewalt".[63] Denn sie wetteifern um das knappe Gut der Aufmerksamkeit.

---

[59] Crary 11-80.

[60] Julika Griem, "Zwischen Oberfläche und Tiefe: Vexierbilder des Fernsehens in zeitgenössischen amerikanischen Erzähltexten", *Rhetorische Seh-Reisen: Fallstudien zu Wahrnehmungsformen in Literatur, Kunst und Kultur*, ed. Alfonso de Toro und Stefan Welz (Frkf./M.: Vergvuert, 1999) 119-41, hier 120-22; Vivian Sobchack, "The Scene of the Screen", *Materialität der Kommunikation*, ed. Hans Ulrich Gumbrecht und K. Ludwig Pfeiffer (Frkf./M.: Surhkamp, 1988) 416-28; Bartz.

[61] Zielinski 212-74.

[62] Alexander Kluge, "Die Macht der Bewußtseinsindustrie und das Schicksal unserer Öffentlichkeit. Zum Unterschied von machbar und gewalttätig", *Industrialisierung des Bewusstseins: Eine kritische Auseinandersetzung mit den 'neuen' Medien* (München/Zürich: Piper, 1985) 51-129, hier 52.

[63] Zielinski 272.

1.2 Digitalisierung und ihre gesellschaftlichen Konsequenzen

Die dritte industrielle Revolution – die informationstechnologische – befindet sich noch immer in ihren Anfängen. Daher wäre wohl eher von einer diffusen, nicht-linearen informationstechnologischen *Evolution* im Kontext aufkommender wirtschaftlicher Krisensituationen und der identitätspolitischen Entstehung sozialer Bewegungen zu sprechen.[64] Bereits in den 60er Jahren werden die ersten Satelliten ins All geschickt und das amerikanische Verteidigungsministerium vernetzt universitäre Großrechner. 1975 wird das erste Computergeschäft in Los Angeles eröffnet und mit *Byte* das erste Home Computer Magazin veröffentlicht. Zumindest in den USA tritt das Kabelfernsehen ebenfalls in den 1970ern seinen Siegeszug an. CD-ROMs kommen 1985 auf den Markt, wobei die Standardisierung der Formatierungskonventionen noch weitere fünf Jahre auf sich warten lässt. Erst 1993 – im selben Jahr in dem sich das World Wide Web von einem akademischen Forschungsinstrument zu einem offenen System zu entwickeln beginnt – ist eine Vereinheitlichung der Datenübertragungsprotokolle erreicht und damit tatsächlich die Möglichkeit der Integration von Texten, Zahlen, Bildern und Tönen gegeben.[65] Ungeahnte und stets weiter gesteigerte Speicherungs- und Archivierungskapazitäten fördern seither die Feier des Internet als universal integratives Tableau und Metamedium. Dem stehen allerdings eine ebenfalls steigende Unsicherheit bezüglich der Stabilität und Dauerhaftigkeit der Datenspeicherung sowie Kompatibilitätsprobleme gegenüber. Elektronische Datenverarbeitung impliziert insofern eine Verabsolutierung der Gegenwart und einen Verlust an Vergangenheit, als das neue Medium "wie kein anderes zuvor auch die flüchtigsten Momente erfassen und archivieren" kann, aber "im Vergleich zu Vorgängermodellen selbst als ein unsicherer, flüchtiger Speicher" erscheint.[66]

Die Entwicklung der technologischen Möglichkeiten, alternative Welten zu errichten und entfernte Orte sowie fragmentierte Prozesse hier und jetzt telepräsentisch miteinander zu verbinden, geht mit der Herausbildung einer globalkapitalistischen Informationsökonomie und einer

---

[64] Winston erinnert daran, dass "the received history of the computer selectively downplays the lateness of its development and the comparative slowness of its diffusion" (147; siehe auch 1-15 und 147-336).

[65] Katie Hafner und Matthew Lyon, *When Wizards Stay up Late: The Origins of the Internet* (NY: Touchstone, 1996); Tony Feldman, *An Introduction to Digital Media* (London: Routledge, 1997); Briggs und Burke 267-319.

[66] Eckhard Schumacher, "Hypertext und World Wide Web", Kümmel/Scholz/Schumacher 255-80, bes. 269-76, hier 273.

informationstechnologisch durchdrungenen Gesellschaftsform einher. Deren meta-soziale Vernetzungslogik entfaltet ein kulturelles Muster sozialer Interaktion und gesellschaftlicher Organisation: eine Kultur, in der die Realität vollständig im Bezugsrahmen zeitlich und örtlich ungebundener Symbolsysteme Kontur gewinnt, eine präsentische "Kultur der realen Virtualität".[67] Mit dem Begriff der "realen Virtualität" bezeichnet Castells einen "Raum der Ströme",

> ein System, in dem die Wirklichkeit selbst (d.h. die materiell/symbolische Existenz der Menschen) vollständig in die Erschaffung virtueller Bilder eingetaucht ist, in die Welt des Glaubenmachens, in der Symbole nicht einfach Metaphern sind, sondern die tatsächlich Erfahrungen umfassen.[68]

Dieser Raum der Ströme, der den Stellenwert realer Orte und der Chronologie der Zeit patiell verdrängt, macht einen anwachsenden Teil dessen aus, was an unterschiedlichen Orten jeweils Wirklichkeit *ist*.[69] Dabei beeinflusst die Konkurrenz zwischen Präsenz und Telepräsenz auf nicht absehbare und regional unterschiedliche Weise die Erscheinungsformen, die Häuser, Arbeitsplätze und Gemeinschaften zukünftig haben werden, und "die Macht der Ströme gewinnt Vorrang gegenüber den Strömen der Macht".[70] Das bedeutet, dass die Wirkung der Netzwerke auf die globalisierte Weltgesellschaft

> sich selten aus einer abgestimmten Strategie [ergibt], die von einen Zentrum vorgedacht worden wäre. Ihre erfogreichsten Kampagnen, ihre bemerkens-

---

[67] Manuel Castells, *Das Informationszeitalter*, 3 Bde. (Opladen: Leske+Budrich, 2001-03) Bd. I, 375-429 und Bd. III, 401.

[68] Castells, *Das Informationszeitalter* Bd. III, 401. Zur Definition der Netzwerkgesellschaft siehe auch Castells, "Informationalism".

[69] Siehe Manuel Castells, "Editor's Preface", *The Network Society* xvii-xx. Castells warnt davor, bei der Beschreibung der international vernetzten Informationsgesellschaft, die die Finanzmärkte, die Produktion, das Management und den Versand von Gütern und Dienstleistungen, Wissenschaft und Technologie, Kommunikationsmedien, Kultur und Sport, die Religion und das Verbrechen globalisiert, in ethnozentrische Muster zu verfallen, die die Interessen weniger Industrienationen abbilden: "We would like to introduce, in the early stages of the development of the network society, the notion of its diversity" (xvii). Insbesondere die Muster der Inklusion und Exklusion sind kulturspezifisch jeweils andere.

[70] Castells, *Das Informationszeitalter* Bd. I, 527-36, hier 527 und Bd. II 377-386. Siehe auch W.J.T. Mitchell, "Die neue Ökonomie der Präsenz", *Mythos Internet*, ed. Stefan Münker und Alexander Roesler (Frkf./M.: Suhrkamp, 1999) 15-33.

wertesten Initiativen sind häufig das Ergebnis von 'Turbulenzen' innerhalb des interaktiven Netzwerks vielschichtiger Kommunikation.[71]

Die gesellschaftliche Flexibilisierung bedeutet – zumindest für diejenigen, die auf diese Prozesse eingestellt sind, weil sie Zugang zu wirtschaftlichen und sozialen Ressourcen besitzen – einen erheblichen Gestaltungsspielraum, doch sie birgt auch die akute Gefahr der Zersplitterung und des Verlusts integrativer Kräfte. Denn die Tendenzen zur Auflösung und zur Individualisierung fördern eine Spezialisierung und nicht die Integration der Interessen.[72] Diejenigen, die sowohl als flexibel einsetzbare Arbeitskräfte als auch als Konsumenten 'zu wenig leistungsfähig' sind, werden ausgegrenzt. "What the nineteenth century Industrial Revolution massified, the Information Highway demassifies",[73] konstatiert Fang und befürchtet wie Castells auch, dass erhöhte Wahlmöglichkeiten soziale Entzweiung und eine "retribalization" mit sich bringen:

> Anstelle transformierter Institutionen hätten wir Kommunen aller Art. Anstelle sozialer Klassen würden wir die Entstehung von Stämmen beobachten. Und anstelle der konfliktiven Interaktion zwischen den Funktionen des Raumes der Ströme und dem Sinn des Raumes der Orte würden wir den Rückzug der herrschenden globalen Eliten in die immateriellen Paläste beobachten, die aus Kommunikationsnetzwerken und Informationsströmen gemacht sind.[74]

Um diesen Tendenzen jenseits der ebenfalls wachsenden Fundamentalismen entgegenwirken zu können, bedarf es zum einen einer Politik, die sich über ihren Standort sowie darüber im Klaren ist, wem sie verpflichtet ist. Sie muss erstens wissen, dass sie vom Rückgrat der dezentralisierten Macht der Informations- und Kommunikationstechnologie abhängig ist und dass sie sich in der symbolischen Auseinandersetzung im Medienraum vollzieht. Gleichzeitig muss sie der sozialen Plastik verpflichtet bleiben, weil sie weiß, dass sich das utopisch Andere nicht im Raum der Ströme selbst, sondern nur im Bereich des

---

[71] Castells, *Das Informationszeitalter* Bd. II, 386 und "Informationalism" 14-40. Für einen Entwurf einer kosmopolitischen Kultur, die allerdings die Kultur einer ausgewählten Klasse ist, siehe Jürgen Habermas, *Die Postnationale Konstellation* (Frkf./M.: Suhrkamp, 1998).

[72] Castells, *Das Informationszeitalter* Bd. III, 402-04 und "Informationalism" 22-40; Franck, *Mentaler Kapitalismus* 219-39; Helmut Schanze, "Integrale Mediengeschichte", *Handbuch der Mediengeschichte*, ed. Schanze (Stuttgart: Kröner, 2001) 207-80, bes. 269-75, hier 275; Fang 189-238.

[73] Fang 189-94, hier 190; Castells, "Informationalism" 30.

[74] Castells, *Das Informationszeitalter* Bd. III, 403-04. Siehe auch Castells, "Informationalism" 22-40; Franck, *Mentaler Kapitalismus* 219-39

alltäglichen Bei-sich-und-bei-anderen-Seins durchsetzen kann. Das heißt also, dass es verantwortungsvoller Gesellschaften bedarf, die sich bei aller informierten Verwirrung im Angesicht von erneut gesteigerter Individualisierung multilateral gebunden und lokalen Gemeinschaften verpflichtet wissen. Denn, so bemerkt Sandbothe folgerichtig,

> nur durch den pragmatischen Rückbezug der Erfahrungen, die wir in den virtuellen Welten des Internet sammeln können, auf die reale Welt und die reale *community* außerhalb des Netzes wird es möglich, die dekonstruktiven Verflechtungszusammenhänge des Netzes so zu strukturieren, daß wir mit ihrer Hilfe an der pragmatischen Realisierung unserer soziopolitischen Ziele und demokratischen Ideale arbeiten können.[75]

Damit sich produktive Internet-Nutzungsformen jenseits des ziellosen Surfens im unstrukturierten Datenstrom herausbilden können, fordert Sandbote eine drastische Erhöhungen der Bildungsetats, um eine möglichst flächendeckende Medienausbildung in kleinen *face-to-face*-Gruppen anbieten zu können. Deren Ziel sollte die Entwicklung einer Medienkompetenz sein, die sich über die Bedienung von Hard- und Software hinaus vor allem dadurch auszeichnet, dass sie es ermöglicht, die Datenflut strukturierend zu bewältigen, Ergebnisse zu bewerten und alltagsrelevante Schlüsse aus ihnen zu ziehen.[76] Eine Medienkompetenz, die sich als reflektierende Urteilskraft im technischen Umgang mit den neuen Medien versteht, verweist auf den gegenwärtig zu Unrecht unterschätzten Wert der Geisteswissenschaften, deren Stärke darin besteht, eigenständiges Denken und eine problembewusste, fundierte und differenzierte Urteilskraft auszubilden.[77] Auf dieses Argument werde ich am Ende dieses Abschnittes noch einmal zurückkommen.

Gesellschaftstheorien, die in unterschiedlicher Provenienz die politische Praxis des 20. Jahrhunderts bestimmt haben, sind ungeeignet, unter den gegenwärtigen medialen und ökonomischen Verflechtungen

---

[75] Sandbothe, *Pragmatische Medienphilosophie* 226. Siehe auch Mike Sandbothe, "Interaktivität – Hypertextualität – Transversalität: Eine medienphilosophische Analyse des Internet", *Mythos Internet*, ed. Stefan Münker und Alexander Roesler (Frkf./M.: Suhrkamp, 1997) 56-82; Franck, *Ökonomie der Aufmerksamkeit*; Jeremy Rifkin, *The Age of Access* (NY: Putnam, 2000).

[76] Sandbothe, *Pragmatische Medienphilosophie* 206-41. Vgl. auch Castells, "Informationalism" 41-43. Zur Unterscheidung von quantitativ gewerteter Information und qualitativ gewertetem Wissen siehe Hubert Markl, "Fit fürs Informationszeitalter: Deutschlands Zukunft in der Informationsgesellschaft", *Bertelsmann Briefe* 142 (Winter 1999) 4.

[77] Donald Lazere, "Literacy and Mass Media: The Political Implications", *New Literary History* 18 (1986/87): 237-55.

die Voraussetzungen für eine Demokratisierung gesellschaftlicher Gestaltungsspielräume herzustellen oder zu fördern, weil sie nicht auf symbolischer Ebene operieren und daher die Logik des Konsums nicht in den Blick nehmen können.[78] Es ist daher weniger ein Zeichen des Verfalls als vielmehr ein Gebot der Stunde, dass an die Stelle umfassender sinngebender Theorien in Wissenschaft, Politik und Gesellschaft heterogene, wissenserneuernde "Sprachspiele" treten, die, so hatte schon Lyotard festgestellt, sich alleine durch die Leistungen und Begrenztheiten ihrer jeweiligen Interpretationen auszeichnen. "Im 20. Jahrhundert haben Philosophen versucht, die Welt zu verändern. Im 21. Jahrhundert ist es Zeit, sie unterschiedlich [bzw. anders] zu interpretieren", kommentiert Castells.[79] In einer stärker als je zuvor symbolisch geordneten Gesellschaft zeigt sich besonders deutlich, dass eine solche Neuinterpretation nicht Ornament ist, denn sie bestimmt, wie sich die jeweilige Problemlage darstellt. Interpretationen entwickeln Vokabulare für die gesellschaftliche Selbstbeschreibung und müssen sich an der Frage messen lassen, ob diese Vokabulare einen Beitrag leisten können zur Verbesserung individueller und kollektiver Lebensverhätnisse in der Mediengesellschaft. Eine interpretierende Perspektivierung dieser Gesellschaft kann einen gestaltenden Beitrag leisten zur Rückbindung der Welt der Ströme an die Handlungshorizonte der Lebenswelt.

Aus diesem Befund leitet sich die vitale Funktion der Geisteswissenschaften im Zeitalter der Informations- und Kommunikationstechnologien ab. Denn die dominanten "Metaphorologien der Medien",[80] d.h. die an die Funktionsweisen der Medien angelehnten, übertragenen Rede- und Denkweisen, sorgen dafür, dass wir entweder *nichts sind*, wenn wir uns der medialen Automation entziehen, oder aber, dass wir *nichts wissen*, wenn wir als AnwenderInnen mit ihr befasst sind. Richard Powers' Roman *Plowing the Dark* inszeniert dieses Dilemma in zahlreichen Figurenbiographien. Über seine Form macht der Roman allerdings auch deutlich, dass es diesen Metaphorologien ein Wissen entgegen zu setzen

---

[78] Jean Baudrillards Arbeiten ergänzen und ersetzen die klassische marxistische Theorie der politischen Ökonomie durch semiologische Zeichentheorien. Siehe Jean Baudrillard, *Selected Writings*, ed. Mark Poster (Stanford: SUP, ^{2}2001). Er proklamiert jedoch auch das Ende der politischen Ökonomie und erteilt dem Wunsch nach sozialer Intervention und Demokratisierung eine klare und zu Recht viel kritisierte Absage. Kritische Evaluationen der Stärken und Grenzen von Baudrillards Arbeiten finden sich in Douglas Kellner, ed., *Baudrillard: A Critical Reader* (Oxford/Cambridge: Blackwell, 1994).
[79] Castells, *Das Informationszeitalter* Bd. III, 411.
[80] Tholen 19-60. Zum Begriff der "Metaphorologie" siehe Hans Blumenberg, *Paradigmen zu einer Metaphorologie* (Frkf./M.: Suhrkamp, 1998).

gilt, das, so Hagen, "nicht noch einmal die internen Strukturen von Technologien parodiert".[81] Hier liegt, wie die Analysen der Romane von Adam Thorpe und Richard Powers belegen, die Relevanz nicht nur der Geisteswissenschaften, sondern auch die der Literatur. Unter den postmodernen Sprachspielen, die sich an die Stelle universalistischer Gesellschaftstheorien setzen, hat insbesondere der Roman seinen Platz, denn über drei Jahrhunderte hat er sich kontinuierlich erneuert und sich dabei zu einem ebenso hellhörigen wie eloquenten Intrument der Analyse gesellschaftlicher Befindlichkeiten entwickelt.

1.3 Romanliteratur im Medienverbund

Die Durchschlagskraft populärer Unterhaltungsmedien – insbesondere des Films, aber auch des Radios und des Fernsehens, später der Computerisierung und des Internet — hat enorme Auswirkungen auf Produktion, Überlieferung und Rezeption der Literatur. Die bereits seit der Mitte des 19. Jahrhunderts verbreitete technische Bildproduktion wirkt sich durch die Entwicklung der Möglichkeit, erst im Film, später im Fernsehen narrative Folgen zu präsentieren, erstmals verdrängend auf gedruckte literarische Produkte aus: Das Buch verliert seine leitmediale Funktion.[82] Es werden zwar so viele Bücher produziert wie nie zuvor, "doch ist ihre Relevanz für die Entstehung von Überzeugungen, Entscheidungen und Handlungen beträchtlich reduziert". Es darf alles geschrieben werden und solange es ökonomisch lukrativ ist, wird auch weiterhin alles geschrieben werden – nur, so vermutet Piper pessimistisch, "es hat keine Folgen".[83] Der Roman kann sich im Kontext einer Medienkonkurrenz, die die Unterhaltungsfunktion fast gänzlich an sich reißt, jedoch als "rebellisches Fossil" und als die wichtigste literarische Gattung des Jahrhunderts etablieren.[84] Dies gelingt, weil das Genre des Romans als hochflexible symbolische Form seine Eigenständigkeit zu profilieren versteht. Das Genre reagiert auf die mediale Konkurrenz mit der Ausdifferenzierung seines Wirkungspotentials und der Bedienung unterschiedlicher Bedürfnisse und Märkte.[85]

---

[81] Hagen 235.
[82] Schneider Abschnitt III.4.; Faulstich und Rückert 149, 234-35.
[83] Ernst Reinhard Piper, "Einführung", *Industrialisierung des Bewußtseins: Eine kritische Auseinandersetzung mit den 'neuen' Medien*, ed. Klaus von Bismarck et al. (München/Zürich: Piper, 1985) 9-29, hier 16.
[84] Günther Stocker, *Ein rebellisches Fossil: Die fiktionale Literatur im Zeitalter der modernen Kommunikationstechnologien* (Aachen: Alano, 1994).
[85] Vgl. Dazu Schneider Abschnitt III.3.2, S. 269.

Einerseits bestehen auch im 20. Jahrhundert konventionelle Schreibweisen fort, mischen sich mit journalistischen und konsumkulturellen Formen und werden einem neuen Massenpublikum zur allseits gesuchten Unterhaltung ebenso wie zur politischen Bildung angeboten. Unter dem überwältigenden Eindruck sich verändernder Lebensbedingungen und im Angesicht medialer Konkurrenzangebote entwickeln eine Reihe von europäischen und amerikanischen Autoren – und auch einige wenige Autorinnen[86] – die Form zu Beginn des 20. Jahrhunderts allerdings auch zu einem komplexen, selbstreflexiven, experimentell-kunstvollen Metamedium, das die eigene Medialität ebenso reflektiert wie durch Thematisierung und imaginative Nachahmung die seiner medialen Konkurrenten.[87] Das auch finanziell durchaus lukrative Überleben dieser 'schwierigen' Literatur und der modernistischen Avantgarden im Allgemeinen gründet sich auf ihre Resistenz gegenüber einer zunehmend kommerzialisierten Massenkultur[88] – die allerdings aus demselben Bedingungsgefüge erwächst wie die Avantgarden auch –, und ihr Fortbestand wird durch die akademische Institutionalisierung der Beschäftigung mit Literatur gesichert.[89]

Zu den unterschiedlichen international wirksamen Entwicklungslinien des Romans im 20. Jahrhundert schreibt Malcolm Bradbury:

> The established form of the novel – fictional prose narrative – was acquiring a different kind of writer, a different kind of subject, a different kind of writing process, a different kind of reader, a different social and economic foundation. It was altering in length, appearance, price, and in social, moral, and commercial purpose. It was multiplying, dividing its audience, reaching into new kinds of expression, undertaking daring new kinds of exploration, demanding new kinds of attention, claiming new freedoms of method and subject: new rights to social and sexual frankness, new complexities of discourse and form.

---

[86] Zum Verhältnis von Modernismus und Weiblichkeit siehe Angela Krewani, *Moderne und Weiblichkeit: Amerikanische Schriftstellerinnen in Paris* (Heidelberg: Winter, 1993); Rita Felski, *The Gender of Modernity* (Cambridge: Harvard UP, 1995); Ann L. Ardis und Leslie W. Lewis, eds. *Women's Experience of Modernity, 1875-1945* (Baltimore/London: Johns Hopkins UP, 2002); Ann L. Ardis, "The Gender of Modernity", Marcus und Nicholls 61-79.

[87] Cecilia Tichi, "Technology and the Novel", Elliott et al., *Columbia History of the American Novel* 465-84.

[88] Vgl. dazu Schneider, Abschnitt III.4.2.1, S. 311-12.

[89] Siehe Tyrus Miller, "The Avant-garde, Bohemia and Mainstream Culture", Marcus und Nicholls 100-16, bes. 102; Paul Edwards, "Futurism, Literature and the Market", Marcus und Nicholls 132-51; Bradbury, *Dangerous Pilgrimages* 273-79; Terry Eagleton, "1. The Rise of English", *Literary Theory: An Introduction* (Oxford: Blackwell, ^{2}1996)15-46; David Ayers, "Literary Criticism and Cultural Politics", Marcus und Nicholls 379-95.

Over the course of the twentieth century – also called the 'modern' century – this transformation would continue. Changing, sub-dividing, springing from different cultural regions, reaching to very different audiences and new expressive functions, the novel would assume many roles. It would become a relaxing toy of leisure and fantasy, *and* a complex mechanism for imaginative and artistic discovery. It would serve as naïve popular entertainment, and would transmit radical, often outrageous or surprising, visions and opinions. Above all, it would become a central literary prototype, taking an importance it had never had as *the* literary medium of the age, dislodging poetry, to some degree even sidelining drama – until, later in the century, its dominance was in turn challenged by new technological media that promised or threatened to replace book-based culture with something more immediate, visual, and serial. But even that great change in cultural technology the novel in general terms seems – so far – to have survived.[90]

Neueste Einschätzungen bestätigen Bradburys Vermutung: Der Roman lebt und treibt vielseitige Blüten: "Always novel, intrinsically of the new, this is not a form likely to face demise in any immediate future, whatever the apocalyptic pronouncements made in its name".[91]

Bedeutende Tendenzen des Romans der letzten Jahrzehnte sind unter anderem die Auseinandersetzung mit der telemedialen Durchdringung des Alltags[92] sowie eine kulturelle Diversifizierung der gesellschaftlichen Analyse, die sich in postkolonialen Problematiken, einer Vorliebe für historische Themen sowie in einem geschärften lokalen Bewusstsein oder aber in Handlungsverläufen zeigt, die sich nicht auf eine Nation beschränken.[93] Darüber hinaus unterminiert eine erhöhte Leserfreundlichkeit die traditionelle Unterscheidung zwischen populärer und "elitärer" Literatur: "The democratic impulse of the novel may thus hold sway once more as the less accessible experiments of modernism fade further into the past".[94] Weil das formal plastische Genre des Romans die mediale Konkurrenzsituation immer wieder dazu nutzt, seine

---

[90] Malcolm Bradbury, *The Modern British Novel* (NY: Penguin, 1994) 1-66, hier 4. Vgl. Auch Bradbury, *The Modern American Novel* (NY: Penguin, ²1992) viii-ix.
[91] Luckhurst 805. Siehe auch Stocker.
[92] Luckhurst 803; John Johnston, *Information Multiplicity: American Fiction in the Age of Media Saturation* (Baltimore: Johns Hopkins UP, 1998).
[93] Siehe Heinz Ickstadt, *Der amerikanische Roman im 20. Jahrhundert: Transformationen des Mimetischen* (Darmstadt: Wissenschaftliche Buchgesellschaft, 1998) 171-205.
[94] Peter Childs, "The English Heritage Industry and Other Trends in the Novel at the Millennium", *A Companion to the British and Irish Novel, 1945-2000*, ed. Brian Shaffner (Oxford: Blackwell, 2005) 210-24, hier 223; Winfried Fluck, "Nach der Postmoderne: Erscheinungsformen des amerikanischen Gegenwartsromans", *Projekte des Romans nach der Moderne*, ed. Ulrich Schulz-Buschhaus und Karlheinz Stierle (München: Fink, 1997) 39-63.

eigenen Stärken auszuspielen und ein erhöhtes Medialitätsbewusstsein zu entwickeln, ist es ihm nicht nur gelungen, sich zu behaupten. Wie Adam Thorpes Ulverton und Richard Powers' Plowing the Dark eindrücklich belegen, hat der Roman vor allem das Potential entwickelt, in Anerkennung der medialen Konstruktion seiner eigenen Form die mediale Verfasstheit der gegenwärtigen Wirklichkeit zu benennen und zu erforschen. Durch die Linse des Romans des 20. Jahrhunderts zeigt sich die enge Verwebung von Moderne, Postmoderne und der durch beide Paradigmen informierten Gegenwart mit der Entwicklung technischer Ton- und Bildgebungsverfahren zu Stiftern sozialer Relationen.[95]

1.3.1 Moderne Formexperimente

Die weltumspannende Entwicklung von Transport- und Kommunikationstechnik machte das nahe und das ferne Fremde – als Bedrohung gefürchtet und wegen seiner Vitalität begrüßt – alltäglich zugänglich und referentialisierbar. Was für das Einwanderungsland USA und die Kolonialmacht Großbritannien schon lange Realität ist, wird nun mit neuer Vehemenz erfahrbar: die Faszination und die Bedrohung, die von der Konfrontation mit der Differenz ausgehen.[96] Diese neue Konfrontation mit dem nahen und dem fernen Fremden[97] wirft drängende Fragen auf bezüglich der Gewissheit und der Stabilität sozialer, nationaler, spiritueller und ästhetischer Ordnungen – Fragen, die unter anderem in die neue formale Offenheit, Fragmentarisierung und 'Fremdartigkeit' der modernistischen Künste mündet.

    Diese Fremdartigkeit der Kunst erfüllt eine wichtige gesellschaftliche Funktion. Denn trotz der dominanten Rolle, die Kommerz und Prestige

---

[95] Zu Formen der Medialitätsbewusstheit modernistischer und v.a. postmodernistischer Erzähltexte siehe Schneider, Abschnitt III.4.1.2, S. 294-321; Johnston; Joseph Tabbi und Michael Wutz, eds., *Reading Matters: Narratives in the New Media Ecology* (Ithaca: Cornell UP, 1997); Joseph Tabbi, *Cognitive Fictions* (Minneapolis/London: U of Minnesota P, 2002); Julika Griem, *Bildschirmfiktionen: Interferenzen zwischen Literatur und Neuen Medien* (Tübingen: Narr, 1998); Julika Griem, "Vexierbilder des Fernsehens".

[96] Siehe Herbert Grabes, *Einführung in die Literatur und Kunst der Moderne und Postmoderne* (Tübingen/Basel: Francke, 2004) 1-67; Elleke Boehmer, "Empire and Modern Writing", Marcus und Nicholls 50-60; Margot Norris, "Modernist Eruptions", Elliott et al., *Columbia History of the American Novel* 311-39.

[97] Zu Weiblichkeit und kultureller Differenz als Leitphänomene des nahen und fernen Fremden siehe Annegreth Horatschek, *Alterität und Stereotyp: Die Funktion des Fremden in den 'international novels' von E.M. Forster und D.H. Lawrence* (Tübingen: Narr, 1998) 64-66.

für die Kunst seit der klassischen Moderne und insbesondere in den letzten Jahrzehnten spielen, bietet die funktionale Abkopplung der Kunst von den alltäglichen gesellschaftlichen Vollzügen der RezipientIn die Möglichkeit, Gedanken und Reaktionen auszuprobieren, ohne deren unmittelbare praktische Konsequenzen mitbedenken zu müssen. Herbert Grabes weist daher auf die Notwendigkeit hin, diese künstlerisch *vermittelte* Erfahrung möglichst breit zugänglich zu machen. Weil die Kunst, wie Ezra Pound anmerkte, nichts zu tun, zu denken oder zu sein verlangt, resultiert das Befremden ihrer BetrachterInnen oder LeserInnen, so Grabes,

> viel ausschließlicher aus der Begegnung mit dem Fremdartigen selbst und nicht aus im sonstigen Lebenszusammenhang fast immer damit verknüpften praktischen Befürchtungen. Und auch der Prozess der Verarbeitung von Fremdartigkeit kann deutlich gelöster ablaufen, weil er nicht unter dem Zwang steht, erfolgreich sein zu müssen. Er erlaubt es, unsere Kreativität viel freier zu entfalten, und auch die Möglichkeit, über unser eigenes Verhalten gegenüber dem fremdartig Erscheinenden zu reflektieren, weil es weder enge Zeitzwänge noch praktische Entscheidungszwänge gibt. Und eine Kultur, die sich 'zweckfreie' Literatur und Kunst von der Art des nicht mehr notwendig Schönen, sondern oft provozierend Fremdartigen leistet, erfüllt damit auf vielleicht wirksamste Weise die Aufgabe ihrer Selbsterhaltung und Fortentwicklung. Wichtig ist nur, dass das Potential dieser Kunst auch von möglichst vielen genutzt wird, und die Ästhetik des Fremden bedarf der ästhetischen Erziehung mehr als jede vorherige.[98]

Im Kontext der oben erwähnten umfassenden Krisenerfahrung erzeugt die entfesselte Experimentierfreude und die mitunter bis ins Utopische gesteigerte Hoffnung auf Erneuerung Kunstwirklichkeiten, die heute je nach kulturellem Vertrautheitsgrad entweder kaum noch oder noch immer höchst fremdartig erscheinen. Die westliche Welt erlebt zwischen 1910 und 1930 eine Reihe rasch aufeinander folgender Avantgarden – vor allem in der bildenen, aber auch in der literarischen Kunst –, die nicht zuletzt unter dem Druck sich ausdifferenzierender Mediensysteme des Fingierens ihre spezifischen Darstellungsmittel in den Vordergrund rücken: expressionistische Malerei, Drama und Dichtung, kubistische Verfremdungen und Neuschöpfungen in der bildenden Kunst, Material- und Sprachcollagen, die abstrakte Malerei, die Programme des Futurismus und des Vortizismus, das strukturalistische Konzept der Verfrem-

---

[98] Grabes 17-18. Auch Wolfgang Welsch bekräftigt, dass die Erfahrung moderner und postmoderner Kunst "eine musterhafte Einübung in Pluralität" bietet und "postmoderne Kompetenz" begründet. Siehe "Einleitung", *Wege aus der Moderne* 1-43, hier 42.

dung, die in allen Medien wirksame dadaistische Ironisierung und Zerstörung ästhetischer Konventionen, Marcel Duchamps Ent- und Umfunktionalisierungen von Alltagsgegenständen zu *ready-mades*, die surrealistischen Innenweltvisionen in Malerei, Dichtung und Drama, die literarische Darstellung des Bewusstseinsstroms und das epische Theater. Neue modernistische Erzählformen zerstören den Glauben an die mimetische Abbildung der äußeren Wirklichkeit, die die Fotografie und vor allem der Film so hervorragend zu leisten imstande scheinen. Stattdessen verlegen sie ihre Unmittelbarkeitsansprüche auf das druckschriftliche Verfügbarmachen der Wahrheit des Nicht-Sichtbaren.[99]

Europäische und amerikanische Romane der ersten Hälfte des 20. Jahrhunderts erzeugen in ihrer Hinwendung zu einer bewusstseinszentrierten Wahrnehmung der Fülle von Welt formal und inhaltlich unterschiedliche Grade von Fremdheit und registrieren, rechtfertigen und reflektieren für ihre LeserInnen die zusammenbrechende imperialistische Weltordnung, an der sie international Teil haben.[100] Gleichzeitig beginnen AutorInnen aus den Kolonien – wie die südafrikanische Feministin Oliver Schreiner (1855-1920), die Neuseeländerin Katherine Mansfield (1888-1923), der indische Romanautor Mulk Raj Anand (1905-2004) sowie die karibischen Autoren Claude McKay (1889-1948) und C.L.R. James (1901-1989) – die Romanform zu adaptieren, um in Auseinandersetzung mit imperialistischen Kräften ihre eigene Identität und Geschichte zu behaupten.[101] Modernistische Formexperimente können daher als ein durch die Epistemologie des Westens geprägtes, weltumspannendes Phänomen bezeichnet werden — als ein kulturelles Produkt kolonialer Machtverhältnisse, das eine politische und psychologische Verschiebung eben dieses Machtgefüges vordenkt:

> it is in its characteristic truncations of form, and splits and disruptions of narrative language, as much as in its preoccupation with systems that the writing

---

[99] Siehe Nancy Armstrong, "Authenticity after Photography", *Fiction in the Age of Photography: The Legacy of British Realism* (Cambridge/London: Harvard UP, 1999) 244-77; Binczek; Ralf Schnell, "Medienästhetik", *Handbuch der Mediengeschichte*, ed. Helmut Schanze (Stuttgart: Kröner, 2001) 72-95, hier 82-84; Schneider Abschnitt III.4.1.2, S. 294-300.
[100] Vgl. Raymond Williams, *The Politics of Modernism: Against the New Conformists*, ed. Tony Pinkney (London/NY: Verso, 1989); Edward Said, *Culture and Imperialism* (London: Chatto & Windus, 1993).
[101] Siehe dazu Susheila Nasta, "'Voyaging in': Colonialism and Migration", Marcus und Nicholls 563-82, hier 563-71; Patrick Williams, "Theorizing Modernism and Empire", *Modernism and Empire*, ed. Howard Booth (Manchester: MUP, 2000) 13-38; Elleke Boehmer, *Colonial and Postcolonial Literature: Migrant Metaphors*, rev.ed. (Oxford/NY: OUP, 2004).

of this period reverberates both discordantly and creatively with the echoes of 'darkness'. Moreover, this impact is demonstrated not only in these disruptions themselves, but also in how they ramify globally. Across the expanding cities of the increasingly interconnected imperial world, the fragment, with all that it signified of irresolution and incertitude, was proliferating as the expressive mode of choice. [...] Taking into account [...] different modes of Modernist response in different colonial spaces, it then becomes possible to speak of a *world Modernism* as a simultaneous, layered and uneven combination of developments, with moments of emergence here and periods of retraction and abeyance there. In effect, the whole combination can be seen as a tangled skein of creative trajectories, all preoccupied, however, with the collapse of cultural and spiritual certainty and the rise of an atomising modernity right the way across the colonial world.[102]

Modernismus, so schreibt Bradbury in Bezug auf die formale Hervorhebung von Image und Diskurs, Wahrnehmung und Bewusstsein, "was a revolution of the Word, though it implied or revealed a Revolution of the World".[103]

In der Nachkriegszeit bis in die 60er Jahre ist das Leben der Mittelklasse in den westlichen Wohlfahrtsstaaten durch privaten Konsum und Bildungsbemühungen strukturiert, während die audiovisuellen Kommunikationstechnologien mehr Repräsentationen dramatischer Ereignisse zur Verfügung stellen als vorhergehende Generation in einem ganzen Leben gesehen hatten.[104] In den Künsten sieht diese Zeit mit dem Existentialismus, dem Theater des Absurden und dem *nouveau roman* zum einen eine Intensivierung hochmodernistischer Experimente, die zum Teil durch öffentliche Fördergelder unterstützt werden.[105] Zum anderen gewinnt, vor allem durch die Arbeiten der Kulturkritiker Richard Hoggart und Raymond Williams, aber auch durch *kitchen sink realism* in Prosa und Drama, die Sozialkultur der Arbeiterklasse an kritischem und künstlerischem Interesse.[106] Parallel zur medialen Globalisierung und der

---

[102] Boehmer 56-57.
[103] Bradbury, *Dangerous Pilgrimages* 274.
[104] David van Leer, "Society and Identity", Elliott et al., *Columbia History of the American Novel* 485-509; Ken Hirschkop, "Culture, Class and Education", Marcus und Nicholls 455-73, hier 456; Raymond Williams, *Drama in a Dramatised Society: An Inaugural Lecture* (Cambridge: CUP, 1975); Keith Williams, "Postwar Broadcast Drama", Marcus und Nicholls 474-93.
[105] Grabes 54-67. Morag Shiach, "Nation, Region, Place: Devolving Cultures", Marcus und Nicholls 528-44.
[106] Richard Hoggart, *The Uses of Literacy* (London: Chatto & Windus, 1957); Raymond Williams, *Culture and Society 1780-1950* (London: Chatto & Windus, 1958); Morris Dickstein, "Fiction and society, 1940-1970", *The Cambridge History of American Literature. Volume 7: Prose Writing, 1940-1990*, ed. Sacvan

Behandlung weltpolitischer Themen wie der nuklearen Bedrohung, des Kolonialismus und der Migration ist außerdem eine Regionalisierung der inhaltlichen Anliegen literarischer Texte erkennbar.[107]

In den 1960er Jahren zieht mit Doris Lessing (geboren 1919), Jean Rhys (1894-1979) und Sylvia Plath (1932-1963) eine neue Generation sehr unterschiedlicher weiblicher Autorinnen die Aufmerksamkeit auf ihre experimentellen, postkolonial-kanonrevisionistischen und autobiographischen Romane.[108] In den USA erstarken insbesondere jüdische und afroamerikanische Traditionslinien der literarischen Produktion.[109] Die literarische Welt der 1960er Jahre "was remarkable for an expansiveness, a readyness to welcome the new" und erlebt beispielsweise in den Gedichten und Roman der amerikanischen *beat generation*, in der Übersetzung von Samuel Becketts Romantrilogie (1959), in John Barths Roman *The Sot-Weed Factor* (1960) und seiner Kurzgeschichtensammlung *Lost in the Funhouse* (1968), in Thomas Pynchons *The Crying of Lot 49* (1966) und den Romanen von Christine Brooke-Rose (geboren 1926) und Bryan Stanley Johnson (1933-1973) eine Reihe programmatischer Angriffe auf den Realismus.[110]

1.3.2 Postmoderner Medienrealismus

Die späten 1960er und die 1970er Jahre generieren das, was wir zu Beginn des 21. Jahrhunderts unter zeitgenössischer Kultur verstehen: "a commodified counter-culture; identity politics; the celebration of popular culture and its recycling of materials; suspicion of authority and political process".[111] Diese Zeit bringt auch den Diskurs des Postmodernismus als ein anaytisches Instrument zur Untersuchung kulturhistorischer Konfliktlinien hervor. Der Begriff 'Postmoderne' bezeichnet eine kultur-

---

Bercovitch (Cambridge: CUP, 1999) 101-310, hier 165-223; Paul Lauter, "American Proletarianism", Elliot et al. 331-56. Der Begriff "The Kitchen Sink" stammt aus dem gleichnamigen Artikel, den David Sylvester 1954 in *Encounter* veröffentlichte.
[107] Van Leer; John Lucas, "The Sixties: Realism and Experiment", Marcus und Nicholls 545-62, hier 549-53; Nasta; Shiach.
[108] Lucas 555-59.
[109] Thomas J. Ferraro, "Ethnicity and the Marketplace", Elliott et al., *Columbia History of the American Novel* 380-406, hier 401-06; Van Leer 493-99.
[110] Lucas 559-62.
[111] Tim Armstrong, "The Seventies and the Cult of Culture", Marcus und Nicholls 585-99, hier 585; Cornel West, "Postmodern Culture", Elliott et al., *Columbia History of the American Novel* 515-20.

geschichtliche Periode, oder besser: eine gesellschaftliche Problemkonstellation, die ebenso sehr aus der Moderne kommt, wie sie aus ihr heraus führt.[112] Kulturelle Determinanten dieser stark amerikanisch geprägten[113] Problemkonstellation sind eine spätkapitalistische Logik, die Kunst und Kommerz gleichermaßen bestimmt, eine postindustrielle Steigerung der Kommunikations-, Wissens- und Energietechnologien, die Entstehung von Subkulturen, die vorherrschende Wertmaßstäbe in Frage stellen, sowie das in der Moderne schon angelegte und nun endültige Ende der Überzeugungskraft umfassender Sinnsysteme und Erzählungen.[114] Ihre Kennzeichen sind nach Zima die Überführung der modernistisch-epistemologischen Frage nach dem Subjekt in die ontologische Frage nach der Wirklichkeit als Umwelt und die Probleme der Indifferenz und der austauschbaren Wertsetzungen.[115]

Diesen Entwicklungen entspricht eine grundsätzliche und konfliktträchtige Pluralisierung und Partikularisierung von Perspektiven, Modellen und Verfahrensweisen,[116] eine Ästhetisierung des Alltags und der Reflexionsinstrumente innerhalb einer weitgehend mediengenerierten Wirklichkeit, die Politik und *performance* miteinander verschränkt,[117] sowie eine zunehmende Verflechtung von Hoch- und Populärkultur.[118] Insbesondere der Film, die Literatur und multimediale Projekte tragen dazu bei und reflektieren die Tatsache, dass die Kunst auch unter postmodernen Rahmenbedingungen keine Sinnfindungsinstanz sondern vielmehr ein Experimentierfeld ist, das die Herstellung von Sinn ihrem Publikum überantwortet.

---

[112] Siehe Wolfgang Welsch, *Unsere postmoderne Moderne* (Berlin: Akademie, [5]1997); Zima; Harvey.

[113] Siehe Julian Murphet, "Fiction and Postmodernity", Marcus und Nicholls 716-35.

[114] Siehe Frederic Jameson, *Postmodernism, or, The Cultural Logic of Late Capitalism* (London: Verso, 1991); Amitai Etzioni, *The Active Society: A Theory of Societal and Political Processes* (NY: Free Press, 1968); Jean-François Lyotard, *The Postmodern Condition: A Report on Knowledge* (Minneapolis: U of Minnesota P, 1984).

[115] Zima 3-8, 18-28.

[116] Zima 26; Welsch, "Einleitung", *Wege aus der Moderne* 13-21.

[117] Baudrillard, "Die Simulation".

[118] Zum Verhältnis von Hoch- und Populärkultur in Moderne und Postmoderne schreibt Franck: "Das Ende der Moderne war [...] der Anfang einer schweren Erosion. Die populäre Kultur hat aufgehört, die Errungenschaften der elitären Kultur unters Volk zu bringen. Das Verhältnis hat sich umgekehrt. Die hohe Kultur ist in den Sog der populären geraten" (*Mentaler Kapitalismus* 160-70, hier 163).

International sind postmodernistische Texte im mittlerweile klassischen Sinne metafiktionale Form- oder Sprachexperimente,[119] die die Welt als textualisiert, vorgängig gedeutet und als ein Rätsel begreifen, dessen ungewisse Logik es lesend aufzuspüren gilt. Sie sind außerdem, wie Molly Hite süffisant bemerkt, "the mainstram avant-garde novel of the contemporary period": Autoren wie Jorge Luis Borges, Thomas Pynchon, Donald Barthelme, Kurt Vonnegut, Robert Coover, John Hawkes, Ishmael Reed, B.S. Johnson und Christine Brooke-Rose veröffentlichen ihre Texte in der Regel in großen Verlagshäusern, sie sind anhaltend zugänglich und kritisch viel beachtet.[120] Wie frühere Formexperimente zeichnen sich postmodernistische Texte durch ihre Verpflichtung auf Distanz und Reflexivität aus, und sie nutzen Konzeptionen und Darstellungsweisen modernistischer Texte. Sie unterscheiden sich jedoch zumindest tendenziell durch die Art und Weise, wie sie dies tun: Sie erzeugen erneut Befremden durch ironische Selbstreflexion, durch Parodie und Travestie des Vertrauten und Banalen, durch die spielerische und mitunter respektlose Vermischung heterogener Stile und Genres, durch ihre Konzentration auf das Prozesshafte, Flüchtige und Zufällige.[121]

Freilich ist bei weitem nicht jedes kulturelle Produkt der Postmoderne ein selbstreflexiv oder bewusst postmodernistisches. Künstlerische und alltagskulturelle Artefakte antworten auf sehr unterschiedliche Art und Weise auf die postmoderne Problemkonstellation. Beispielsweise wächst international in allen Medien die Popularität der Genrefiktion, die von wenigen Großkonzernen massenproduziert und aggressiv vermarktet wird. Dies ist allerdings selbst ein postmodernes Phänomen.[122] Vor allem Krimis, Romanzen, Science-Fiction- und Horrorromane, aber auch neuere Formate wie der Lifestyleroman, *chick-lit*, *lad-fiction*, Biographien, die Familiensaga und das Kinderbuch bedienen ein mit dem entsprechenden Format vertrautes Publikum mit immer wieder neuen Rekursen auf dessen gegenwärtige Erlebniswelt. Mit dem uneingelösten und immer wieder neu gegebenen Verprechen, eine fundamentale

---

[119] Siehe Ihab Hassan, "Toward a Concept of Postmodernism", *The Postmodern Turn* (Columbus: Ohio State UP, 1987) 84-96 und "Postmoderne heute", Welsch, *Wege aus der Moderne* 47-56; Für eine Untersuchung nationaler Differenzen in britischen und amerikanischen postmodernen Texten siehe *Postmodernism and Notions of National Difference: A Comparison of Postmodern Fiction in Britain and America* (Amsterdam/Atlanta: Rodopi, 1996).

[120] Molly Hite, "Postmodern Fiction", Elliott et al., *Columbia History of the American Novel* 697-725, hier 698. Siehe auch Ickstadt 171-73.

[121] Grabes 68-103.

[122] Steven Connor, *The English Novel in History, 1950-1995* (London: Routledge, 1996); André Schiffrin, *The Business of Books* (London: Verso, 2000).

Sehnsucht nach Erfüllung zu befriedigen, können diese Formate einen widersprüchlichen kulturellen Platz einnehmen, indem sie das Neue als das Vertraute und doch nicht vollständig Immergleiche präsentieren.[123]

Darüber hinaus bleibt sowohl in den USA als auch in Großbritannien die Tradition des *liberal humanism* ein Nährboden realistischer Fiktion. Dies gilt, wie Bradbury ausführt, insbesondere für den Roman:

> Throughout the [20th] century there has been, in the line of the novel, a sustaining and powerful history of realism, along with a sequence of persistent and various disputes with its veracity, its philosophical possibility, its relevance. Virtually no work that asserts itself as antithetical to realism does not contain it as a primary constituent, and most of the major movements that have been regarded as essentially antirealist have argued that they are in effect a *form* of realism – as, for example, Alain Robbe-Grillet has argued with regard to the *nouveau roman*.[124]

Nach gut zwei Jahrzehnten des postmodernen Experiments werden überdies in allen Künsten frühere Stilbildungen variierend wiederaufgegriffen: Neo-Abstraktion, Neo-Dada, Neo-Geo und die Wiederkehr des Figurativen in der Malerei sowie "neorealitische" Literatur präsentieren subtilere Formen der Alterität, der Differenz und des Befremdens.[125] Neue Impulse für einen stilistisch ausgereizten Kunstbetrieb kommen dabei vor allem aus dem durch die weltweiten Migrationsbewegungen verstärkten Interesse an der kulturellen Differenz und den neuen Medien. Der Begriff Neorealismus verweist auf eine erneute Stärkung der referentiellen Funktion, des Geschichtenerzählens und der historischen bzw. alltagskulturellen Kontextualisierung des Erzählten bei gleichzeitiger Anerkennung der mit dem Erzählen verbundenen epistemologischen Legitimationsschwierigkeiten, die postmodernistische Formexperimente deutlich gemacht haben. Der zeitgenössische Roman aus der Feder solcher Autoren wie Don DeLillo und Salman Rushdie ist auf eine *neue*

---

[123] Scott McCracken, "The Half-Lives of Literary Fictions: Genre Fictions in the Late Twentieth Century", Marcus und Nicholls 618-34.

[124] Murphet 717; Malcolm Bradbury, "Neorealist Fiction", *The Columbia History of the United States*, ed. Emory Elliott (NY: Columbia UP, 1988) 1126-41, hier 1127. Siehe dazu auch Ickstadt 175-83.

[125] Grabes 104-25; Hal Foster, *The Return of the Real: The Avantgarde at the End of the Century* (Cambridge: Harvard UP, 1996). Zum literarischen Neorealismus siehe Kristiaan Versluys, ed., *Neo-Realism in Contemporary American Fiction* (Amsterdam: Rodopi, 1992); Fluck; Ickstadt; Verena Laschinger, *Fictitious Politics, Factual Prose: Amerikanische Literatur, politische Praxis und der neorealistische Roman* (Frkf./M.: Lang, 2000); Alexander Weber, *From Postmodernism to Neorealism: Ästhetische Illusion und Identitätskonstruktion in den Romanen von Russell Banks* (Trier: WVT, 2004) 1-19.

Weise problembewusst illusionsbildend und realistisch. Die Texte von AutorInnen wie Toni Morrison, Paul Auster, Richard Ford, E.L. Doctorow, Maxine Hong Kingston, John Edgar Wideman, Raymond Carver, Russel Banks, Julian Barnes und anderen stehen häufig in einem Spannungsverhältnis zwischen erkenntnisskeptischer Selbstbezüglichkeit und einer prekären mimetischen Referenz auf eine Realität, die höchst widersprüchlich, konfliktträchtig und kulturell vielschichtig ist.[126] Sie setzen postmodernistischen Destabilisierungstendenzen spekulative Rekonstruktionen entgegen, ohne hinter postmodernistische Einsichten zurückzufallen und begegnen so der Gefahr des Funktionsverlusts. Der Neorealismus seit den 1980er Jahren, so schreibt Heinz Ickstadt, entspringt

> vor allem dem Bedürfnis, Alltagserfahrung wieder als zusammenhängende und gewöhnliche zu erfassen – als Zusammenhang freilich, der zerbrechlich und hypothetisch ist, ein Aspekt zugleich der Ordnung wie der Offenheit und Abgründigkeit des Realen. Daher vollzieht sich die scheinbare Rückkehr zu Kommunikation und Mimesis als selbstreflexives Umspielen von Referentialität wie auch als kommunikationsoffene Thematisierung von Selbstreferenz.[127]

Neben und zum Teil in Überschneidung mit neorealistischen Texten werden auch zunehmend Texte geschrieben, die die Wirklichkeit, auf die sie sich beziehen, vor allem als eine mediengenerierte und als ein globales Kommunikationsnetzwerk begreifen. Während hypertextuelle Literaturprojekte bislang kaum ästhetische Innovation bieten, reagiert konventionell gedruckte Literatur thematisch und formal auf die Herausforderungen der Digitalisierung, und das nicht nur in den Cyberpunk-Texten beispielsweise eines William Gibson.[128] Romane wie Adam Thorpes *Ulverton* und Richard Powers' *Plowing the Dark*, die ich im Folgenden einer detaillierten Analyse unterziehen werde, sind herausragende Beispiele eines Genres, das John Johnston "novels of informa-

---

[126] José David Saldívar, "Postmodern Realism", Elliott et al., *Columbia History of the American Novel* 521-41.
[127] Ickstadt 189.
[128] Binczek/Pethes 294-98. Zu Cyberpunk siehe David Bell, *An Introduction to Cybercultures* (NY/London: Routledge, 2001); Dani Cavallaro, *Cyberpunk and Cyberculture: Science Fiction and the Work of William Gibson* (London: Athlone, 2000); Katherine Hayles, *How We Became Posthuman: Virtual Bodies in Cybernetics, Literature, and Informatics* (Chicago: UCP, 1999). Speziell zu William Gibson siehe Karin Höpker, *No Maps for these Territories? Toward an Archaeology of Future Urbanity in William Gibson's Work* (Inauguraldissertation, Friedrich-Alexander Universität Erlangen-Nürnberg, 2008).

tion multiplicity" oder "of media assemblages" nennt.[129] Diese Texte sind genau in dem Sinne realistisch, in dem die Wirklichkeit, mit der sie sich befassen, eine mediengenerierte ist und in dem nur ein ästhetisches Denken in der Lage ist, eine fundamental ästhetisierte Wirklichkeit zu begreifen. Das ästhetische Denken wird auf diese Weise zum eigentlich realistischen Denken.[130]

---

[129] Johnston 3, 4. Johnstons Studie beschäftigt sich mit Romanen von Thomas Pynchon, Joseph McElroy, William Gaddis, Don DeLillo, William Gibson und Pat Cadigan.
[130] Welsch, "Einleitung", *Wege aus der Moderne* 41.

2. Das mediale Unbewusste in Adam Thorpes *Ulverton* (1992)

Ulverton ist der erste von bislang acht Romanen des 1956 in Paris geborenen britischen Autors Adam Thorpe.[131] Zumindest im akademischen Bereich hat der formal disparat angelegte und entsprechend widerständig zu lesende Text eine bislang rege Rezeption erfahren.[132] An Stelle einer geschlossenen Romanwelt präsentiert der Roman in zwölf zum Teil fragmentarischen Kapiteln, die zeit- und sozialtypische Textsorten und Kommunikationsmodi fingieren, über gut dreihundert Jahre hinweg die langsam voranschreitende Modernisierungsgeschichte des fiktiven Dorfes Ulverton im englischen Wessex County. *Ulverton* nutzt unter anderem eine fiktionale Predigt, Briefe und Beschreibungen von Fotografien sowie ein *postproduction script*, aber auch konventionalisierte literarische Repräsentationsmodi wie beispielsweise den Bewusstseinsstrom,[133] um die zeittypischen medialen Bedingungen der Kommunikation sowie die damit verbundenen Ein- und Ausschlussmechanismen zu dramatisieren, die die Form des gesellschaftlichen Zusammenlebens in Ulverton zu der jeweiligen Zeit ebenso prägen wie die entsprechenden Formen der Erinnerung an zurückliegende Zeiten.[134] Mit seinem engen regionalen Fokus, der die Darstellung in der spezifischen Sprache, der Kultur und der Landschaft des englischen Südwestens verankert, präsentiert der Text eine fiktive Chronik ländlichen Strukturwandels 'von unten'. Gegenüber der dominanten Geschichtsschreibung nimmt sie in immer neuen Variationen eine programmatische "Privilegierung von wahrgenommener, erlebter und erinnerter Geschichte" vor und gibt dabei konsequent denen eine Stimme, die wie der Bauer und die Mutter eines zum Tode verurteilten Jungen im 18. Jahrhundert, die Fotografin und der

---

[131] Nach *Ulverton* (London: Vintage, 1992) folgten *Still* (1995), *Pieces of Light* (1998), *Nineteen Twentyone* (2001), *No Telling* (2003), *The Rules of Perspective* (2005), *Between Each Breath* (2007) und *The Standing Pool* (2008). Eine Kurzbiographie Thorpes findet sich unter www.contemporarywriters.com/authors/?p=auth95. 24.02.09. Die im Text in Klammern angegebenen Seitenzahlen zu den Zitaten aus *Ulverton* beziehen sich auf die hier genannte Ausgabe.

[132] Ein Indiz dafür ist seine Aufnahme in Dominic Head, *Cambridge Introduction to Modern British Fiction, 1950-2000* (Cambridge: CUP, 2002) 199-202.

[133] Siehe dazu Christoph Reinfandt, "'Putting Things up Against Each Other': Media History and Modernization in Adam Thorpe's *Ulverton*", *ZAA: Zeitschrift für Anglistik und Amerikanistik* 52.3 (2004): 273-86, bes. 277.

[134] Vgl. Christin Galster, "Kollektives Gedächtnis und Identitätsstiftung in Adam Thorpes *Ulverton*", *Hybrides Erzählen und hybride Identität im britischen Roman der Gegenwart* (Lang, 2002) 329-56; Ingrid Gunby, "History in Rags: Adam Thorpe's Reworking of England's National Past", *Contemporary Literature* 44.1 (2003): 47-72.

Landarbeiter im 19. sowie die Sekretärin im 20. Jahrhundert in offiziellen Dokumenten nicht als RepräsentantInnen fungieren.[135]

Die Geschichtsdarstellung in Ulverton nimmt auf inhaltlicher Ebene eine implizite Neubewertung dessen vor, was als historisch bedeutsam gilt und invertiert damit Zentrum und Peripherie.[136] Darüber hinaus übt der Roman vor allem eine systematische Medienkritik, indem er fiktive Realitäten schafft, die beispielsweise die empfindsame Briefkultur, Gerichtsprotokolle, die Fotografie und die Audiovision sowie die offiziellen Diskurse über diese Medien nicht erfassen. Sowohl die einzelnen Kapitel als auch der Roman im Ganzen sind insofern als ironische Kommentare auf die jeweils aktuellen Medien der Zeit lesbar. Dabei ist es nur konsequent, dass der Roman mit einem Kapitel zum Thema Fernsehen und nicht mit einem zur Digitalisierung schließt. Denn diese Systemstelle übernimmt der Text selbst und setzt aus der Perspektive der gegenwärtigen Netzwerkgesellschaft der digitalen Integration der Medien eine fiktionale Zusammenschau medienkritischer Perspektiven auf die in der vorliegenden Arbeit verfolgten Medienentwicklung entgegen. Der Roman inszeniert die Auswirkungen dieser Medienentwicklung vor allem dadurch, dass er beleuchtet, was einzelne Medien und Diskurse systematisch ausblenden. So weist der Roman die Wahrnehmung als ebenso wenig unschuldig aus wie das vermeintlich pastorale Objekt der Wahrnehmung.[137]

Das Dorf Ulverton ist vom Beginn des Romans in der Mitte des 17. Jahrhunderts an bis zu seinem Ende im ausgehenden 20. Jahrhundert nur aus der Außenperspektive ein idyllischer Ort. Diese Außenperspektive ist ein Produkt des Modernisierungsprozesses und seiner zunehmend distanzkulturellen Mobilisierungs- und Mediatisierungstendenzen, die in die formale Variabilität der Kapitel eingeschrieben sind.[138] Parallel dazu

---

[135] Zur Geschichtsschreibung von unten im innovativen historischen Roman seit den 1960er Jahren siehe Ansgar Nünning, *Von historischer Fiktion zu historiographischer Metafiktion*, 2 Bde. (Trier: WVT, 1995) hier Bd. 2, 355.

[136] Nünning Bd. 2, 354 identifiziert beides als konstitutive Selektionsprinzipien der Geschichtsdarstellung in *Ulverton*.

[137] Julika Griem diskutiert den Romans als "besonders ambitionierte Metamorphose der Pastorale unter postmodernen Bedingungen" und betont, dass der Text "unsere Wahrnehmung von Modernisierung [schärft], indem er auf die Modernisierung der Wahrnehmung aufmerksam macht". Siehe "Arkadien als Themenpark? Metamorphosen des Pastoralen im zeitgenössischen englischen Roman", *Modernisierung und Literatur: Festschrift für Hans Ulrich Seeber zum 60. Geburtstag*, ed. Walter Göbel (Narr: Tübingen, 2000) 201-19, hier 205, 214.

[138] Zum Funktionszusammenhang von Idylle und Modernisierungserfahrung siehe Ulrich Seeber, "Einleitung", *Idylle und Modernisierung in der europäischen Lite-

artikuliert der Text den medienästhetischen Befund, dass die menschliche Wahrnehmungsfähigkeit in medial geprägten Gesellschaften durch die Möglichkeiten und die nicht zuletzt sozial bedingten Grenzen medialer Wahrnehmungsformen definiert ist. Der Roman weist also die Sehnsucht nach einer Idylle der direkten und unvermittelten Kommunikation als ebenso illusionär aus wie die Vorstellung einer von sozialen Faktoren und dem Bereich des alltäglichen Bei-sich-und-bei-anderen-Seins völlig unabhängigen Medialität.

Die einzelnen Kapitel kreisen immer wieder um drei Themenkomplexe, nämlich erstens um Erinnerung, Schuld und Verdrängung, zweitens um Fortpflanzung, Geburt und Tod, sowie drittens um soziale Hierarchien, insbesondere zwischen Männern und Frauen. Die Art und Weise, wie diese Themenkomplexe zur Sprache kommen, ändert sich jedoch. Der fiktiv dokumentarische Charakter der Kapitel sowie ihre chronologische Reihung verweisen auf das prekäre Verhältnis von Mediengeschichte und Geschichtsschreibung, denn die unterschiedlichen Dokumentationsmodi sind jeweils an institutionelle Autorität und die Erfüllung formaler Erfordernisse wie Schreibfähigkeit oder die Bedienung technologischer Apparate gebunden. Sie erweisen sich immer wieder als störungsanfällig oder unzuverlässig und ihre Produkte sind stets kontingent. Nach einem Überblick über den gesamten Text (2.1) analysiere ich unter den Abschnitten 2.2 bis 2.4 die zeit- und medienspezifische Inszenierung der Dokumentationsmodi in ausgewählten Romankapiteln. Meine Auswahl orientiert sich an den für diese Arbeit wichtigen Referenzpunkten der in Kapitel II thematisierten Briefkultur, der in Kapitel III zentralen frühen visuellen Kultur und der im vorliegenden Kapitel IV besonders hervorgehobenen Audiovisualisierung. Dabei wird sich zeigen, dass der Roman zu jedem historischen Zeitpunkt nicht allein auf die medial typischen Repräsentationsformen setzt, sondern diese jeweils mit dem vermeintlich überholten Diskurs konterkariert: die Briefkultur mit keineswegs empfindsamen sowie mündlichen Diskursformen, die Fotografie mit sprachlicher Reflexion und die Audiovision mit schriftsprachlichen Abfallprodukten. So beleuchtet der Roman konsequent ein medienspezifisches Unbewusstes und lenkt den Blick auf Realitäten, die in den jeweils dominanten medialen Artikulationsformen unberücksichtigt bleiben.

Ulverton perspektiviert seine Dokumentationsmodi vor allem dadurch, dass er sie als Fiktionen ausweist und nebeneinander in eine Reihe stellt. Einen expliziten Kommentar einer Erzählinstanz gibt es

ratur des 19. Jahrhunderts, ed. Seeber und Gerhard Klussmann (Bonn: Bouvier, 1986) 7-12.

nicht.[139] So überantwortet der metamediale Gesamttext den LeserInnen die Aufgabe, aus der Konstellation sich wiederholender Motive und Problemstellungen ihre eigenen medienhistorischen Schlüsse zu ziehen. Wie meine Analysen zeigen werden, exponiert der Roman jenseits aller technischen und sozialen Veränderungen eine Kontinuität bezüglich der Fragmentarität, der Manipulierbarkeit und der Kontingenz der Erinnerung und der menschlichen Erfahrung von Realität. Zu keinem Zeitpunkt der Moderne ist diese Erfahrung frei von medialen Bedingungen und zu keinem Zeitpunkt ist sie allein durch mediale Bedingungen erklär- oder manipulierbar.

2.1 Der Text

Ulverton beginnt mit der von einem analphabetischen Schäfer erzählten Geschichte eines Soldaten, der nach langen Jahren aus dem Bürgerkrieg zurückkehrt ("Return 1650"). Pastorale Erwartungen, die durch das *setting* der Geschichte geweckt werden, erweisen sich dabei schnell als fehlgeleitet, denn der Schäfer sieht sich außer Stande, dem befreundeten Heimkehrer zu eröffnen, dass dessen Frau Anne mittlerweile wieder verheiratet ist und lässt ihn buchstäblich in deren offenes Messer laufen. Der Schäfer sucht sein Gewissen zu erleichtern, indem er in der nahe gelegenen Kapelle, deren Bilder kürzlich von Cromwells Soldaten weiß überstrichen wurden, Zwiesprache mit Gott hält: "I asked God if He could whitewash all my thoughts like the soldiers had covered over the old paintings that I had known as a boy and a man. But thoughts were not on walls but ran like deer and the smell of whitewash mocked me" (16). Seine intensiven Schuldgefühle lösen sich erst auf, als sich die Bigamistin Anne, die den Mord an ihrem längst tot geglaubten ersten Mann zumindest gebilligt, wenn nicht selbst begangen hat, dem Schäfer regelmäßig sexuell hingibt: "all my thoughts were whitewashed over, for the deer running through the forest had become a painting on a wall, that her hand brushed over and over. [...] I had no more pictures nor whisperings" (18). Dieses Kapitel ist im Gegensatz zu den zehn folgenden

---

[139] Sabine Hagenauer, "'I don't see much point in writing a novel unless the reader works': An Interview with Adam Thorpe", *"Do you consider yourself a postmodern author?": Interviews with Contemporary English Writers*, ed. Rudolf Freiburg und Jan Schnitker (Münster: Lit, 1999) 225-34: "That's what postmodernism is all about, borrowing, putting models together in a collage of things of the past or contemporary things, and the two sort of jangle together. Which is partly the point about *Ulverton*, you know: putting things up against each other" (227).

eine in sich geschlossene Einheit. Es ist mit dem abschließenden Vermerk "[Reprinted by kind permission of the Wessex Nave]" (19) versehen, der zunächst den Eindruck erweckt, es handele sich um ein vorgefundenes Dokument. Im letzten Kapitel des Romans, das als *postproduction script* ebenfalls ein in sich geschlossenens Produkt ist, zeigt sich jedoch, dass die erste Geschichte aus der Feder des fiktiven Autors Adam Thorpe stammt, sodass beide Kapitel einen Rahmen bilden, der den fiktionalen Charakter der dokumentarischen Inszenierungen der einzelnen Kapitel betont.[140]

Das zweite Kapitel ("Friends 1689") ist eine Predigt des anglikanischen Reverend Brazier, der seine institutionell garantierte Autorität zur Selbstrechtfertigung nutzt. Er reichert seine Predigt mit ausführlichen Schilderungen der blasphemischen Anwandlungen des Kuraten Simon Kistle an, um den impliziten Vorwurf aus der Welt zu schaffen, den Tod des Kuraten verantworten zu müssen. Denn nachdem der Reverend mit Kistle und einem Kirchendiener auf dem Rückweg von einer Beerdigung von einem Schneesturm überrascht worden war, wurde der Reverend als einziger Überlebender in Kistles Kleidern gefunden. Das Datum des Kapitels erinnert an die *Glorious Revolution*, in deren Folge das britische Königshaus seine gottgegebene Legitimation verliert und an das Parlament gebunden wird. Der offenkundig rhetorisch geschulte Reverend verwahrt sich in seiner passionierten, arrogant-defensiven Predigt allerdings gegen solche Verweltlichungstendenzen und spielt seinen Machtvorsprung gegenüber den Gemeindemitgliedern ungeniert aus:

> Do not presume to judge from a dung-hill of ignorance a ragged stinking deformed beggar, let alone thy minister!
> Or is the hour come with toleration that the basest scum can judge the appointed, can lift on the heap of great waters of this modish freedom, and engulf all? (26)

Kapitel 3 ("Improvements 1712") ist das – gegen Ende zum Teil editierte – Tagebuch des Bauern Plumm, der darin ein Jahr lang vor allem seine Bemühungen notiert, die Effektivität seiner Landwirtschaft zu steigern. Ohne seine Diktion zu wechseln dokumentiert er daneben aber auch eine lustvolle Affäre mit seiner Magd. Ob das Mädchen, das die Magd um die Jahreswende gebiert, tatsächlich von Plumm ist, wird allerdings zunehmend zweifelhaft. Plumms Notizen lassen darüber hinaus

---

[140] Der reale Autor Adam Thorpe äußert sich zur ersten Geschichte des Romans in seinem Interview mit Sabine Hagenauer (225). Siehe dazu Reinfandt, "Media History and Modernization", 277-78.

zwischen den Zeilen einen nicht anerkannten Konflikt zwischen der Magd und der nach den Geburten mehrerer bereits früh verstorbener Töchter ohnehin labilen Bauersfrau erkennen, der diese in den Wahnsinn und schließlich in den Selbstmord treibt. Das Kapitel weist Plumms landwirtschaftliche Sorgen damit als eine geschlechtsspezifische Perspektive aus, an deren Rändern die ganz anderen Sorgen der Magd und der Ehefrau durchscheinen.

Die nächsten beiden Kapitel, die ich unter 2.2 genauer untersuchen werde, bestehen aus Briefen, die die beginnende Mobilisierung und dadurch erforderlich werdende distanzkulturelle Kommunikationsformen in der führenden Handelsnation der Welt thematisieren, die konventionell damit verbundenen grenzüberschreitenden Qualitäten aber unterlaufen. In Kapitel 4 ("Leeward 1743") richtet die Landadelige Lady Chalmers, die nach der Geburt eines Sohnes auf Anweisung von Arzt und Ehemann Monate lang in ihrem Zimmer bleiben muss, sehnsüchtige und sexuell explizite Briefe an ihren Geliebten William Sykes in London, der ihr nur sporadisch und bald gar nicht mehr antwortet, bis er schließlich ein Päckchen schickt, das die Boten nicht erfolgreich verstecken können. Sie werden des Stehlens überführt und gehenkt bzw. in die Karibik verkauft. Während sich Lady Chalmers mit ihren Briefen nicht in die empfindsame Vernunft und die Disziplin, sondern in den Wahnsinn schreibt, erinnert das Schicksal des verkaufen Boten daran, dass England noch bis 1806/7 und das gesamte British Empire bis 1833 direkt vom Sklavenhandel profitierte.

Kapitel 5 ("Dissection" 1775) besteht aus den kurzen Episteln der einfachen Arbeiterin Sarah Shail an ihren Sohn Francis, der in London den Tod durch Erhängen erwartet und anschließend in der Anatomie "zergliedert" werden soll, weil er, so glaubt seine Mutter, einen Hut gestohlen hat. Die Mutter diktiert ihre mündlichen Botschaften einem kaum mehr als sie des Schreibens kundigen Dorfschneider in die Feder, der sie für seine Dienste sexuell erpresst. Das Kapitel zeugt davon, dass klassen- und geschlechtsspezifische Hierarchien widerständige Faktoren innerhalb des Modernisierungsprozesses sind.

An die beiden Briefkapitel anschließend präsentieren alle folgenden Kapitel Fremde in Ulverton. In einem umgangssprachlichen Wirtshausgespräch erzählt der Schreiner Samuel Daye einem wortlosen Fremden in Kapitel 6 ("Rise 1803"), wie er seinem vor fünf Jahren verstorbenen, gottesfürchtigen Meister Abraham Webb 1775 einen Streich gespielt hat. Er hatte ihn mit Gottes Stimme aus einer großen Eiche ermahnt: "If thee keepest thy lads at work till eleven, Thee shalt not enter the kingdom of Heaven!" (132). Von da an wurde der Arbeitstag immer um acht Uhr beendet. Die mündliche Erzählsituation macht deutlich, dass Mündlichkeit durch Schriftlichkeit auch dann nicht vollständig verdrängt wird, wenn sie nicht mehr das tragende Medium des kulturellen Gedächtnisses ist, das immer ausschließlich das Gedächtnis einer bestimmten Gruppe oder Schicht ist.

Kapitel 7 ("Deposition 1830") besteht aus selektiven Transkriptionen von Maschinenstürmerprozessen, die der gelangweilte Protokollant aus London – der nicht einmal genau weiß, wie der Ort heißt, in dem er die Prozesse verfolgt (142) und der kaum versteht, was die Verhörten sagen, sodass er auf einen Übersetzer angewiesen ist (153) – immer wieder unvermittelt mit langen schriftlichen Exkursen an seine Verlobte Emily unterbricht. Seine Unaufmerksamkeit und seine einseitigen Bewertungen untergraben die Autorität der Sicherung, die schriftlichen Protokollen zugeschrieben wird, und stehen in deutlichem Kontrast zu dem anhaltenden Interesse, das dem Aufstand der Ludditen und seinen Protagonisten in Ulvertons kulturellem Gedächtnis zukommt (175, 179/80, 202, 205, 236, 350). Ironischerweise bewertet der Protokollant Ulverton als "the most dismal place one can imagine" (142), während er plant, sich mit Emily "in the calmer pond of some slumberous Country Town" (143) niederzulassen.

Kapitel 8 ("Sutter 1859") besteht aus Erläuterungen einer Fotografin zu ihren Aufnahmen von Ulverton und von einer ägyptischen Ausgrabungsstätte. Darin rekurriert die Fotografin, wie ich unter 2.3 im Einzelnen zeigen werde, immer wieder auf die beiden konkurrierenden Diskurse um die zu diesem Zeitpunkt erst zwanzig Jahre alte Bilddtechnologie, die sie als mimetisch abbildende oder aber künstlerisch gestaltende entwerfen.[141] Das ambivalente Selbstverständnis der Fotografin, das für das gesamte Romanprojekt paradigmatisch ist, wird deutlich, wenn sie sich als "humble recorder with his tricks of glass and light" (179), also als Dokumentaristin und Entdeckerin beschreibt. Gleichzeitig zeugen ihre Kommentare davon, dass die Fotografie die Sprache nicht obsolet macht, sondern neu herausfordert.

Kapitel 9 ("Stitches 1887") ist der widerständig zu lesende innere Monolog des analphabethischen Feldarbeiters Jo Perry, der teleologische Fortschrittsgläubigkeit ironisch relativiert, indem die kaum lesbare Verschriftlichung seiner soziolektal gefärbten Rede die negativen Folgen der Modernisierung für die traditionsbewusste Landbevölkerung thematisiert. Perrys innerer Monolog ist Zeugnis der anhaltenden Relevanz mündlicher Tradition, der das Bildmedium, das zu diesem Zeitpunkt bereits ein halbes Jahrhundert alt ist, nicht gerecht werden kann. Pas-

---

[141] Siehe dazu Kapitel III, Abschnitt 1.3 dieser Arbeit.

senderweise hat Perry für die Fotoplatten der Künstlerin keine bessere Verwendung denn als Beetabdeckungen.

In Kapitel 10 ("Treasure 1914") erinnert sich der kürzlich aus Indien zurückgekehrte, pensionierte Kolonialbeamte Fergussen im Jahr 1928 in seinen Memoiren an den Beginn des ersten Weltkriegs. Er hatte im Auftrag des Gutsherrn von Ulverton eine Grabung nach den menschlichen Überresten und dem Gold des legendären Heimkehrers Gabby geleitet, und just an dem Tag, an dem seine Männer ein uraltes Skelett gefunden hatten, wurde in Ulverton, wohin die Nachricht vom Krieg bis dahin noch nicht vorgedrungen war, zu den Waffen gerufen. Zum Erstaunen Fergussens waren die meisten Männer der platten Kriegsrhetorik des Gutsherrn erlegen und nur der Paria Percy Callurne hatte sich mit der an Melvilles Bartleby erinnernden Formel "I'd rather bide at home" (233, 234) weder für die Grabung noch für den Krieg einspannen lassen.

Die beiden abschließenden Kapitel thematisieren die audiovisuellen Medien des 20. Jahrhunderts und werden deshalb unter 2.4 genauer analysiert. Kapitel 11 ("Wing 1953") besteht aus den unredigierten Typoskripten der Violet Nightingale, langjährige Sekretärin des fiktiven Cartoonzeichners und selbst ernannten Künstlers Herbert Bradman, der über sechs Jahre hinweg das Projekt verfolgt, der fernen Zukunft mit einer Stahlkiste voll ausgesuchter zeitgenössischer Alltagsgegenstände, die am Krönungstag Elizabeth II für genau 3000 Jahre vergraben werden soll, ein zuverlässiges Dokument der Gegenwart zu überlassen: "I now plant this great steel seed filled with the dross of our so-called 'civilization'" (299), "Seed for the future. A record of our times" (305). Kapitel 12 ("Here 1988") besteht aus dem vollständigen *postproduction* Skript für eine mit Schäfersmusik und Vivaldis *Vier Jahreszeiten* unterlegten Fernsehdokumentation über das Erschließungsprojekt des Immobilienmaklers Clive Walters, der gegen den kollektiven Widerstand der alteingesessenen und der erst kürzlich zugezogenen Bewohner Ulvertons den Bau von "low-cost units" (334) durchsetzt, die er als "Luxury Homes in an Exeptional Countryside Location" (367) anpreist, auf denen er jedoch nach dem Fund eines Skeletts sitzen bleibt. Beide Kapitel verwenden textuelle Zwischen-, Abfall- oder Nebenprodukte audiovisueller Inszenierungen als literarische Formen, die die Bedingungen audiovisueller Informationsproduktion dokumentieren.

2.2 Weder empfindsam noch disziplinierend: Die Briefkultur des 18. Jahrhunderts und Pamelas Doppel in "Leeward 1743" und "Dissection 1775"

Nach der einleitenden Ich-Erzählung des Schäfers, der Predigt des Reverend Brazier und dem Tagebuch des Bauern Plumm markieren die Briefkapitel vier und fünf in Thorpes *Ulverton* die auf unterschiedlichen sozialen Ebenen nacheinander einsetzende Ablösung von *face-to-face* Interaktion durch stärker mediatisierte Interaktions- und Kommunikationsformen innerhalb einer durch den Modernisierungsprozess vorangetriebenen Kultur der Distanz.[142] Mit der zeit- und ortsentbundenen Zirkulation von Sendschreiben greifen "1743 Leeward" und "1775 Dissection" eine zunehmend populäre Kommunikationsform auf, nicht aber den konventionell damit verbundenen literarischen Diskurs der Emfindsamkeit, dessen regulative Qualität ich am Beispiel von Richardsons *Pamela* (1741) und Brockden Browns *Arthur Mervyn* (1799) in Kapitel II herausgearbeitet habe. Zwar kommunizieren Lady Chalmers und Sarah Shail über räumliche und zeitliche Distanzen mit ihrem Liebhaber bzw. mit ihrem Sohn in London, und für beide kompensieren die Briefe körperliche Abwesenheit und fokussieren das Intime und Private. Doch Lady Chalmers schreibt sich nicht empfindsam in die Disziplin eines sozial angemessenen Umgangs mit den Affekten ein, sondern bringt sich um den Verstand. Die Briefe, die Sarah Shail einem nur ansatzweise schreibkundigen Schneider in die Feder diktiert, sind zwar Aufrufe zur Mäßigung, doch die kruden Transkriptionen ihrer mündlichen Rede entsprechen nicht dem schriftsprachlichen Kommunikationsstandard. Sie haben auch nicht Teil am Raffinement der Kommunikationsformen, die der "Zivilisierung", der kulturellen Organisation des Menschen, den Weg bereitet.[143] Sarah Shails Lebenssituation ist auch am Ende des 18. Jahrhunderts noch durch undurchlässige Statusgrenzen definiert, die sich dem kultivierten Gefühl nicht beugen. Die beiden Kapitel beleuchten die Schattenseite einer Diskursgeschichte, die mit der Verschränkung von Brief- und bürgerlicher Gefühlskultur die erfolgreiche Durchsetzung gesellschaftlich gebundener, individueller Subjektivität erzählt. Erzählliterarisch verschafft *Ulverton* mit der Adligen Lady Chalmers und der Arbeiterin Sarah Shail Stimmen Gehör, denen es im Gegensatz zu Pamela in Richardsons gleichnamigem Roman nicht gelingt, in der Form einer

---

[142] Vgl. dazu Kapitel II.1., insbesondere Abschnitt 1.2.
[143] Zu diesem Zivilisationsprozess siehe Alois Hahn, "Theorien zur Entstehung der europäischen Moderne", *Philosophische Rundschau* (1984): 178-202, hier 194.

spekulativen Investition eine im eigenen Handeln begründete Identität zu entwerfen.

Lady Chalmers Briefe exemplifizieren die mediale Ambivalenz zwischen emotionaler Präsenz und räumlicher Distanz, die auch dem empfindsamen Briefdiskurs eigen ist. Doch ihre Briefe zeichnen sich nicht durch verbale Zurückhaltung, sondern durch ihre sexuelle Freizügigkeit aus:

> I would have you lie between me on the instant, but I must long more. Your expressions of affection were received as mine were – O ill-defined joys, that groan as they are cherished, and strew boughs of blossom as they sting our feet with longing! (91)

Ihre Briefe erfüllen eine ordnende Funktion: In den programmatisch vertraulichen und klar adressierten Zeilen kann sie ihr Herz in Schrift gießen, sich in Abwesenheit ihres Geliebten mit ihm über sich selbst verständigen, ihre Liebesbeziehung pflegen und sich psychologisch aus dem physischen Gefängnis ihres über Monate hinweg immer wieder verlängerten Wochenbetts emanzipieren. Sie weiß sich als Gefangene und findet klare Worte für ihre Situation: "I will forget what constitutes daylight soon. [...] I see naught of course of the moon or Nature for they have shuttered me in" (79, 80); "It is close in here and the clock ticks to madden me – there is no other sound but sometimes feet passing overhead. [...] I am swaddled till I breathe no more, or hardly" (81), "'tis like living in a jug" (84), "no great house has more quivering a caged bird" (90).

Ihre Briefe sind der einzige Lichtschein, der in ihr dunkles und streng bewachtes Gefängnis dringt. Solange ihre Briefe beantwortet werden, kann sie die strenge soziale Kontrolle, der sie ausgeliefert ist, hinnehmen und ein Mindestmaß an eigener Kontrolle über ihr eng begrenztes Leben ausüben. Weil sie von außerhalb ihrer klaustrophobischen Nahkultur ein Echo erhält, kann sie das soziale Gefüge, dessen Teil sie ist, erforschen und seine konkreten Konsequenzen für sich selbst abfedern:

> 'tis the fashion to think a man that is married can lack fidelity without scandal, yet a wife must be quartered for it. I bear the weight of this house upon my meagre shoulders – I am its reputation. I cough from the puffs of my fireplace [...] There is no egress for the poor smoke. We are prisoners both.
> [...]
> Our love is a well – 'twill draw forever. (77)

Freilich hat ihre Gesellschaftsanalyse Grenzen. Die Art und Weise wie sie über den schwarzen Jungen Leeward spricht (85-86), zeigt beispielsweise, dass die Sklaverei für sie eine selbstverständliche Einrichtung ist, und ihre anerkennende Bemerkung, dass der Gärtner Mabberly, den sie zusammen mit Leeward mit der heimlichen Beförderung ihrer Briefe beauftragt, "will hang for me if I whished it" (90), ist angesichts der Tatsache, dass er tatsächlich gehenkt wird, weil er sie schützt (98), auf eine ebenso unfreiwillige wie makabre Weise ironisch.[144] Diese Ironie weist Lady Chalmers Gesellschaftsanalyse als beschränkt aus, was angesichts der Tatsache, dass sie über ein halbes Jahr in einem verdunkelten Zimmer gefangen gehalten wird, allerdings kaum verwundern kann.

Leidenschaftlich klammert sich die Gefangene mit jeder Zeile an die Hoffnung, William Sykes bald wiederzusehen, doch mit jedem der offenbar spärlich eintreffenden Briefe wird klarer, dass der Geliebte andere Pläne hat: "You profess love to me, but this prisoner is yet unlocked" (88). Trotzdem können ihre Briefe über viele Monate den kläglichen Alltag verdrängen, indem die beiden Liebenden in der Zirkulation ihrer Liebesversicherungen einen ihnen eigenen Ort entwerfen.

Die Semantik der Intimbeziehungen, die sich mit brieflicher und vor allem gedruckter Verbreitung des Schriftmediums im Rahmen der Neuordnung von Zeit und Kultur entwickelt, spielt bei der Schaffung dieses virtuellen Ortes der Zweisamkeit eine entscheidende Rolle. Niklas Luhmann erläutert, dass im Liebesbrief "die Liebesbeziehung zu Zeitpunkten, die von jeder Interaktion, der häuslichen ebenso wie der unter den Liebenden, freigehalten wird, vorgenossen bzw. nachgenossen werden" kann.[145] Die entsprechende Semantik übernimmt "die spezifische Aufgabe [...], kommunikative Behandlung von Individualität zu ermöglichen, zu pflegen und zu fördern".[146] In *Ulverton* wird diese Semantik im Kontrast zwischen den Briefen der Lady Chalmers und den rund dreißig Jahre zurückliegenden Tagebucheinträgen des Bauern Plumm über seine Affäre mit seiner Magd deutlich. Für Plumm unterscheidet sich der Diskurs der landwirtschaftlichen Haushaltung nicht vom Liebesdiskurs. In beiden geht es, wie die folgenden Beispiele zeigen, um die "improvements", die dem Kapitel seinen Titel geben, und nicht um Schaffung und Erhaltung einer intimen Beziehung:

> [I] felt a body that was unclothed from the waist down upon my lap, and my breeches unlaced with a dexterous hand before I could render a note of complaint or astonishment. I saw in my mind only the turn of the furrow, the coul-

---

[144] Vgl. Galster 337.
[145] Niklas Luhmann, *Soziale Systeme: Grundriß einer allgemeinen Theorie* (Frkf./M.: Suhrkamp, 1984) 582.
[146] Niklas Luhmann, *Liebe als Passion: Zur Codierung von Intimität* (Frkf./M.: Suhrkamp, 1982) 15.

> ter slicing, and the crows with their baleful cries. The Lord forgive me. We broke five bottles: of sallets, or gillyflowers, and three of white lilies. (53)

> I did apply my member to the use it is best made for, which is the making of an heir. [...] I have thought [...] how God approves, in his Majesty, the lowliest act of procreation, whether in the starky, stiff soil of husbandry or the moistness of woman. Because all coupling is in His image, if it be to belly, and further improve Creation by begetting, and not after lust only, or for craving of it. If my seed chitts within her, and within the soil of my land, then there is merely profit, and no waste. (54-55)

Signifikanterweise kann Plumm zwar lesen und schreiben, doch zu Beginn des 18. Jahrhunderts besteht seine Lektüre noch nicht aus (Liebes-) Romanen, die *vor*schreiben, wie über die Liebe zu reden ist. Stattdessen liest Plumm die Bibel sowie John Bunyans *The Pilgrim's Progress* (1678/84), eine allegorische Erbauungsschrift, die intentional gelenkt und entsprechend systematisch mit Bedeutung versehen ist. Das macht den Text zu einem extrem geschlossenen, der kaum "Leerstellen" enthält; er öffnet wenig Raum für die Vorstellungskraft der LeserIn und individuelle Deutungen.[147] In Analogie zu Christians Lebensweg in *The Pilgrim's Progress* entwirft Plumm sein Leben als einen einsam beschrittenen Weg der Prüfungen innerhalb des festen Rahmens puritanischer Heilsgewissheit:

> My uncle having made me of a bookish mind, despite it being vilorated with matters such as dung and mouldiness, I have on my shelf several volumes, of which the most-thumbed is Bunyan's. [...] I noted that, far from being a source of contentment, the pilgrim's woes matched mine too greatly. (51)

Plumm muss sich nicht als Individuum entwerfen, das sich von seiner Umwelt unterscheidet. Seine Unsicherheiten sind im saisonalen Zyklus, in der Generationenfolge und in der Heilsgeschichte aufgehoben. Für seine männliche Selbstidentifikation als Grundlage seines Erlebens und Handelns ist es daher ausreichend, "um die Existenz des eignen Organismus zu wissen, einen Namen zu haben und durch allgemeine soziale Kategorien wie Alter, Geschlecht, sozialer Status, Beruf fixiert zu sein".[148] Für Lady Chalmers ist das anders: Sie muss "auf der Ebene [ihres] Persönlichkeits*systems*, und das heißt: in der Differenz zu [ihrer]

---

[147] Zu Bunyans *The Pilgrim's Progress* siehe Annegreth Horatschek, "Innenräume – Innenwelten in der englischen Literatur von Shakespeare bis zur Gegenwart", unveröffentlichte Vorlesung, 2003; Dokument 30. Zur Leerstelle als "ausgesparte Anschließbarkeit" siehe Wolfgang Iser, *Der Akt des Lesens: Theorie ästhetischer Wirkung* (1976; München: Fink, ³1990) 257-355, hier 284.

[148] Luhmann, *Liebe als Passion* 17.

Umwelt und in der Art, wie [sie] sie im Unterschied zu anderen handhabt, Bestätigung finden".[149] Um zu sein, wie und wer sie sein möchte, bedarf die Liebende der Resonanz durch den abwesenden Geliebten.

Lady Chalmers liest keine Erbauungsschriften, sondern populäre Melodramen des französischen Autors Prosper Jolyot de Crébillon (1674-1762), die den Konflikt zwischen gesellschaftlicher Pflicht und persönlicher Neigung, in dem sie sich selbst befindet, in pathetischen Dialogen dramatisieren. Ihr Erleben bewegt sich damit innerhalb eines Horizontes, der die Liebe als Verhaltensmodell und als Bezugsgröße zur Verfügung stellt. In ihren Briefen kann sie sich auf dieses Modell beziehen und die Semantik der Liebe aufgreifen, um ihr Sehnen und die Vorstellung eines erneuten Treffens mit William Sykes zu artikulieren:

> Most dearest William, –
> The clock pit-a-pats or it may be my heart, but 'tis certain there is no pebbles upon my window-glass yet. I waited upon my canapé half the night. Owls – my mantle clock – a single horse upon the lane that took my heart up to my lips – but no signal. I turn the pages of Crébillon but with half an eye for it. Come across the lawn my stag, your doe weeps bitter tears. (78)

> I cannot think of you but as mine. When my Lord touches me I must clear my mind of those greasy women 'tis told me he visits in London, or I would perforce vomit on the instant, so jealous do I feel, tho' there is not a spark of love for him in me. Is this not strange? I am healed under and crave your member. I wish to talk baldly but fear this will be discovered. Burn it on the instant, do not fasten it up in a drawer for the servants will always be meddling [...]. (81)

> My sweet W. –
> I am at my bureau that you admired so, inlaid with the ivory herons you told were your soul's five desires, and touch your letter with my cheek as I write this. It's perfume is yours – how long in your pocket? (82)

In und mit ihren Briefen glaubt Lady Chalmers die soziale Kontrolle unterlaufen und sich jenseits der sie beschränkenden Konventionen Raum verschaffen zu können, damit sie nicht wie die sprichwörtliche *madwoman in the attic* verrückt werden muss.[150] Ihre Briefe dienen also, solange sie erwidert werden, weniger der empfindsamen gesellschaftlichen Normierung als dem Versuch, ihren Widerstand gegen eine patriarchalische Hierarchie zu stärken, die sie in ihrer Kammer gefangen hält. Nur ihre Briefe nähren ihre Hoffnung darauf, der räumlichen Enge

---

[149] Luhmann, *Liebe als Passion* 17.
[150] Zum Motiv der *madwoman in the attic* siehe Sandra M. Gilbert und Susan Gubar, *The Madwoman in the Attic: The Woman Writer and the Nineteenth-Century Literary Imagination* (New Haven/London: Yale UP, 1979).

ihres Gefängnisses zu entkommen. Diese Hoffnung erweist sich allerdings als Selbsttäuschung, denn der — wie sich herausstellt — desinteressierte Geliebte missachtet sie nicht weniger als ihr Ehemann.

In deutlichem Gegensatz zum Bauern Plumm, der sich zur Unterdrückung seines Sexualtriebs von seiner Frau mit einem speziell dafür vorgesehenen Stock schlagen lässt (47, 50, 53), gibt sich Lady Chalmers schriftlich der Fantasie sexueller Entfesselung hin. Die Selbstkontrolle verliert sie allerdings erst in dem Moment, in dem der Briefverkehr abreißt: In Entbehrung bestätigender Antwortbriefe schreibt sich Lady Chalmers um den Verstand, denn sie kann die befreiende Distanzierung vom erlebten Augenblick im Gefängnis ihres Schlafzimmers nach knapp einem halben Jahr nicht mehr aufrechterhalten. Sie sieht sich in die Enge ihres Gefängnisses zurückgeworfen, die sie, wie sie in einem enttäuschten Abschiedsbrief dokumentiert, in Autoaggressionen und eskapistische Träume treibt:

> I beat against the door in anger last week – I left trails of my nails, the wood of the door was gashed – I would have beat this warm head upon it, save that I gave myself greater hurt, & my poor Phoebe was dashed in the stead, that her face lies in tiny pieces still upon my mantleshelf, lest I forget my pain. [...] I can stand it little longer without recourse to opiates.
> There – I have spilt my coffee upon the paper. Let it spread. Discourse is poison. I shall find a herd of goat, dress in muslin, pipe my hymns to innocence on a thymy slope far from care – & your part of Italy.
> I have a blister, where I held my finger above the candle-flame, to see what greater pain is cruel love.
> The pain of my son's bringing out – a large-boned baby – was as nothing to his father's cunning. (97)

Bislang hatte ihr das Licht der Kerze das Schreiben und damit die Überwindung des Augenblicks ermöglicht. Jetzt jedoch, wo sie keine Briefe mehr erhält, brennt ihr die Hitze der Flamme die schmerzliche Tatsache in die Haut, dass eben dieser Augenblick aus *eigener* Kraft allein unüberwindbar ist. Kommunikationsformen jeder Art, das zeigen die Druckkultur und der mit ihr erstarkte private Briefverkehr besonders deutlich, sind auf beständige Zirkulation, d.h. auf Übertragung, Rezeption und Anschlusskommunikationen angewiesen. Doch William Sykes zieht sich zurück und lässt schon dadurch die Zirkulation der Sendschreiben kollabieren. Als wäre das nicht schon genug, sorgt seine abschließende Übersendung eines übergroßen Päckchens dafür, dass die geheime Verbindung entdeckt wird, was die Boten Mabberly und Leeward mit Leib und Leben bezahlen. Ein letzter Versuch der Lady Chalmers, schreibend vom gegenwärtigen Moment zu abstrahieren, muss ohne Gegenüber in der Ferne notwendigerweise ersticken: "I might fill a page – but let my consolation be – no, 'tis trash – our senses are all deluded – / – save skin upon a candle – / – so –" (98). Erst die erzählliterarische Repräsentation ihrer sibyllinischen Zeilen schenkt denselben wieder RezipientInnen, die aus den Fragmenten der Briefe die Geschichte einer terrorisierten Frau rekonstruieren können.

Die gut dreißig Jahre nach den Schreiben der Lady Chalmers verfassten Briefe der schreib- und leseunkundigen Mutter Sarah Shail an ihren Sohn orientieren sich ebenfalls nicht am Vorbild der empfindsamen Literatur. Aus ihnen spricht eine schwer zu lesende, mündliche Rede und ein eher vor-empfindsames, weitgehend unreflektiertes Gefühl für das Gute und Schlechte, für das Sein und das Sollen.[151] Immer wieder beteuert Sarah Shail, dass sie alles für ihren Sohn tun würde und beklagt, dass sie nicht einmal Geld für seinen Sarg hat; sie tadelt ihn dafür, dass er sein Geld verschleudert hat und bittet, er solle beten und sich bessern, damit er in den Himmel komme; vor allem solle er sich rasieren, damit er am Galgen keine Schande sei:

> [...] I hev a caf an Mr P al so I odd cutt aff my dugg for thee I hev no shillins to paye for a coffen or srowd butt thy wilfe saye she hev aksed thee a for but thee hev spend yr monny on bere an gaiming & hev kep nun inn yr poket nowe thee mite du goode a for the lord or the divil taiks thee thy sole med be yowlin danglin ower hell fier wen thy hande med press on my dugg an the Lord sees itt bee good an collers thee for heven dreckly minut my blakk spott be heled by thy swet thy lipps hev bin a bowt my dugg lang a goe now thee mus mend hur my lam my dovv praye & dont deseper that bee tem tashin wuss tha a fine hatt as blows aff in the strit do thee hev a blaide to shave thy chinn an thy bootes mus be spik or the famealy ont be proude
> God Bless
> Fro thy evere loving mothr
> Sara Shail (109)

Als "mündliche Schriftstücke" partizipieren zwar auch Sarah Shails Briefe an der ort- und zeitentbundenen Zirkulation emotionaler und narrativer Akte, die in einem vorwiegend unpersönlichen gesellschaftlichen Umfeld in intensive persönliche Beziehungen investieren. Sie sind insofern Teil der durch die Medienentwicklung katalysierten Transformation der Verkehrsformen und der Soziogenese einer modernen Individualität im Kontext weitgehend unberechenbarer Ökonomisierungs- und Vergesellschaftungsprozesse.[152] Allerdings erinnert das zweite Brief-

---

[151] Vgl. Galster 340.
[152] Luhmann, *Liebe als Passion* 13-19.

kapitel mit der mündlichen Diktion der Briefe und mit der Offenlegung ihrer Entstehungsgeschichte daran, dass die Verbreitung der Medien keine lineare Progression, sondern eine langsam diffundierende und von klassen- sowie *gender*-spezifischen Hierarchien abhängige Entwicklung von technischen Kompetenzen und sozialen Performanzen ist. Denn offenbar kann der Schneider als Mann und Handwerker eher schreiben als die einfache Arbeiterin Sarah Shail. Dadurch ist sie erpressbar. Die Tatsache, dass sie des Schneiders Schreibdienste mit ihrem Körper bezahlen muss, wirft durch die Ausbeutung und Affirmation sozialer Grenzen ein kritisches Licht auf die dominante Diskursgeschichte, die die Schrift als eine Ermöglichung der Transzendierung räumlicher Grenzen erfasst.

Diese Diskrepanz zwischen offizieller Diskursgeschichte und der effektiven Verbreitung der Modernisierung unterstreicht auch das darauf folgende Kapitel "Rise 1803", welches zu Beginn des 19. Jahrhunderts eine *mündlich* erzählte Geschichte präsentiert, deren Pointe auf die tief verwurzelte Religiosität des Schreinermeisters Abraham Webb baut. Denn nur weil Webb ein gottesfürchtiger Mann ist, kann die von Samuel Day imitierte Stimme aus der Höhe Autorität besitzen und den Meister dazu bewegen, den Arbeitstag seiner Arbeiter regelmäßig um acht Uhr zu beenden, anstatt sie ausbeuterisch bis elf Uhr nachts schuften zu lassen. Dass die Schrift im frühen, bereits stark säkularisierten 19. Jahrhundert weitgehend verbreitet ist, heißt weder, dass öffentliche Kommunikation nicht mehr mündlich erfolgt, noch, dass religiöser Glaube keine Rolle mehr spielt. Trotzdem ist die Geschichte nicht nur für Samuel Daye, der sie dreißig Jahre zurückblickend erzählt, – und damit auch für die LeserInnen von *Ulverton* – eine humoristische. Schon Sarah Shail amüsiert sich über die Begebenheit und hofft, auch ihren Sohn damit zum Lachen bringen zu können:

> abram Web oll mak the coffen thy wilfe hav scraped shillns for hee ol sam daye wen upp a tree & played God an frited abram haaf to dearth I hopes thee be lahgin at tha my lam thee odd yowl in the awld dayes my chitt. (110)

Weil Abraham Webbs religiöser Glaube gefestigt ist, besitzt die Religion für ihn selbst im Angesicht von Industrialisierung und kapitalistischem Profitdenken noch Autorität. In einer Gesellschaft, deren druckkulturelle Kommunikationsstrukturen eine Vielzahl alternativer Möglichkeiten der Selbstversicherung und der Selbstverortung bieten, kommt der Religion diese Autorität allerdings nicht mehr selbstverständlich zu, und selbst eine analphabetische Zeitgenossin wie Sarah Shail kann über Webbs ungebrochenes Vertrauen in die Religion bereits herzlich lachen.

Die beiden Briefkapitel in *Ulverton* arbeiten nicht mit dem zeitgenössischen literarischen Diskurs der Empfindsamkeit, der konventionell in engem Zusammenhang mit der Briefkultur gesehen wird und die westliche Vorstellung von individueller und doch gesellschaftlich gebundener Identität nachhaltig beeinflusst hat. Der Programmatik des Romans entsprechend geben die beiden Kapitel stattdessen Realitäten Kontur, die unbeachtet außerhalb dieses Diskurses wuchern. Dadurch weisen sie die dominante Diskursgeschichte, insbesondere die Verschränkung von Brief- und Gefühlskultur, die sich wirkmächtig auf die Transformation der Verkehrsformen und die Soziogenese einer modernen Individualität auswirkt, als eine Selektion aus, die eine Kehrseite produziert und unbeachtet zurücklässt. Mit Lady Chalmers und Sarah Shail bindet *Ulverton* zwei dieser anderen Geschichten an die Diskursgeschichte zurück.

2.3 Die visuelle Kultur des 19. Jahrhunderts und die Proliferation der schriftlichen Reflexion in "Shutter 1859"

Kapitel 8, "Shutter 1859", besteht aus den ausführlichen Kommentaren einer Fotografin zu ihren Aufnahmen. Diese Beschreibungen verweisen nicht direkt auf die Wirklichkeit Ulvertons und der ägyptischen Ausgrabungsstätten, sondern beziehen sich auf im Text nicht abgebildete fotografische Dokumente. Die Fotografin spricht über Repräsentationen, nicht über die Dinge an sich, über *Perspektiven* auf Ulverton und Ägypten, nicht über diese Orte selbst. Ihre Kommentare sind Teil eines Diskurses über Bilder, der in diesem Kapitel im Zentrum steht. Die Bilder, über die die Fotografin spricht, bleiben den LeserInnen des Romans vorenthalten. Diese Abwesenheit der artifiziellen Präsenz des Abgebildeten hebt die Differenz zwischen Welt und ihrer Repräsentation hervor, über die die fotografische Arretierung eines vergangenen Moments mit der Vermittlung des Eindrucks von Objektivität und Originaltreue so überzeugend hinwegtäuscht. Die Kommentare, die wir lesen, weil wir die Bilder nicht sehen können, rücken die schriftliche Reflexion ins Blickfeld, die durch das Schweigen der Fotografie ausgelöst wird.

Wie Hawthornes *The House of the Seven Gables* (1851) und George Eliots *Middlemarch* (1871/72) thematisiert *Ulverton* in seinem achten Kapitel eine historisch neue Form der visuellen Erfahrung, die sich auf bewegliche und vervielfältigbare Abstraktionen von Welt bezieht, die einen genauen Blick ohne Verzerrungen versprechen, dafür aber ein zu interpretierendes Bild an die Stelle von Welt setzen. "Shutter" zeichnet sich nun dadurch aus, dass diese Thematisierung nicht die Bilder selbst, sondern die schriftliche Reflexion betont, die die Bilder kommentiert. Das Kapitel demonstriert, dass das neue Bildmedium Sprache produziert anstatt sie zu erledigen, dass sich aus dem Schweigen der Fotografie ein beredtes Lärmen erhebt.

Die visuelle Kultur der 19. Jahrunderts beginnt, die Welt zum Bild zu machen und dabei klassische Sehgewohnheiten zugunsten eines industrialisierten oder vergesellschafteten Blicks aufzulösen.[153] War die klassische Episteme noch von der Vorstellung geprägt, dass ein rationales Subjekt die objektiv gegebene Welt nachvollziehen kann, stellt sich dieses Verhältnis nun anders dar: Das Subjekt (im Fall von "Shutter" sowohl die Fotografin als auch diejenigen, die ihre Aufnahmen betrachten sowie der/die LeserIn von *Ulverton*) bezeugt die Wirklichkeit über den Umweg einer technisch hergestellten Repräsentation, die die Wahrnehmung vom ontologisch gegebenen Objekt entkoppelt. Das impliziert ein neues, nicht mehr analytisch trennbares Verhältnis zwischen Subjekt und Objekt, zwischen BertrachterIn und Realität, weil die BetrachterIn selbst zusammen mit dem industriell hergestellten Abbild zum aktiven Bestandteil der Apparatur wird, die die Realität bezeugt. Diese Entkoppelung von Wahrnehmung und Wirklichkeit ist allerdings in der artifiziellen Präsenz des technisch hergestellten, programmatisch objektiven Bildes weitgehend naturalisiert. "Shutter" unterläuft diese Naturalisierung dadurch, dass uns die Bilder vorenthalten bleiben. Die Tatsache, dass wir die Bilder nicht sehen können, sondern stattdessen Beschreibungen derselben lesen müssen, rückt den Abbildcharakter der Bilder auf frappierende Weise in den Vordergrund. "[T]he rich tilth of an unrecorded history, plodding on between an English earth and an English sky" (182) rückt da in weite Ferne, wo die visuelle Dokumentation dieser Geschichte wiederum durch Beschreibungen ersetzt und so in ihrem stellvertretenden Charakter bestätigt ist. Gleichzeitig erheben diese schriftlichen Stellvertretungen zweiter Ordnung durchaus den Anspruch, das zu sagen, was die Fotografie nicht zeigt.

Die Kapitelüberschrift "Shutter" ist insofern *aufschluss*reich, als der Verschluss der zentrale Mechanismus der fotografischen Apparatur ist: die zeitlich steuerbare, bewegliche Barriere zwischen Licht und fotografischer Platte, zwischen der Vergangenheit des Motivs und der Nachträglichkeit seiner Abbildung, die durch das Beobachtersubjekt aktualisiert werden muss. Als präzise kontrollierbarer Mechanismus im technischen Prozess der Bilderherstellung stellt der Verschluss die Verbindung der beiden innerhalb der industrialisierten Wahrnehmung fast

---

[153] Siehe dazu im einzelnen Kapitel III, Abschnitte 1.2 und 1.3.

unmerklich entkoppelten oder voneinander abstrahierten Pole des vergangenen Moments und dessen vergegenwärtigender Aktualisierung dar. Die Bildbeschreibungen, in denen die Fotografin über die Herstellung und die Wirkung ihrer Bilder spricht, sind solche Aktualisierungen. Walter Benjamin äußert sich in seinem 1931 erstmals veröffentlichten Essay "Kleine Geschichte der Photographie", in dem er den medienspezifischen Charakter der Fotografie zu benennen sucht, zur zentralen Funktion solcher Beschreibungen oder Beschriftungen und erklärt sie "zum wesentlichen Bestandteil der Aufnahme". Ohne Beschriftungen, so Benjamin, muss "alle photographische Konstruktion im Ungefähren bleiben", denn eine einfache Wiedergabe der Realität sage nichts aus über diese Realität.[154] Ein Foto, so schreibt auch Roland Barthes, "kann nicht *sagen*, was es zeigt".[155] Benjamin hält einen Fotografen, der seine eigenen Bilder nicht lesen, ihren Deutungsspielraum nicht nutzen oder strukturieren kann, für einen "Analphabeten".[156] Die Fotografin in *Ulverton* ist keine Analphabetin. Die aktualisierenden Beschriftungen ihrer Bilder sind, wie die folgenden Beispiele zeigen, durchsetzt von den zeitgenössischen Diskursen um die Fotografie, die ich in Kapitel III.1. (Abschnitt 2. und 3.) genauer analysiert habe – ihren Mimesis-Versprechungen und deren immer schon mittransportierter Negativität. Mit ihren Ausführungen markiert die Fotografin den Interpretationsleistung erfordernden Bedeutungsspielraum, der sich aus ihren fotografischen Arbeiten ergibt.

Zunächst weist die Fotografin immer wieder darauf hin, dass sie besonderen Wert auf eine möglichst "natürliche" Wiedergabe der bewegten Realität legt. Dass sie bei ihren sonntäglichen Streifzügen auf der Suche nach geeigneten Motiven ihre Kamera unter ihrem Reifrock verbirgt, den sie auch als Abdeckung nutzt, verweist auf die authentisierende Verschränkung des Willens zu Sehen und Festzuhalten einerseits und der Sexualität und des Begehrens andererseits. So fängt sie ein, was ihr spontan vor die Linse kommt, beispielsweise das Liebeswerben eines Riemersohnes und einer Fuhrmannstochter in einem Boot, wobei der 'Schnappschuss' als Garant der realistischen Authentizität dient:

> I am not given to the artificial posing so beloved of my contemporaries in the field of both plate and canvas. Notice dear viewer, the abashed and twisted

---

[154] Walter Benjamin, "Kleine Geschichte der Photographie", *Das Kunstwerk im Zeitalter seiner technischen Reproduzierbarkeit: Drei Studien zur Kunstsoziologie* (Frkf./M.: Suhrkamp, 1963) 45-64, hier 64.
[155] Roland Barthes, *Die helle Kammer: Bemerkungen zur Photographie* (Frkf./M.: Suhrkamp, 1989) 111.
[156] Benjamin, "Kleine Geschichte der Photographie" 64.

> posture of the girl – and the blur that should have been, if ordered circumstances had prevailed, the face of her admirer. No, I did not set up my apparatus with a clatter, then move the limbs of my lovers like so many waxworks, and introduce the boat, whose oars had never before been subject to the young man's sturdy grip. (168)

Sie achtet darauf, "the formality of response, that considered design and self-conscious air, that the posed picture erstwhile involves" (169), möglichst gering zu halten. Der Feldarbeiter Perry, aus dessen Monolog das darauffolgende Kapitel besteht, wird ihr deshalb später Voyeurismus vorwerfen.[157] Wenn sie Auftagsarbeiten ausführt, tut sie dies vorzugsweise nicht in ihrem Studio, sondern nutzt die Möglichkeit, die das langsamere Medium der Malerei nicht bietet: "Far preferable, to my mind, is the human subject when revealed in its natural habitat, than in the studio: how much more possible this is, with the instantaneous brush of the photographer's art, than with the slow dab of the painter's!" (181). Wie ihr Zeitgenosse William Henry Fox Talbot, der zwischen 1844 und 1846 in sechs Teilen das erste mit fotografischen Aufnahmen illustrierte Buch veröffentlichte, in dem er jede seiner Fotografien ausführlich kommentierte,[158] spricht die Fotografin in *Ulverton* von der neuen Technik als einem Bleisift der Natur, als einem automatischen Mechanismus, der ohne menschliches Zutun aufzeichnet, was 'da' ist:

> Until the impossible is gained – and the myriad colours of the universe are arrestable likewise on our silvered plates – we must be content with the play of light and shade, the infinitesimal tremble of the texture and tone in a moment's grace, the *unencumbered beauty of Nature's pen* that brings through our lens, as a richly-laden camel through the eye of the needle, her unsurpassable artistry. (178; meine Hervorhebung)

Obwohl die Fotografin durchgehend die mimetische Kraft ihrer Bilder betont, macht sie deutlich, dass es eine Kunst ist, "the lense, with its unavailing sincerity, and its unjudging eye" (172) so einzusetzen, dass der von ihr gewollte Effekt entsteht. Einmal ist sie stolz, "the transient poetry of nature [...] *most eloquently*" (167; meine Hervorhebung) eingefangen zu haben. An anderer Stelle präsentiert sie einen von vielen Versuchen, "the sublime perfection" eines frisch abgeschmolzenen und sonnenbeschienenen Hüttendaches zu fotografieren: "I made several studies

---

[157] "[S]he were peepin oh I knowed it see I knowed it cotched her one time a-bogglin on old Janey Pocock makin sweet wi' that Mary Stoude's bro his Dad were the top harness-maker round abouts in a boat they was aye aye" (199).

[158] W. Henry Fox Talbot, *The Pencil of Nature* (1844-46; NY: Hans P. Kraus, Jr., 1989).

of this phenomenon, but I have included here the one which, however inadequately, comes closest to capturing that bejewelled effect" (172-73). Sie wählt genau aus: "I choose this picture among many for its peculiar air of peace" (182), und sie gesteht ein, dass ihr Aufnahmen nicht gelungen sind oder dass sie keine Gelegenheit hatte, sie zu machen: "I made several attempts to photograph this bridge, but none was successful" (169-70), "sudden illness prevented me from completing the record" (186). Sie erläutert, unter welchen Wetter- und Lichtbedingungen bestimmte Motive besonders reizvoll zu fotografieren oder überhaupt ablichtbar sind, und weist so darauf hin, dass die technischen Möglichkeiten der Kamera einer Lenkung des Blickes entsprechen. "[C]hoose a day after rain, when the sun is out, but the earth still moist", rät sie und folgert mit Verweis auf ihre Aufnahme einer Hügellandschaft: "then see, as here, how the way gleams with a silvery tone, up to the farthest horizon, if the sun be before you, but not so directly in front as to blind" (173). Auch wenn sie hervorhebt, das Dorfleben in all seiner nackten Einfachheit dokumentieren zu wollen, "for there are no flawed elements to the eye of the camera, but only the God-given grace of living appearance, that holds in every line the years endured, and the spirit borne" (179), spricht sie über fotografische Glasplatten, nicht über "living appearance". Wie sie ausdrücklich sagt, geht es ihr mit ihren Dokumentationen um die Präsentation eines Ausblicks und erst über seine Vermittlung um die Erfahrung der Wirklichkeit:

> No longer are the pools and brimming ruts a menace to polished shoes, a trial to the scrubbed gig, a curse on the coachman's coat-tails: to the enthusiastic photographer these silver islands are like beacons to a better world, for they lead the eye of the viewer towards the far hills, the distant copse, the shadowy combe: those horizons that speak of sublimities, though the path be hard and long. (173)

Das doppelte Bestreben, genaue visuelle Informationen zu erschließen und dem menschlichen Sehvermögen in ästhetisch ansprechender Form neue Dimensionen zu eröffnen, wird an ihren Beschreibungen der Aufnahmen besonders deutlich, die sie in Ägypten angefertigt hat. Aufnahmen ferner Länder waren im Rahmen kolonialer Expansion und des beginnenden Tourismus in der zweiten Hälfte des 19. Jahrhunderts eine viel beachtete Attraktion. Um ein größeres Publikum zu erreichen und seine Entdeckerlust und Neugierde auf fremde Völker zu befriedigen, machen sich Fotografen wie Roger Fenton, Robert Macpherson, Francis Frith, Hippolyte Bayard, Gustave Le Gray, Henri Le Seq und Édouard Baldus daran, die Welt systematisch mit der Kamera zu erkunden, in den Tourismuszentren entstehen Fotoateliers, und neu gegründete Reproduktionswerkstätten sorgen für eine größere Verbreitung der Bilder. Alles zusammen ergibt das Bild einer Welt, die in Bewegung geraten ist.[159]

Als Organ der Wirklichkeitsbemächtigung liefert die Fotografie diese bewegte Welt dem strukturierenden Blick aus und vereinnahmt bzw. hegemonisiert das Fremde über die mediale Aufbereitung und Verwendung. Fotografien vermitteln ihren BetrachterInnen die Sicherheit, nicht der unstrukturierten Flut der Welt ausgeliefert zu sein. Dabei tritt eine Abstraktion an die Stelle der Erfahrungswelt, die sich als authentische Verdoppelung geltend macht, obwohl sie sich beständig als erläuterungbedürftig erweist.

Das Licht in Ägypten stellt eine besondere Herausforderung für das Können der Fotografin dar. Die Beschreibung ihrer Umgehensweise mit den extremen Lichtverhältnissen vor Ort erinnert daran, dass sie ihren Standpunkt aus technischen Gründen genau wählen muss, damit sich ihr Blick und das einfallende Licht nicht gegenseitig blockieren und auf der fotografischen Platte überhaupt etwas erkennbar ist:

> [T]he glare of the desert, and the deep darkness of the tomb's interior, stood in threatening contrast – so forceful that the image might have vanished completely into mere patterns of light and shade, as unintelligible as newsprint in a foreign country.
>
> I waited, therefore, for the hour of sunset [...] to make this plate, that might remind us of the Tomb of our Risen Lord [...]. (184)

Ihre Positionierung der Apparatur gegenüber dem Licht ist Teil eines aus technischen Gründen subjektiv perspektivierten und dynamischen Wirklichkeitszugriffs, der zusammen mit dem Realismuseffekt der Fotografie seine Wirkung entfaltet und den Blick auf ein vermeintlich mimetisches und letztlich doch interpretationsbedürftiges Bild der Realität freigibt. "The connection between photography's image-world and the real world or *Lebenswelt* of everyday life defines a problem – a question rather than a certain answer", hält Alan Trachtenberg fest und erklärt, dass bereits die frühen Fotografen diese Lektion gelernt hätten, denn: "Like money and other commodities, photographs shift and slide in meaning. They may seem to offer solid evidence that objects and people exist, but do

---

[159] Francoise Heilbrun, "Die Reise um die Welt: Forscher und Touristen", *Neue Geschichte der Fotografie*, ed. Michel Frizot (Köln: Könemann, 1998) 149-73, hier 149.

they guarantee what such things *mean?*"[160] Wie kontingent die Bedeutung der Bilder ist, wird in dem zufälligen Fund der wettergegerbten Platten auf einem eingewachsenen Grundstück durch den ehemaligen Kolonialbeamten in Kapitel 10 besonders deutlich (247). Der Landarbeiter Jo Perry hatte "them glass jiggamies wi' shadders on 'em" (199) offenbar als Beetabdeckung für seine Kohlpflanzen genutzt: "[E]ach negative, once developed, showed the degree of loss occasioned by this otherwise resourceful adaptation – though none could say with certainty who the masterly progenitor was" (248). Über dieses konkrete Beispiel einer pragmatischen Umfunktionierung von alltäglichen Kulturgütern hinaus gilt: Gäbe es die Bedeutungsgarantie, nach der Trachtenberg rhetorisch fragt, dann gäbe es nichts zu interpretieren und jeder Kommentar wäre überflüssig. Doch Fotografien selbst können nicht *sagen*, was sie zeigen, und so nimmt es nicht Wunder, dass die Fotografin – so wie ihre Zeitgenossen auch – den Bedeutungsspielraum ihrer Arbeiten durch ausführliche Kommentare strukturiert. Aus der Perspektive des Gesamttextes belegen diese Kommentare ein weiteres Mal, dass ein neues Medium (hier die Fotografie) das alte (hier die Schrift) nicht ersetzt, sondern neu herausfordert.

In ihren Ausführungen spricht die Fotografin auch über die Komposition ihrer Motive:

> The great oak upon the right [...] gives weight and interest to the middle distance, which might otherwise be too sparse – while the glint of the iron catch on the gate in the far distance was, I am content to confess, a happy accident. (173)

> The trestle, grindstone, and other sundry items were purposefully arranged, as in a painter's canvas, to please the eye [...]! Indeed I requested that the rainbarrel against the wall could be shifted more firmly to the right of the picture, thus counter-weighting the window on the left. (175)

Mit diesen Hinweisen unterstreicht die Künstlerin ihren gestalterischen Spielraum – "I am *partial* to roads" (175, meine Hervorhebung) – und macht deutlich, dass Ihre Arbeit eine aktive Methode der Entdeckung und nicht eine passive Wiedergabe von Vorgefundenem ist.

Am deutlichsten wird ihre Aufwertung der Wahrnehmung als entdeckende Kraft in ihren Beschreibungen der Aufnahmen, die sie in Ägypten von archäologischen Ausgrabungstätigkeiten und den dabei geborgenen "images of the far past" (183) angefertigt hat. Schon den

---

[160] Alan Trachtenberg, *Reading American Photographs: Images as History. Mathew Brady to Walker Evans* (NY: Hill & Wang, 1989) 20, 19.

ersten Blick der Forscher auf die Höhlengemälde begreift sie in Analogie zu ihrer eigenen Arbeitsweise als eine Hervorbringung der Gemälde:

> Without light of any sort, or eyes to pierce the darkness, did not these works lack being – for thousands of years, even – until Mr. Quiller' strong shoulders, and those of his assistants, slid the slab back inch by inch, and sent a pencil-beam of light probing over hands, and eyes, and beaks, and feet? As if breath was stirring within them, and their parts were being touched into swelling fact? Did not the first lamp, and Mr Quiller's astonished eyes behind it, act as vivifiers, the torch of grace upon these lost creatures? (186)

Ihre Schilderung der Blicke der Archäologen auf die Höhlengemälde als "vivifiers" ist insofern zeitgebunden, als vor der Entwicklung der fotografischen Technologie anders von Entdeckungen gesprochen worden wäre. Bis in die Metaphorik hinein ist das Verständnis der Forschertätigkeit, das sie artikuliert, der frühen fotografischen Technologie verpflichtet: So wie sie den Verschluss ihrer Kamrea öffnet, rücken die Forscher den Stein vom Höhleneingang ab; und so wie sie durch die Öffnung des Verschlusses ihrer Apparatur den Lichtstrahl (den Bleistift der Natur) auf die fotografische Platte lenkt, lassen jene den Lichtstrahl ihrer Lampe über die antiken Artefakte streifen. So werden die Höhlengemälde erst zum Leben erweckt, "as if breath was stirring in them"; denn "[w]ithout light of any sort, or eyes to pierce the darkness, did not these works lack being [...]?" (186). Diese rhetorische Frage der Fotografin verweist auf die diskursgeschichtliche Archäologie, die das Programm des gesamten Romans ist: "to dig up rather than create",[161] wobei "digging" hier nicht die Hebung von etwas unveränderlich Gegebenem impliziert, sondern die bewusste, gegenwartsbezogene Neuentdeckung und Rekontextualisierung von Vergangenheit. Das Dokumentations- bzw. Entdeckungsprojekt der Fotografin ist insofern paradigmatisch für das Projekt, das der Roman insgesamt verfolgt. Auf diese poetologische Dimension des Kapitels werde ich am Schluss dieses Untersuchungsabschnitts noch einmal zurückkommen.

Zum Teil konfrontierten schon frühe Fotografien ihre BetrachterInnen mit Phänomenen, die mit dem bloßen Auge nicht wahrnehmbar sind. Der Astronom Jules-César Janssen (1824-1907) bezeichnete die Fotografie daher als "die wahre Retina des Gelehrten",[162] obwohl die so zur Verfügung gestellten Bilder in hohem Maße auswertungsbedürftig waren und daher eher Fragen stellten als Antworten gaben. Alle Unterschiede,

---

[161] Hagenauer 227.
[162] Zitiert bei Michel Frizot, "Das Absolute Auge: Die Formen des Unsichtbaren", Frizot, *Neue Geschichte der Fotografie* 273-84, hier 274.

die sich bereits in den frühen Jahren der Technik auch mikro-, tele- oder infrarotfotografisch dokumentieren ließen,

> mussten auch erklärt oder zumindest berücksichtigt werden. Diese Unterschiede zeigten sich ganz unmittelbar in der Fotografie, die die Unbestimmtheit der Wirklichkeit bewahrte und eine Neuinterpretation ermöglichte.[163]

Die Verbindung zwischen dem Sichtbaren und seiner Deutung wird so als erklärungsbedürftiges Problem ausgewiesen.

Die Fotografin in Ulverton entdeckt aber nicht nur die Fremde, sondern auch die ganz alltägliche äußere Realität, die so selbstverständlich ist, dass ihre ZeitgenossInnen sie schon gar nicht mehr sehen. Mit ihrem Welt-entdeckenden Blick beansprucht sie deswegen die Erfüllung einer missionarischen Aufgabe:

> Herein is the principal task, then, of the new art of the lens: for what other purpose must we serve but the bettering of humankind, in the bringing to its attention that miraculous system that has its being all about us but that we too easily take for granted: for Time hurries us on, and our needs make us blind. (172)

Mit ihrer Kunst hält sie den Augenblick in cinem Bild fest und macht ihn der nachträglichen Reflexion zugänglich, sodass die "endlose Auslegungsarbeit des Wirklichen"[164] ihren Lauf nehmen kann. So schwärmt sie in ihren Erläuterungen zur 36. Platte, "The Rectory Tea", von der paradiesischen Ruhe dieses Ortes, wobei sie ihre Feier der Ruhe mit der zeitgenössischen Feier der Eisenbahn und damit *des* Fortschrittsmotors kontrastiert, der zusammen mit der Fotografie im 19. Jahrhundert ganz entscheidend zur Schrumpfung des Raumes und zur Beschleunigung der Zeit beiträgt. Damit weist sie das Bedürfnis nach Stille als ein kompensatorisches Bedürfnis einer schnellen Zeit und die Fotografie als eine Technologie aus, die dieses Bedürfnis nicht nur weckt, sondern ihm auch entspricht. Während die reale Sonnenuhr nur im Schatten die Illusion vermitteln kann, die Zeit stehe still, steht die abgebildete Sonnenuhr immer still, denn die Beglaubigung vergangener Präsenz ist das Wesen der fotografischen Repräsentation:

> Only the clamour of the rooks in the graveyard oaks, and the murmur of bees clustering at the foxgloves, and the chimes of crockery – only these tell us we

---

[163] Frizot, "Das absolute Auge" 276.
[164] Bernd Busch und Irene Albers, "Fotografie/fotografisch", *Ästhetische Grundbegriffe*, 7 Bde., ed. Karlheinz Barck et al. (Stuttgart: Metzler, 2000) Bd. 2, 494-550, hier 506.

> are hurrying on, for the shadow upon the sun-dial fools us it is stilled; while the breeze from the downs ripples through unceasingly, with its hint of grass, and corn, and the faint bells of flocks, moving like flecks of foam upon a green wave.
> If higher mortals scoff at my celebration of this parochial encumbrance to novelty and brilliance, to the pursuit of innovation and enterprise, huffing and puffing on its gleaming tracks, then let me say only that life cannot be moving post-haste until it take our breath away, and fill our eyes with smuts, but that stillness and pause are the essence of struggle, and the pith of sobriety. Let the calm of this humble scene, in which the old stone dial (and its motto) serves as our admiration, be as water that settles the dust upon a highway, and slakes the soul. (182)

Die Fotografin äußert die Hoffnung, dass die BetrachterInnen der fotografischen Platten aufgrund dessen, was sie nicht in der Welt selbst, wohl aber in ihren fotografischen Repräsentationen von Welt gesehen haben, in ihrer Wahrnehmung geschult und "with a surer eye" (175) in die Welt hinaus gehen.

Eine andere Bemerkung, die die Fotografin über die Platte 39, "The First Chamber", und mit Verweis auf eine in "Shutter" nicht eigens besprochene Platte macht, passt, entgegen meinen bisherigen Ausführungen, eher in einen vor-fotografischen oder klassischen Diskurs, in dem der Blick keine konstruktive, sondern nur nachvollziehende Funktion hat. Auf eine Weise, die stark an Casaubons vermessene Idee eines universellen "key to all mythologies" in George Eliots Middlemarch erinnert, nimmt sie eine Verbindung zwischen den ägyptischen Höhlenmalereien und der Geschichte Ulvertons an, indem sie auf ein geheimes Wissen verweist, das alle Ungewissheiten beseitigen könnte:

> If this image [of the Egyptian chamber] also puts one in mind of the stone burial chamber upon the English downs (see Plate XIII, *ibid.*), then in such coincidences of appearance, a long sea-voyage apart, may lie a secret web of knowledge, that once ascertained and drawn out, could provide a key to all mysteries – and make of the past a well wherein our own thirst might be slaked, and our petty confusions buried. (184)

Hier gibt sich die Fotografin der Vorstellung hin, es gebe Zusammenhänge, die nur freigelegt, aber nicht eigens gestiftet werden müssten, um begriffen zu werden. Ihre eigenen Ausführungen sind allerdings kaum dazu geeignet, diese Annahme eines vorgegebenen und lediglich genau zu ermittelnden Wissens zu stützen. Denn sie selbst stellt die Verbindung zwischen dem nahen und dem fernen Fremden, zwischen der Selbstverständlichkeit des Alltäglichen und der Unverständlichkeit des Unbekannten her, indem sie beide in der Fotografie analysierbar macht.

Auch die Verbindung zwischen Ulverton und Ägypten suggeriert sie in ihrer Beschreibung der Sujets der Höhlenmalereien – die ebensogut Beschreibungen der Sujets ihrer Ulvertonbilder oder auch der des Romans sein könnten –, kurz darauf selbst: "harvest dances, the casting of seed, a wedding procession, a birth, and a journey in a reed boat upon tiny wavelets [...] (and more savage scenes of war, and those I can only describe as indelicate)" (185).

In seinem Versuch, das Wesen der Fotografie zu erfassen, unterscheidet Benjamin zwischen einem Verständnis der Natur, das sich aus dem direkten Blick auf die alltägliche oder fremde Welt ergibt, und dem, das sich aus dem Studium eines technisch produzierten Bildes ableitet:

> Es ist ja eine andere Natur, welche zur Kamera als welche zum Auge spricht; anders vor allem so, daß an die Stelle eines vom Menschen mit Bewußtsein durchwirkten Raums [der Realität] ein unbewußt durchwirkter [der Abbildung] tritt. Ist es schon üblich, dass einer, beispielsweise, vom Gang der Leute, sei es auch nur im groben, sich Rechenschaft gibt, so weiß er bestimmt nichts mehr von ihrer Haltung im Sekundenbruchteil des 'Ausschreitens'. Die Photographie mit ihren Hilfsmitteln: Zeitlupen, Vergrößerungen erschließt sie ihm. *Von diesem Optisch-Unbewußten erfährt er erst durch sie*, wie vom Triebhaft-Unbewußten durch die Psychoanalyse. Strukturbeschaffenheiten, Zellgewebe, mit denen Technik, Medizin zu rechnen pflegen – all dieses ist der Kamera ursprünglich verwandter als die stimmungsvolle Landschaft oder das seelenvolle Porträt. Zugleich aber eröffnet die Photographie in diesem Material [der Landschaft und des Porträts] die physiognomischen Aspekte, Bildwelten, welche im Kleinsten wohnen, deutbar und verborgen genug, um in Wachträumen Unterschlupf gefunden zu haben, nun aber, groß und formulierbar wie sie geworden sind, die Differenz von Technik und Magie als durch und durch historische Variable ersichtlich zu machen.[165]

Analog zu seiner Unterscheidung zwischen bewusst strukturiertem realen Urbild und unbewusst strukturiertem Abbild unterscheidet Benjamin auch zwischen unterschiedlichen Formen der Abbildung, nämlich dem einmaligen, auratischen Bild und der vervielfältigbaren, technisch hergestellten Abbildung:

> [U]nverkennbar unterscheidet sich das Abbild, wie illustrierte Zeitung und Wochenschau es in Bereitschaft halten, vom Bilde. Einmaligkeit und Dauer sind in diesem [dem Bild] so eng verschränkt wie Flüchtigkeit und Wiederholbarkeit in jenem [dem Abbild]. Die Entschälung des Gegenstandes aus seiner Hülle, die Zertrümmerung der Aura ist die Signatur einer Wahrnehmung, deren Sinn für alles Gleichartige auf der Welt [siehe Ägypten und Ul-

---

[165] Benjamin, "Kleine Geschichte" 50-51.

verton] so gewachsen ist, daß sie es mittels der Reproduktion auch dem Einmaligen abgewinnt.[166]

Dieser neue Blick, diese neue Wahrnehmung, die sich der technischen Reproduzierbarkeit und der damit verbundenen Zertrümmerung der Aura des Einmaligen verdankt, macht Dinge isolier- und damit beobachtbar, die "vordem unbemerkt im breiten Strom des Wahrgenommenen mitschwammen".[167] Darin liegt auch der Grund für die "gegenseitige Durchdringung von Kunst und Wissenschaft", die Fotografie und Film mit ihren Abstraktionsleistungen befördern.[168] Insbesondere die surrealistische Fotografie, die von intimen Identifikationsmöglichkeiten absieht, aber auch die wissenschaftliche Fotografie, die dem menschlichen Sehvermögen neue Sichtweisen eröffnet, machen den Blick für eine detaillierte Analyse frei, indem sie von der Welt abstrahieren und "eine heilsame Entfremdung zwischen Umwelt und Mensch" einführen.[169]

Die Fotografin in *Ulverton* ist viel zu sehr in die von Benjamin als einem der Ersten benannten Effekte der technischen Bildreproduktion verstrickt, als dass sie sich überzeugend in einem klassischen Diskurs bewegen könnte, der auf der Annahme beruht, der subjektive Betrachter vollziehe lediglich eine vorgegebene Welt nach. Das deutlichste Beispiel dafür ist ihr Kommentar zur Aufnahme eines Cricketspiels, der das Kapitel "Shutter" abschließt. Von einem weit in der Zukunft liegenden Standpunkt aus liest sie die Spielanordnung als ein Rätsel, das das menschliche Verständnis der Realität nicht als ein "web of knowledge" kennzeichnet, das "the key to all mysteries" (184) bereitstellen könnte, sondern vielmehr als ein Netz aus Fragen, die kaum mehr als ein schwaches Dunstbild ergeben:

> Is the personage with one knee upon the grass (the late – alas! – Mr Quiller – see previous plates, *ibid.*) in obeisance to some unseen, ruthless deity? Are the long black skirts of the ladies donned as uniform for some violent battle or is this a graveyard, and they in mourning before those memorials of curved wire embedded in the lawn? Is the man in the centre, with his weapon resting on one shoulder (our village Doctor, to be precise), the leader of this ceremony, or the victim of some dreadful rite? And what does the ball there, in its indent of grass beside his feet? Why is his mouth open: is his expression one of joy, or terror? And what does the pale woman (myself!) seated in the wicker Bath-

---

[166] Benjamin, "Kleine Geschichte" 58. Siehe dazu auch Walter Benjamin, "Das Kunstwerk".
[167] Benjamin, "Das Kunstwerk" 34.
[168] Benjamin, "Das Kunstwerk" 35.
[169] Benjamin, "Kleine Geschichte" 58.

> chair before the hedge? Is she alive at all – or is she some waxen idol, the Daemon of proceedings?
>> How faint our hold on this hour of life! How weak our grasp on the throbbing vein of ambition! How fleeting these teeming generations, sunlit by the great god Ra, then blessed by a redeeming Creator! (187)

Ironischerweise treffen die verfremdenden Bemerkungen der Fotografin über die abgebildete Spielszene auf den Akt der fotografischen Dokumentation durchaus zu. Denn die Fotografin, die sich an einer Stelle als "humble recorder with his tricks of glass and light" (179) beschreibt und damit auf ihre aktive Rolle im Abbildungsprozess verweist, ist tatsächlich the "deamon of proceedings" (187). Sie hat die Hand am Drücker und nicht nur das. Als Betrachterin, die den Blick, der aus dem Bild heraus insistiert, interpretierend aktualisiert, ist sie auch der "redeeming Creator" (187), der wiederherstellende oder einlösende Schöpfer des Abgebildeten, indem sie das Abgebildete mit ihrem Wahrnehmungstext, ihrer bereits vorgängig gedeuteten Wirklichkeitsreferenz autorisiert. In ihrer wahrnehmungstextlichen Beschriftung der fotografischen Aufnahmen manifestiert sich das neue, "romantische" Selbst, das nicht 'ist', sondern sich auf der Basis seiner Interpretationsarbeit 'entwickelt'.[170]

"Shutter" ist ein Schlüsselkapitel in Thorpes Roman, denn das Projekt der Fotografin ist dem gesamten Romanprojekt analog: Sowohl die Fotografin als auch der Roman wollen forschend entdecken, was bisher übersehen wurde, wollen verborgene Geschichte lebendig machen,[171] die bisher nicht wahrgenommen worden ist. "Without light of any sort, or eyes to pierce the darkness, did not these works lack being [...] Did not the first lamp, and Mr Quiller's astonished eyes behind it, act as vivifiers, the torch of grace upon these lost creatures?" (186), fragt die Fotografin in Bezug auf die Forschungstätigkeit der Archäologen in Ägypten. Wie diese dokumentiert sie, was sie vorfindet, d.h. sie macht alte Welten neu zugänglich. Unwillkürlich nimmt sie in ihrem Bemühen, ohne jedes Zutun aufzuzeichnen, was unabhängig von ihr selbst da ist, eine Aufwertung der Wahrnehmung als aktiv entdeckende und gestaltende Kraft vor. Auch wenn sie sich nur als "humble recorder" begreifen will, ist sie immer ein "humble recorder with his tricks of glass and light" (179). In einer ähnlichen Situation befindet sich der Roman, der dokumentieren will, was außerhalb der dominanten Diskursgeschichte *da* ist, was aber gerade kein Gewicht hat, so lange es nicht durch eine – hier literarische – Diskursivierung in seiner Existenz bestätigt worden ist.

---

[170] Clifford Siskin, *The Historicity of Romantic Discourse* (NY/Oxford: OUP, 1988) 94-124.
[171] Siehe dazu Hagenauer 228-29.

In ihrer Forschungs- und Entdeckungstätigkeit *ergänzen* Fotografin und Roman nicht nur das fotografische Bild bzw. die elektronische und die digitale Audiovision, sie *ersetzen* es durch das unverzichtbare Supplement der Schrift. Nicht das Bild selbst, sondern die schriftliche Reflexion desselben macht Wirklichkeiten zugänglich, die Violet Nightingale in Kapitel 11 ("Wing 1953") als "fuzzy edges" bezeichnet.

2.4 Die Audiovisualisierung des 20. Jahrhunderts und die Leistung der gedruckten Erzählliteratur in "Wing 1953" und "Here 1988"

Die letzten beiden Kapitel von *Ulverton*, die vom Umfang her zusammen rund ein Drittel des Romans ausmachen, setzen die interdiskursiven Referenzen aus Kapitel 8 ("Shutter 1859") im Text fort und beleuchten im Medium der Schrift die Auswirkungen audiovisueller Kommunikationsformen auf die Formen der Geschichtserfahrung und des kulturellen Gedächtnisses. Beide Kapitel präsentieren mit Radiosendung und Fernsehdokumentation medienspezifische Formen der Wirklichkeitskonstruktion, die sich auf je spezifische Weise als komplexe und mitunter störungs- und manipulationsanfällige Übersetzungen dessen erweisen, was sie dokumentieren sollten. Die Ver*wendung* von textuellen Zwischen-, Abfall- oder Nebenprodukten audiovisueller Inszenierungen als literarische Formen ist mehr als deren Reproduktion. Schon Kapitel 7 ("Deposition 1830") reproduziert nicht nur das, was der Protokollant der Maschienenstürmerprozesse tatsächlich notiert, sondern inszeniert auch den mehrfach bedingten Vorgang des Protokollierens selbst. Kapitel 11 und 12 verdoppeln nicht einfach eine Radio- bzw. eine Fernsehsendung, obwohl Kapitel 12 ein verfilmbares Skript ist, sondern födern das zutage, was in den audiovisuellen Endprodukten nicht zu hören und zu sehen ist: ihre technischen und emotionalen Produktionsbedingungen. Damit beleuchten sie das medial Unbewusste und demonstrieren das spezifische Können druckmedialer erzählerischer Inszenierungen.[172]

Nachdem sich unterschiedliche Kapitel mit Formen der Erinnerung befasst haben, geht es in Kapitel 11 ("Wing 1953") um die planmäßige Dokumentation der Gegenwart für die Zukunft. Der Cartoonist Herbert Bradman will sein über sechs Jahre verfolgtes Projekt, der fernen Zukunft mit einer Stahlkiste voller Alltagsdokumente ein zuverlässiges Zeugnis der Gegenwart zu überlassen, zum Abschluss bringen und die

---

[172] Vgl. dazu Schneider, der sogar von der "Überlegenheit" druckmedialer Erzählformen gegenüber anderen, stärker dokumentarisch ausgerichteten Mediengattungen (314) spricht.

Kiste am Krönungstag Elizabeth II für 3000 Jahre vergraben. Bradmans Projekt ist mediensystematisch mehrfach signifikant. Zum einen ist das wichtigste Medium der Zeit, welches auch Bradman für seinen eigenen Projektbeitrag nutzt, das erfolgreicher noch als das Fernsehen auf Tagesaktualität ausgelegte Radio. Das Radio, das aufgrund seiner Mobilität praktisch allgegenwärtig ist, ist primär ein Distributions- und kein Speichermedium. Die Stärke des "Medium des Jetzt" ist die zeitnahe Erreichbarkeit einer großen Zahl im Einzelnen nicht genau bestimmbarer Adressaten.[173] Die Saat des Rundfunks ist eine informationelle, die aufgeht oder auch nicht. Das englische "broadcasting", "the elegant eighteenth century term for sowing seeds",[174] enthält diese gerade in Bezug auf die Fortpflanzungsmetaphorik in *Ulverton* wichtige Sinnebene.

Wie beim Radio sind die Adressaten der Informationen in Bradmans musealer Stahlkiste unbestimmt. Bradman greift in der Abschlussfolge seines Beitrags auch die Saatmetaphorik auf:

> I now plant this great steel seed filled with the dross of our so-called 'civilisation' […] [T]his seed before you now has flowered in your eyes, like the golden flower of Homer. Pick it, and rejoice! May it give you life! May it give you, too, O posterity, that vital fire of love! (299)

Doch entgegen der Live-Funktion des Radios soll die Kiste eine oxymoronische "Aktualitäten-Konserve"[175] sein und der Langzeitspeicherung von Informationen dienen. Die "Contributions For Posterity" (264) sollen nach Bradmans Vorstellungen – die der Forderung des zeitgenössischen Radiodiskurses nach einer "dokumentarisch genauen und doch farbigen Darstellung" entsprechen[176] – besonders lebensecht sein und "the firy essence of concentrated personal being" vermitteln (277). Doch nach dreitausend Jahren werden sich diese Inhalte nicht mehr unmittelbar erschließen, sondern aufwändige (Re-)Konstruktionen von Zusammenhängen erfordern. Das zeigte in Kapitel 8 bereits die Vision der Fotografin, "millenniums hence" (187) eine ihrer fotografischen Abbildungen zu finden und interpretieren zu müssen.

Als LeserInnen erfahren wir von Bradmans Erinnerungsprojekt aus den Typoskripten seiner Sekretärin Violet Nightingale. Vermutlich in

---

[173] Schäffner 254. Siehe auch Winston 75-78.
[174] Winston 77.
[175] Der Begriff stammt von Ludwig Kapeller, "'Aktualitäten-Konserve' – Gewissen des Rundfunks", *Funk* 4 (1927): 401.
[176] Lothar Band, "'Hörbilder' aus dem Leben", *Medientheorie 1888-1933: Texte und Kommentare*, ed. Albert Kümmel und Petra Löffler (Frkf./M.: Suhrkamp, 2002) 243-47, hier 246.

der richtigen Annahme, dass Schrift die Zeit besser überdauern würde als ein materiell unbeständiges Magnetband, hat Bradman Nightingale damit beauftragt, die Tonbandaufzeichnungen seines autobiographischen Rundfunkbeitrags zu transkribieren, den er in vielen Teilen eigens für sein Projekt produziert hat. Ihre Aufzeichnungen in "Wing 1953" wechseln nun zwischen diesen Transkriptionen, Tagebucheinträgen und einem eigenen, von Bradman in Auftrag gegebenen aber schließlich wortlos übergangenen Essaybeitrag zu seinem Erinnerungsprojekt: "A sort of short 'impression' of my thirteen years with Herbert E. Bradman" (258); "Queer putting down yr own life. Though it's more Herbert's really of course" (269). Für sein Projekt sammelt Bradman Beiträge aller Art. "I am concerned with the present, not the past" gibt er gegenüber beitragswilligen Spendern zu Verstehen und fährt fort:

> Modern times! 1953! Mirro Modern Cleanser. Deaf Aids. Auto-changer grammophones. Projection television. Oxo cubes. Colored magazines. Plastic switches. Phensic tablets. Tampax internal sanitary protection (aha [notes Violet who has been missing hers]). Magnetic tape recorders. Silvifix Hair Cream. And so on. (264)

Dreitausend Jahre sollen die Dokumente überdauern, doch die Mensch-Maschine-Kopplung verläuft schon vor Beginn dieser Zeitspanne nicht reibungslos: Das Tonband ist defekt, bevor die Sekretärin es abhören kann. Sie macht "magnetic tape snapping" (253) und "electrical interference" (255) für den Verlust von mehreren Minuten des Beitrags auf dem Tonband Nr. 24 verantwortlich, während ihr Chef ein ungebrochenes Vertrauen in "the latest in magnetic tape recorders" hat (262) und seiner Sekretärin deshalb mangelnde Kompetenz unterstellt (257).

Die Aufzeichnungen der Violet Nightingale dokumentieren nicht nur, technisch bedingt lückenhaft, die Lebenserinnerungen des Mr. Bradman sondern auch die inkompatiblen Vorstellungen, die Bradman und Nightingale voneinander haben, und nicht zuletzt die Diskrepanz zwischen Bradmans Anspruch auf historiographische Genauigkeit und seinem laxen, stark subjektiv gebrochenen Umgang mit seinen Quellen. Er allein bestimmt, was dokumentationswürdig ist. Was nicht auf seiner Liste steht, kann, wie die von Mrs Oadam gespendeten Tierfallen ihres Großvaters, bestenfalls das geplante Festfeuer anheizen: "Horrid. H. says that's for the bonfire. Mrs Oadam leaves in a bigger huff than Mrs Webb. I meant THE bonfire, H. shouts. [...]" (264). Außerdem spricht Bradman Violet Nightingale gegenüber von seiner "cardinal rule of absolute clarity and the need for an 'objectivity' or 'purity' in presentation" (277). Gleichzeitig erstellt er ganz unterschiedliche Tonbandaufnahmen über einzelne Abschnitte seines Lebens. Er entscheidet, wie Violet Nightingale notiert, "to re-do his adolescence ('too miserable, got to jolly it all up')" (262), und sie muss feststellen: "H's new transcripts completely different version of his teenage years. Same person?" (269). Bradman weist Nightingale an, sich auch in ihrem Beitrag an seine strikten Vorgaben zu halten. Trotzdem ist sich Violet Nightingale unsicher, ob sie in ihrem Essay ihren Fund von Bradmans erotischen Zeichnungen erwähnen sollte: "Don't know whether shd mention 'naughties'!? (You must be completely honest, my dear, for the sake of posterity. For the sake of truth.) Naturally, Mr B." (289).

Lange freut sich Violet Nightingale auf die Tonbänder, die sich mit den Jahren befassen, in denen sie Bradman kennengelernt hat. Doch zu ihrer Enttäuschung muss sie feststellen, dass ausgerechnet *sie* – die nicht nur seine Sekretärin ist, sondern seit Jahren mit ihm unter einem Dach lebt, ihn besser zu kennen glaubt als jeder andere (291) und die der Meinung ist, die Einzige zu sein, die seine "greatness" (258, 281, 283, 285) zu schätzen weiß – darin keine Erwähnung findet.

> Typed 'The Life As Lived' all day, up to August 1939. Not a hint of my interview in July. He does get his dates a bit out sometimes. Comes from not keeping a strict diary. [...] Typed 'The L. as L.' up to December 1939. Nothing. That is, nothing on myself. I think he must have got his years wrong. That doesn't bode well for the whole, does it? No appetite – funny butterflies feeling in stomach. (293)

Auch in den nächsten Folgen der Tonbandaufnahme ist sie nur indirekt erwähnt – als eine Tür, die sich öffnet, als frisch gebrühter Kakao und als Schreibmaschinengeklapper. Mit dem Projekt wird sie nicht in Verbindung gebracht. Sie existiert nicht. Sie glaubte, an seinem Leben und an seinem Projekt Teil zu haben: "I was always seen by him as being an integral part of the 'Project', if only to collate the relevant data, type" (267). Doch er macht auf seinen Bändern unmissverständlich deutlich, dass sie für ihn in einer anderen Welt lebt. Er nimmt sie als Unterbrechung seines visionären Höhenflugs wahr und schliesst sie mit einer Arroganz aus, die hart mit ihrer langsam entdeckten Sehnsucht kollidiert. Kurz, zum Teil sarkastisch und offenkundig gekränkt kommentiert Violet Nightingale die Egozentrik, die, wie sie endlich realisiert, aus Bradmans Tonbändern spricht:

> End of 41. 'It was [...] seeing a photograph of a prehistoric fly caught in amber, that re-awoke that long-buried dream, and only when my secretary interrupted my reverie with some lemon barley water, did I descend from that glorious, potent mountain!'

Interrupted (295)

Typed. Middle of '43. Nothing. 'Only the tapping keys of the distant typewriter came between me and a sort of glowing Nirvana as my pen flowed across the white page.' House martin poisoned. Too much noise, said Herbert. Looking forward to those tiny mouths yearning. (296/7)

Typed. End of '42. Nothing. 'Well I suppose you have felt this power, this desire to change the world. Come on now, have you not? I have! My secretary has not. My baker has not. Your linoleum salesman has not. But we have!' (296)

Spring '45. Nothing. Nothing at all. (297)

'The Life as Lived' finished. Nothing. (299)

Über die Diskrepanz zwischen Bradmans hohem Anspruch an sein Projekt und dessen egomanischer Durchführung dokumentieren Violets Aufzeichnungen vor allem die unterschiedlichen Perspektiven zweier Beteiligter auf sechs gemeinsam verbrachte Jahre. Die Typoskripte zeugen von Violet Nightingales unterdrückter Liebe zu ihrem Vorgesetzten und seiner mangelnden Umsicht. Sie weisen Bradmans Anspruch objektiver Geschichtsschreibung also als mehrfach korrumpiert aus, denn er setzt eine egoistische Materialselektion und – in erneuter Anspielung auf ein offenbar änderungsresistentes soziales Gefälle zwischen den Geschlechtern – die emotionale Ausbeutung der Sekretärin voraus.

Infolge dieser Ereignisse dokumentiert Violet Nightingale in ihren Notizen schließlich auch ihre Sabotage von Bradmans Plan: Sie nimmt ihre Transkriptionen seiner Tonbandaufnahme "The Life as Lived" vor deren Versenkung aus der Kiste (303/4) und übergibt sie am darauffolgenden Tag in drei großen Koffern feierlich den Flammen. Dazu notiert sie noch am selben Abend:

> Retreat, pick up first suitcase hear him behind with a what's in there Violet but I don't answer just throw it on.
>   oh Violet. oh
>   just throw it on then the other two
>   you need a rap over the knuckles my girl
>   oh Mother she's only little
>
> have another glass Violet smuggled down a bottle go on you've a right
>
>   Then the other two Violet what's in those look at his face spasms all over his face or is it the firelight big wheel rolls down on fire screams settles

in the grass burning like the Catherine wheel that time Father took us to the Municipal do look Gordon & violet look whiz whiz & Guy Fawkes with those bangers in his mouth exploding into flaming straw his face was all spasms I'll say that oh Violet

                      white bits falling down into our hair I cd see the firelight in his eyes when I looked & that terrible face that man who burned over Germany & limped back Gordon knew him vaguely knew Kenneth he did oh they do remarkable things now what if he'd lived our Kenneth they've put the wheel out a bit of a danger always goes down well what's in those then my dear tugging & tugging at my sleeve he must have guessed but he wdn't have believed preferred not to know I spose just bury it what's in those then my dear old letters dead past yes I know the feeling! Guffaws & turns to the fire oh his big nose sweaty & gleaming & the cases the've gone now no there's the last one buckling & burning oh I hope it doesn't open

      oh it does the heat or something.
      It did.
      bang & the lid's up & look a bit of paper
curling up shoots out & up & up
     tiny little white thing above the flames.
     he hasn't seen, arm around Miss Walwyn mouth
open like a little boy
     up it goes tiny little white thing drawing maybe up & up into the night & over those lonely poplars gusting away because there's quite a gust tonight Violet away from all the fire & tiny white thing like that seagull at Cleethorpes

     that last time with Kenneth
     I cd have stayed
     little white thing over the sea
     sitting on the cliff
     over all that sea
   too much champagne
           putting it in at last & stamping down earth I thought the crane wd topple over (306/7)

Mit ihrer Entscheidung, Bradmans Projekt zu sabotieren, ergreift Violet Nightingale ihre Chance, aus der Kulisse herauszutreten, in der sie ihr gesamtes Leben verbracht hat, um selbst aktiv zu werden. Die zeitnahen Aufzeichnungen ihres Sabotageaktes sind gezeichnet von der Intensität der emotionalen Erregung ihrer Verfasserin, die sich offenbar nicht nur an Bradman rächt, sondern auch weiter zurückliegende Verletzungen psychisch bearbeitet. Sie verknüpft unterschiedliche Erinnerungen assoziativ miteinander und reagiert sie dadurch ab, dass sie sie mit ihren Transkriptionen von Bradmans Vermächtnis dem Feuer übergibt. Sie erinnert sich an die Beerdigung ihres Verlobten Kenneth, der im Krieg gefallen war, bevor er sie heiraten konnte, und den deutschen Soldaten, der 1944 über Ulverton abgeschossen wurde und verbrannt ist (siehe auch 259). Die wie Konfetti über den Flammen fliegenden Papierfetzen erinnern Violet an die bröckelnde Gipsdecke, die immer dann auf sie herabrieselte – "coming down like confetti" (281/82, 303) – wenn sich Bradman mit Enid Walwyn vergnügte. In jenen Momenten war Violet Nightingale die Zielscheibe des Spotts; nun nimmt Bradman diese Position ein, während seine Sekretärin vor seinen Augen sein Dokumentationsprojekt in eine Feuerbestattung ihrer lange unverarbeiteten Vergangenheit verwandelt.

In diesem Zusammenhang ist der Titel des Kapitels "Wing" signifikant: "To wait in the wings" bedeutet so viel wie "auf seine Chance warten", "to spread one's wings", "sich auf eigene Füße stellen". Das tut Violet Nightingale, nachdem sie Bradman viel zu lange unter ihre Fittiche genommen und aus dem Hintergrund seine Schritte beflügelt hat. Hierin mag eine Konnotation des Titels liegen. Eine weitere ist auf Bradman beziehbar, dem sein Projekt metaphorische Flügel verleiht – doch Violet lässt ihn auffliegen. Analog dazu wird in dem Kapitel auch das erzählt, was weder Bradmans Rundfunksendung noch die Fernsehübertragung der Inthronisierung der neuen Königin kommuniziert: die "fuzzy edges", die Violet Nightingale in ihren assoziativ mäandernden Tagebucheinträgen wiederholt als widerständig beklagt. "All these fuzzy edges, It's a wonder things go on" (263; siehe auch 265, 283). Während Violet auf der inhaltlichen Ebene aus dem Schatten tritt, tritt die literarische Erzählung aus dem Schatten der elektronischen Medien und verleiht den "fuzzy edges" Kontur, die durch festgelegte Programm- und Indexstrukturen systematisch aus deren Produkten herausgehalten werden.

Das auf Violets Aufzeichnungen folgende letzte Kapitel des Romans, "Here 1988", ist ein vollständiges *postproduction script*. Es besteht aus Anweisungen, wie bereits produziertes Bildmaterial zu schneiden, zu editieren und mit einer zusätzlichen Tonspur zu versehen ist. Es ist also ein nachzubearbeitendes Zwischenprodukt, das genaue Angaben über die beim Drehen verwendeten Kameraeinstellungen und *mise-en-scene* enthält, die aufgenommenen Dialoge wiedergibt und anzeigt, an welchen Stellen das Filmprodukt mit Flötenmusik und Antonio Vivaldis *Vier Jahreszeiten* untermalt werden soll. Es ist anzunehmen, dass auf der Basis dieses Skripts ein Film produziert werden kann, doch der Film, der dabei entstünde, kommunizierte etwas ganz anderes, als das Filmskript es innerhalb des Romans tut.

Der Film "A YEAR IN THE LIFE: 'Clives Seasons'" würde das Erschließungsprojekt des Immobilienmaklers Clive Walters dokumentieren, der gegen die unterschiedlich gelagerten Widerstände der alteingesessenen und der erst kürzlich zugezogenen Bewohner Ulvertons den Bau von "low-cost units" (334) durchsetzt, die er als "Luxury Homes in an Exceptional Countryside Location" (367) anpreist, auf denen er jedoch nach dem Fund eines Skeletts, das mit der Legende des ermordeten Revolutionssoldaten Gabby in Zusammenhang gebracht wird, sitzen bleibt. Als letztes und umfangreichstes Kapitel dokumentiert das Filmskript in *Ulverton* allerdings, über die Machenschaften des Immobilienmaklers und die Mechanismen einer nostalgischen britischen *Heritage*-Kultur hinaus,[177] auch die Produktionsbedingungen eines Dokumentarfilms. Das Filmgenre erscheint hier also nicht als Schreckgespenst einer visuellen Kultur, die schriftliche Kommunikations- und Unterhaltungsformen obsolet zu machen droht, sondern als ein Phänomen, das dem Roman eine neue metamediale Funktion zuweist.[178] Analog zu den Beschreibungen der Fotografin zu ihren Arbeiten in Kapitel 8 zeigt das *postproduction script*, dass das Fernsehen das Vorgängermedium der Schrift nicht ersetzt, sondern ihm zusätzliche Funktionen einräumt. Darüber hinaus macht es die mehrstufige Entfernung der Bilder vom Urbild erfassbar. *"Im Filmatelier ist die Apparatur derart tief in die Wirklichkeit eingedrungen,"* so schreibt Benjamin,

> *daß deren reiner, vom Fremdkörper der Apparatur freier Aspekt das Ergebnis einer besonderen Prozedur, nämlich der Aufnahme durch den eigens eingestellten photographischen Apparat und ihrer Montierung mit andern Aufnahmen von der gleichen Sorte ist. Der apparatfreie Aspekt der Realität ist hier zu ihrem künstlichsten geworden und der Anblick der unmittelbaren Wirklichkeit zur blauen Blume im Land der Technik.*[179]

In dem Zwischenprodukt des *postproduction script*, das im letzten Kapitel des Romans als eigenständige literarische Form präsentiert wird, tritt die Abstraktion offen zutage, die durch den audiovisuellen Produktionsprozess eingeleitet und durch sein Produkt verdeckt wird. Es exponiert eine Abstraktion, die der Repräsentationsmodus der ikonischen Zeichen fertiggestellter Filmprodukts selbst dann noch kompensieren zu

---

[177] Siehe dazu Gunby 58-61.
[178] Vgl. H. Martin Puncher, "Textual Cinema and Cinematic Text: The Ekphrasis of Movement in Adam Thorpe and Samuel Beckett", uni-erfurt.de/eestudies/eese/atic99/puchner/4_99.html. 23.01.2009.
[179] Benjamin, "Das Kunstwerk" 31; Hervorhebung im Original.

können scheint, wenn die Möglichkeiten der digitalen Bildbearbeitung die Loslösung von der Objektwelt weiter steigern. Sicher wäre eine Selbstreflexion der Produktionsbedingungen auch in einer filmischen Präsentation möglich, doch der entsprechende Film müsste einem sehr viel experimentelleren Skript als dem vorliegenden folgen – einem Skript, das die Auseinandersetzung des Films mit seinen materiellen Möglichkeiten choreographierte. Derart avancierte Bildproduktionen gibt es freilich, aber sie sind gesellschaftlich stärker marginalisiert, in der Produktion und im Erwerb erheblich teurer und außerdem ungleich schwerer zugänglich als avantgardistische Literatur. Der institutionell und technologisch weniger aufwändige literarische Text hat hier also Vorteile gegenüber dem Medium des Films.[180] Der Buchmarkt kann flexibler reagieren als die großen Institutionen des Films und des Fernsehens, denn, so führt Stocker aus, er

> kann der Tendenz zur Homogenisierung der kulturellen Inhalte und Formen, wie sie von der audiovisuellen Medienindustrie forciert wird, immer noch eine außergewöhnliche Bandbreite an Formen, Ideen und Meinungen entgegenhalten. Wegen der relativ geringen Produktionskosten von Büchern (im Vergleich zu Fernsehfilmen u.ä.) können unterdrückte, exotische und extravagante Produkte das Spektrum bereichern. Nischen abseitigen Denkens und Tuns scheinen gedruckt eher möglich als in den neuen Technologien.[181]

"Wing 1953" und "Here 1988" bieten anschauliche Beispiele für die Vorteile, die die gedruckte fiktionale Erzählung gegenüber den systemisch oder funktionalistisch operierenden Medien besitzt, deren Aufgabe darin besteht, die Wirklichkeit genau und aktuell aufzuzeichnen und wiederzugeben – also überzeugend unmittelbar vorzustellen. Zumal da, wo den medialen Inszenierungen und den Bildern, die Faktizität behaupten, sowie der Weltwahrnehmung selbst nicht mehr zu trauen ist, wird die Funktion der selbstreflexiven literarischen Fiktion, neue Weltmodelle zu entwerfen, auszugestalten und zu bewerten, verstärkt vertrauenswürdig. Denn die erzählliterarische Repräsentation vermag – und darin liegt ihre ethische Funktion – die "fuzzy edges" zu inszenieren, die eine direkte Präsentation der Realität systematisch glättet. Sie kann, wie *Ulverton* eindrucksvoll zeigt, Realitäten artikulieren und beglaubigen, die aus der offiziellen Diskursgeschichte herausfallen und daher keine verbürgte Existenz besitzen.

---

[180] Siehe dazu Salman Rushdie, "Is Nothing Sacred?", *Imaginary Homelands: Essays and Criticism 1881-1991* (London: Granta/Penguin, 1992) 415-29 und Reinfandt, "Media History and Modernization" 273-74.
[181] Stocker 84.

2.5 "all these fuzzy edges, it's a wonder things go on": Ethik medialer Repräsentation in *Ulverton*

Es gehört "zum systematischen Dilettantismus der Literatur" und es macht ihren eigentlichen perspektivischen Vorteil gegenüber den elektronischen Simulationsmedien aus, so hält Jochen Hörisch fest, "[d]ezidierte Ansichten zu den Komplexen zu pflegen, über die sie kein eigentliches Sachwissen" hat.[182] Denn Fiktionen sind etwas anderes als Simulationen. Wo Simulationen die Welt in Echtzeit präsentieren, stellen sich ihr Fiktionen anachronistisch unangepasst mit dem Entwurf alternativer Welten und der Aufforderung an Ihre LeserInnen entgegen, emotional und kognitiv begreifend in Bewegung zu bleiben. Die gedruckte Erzählung fordert die Zeit ein, die "die unersetzbare Ressource der Diskussion, des Nachdenkens, der Verarbeitung von Widersprüchen" ist.[183] Mit ihrem systematischen Widerstand gegen die Beschleunigung, die Vereindeutigung und die mittlerweile dominanten Modi der blitzschnellen, diskontinuierlichen und fragmentarisierten Rezeption fordern literarische Texte eine aktive, kritisch differenzierende und sinnkonstituierende Rezeption ein: den von Iser im Einzelnen analysierten "Akt des Lesens",[184] bzw. eine Ethik des Lesens, die die Unmöglichkeit der Reduktion des Textes auf eine bestimmte, eingrenzbare moralische Bedeutung zu ihrem anti-dogmatischen Hauptanliegen macht.

In einem Interview hat Adam Thorpe die Überzeugung geäußert, dass ein literarischer Text, der auf der Höhe der medialen Entwicklung seiner Zeit sein will, etwas anderes leisten muss als diese, d.h. er sollte nicht mit ihr konkurrieren wollen oder sich ihr in Form sofort verfilmbarer Texte anbiedern. Er muss auch nicht ebenso leicht konsumierbar sein wie ein Kinofilm: "I think the novel has to challenge the most successful art form of the century, which is cinema".[185] In diesem Sinne sieht auch Hörisch die Aufgabe der Literatur darin, ihren elektronisch-audiovisuellen Konkurrenzmedien ein Gedächtnis zu bewahren:

> Das alte Medium Literatur beobachtet die Möglichkeiten, das, was wir Wirklichkeit nennen, wahrzunehmen, aufzuzeichnen, zu speichern, zu bewahren,

---

[182] Hörisch, *Vorstellung* 25.
[183] Lothar Baier, "Die Zeit zurückerobern", *Literatur in Ungarn*, ed. György Dalos (Wien: Wespennest, 1991): 3-5, hier 4-5. Siehe dazu auch Lazere; Stocker 76-106.
[184] Iser, *Der Akt des Lesens*; Wolfgang Iser, *The Range of Interpretation* (NY: Columbia UP, 2000).
[185] Thorpe in Hagenauer 233.

weiterzugeben und medientechnisch zu 'manipulieren', mit äußerster Aufmerksamkeit.[186]

Auf *Ulverton* trifft diese Beobachtung ganz sicher zu. Der Roman beobachtet die Möglichkeiten der im Laufe der Modernisierungsgeschichte jeweils neuen Medien kritisch und konterkariert sie immer wieder mit nur vermeintlich überholten medialen Kommunikationsformen und mit Realitäten, die die jeweils dominante Medien- und Diskursgeschichte nicht erfasst. Der empfindsamen Briefkultur des 18. Jahrhunderts und ihrem Anspruch, im kultivierten Gefühl ein verlässliches Komplement zum Verstand zu finden, stellt der Roman die adelige *madwoman in the attic* Lady Chalmers sowie die ebenso teuer erkauften wie kruden Verschriftlichungen der mündlichen Rede der Sarah Shail gegenüber. Die Fotografie ergänzt bzw. ersetzt er durch schriftliche Reflexionen zu fotografischen Aufnahmen und durch ein nachfolgendes Kapitel, das über eine literarische Konvention den Bewusstseinsstrom eines Landarbeiters und damit das verschriftlicht, was die Fotografie nicht abbilden kann. Zudem nutzt er schriftliche Zwischen- und Abfallprodukte audiovisueller Informationsproduktion, um den Blick auf deren Produktions*bedingungen* zu lenken. Insgesamt tut der Roman, was seine einzelnen Kapitel vorführen: Er wendet sich von den aktuellen Leitmedien ab und leistet eine Medien- und Diskurskritik, indem er das medial Unbewusste und die "fuzzy edges" beleuchtet, die im Schatten von Programmstrukturen, die einem im Detail geplanten Liveprinzip verpflichtet sind, ihr Unwesen treiben.

Ulverton leistet seine Medien- und Diskurskritik ohne nostalgischen Rückblick auf eine Zeit der vermeintlich direkten, ungestörten und allumfassenden Wahrnehmung. Schon in Kapitel 1 erfahren wir, dass Cromwell im 17. Jahrhundert die Bilder in der Kapelle von Ulverton durch seine Soldaten weiß übertünchen und damit auslöschen ließ, während Ann ihren totgeglaubten Mann tötet, um ihrer zweiten Ehe nicht nachträglich die Legitimation zu entziehen – beides schwerwiegende Manipulationen des kulturellen Gedächtnisses. Ende des 17. Jahrhunderts benutzt der anglikanische Reverend Brazier seine Autorität auf der Kanzel zur persönlichen Geschichtsklitterung (Kapitel 2). Um die Mitte des 18. Jahrhunderts ist Lady Chalmers Korrespondenz und damit ihre psychische Gesundheit nicht nur auf prekäre Transportverhältnisse angewiesen, die die Boten schließlich Leib und Leben kosten, sondern vor allem darauf, dass ihr Geliebter antwortet, was er

---

[186] Jochen Hörisch, *Ende der Vorstellung: Die Poesie der Medien* (Frkf./M.: Suhrkamp, 1999) 25, 26.

zunehmend spärlich und schließlich gar nicht mehr tut (Kapitel 4). Rund dreißig Jahre später sind dem Ausdrucksvermögen der Sarah Shail aufgrund ihres eigenen Analphabetismus und der erpresserischen Ausbeutung durch den nur rudimentär schreibkundigen Schneider enge Grenzen gesetzt. Die 1803 kolportierte Geschichte des Schreinermeisters Abraham Webb bezieht ihre Komik aus der Gleichzeitigkeit ungleichzeitiger Wirklichkeitsreferenzen bei Webb und seinen Arbeitern (Kapitel 6). In den 1830 angefertigten Protokollen der Machinenstürmerprozesse entstehen durch Selektion, Übersetzung, Interpretation und die Langeweile des Protokollanten extreme Verzerrungen, die die Objektivität juristischer Prozesse und der auf ihnen basierenden Geschichtsschreibung in Frage stellen (Kapitel 7). Wie bereits ausführlich dargelegt, beginnt in Kapitel 8 mit den 1859 kommentierten Fotografien die systematische Abstraktion der technischen Vorstellung von Wirklichkeit. Kapitel 9 präsentiert in der literarischen Konvention des Bewusstseinsstroms eine effektiv *direkte* Transkription der durch kein anderes Medium abbildbaren Gedanken eines Farmers im ausgehenden 19. Jahrhundert, die ironischerweise nahezu unverständlich ist. *Ulverton* beobachtet also die Kontingenz der Kommunikation, die schon in mündlichen Kommunikationszusammenhängen angelegt ist, die jedoch mit der Komplexität der Vermittlungsmöglichkeiten, der Abstraktion von der Objektwelt, der Fragmentarisierung und der Geschwindigkeit technisch immer weiter verbesserter Medienproduktionen enorme Steigerungen erfährt und mit der diskursivierenden Erfassung zunehmend weiter Lebensbereiche immer mehr Kontexte produziert, die nicht erfasst werden.

Medientheoretiker wie Kittler und Bartels sind der Überzeugung, dass die medialen Entwicklungen das analoge Fassungsvermögen fiktionaler Literatur übersteigen.[187] Das mag zutreffend sein. Doch diese Hypothese allein reicht wohl kaum aus, um der Literatur zu bescheinigen, sie habe ausgedient. Denn ihre Aufgabe besteht nicht darin, auf gleicher Ebene mitzuhalten. Die Literatur ist vielmehr dazu in der Lage, als Beobachterin auf Augenhöhe zu bleiben und die Medienentwicklung kritisch zu kommentieren und zu begleiten. Denn in dem Maße, in dem die Medienentwicklung das Fassungsvermögen der Literatur übersteigt, übersteigt sie auch das des Menschen, der in der Maschinenlogik der computerisierten Welt agiert und sich in ihr verändert, ohne die elektronischen Schaltungen, in denen er sich bewegt, im Einzelnen durchschauen

---

[187] Klaus Bartels, "Das Verschwinden der Fiktion: Über das Altern der Literatur durch den Medienwechsel im 19. und 20. Jahrhundert", *Ansichten einer künftigen Medienwissenschaft*, ed. Rainer Bohn (Berlin: Ed. Sigma, 1988) 239-56; Friedrich Kittler, *Grammophon – Film – Typewriter* (Berlin: Brinkmann und Bose, 1986).

zu können oder mit ihrer präsentischen Logik selbst emotional und psychisch geschichtslos zu werden. Das bedeutet, dass jeder apokalyptische Abgesang auf die Literatur verfrüht ist, weil sie trotz des Verlusts ihrer zentralen Position im Mediensystem seit dem ausgehenden 19. Jahrhundert so lange *nicht* obsolet sein wird, wie es noch Ausläufer einer Kultur des mittlerweile elektronisch entmachteten Subjekts gibt, die auf abseitige, selbst nicht in medialen Schaltkreisen befangenen Perspektivierungen dessen angewiesen ist, was im tumultösen Zentrum des aktuellen Mediengeschehens eigentlich vor sich geht. *Ulverton* leistet eine solche Perspektivierung, indem der Roman durch Präsentation einzelner Geschichten die Defizite, Kosten und Verluste erkennbar macht, die mit den Leistungen der Medien im Laufe des Modernisierungsprozesses einhergehen.

3. Das Dunkle Pflügen: Die Funktion der Repräsentation in Richard Powers' *Plowing the Dark* (2000)

Der im Jahr 2000 veröffentlichte US-amerikanische Ideenroman *Plowing the Dark* von Richard Powers entwirft in einer vor dem Hintergrund der weltpolitischen Ereignisse Ende der 1980er Jahre angesiedelten, doppelsträngigen Geschichte eine scharfsinnige Analyse des digitalen Zeitalters, insbesondere hinsichtlich der Funktion und der alltagsweltlichen Implikationen der Repräsentation. Der Roman setzt der Rede vom 'Ende der Kunst' und vom 'Ende der Geschichte' das Postulat eines kommunikativ-kreativen und damit realitätsverändernden Potentials der Kunst, der Medien und der Repräsentation entgegen. Seine Nobilitierung der medial vermittelten menschlichen Einbildungskraft und eines ästhetischen Weltverhältnisses mündet in eine, von Emmanuel Lévinas und Paul Ricoeur theoretisch ausgeführte, auf den Anderen bezogene Ethik.[188]

Im Folgenden werde ich zunächst den Text charakterisieren (3.1), anschließend mit einer Analyse des die Figuren in unterschiedlicher Weise faszinierenden Sogs symbolischer Welten zu beginnen, der vor allem im ersten der beiden Erzählstränge des Textes als unhintergehbar markiert ist. Dabei wird zunächst der Zusammenhang zwischen dem Effekt dieser Faszination auf die Romanfiguren und ihrem jeweiligen Kunstverständnis, das der Text als kompensatorisch oder rein mimetisch kritisiert, im Zentrum der Untersuchung stehen (3.2). Demgegenüber unterstreicht die formale Anlage des Romans die potentiell welterschließende Funktion der Repräsentation und die Möglichkeit, aus der Immanenz der Bilderwelten auszubrechen, ohne sich kulturpessimistisch von ihnen abzuwenden (3.3). In einer Umschrift des platonischen Höhlengleichnisses unterzieht *Plowing the Dark* die Repräsentation einer systematischen Neubewertung (3.4). Zur Stützung seiner Aufwertung der Repräsentation stellt der Roman auf der Ebene der erzählerischen Vermittlung eine Verbindung zwischen den beiden Erzählsträngen her, welche in Bezug auf die Figuren auf der Ebene der erzählten Welten weitreichende ethische Implikationen besitzt (3.5). Nicht zuletzt schlägt

---

[188] Auf Lévinas' Ausführungen zur Ethik als erste Philosophie wird an gegebener Stelle verwiesen. Vgl. dazu die zentrale These von Paul Ricoeur, *Oneself as Another* (Chicago/London: U of Chicago P, 1992) 3: "*Oneself as Another* suggests from the outset that the selfhood of oneself implies otherness to such an intimate degree that one cannot be thought of without the other, that instead one passes into the other, as we might say in Hegelian terms. To 'as' I should like to attach a strong meaning, not only that of a comparison (oneself similar to another) but indeed that of an implication (oneself inasmuch as being other)".

sich die implizite Ethik des Textes auch in der Form des Romans nieder (3.6).

3.1 Der Text

Plowing the Dark besteht aus zwei inhaltlich unverbundenen Erzählsträngen. Der erste Erzählstrang beschäftigt sich mit der Arbeit des internationalen MitarbeiterInnen-Teams des *Realization Lab* der in Seattle angesiedelten Softwarefirma TeraSys.[189] Die beiden ProtagonistInnen sind der Dichter und Informatiker Steven Spiegel und die ausgebildete Künstlerin Adie Klarpol. Beide verbindet eine rund zehn Jahre zurückliegende enge Collegefreundschaft. Im Frühjahr 1988 gewinnt der *Realization Lab* Mitarbeiter Steven Spiegel die in New York als Grafikdesignerin tätige Adie Klarpol für die Entwicklung eines prototypischen "Computer Assisted Virtual Environ" (8), akronymisch CAVERN. Dem Team des finanziell bestens ausgestatteten Steuerabschreibungsprojekts der Firma TeraSys soll Adie als Designerin unter die Arme greifen. Es ist ihre Aufgabe, in einem Projektionsraum von der Größe eines begehbaren Schrankes die kryptischen digitalen Produkte des Teams zu bebildern: "We're all coders and chrome monkeys", erläutert Steven. "A bunch of logic monsters, trying to make walk-in, graphical worlds. We need someone who can see" (9). Die Geschichte des dreizehnköpfigen TeraSys-Teams und seiner Arbeit wird von einem zurückgezogenen Erzähler in der dritten Person vermittelt und über weite Strecken in unkommentierten, kursiv gedruckten Dialogpassagen präsentiert.

Im Zentrum des zweiten, in der zweiten Person und im Präsens vermittelten Erzählstranges steht nur eine Figur, nämlich der amerikanische Englischlehrer Taimur Martin, der auf der Flucht vor einer unerträglichen, in Erinnerungssequenzen erzählten Beziehungssituation für ein Jahr in Beirut unterrichten möchte, wo er jedoch sehr bald in Geiselhaft gerät. Über einen Zeitraum von gut fünf Jahren hält Taimur Martin, "seinen Selbstverlust und seinen Willen [zugleich] beschwör[end]" in einer Zelle mit sich selbst Zwiesprache.[190] Dieser Zeitraum lässt sich weder für den Protagonisten noch die LeserIn rekonstruieren, sondern

---

[189] Im Folgenden beziehe ich mich unter Angabe der entsprechenden Seitenzahlen in Klammern auf folgende Ausgabe: Richard Powers, *Plowing the Dark* (NY: Vintage 2000).

[190] Uwe Pralle, "Blindenhunde des Todes. Richard Powers entzaubert die digitale Wunderwelt", *Neue Zürcher Zeitung Online* (23.5.2002): www.nzz.ch/2002/05/23/fe/page-articles84Q7D.html. 24.01.09. Die Eindringlichkeit der Schilderung der Geiselhaft wird von der Kritik einhellig gelobt.

ergibt sich allein aus dem Alter von Taimur Martins Tochter. In dieser Gleichschaltung der Perspektiven von Protagonist und LeserIn zeigt sich das Vermögen der Erzählform in der zweiten Person, so Ursula Wiest-Kellner, "Leser und Protagonist mit Hilfe der polyvalenten Anredefunktion des You-Pronomens zu einem eigenartigen diegetischen Zwitterwesen zu verschmelzen" (36).[191] Die you-Erzählform irritiert realistische Erzählmodi, indem sie anarchisch zwischen heterodiegetischem Erzählen in der dritten und homodiegetischem Erzählen in der ersten Person schwebt und so auf erzähltechnischer Ebene die prekäre Situation Taimur Martins repräsentiert, dem nur die Kommunikation mit sich selbst bleibt.

Auf der Ebene der erzählten Welt bleiben die beiden Erzählstränge unverbunden und werden in insgesamt 46 linear aufeinanderfolgenden Kapiteln in unregelmäßiger Reihenfolge präsentiert, wobei der Seattle Erzählstrang etwa doppelt so viel Raum einnimmt (22 Kapitel und rund 270 Seiten) wie der Beirut Erzählstrang (13 Kapitel und rund 119 Seiten). Die inhaltliche und formale Intensität der Schilderung der Entbehrungen der Geiselhaft wirken dieser quantitativen Ungleichheit jedoch so stark entgegen, dass die Beirut Passagen ein effektives Gegengewicht zu den Seattle-Passagen bilden. Elf weitere, über den gesamten Roman verteilte Kurzkapitel verbinden beide Erzählstränge auf formaler Ebene, indem sie die Raumsimulationen des ersten Erzählstranges aufgreifen – und zwar im Anschluss an einen zum Auftakt des Romans evozierten, dem Fluss der Zeit enthobenen Raum – und indem sie in ihrer Präsentation in der zweiten Person und im Präsens dem Erzählmodus des zweiten Erzählstranges entsprechen. In unregelmäßigen Abständen verbinden diese Kurzkapitel so die beiden auf der Ebene der fiktionalen Wirklichkeiten voneinander unabhängigen, sich in der Entwicklung der zentralen Themenkomplexe jedoch kontrapunktierenden Erzählstränge des Textes.

Die Kurzkapitel sind in einem besonders treffenden Vergleich, bei dem es sich zu verweilen lohnt, mit den schwachen Bindungen einer Doppelhelix versinnbildlicht worden.[192] Die Doppelhelix der DNA ist ein

---

[191] Ursula Wiest Kellner, *Messages from the Threshold: Die You-Erzählform als Ausdruck liminaler Wesen und Welten* (Bielefeld: Aisthesis, 1999), bes. 9-91. Zum Erzählmodus in der zweiten Person siehe auch Monika Fludernik, ed., *Second-Person Narrative*. Special Issue. *Style* 28.3 (1994).

[192] Siehe Thomas Steinfeld, "Mit einer Pflugschar durchs Dunkel ziehen. Rückblick auf die unmoderne Moderne: Richard Powers und sein Roman *Schattenflucht*", *Süddeutsche Zeitung* (8.3.02) S. 16. Christoph Reinfandt verweist auf die Qualität der schwachen Bindungen in "Literatur im digitalen Zeitalter: Zur Gegenwartsdi-

Modell, das aus zwei komplementären, jeweils aus stabilen chemischen Bindungen aufgebauten "gerichteten" Ketten von Nukleotiden besteht. Diese Ketten verlaufen parallel, aber mit gegenläufiger Polarität und sind durch schwache chemische Bindungen ihrer Nukleotide energetisch stabil miteinander verknüpft. Aufgrund seiner komplementären Struktur kann jeder DNA-Strang als Matritze für die Synthese eines neuen Stranges dienen und so die Information der DNA replizieren. Die komplementäre Doppelstruktur des für die belebte Natur spezifischen Makromoleküls ermöglicht die Speicherung und die Weitergabe (und gewährleistet damit den dauerhaften Fortbestand) der genetischen Information.[193] Die Tatsache, dass komplementäre Beschreibungen in der Chemie und in der Biologie der Erfassung nicht statisch darstellbarer, besonders komplexer Realitäten dienen, ist auch im gegebenen Kontext relevant: Die Erfassung der gegenwärtigen Realität, die *Plowing the Dark* unternimmt, wird mit einer Beschreibung versucht, die man als komplementär angelegt verstehen kann: Beide Erzählstränge zusammen ermöglichen die Erstellung von Informationen, die in einem der beiden alleine nicht speicherbar und auch nicht transportierbar wären. Die Verbindungen zwischen beiden Erzählsträngen ist insofern 'chemisch schwach' aber 'energetisch stabil' als sie nicht auf der Ebene der erzählten Welt stattfindet, sondern auf der Ebene ihrer erzählerischen Vermittlung.[194] Dieser Repräsentationsmodus verweist auf die Vorannahme, dass die Möglichkeiten der Sprache, Welt zu transportieren, begrenzt sind, Kunst diese Grenzen aber zumindest punktuell durchbrechen kann: Die Romanstruktur bricht aus der hermetischen Höhle der geschlossenen Narration.

Die beiden realistisch motivierten, in Bezug auf Handlungsführung, geographische Verortung und Figurenarsenal höchst disparaten Erzählstränge des Romans werden, wie Richard Kümmerlings in einer Rezension der deutschen Übersetzung des Textes bemerkt, "fast musikalisch

---

agnose in Richard Powers' Roman *Plowing the Dark*", *Literatur in Wissenschaft und Unterricht* 35.4 (2002): 359-79, hier 363.

[193] Siehe die Einträge "DNA", "Nukleinsäuren", Komplementarität von Molekülen", in Michel Serres und Nayla Farouki, eds., *Thesaurus der Exakten Wissenschaften* (Frkf./M.: Zweitausendeins, 2001) 183, 661-63, 494-97. Zu Powers und dem Thema Literatur und Sozial- bzw. Naturwissenschaften siehe Jan Kucharzewski, *"Propositions about Life": Reengaging Literature and Science* (Inauguraldissertation, Heinrich Heine Universität Düsseldorf, 2008).

[194] Auf einen spezifischen Fall einer solchen Verbindung der beiden Erzählstränge auf der Ebene der erzählerischen Vermittlung gehe ich unter Punkt 3.5 und dem Titel "Bildstörungen" ein.

[...] durch Themen und Variationen"[195] miteinander verbunden – wobei diese Themen und Variationen um die Schaffung virtueller Räume und Welten, die dafür notwendigen Materialien, Bedingungen und Voraussetzungen, die damit verfolgten Ziele und die damit einhergehenden Effekte kreisen. Dazu schreibt Daniel Zalewski:

> Much of Richard Powers's new novel takes place inside two tiny rooms – the first a place you'd be panicked to find yourself in, the second a place you'd never want to leave. At first glance, however, it would be hard to tell which room is which. One is a nondescript chamber where the primary amenities are a mattress and an erratic radiator; the other space is equally generic, a windowless affair where every surface has been blanched white. Though each room resembles a lousy Manhattan rental, these places are worlds apart.[196]

Auf der Ebene der erzählten Welt "worlds apart" und doch zwischen denselben Buchdeckeln versuchen sowohl das *Realization Lab*-Team in Seattle als auch Taimur Martin in Beirut aus ganz unterschiedlich motivierten Situationen das ihrer spezifischen Lage entsprechend anders geartete Dunkel eines Raumes zu 'pflügen' und für ihre kreativen Fähigkeiten urbar zu machen.[197] Sie alle sehen sich vor die Aufgabe gestellt, die Erfahrung, die sie innerhalb dieses von der Welt abgeschnittenen Raumes eingeladen bzw. gezwungen werden zu machen, in ihre Lebenswelt zu tragen – eine Realität, die für die einen im Vergleich zu ihrem Projekt wenig wichtig, für den anderen aufgrund seiner Geiselhaft versperrt, bzw. auf die Größe einer Zelle reduziert ist.[198] Anhand der unterschiedlichen Handlungssituationen und Figurenbiographien spielt der Text – den Christoph Reinfandt als "Kunstroman" bezeichnet, in dem es "um das 'Wesen' der Kunst in 'postmoderner' Zeit geht"[199] – eine Reihe von mehr oder minder geglückten Verbindungen zwischen einer dem Fluss der Zeit enthobenen (ästhetischen) Erfahrung und der Realität, zwischen Repräsentation und Welt durch. Der Roman problematisiert in

---

[195] Richard Kämmerlings, "Digital ist kesser. Wer nichts wird, wird virtuell: Richard Powers' Höhlenmalerei." *Frankfurter Allgemeine Zeitung* (13.4.2002): 54.
[196] Siehe Daniel Zalewski, "Actual Reality", nytimes.com/2000/06/18/books/actual-reality.html. 24.04.09.
[197] Diese Dimension des Titels geht in der deutschen Übersetzung mit *Schattenflucht* leider verloren.
[198] An verschiedenen Stellen spricht Taimur Martin vom Leben jenseits seiner Gefangenschaft als "real life" oder "another life" (siehe etwa 150, 179, 255, 289, 295).
[199] Reinfandt, "Literatur im digitalen Zeitalter" 365.

immer wieder anklingenden Verweisen auf Platons "Höhlengleichnis"[200] die Funktion der Repräsentation für ein produktives Selbst- und Weltverständnis.[201]

Realistische Erzähltradition und postmoderne Formensprache wirkungsvoll verbindend, inszeniert *Plowing the Dark* so eine vielschichtige Auseinandersetzung um die Systemstelle des Individuums im diskursiv überdeterminierten Gesamtkontext des späten 20. Jahrhunderts.[202] Powers' Romane halten generell – und sein bereits als "summary text"[203] apostrophierter Roman *Plowing the Dark* insbesondere – eine Balance zwischen Anerkennung der vernetzten Abhängigkeiten, in denen der Einzelne steht, und der Insistenz auf seiner indirekten und kaum kontrollmächtigen, doch nichtsdestoweniger wirkmächtigen Position. Dazu bemerkt Joseph Dewey in der ersten Monographie zu Powers Texten:

> After a century bent on diminishing the individual amid a colossus of forces whirring about a universe far bigger and emptier than the mind can conceive, Powers cannot accept the endgame of despair nor the logic of cynicism. His is a vision that draws its *disarmingly emotional sense of affirmation* from the conviction that individuals are bigger than the spare shadow they manage to cast, broader than the love they manage to stir, and deeper than the few lives they manage to touch.[204]

Im Folgenden wird der Versuch unternommen, die Qualität dieses "disarmingly emotional sense of affirmation" genauer zu bestimmen. Dabei wird sich zeigen, dass der Roman in seiner Gesamtstruktur eine durch modernste Medientechniken bedingte Konzeption einer stets über Repräsentationen vermittelten, auf den Anderen bezogenen Ethik artikuliert.

---

[200] Auf diese Anspielungen hat bereits eine Reihe von Rezensionen des Romans hingewiesen. Eine genaue Analyse dieser Verweise, wie sie unter Punkt 3.4 unternommen wird, liegt bislang allerdings nicht vor.

[201] Powers thematisiert diese Verbindung zwischen Kunst und Welt sowie die Funktion der Repräsentation auch in seinem Aufsatz "Being and Seeming: The Technology of Representation", dalkeyarchive.com/article/show/120. 24.02.09.

[202] Vgl. dazu Joseph Dewey, *Understanding Richard Powers* (Columbia: U of South Carolina P, 2002) 1-14. Tholen weist auf die hier signifikante Überlegung hin, dass "die Vorgängigkeit der technischen Medien [...] kein Vorrang vor dem Menschen" ist, dass aber "die Frage *nach* dem Menschen in die nach seinen diskursiven Vorgaben zu überführen" ist (9).

[203] Dewey 12.

[204] Dewey 14; meine Hervorhebung.

3.2 Der Sog der Bilder und die fragwürdige Immanenz des Imaginären

Plowing the Dark beobachtet die Repräsentationsmöglichkeiten des entfalteten Medienzeitalters ebenso enthusiastisch wie kritisch. Die Schaffung und die Rezeption von Repräsentation in Form von digitalen Welten und Vorhersageinstrumenten wird dabei in Bezug auf die unterschiedlichen Romanfiguren wiederholt als verführerisch, einladend und unhintergehbar markiert. Insbesondere für Adie Klarpol, Jackdaw Acqerelli und Steven Spiegel verbindet sich ihr Tun mit einem schier unstillbaren Verlangen nach unbeschwertem Vergnügen, Selbstbestimmung und Sicherheit, das regelmäßig mit paradiesischen Metaphern belegt ist. Diese Vorstellungen werden in *Plowing the Dark* einerseits als handlungsmotivierende Antriebsfedern positiv gewertet. Doch der Roman kritisiert diese Haltung dort, wo sie in eines von zwei uralten Mustern mündet – in eine rein abbildende Versklavung der Repräsentation oder in ihre kompensatorische Verselbstständigung gegenüber der Welt. Die Motivationen, die immer wieder den Umgang mit den visuellen Medien von der Malerei über die Fotografie bis zu Film und Fernsehen bestimmt haben, fallen, so schreiben Biocca, Kim und Levy zum Thema virtuelle Realität, häufig in eine dieser beiden Kategorien, nämlich

> (a) the search for the *essential copy*, and (b) the ancient desire for *physical transcendence*, escape from the confines of the physical world. Seeking the *essential copy* is to search for the means to fool the senses – a display that provides a perfect illusory deception. Seeking *physical transcendence* is nothing less than the desire to free the mind from the 'prison' of the body.[205]

Wie ich im Folgenden genauer ausführen werde, verkörpern in *Plowing the Dark* der irische Ökonom Ronan O'Reilly und der 55-jährige Senior Visual Designer Karl Ebesen Verständnis (a) von Repräsentation, das sich in dem immer neuen Versuch erschöpft, möglichst exakte Kopien einer vorgegebenen Realität zu erstellen (3.2.1). Jackdaw Acquerelli hingegen verkörpert Verständnis (b): Er fungiert im Text als der paradigmatische Eskapist, für den das *Realization Lab* kompensatorischer Zufluchtsort vor einer als defizitär erlebten Wirklichkeit ist: "No outward life compelled Jackdaw half as much as life inside. [...] He lived to breathe life into the Cavern" (112) (3.2.2). Auch Adie Klarpol hat an dieser Vorstellung von Kunst als Kompensation teil (3.2.3). Nicht die Tatsache an sich, wohl aber die Art und Weise *wie* das *Realization Lab*

---

[205] Frank Biocca, Taeyong Kim und Mark R. Levy, "The Vision of Virtual Reality", *Communication in the Age of Virtual Reality*, ed. Biocca und Levy (Hillsdale, NJ: Lawrence Erlbaum Associates, 1995) 3-14, hier 7.

Projekt des ersten Erzählstranges die Realität zu manipulieren und die Bedingungen menschlicher Existenz zu überarbeiten sucht, weist der Roman dabei konsequent als von fehlgeleiteten Annahmen ausgehend aus. Dem setzt der Text in seiner Gesamtstruktur ein Verständnis von Repräsentation entgegen, das eine entwerfende, welterschließende Funktion und damit realitätsverändernde Wirkung besitzt (3.3).

3.2.1 Repräsentation als möglichst exakte mimetische Kopie: Ronan O'Reilly und Karl Ebesen

Über einem Bier im nahe gelegenen Pub "The Office" (81) bringt Ronan O'Reilly gegenüber seinem Kollegen Rajan Rajasundaran aus Sri Lanka und dem Architekten Michael Vulgamott aus Mississippi die *Realization Lab* Unternehmensphilosophie folgendermaßen auf den Punkt:

> You believe – as all good lab rats do – that reality is basically computational, whether or not we'll ever lay our hands on a good, clean copy of the computation. [...] The world is a numbers racket, all the way down. (82-83)

O'Reilly selbst hat seine langjährige Lebensgefährtin und sein Leben in Irland hinter sich gelassen, um sich ganz der Aufgabe zu widmen, mit den Möglichkeiten der *Realization Lab* Cavern über "feedback loops" und "a few iterative, independent, self-modifying procedures" (79) möglichst exakte und angemessen mehrdimensional visualisierte Voraussagen global vernetzter Wirtschaftsdaten zu treffen: "to broker economic modeling's compromise and arrive at the eternal oxymoron: the accurate approximation" (77).[206] Die Tatsache, dass ihm die Reaktionen seiner Lebensgefährtin dagegen weniger zugänglich sind – "He failed to predict the obvious: a new return address that he was not privileged to know" (299) –, deutet auf einer hier noch polemischen Ebene bereits darauf hin, dass O'Reillys Vorstellung einer 'akkuraten Approximation' oder einer 'sauberen Kopie der Rechenoperation der Re-

---

[206] Als O'Reilly auf einer Geschäftsreise zum ersten Mal mit "America's pet project" (74) in Berührung kommt, ist er – wie Adie Klarpol – zunächst davon überzeugt, dass die von "TeraSys, the Solution Builders" (74) betriebene, technologisch hochgerüstete Simulation von Wirklichkeit, "that vibrant organic fascism, their sunny assumption of omnipotence" (75) nicht seine Sache sein würde. Wie bei Adie gibt sein offensichtlich fehlgeleiteter Widerstand schlagartig nach, als ihm klar wird, dass hier die Regeln der Schöpfung neu geschrieben werden: "He'd come to Ecotopia determined to loathe its insular, insulating Gore-Tex righteousness, and he ended up marrying and moving in" (74).

alität' eine letztlich ungenügende Reichweite für eine Entschlüsselung und eine Veränderung seiner Lebenswelt besitzt.

Aus ganz anderen Gründen verlässt sich auch Karl Ebesen auf die ungefährliche, lediglich abbildende Funktion der Repräsentation: er hat Angst vor der Macht der Kunst. Hintergrund dieser Angst ist der Tod seiner ehemaligen Lebensgefährtin, der New Yorker Performancekünstlerin Gail Frank im Jahr 1979. Angeblich wurde sie von ihrem neuen Lebensgefährten, dem Künstler Mark Nyborg, aus dem Fenster gestürzt. Ihr Tod beunruhigt Ebesen deshalb so nachhaltig, weil dessen Umstände genau einem von ihr inszenierten und von Ebesen in einem hyperrealistischen Gemälde dokumentierten *Performance Piece* entsprachen. Seither fürchtet Ebesen die Macht der Repräsentation, und er kam nach Seattle, weil ihm seine künstlerische Tätigkeit in New York nach Gails Tod zu riskant und unkontrollierbar erschien:

> *I shouldn't have been tempting fate. A person should never represent anything that they aren't willing to have come true.* [...] *Everything we paint comes into the world somehow. That's why God put the kibosh on graven images, you know. He didn't want the minor leagues fooling around with something they couldn't control.* (287)

Ebesen gelingt es in seiner Arbeit im *Realization Lab*, ein Gefühl der Sicherheit und der Kontrolle zu entwickeln und den Verdacht abzuwehren, dass Kunst irgendetwas beeinflussen könnte: "*Life is sick. Art is just the recording nurse*" (94). Seinen Kontakt mit der Welt hält er auf einem Minimum, indem er sich weder Berichterstattungen (139-40) noch privaten Kontakten aussetzt. Dass er dabei die Kontrolle über sein Leben und seine äußere Erscheinung verliert, deutet darauf hin, dass seine Versuche der Versicherung gegen die Macht der Kunst einen faulen Kompromiss darstellen: Er haust

> holed up in a decrepit trailer, on a lot that flooded from October to June, subsisting on microwave lasagna and apple chips, living only to get the work out, serving his daily penance with a precision that spooked even his most intense colleagues. Prepared to concede the final slide into bagmanhood. (88)

Weil Adie für Ebesen seiner ehemaligen Lebensgefährtin Gail im Freudschen Sinne "unheimlich" ähnlich sieht, wirft ihn Adies Anwesenheit aus der Bahn. Sie stellt seinen Rückzug in die vermeintlich sichere Welt der berechenbaren, mimetischen Generierung von Bildern in Frage:

> She killed his sense of safety, his feel for error, his certainty of light and dark. The haunted face had survived its own burial. The twitch of this Adie's cheek cut him. Her pits and shadows flirted with a familiarity they refused to settle

into. He could not name it, this overlap, or locate the crossover in any aspect of her appearance. Dead love and its living copy: two halves of a torn original. (89-90)

Hilflos beginnt er, Adie regelmäßig und schweigend bei der Arbeit zuzusehen (56-57, 88-96), ohne zu ahnen, dass ihre Situation mit seiner eigenen durchaus vergleichbar ist.

Wie er hat auch Adie eine künstlerische Tätigkeit in New York aufgegeben. Für beide ist das *Realization Lab* ein Zufluchtsort. Beide schützen sich hier vor Intimität: Ebesen ist "ready to flee at anything that resembled intimacy" (94), und Adie versichert Steven, der sich wünscht, noch einmal ein Stück seines Lebenswegs mit ihr teilen zu können: "I like my aloneness. It's better than any other configuration I can imagine" (226). Beide, Ebesen und Adie, verschreiben sich einem funktionslosen Kunstverständnis. Ebesen muss an eine platonische, die vorkünstlerische Realität nachahmende Mimesis glauben, die in ihrem kreativen und handlungsanregenden Potential systematisch beschränkt und damit ungefährlich bleibt. Adie glaubt, in der fröhlich-digitalen Kopie moderner Meister für eine große Softwarefirma den Quell der Schöpfung von zweckfreier Schönheit gefunden zu haben: Adie *"ran to commerce to get away from commercialism"* (372), wie Steven Spiegel ironisch bemerkt, und dort bastelt sie lustvoll an einem, wie sie selbst sagt, *"escape valve for surviving the pressures of culture"* (129).

In unterschiedlicher Ausprägung unterliegt den TeraSys Projekten und den Handlungsmotivationen der daran Beteiligten die reduktionistische Vorstellung, die Realität sei *"basically computational, whether or not we'll ever lay our hands on a good, clean copy of the computation"* (82). Auf dieser Basis stellt sich den TeraSys MitarbeiterInnen die Aufgabe, den ultimativen Code zu knacken, eine Aufgabe, die im Text wiederholt mit dem alttestamentarischen Bilderverbot assoziiert wird, das den alleinigen Herrschaftsanspruch Gottes über das Leben der Menschen sichern sollte.[207]

> In the privacy of their own workstations, each player in the game mounted a run at the same threshold of belief. The heart of the Realization Lab beat to a single paradox. It hoped to mechanize any brute incident that existence offered. But imitation was itself just the first step in a greater program, the final

---

[207] In Exodus 19, 1-20, 21 verkündet Gott im Bundesschluß am Sinai die Zehn Gebote. Vgl. dazu die Einträge von William H. Propp, "Graven Image"; Douglas A. Knight, "Idols, Idolatry"; und Walter Harrelson, "Ten Commandments" in Bruce M. Metzger und Michael D. Coogan, eds., *The Oxford Companion to the Bible* (NY/Oxford: OUP, 1993) 261-62, 297-98 und 736-38.

> escape from brute matter: the room that would replace the one where existence lay bound. (62)

In der Suche nach der ultimativen Kopie zeigt sich ein uraltes Verlangen nach Transzendenz, nach einer Befreiung von den körperlichen Begrenzungen der Welt und der Wille zur Macht. Vor diesem Hintergrund führt *Plowing the Dark* jedoch vor, dass es die Cavern-Technologie zwar ermöglicht, einen angemessenen Eindruck von der Hyperkomplexität ökonomischer oder klimatologischer Zusammenhänge zu gewinnen, doch eine substanzielle Kopie vermag sie, wie ausgereift auch immer, nicht zu erstellen. Hier ist noch einmal der Verweis auf das Bilderverbot interessant, das, wie Propp bemerkt, insofern missverständlich ist, als es erlaubt, die Repräsentation als substantielle Kopie zu lesen: "The Bible misrepresents idolatry by ascribing to worshipers the naive belief that the image is the deity".[208] Dieser 'naive' Glaube an die Realität des Abbilds und eine damit verbundene Transzendenz des körperlichen Daseins spielt für die TeraSys MitarbeiterInnen eine entscheidende Rolle.

Wie O'Reilly träumt auch der Mathematiker Kaladjian von einer "perfect translation of phenomena in the physical world" (264), und der Projektleiter Freese verkündet: "we're engineering the end of human existence as we know it. [...] An end to the limits of symbolic knowledge" (279). Diese Vorstellung eines technologisch endlich zu bewerkstelligenden, direkten, nicht symbolisch vermittelten Zugriffs auf die Realität bestreitet der Roman in seiner Gesamtstruktur zugunsten eines Plädoyers für die realitätsverändernde Funktion der symbolischen Vermittlung.

So stellt die beeindruckende Spiegelung realer Prozesse beispielsweise keine eindeutigen Schlussfolgerungen bereit. Entweder bleibt die Simulation hoffnungslos reduktionistisch, oder, wie O'Reillys *economics room* zeigt, die Flut der Daten überschwemmt jede menschliche Synthetisierungsfähigkeit. Die Kopie der Realität hinterlässt selbst den Experten

> lost in an informational fantasia: [...] The sweep of the digital – now beyond its inventors' collective ability to index – falls back, cowed by the sprawl of the runaway analog. [...] This sea defeats all navigation. At best, the model can say only where in this, our flood, we will drown. Walk from this diorama on a May evening and feel the earth's persistent fact gust against your face. Sure as this disclosing spring breeze, it blows. Data survive all hope of learning. But hope must learn how to survive the data. (87-88)

---

[208] Propp 261.

Die Herstellung und Verfügbarmachung einer Kopie der Realität, so das Argument der soeben zitierten Passage, repliziert den Fluss der Dinge und serviert ihn in Echtzeit. Mit ihrer umfassenden Informationsfülle bedient die digitale Kopie der Realität die Sinne, doch sie macht, wie Jochen Hörisch treffend formuliert, keinen Sinn: Sie breitet "sinnliches Material" aus, ohne "sinnige Thesen" zu formulieren.[209]

Die totale Immersion in einer zellengroßen Realität verwehrt auch Taimur Martin in Beirut jedes Begreifen seiner Situation. Sein existentiell motiviertes Bedürfnis nach Distanz von der engen Erlebniswelt, die ihn zu ersticken droht, verleiht dem Ringen nach einem das Vertraute irritierenden Verständnis von Repräsentation Dringlichkeit, das dem ersten Erzählstrang eingeschrieben ist. Denn die durch das TeraSys-Team in Seattle erstellte, nahezu perfekte Kopie der Realität besitzt keinerlei Implikationen für eine Erweiterung oder Veränderung der Bedingungen der von ihr kopierten Realität. Die unmittelbare Identifikation oder die konturlose Verschmelzung von Repräsentation und Welt in einer virtuellen Realität wird insbesondere da zum Problem, wo die ständig verbesserte Kopie ein als defizitär erfahrenes Erleben kompensiert, anstatt es zu bereichern, zu analysieren oder zu verändern. Der Soziologe Dietmar Kamper spricht in diesem Zusammenhang von der "Immanenz des Imaginären" und von einer "ubiquitären Bilderhöhle, die zur Hölle mutiert, indem sie dem Leitspruch folgt: Es gibt kein Jenseits der Medien".[210] Diesen hermetischen Zustand illustriert *Plowing the Dark* paradigmatisch am Beispiel von Jackdaw Aquerelli.[211] In unterschiedlicher Weise und aus unterschiedlichen Gründen leiden er, Karl Ebesen und auch Adie Klarpol unter Weltverlust. Fasziniert von der Idee eines "transcendental Lego set of the human soul" (106) leben sie so gut wie ausschließlich in und für ihre Arbeit, in und für einen immanenten Kunstraum, der als Zufluchtsort, zur Droge oder zum Zweck der Selbsterfüllung pervertiert wird, während die nahe Lebenswelt eine maßlose Entwertung erfährt.[212]

---

[209] Jochen Hörisch, *Der Sinn und die Sinne: Eine Geschichte der Medien* (Frkf./M.: Eichborn, 2001) 13.

[210] Dietmar Kamper, *Bildstörungen. Im Orbit des Imaginären* (Ostfildern: Cantz, 1994) 8, 97. Kamper selbst bezeichnet sein Buch als einen entschiedenen Versuch, "den Stellenwert der Bilder im Haushalt des menschlichen Begehrens zu klären" (15).

[211] Weil Jack nach seiner ersten Erwähnung im Roman (26) durchgehend den Spitznamen Jackdaw trägt, obwohl er die außerordentliche Geselligkeit der Dohle gerade nicht besitzt, benutze ich im Folgenden diesen Namen.

[212] Vgl. dazu Erik Eichhorn, "Virtuelle Realität – Medientechnologie der Zukunft?", *Kursbuch Neue Medien: Trends in Wirtschaft und Politik, Wissenschaft und Kul-*

3.2.2 Repräsentation als Kompensation I: Jackdaw Acquerelli

Für Jackdaw Acquerelli ist das *Realization Lab* nicht nur ein Zufluchtsort, sondern der Mittelpunkt seines Lebens. Bezeichnenderweise steht die Abkürzung RL, die in der Sprache des Cyberspace für "Real Life" steht, im Roman für *Realization Lab*. Nicht selten verbringt Jackdaw, den der Erzähler gleich zu Beginn des Romans durch seine Unfähigkeit charakterisiert, "to abide much human contact without flinching" (26), einhundert Wochenstunden dort, also seine gesamte wache Zeit. Was er an der *Cavern* liebt, ist ihr vermeintlich unerschöpfliches kreatives Potential, das der Text im Rekurs des Erzählers auf Jackdaws erste Erfahrungen mit dem Computerspiel "Colossal Cave" (105) allerdings als stark eingeschränkt ausweist.

Bereits beim ersten Spiel verspricht sich der 11-jährige Jack Zutritt zu einer großen und paradiesischen neuen Welt: "[H]alf-enthralled already, half-guessing that this place might be vastly more interesting than the larger one that was good for so little except disappointment" (103). Obwohl es kaum eine Stunde dauert, bis dem 11-Jährigen klar wird, dass der *Colossal Cave*-Welt der reinen Möglichkeit enge Grenzen gesetzt sind – "[w]hat had seemed wider than California was, in fact, largely a cardboard prop" (107)[213] –, hat er die Computertechnologie für sich entdeckt, weil sie ihm ungeahnte Handlungsmöglichkeiten eröffnet:

> He didn't fault the idea of the game but only this particular work-up: this flawed, first-run parody of the land that this land really wanted to become. [...] For all it lacked, Colossal Cave was still endless. However deterministic, however canned the script or pointed the narrative, it still promoted him from victim to collaborator. (107)

Die Einsicht, dass die Welt der Computertechnologie ihm Möglichkeiten eröffnet, die er in seiner Erfahrungswelt nicht hat, bleibt für sein

---

tur, ed. Stefan Bollmann (Mannheim: Bollmann, 1995) 203-20: "Beim Eintauchen in die imaginäre Welt werden nicht neue Empfindungen erschaffen, sondern unsere alten marginalisiert" (209).

[213] Diese Beschränkungen gelten auch für die RL Simulationen: "As a predictor, the weather map was worthless. Noise crept in at the edges, for the simple reason that the would-be world *had* edges" (117); "No amount of success proved that the gears in O'Reilly's box bore any relation to the great gears that he hoped to model. The world had no gears. [...] How could math – even the innovative math of multiagent dialogs – ever hope to factor in such wild card [as the 1977 oil crisis]? It seemed that, in order for simulation to cope with the shocks of radical sheik, it would have to contain as many interdependent variables as the Arabian peninsular has grains of sand" (120-21).

weiteres Leben prägend: Fatal ist das deshalb, weil es ihm nicht gelingt, aus dem Spiel – "[h]e assembled whole utopian societies of shifting, conflicting needs" (110) – Revalidierungseffekte zu ziehen. Es gelingt ihm nicht, seine Imagination jenseits der Grenzen der Computersimulationen fruchtbar werden zu lassen und im Sinne der im Spiel erlebten symbolischen Welterzeugung, in deren Rahmen er vom passiven Opfer zum aktiven Mitarbeiter avanciert, seinen Möglichkeitsspielraum zu erweitern. Stattdessen richtet er sich in der computersimulierten *Colossal Cave* ein und lebt in dieser hermetisch abgeschlossenen Surrogatwelt seinen ethischen Anspruch auf Mitbestimmung aus:

> An incalculable expenditure of time. A colossal waste of life's potential. And yet Jackie's life: the vapor trail of narrative left simply from playing the game. Time-sharing, pirating, paying out extortionate prices to secure each spin-off, each latest extension to the great underground empire, the next, hot upgrade of the ongoing adventure, each more tantalizingly realized than the last. [...] He spent his teens alone, sealed in his bedroom, voyaging. All the while, he held on to that first hint, hoping to locate the *fecundity* that he'd wrongly thought inhabited that first adventure. Each new release, each innovation in design, produced in him the sliver of recovery. But *Closer* only stroked the fire of *Not Quite*. (109-10; meine Hervorhebung)

Beständig verfolgt Jackdaw das Ziel, in der Welt der Computerspiele das fruchtbare Paradies vor dem Fall zu re-etablieren, das dem präpubertären Jungen die erste Stunde der Entdeckung von *Colossal Cave* war.[214] Auch während seines Studiums bleibt er diesem Ziel verpflichtet und die Welt 'da draußen' ist ihm ein irrelevantes Anhängsel seiner Arbeit. Er entwirft ein *smart game*, das er als *freeware* zur Verfügung stellt, damit es durch weitverbreitete intelligente Benutzung immer besser wird: "[T]he more unanticipated strategies that poured into his game, the closer Jackdaw came to that sense of total liberty he hadn't felt since the age of eleven" (111). Dieser befreiende Erfolg trägt ihm seine Anstellung bei TeraSys und damit eine ungeahnte Erweiterung der *Colossal Cave* und eine weitere Abschottung von der Außenwelt ein. Gerne würde er sich bei seinem Vater dafür bedanken, dass er ihm einst diese Welt eröffnet hat, aber dazu ist es zu spät: "His father was six months beyond wanting anything" (112). Stattdessen widmet sich Jackdaw Acquerelli ganz seiner Arbeit: "He felt himself out on the leading edge of the thing that humanity was assembling – this copious, ultimate answer to whatever, in fact,

---

[214] Vgl. dazu die Bermerkungen des Erzählers zum Weather Room des *Realization Lab*: Bis zu dem Zeitpunkt, zu dem "this room, like the one it stood for, would wrap back onto itself and lose its contaminating boundaries [...], the Weather Room remained a triumphant tease" (118).

the question was" (113). Es ist Jackdaw, der auch als junger Erwachsener seinem kindlichen Traum und einem puren intellektuellen Verlangen nach Unverletzbarkeit verpflichtet bleibt, nicht wichtig, "was die Frage war", dafür mögen andere zuständig sein. Dass diese Form der Arbeitsteilung da an ihre Grenzen stößt, wo die Vermittlung zwischen Simulationsraum und Realität nicht mehr als Aufgabe gesehen werden kann, zeigt Acquerellis schmerzhafte Erfahrung des Cyber-Date mit Fatima Morgan.

Jackdaw und Fatima treffen sich online in einer Multi-User-Dimension, sie flirten online, spielen online Tennis und verloben sich, ohne sich jemals "FTF [face to face]" (376) begegnet zu sein. Ein erstes Treffen offline lässt, wie zu befürchten war, Acquerellis Welt implodieren. Bis zu diesem Zeitpunkt war Jackdaws Verlangen und Sehnen allein auf computergenerierte Welten gerichtet. Der mit der Pubertät verbundenen sozialen und psychischen Öffnung hat er sich dadurch weitgehend entzogen. Intimität ist ihm fremd: "The kind of mutual flaming that enlivened a good Multi-User-Dimension turned Jackdaw's stomach when it occurred face to face" (262). Nach einem dreitägigen Besuch Fatimas in Seattle ist Jackdaw am Boden zerstört und kündigt mit einer einzeiligen Email seinen Job, der auch sein Leben war.

In *Plowing the Dark* ist der sympathisch gezeichnete Jackdaw Acqarelli das paradigmatische Negativbeispiel eines Menschen, der sich vor der Komplexität der sozialen und politischen Welt in ein – bezeichnenderweise als präpubertär und kindlich selbstbezogen konnotiertes – hermetisches Paralleluniversum zurückzieht und all seine Energien dort einsetzt. Mit seiner Einstellung ist er jedoch nicht alleine: Der Mathematiker Kaladjian beispielsweise "had fled the globe's chaos for the safety of mathematics" (34) und auch Rajan Rajasundaran, der nach dem Krankenhaus-Massaker 1987 in Jaffna auf Sri Lanka nach Vancouver übersiedelte, lebt nicht wirklich in Seattle: *"I don't really live here. I'm just renting"* (259). Über das TeraSys-Team hinaus problematisiert auch die Figur der Doris Singleton die Schaffung eines von der intersubjektiv geteilten Lebenswelt abgeschlossenen Paralleluniversums. Als sogenannte "Mole-Woman" verbringt sie zu Forschungszwecken, bis auf geringfügige Irritationen ihrer inneren Uhr vermeintlich relativ unbeschadet, fast zwei Jahre in einem von der Außenwelt völlig abgeschnittenen, fensterlosen und monitorüberwachten Raum (157). Nach ihrer Rückkehr aus der Isolation nimmt sie sich Medienberichten zufolge in ihrem eigenen Bett das Leben (379). Vor diesem Hintergrund verweist Adies anlässlich einer ihrer wenigen Ausflüge in die Stadt geäußerte Identifikation mit der Mole-Woman (157) auf ihre eigene prekäre Balance zwischen ihrer überhand nehmenden Arbeit und dem Rest ihres Lebens, die sich in einer Überreaktion entladen wird.

3.2.3 Repräsentation als Kompensation II: Adie Klarpol

Adie Klarpols Verständnis der *Cavern* und ihre Einstellung zu ihrer Arbeit sind vielschichtig und schlagen im Laufe der Handlung mehrfach um. Zunächst ist sie skeptisch, sehr bald jedoch vollkommen enthusiastisch, zwischenzeitlich ernüchtert, dann wieder begeistert, schließlich entsetzt. Diese Veränderungen steuern weitere Perspektiven zur textimmanenten Diskussion der Funktion der Repräsentation bei.

Adies erste Begehung, Besichtigung und Erfahrung der *Cavern*, dieses "womb of cool engineering" (17) in der einfachen Test-Ausführung einer Kinder-Wachsmalkreidezeichnung – "a simple place, pristine, prelapsarian" (19) –, löst ihre anfängliche medienkritische Skepsis gegenüber "all things the cabled world hoped to become" (17) schnell durch eine unstillbare Neugierde ab. Ihre kindlichen Assoziationen zu der Testsimulation wecken die Künstlerin in Adie und erinnern "the greatest illustrator since representational art self-destructed" (8) an ihr vor Jahren tief enttäuschtes, vormodernistisch an der Schönheit und dem reinen Vergnügen ausgerichtetes Kunstverständnis:

> For the first time in as long as she could remember, the future held more pictures than the past. [...] Something in those jittery black-and-golden scraps recalled her sight's desire. So it always went, with life and its paler imitations. The things that needed renouncing – our little acts of abdication, our desparate Lents – finally caved in. They slunk off, subdued by hair of the dog, their only cure. The abandoned palette returned to press its suit, sue for time, advocate.
>
> All Adie had ever wanted was to people this place with gentian and tree rings and hidden houses folded from out of cardstock, to raise stalks under an animated sky, a sky calling out for glade-crazed, pollinating paper honeybees that followed every trail of scent that the wave of thought's wand laid down. (17-18)

Sie fühlt sich wie ein kleines Mädchen im Paradies oder wie Alice im Wunderland: Das *Realization Lab* erscheint ihr als ein von "shaggy dungeon creatures" bewohntes "subterranean wonderland" (25) und die Position bei TeraSys bietet ihr "an unlimited fantasy sandbox, perfect for a girl to get lost in" (25).[215] In ihre kindliche Begeisterung für das *Realiza-*

---

[215] Die Mischung aus Regression und der Erwartung von etwas Neuem, die sich in diesen Passagen zeigt, begleitet auch Adie Klarpols endgültige Entscheidung,

tion Lab-Projekt und ihre Sehsucht nach einer Welt, die sich von der alltäglichen Erfahrung unterscheidet, mischt sich allerdings auch der vage Eindruck einer dem Projekt unangemessenen Sterilität, die künstlerischer Impulse bedürfe.

> Adie glanced around the room. Its likeness had never once been painted. It glowed, an eerie, mechanical hatchery, replete with all the secret trip levers of an ingenious Max Ernst frottage. But all this complexity felt stunningly sterile: as still and smooth and sinister as a turquoise Hockney swimming pool.
> Shame and amazement did a two-step in her. This room was the present's wildest accomplishment, its printing press, its carrack and caravel, its haywain, hanging gardens and basilica. These demure, humming boxes contained the densest working out, the highest tide of everything that collective ingenuity had yet learned how to pull off. It housed the race's deepest taboo dream, the thing humanity was trying to turn itself into. Yet, for all that Adie had seen, art had fled headlong from it, in full retreat, toward some safe aesthetic den of denial, where it could lick its wounds in defeat. (30)

Adie ahnt, dass die im *Realization Lab* produzierten Datenstrukturen die Spitze der aktuellen Medienentwicklung sind und eine neue Dimension in einer langen Reihe von Versprechen immer neuer Medien darstellen, eine bessere, differenziertere, wahrheitsgetreuere Repräsentation zu schaffen. Die damit einhergehende Verwischung der Unterscheidung zwischen Repräsentation und Realität ruft den tabuisierten Traum der Menschheit von göttlicher Schöpferkraft und einer Bearbeitung der Bedingungen der menschlichen Existenz auf. Doch wo war die Kunst, so fragt sich Adie, die seit ihrer Autonomisierung im 18. Jahrhundert einerseits an gesellschaftlicher Relevanz verloren hatte, andererseits aber als Gegenstand historischer und theoretischer Reflexion zur Expertin für Repräsentationsfragen avanciert war,[216] und als solche Teil dieser avantgardistischen Entwicklung sein sollte? Adie kritisiert die Gegenwartskunst als selbstverliebte Institution, die, in einen "aesthetic den of denial" zurückgezogen, ihre Wunden leckt. Diese Kritik impliziert weniger den Ruf nach einer Indienstnahme der Kunst im Sinne eines bestimmten Programms, als vielmehr die Forderung, die systematische *Trennung* von Kunst und Alltagswirklichkeit als einen Fundus für die Alltagswelt irritierender Perspektiven zu nutzen. Hier klingt diese Forderung fast

---

New York zu verlassen – ihr veränderter Blick macht sie in New York zu Freiwild: "to look, in this place, was to beg for erasure" (23) – und sich in Seattle in einem märchenhaften "Cozy Island Home, with garden" (23) niederzulassen, um dort von "blueberries, honey and crabs" (24) zu leben.

[216] Wolfgang Ullrich, "Kunst/Künste/System der Künste", Barck et al., Bd. 3, 556-615, hier 556-71.

beiläufig an. Der Roman entwickelt sie jedoch, wie vor allem unter Abschnitt 3.3 dokumentiert, zu einer zentralen Forderung.

Durch den Auftrag des Projektleiters Jonathan Freese – *"Make us the most beautiful Cavern room you can think of. Learn things, Enjoy yourself"* (54)[217] – ihrer Fragen nach Finanzierung und Zielrichtung des Projekts entledigt, erliegt Adie trotz gelegentlicher Anflüge prinzipieller Zweifel[218] ganz der überwältigenden Verführungskraft des Projekts. Die Fragen nach dem Preis, dem potentiellen Nutzen und Schaden oder dem damit einhergehenden Effekt werden sie später einholen und zu einer Überreaktion verleiten. Zunächst jedoch lässt sie sich staunend von Steven Spiegel und Sue Loque die aktuellsten Techniken der digitalen Objektbeschreibung zeigen, die es über rekursiv kodierte genetische Algorithmen ermöglichen, den perfekt geklonten Objekten dieselben Qualitäten zu geben wie ihren Vorbildern.

Adie ergötzt sich an der digitalen Potenz, die ihr eine bald ganz selbstverständliche Benutzeroberfläche verleiht. Sie rekonstruiert "bit by bit, bouquet by bouquet" den 1910 entstandenen *Traum* des französischen Malers Henri Rousseau, der als Begründer der naiven Malerei gilt und "no qualm about turning to ready-made designs such as prints and travel magazines" hatte.[219] Dabei gibt sich Adie, "a tourist in her own Eden" (58), alle Mühe, die programmatische Zweidimensionalität des Vorbilds,[220] das seine Künstlichkeit unterstreicht, mittels ständig revolutionierter Hard- und Software in eine überzeugende, und das heißt die Künstlichkeit mit realistischen Konventionen überspielende, Dreidimensionalität zu übersetzen. Adies *Jungle Room* ist also schon in der Anlage mehrfach paradox: mit enormem technischen Vermittlungsaufwand unternimmt Adie den Versuch, eine Realität suggerierende Kopie eines frühmodernistischen Kunstwerks nachzubilden, das die Vermischung

---

[217] Sue Loque ist später deutlicher: Freese, ein pensionierter Air Force Pilot, *"[j]ust wants you to design a world that will wow the press corps and excite the greater purchasing public at the same time"* (297).

[218] Adie Klarpols Einwurf beispielsweise, *"We're not meant to be able to do all this. It's not good for us"* (37), wirkt in der Comicsprache, in der er präsentiert ist, fast komisch und kann von ihren Kollegen nur als archaisch empfunden werden. In demselben Tonfall fragt Adie später Jackdaw: *"You sure we really want to go down this road? [...] Do we really want to hand something like this to an already addictive age? Aren't we in enough trouble the way things are?"* (169).

[219] Roger Cardinal, "Rousseau, Henri(-Julien-Felix)", *The Dictionary of Art*, 34 Bde., ed. Jane Turner (London/NY: Macmillan, 1996) Bd. 8, 260-63, hier 260.

[220] Cardinal 261-62.

von Realität und Phantasie thematisiert.[221] Ein ebensolches Paradox ist auch das Produkt ihrer Anstrengung: Der *Jungle Room* avanciert zu einem "strangely familiar keepsake of long-abandoned cover" (67): einem potentiell anregenden Raum der Regression, der als performatives Archiv das Potential besitzt, das Wissen um die Wirklichkeit symbolischer Welterzeugung erfahrbar zu machen:

> Origins converge in the Jungle Room. Choose your myth of preference: the garden banishment, the wayward chromosome. Either way, this green is a return engagement. Nostalgia sprawls from the overgrown nooks. Life leverages every cranny. Moonlit creepers spread a welcome mat. The pennant of mangrove branches announces Old Home Week.
>
> [...] This is the aim of all bootstrapping: to lift the first curse and make dreams real. [...]
>
> Still the Jungle Room swells, as awful as its template. For there may be no return, no quarter, no resting place behind these renderings. These leaves hide nothing but the signs of hunger. Even the myth of elemental loss somehow misses the point. It may not be in you, ever, to believe in a home of your own devising. The tree may not grow that can trick both heart and limbs. (67-68)

Wie Jackdaws *Colossal Cave* ist die von Adie erarbeitete Simulation von einem drängenden Bedürfnis nach einer der Erfahrung vorgängigen Geborgenheit und Unversehrtheit beflügelt. Sie beschreibt den hypervermittelten *Jungle Room* diesem Bedürfnis entsprechend als einen von vermittelnder Repräsentation unbeschadeten Ort, als einen medientheoretisch gewendeten Genesismythos: Hier sind Palmwedel nicht nur metaphorisch gebraucht, "they grow into the species they once only represented"; hier gibt es "ripe fruit without the fall"; hier kann sie Äste und ihre Abbildungen ineinander verschmelzen, "[f]use the fact of the branch to its depiction. Join stump and symbol into a single thing". Hier erlebt sie eine widerstandsfreie Realität: "Here you can shed your wood skeleton and travel at will through groves of pure notion" (67). Aber sie nimmt diese Widerstandsfreiheit als irritierend wahr: "You do not wholly buy this slithering bill of goods. This simulation cannot bruise your heel" (68). Sie schaut aus der Distanz auf dieses Paradies, das die medialen Bedingungen seiner Existenz ausblendet:

---

[221] Cardinal schreibt über Rousseaus Gemälde: "One might surmise that what he most relished was the sensation of stepping from a familiar space in one moment into a fantastic one the next". André Breton schätzte Rousseaus Gemälde, so Cardinal weiter, für ihre Korrelation von Banalem und Fremdem, und die Surrealisten sahen vor allem in den Dschungelbildern überzeugende Beispiele einer nichtrationalen Inspiration (262-63).

Something yearns to return to first vegetation, *only this time at a cool remove.* The body wants back in its abandoned nest, but now free to come and go, [...] free to name the lush sprawl of this place *from the safe distance of a divan.* (67; meine Hervorhebung).

Diese Distanz unterscheidet Adies *Jungle Room* von Jackdaws *Colossal Cave.* Der Jungle Room ist insofern keine komplett abgeschlossene Ersatzwelt, sondern zumindest potentiell eine den Blick erneuernde Durchgangsstation, die jene Kräfte zu fördern im Stande sein könnte, welche die Alltagswelt revalidieren und dort verändernde Einflussnahmen erlauben – Kräfte an denen Jackdaw allerdings gar kein und auch Adie nur zeitweise Interesse zeigt.

Mehr als Adie fungiert Steven Spiegel im Text als Träger der Überzeugung von der transformierenden Wirksamkeit der Repräsentation, die gerade durch elektronische Mittel, die eher semantische Bausteine als Endprodukt sind,[222] erfahrbar gemacht werden kann. Wo Adie ihr Job *"on the bleeding edge of whatever we're on the edge of"* (178) zwar gefällt, hat Steven eine klarere Vorstellung davon, was TeraSys eigentlich treibt. Wenn er Adie gegenüber seinem Enthusiasmus Luft macht und davon spricht, dass die hochgerüstete TeraSys Computertechnologie "an entirely new home" (159) erstellen könne, und dass sie nicht nur passive Rezipienten, sondern Akteure "in our own living drama" (160) sein werden, hat das einen ganz anderen Zugenschlag als Jackdaws Sehnsucht nach einer weniger enttäuschenden Welt als der seiner Erfahrung, nach einer abgeschlossenen Welt, innerhalb derer er nicht "victim" sondern "collaborator" (107) ist. Es hat auch einen anderen Zugenschlag als Ebesens, O'Reilly's und Kaladjians Abbildfetischismus. Denn es geht Spiegel weder um Flucht oder Kompensation, noch um Nachahmung, sondern um Repräsentation als Experimentierfeld der Imagination:

> *You know what we're working on, don't you? Time travel, Ade. The matter transporter. Embodied art; a life-sized poem that we can live inside. It's the grail we've been after since the first campfire recital. The defeat of time and space. The final victory of the imagination.*
> *Whoa there, cowboy. It's four bedsheets and some slide projectors.*
> *Oh, you ain't seen nothin' yet. Forget the technology for a moment. I'm talking about the raw idea.* The ability to make worlds – *whole, dense, multisensory places that are both out there and in here at the same time.* Invented worlds *that respond to what we're doing, worlds where the interface disappears. Places we can meet in, across any distance.* Places where we can

---

[222] Siehe Jürgen Claus, "Die Kunst in der Medienrevolution", *Kursbuch Neue Medien: Trends in Wirtschaft und Politik, Wissenschaft und Kultur,* ed. Stefan Bollmann (Mannheim: Bollmann, 1995) 335-37, hier 336.

change all the rules, one at a time, to see what happens. *Fleshed-out mental labs to explore and extend. VR reinvents the terms of existence. It redefines what it means to be human.* (159-60; meine nicht-kursivierte Hervorhebung)

Steven entwickelt die Vorstellung eines technisch unterstützten, imaginativen Weltentwurfs, der ein Probehandeln ermöglicht: "we can change all the rules, one at a time, to see what happens" (160). Er erfasst die *Cavern* dabei interessanterweise in einer Schriftmetapher – "*a life-sized poem that we can live inside*" – und rekurriert damit in seiner Vision einer interaktiven Erfahrung auf die distanzierende Qualität der Medientechnik des Lesens. Sein Verständnis von digitaler Repräsentation als Experimentierfeld der Imagination mit noch nie dagewesenen Möglichkeiten entspricht Peter Gendollas Konzept einer der Referenz vorgängigen Simulation. Gendolla unternimmt dazu folgende hier relevante Unterscheidung der Begriffe Mimesis, Fiktion und Simulation:

> Bezog sich Mimesis – etwa im berühmten Höhlengleichnis aus Platos *Politeia* – immer auf eine Präexistenz der Ideen, des Lichts, der Wahrheit etc. vor allen Signifizierungsprozessen und war Fiktion dann weiter als Koppelung dieser Wahrheit mit einem aktuellen Ereignis konzipiert, als Herstellung einer möglichen Übereinstimmung von Zeichen und weiter vorgängiger Referenz, so ist Simulation nur sinnvoll zu konzipieren, wenn sie im Bezugsfeld von Zeichen und Referenz eben als vorgängig angenommen wird. Dass ein Zeichen vor seinem Referenten existieren soll, klingt für den Alltagsverstand zwar unsinnig, ist aber bei jedem Entwurfsprozess gängige Praxis.[223]

Die durch die Computertechnologie mögliche Simulation ist demnach ein technisch beschleunigter und stark autonomisierter Welt- und Verhaltensentwurf. Adies Einwand gegen Stevens Simulationseuphorie, das Leben selbst sei ein solches Experimentierfeld – "*Life itself, as our final art form. Our supreme high-tech invention. It's a lot more robust than anything else we've got going. Deeply interactive. And the resolution is outstanding*" (160) –, entgegnet Steven treffend: "*But we can't see life. [...] Not without some background to hold it up against*" (160). Um eine Perspektive auf die Welt zu gewinnen und unsere Erfahrung zu einem Gegenstand des Wissens zu machen, ist Distanz nötig, die in der einen oder anderen Form auf Kosten von Unmittelbarkeit, Präsenz und einer Übereinstimmung zwischen Original und Kopie geht.[224] In diesem Sinne

---

[223] Peter Gendolla, "Simulation", *Metzler Lexikon Medientheorie / Medienwissenschaft: Ansätze – Personen – Grundbegriffe*, ed. Helmut Schanze (Stuttgart: Metzler, 2002) 332-33.
[224] Siehe dazu W.J.T. Mitchells Ausführungen zum Repräsentationsbegriff: "Representation", Lentricchia/McLaughlin 11-22, bes. 21.

ist gerade auch die *Jungle Room*-Simulation Repräsentation "at a cool remove" (67) und macht mit ihrem Reichtum an Verweisen und Zitaten[225] die Konstitution von Sinn und Bedeutung als ein immer schon durch Zeichen vermitteltes Verweisungsgeschehen *erfahrbar*.

Im Laufe des folgenden Jahres begreift Adie Klarpol, dass das "reality engineering" (269) der Cavern ein aktueller Schritt auf dem langen Weg der Menschheit ist, in immer wieder neuen Versuchen solche Experimentierfelder zu schaffen und nutzbar zu machen:

> Something gelled, and Adie saw this primitive gadget morph into the tool that humans have lusted after since the first hand-chipped adze. It seemed the prize at the end of the half-million years of provisional leapfrogging. It was not even a tool, really. More of a medium, the universal one. However much the Cavern had been *built from nouns, it dreamed the dream of the unmediated, active verb*. It lived *where ideas stepped off the blackboard into real being*. It represented humanity's final victory over the tyranny of matter. She'd mistaken this variable room for a high-tech novelty. Now Adie saw it as the thinnest first parchment, a thing that rivalled even speech in its ability to amplify thought. Time would turn it into the most significant jump in human communication since the bulking up of the cerebellum.
>
> The mature Cavern would become the body's deep space telescope; the test bed for all guesses; a programmable, live-in film; the zoom lens of the spirit; the umbilical cord for remote robot control; a visualization lab as powerful as human fancy; a tape deck capable of playing back any camera angle in history; a networked web of matter transporters where dispersed families would meet and greet as holographic scepters. It promised the wishing lamp that all children's stories described. It was the storybook that once expelled us and now offered to take us back in. (267-68)[226]

Adie begeistert sich in diesem metaphorischen Durchgang durch die Medienentwicklung, ähnlich wie zuvor Steven, für eine Weltentwerfende Simulation, die aus statischen "nouns" gebaut ist, aber nach einem Dasein als "active verb" strebt. Interessant ist hier wiederum die Metaphorisierung eines digital hergestellten Erfahrungsraumes in Sprachbildern. Anschließend an Stevens Vorstellung eines "life-sized

---

[225] Adie setzt eine ganze bastardisierte Galerie iher Lieblingsgemälde in die Dschungelsimulation: "So it went: trinkets scattered like prizes through the boscage, a scavenger hunt of visual quotations obeying neither history nor influence nor singificance nor theme nor any other principle of inclusion aside from one woman's private affections. A solitary trail of loved things, digitized. A haphazard, walk-in Cornell box of essential scraps, larger than life: her life" (129).

[226] Das Motiv der Wunderlampe wird auch durch die Kindergeschichte aufgerufen, an deren vage Konturen sich Steven Spiegel zu erinnern versucht: "*This boy has the ability to make the things he imagines come into existence, just by – and here I'm a little shaky on the exact mechanism*" (156).

poem" (159) dient diese Metaphorisierung der Artikulation eines neuen Verständnisses von digital generierten visuellen Kunstwerken als bewegliche Bildwelten, die die geistesgeschichtliche Entwicklung des Denkens der Prozessualität und der Verflüssigung durch solche Denker wie Darwin, Nietzsche, Freud, Saussure und Derrida tatsächlich erfahrbar machen.

Die *Plowing the Dark* eingeschriebene Kritik richtet sich nur da gegen diese der Referenz vorgängigen Simulation, wo sie sich verselbständigt und keinerlei Revalidierung der Alltagswelt erlaubt, wo der Wunsch nach der 'Verwirklichung von Träumen' und nach einem 'Sieg über die Tyrannei der Materie' in ein Desinteresse an der symbolisch vorstrukturierten, in seiner konkreten Manifestation aber letztlich unberechenbaren Erfahrung mündet. Der Roman verfällt also nicht in einen ablehnenden Kulturpessimismus, dem zufolge technisierte Kommunikation und Simulationen Verfallsformen einer auf wahrhaftige Verständigung abzielenden Sprache darstellen. An die Stelle der gängigen Dichotomien von Lebenswelt und System, von Sprache als Medium der Verständigung und der strategischen Instrumentalisierung von Macht, von schwachem und starkem Medienbegriff,[227] setzt *Plowing the Dark* ein Konzept von Simulation, die deren der Referenz vorgängigen Status nicht mit einem durchgestrichenen Weltbezug gleichsetzt. Diese Konzeption der Simulation ergibt sich, wie noch zu zeigen sein wird, aus der Gesamtstruktur des Romans. Den einzelnen Romanfiguren erschließt sie sich dagegen in einzelnen Momenten nur ansatzweise. Dies verweist auf die unklare Abgrenzung zwischen Missverständnis und Einsicht sowie auf die Schwierigkeit, einmal gewonnene Einsichten im Bewusstsein zu behalten. So dient neben Acquerelli, Ebesen und der Mole Woman gerade auch die Figur der Adie dem Roman als Stütze für seine Kritik an zu hermetischen oder immanenten Konzeptionen von Simulation. Dabei handelt es sich um einen medientheoretischen Befund, den Kamper wie folgt artikuliert:

> Die Menschen leben heute nicht mehr in der Welt. Sie leben nicht einmal in der Sprache. Sie leben vielmehr in ihren Bildern, in den Bildern, die sie sich von der Welt, von sich selbst und von den anderen Menschen gemacht haben, die man ihnen von der Welt, von sich selbst und den anderen Menschen gemacht hat. Und sie leben eher schlecht als recht in dieser imaginären Immanenz. Sie sterben daran. Es gibt beim Höchststand der Bildproduktion massive

---

[227] Bolz und Schulte-Sasse machen diese Dichotomien an der Auseinandersetzung zwischen Habermas und Luhmann fest. Siehe Norbert Bolz, *Weltkommunikation* (München: Fink, 2001) 23-26 und Jochen Schulte-Sasse, "Medien/medial", Barck et al., Bd. 4, 1-38, hier 5-6.

Störungen. Es gibt Bildstörungen, die das Leben in den Bildern und das Sterben daran höchst zweideutig werden lassen. Ein Zustand wie 'Lebend-Totsein', wie 'abgestorbenes Leben' breitet sich aus. Diese Unentscheidbarkeit, ob man noch lebendig oder schon gestorben ist, haftet den Bildern an, zumindest seit dem Zeitpunkt ihrer Referenzlosigkeit. [...] Also wäre es an der Zeit, aus der selbstproduzierten Bilderhöhle, die dabei ist, sich zu verschließen, auszubrechen.[228]

Diese Möglichkeit des Ausbrechens aus einer imaginären Immanenz, aus dem "Verweilen in der Welt der Bilder" und dem "Zustand vor der Geburt zur Welt"[229], ist ein zentrales Anliegen von *Plowing the Dark*, wobei der Roman den Rekurs auf ein asketisches Bilderverbot ebenso als unangemessen regressiv oder gar reaktionär markiert wie Kamper. "Leben ist nicht Licht, sondern die Bewegung aus der Dunkelheit",[230] schreibt Kamper. In diesem Sinne ermutigt der Roman dazu, wie im folgenden Abschnitt 3.3 zu zeigen sein wird, das Jenseits der Bilder in den aus der Angst vor der Dunkelheit produzierten Bildern selbst zu suchen.

3.3 Simulation und Distanz: Repräsentation als entwerfende Welterschließung

Dass die Vorstellungen, die sich Acquerelli, Ebesen und zeitweise auch Adie von der lediglich abbildenden, prinzipiell zweckfreien und höchstens dekorativen oder kompensatorischen Funktion der Kunst machen, zu kurz greifen, weil sie entweder von einer klaren Trennung von Medium und Mensch, Kunst und Leben, von Repräsentation und Welt ausgehen oder aber eine undifferenzierbare Verschmelzung der jeweiligen Pole für möglich halten, wird im Text zweifach deutlich. Erstens durch die unvorhergesehenen und unberechenbaren weltpolitischen Ereignisse des Jahres 1989 (123-37, 139-41), welche die Arbeit und das Selbstverständnis der TeraSys MitarbeiterInnen in Frage stellen; und zweitens durch eine mit der Reflexion der Höhlengemälde von Lascaux und Altamira (129-31) einsetzende Thematisierung der Bildlichkeit.

Es ist nicht allein der Ende der 1980er Jahre öffentlich verbreiteten Euphorie über die so genannte "*virtual reality*" geschuldet,[231] dass die

---

[228] Kamper, *Bildstörungen* 7.
[229] Kamper, *Bildstörungen* 79.
[230] Kamper, *Bildstörungen* 46.
[231] Der Begriff kommt Ende der 80er Jahre zum ersten Mal auf. Eine genaue Datierung der *virtual reality* (kurz: VR) Technologie ist nicht so leicht möglich, denn VR "is a cluster of simulator technologies that has been slowly diffusing for decades". Siehe Biocca, Kim und Levy 3, Fn. 2.

Handlung von *Plowing the Dark* in den späten 1980er und frühen 1990er Jahren spielt. Die friedlichen Demonstrationen auf dem Platz des Himmlischen Friedens in Peking und die politische Desintegration der Ostblockstaaten im selben Jahr haben der Rede vom "Ende der Geschichte",[232] welche so gut an die vom Roman kritisierte Vorstellung einer sich verselbständigenden Simulation anschließbar ist, nachhaltig den Boden entzogen. Darüber hinaus haben sie dazu beigetragen, dass der seit der Theoretisierungswelle in den Geisteswissenschaften in den 60er Jahren tendenziell verpönte Ethikdiskurs wieder neu und anders an Boden gewinnen konnte.[233] Auch in *Plowing the Dark* provozieren die weltpolitischen Ereignisse der Jahre 1989-1991 ethische Fragen nach Voraussetzungen und Effekten individuellen und kollektiven Handlens.

In *Plowing the Dark* reißen die Medienberichte zu diesen Ereignissen die *Realization Lab*-MitarbeiterInnen aus ihrer Arbeitsroutine und problematisieren sowohl ihre Rückzugsbiographien als auch ihre hochtechnisierte Simulationskunst, welche die aktuellen Ereignisse nicht einmal in Ansätzen vorherzubestimmen vermochte:

> Midyear gave all coders ample study in expanding variables. From a dozen local epicenters, rashes of pure negotiation broke out. Inside the spinning hologram, the Realization Lab looked out on a planet intent on running its own model. Politics-at-large doubled faster than the most aggressive formulations of Moore's law could pace. April blanched at May's developments, and June made a mockery of May's wildest predictions. (123)

Gleichzeitig jedoch validiert das im wahrsten Sinne des Wortes weltbewegende "passionate and ideal desire to live free from coercive or oppressive power"[234] prinzipiell die Macht des vielfach im Roman anklingenden Verlangens der Romanfiguren nach einer Verwirklichung ihrer Vorstellungen von einer besseren Welt. Steven Spiegel stellt explizit eine Verbindung zwischen den studentischen Demonstrationen in China, der Arbeit im *Realization Lab*, der Kunst und dem Verlangen her, das ihn und die anderen antreibt:

> His old friend [Adie] had come alive in this great awakening, more manic than he could have hoped for when he'd lured her out of her early retirement. The abdicated craftswoman, who'd sworn off any art beyond paint by num-

---

[232] Francis Fukuyama, "The End of History?", *The National Interest* 16 (1989): 3-18.

[233] Siehe dazu Geoffrey Galt Harpham, *Getting it Right: Language, Literature and Ethics* (Chicago/London: U of Chicago P, 1992). Im Vorwort zu seiner Studie schreibt Harpham, dass das Jahr 1989 von "the power of ethics" dominiert war (v-vi).

[234] Harpham, *Getting it Right* vi.

bers, who'd renounced all pleasures of the retina, now became the first to run down the halls, recidivist, proclaiming the world's latest Renaissance.

Nor could Spiegel say what exactly had tipped her back into the camp of the living. Something in the Cavern's proving grounds had prepped her for these global velvet uprisings. Some hybrid possibility, laid down in Rousseau's walk-in jungle, brought to life in each night's newscast of delirious Beijing students camped out under the Gate of Heavenly Peace. This miracle year, not yet halfway done, conspired to salve art's guilty conscience and free it for further indulgence.

The Adie that Spiegel had loved, the poised, potent undergrad who'd believed in the pencil's ability to redraw the world, was long dead the night he'd called to recruit her, a casualty of adulthood. He'd invited her out anyway, fantasizing that some lost fraction of her might revive at a glimpse of the prodigious world-redrawing pencil the RL was building. But for the world at large to choose this moment to collaborate in redrawing itself: he'd never been so mad as to count on that.

Maybe Lim was right. Maybe the spreading world machine was catalyzing this mass revolution. Maybe silicon seeds had planted in the human populace an image of its own potential. After ten thousand years of false starts, civilization was at last about to assemble the thing all history conspired toward: a place wide enough to house human restlessness. A device to defeat matter and turn dreams real. This was what those crowds of awakened students demanded: a room where people might finally live. (124-25).

Obwohl Spiegels Perspektive als eine womöglich übertriebene Reaktion dargestellt ist – "On Tuesdays and Thursdays, the extent of Spiegel's puerile, wishful thinking embarrassed him. Mondays, Wednesdays and Fridays he was ready to put money on it" (125) –, artikuliert sie zwei für den Roman zentrale Gedanken: Erstens sieht Spiegel die Simulation als Testfeld, auf dem die symbolische Hervorbringung einer gerechten Welt, "wide enough to house human restlessness" (125), erfahrbar wird. Zweitens drängt er auf eine Befreiung der Kunst aus der hermetischen Selbstreflexionsschleife.[235]

Die mit dem Massaker auf dem Platz des Himmlischen Friedens jäh erstickten Hoffnungen auf Demokratisierung, die die studentischen Demonstrationen in die Welt getragen hatten, veranlassen auch Adie zu einem neuen Reflexionsprozess über ihr eigenes Tun. Das Massaker zerstört ihren "sense of swimming freedom" (138) und lässt das *Realization Lab* in einem anderen Licht erscheinen: "a dozen stunned lives, huddled in a picture-pitched tent, trapped in the rising information flood" (141). Adies erneuter Rückzugsversuch, "away from the press of all facts, out

---

[235] Vgl. dazu Fred Forest, "Für eine Kunst im Virtuellen Raum", *Kursbuch Neue Medien: Trends in Wirtschaft und Politik, Wissenschaft und Kultur*, ed. Stefan Bollmann (Mannheim: Bollmann, 1995) 338-43.

of the reach of news" (141),[236] gelingt nicht, "the sight of those panicked crowds ambushed her" (142). Nach Monaten der Trauer (154) unternimmt sie einen ersten bescheidenen Schritt heraus aus ihrer solipsistischen Welt: Sie beginnt Seattle zu erkunden und bei hellstem Sonnenschein erkennt sie allmählich, dass der Wert des binär codierten *Realization Lab* Projekts nicht in der bis zur Ununterscheidbarkeit genauen Kopie der Realität, sondern gerade in seiner unaufhebbaren Differenz von derselben liegt: "The greatest value of the clumsy, inexorable, accreting digitization of creation lay in showing, for the first time, how infinitely beyond formulation the analog would always run" (155).[237] Damit gewinnt Adie die Einsicht, dass die Hybris auf Umwegen durchaus zur Entdeckung der Welt führen kann. Diese Einsicht beschreibt John Perry Barlow in einem anderen Kontext wie folgt:

> Ich glaube, das Bestreben, überzeugende künstliche Wirklichkeiten zu schaffen, wird uns genauso beschämende Lektionen über die Wirklichkeit bescheren, wie die künstliche Intelligenz sie uns über die Intelligenz beigebracht hat – nämlich, daß wir keinen blassen Dunst davon haben. Ich habe das Gefühl, VR wird den Wahn, die Wirklichkeit sei eine feststehende Tatsache, noch weiter bloßstellen. Sie wird uns erneut die nahtlose Kontinuität zwischen der Welt außen und der Welt innen ins Gedächtnis rufen und so dem alten Schwindel mit der Objektivität einen weiteren schweren Schlag versetzen.[238]

Aus dieser Perspektive wird deutlich, dass die von Adie geäußerte Unangemessenheit digitaler Machbarkeitsphantasien nicht eine Ablehnung hochtechnisierter Medienprozesse implizieren muss, sondern vielmehr die Einsicht mit sich bringen kann, dass gerade die Differenz zwischen digital gestützten Imaginationswelten und der Erfahrungswelt

---

[236] Die Kurzkapitel 19 und 30 beschreiben solche Rückzugsräume: ein "paradise of detachment. The room of no consequence in the least" (144-45) bzw. einen warmen Raum, in dem "[a]ll things await the theatre of your needs" (240).

[237] Diese auch von Kamper in *Bildstörungen* formulierte Idee, dass "Leben, auch menschliches, [...] nur unter der Bedingung möglich [ist], dass es mehrere Gegenteile gibt" und die Logik dagegen "im Geist des Binären" bestehe, "der auf eine verhängnisvolle Weise unsterblich ist" (52), wird an vielen Stellen des Romans aufgegriffen, z.B. in den Reaktionen auf die internationale Menschenkette: "But it was. Was beautiful – a self-extending experiment, too massive for description. Event ran on an analog machine the size of the globe" (191). "Desire, like file size, always overflows the available capacity" (192). "A world without assumptions should have been a world without surprises. But every day brought new shocks to the invented landscape, shocks requiring perpetual invention to smooth them over" (256).

[238] Zitiert bei Eichhorn 209.

die Chance birgt, neue Perspektiven zu gewinnen. Ausgehend von der Annahme, dass "[d]ie Grenzen zwischen den scheinbar fixen Positionen *Mensch* und *Medium* [...] labil" sind, bzw. ein teleologisch nicht auflösbares, wechselseitig konstitutives Verhältnis zwischen ihnen besteht, sucht der Roman die mediendiskursiven Fronten von anthropozentrischen und technozentrischen Argumenten zusammenzubringen.[239]

Spiegel entwirft Visionen vom Menschheitsgeschichte verändernden Potential des Computers und dem damit verbundenen Sieg der Imagination über Raum und Zeit: "We're not passive recipients any more. We'll become the characters in our own living drama" (160). Auf Adies anthropologisch gegründete Einwände und ihren Hinweis auf die Interaktivität des Lebens selbst (160), entgegnet er, dass wir modellhafte Vorstellungswelten als Testfelder benötigen, denn: "we can't see life" (160). Die Idee, dass die Repräsentation und ihre künstlich gemachten Welten wichtige Experimentierfelder darstellen, die unser Verständnis unserer Lebenswelten ko-determinieren, bietet auch einen Ansatzpunkt für eine Antwort auf die provokante Frage des Mathematikers Kaladjian während einer Demonstration des *Jungle Room*: "What of any real consequence can we learn, even from the best of museums?" (165). Ein gutes Museum, "the colossal expenditure of energy" (200) des künstlich Gemachten oder Simulierten, kann, so argumentiert dagegen der Roman, vermitteln, neu und anders zu sehen – und zwar in dem verstehenden Sinne, den Adie in ihrer Antwort auf Jackdaws Frage impliziert, ob ihr Vater jemals ihre Kunst gesehen hätte: *"That depends on what you mean by 'see'"* (179). Dieser Idee liegt ein antimimetisches, aber durchaus welterschließendes und -veränderndes Verständnis der Repräsentation zu Grunde, das der in romantischer Tradition stehende schweizer Maler und Lehrer am Bauhaus Paul Klee in den 1920er Jahren wie folgt formulierte: "Kunst gibt nicht das Sichtbare wieder, sondern macht sichtbar".[240]

Auf diese distanzierende und weltentwerfende Funktion der Repräsentation hebt auch der Softwarespezialist Spider Lim in seiner Begeisterung für die Höhlen von Lascaux ab, diese erst 1940 entdeckten, ältesten Spuren menschlichen Könnens[241] überhaupt: *"Consciousness*

---

[239] Diese Positionen korrelieren mit der in der aktuellen Mediendiskussion deutlich markierten Unterscheidung zwischen einem schwachen und einem starken Medienbegriff. Vgl. dazu Rieger 7-42, hier 30.

[240] Paul Klee, "Schöpferische Konfession (1920)", zit. in Ullrich 608.

[241] Ernst H. Gombrich weist auf die "alte Geschichte" hin, derzufolge "Kunst von Können kommt" und ergänzt: "aber das bedeutet nicht, dass das Wesen der Kunst 'Können' ist, sondern einfach, dass das Wort ursprünglich jede nützliche Fertigkeit bezeichnet hat – und eine nutzlose Fertigkeit konnte man sich gar nicht vor-

holding itself up to its own light, for a look. An initiation ceremony for the new universe of symbolic thought" (130). Spider Lim begeistert sich für die in der Existenz der 19000 Jahre alten Höhlengemälde angedeutete Möglichkeit einer aktiven Bearbeitung der in der erlebten Realität gegebenen Bedingungen:

> *I'm saying that art explodes at exactly the same moment as tool-based culture. That cave pictures prepared the leap, after a million and a half years of static existence. That pictures were the tool that enabled human liftoff.* The Ur-tech that planted the idea of a separate symbolic existence in the mind of –
> [...] *You see? You see? If we can make these ... scratch lines come to life, then life is not just some outside thing that happens to us. It's something we come into and remake.* [...] *The mind is the first virtual reality.* [...] *It gets to say what the world isn't yet. Its first speculations bootstrap all the others ...*
> (130; meine nicht-kursivierte Hervorhebung)

Spider Lims Rede vom menschlichen Bewusstsein als "*first virtual reality*" drängt auf eine am romantischen Imaginationsbegriff ausgerichtete Neukonzeption dessen, was unter *virtual reality* zu verstehen ist. Im allgemeinen Sprachgebrauch bezeichnet der Begriff *virutal reality* die elektronische Simulation eines dreidimensionalen, interaktiven Raumes, dessen Funktion darin besteht, die Schnittstelle zwischen Mensch und Maschine über Tastatur und Bildschirm hinaus auf möglichst alle menschlichen Sinnesbereiche zu erweitern.[242] Diese Kommunikationstechnologie ist die letzte Neuerung in der Medienlandschaft des 20. Jahrhunderts, die über Stumm-, Ton-, Schwarzweiß- und Farbfilm, Fernsehen und Videotechnologie vor allem durch eine ständige technische Verbesserung der Übertragung bewegter Bilder gekennzeichnet ist. Die entscheidende Neuerung der VR ist ihr hoher Grad an Interaktivität: Im Gegensatz zu Film und Fernsehen "ist VR ein interaktives Medium, das als seinen Benutzer den unternehmungslustigen Medienakteur erfordert, der zum Mitspieler wird und seine überkommene Rolle als passiver Konsument aufgibt".[243]

Diesen Aspekt der Interaktivität greift Spider Lim auf und wendet ihn gegen die von Biocca, Kim und Levy in ihrer Einleitung zu *Communication in the Age of Virtual Reality* bestätigte populäre Vorstellung, VR diene nur der Verwirklichung des uralten Traumes vom zeitweisen

---

stellen". Siehe *Die Geschichte der Kunst* (1950; London: Phaidon, [16]1996) 39. Zu den Höhlen siehe Paul G. Bahn, "Lascaux", *The Dictionary of Art*, 34 Bde., ed. Jane Turner (London/NY: Macmillan, 1996) Bd. 18, 806-07.
[242] "Virtuelle Realität", *Neue Medien. Informations- und Unterhaltungselektronik von A bis Z*, ed. René Zey (Reinbek: Rowohlt, 1995) 260-61; Eichhorn.
[243] Eichhorn 214.

Rückzug aus der Realität: "reality has never been the concern for some virtual reality enthusiasts; they want a computer-generated world where an Escher staircase can be *experienced* rather than imagined".[244] Dagegen beansprucht Spider Lim für diese in der virtuellen Realität gemachte Erfahrung Revalidierungseffekte für die Welt jenseits des virtuellen Erfahrungsraums. Ähnlich wie Gendolla dies mit dem (häufig synonym gebrauchten)[245] Begriff der Simulation tut, spricht Spider Lim von der *virtual reality* als einem Labor für ein instrumentelles und kreatives Entwurfsvermögen, das es "dem Menschen ermöglicht, handelnd in Wirklichkeitsabläufe einzugreifen, d.h. die Diskrepanz von Wirklichkeit und imaginierter Möglichkeit zu überbrücken".[246] Spider Lim assimiliert den Begriff der *virtual reality* an den der Einbildungskraft – und Einbildungskraft im wörtlichen Sinne bedeutet "eine Kraft, die dem Realen etwas einbildet".[247]

Als anschauende und reflexive, Welt vorstellende und Zukunft entwerfende Kraft wird die Imagination seit der Mitte des 18. Jahrhunderts auch als menschliches Grundvermögen und Vorbedingung der moralischen Handlungsfähigkeit gesehen, denn, wie William Hazlitt 1805 schreibt: "It is only from the interest excited in him by future objects that man becomes a moral agent".[248] Vor dem Hintergrund einer den technischen Fortschritt und die damit einhergehenden sozialen Veränderungen begleitenden, funktionalen Kontinuität in der Geschichte der menschlichen Kommunikation sucht *Plowing the Dark* so das Potential der neuen Technologie für die Steigerung menschlicher Handlungsfähigkeit innerhalb eines überdeterminierten lebensweltlichen Kontextes zu konturieren.

Jenseits der erst seit der Romantik fest verankerten Vorstellung von der produktiven Einbildungskraft hatte die eiszeitliche Felsbildkunst, auf die sich Spider Lim bezieht, die praktische Bedeutung, die Ängste und Schrecken der Existenz sterblicher Körper zu bannen, schädliche Einflüsse fernzuhalten und durch einen Zauber gute Jagderfolge zu si-

---

[244] Biocca, Kim und Levy 6; meine Hervorhebung.
[245] Auch Biocca, Kim und Levy 4-6 bestätigen den häufig synonymen Gebrauch der Begriffe Simulation und *virtual reality*.
[246] Jochen Schulte-Sasse, "Einbildungskraft/Imagination", Barck et al., Bd. 2, 88-120, hier 101.
[247] Schulte-Sasse, "Einbildungskraft/Imagination" 101..
[248] William Hazlitt, *An Essay on the Principles of Human Action*, ed. J.R. Nabholtz (Gainsville: 1969) 1-2, zit. nach Schulte-Sasse, "Einbildungskraft/Imagination" 103.

chern.[249] Auch Kamper erklärt im Rückgriff auf die Psychoanalyse Jacques Lacans die Bedeutung und die Faszination der Bilder als Produkt der Angst vor der Dunkelheit des drohenden Todes. Die Angst sei "Bedingungsgrund der Bilder" und die Bilder seien dann vor allem Siege über die Angst: "Das Bild ist die erste Großtat des Menschenkindes, insofern es in einer ausweglosen Situation aktiv eine Lösung findet, jedenfalls auf Zeit".[250] Ohne auf ein universalistisches Konzept einer Weltkunst oder einer *ars una* zu rekurrieren,[251] und auch ohne die Einbildungskraft zum letzten Garanten menschlicher Kreativität sowie handlungsmächtiger und sich selbst transparenter bürgerlicher Subjektivität zu machen, inszeniert der Roman die These, dass die temporäre und daher immer wieder neu zu bewerkstelligende Abwehr von Angst sowie der Wunsch, steuernd in die eigene Lebenswelt einzugreifen, überzeitliche soziale Funktionen der menschlichen Produktion von medialen Artefakten sind. Vor diesem Hintergrund sind die Artefakte allerdings auch immer – lebensnotwendige – Selbsttäuschung.

Wenn Sue Loque später in einem Gespräch mit Adie über Freeses Vergangenheit als Air Force Kampfpilot argumentiert, dass insbesondere das Militär ein Interesse an Realitätssimulation habe – "*Everybody wants make-believe. It's the most powerful leverage over non-make-believe that you can get*" (296-97) –, spannt der Roman einen Bogen über die gesamte Geschichte des menschlichen symbolischen Handelns und seine enge Verknüpfung mit der Abwehr von Angst.[252] Auch Kurzkapitel 27 thematisiert am Beispiel des *Therapy Room* die distanzierende und Realität bearbeitende Funktion der Repräsentation bzw. der Simulation.[253] In all diesen Beispielen schreibt der Roman der Repräsentation, die nicht das Sichtbare wiedergibt, sondern sichtbar macht, was gerade nicht zu

---

[249] Gombrich 39-43. Der Kunstbegriff entwickelt sich erst in der Neuzeit. Seine Vorgänger-Begriffe sind die noch weitgehend ununterschiedenen Begriffe 'ars' und 'technē'. Siehe dazu Ullrich 571. Helmut Schanze leitet den "protomediale[n] Charakter" der Höhlenmalerei aus ihrer darstellenden, speichernden und übermittelnden Funktion ab.

[250] Kamper, *Bildstörungen* 77, 76.

[251] Zum Konzept der *ars una* siehe Ullrich 563; zum symbolischen Ausdruck der prähistorischen Wandmalereien siehe Schnell 74-75.

[252] Dieser Zusammenhang erschließt sich Adie, Sues expliziten Ausführungen zum Trotz, bis zum Aufmarsch am Golf im Frühjahr 1991 jedoch nicht.

[253] Der *Therapy Room* soll "Realitätsgeschädigten" die übertriebene Angst vor dem Leben nehmen, indem sie in der Simulation übertragbare Bewältigungsstrategien erlernen: Die modellhafte Erfahrung erschließt einer Patentin, die an einer akut lähmenden Spinnenphobie leidet, "the model she has lived in. Symbols cure her of the fears those symbols stood for. Terror flattens into its empty sign. The same cure promises help for all those disabled by the real" (229).

sehen ist – eine Angst, ein Verlangen, eine Möglichkeit –, die Macht zu, Veränderungsprozesse einzuleiten. Während also der Einbruch der unvorhergesehenen historischen Ereignisse in *Plowing the Dark* einerseits die Grenzen der Simulation als Vorhersageinstrument deutlich macht, verweist der Rekurs auf Lascaux auf die jenseits der Mimesis liegenden, entwerfenden Möglichkeiten der Repräsentation: "[The mind] *gets to say what the world isn't yet*" (130).

Die Hoffnung, die *Plowing the Dark* artikuliert, setzt auf die Möglichkeit, die Distanzierungsmechanismen des alten Buchmediums und der mit ihm verbundenen Medientechnik des Lesens auch für den Umgang mit den neuen und neuesten Medien nutzbar zu machen. Diese Vorstellung muss nicht utopisch sein, bedenkt man die auch von Hörisch hervorgehobene Tatsache,[254] dass das Buch kein Monopol auf die Schrift besitzt.[255] Die Funktion, die *Plowing the Dark* dieser emphatischen Fortschreibung einer 'alten' Medientechnik im Kontext der Digitalisierung zuweist, ist, wie Powers an anderer Stelle in einem programmatischen Plädoyer für die Künstlichkeit betont, den Fluss der Dinge zu unterbrechen, anstatt ihn beständig differenzierter abzubilden:

> Now more than ever, the world is too much with us. Late-day commodity capitalism depends on making sure that we are never alone, never away from the world image, never out of ear- or eyeshot, never outside the flood of signals that stand in for the source that they are signaling. To turn art's time-honored trick and subvert this comfort, I suggest that the new media look, for a model, to the last act performed in solitude that consensual society doesn't yet consider pathological [i.e. reading]. [...] Breaking the illusion of that manmade flow gives us the closest thing to a sense of immortality we're ever going to get. When we read we stand in the flow of thought and outside of the flow of ephemeral event. This is the magic 're' in representation. New media too often reverse this relation. In place of time of thought – the time of Chartres, of Angkor, of the Taj – they serve us *real* time, transparent time. Time too much like the one that we are already too inclined to believe in.[256]

Wie lebensnotwendig die Möglichkeit sein kann, den Fluss der Dinge zu unterbrechen und Distanz zur hochvermittelten und doch ganz unmittel-

---

[254] Jochen Hörisch unterscheidet kategorisch zwischen dem alten Schriftmedium und den neuen AV-Medien, zwischen einem langsamen, abstrakten, distanzierten, räsonierenden und einem schnellen, reale Ton- und Lichtschwingungen registrierenden und archivierenden Verhältnis zur 'wirklichen' Welt. Seiner Überlegung zufolge bleibt kein Raum für die Möglichkeit der Sinnstiftung durch die neuen Medien. Siehe *Ende der Vorstellung: Die Poesie der Medien* (Frkf./M.: Suhrkamp, 1999) 116-25.
[255] Hörisch, *Vorstellung* 126-28.
[256] Powers, "Being and Seeming" 8-9 von 11.

bar erlebten Welt zu gewinnen, tritt besonders drastisch im zweiten Erzählstrang des Romans, also in Taimur Martins existentieller Situation zu Tage: Nach Monaten der Isolation erträgt er seine eigenen Gedanken nicht mehr und fleht wiederholt seine Wächter an, ihm etwas zu Lesen zu geben, weil er sonst sterben würde (241):

> Muhammad. You must listen to me. I'm afraid I'm cracking up. Not just boredom. Boredom is what I feel on the good days. My brain. It's coming apart. [...] I need books. I don't care what. Books in English. I'll take anything. I'll take the damn Lubbock, Texas, phone directory. I just. Need. Something to read. (252)

Eine Kopie von *Great Escapes* – Martin hatte *Great Expectations* vorgeschlagen – ist ihm dann für eine kurze Zeit das denkbar wertvollste Geschenk: "[a]nother presence [...] a cunning, made world" (253). "In real life, this book wouldn't hold your attention for five minutes. Now it bears the key to your continued existence" (255). Doch er braucht bald mehr, und in "[t]he first talk you've had for more months than you can remember how to say" versucht er begreiflich zu machen, warum:

> I ... I can learn from them how not to be me. For an hour. For a day. You are crushing me, Muhammad. I need someplace to go. I need something to think about. Somebody else, somewhere else. [...] I need ... someone to talk to. I need to hear someone else thinking. (292)

Taimur Martins existentiell motiviertes Bedürfnis nach Distanz von der engen Erlebniswelt, die ihn zu erdrücken droht, verleiht auch dem Ringen nach einem das Vertraute irritierenden Verständnis von Repräsentation Dringlichkeit, das dem ersten Erzählstrang eingeschrieben ist. Dazu schreibt Powers:

> For like a book, digital representation, in all its increasing immersiveness and free agency, may finally locate its greatest worth in its ability to refresh us to the irreducible complexity of the analog world, a complexity whose scale and heft we might always have underestimated, without the shortfall of its ghostly imitations.[257]

Die Reflexion der weltentwerfenden Funktion der Repräsentation kulminiert in Kapitel 43 in einer im folgenden Abschnitt genauer zu betrachtenden Umschrift des platonischen Höhlengleichnisses.

---

[257] Powers, "Being and Seeming" 9-10 von 11.

3.4 *Plowing the Dark* als Umschrift von Platons Höhlengleichnis: "an undercurrent of substance, more than representation, but not yet stuff"

Eine Reihe von Anspielungen auf Platons Höhlengleichnis in den vielen Projektionsräumen des Textes aufnehmend, präsentiert Kurzkapitel 43 von *Plowing the Dark* eine Umschrift des Gleichnisses und ersetzt die platonische Betonung der menschlichen Verblendung durch einen anderen Erklärungszusammenhang für die menschliche Vorliebe für Bilder.

Knapp 400 Jahre vor Christus trachtete die platonische Ideenlehre die Überzeugung der Sophisten zu überwinden, derzufolge der Mensch das Maß aller Dinge sei, weil es keine allgemein verbindlichen Maßstäbe für Denken und Handeln gebe. Dazu sollte der Nachweis geführt werden, "dass hinter aller Veränderlichkeit in Erkenntnis und Moral eine feste, unerschütterliche Ordnung steht".[258] Diese unerschütterliche Ordnung und die passive Position des Menschen darin veranschaulicht Platon mit dem "Höhlengleichnis" aus seinem neunten Dialog *Politeia*.[259] Das Gleichnis entwirft ein pädagogisch funktionalisiertes Bild vom natürlicherweise gefesselten Menschen, der die Schatten der Dinge auf der Höhlenwand für die Dinge selbst hält und durch den Philosophen über seine Verblendung aufgeklärt werden muss. Allein der Philosoph vermag, sich aus seiner Fessel zu lösen, die "anfängliche Verkehrtheit des Sehens beim Menschen"[260] zu begreifen und den Ausgang aus der Höhle zu finden. Nur er kann die objektive und wahre Welt der außerhalb von Raum und Zeit gelegenen, unvergänglichen Ideen erblicken. Die Menschen in der Höhle begnügen sich dagegen mit der Erscheinungswelt, die ihr "eigentliches Nicht-Sein" in einer sich verselbständigenden, "scheinbaren bzw. vorgetäuschten Ähnlichkeit mit dem Urbild" verbirgt.[261]

Die im Höhlengleichnis gefasste mimetische Abbildtheorie bleibt nicht nur in der Antike, sondern auch in der Renaissance und der Moderne lange dominant. Der Medientheoretiker Georg Christoph Tholen bemerkt, dass die "zeitlose Gültigkeit" der platonischen "Theorie des Mimesis-, Abbild-, und Korrespondenzcharakters visueller Repräsenta-

---

[258] "Platon", *Philosophielexikon: Personen und Begriffe der abendländischen Philosophie von der Antike bis zur Gegenwart*, ed. Anton Hügli und Poul Lübke (Reinbek: Rowohlt, 1991) 450-58, hier 453. Vgl. auch Hans Joachim Störig, *Kleine Weltgeschichte der Philosophie* (Frkf./M.: Fischer, 1992) 160-61.
[259] Platon, *Der Staat*, ed. Dietrich Kurz (Darmstadt: Wissenschaftliche Buchgesellschaft, ³2001).
[260] Kamper, *Bildstörungen* 86.
[261] Tholen 14.

tion" erst durch die Bild-Forschung der letzten Jahrzehnte in Frage gestellt wird.[262] Eine solche Infragestellung unternimmt auch Powers' Kapitel 43. In seiner fiktionalen Version des platonischen Gleichnisses fällt Erkenntnis nicht dem Philosophen zu, der tatsächlich seinen Fesseln und damit den projizierten Bildern entkommt, sondern der Bilder verfolgende Mensch selbst nimmt in den darin erzählten Geschichten die Bedingungen seines Daseins wahr:

> Here you have lived since childhood, facing the darkness, taking shadows for the things that cast them. On the walls of this room, a story unrolls. In it, someone just like you gets miraculously sprung. He turns to the light which instantly blinds him. You cheer for him to run, but he turns back from the glare to the safety of this room.
> Your eyes adjust to the light of this hypothetical. What you take to be the boundless world may be no more than just this underground spring. You make out the peep show to be just a peep show, but only through the clip projected in front of you. The clunkiest of puppets say *shadow*, say *story*. And in that tale – continuous, no spaces – the tale you've been chained to since birth, you make out the room you live in. (400)

Zunächst erzählt hier der in der Höhle lebende Mensch selbst, dass er die Schatten an der Wand für die Dinge selbst hält und er berichtet, dass er diese Einsicht eben diesen Projektionen entnimmt. In der Repräsentation beobachtet er den Schatten des wie durch ein Wunder befreiten Höhlenmitbewohners und verfolgt dessen erfolglosen Versuch, nach draußen zu kommen. Das Licht, an das sich der Mensch gewöhnt, ist nicht das grelle Licht der Ideen außerhalb der Höhle, sondern das der durch die Projektionen vermittelten Selbsterkenntnis: "Your eyes adjust to the light of this hypothetical. What you take to be the boundless world may be no more than this underground spring". Er versteht, dass er es mit Repräsentationen zu tun hat, weil sie sich selbst als solche ausweisen: "You make out the peep show to be just a peep show, but only through the clip projected in front of you. The clunkiest of puppets say *shadow*, say *story*". Und diese Repräsentationen stellen ihm Erkenntnisparameter zur Verfügung, ohne die er nicht begreifen könnte:

> And in the tale you've been chained to since birth, you make out the room you live in.
> [...] In this room, before this play of fire, you feel the deeper freeze just outside the cave's mouth. From here you can make out those more turbulent axioms, chill forces you couldn't feel until you touched your finger to this coded pane. (400)

---

[262] Tholen 14. Zur neuen Bildforschung siehe Christa Maar und Hubert Burda, eds., *Die neue Macht der Bilder* (Köln: DuMont, 2004).

In dieser Textpassage ist die Höhle ein Erlebnisraum, der Erkenntnis ermöglicht, und sie erfährt so im Vergleich zu Platons Gleichnis eine entscheidende Aufwertung.[263] Diese Aufwertung liegt allerdings nicht in der von unterschiedlichen Romanfiguren erprobten Nivellierung der von Platon vorgenommenen hierarchischen Gewichtung von Repräsentation und Realität, von der verblendeten und daher niedrigen menschlichen Einbildung und der philosophischen Erkenntnis der wahren Ideen. Sie liegt vielmehr in einer neuen In-Bezug-Setzung beider Bereiche über den aristotelischen Begriff der von der Materie nicht zu trennenden Form oder Struktur:[264]

> The room of the cave is something more than allegory. But the room of the cave is something less than real. Its wall shadows ripple with an undercurrent of substance, more than representation, but not yet stuff. Notion springs to life from the same, deep source in which the outdoors is scripted – what the run-on Greek once called the Forms. (400)

Während die Geschichten erzählende Menschheit über Jahrtausende einen Krieg gegen die Materie führt und den Graben zwischen den Zeichen und den Dingen zu schließen sucht, um die Bilder Realität werden zu lassen und Repräsentation über Realität zu stellen,[265] entwirft Powers Version des Höhlengleichnisses ein anderes Szenario: Die Welt der Repräsentation ist hier kein Ersatz, sondern ein notwendiges Experimentier- und Schulungsfeld für die menschlichen Sinne und für den menschlichen Verstand. Dem Ikarus gleich, aber "careful to stay, this time, above the ocean but below the sun" (401), navigiert der erkennende Mensch *durch* die scheinbar endlosen Weiten der Bilder bis zu dem Punkt, wo sie zusammenbrechen und den Blick auf die noch unbegriffene, aber durch die Vorbilder prinzipiell begreifbare Realität eröffnen:

---

[263] Vgl. dazu Kamper, *Bildstörungen*: "Seit Platons Höhlengleichnis ist die anfängliche Verkehrtheit des Sehens beim Menschen erkannt, aber die Vorschläge, der Verkehrtheit zu entgehen, sind meistens daran gescheitert, dass der Status der Höhlen nicht klar ist, auch nicht ihre Reichweite" (86).

[264] Zum Formenbegriff siehe "Form/Materie", *Philosophielexikon: Personen und Begriffe der abendländischen Philosophie von der Antike bis zur Gegenwart*, ed. Anton Hügli und Poul Lübke (Reinbek: Rowohlt, 1991) 188-90.

[265] Zu der durch die Fotografie und die damit verbundene "Industrialisierung des Sehens" erneut belebten Vorstellung, die platonische Differenz zwischen Abbild und wahrhafter Wirklichkeit zersetzen zu können, siehe Bernd Busch, "Szenarien der Umlenkung – von Platons Höhle ins Universum der Bilder", *Belichtete Welt: Eine Wahrnehmungsgeschichte der Fotografie* (Frkf./M.: Fischer, 1997) 13-29.

> You breathe in. You lean forward, and the images advance toward you. [...]
> [...] The flight feels like reading, like skimming a thousand exhilarated pages, but without the brakes and ballast of an ending.
> [...] You fly too freely, or the land's geometry is wrong. Some titan fails to hold up his corner of the air's tent. Or you simply reach the *edge* of a story that, even at this final stage, remains *eternally under construction*. An embankment, pitch-white and blinding, looms up in front of you, too fast for you to take evasive action.
> The scene crashes before you do. The room of the cave slams to a breakpoint and empties itself into error's buffer. There on the wall where the oceans and olives and temples were, where the marble crags ran from their spine down into their unbroken chasm, the machine seizes up, the faulty allegory crumbles, the debugger spits out a continuous scroll of words.
> Only through this *crack* can you see where things lead. You step forward *through the broken symbols*, into something brighter. (401; meine Hervorhebung)

Der Gedanke der zusammenbrechenden Bilder, deren Überreste den Blick plötzlich und ereignishaft neu auf die symbolisch vorstrukturierte, in ihrer konkreten Manifestation aber letztlich nicht vorhersehbaren Realität freigeben, ruft sowohl Lacans Konzeption des widerständigen Realen als auch Lévinas Konzeption einer immanenten Transzendenz auf.

Das Reale ist nebem dem Symbolischen und dem Imaginären einer der drei Grundbegriffe der Subjekttheorie Lacans, die Autonomie, Autarkie und Selbstverwirklichung des Subjekts dezentriert. Als opake, konsistente und vorsymbolische Existenz bedingt das Reale die symbolische Ordnung der Sprache, die das Reale wiederum negiert und das Imaginäre stiftet: "Das Symbol stellt sich so zunächst als Mord der Sache dar, und dieser Tod konstituiert im Subjekt die Verewigung seines Begehrens".[266] Das Reale blockiert und provoziert die symbolische Ordnung, ist aber selbst nicht erfassbar:

> Denn im Realen beginnt alles mit Atemnot, Kälte und Schwindel. [...]
> Aus dem Realen schließlich ist nicht mehr zutage zu fördern, als was Lacan mit seiner Gegebenheit voraussetzte – nämlich nichts. Es bildet jenen Rest oder Abfall, den weder die Spiegel des Imaginären noch auch die Gitter des Symbolischen einfangen können – physiologischer Zufall, stochastische Unordnung von Körpern.[267]

---

[266] Jacques Lacan, "Funktion und Feld des Sprechens und der Sprache in der Psychoanalyse", *Schriften I* (Frkf./M.: Suhrkamp, 1975) 71-169, hier 166.
[267] Friedrich Kittler, *Grammophon, Film, Typewriter* (Berlin: Brinkmann & Bose, 1986) 28.

> The Real appears in whatever concerns the radical nature of loss at the center of words and being. As such, it is the agency of the letter and *l'être*.[268]

Es ist dieses irritierende, resistente, vorsymbolische und daher bestimmungsleere Moment des Realen, auf das das "Du" in der eben zitierten Passage aus *Plowing the Dark* in all seiner Unvorhersehbarkeit stößt. Insbesondere in der Figur der Adie ist dieses Moment im Text immer wieder mit dem Begehren und einer kindlichen Sehnsucht nach dem Paradies assoziiert: Es tritt als Unmöglichkeit der Verwirklichung dieser Sehnsucht und als notwendige Herausforderung, als stets erneuter Antrieb, auf.[269]

Auch Lévinas Begriff der Transzendenz stellt einen Versuch dar, eine beständige Irritation und eine irreduzible Öffnung des Denkens zu konzeptualisieren und eine totalisierende Schließung unmöglich zu machen. Dabei rekurriert Lévinas nicht auf einen transzendentalen Signifikanten wie Gott oder die Natur, sondern holt die Transzendenz (oder "transdescendence"[270]) in die Immanenz der nicht totalisierbaren Begegnung mit dem 'Anderen': "Transcendence enters into politics in the relation to the singular other, the being who interrupts any synoptic vision of the totality of social life and places me radically in question".[271] Gerald Bruns erläutert, dass die Begegnung mit dem Anderen Analogien zu der Begegnung mit einem Kunstwerk besitzt.[272] Obwohl sich Lévinas kaum systematisch zum Thema Ästhetik geäußert hat, so Bruns, nimmt es in seiner Konzeption der Ethik implizit einen wichtigen Stellenwert ein: Denn sowohl der ethische als auch der ästhetische Diskurs sind Formen des spekulativen Sagens, nicht Formen des propositionalen Gesagten. Beide setzen den Menschen der verunsichernden Transzendenz aus: "art

---

[268] Ellie Raglan-Sullivan, "Real, The", *Feminism and Psychoanalysis: A Critical Dictionary*, ed. Elizabeth Wright (Oxford: OUP, 1992) 374-77, hier 375.

[269] Die Doppelung von Unmöglichkeit und Notwendigkeit in Bezug auf das Reale betont Bernhard H.F. Taureck, "Ethik im Kontext Lacans", *Psychoanalyse und Philosophie: Lacan in der Diskussion*, ed. Taureck (Frkf./M.: Fischer, 1992) 138-72, hier 147.

[270] Emmanuel Lévinas, *Collected Philosophical Papers* (The Hague: Martinus Nijhoff, 1987) 8.

[271] Simon Critchley, *The Ethics of Deconstruction: Derrida and Levinas* (1992; Edinburgh: Edinburgh UP, 1999) 219.

[272] Gerald L. Bruns, "The Concepts of Art and Poetry in Emmanuel Levinas's Writings", *The Cambridge Companion to Levinas*, ed. Simon Critchley und Robert Bernasconi (Cambridge/NY: CUP, 2002) 206-33. Zu den Konzepten des Sagens und des Gesagten siehe Critchley, "Introduction", *The Cambridge Companion to Levinas*, ed. Critchley und Robert Bernasconi (NY/Cambridge: CUP, 2002) 1-32, hier 17-19.

turns the sovereign ego out of its house in a deposition that anticipates the trauma or obsession of the ethical relation".[273] Insofern ist nicht nur der Ethik, sondern auch der Ästhetik Priorität vor der Kognition einzuräumen. Lévinas betont den Entfremdungseffekt des Kunstwerks, sein Potential, eine intime Erfahrung der Dinge jenseits des Kontextes zu ermöglichen, innerhalb dessen sie mir vertraut sind: "the experience of art does not result in 'artistic idolatry' that makes of art 'the supreme value of civilization'. It means experiencing the limits of the human, which for Levinas means the limits of the ethical".[274]

Eine solche Grenzerfahrung macht auch das "Du" des Powers'schen Höhlengleichnisses: Es ist im Rahmen einer ästhetischen Erfahrung plötzlich einem blendenden Licht ausgesetzt, das vertraute Orientierungsraster außer Kraft setzt und es körperlich exponiert. "Möglicherweise erscheint die Frage der Ethik", so spekuliert Judith Butler,

> genau an den Grenzen unserer Systeme der Verständlichkeit, dort, wo wir uns fragen, was es heißen könnte, einen Dialog fortzuführen, für den wir keine gemeinsame Grundlage annehmen können und wo wir uns gleichsam an den Grenzen unseres Wissens befinden und dennoch Anerkennung zu geben und zu empfangen haben.[275]

Das "Du" in Powers' Höhlengleichnis (das nicht zuletzt das "Ich" der LeserIn adressiert) sieht sich, nur mit den in der Höhle symbolisch vermittelten Strategien ausgerüstet, in Butlers Sinne einer unbestimmten oder womöglich überdeterminierten, aber in jedem Fall offenen Situation ausgesetzt: "You step forward through the broken symbols, into something brighter" (401). Zwei ganz unterschiedliche Erfahrungen eines solchen Ausgesetztseins inszeniert *Plowing the Dark* in Zusammenhang mit dem innerfiktionalen Hagia Sophia-Projekt.

---

[273] Bruns 214. Zur Rolle der Kunst bei Lévinas siehe auch Thomas Claviez, *Aesthetics and Ethics: Otherness and Moral Imagination from Aristotle to Levinas and from* Uncle Tom's Cabin *to* House Made of Dawn (Heidelberg: Winter, 2008) 138-54.
[274] Bruns 220.
[275] Judith Butler, *Kritik der ethischen Gewalt* (Frkf./M.: Suhrkamp, 2003) 31.

3.5 Bildstörungen: Das Hagia Sophia-Projekt als Kristallisationspunkt des Romans

In *Plowing the Dark* sorgen ein überraschend einsetzendes breites Medieninteresse an der sogenannten "virtual reality" und der damit verbundene kommerzielle Termindruck (268-73) im Winter 1990 dafür, dass im *Realization Lab* zielgerichtet an der digitalen Repräsentation der frühbyzantinischen Kuppelbasilika Hagia Sophia gearbeitet wird. In diesem Projekt kristallisiert sich sowohl auf der Ebene der Handlung als auch auf der Ebene seiner erzählerischen Vermittlung das zentrale Anliegen des Romans, während zur selben Zeit die Weltordnung des Kalten Krieges aufbricht.

Plowing the Dark greift die geopolitische und geistesgeschichtliche Bedeutung der am Bosporus gelegenen Hagia Sophia auf und reichert sie innerfiktional zusätzlich an, um möglichst effektiv das zu inszenieren, was Kamper ein "Aufklaffen der Immanenz" oder eine "Bilderstörung" nennt. In seiner unter 3.2.3 bereits ausgeführten Analyse der gegenwärtigen Medienlogik kritisiert Kamper einen Zustand, in dem alle Bilder und jede Repräsentation Gefängnisse ohne Fenster ins Offene sind. Diese Immanenz des Imaginären, diese geschlossene Bilderhölle, gilt es aufzubrechen, zu zerstückeln, zu vervielfältigen, zu funktionalisieren, und zwar kraft derselben Einbildungskraft, der sie entspringen. Das Konzept der Bildstörung impliziert – ganz im Sinne der im vorangegangenen Untersuchungsabschnitt diskutierten Umschrift des platonischen Höhlengleichnisses in *Plowing the Dark* – eine Verweigerung der vermeintlich dialektisch vermittelbaren Dichotomie zwischen Realität und Fiktion, zwischen Körper und Bild, zwischen Ethik und Ästhetik:

> Mir scheint, daß man die Höhlen als Raummetaphern hinter sich lassen kann, wenn man es schafft, die Alternative zu brechen. Zwischen zwei Höhlen zu wählen, heißt eine falsche Entscheidung zu erzwingen, für den Körper oder für die Bilder zu sein. Wenn man sich entscheiden muß, entweder in die Anfangshöhlen zurückzukehren, oder aber in der Bilderhöhle zu verbleiben, dann hat man nur die Wahl zwischen gegebenen und selbstgebauten Gefängnissen. Aber vielleicht gibt es diese Alternative zwischen Körper und Bild gar nicht, wie es auch keine Alternative zwischen Wirklichkeit und Fiktion gibt. Vielleicht geht es beide Male um dasselbe. Spürbar wird immer deutlicher an diesem Weder-Noch, daß eine Dialektik verlassen werden muß, wenn es weder die geschlossenen Räume der Herkunft sind noch die utopischen Hoffnungen auf eine Realisierung der menschlichen Wünsche auf dieser Welt, wenn es weder das eine noch das andere ist, dann muß man meines Erachtens endlich bis Drei zählen. Eins, Zwei oder Null-Eins, das ist die Logik des Sel-

ben. Alles andere beginnt erst mit der Zahl Drei: daß es immer mehrere Gegenteile geben muß, wenn man leben will.[276]

Mit dem Konzept der Bildstörung weist Kamper das Bilderverbot zurück, weil es der von ihm kritisierten dichotomischen Logik verpflichtet bleibt. Anstelle einer Abkehr von der Repräsentation und ihrer geschlossenen künstlichen Welt, um sich dem vermeintlich Realen und Wahren zuzuwenden, sieht Kamper die – von Powers in Kapitel 43 inszenierte – Notwendigkeit, "durch die Wände der Bilderhöhle hindurchzugehen" und sich den Schattenseiten des Lichts, der nichtvisuellen Wahrnehmung des Anderen und der Zeit auszusetzen:

> Die Transgression aus dem Gefängnis der Bilder führt nicht zurück in irgendein abgeschirmtes Reales. Das Imaginäre kann nur in Richtung der Sprache verlassen werden, promoviert durch ein Denken, das sich des Anderen und der Zeit bedürftig weiß.[277]

Plowing the Dark setzt in beiden Erzählsträngen solche Erfahrungen von Bildstörungen in Szene, die ein Sich-Ausliefern an den Anderen und an die Zeit implizieren. Ich werde darauf nachfolgend noch genauer eingehen. Vor allem werden die beiden auf der Ebene der erzählten Welt unverbundenen Handlungen in der durch den Gesamttext suggerierten Vorstellung zusammengeführt, dass sich Adie Klarpol und Taimur Martin in der virtuellen Hagia Sophia begegnen.

Aufgrund seiner wechselvollen Geschichte und seiner geographischen Lage am Bosporus manifestiert sich in Byzanz, dem heutigen Istanbul, eine hybride Mischung aus antiken und christlichen, abendländischen und muslimisch-osmanischen Traditionen.[278] Im Roman verknüpft dieser symbolträchtige Ort, "*[t]he place where West almost traveled East. Or should that be the other way around?*" (340), zum einen die Hemisphären beider Erzählstränge. Zum anderen geht die Idee, eine virtuelle Hagia Sophia zu bauen, im Roman auf das 1928 veröffentlichte Gedicht "Sailing to Byzantium" von William Butler Yeats zurück, welches 1972, als Steven es zum ersten Mal aus Adies Mund hörte, sowohl sein anhaltendes Interesse an Adie als auch an der Lyrik weckte und ihn dazu bewegte, selbst Gedichte zu schreiben.

---

[276] Kamper, *Bildstörungen* 73-91, hier 87-88.
[277] Kamper, *Bildstörungen* 85, 28.
[278] Die Hagia Sophia wurde 532-37 als Krönungskirche der oströmischen Kaiser erbaut. Nach 1453 war sie eine Moschee, seit 1943 ist sie ein Museum. "*For close to a thousand years, the greatest church in Christendom. And for another five hundred years after that, the greatest mosque in Islam*" (341).

In "Sailing to Byzantium" beschwört ein desillusionierter alter Mann die Abkehr von Irland und die spirituelle Transzendenz in einem entkörperlichten Reich der Bilder, "the artifice of eternity".[279] Darüber hinaus eröffnet das Gedicht mit seinem Ruf nach einer an filigraner Handwerkskunst ausgerichteten körperlichen Form Assoziationen zu dem für *Plowing the Dark* zentralen Themenbereich der Funktion der Repräsentation und der Relation von Kunst und Leben, Medium und Mensch:

> *Once out of nature I shall never take*
> *My bodily form from any natural thing,*
> *But such a form as Grecian goldsmiths make*
> *Of hammered gold and gold enamelling* . . . (321)

Für Yeats selbst soll, so Ronan O'Reilly, Byzanz ein imaginärer Heimatort gewesen sein: "*The man never found a place where he could put down and live in good conscience. A place where heart and head could sit at the same table. That was his Byzantium fantasy*" (335). Dass es im Roman um die Umsetzung dieser Fantasie geht, markiert nicht zuletzt der mehrfache innerfiktionale Rekurs auf die letzte Strophe von Yeats' ebenfalls 1928 veröffentlichtem, politischem Gedicht "Meditations in Times of Civil War" (211, 333, 334). Hier werden, wie Christoph Reinfandt ausführt, die "sprichwörtlich fleißigen und nützlichen Bienen [...] zum Symbol der Sinnhaftigkeit natürlicher Zusammenhänge, die sogar den Menschen zu integrieren vermögen":[280]

> *The bees build in the crevices*
> *Of loosening masonry, and there*
> *The mother birds bring grubs and flies.*
> *My wall is loosening; honey-bees,*
> *Come build in the empty house of the stare.* (333)

"The empty house of the stare" bezeichnet einerseits ein leeres Starennest, doch im gegebenen Verweiskontext ist die visuelle Bedeutung des Begriffs "stare" die entscheidendere.[281] Der Sprecher des Gedichtes, dessen (Persönlichkeits)-Grenzen in ihrer Stabilität bedroht sind ("My wall is loosening"), bittet die Bienen, sich im leeren Haus seines starren Blicks einzunisten und damit das Medium seiner Welterschließung zu erneuern. Das innerfiktionale Hagia Sophia Projekt, das einerseits die Architektur, die Powers selbst "the preeminent art form of the pre-

---

[279] Vgl. Edward Larrissy, *Yeats the Poet: The Measures of Difference* (NY: Harvester Wheatsheaf, 1994) 170-76.
[280] Reinfandt, "Literatur im digitalen Zeitalter" 366.
[281] Vgl. dazu Reinfandt, "Literatur im digitalen Zeitalter" 367.

informational era" nennt,²⁸² mit der neuesten Informationstechnologie zusammenbringt, stellt also imaginativ eine sich wechselseitig bedingende Verbindung zwischen einer Reihe klassischer Dichotomien her: Ost und West, Vergangenheit und Gegenwart, Medium und Mensch, Gefühl und Verstand. In Zusammenhang mit der durch das *Realization Lab* erarbeiteten digitalen Demoversion dieses bedeutungsreichen Gebäudes inszeniert der Text entscheidende Erfahrungen von Adie Klarpol und Taimur Martin. Die beiden jeweils im Mittelpunkt der Handlungsstränge stehenden Figuren des Romans verweisen erneut auf Powers' Version des Höhlengleichnisses und die damit verbundene Begegnung mit dem unvertrauten 'Anderen'.

Während eine durch die USA geführte Koalition am Golf zur *Operation Desert Storm* aufmarschiert, bastelt Adie, getragen von einer lange nicht gekannten Begeisterung für ihre Arbeit, hingebungsvoll an den Details der Basilika, bis selbst sie keinen Winkel mehr findet, in dem sie sich vor der lückenlos choreografierten Kriegsberichterstattung²⁸³ verstecken könnte (394-95). Der Gedanke, dass das Militär für seine "now-consummated simulation" (395) dieselbe Technologie benutzt wie das *Realization Lab*, erschüttert Adie in ihrem gerade wiederbelebten Traum von Unschuld – "*[a]ll I ever wanted to do was make something beautiful. Something that wouldn't hurt anyone*" (397) – so fundamental, dass ihr eskapistisches Kunstverständnis²⁸⁴ und damit ihr Selbstverständnis kollabiert. Bis dahin war sie trotz gegenteiliger Informationen ganz selbstverständlich von der Folgenlosigkeit ihres Tuns ausgegangen. Diese Annahme erlaubte ihr, sich wie auf einer hermetisch abgeschirmten Spielwiese zu bewegen. Mit der Tatsache konfrontiert, dass gerade das Militär an Realitätssimulationen als "*the most powerful leverage over non-make-believe that you can get*" (296-97) interessiert ist, schaltet sie, wie vor ihr Karl Ebesen, von eskapistischer Verantwor-

---

[282] Powers, "Being and Seeming": Architektur sei "at once the most durable, representative, and comprehensive of our available artistic utterances. Buildings embody our most profound, ambitious, and capital-intensive attempts to overhaul the conditions of existence. [...] It exists in that unique interface between individual, aesthetic impulse and public, material necessity. [...] architecture takes on the massive – and massively social – challenge of assembling a thing that is at once usable, beautiful, and sound. [...] architecture is one of our few pre-information age arts whose products *are* the things they stand for."

[283] Zur identitätslogischen Wirkung der Golfkriegsberichterstattung siehe Judith Butler, "Contingent Foundations: Feminism and the Question of 'Postmodernism'", *Feminists Theorize the Political*, ed. Butler und Joan W. Scott (NY/ London: Routledge, 1992) 3-21; Kamper, *Unmögliche Gegenwart* 186-92.

[284] Siehe dazu Abschnitt 3.2.3.

tungslosigkeit auf eine direkte Verantwortlichkeit im Sinne einer solipsistischen Gewissensethik[285] um:

> *Everything. . . everything we ever do is our fault.* [...] Her fault: her own doing, all along, from the very first crayon smear. She must have wanted it, somehow, to have gotten in this deep, without once seeing the size of the betrayal she so lovingly enabled. (379)

Ebenso wie Ebesen nach dem Tod von Gail Frank, möchte Adie die Ikone der Kunst erneut fallen lassen:

> The Parasite Room had lodged inside her. The RL, the Cavern – all smart weaponry – were just first sketches for the next, larger assembly. Her work here was just a rough draft for technology's wider plan. The world machine had used her, had used them all to bring itself into existence. And its tool of choice – its lever and place to stand, the tech that would spring it at last into three dimensions – was that supreme useless, self-indulgent escapism. The thing that made nothing happen. The mirror of nature. Art.
> The war needed drawing, after all. The conflict had drafted Adie, made her its draftsman. She'd become death's seeing eye dog, leading on into that place it could not navigate unaided. This she saw in full, even before the ground assault started. The girl's supreme paintbox had done its work. Everything that imagination had fashioned would now go real. (398)

Adies lang gehegte Vorstellung, Kunst sei nutzlos, selbstverliebt und wirkungslos, schlägt abrupt in die gegenteilige Vorstellung um, dass die Kunst sich hat in Dienst nehmen lassen, um ein interessegeleitetes Skript für die Realität zu erstellen. Ebenso abrupt schlägt Adies liebgewonnene Vorstellung absoluter individueller Autonomie in dessen Kehrseite um, die ebenso unangemessene Vorstellung, sie sei das willenlose Instrument einer abstrakten Macht. Sie begegnet ihrem Gefühl der Willenlosigkeit mit der wiederum individualistischen Überzeugung, "each maker would have to be responsible for his own designs" (399). Als könne sie das technologische und kollegiale Bedingungsgefüge, innerhalb dessen sie über viele Monate gearbeitet hat, willentlich verlassen, beschließt sie, ihren eigenen Beitrag zum Realization Lab Projekt zu löschen. Ihr Plan, nur solche Dateien zu löschen, die sie selbst geschrieben hat, bleibt angesichts des kollektiven Charakters der monatelangen gemeinsamen Arbeit allerdings weit hinter der Komplexität der Problemlage zurück.

Obwohl Steven Adie in ihrer Panik von dieser Komplexität genauso wenig überzeugen kann wie von seiner Ansicht, dass Kunst trotz der auf dieselben Technologien zurückgreifenden Kriegsmaschinerie einen Wert

---

[285] Vgl. dazu Micha H. Werner, "Verantwortung", Düwell/Hübenthal/Werner 521-27, hier 526.

hat – "[l]ife outlasts this, he wanted to say. It outlives its portrait" (398) –, vermittelt der Text in beiden Erzählsträngen, was Steven hier nicht artikulieren kann. In dem Glauben, "[f]act had rendered her immune to the seduction" (399), betritt Adie vor ihrem Verschwinden noch ein letztes Mal die Hagia Sophia und erliegt sofort der erhabenen Verführungskraft des Raumes. In der unerwarteten und von niemandem choreographierten Erfahrung, die Adie dabei macht, stärkt der Roman die letzlich nicht berechenbare Macht der Kunst. Adie findet "*[s]omething that wants out. Something we didn't make*" (404) in der Simulation der Basilika, ein sich verselbständigendes Moment, das störend im hierarchischen Verhältnis von Produzent und Produkt interveniert. Von der Kuppel aus blickt sie in den sich unter ihr öffnenden Raum der Basilika:

> And deep beneath her, where there should have been stillness, something moved.
> She dropped her finger, shocked. The winch of code unthreaded. She fell like a startled fledgling, back into the world's snare. The mad thing swam into focus: a man, staring up at her fall, his face an awed bitmap no artist could have animated. (399)

Taimur Martin dagegen erinnert sich nach seiner Befreiung aus jahrelanger Geiselhaft auf dem Flug nach Istanbul an eine ähnliche Bildstörung in seiner Vision, die ihn, gezwungen, sich im Haltlosen zu halten, am Leben erhielt, die er aber längst noch nicht in Worte fassen kann:

> Then you heard it, above your head: a noise that passed all understanding. You looked up at the sound, and saw the thing that would save you. A hundred feet above, in the awful dome, an angel dropped out of the air. An angel whose face filled not with good news but with all the horror of her coming impact. A creature dropping from out of the sky, its bewilderment outstripping your own. The angel terror lay beyond decoding. It left you no choice but to live long enough to learn what it needed from you. (414)

Beide Protagonisten erleben in dieser Bildstörung, was Emmanuel Lévinas in seinen Arbeiten seit den 1960er Jahren als eine Begegnung mit dem rätselhaften Antlitz des Anderen beschreibt. Dieses weniger bewusste als sinnliche Erlebnis stellt Adie und Taimur Martin jeweils in dem, was momentan ihre Freiheit, ihre Spontaneität, ihre Lebensfreude ist, in Frage und mutet ihnen eine unbegrenzte Verantwortung für diesen unbegriffenen und letzlich unbegreifbaren Anderen zu, eine Verantwortung, der sie weder ganz entsprechen, noch ausweichen können:[286] "It left

---

[286] Siehe beispielsweise Emmanuel Lévinas, *Totality and Infinity: An Essay on Exteriority* (1961; Pittsburgh: Duquesne UP, 1969); *Otherwise than Being or Beyond*

you no choice but to live long enough to learn what it needed from you" (414), weiß Taimur Martin, ohne diese Einsicht bereits artikulieren zu können. Für ihn war diese Begegnung mit "the thing that would save you. [...] A creature dropping from out of the sky, its bewilderment outstripping your own" (414) zu einem Zeitpunkt, da er bereits jeden Bezug zu Raum und Zeit verloren hatte, ein Angelpunkt im Nichts: Er konnte als eine Antwort auf den Ruf dieser Kreatur irgendwie, er weiß selbst nicht genau wie, existieren.

Adie ist die innerhalb der Repräsentation erfolgte Begegnung mit dem Antlitz eines unbekannten Mannes, "staring up at her fall, his face an awed bitmap no artist could have animated" (399), eine Infragestellung und eine Aufforderung, die ihr Steven (zu dessen Enttäuschung) nicht ist. "She dug frantically at the structure, as if at the mouth of a collapsed mine shaft where people had been trapped. She disappeared into the place she was making" (404). "She worked, deep in covert conversation with a life just out of earshot" (406), und sie baut die virtuelle Hagia Sophia zu einem multimedialen Gesamtkunstwerk um. Als sie wieder auftaucht, vermag sie die Erfahrung, die sie gemacht hat, nicht zu übertragen: Sie trennt sich von Steven, um ihr solipsistisches Einzelgängerdasein wiederherzustellen und erneut wehrhaft zu machen: "*I need . . . to reinvent myself.* Alone. In situ" (406). Dabei handelt es sich allerdings um ein Vorhaben, das der Roman vor allem über die Figur des Taimur Martin, aber auch über seine regelmäßige Problematisierung des Originalitätsbegriffs – "Every human mark was mortgaged to the hilt" (329) – als uneinlösbar ausweist.

Das Kunstwerk, das Adie hinterlässt, die von ihr bearbeitete und in Kurzkapitel 45 präsentierte Demoversion der Hagia Sophia, nimmt jedoch den Gedanken der zusammenbrechenden Bilder wieder auf, die den Blick neu auf die Realität freigeben. Wie in der Umschrift des Höhlengleichnisses fliegt die BetrachterIn (besser: UserIn) der vor ihr sich erstreckenden Bildwelt über eine scheinbar endlose Weite: "The room that holds you falls away. Space opens out in every direction, too big to see across" (407).[287] Gerade als sie sich an einem paradiesischen Ort niedergelassen hat – "A corner outfitted just for you, with provi-

---

Essence (1974; The Hague: Martinus Nijhoff, 1981); *Entre Nous: On Thinking-of-the-*Other (1991; NY: Columbia UP, 1998); Alterity *and Transcendence* (1995; NY: Columbia UP, 1999). Vgl. dazu Simon Critchley, "Introduction" 8: "[T]he other is not a phenomenon but an enigma, something ultimately refractory to intentionality and opaque to the understanding".

[287] Die für die Kurzkapitel typische Erzählform in der zweiten Person erlaubt eine mehrfache Identifizierung der Protagonistin als Adie, als "demo buyer" (410) oder als LeserIn.

sions, clothes, a place to clean up and rest. You can stay here for good, all human needs met" (409) –, brechen vor der faszinierten UserIn Bilder der Bombardierung Bagdads in dieses Paradies ein. Sie verwandeln die Basilika in ein Theater des Schreckens "as innocent as any projected image" (409), bevor dieselbe schließlich in sich zusammenstürzt:

> It plays out in every corner: the first war, the war over pictures, the showdown that imprisons you. The blasts explode in the name of a project too large to figure out, a game whose ends care nothing about your own. (409)

Doch mit diesem überwältigend simulierten Zusammenbruch nicht genug: Aus den Ruinen tauchen Fragmente von Adies Arbeiten auf, der Dschungel und die Nackte aus Rousseaus Traum sowie unzählige buntstiftgemalte Honigbienen, die, an Yeats' Gedicht sowie an die erste Testversion der CAVERN erinnernd, die Hagia Sophia und all ihre Kunstschätze Steinchen für Steinchen von neuem aufrichten:

> Paper bees patch at the mosaic, stone by stone. They race the spread of the vegetation. They buzz in insect single file, relentless, *returning empty to the hive, to your hands, for refilling*. With a child's labored realism, they rebuild the length of the damaged stone bodies. They reach the feet, freeing the captives. The images step from their wall down into the jungled nave, rejoin you where you lie, stricken with insight, in the undergrowth. (410; meine Hervorhebung)

Diesem Wiederaufbau, für den die UserIn aus ihrem Bestand an symbolischen Figuren das Material liefert, folgt sogleich der nächste Kollaps, der dieselbe durch die Bilder hindurch und – das ist die Hoffnung, die der Roman artikuliert – mit einem neuen, "re-formierten" und "reformierenden" Blick auf die Realität entlässt, eine Realität, welche die Bilder nicht substituieren, wohl aber unwiederbringlich verändern:

> The inner church goes dark; fluorescents blaze back on. Transcendence collapses again to the width of a walk-in closet. The future's clients – the demo buyers, the Joint Chiefs of Staff – remove their shuttered glasses. They look upon the alien world that drags them back. They wince in the flush of light, squinting to make things out.
> Inside this room, the world re-forms itself. Outside there is no saying. Against the real, *perhaps* must plead no contest. But from the demonstration room, no one walks out the way he came. (410)

Das Erleben einer simulierten Welt wird hier weder als Kompensation noch als betörende Täuschung präsentiert, die von einer vermeintlich direkt erfassbaren, echten und wahren Welt ablenken. Der historisch beispiellosen Entgrenzung des Sehens seit der Mitte des 19. Jahrhunderts, die mit der Digitalisierung ihre bislang größte Steigerung erfuhr, wird hier nicht mit einem Verbot oder mit Rückzug begegnet: Adies Entschluss, ihren Beitrag zum Hagia Sophia-Projekt zu löschen, gerät in der Konfrontation mit der Vielgestaltigkeit des Artefakts und dem damit verbundenen Auftrag, "das Sehen zu *verstehen* und vor allem, es zu *lernen*",[288] auf Abwege. Sie baut die Simulation zu einem Erlebnisraum um, der sich ihr, ebenso wie der LserIn und dem innerfiktionalen demobuyer als ein bald paradiesisches, bald schreckenerregendes und in jedem Fall Mitwirkung forderndes Szenario präsentiert, das in der UserIn seine Spuren hinterlässt: "from the demonstration room, no one walks out the way he came" (410). Diese Repräsentation wird (wie viele andere) die alltägliche Erfahrung ihrer Rezipienten, ihre Erfahrung jener "alien world that drags them back" nicht determinieren, aber prägen.

Taimur Martins gleichzeitig erfolgender Schritt zurück in die Welt ist im Gegensatz zu Adies ganz anders bedingt. Als ein "suicidal [Westerner], who thought the war could not touch him" (291-92),[289] war er im November 1986 im Alter von dreiunddreißig Jahren in das politisch zerrüttete Beirut gereist, um als Englischlehrer für zwei Semester – ganz ähnlich wie Adie – den alltäglichen Verstrickungen seines Lebens und den Bedürfnissen anderer Menschen zu entkommen und sich seinen eigenen zu widmen. Der regelmäßige Rekurs auf sein destruktives Verhältnis zu seiner Frau Gwen[290] verleiht seinem Wunsch nach Unabhängigkeit dabei anschaulich Nachdruck:

> You wanted this solitary confinement. You made love to the idea. The whole reason you came to this country in the first place was to escape human connection. The endless birthday-present shopping. The interminable dinner parties. The relentless letters of recommendation. You came here hoping to reclaim your life, to sail over the edge of society into selfhood's new world. (187)

Doch Taimur Martins jahrelange und gewaltsame Isolation, die ihn beispielsweise dazu bringt, sich auf allen Vieren mit dem Ungeziefer zu beschäftigen, das seine Zelle bevölkert, gibt ihm schmerzhaft zu verstehen, dass er alleine gar nichts ist. Seine Isolation und der damit verbun-

---

[288] Ralf Konersmann, "Die Augen des Philosophen. Zur historischen Semantik und Kritik des Sehens", *Kritik des Sehens*, ed. Konersmann (Leipzig: Reclam, 1997) 9-47, hier 46.

[289] Die Tatsache, dass diese Information in einem Erzählerkommentar und nicht in der direkten Anrede in der zweiten Person gegeben ist, zeigt, dass sich Taimur Martin seine politische Ignoranz zu dem gegebenen Zeitpunkt nicht klar macht.

[290] "You've been each other's shared addiction" (20); "riding the emotional Tilt-a-Whirl with a miserable woman" (44).

dene Mangel eines kulturellen Spiegelbildes, das seine Einheit versichern könnte, macht es ihm unmöglich, sich als identisch mit sich selbst zu empfinden:

> But isolation wraps you into someone you don't recognize. You feel the thing in all its nakedness: a need so great that you'd stupidly tried to shed it. Your invitation to the human party – the constant obligation, the stack on your desk you could never clear. The drain on your resources. The perpetual static in your ears that kept you from your own, coherent thoughts. That petty, niggling burden. Your trueing, your delight, your sanity, your only health. Others. You've spent your whole life dining out, while bad-mouthing the meal. No better than a thief who helps himself to the moveable goods, then slanders his victim's taste. Solitude proves how little of you is yours. Everything that you've ever thought, everything you've ever felt, you owe to that company you could never abide. (187)

Das sich mit aller Gewalt aufdrängende Bewusstsein dafür, dass sein Unabhängigkeitsstreben Wesentliches ausblendet, veranlasst Taimur Martin dazu, sich sein gesamtes Leben genau anzuschauen und "to study that dependent self you never looked at" (188). In seinem Verlangen nach einer anderen Stimme versucht er, sich an Musikstücke und Gedichte zu erinnern (179-82), macht sich zum ersten Mal Gedanken über den widersprüchlichen Lebensweg seiner aufopferungsvollen iranisch-amerikanischen Mutter (229-34), stellt sich Bücher vor und sieht sich mit Gwens ambivalenten Verhaltensweisen konfrontiert (241-50). Als er von seinen Bewachern endlich ein Buch, "the holder of possibility" (255), bekommt, macht er sich zu "a passive instrument, a séance medium for these voices from beyond the grave" (242).

Die Relativität seiner eigenen Existenz wird besonders deutlich, als der Eingesperrte in einer Nacht, in der er versehentlich nicht angekettet wird, auf wenigen Quadratmetern ein unbeschränktes Freiheitsgefühl erlebt: "Hour by hour the gift expands. You take possession of more room than you know what to do with. Free, at leisure, you pace back and forth across the gaping eight feet" (326). Nach erneuten Misshandlungen erlaubt er sich diese Extravaganz allerdings kein zweites Mal: Beim nächsten "awful accident of freedom" (327) schließt er, "[a]ll self, all dignity, sold" (327), seine Fesseln selbst. Die gewalttätige räumliche und zeitliche Beschneidung seines Lebensraums ist eine drastische Verdichtung der sozialen Abhängigkeiten, innerhalb derer vermeintlich gegebene Konzepte wie Freiheit und Identität Form und konkrete Bedeutung annehmen.

Zum selben Zeitpunkt hat Taimur Martin den Koran zu Ende gelesen, der ihm in streng rationierten zehn Versen pro Tag ein Lebenselixir war:

> the torrent of words, their sense-free cadences, suffice to hold you even in the absence of story. Their pageant of sounds drowns out your incessant dunning. [...] These measured-out passages keep you tethered in the flux of time. [...] They tame the abyss. For a long time talking to the book is conversation enough. Then the book runs out. (322-24)

Mit dem Verlust einer anderen Stimme und des letzten Quäntchens Distanz zu seiner eigenen Situation, hält Taimur Martin nichts mehr: Seine Wahrnehmung und sein Gefühl für die Gegenwart seiner Geiselhaft und die Vergangenheit seines Beziehungskrieges mit Gwen verschwimmen, seine Zelle mutiert zu dem "placeless place", der ihn seit seinem achten Lebensjahr in Albträumen verfolgt. Während abermaliger Misshandlungen kann Taimur Martin nicht einmal mehr registrieren, wie ihm geschieht: "Every blow delivers you and you grab at the rain of hands to kiss them" (357). Inmitten eines "dimension-free now" (352) läuft er in seiner Imagination durch Chicago und bewertet seine alte Existenz als parasitär:

> an invisible tourist, threading through the mass pageant. Incubus again, among the lives that you depended on for every particular, people that you fed off without even bothering to learn their names. What you liked to call *a private person, a solitary one*, all the dress-up terms for parasite. Now that you'd knock on their doors, enter their living rooms, give yourself wholeheartedly to your bit part in the impoverished script, you can't. Your neighbors pass right through you on the street. You are the phantom you worked so hard to be. (350-51)

In diesem Zustand vermag nur die Klopfzeichen-Bekanntschaft mit einem lebensrettenden Nicht-Ich, dem ebenfalls gefangen gehaltenen Franzosen Junot, Taimur Martins Lebensgeist noch einmal zu beleben, bevor er in seine Vision von der Hagia Sophia abtaucht, "a mosque more mongrel than your own split life [...] its decoration [...] too detailed to be wholly yours" (413). Innerhalb dieser Vision verhindert ebenfalls die Andeutung einer anderen menschlichen Präsenz seine eigene Auslöschung: "What you could not do for yourself you rise to do for him. [...] The two of you: each other's confidant, each other's clinical physician, each other's clown" (362).

Die Hoffnung auf eine für das Ich lebenserhaltende Anwesenheit eines Du bestätigt vor allem das Romanende: Völlig ungeschützt und ungewiss "how you will survive another's company again" (414), trifft Taimur Martin am Flughafen von Istanbul auf "[t]he woman who has saved you, and some smaller other" (415). Das Mädchen tut, was Taimur Martin unvorstellbar scheint – "There will be talk; there will be touching. There is no earthly way that you can bear it" (415): Es überwindet den Graben und begrüßt seinen Vater, "the fable she's grown up on" (415), mit einer Zeichnung: "'Look', she says, shoving her drawing into your shaking hands. A crayon man, returning to a crayon home. 'Look! I made this for you'" (415). Nicht zufällig spielt in dieser abschließenden prekären Begegnung einander fremder Welten eine Zeichnung eine entscheidende Rolle. Der Roman verleiht dieser Zeichnung erstens durch seine durchgehende Reflexion der weltentwerfenden Funktion der Kunst und zweitens durch seine Etablierung von Ethik als eine grundsätzlich vorgängige Frage der Anerkennung und kommunikativen Auseinandersetzung mit dem Anderen Bedeutungsmacht für das Leben der Zeichnerin und das des damit Beschenkten. Damit tritt der Roman in seiner Gesamtstruktur entschiedenen für eine ethisch-soziale Relevanz der seit dem 18. Jahrhundert wesentlich zweckentbundenen Ästhetik ein.

3.6 "redrawing the world": Romanform, Ethik und Ästhetik

Plowing the Dark setzt der Rede vom 'Ende der Kunst' und vom 'Ende der Geschichte'[291] das Postulat eines kommunikativ-kreativen und damit realitätsverändernden Potentials der Kunst, der Medien und der Repräsentation entgegen. Um diese Nobilitierung der medial vermittelten menschlichen Einbildungskraft und eines ästhetischen Weltverhältnisses vorzunehmen, rekurriert der Roman weder auf pädagogische Ideen in der aufklärerischen Tradition Johann Georg Sulzers oder Friedrich Schillers, die in der Kunst ein "Mittel zur Beförderung der menschlichen Glückseligkeit" und eine "Verheißung einer besseren, unentfremdeten Welt" sehen,[292] noch auf eine puristisch romantische Semantik, die sich auf solche Begriffe wie Originalität, Autonomie oder Genialität stützt. Immer wieder weist der Text die kompensatorische Flucht in die Kunst als eskapistisch aus, als eine homologische, hermetische, autoerotische Unschuldsfantasie und als ein Kostüm des ganz anderen, das doch immer nur dieselbe realitätsabwehrende Selbsttäuschung ist. Dem-

---

[291] Vgl. dazu Ullrich 556-62 sowie Jean Baudrillard, "Towards the Vanishing Point of Art", *Kunstforum international* 100 (1989): 390; Fukuyama; Arthur C. Danto, *Beyond the Brillo Box. The Visual Arts in Post-historical Perspective* (Berkeley/London: U of California P, 1992) und *After the End of Art: Contemporary Art and the Pale of History* (Princeton: PUP, 1997).
[292] Siehe Ullrich 584-93.

gegenüber entwirft der Text den Sündenfall der Vermittlung als eine Notwendigkeit, d.h. die Medien werden in Dienst genommen für eine Öffnung für das Andere und für die Differenz. Darüber hinaus zeigt der Roman, dass Bedeutungen nur im Zusammenspiel mit anderen Bedeutungen entstehen können. Auf dieser Basis reklamiert der Roman eine weltentwerfende Funktion der menschlichen Imagination, die gerade über digital integrierte Medien erfahrbar wird, welche häufig verkürzt als erneute Intensivierung der platonischen Vorstellung vom mimetischen Charakter visueller Repräsentation gelten.

Mit seiner Vorstellung, Adie könne mit dem Bleistift oder der *Realization Lab*-Technologie die Welt neu entwerfen (124-25), ist Steven Spiegel diejenige Romanfigur, die der bewussten Artikulation einer auf unvorhersehbare Konstellationen in der realen Welt angewiesenen, weltentwerfenden Funktion von Imagination und Repräsentation am nächsten kommt. Doch die ihrem Sujet angemessene Komplexität der Romankonstruktion erlaubt es nicht, einzelne Hauptfiguren als Träger der über die Gesamtstruktur des Textes entwickelten Ideen zu identifizieren. Am deutlichsten wird dies an der schillernden Figur der Adie. Denn der Zeitpunkt, zu dem der Effekt ihres Tuns der Vorstellung eines sozial wirkmächtigen ästhetischen Weltentwurfs – einem, wie Adie an anderer Stelle selbst formuliert, "*looking [and] [p]ushing through appearances to the other side*" (371) – am nächsten kommt, nämlich nach ihrem erschöpfenden Umbau der virtuellen Hagia Sophia zu einem eindrucksvollen und effektiven Gesamtkunstwerk, ist auch derjenige, zu dem sie sich von Steven trennt, um sich in der Isolation neu zu erfinden (406).

Plowing the Dark entwickelt seinen Argumentationsgang bezüglich der Funktion von Repräsentation und der immer in dialogische soziale Kontexte einbezogenen Rolle des Einzelnen über die Repräsentation und den Dialog: Der Roman unternimmt die narrative Präsentation zweier komplementär angelegter Geschichten, in denen wiederum die dialogische Qualität sowohl von künstlerischen Prozessen als auch von Identitätskonstruktionen eine zentrale Rolle spielt. So wird der erste Erzählstrang zum großen Teil über szenische Dialoge präsentiert, und die Raumsimulationen des *Realization Lab* sind Produkte einer kritisch dialogischen Zusammenarbeit. Der zweite Erzählstrang markiert und begegnet der gewaltsam erzwungenen Monologizität des Taimur Martin durch die formale Präsentation in der zweiten Person, in der Taimur Martin in Ermangelung eines Gegenübers mit sich selbst als einem Anderen kommuniziert. Die Verbindung zwischen den beiden heterogenen (und einander 'anderen') Erzählsträngen erfolgt nicht auf der Ebene der erzählten Welt, sondern wird allein über deren erzählerische Vermittlung erreicht. So wie die komplementäre Doppelstruktur des für die belebte Natur spezifischen Makromoleküls DNA die Speicherung und Weitergabe genetischer Informationen erlaubt, ermöglicht die komplementär angelegte narrative Doppelstruktur von *Plowing the Dark* eine Exploration aktueller medialer Bedingungen, die in einem einzelnen Erzählstrang und ohne die Resonanzen zwischen beiden nicht annähernd so vielschichtig ausfallen könnte.

Schon mit seiner formalen Anlage, die aus der Höhle der geschlossenen Narration ausbricht, greift der Roman somit die Diskussion um den Status der medialen Repräsentation und um deren Rolle für das Begreifen von Selbst und Welt – um Ethik und Ästhetik – unter postmodernen Bedingungen auf. Er bezieht insofern entschieden Stellung, als er beide Konzepte, die unter postmodernen Bedingungen nicht in einer reinen, aboluten oder essenziell gegebenen Form denkbar sind, unter der Prämisse einer Neubestimmung als tragfähig und anschließbar erklärt. Die Identität des Einzelnen ist weder (wie Spider Lim gerne glaubt) komplett determiniert, noch, wie Adie "in [her] revulsion from any system bigger than herself" (236) glauben mag, autonom gegründet. Sie ist vielmehr ein eng mit der Sorge um den Anderen verwobenes und über Repräsentationen vermitteltes hermeneutisches Produkt.

Die Bildstörungen, die Adie Klarpol und Taimur Martin in der virtuellen Realität der elektronisch respektive gedanklich erbauten Hagia Sophia erleben, verweisen auf einen Bruch mit der grammatikalisch gestützten Gewohnheit, jede Handlung kausal mit einem Akteur, jeden Effekt mit einer Intention zu verbinden. In ihren Überlegungen zu einer postmodernen Konzeption von Ethik beschreibt Judith Butler die konstitutiven Beschränkungen des menschlichen Erkennens von Selbst und Welt auf ganz ähnliche Weise:

> Es gibt kein Verharren im Inneren. Man wird *aus sich hinaus* genötigt; man stellt fest, dass der einzige Weg zur Selbsterkenntnis über eine Vermittlung führt, die sich außerhalb meiner selbst in einer Konfrontation oder Norm vollzieht, die ich nicht gemacht habe und als deren Autorin ich mich nicht verstehen kann. [...] Wir sind keine in uns abgeschlossenen Dyaden, da unser Austausch durch die Sprache vermittelt ist, durch Konventionen, durch Ablagerungen von Normen, die ihrem Charakter nach gesellschaftlicher Art sind.[293]

---

[293] Butler, *Kritik* 40.

An die Stelle einer kohärenten Subjektvorstellung rückt ein Konzept eines "herausgeforderten Selbst".[294] Dabei handelt es sich um ein Konzept von Identität, das das Selbst immer wieder als vorläufiges Ergebnis einer vorgängigen und über Repräsentationen vermittelten Beziehung zu einem unbegriffenen, irritierenden Anderen denkt. Butler schreibt weiter, dass das Ich dem Anderen dabei

> nicht als eine Menge spezifischer Inhalte [begegnet], sondern als ein Wesen, das von Grund auf exponiert, sichtbar, gesehen, körperlich existierend und notwendig in einer Sphäre der Erscheinung angesiedelt ist. Ich bin gleichsam *dieses* Ausgesetztsein, und in ihm liegt meine Singularität.[295]

Genau in diesem Sinne ist die Schlussszene des Romans ein herausragendes Beispiel für den von Dewey beschworenen "disarmingly emotional sense of affirmation"[296] der Texte von Richard Powers. Denn die "Selbst-Bezeugung"[297] des in eine veränderte Welt entlassenen Taimur Martin – für den das Alter seiner Tochter, von der er nicht einmal wusste, dass es sie gab, der einzige Maßstab für die Länge seiner Geiselhaft ist – besteht allein in der über seine Vision und die von seiner Tochter angefertigte Wachsmalkreidenzeichnung vermittelten Notwendigkeit, sich auf die realen Bedürfnisse eines unbekannten Wesens hin zu entwerfen: "The angel terror lay beyond decoding. It left you no choice but to live long enough to learn what it needed from you" (414). In diesem Zusammenhang bemisst sich der Wert eines an sich nicht zweckgebundenen ästhetischen Impulses, so die These von *Plowing the Dark*, an dessen pragmatischem Potential, die Imaginationsfähigkeit und, vor einem konkreten politischen Hintergrund, die Sensibilität gerade auch für das anzuregen, was nicht sichtbar, evident und glänzend ist, sondern verdrängt, zwielichtig, noch unbegriffen und anders. Welsch spricht in diesem Zusammenhang von einer "Kultur des blinden

---

[294] Siehe dazu neben den Arbeiten von Lévinas auch Andris Breitling, Stefan Orth und Birgit Schaaf, eds., *Das herausgeforderte Selbst: Perspektiven auf Paul Ricoeurs Ethik* (Würzburg: Königshausen und Neumann, 1999) 7.
[295] Butler, *Kritik* 45.
[296] Dewey 14.
[297] "Selbst-Bezeugung" ist die deutsche Übersetzung für Ricoeurs Begriff der "attestation de soi", der im Englischen mit "self-attestation" wiedergegeben ist. Siehe Ricoeur 21-23: "As credence without any guarantee, but also as trust greater than any suspicion, the hermeneutics of the self can claim to hold itself at an equal distance from the cogito exalted by Descartes and from the cogito that Nietzsche proclaimed forfeit" (23).

Flecks".[298] Sehr viel genauer äußert sich Lévinas zu der Verbindung zwischen Ethik, der mich selbst in Frage stellenden, nicht totalisierbaren Begegnung mit dem einzigartigen Anderen, und Politik, dem Bereich der über die Begegnung zwischen Einzelnen hinausreichenden sozialen Gemeinschaft. Denn, so Lévinas, was zwischen dem Selbst und dem Anderen passiert, ist kein ausschließlich singuläres Ereignis, es genügt sich nicht selbst, sondern betrifft die Menschheit insgesamt. Die ethische Begegnung mit dem Antlitz des Anderen erfolgt im Kontext weiterreichender Fragen nach Gerechtigkeit innerhalb der Gemeinschaft und "places itself in the full light of the public order".[299] Daraus resultiert ein doppelter, gleichzeitig asymmetrischer, auf den Einzelnen bezogener, und symmetrischer, auf eine Gemeinschaft von rechtlich Gleichen bezogener, Diskurs. Critchley folgert daher:

> The question of politics [...] becomes a question of how the community can remain a place for commonality while at the same time being an open, interrupted community that is respectful of difference and resists the closure implicit within totalitarianism and immanentism. [...] the way in which transcendence is to be reintroduced into politics is through Levinas's complex thematization of ethical transcendence. Transcendence enters into politics in the relation to the singular other, the being who interrupts any synoptic vision of the totality of social life and places me radically in question. The community remains an open community in so far as it is based on the recognition of difference, of the difference of the Other to the Same.[300]

Der Zugang zu einer gerechten Konzeption von Politik wird demnach über die ethische Transzendenz vermittelt: Sie schreibt der Allgemeingültigkeit der Politik immer wieder die Spur des Konkreten und Spezifischen und damit eine Unterbrechung ein, die ein vermeintlich harmonisierendes Erstarren gesellschaftlicher Strukturen verhindert. Gleichzeitig bildet die gesellschaftliche Suche nach allgemeingültigen und verbindlichen Prinzipien der Gerechtigkeit ein Gegengewicht zu der Anarchie der Verantwortung für den Anderen. *Plowing the Dark* weist der ästhetischen Erfahrung in diesem Vermittlungsprozess eine besonders hohe Wertigkeit zu. Der Roman unterstellt den digital integrierten Medien die (zu wenig erkannte und zu wenig systematisch genutzte) Möglichkeit, die Wirklichkeit symbolischer Welterzeugung und den seit gut einem Jahrhundert theoretisch erörterten, doch kontra-

---

[298] Wolfgang Welsch, *Grenzgänge der Ästhetik* (Stuttgart: Reclam, 1996) 58-61 und 129-34.
[299] Lévinas, *Totality and Infinity* 212. Siehe dazu v.a. auch das fünfte Kapitel in Lévinas, *Otherwise than Being* 131-171.
[300] Critchley, *The Ethics of Deconstruction* 219.

intuitiv prozessualen, grundsätzlich unabgeschlossenen und auf den Anderen bezogenen Charakter des Selbstbezugs erfahrbar zu machen.

4. Zusammenfassung

Die beiden Romane *Ulverton* des britischen Autors Adam Thorpe und *Plowing the Dark* des Amerikaners Richard Powers beziehen innovative ästhetische Impulse für einen stilistisch ausgereizten Kunst- und Literaturbetrieb aus ihrem verstärkten Interesse an aktuellen Fragen der Medialität. In Anerkennung ihrer eigenen Medialität beziehen sich beide Texte auf eine Wirklichkeit, die sie erstens als eine mediengenerierte und zweitens als widersprüchlich, konfliktträchtig und kulturell vielschichtig ausweisen. Darüber hinaus artikulieren sie inhaltlich und formal das Bedürfnis, komplexe Alltagserfahrung zumindest hypothetisch als zusammenhängend zu erfassen, um so eine Kommunikation über die Welt der alltäglichen Erfahrung zu ermöglichen, ohne die Zeichenhaftigkeit und die Kontingenz der realistischen Sinnkonstruktion aus dem Bewusstsein zu verdrängen. Mit ihren jeweiligen Synthetisierungsstrategien, die komplexen Realitäten durch Formen der Gegenüberstellung gerecht zu werden suchen, die die LeserInnen in den Prozess der Konstitution kontingenter Ordnung einbinden, antworten sie auf eine postmoderne Realität, die als offene Zeichenwelt durch kein umfassendes Sinnsystem mehr überzeugend erfassbar ist, auf eine Krise des allgemeinverbindlich Realen, die seit dem Beginn des Modernisierungsprozesses im 18. Jahrhundert periodisch neu aufbricht und sich auch gegenwärtig weiter vertieft. Beide Texte fordern und schulen so eine kritisch reflektierende Selektions- und Bewertungs-, mithin eine *Medien*kompetenz. Der Medienphilosoph Mike Sandbothe betrachtet Medienkompetenz, die über das bloße Bedienen von Hard- und Software hinausgeht, als eine reflektierende Urteilskraft im sozial eingebetteten Umgang mit den neuen Medien. Beide Romane lassen keinen Zweifel daran, dass diese Urteilskraft eine kontingente Fähigkeit ist, die nicht zuletzt von sozialen Faktoren abhängt. Vor allem aber setzt sie die Möglichkeit der kritischen Distanzierung vom Fluss der Dinge voraus.

In seinen zwölf Kapiteln inszeniert *Ulverton* medienhistorisch bedingte Kommunikationssituationen, innerhalb derer die jeweils dominanten Medien eine sozial assymmetrische Repräsentation der Beteiligten herstellen, die bestehende Geschlechterhierarchien und Statusunterschiede befestigt. So beleuchtet der Roman konsequent ein medienspezifisches Unbewusstes und lenkt den Blick auf Realitäten, die in den jeweils dominanten medialen Artikulationsformen, in deren Kontext sie stehen, ausgespart bleiben. Der Roman weist damit die Vorstellung einer von sozialen Faktoren und dem Bereich des alltäglichen Bei-sich-und-bei-anderen-Seins völlig unabhängigen Medialität als ebenso illusionär zurück wie die Sehnsucht nach einer Idylle der direkten und unvermittelten Kommunikation. In seiner Gesamtstruktur legt der Text daher den Schluss nah, dass die Medienentwicklung einer kritischen Begleitung bedarf, die, wie die Reflexion der Sprache innerhalb des ausführlich besprochenen Fotografiekapitels am deutlichsten zeigt, nur jenseits der Logik des jeweils neuen Mediums zu leisten ist.

Plowing the Dark präsentiert eine Reihe von Figuren, die auf unterschiedliche Weise von dem Sog symbolischer Welten fasziniert sind und inszeniert so auf der inhaltlichen Ebene unterschiedliche Vorstellungen von einer entweder kompensatorischen oder rein abbildenden Funktion der Repräsentation. Die formale Anlage des Textes kritisiert diese Vorstellungen jedoch als hermetische und selbstbezügliche Unschuldsfantasien, weil sie sich der Möglichkeit verschließen, die Immanenz digitaler Bildwelten zu durchbrechen. Dem stellt der Text in seiner Gesamtstruktur eine potentiell welterschliessende Funktion der Repräsentation entgegen. Die vielschichtige Entwicklung der ProtagonistInnen Adie Klarpol, Steven Spiegel und Taimur Martin verweist auf die mangelnde Trennschärfe zwischen Verständnis und Missverständnis und auf die Schwierigkeit, einmal gewonnene Einsichten, beispielsweise bezüglich des distanzierenden und weltentwerfenden Potentials der Simulation und des Wertes der Differenz zwischen Kunst und Welt, im Bewusstsein zu behalten. Über seine Form vermittelt der Roman jedoch ein Verständnis für die Herausforderungen und Chancen einer durch die digitalen Medien maßgeblich geprägten Wirklichkeit. Vor allem über den zweiten Erzählstrang und im reflektierenden Rekurs auf die Bildlichkeit der Höhlengemälde von Lascaux sowie das Höhlengleichnis fordert der Text immer wieder eine Distanzierung vom Fluss der Dinge und eine Unterbrechung der Bilder ein. Powers Roman plädiert so für eine Form der Künstlichkeit, die Realität nicht verdoppelt sondern unterbricht, das Vertraute irritiert und dadurch perspektiviert und für das Andere und Unvertraute öffnet.

Ulverton und *Plowing the Dark* präsentieren sich als literarische Texte im digitalen Zeitalter, die genau diejenige Distanzierungs- und Reflexionsfunktion übernehmen, die sie als medienhistorisch angezeigt kennzeichnen. Beide Texte zeugen davon, dass der Roman auch in der Postmoderne insofern ethische Momente impliziert, als das Genre seine LeserInnen in Kulturtechniken der Wahrnehmung einzuweisen sucht, die

die Medienentwicklung und die damit einhergehende mediale Brechung der Selbst- und der Wirklichkeitsbezeugung notwendig machen.

Schlussbemerkungen

> One faces a text as one might face a person, having to confront the claims raised by that very immediacy, an immediacy of contact, not of meaning.
>
> — Adam Zachary Newton, *Narrative Ethics*

Der Roman hat sich weltweit als eine Gattung etabliert, die sich insbesondere durch ihre hochflexible formale Adaptationsfähigkeit auszeichnet. Virginia Woolf beispielsweise betont schon 1927 das experimentelle Potential des Genres, indem sie den Roman als einen Formen-verschlingenden Kannibalen bezeichnet.[1] Insbesondere die anderen Medien hat der Roman immer wieder beliehen: druckmediale ebenso wie visuelle Formen, von Reiseliteratur bis zur journalistischen Reportage und von Malerei und Fotografie über das Kino bis hin zur digitalen Repräsentation.

Die hier vorgelegten Lektüren von Samuel Richardsons *Pamela*, Charles Brockden Browns *Arthur Mervyn*, Nathaniel Hawthornes *The House of the Seven Gables*, George Eliots *Middlemarch*, Adam Thorpes *Ulverton* und Richard Powers' *Plowing the Dark* haben gezeigt, dass das Genre des Romans das Mediengeschehen sehr genau beobachtet. Als ein Produkt der modernen Ausdifferenzierung gesellschaftlicher Funktionssysteme entsteht und entwickelt sich das Genre in Abhängigkeit von einem medialen Bedingungsgefüge, das Romtexte gleichzeitig über ihre formale Präsentation narrativ perspektivieren. Dieses Bedingungsgefüge besteht aus dem jeweiligen Angebot an Medientechniken und dem entsprechenden Spektrum von Gebrauchs- und Argumentationsweisen, die auf diese Medien bezogen sind.[2]

Die vorangegangenen Analysekapitel beginnen daher jeweils mit einer Darstellung von Medienkultur und Medienmentalitäten im Rahmen von drei aufeinander folgenden Modernisierungssyndromen, die jeweils mit einer zunehmenden Abstraktion der Wirklichkeitsbezugung einhergehen. Bei diesen Modernisierungssyndromen handelt es sich *erstens* um

---

[1] Virginia Woolf, "The Narrow Bridge of Art", *Collected Essays*, Vol. 2 (London: The Hogarth Press, 1966) 218-29.

[2] Werner Köster, "Medienmentalitäten und Medienevolution: Zentrale Argumentationsweisen zum Verhältnis von Massenmedien und Kultur", *Populäre Kultur als repräsentative Kultur: Die Herausforderung der Cultural Studies*, ed. Udo Göttlich, Clemens Albrecht und Winfried Gebhardt (Köln: von Halem, 2002) 151-70, hier 151, 154-55.

Verbesserungen der Drucktechnologie im 18. Jahrhundert und die dadurch beförderte Ausdifferenzierung sozialer Funktionsbereiche innerhalb westlicher Gesellschaften, die auch die Erfahrung von Kontingenz mit sich bringt; *zweitens* um die Erstarkung von Relativismus und Perspektivismus im Rahmen der Industrialisierung der visuellen Kultur, die sich von der Mitte des 19. Jahrhunderts bis weit ins 20. hinein zieht und mit der Erosion klassischer Subjektkonzeptionen, der Verflüssigung von Raum und Zeit und der Steigerung der Kontingenzerfahrung verknüpft ist; sowie *drittens* um die digitale Integration der Medien, die sich seit den 70er und 80er Jahren des 20. Jahrhunderts vollzieht und ein kritisches Reflexivwerden der Modernisierung begleitet, das gemeinhin unter dem Stichwort 'Postmoderne' diskutiert wird.

Diese Modernisierungsschübe bewirken keine zeitlich klar datierbare Ablösung der jeweils vorausgehenden Medientechniken und -mentalitäten. Sie bringen vielmehr einen "Anhäufungsprozess konkurrierender Medien",[3] eine Ausdifferenzierung der Funktionszuweisungen und ein gleichzeitiges Nebeneinander zunehmend pluralisierter mentalitätshistorischer Dispositionen in Gang.[4] Gleichzeitig gehen sie mit der Entwicklung zunehmend stärker abstrahierter Formen der Wirklichkeitsbezeugung einher, in deren Rahmen die künstliche Unmittelbarkeit der konkreten, die Sinne ansprechenden Repräsentation den Prozess der Semiotisierung des Weltbezugs in den Hintergrund treten lässt.

Diesen im alltäglichen Mediengeschehen verdrängten Zusammenhang rücken neben den hier exemplarisch diskutierten Romanen auch die Fotogemälde des deutschen Künstlers Gerhard Richter ins Zentrum des Interesses. Daher findet sich seine Arbeit *Lesende* auf dem Umschlag dieses Bandes. Richters Fotomalerei reflektiert die Medialität als Zugang zur Realität explizit mit, indem sie die gewählten Gegenstände einem Bildspeicher entnimmt, über den sich die industrialisierte Massengesellschaft beständig ihrer selbst vergewissert. Die Übertragung von Fotomotiven in die Malerei ist Zeugnis einer konsequenten Spurensuche nach massenmedial veränderten Wahrnehmungsweisen. Die mediale Kontextverschiebung im Produktionsprozess bewirkt dabei

---

[3] Natalie Binczek und Nicolas Pethes schlagen vor, die "Mediengeschichte nicht als Ablösung, sondern als Anhäufungsprozess konkurrierender Medien zu konzipieren". Siehe "Mediengeschichte der Literatur", *Handbuch der Mediengeschichte*, ed. Helmut Schanze (Stuttgart: Kröner, 2001) 282-315, hier 303

[4] Nicola Glaubitz spricht von der philosophischen und fiktionalen "*Formierung* der Problematik des Menschen und seiner Doppel". Siehe *Der Mensch und seine Doppel: Perspektiven einer anthropologischen Denkfigur in Philosophie und Roman der schottischen Aufklärung* (Sankt Augustin: Gardez!, 2003) 188.

eine gezielte Irritation: das scheinbar dokumentarische Verfahren der Fotografie – das selbst auf Repräsentationstraditionen verweist (wie im Fall von *Lesende* auf die Malerei Vermeers) oder solche ausbildet – und die potentielle Täuschung der Malerei verbinden sich zu einem Verfahren der künstlich-künstlerischen Verbildlichung. Dieses lässt die Repräsentation zunächst und vor allem als Objekt mit seiner eigenen Realität erkennbar werden, dessen Bedeutungsebenen ebenso sehr vom Betrachter abhängen wie vom mehrfach medial abstrahierten Gegenstand.

Die Geschichte des Romans begleitet die genannten Modernisierungsschübe, in deren Rahmen ethische Fragen zum Gegenstand öffentlicher Verständigung avancieren. Wenn ich von "Ethik medialer Repräsentation im Genre des Romans" spreche, geht es mir also um ein Bündel von Fragen, die die parallele Entwicklung des Mediensystems seit den Verbesserungen der Drucktechnologie im 18. Jahrhundert, die Entwicklung des Romans und ethische Selbstverständigungsprozesse betreffen: Wie beobachten Romane das Mediengeschehen? Welchen Beitrag leisten sie dabei für die Konstitution, Stabilisierung und Kritik der für den modernen Ethikdiskurs zentralen Kategorien des Subjekts und der Verantwortung? Inwiefern hat der Roman Teil an der Einübung von nicht zuletzt medial bedingten Denk-, Gefühls- und Verhaltensdispositionen?

Insgesamt leitet die Vervielfachung und das technologische Voranschreiten der Medien innerhalb des Modernisierungsprozesses eine kulturelle "Intensivierung und Verfeinerung von Beobachtungen und Beobachtungsinstrumenten" ein, ohne dass allerdings die epistemologischen oder sozialen Bedeutungen derselben für 'den Menschen' transparent würden. Im Rahmen der medialen Entwicklung vollzieht sich mithin eine "Transformation kollektiven Wissens", die eine konsensfähige Vorstellung von 'der Realität' in ein vielschichtiges Netzwerk von Realitäten überführt.[5] Jeder Mensch, der in dieses Netzwerk – verstanden als ein durch Text, Bild, Ton und Ereignisse vermitteltes gesellschaftliches Verhältnis zwischen Personen und zwischen Mensch und Welt – hineinsozialisiert ist, erlebt täglich dessen Strukturen-, Perspektiven-, Interessen- und Bedürfnisvielfalt, deren Konsequenzen für die oder den Einzelne/n systemrational jedoch keine Rolle spielen. Die Herausbildung gesellschaftlicher Teilsysteme seit dem 18. Jahrhundert impliziert nicht nur die Überlagerung von allgemein verbindlichen durch systemspezi-

---

[5] S.J. Schmidt, "Modernisierung, Kontingenz, Medien: Hybride Beobachtungen", *Medien – Welten – Wirklichkeiten*, ed. Gianni Vattimo und Wolfgang Welsch (München: Fink, 1998) 173-86, hier 174.

fische Normen sowie die der eindeutigen Bestimmung durch Kontingenz, sondern auch den Bedeutungsverlust personenzentrierter Kommunikation. Diesen Verlust zu kompensieren, seine Konsequenzen zu erforschen und zu vermitteln, wird zur Aufgabe literarischer Beobachtungen, insbesondere der des Romans.

In Bezug auf die zu Beginn der Arbeit formulierten Leitfragen nach den ethischen Implikationen der fiktionalen Repräsentation von Welt im Roman zeigen die drei vorangegangenen Untersuchungsteile also vor allem zweierlei. Zum einen begleitet das Genre des Romans von Anfang an und bis heute durchgehend die medial bedingte Verflüssigung gesellschaftlicher Zusammenhänge. Zweitens macht es die jeweiligen Auffassungen von der 'Natur' des Menschen, d.h. die selbst ungeschrieben bleibenden Mechanismen der Generierung von verhaltens- und handlungsleitenden Normen zum Gegenstand der Reflexion.

Richardsons empfindsamer Briefroman *Pamela* und Browns realistisch konzipierter Schauerroman *Arthur Mervyn* sind als druckmediale Erzeugnisse im 18. Jahrhundert einerseits *Teil* der sozialen, epistemologischen und auch ökonomischen Verunsicherungen der Zeit und machen dieselbe zugleich fiktional zugänglich. Jeweils geht es *im* Text sowie *dem* Text als kulturellem Produkt, so würde der Soziologe Hahn formulieren, um die "gesteigerte Suche nach Gewißheit [...] [a]us erfahrener Unsicherheit und aus dem Erlebnis der erschütterten Gewißheit".[6] Dabei sind die ProtagonistInnen der Romane ebenso wie die Texte selbst gleichzeitig auf der Suche nach Gewissheit *und* prägnante Figuren der Verunsicherung. Mit ihren Inszenierungen von druckmedial kontextualisierten Verhaltensreflexionen und deren Zirkulation führen beide Romane einen Prozess vor, der im Rahmen der druckmedialen Diversifizierung von Informationen, von Bildung und Kritik in einer zunehmend symbolisch vermittelten Realität fortlaufend neue gesellschaftliche Strukturen ausbildet. Über vermehrt schriftlich geregelte wirtschaftliche und familiäre Kommunikationsanlässe – die den traditionellen Glauben an weltliche und religiöse Autoritäten ebenso schwächen wie Statusdefinitionen – entstehen soziale und ökonomische Beziehungen, die das Subjekt in ein soziales Netz einbinden und dadurch in ihrer bzw. seiner Identität relational zu anderen Menschen verorten und formen. Die Mechanismen der moralischen Belehrung beginnen sich in Richtung einer kommunikativen Relation und zugunsten des Entwurfs einer nie eindeutig bestimmbaren, im eigenen Handeln legitimierten Identität zu verschieben. Dabei weisen beide Romane die individuelle

---

[6] Alois Hahn, "Theorien zur Entstehung der europäischen Moderne", *Philosophische Rundschau* (1984): 178-202, hier 183.

Autonomie und die Verantwortung als voraussetzungsreiche Größen aus. Die kommunikative Maschinerie, die das Sozialverhalten reguliert und so zu einer Modernisierung des Menschen beiträgt, kommt vor allem über eine druckkulturell initiierte symbolische Vermittlung in Gang. Das selbstverantwortliche Individuum, das kontingente Ereignisse, Affekte und Reaktionen nach *eigener* Maßgabe zu regulieren versteht, ist deren Produkt.

Ausgehend von der im 18. Jahrhundert erstmals deutlich werdenden Erfahrung der Kontingenz – der Erfahrung, dass Ereignisse, Aussagen, Beobachtungen oder Sachverhalte weder notwendig noch unmöglich sind, also auch ganz anders ausfallen könnten – und in Abhängigkeit von den jeweiligen medialen Voraussetzungen ist dieses "autonome Individuum" weiteren Veränderungen unterworfen. Die fortschreitende Individualisierung korreliert also, auch das zeigen die Romananalysen, mit der Einbindung der bzw. des Einzelnen in vielfältige, funktional ausdifferenzierte kommunikative Zirkulationsprozesse sowie mit der Habitualisierung von Prozeduren der Zuschreibung von Verantwortung, die den Menschen als autonom handlungsfähiges und vernunftbegabtes Subjekt generieren.

Im 19. Jahrhundert konsolidiert sich sowohl in Großbritannien als auch in den USA die Funktion der Schrift. Zugleich verlieren Druckerzeugnisse als naturalisierte massenmediale Produkte ihre bedrohlichen Implikationen. Die fiktionale Inszenierung der distanzkulturell bedingt proliferierenden Erfahrung von Kontingenz bleibt allerdings auch im Rahmen des zweiten Modernisierungssyndroms Aufgabe des Romans. Dies machen Hawthornes *romance The House of the Seven Gables* und Eliots selbstreflexiv-realistischer Roman *Middlemarch* in ihren inhaltlichen und vor allem formalen Reflexionen der Daguerreotypie und des Mikroskops im Besonderen und die zeitgenössische Industrialisierung der Sehgewohnheiten sowie die damit verbundene Semiotisierung des Sichtbaren im Allgemeinen deutlich. Beide Romane überarbeiten eine klassische Epistemologie, derzufolge die sichere Grundlage des Wissens in der Gegebenheit der Welt besteht, in Richtung einer romantischen Epistemologie. Die neue Episteme konzipiert das Wissen um Selbst und Welt als eine Größe, die in konkreten Kontexten und in Abhängigkeit von bereits habitualisierten Werten und Prozeduren immer wieder neu gebildet werden muss, um ein intersubjektiv verlässliches und handlungsrelevantes Bild von Realität generieren zu können. Damit etablieren sowohl *The House of the Seven Gables* als auch *Middlemarch* die Industrialisierung der Wahrnehmungsgewohnheiten und die Beobachtung zweiter Ordnung als Leitprinzipien des modernen Selbst- und Weltverständnisses.

Hier knüpfen Thorpes *Ulverton* und Powers' *Plowing the Dark* an. Mit unterschiedlichen Formen der narrativen Gegenüberstellung, die nicht in einer geschlossenen Erzählwelt aufgehen, stellen beide Romane fiktionale Modellierungen des Reflexivwerdens der Modernisierung im Rahmen des dritten Modernisierungssyndroms zur Verfügung und entwerfen vor diesem Hintergrund die Konturen eines "herausgeforderten" Selbst. Dieses Selbst erwirbt und lebt seine Handlungsfreiheit innerhalb von Strukturen, die es nicht selbst geschaffen hat, und mit Konsequenzen, die, auch wenn sie nicht intendiert sind, dazu beitragen, die Bedingungen zukünftiger Handlungsspielräume hervorzubringen. Das bedeutet, dass es nicht nur für sein eigenes Handeln Verantwortung trägt, sondern auch für die Rolle, die es unwillkürlich für die Aufrechterhaltung sozialer Bedingungen spielt, von denen wiederum andere abhängig sind.

Die zwölf formal disparaten Kapitel von *Ulverton* beobachten die Kontingenz der Kommunikation, die schon in mündlichen Kommunikationszusammenhängen angelegt ist. Mit der Komplexität der Vermittlungsmöglichkeiten und der medialen Abstraktion von der Objektwelt erfährt die Kontingenz der Kommunikation enorme Steigerungen, und mit der diskursivierenden Erfassung zunehmend weiter Lebensbereiche werden immer mehr Kontexte produziert, die nicht erfasst werden. Insgesamt tut der Roman, was seine einzelnen Kapitel vorführen: Er wendet sich von den aktuellen Leitmedien ab und leistet eine Medien- und Diskurskritik, indem er unter Suspendierung jeder Nostalgie das medial Unbewusste und die "fuzzy edges" beleuchtet, die sich im Schatten von Programmstrukturen, die einem im Detail geplanten Liveprinzip verpflichtet sind, unbeobachtet ausdehnen.

Die beiden Erzählstränge von *Plowing the Dark* etablieren den Sündenfall der Vermittlung als eine Notwendigkeit und disqualifizieren den Rekurs auf eine abgeschlossene Medienwelt als hermetische und autoerotische Unschulds- bzw. Schreckensfantasie. Stattdessen werden die digitalen Medien über Analogiebildungen zu literarischen und frühzeitlichen visuellen Darstellungstechniken historisiert, d.h. in ihre Abhängigkeit von bereits etablierten Bedeutungszusammenhängen zurückverwiesen und so einer Perspektivierung unterworfen, die sie für eine Öffnung für das Andere und für die Differenz in Dienst nimmt. Der Roman reklamiert auf dieser Basis eine zukunftsoffene, weltentwerfende Funktion der menschlichen Imagination, die gerade über digital integrierte Medien erfahrbar wird, obwohl diese häufig verkürzt als erneute

Intensivierung der platonischen Vorstellung vom mimetischen Charakter visueller Repräsentation rezipiert werden.

Alle drei Untersuchungsteile zeigen, dass der Praxis des Erzählens im modernen Roman vor dem jeweiligen medienhistorischen Hintergrund immer wieder neu die Funktion zuwächst, LeserInnen im Akt des Lesens und Verarbeitens eines Textes mit jeweils zeittypisch medial bedingten und zunehmend kontingenten Wahrnehmungs- und Evaluierungstechniken zu konfrontieren und vertraut zu machen. Dies geschieht mitunter in inhaltlichen, vor allem aber in formalen Medienreflexionen, die seit der Mitte des 18. Jahrhunderts auf das Schreiben, seit der Mitte des 19. Jahrhunderts auf die Technisierung des visuellen Weltbezugs und seit dem späten 20. Jahrhundert auf die digitale Integration der Medien bezogen sind. Die ethische Qualität dieser Reflexionen liegt weder in der moralischen Absicht des Autors oder der Autorin, noch in der inhaltlichen Formulierung moralischer Wahrheiten oder normativer Vorgaben bezüglich einer zunehmend medial verfassten Welt begründet. "It would be pretty", sinniert Arthur Saltzman diesbezüglich ironisch,

> to think that we could apply Ethics like any cologne at the cosmetic counter, for surely its name pretends to no greater magnitude than Infinity, Desire, or the rest of that aromatic fellowship. If only people who recalled the pulse of a motif in Fitzgerald made better parents, sophomores soothed by consonance in Stevens kissed with more articulate passion, and the literate never littered. On the contrary, even if we could install moral character like air bags in late-model graduates and inspire them to civic disciplines [...], metaphor, with its inexact tolerances and slippery penchants, is not the dependable instrument for accomplishing these things.[7]

So gesehen ist Literatur ein bestenfalls unzuverlässiges Therapeutikum. Die ethische Qualität narrativer Inszenierung von Welt liegt vielmehr in den medial gelenkten Akten des Lesens: in der Konfrontation des durch den Text herausgeforderten Selbst der RezipientInnen mit fiktionalen, im Rahmen medialer Bedingungsgefüge ebenso herausgeforderten Figuren und deren Strategien der Bedeutungsgenerierung und -zuweisung.[8] Die

---

[7] Arthur Saltzman, "On the Ethical Behavior of Metaphor", *This Mad 'Instead': Governing Metaphors in Contemporary American Fiction* (Columbia: U of South Carolina P, 2000) 181-87, hier 184-85.

[8] Das "herausgeforderte Selbst" bezeichnet ein Konzept von Identität, das das Selbst nicht als kohärentes Subjekt, sondern als immer wieder vorläufiges Ergebnis einer vorgängigen und über Repräsentationen vermittelten Beziehung zu einem unbegriffenen, irritierenden Anderen denkt. Siehe dazu Kapitel IV.3.6 dieser Arbeit und neben den dort zitierten Arbeiten von Lévinas auch Andris Breitling, Stefan Orth und Birgit Schaaf, eds., *Das herausgeforderte Selbst:*

Lektüre eines konkreten Textes eröffnet und fordert durch die Auseinandersetzung mit fiktionalen Inszenierungen einer medienbedingten menschlichen Weltauslegung das *Potential* für die Ausbildung und Orchestrierung von lebensweltlich relevanten Beschreibungs-, Verstehens- und Bewertungsdispositionen: "At the expense of rigorous definition, the pinched legalism of denotation, figuration wakes slumbering assumptions and widens the field of inquiry".[9]

Paul de Man würde diese Thesen bezüglich einer Verbindung des Literarischen mit dem Lebensweltlichen als einen Kunst und Leben verwischenden Kategorienfehler disqualifizieren.[10] Doch wie die vorangegangenen Lektüren zeigen, zielen die untersuchten Texte nicht auf eine kochrezeptartige Didaxe, die das implizite Schreckgespenst von de Mans epistemologischen Differenzierungsbemühungen darstellt.[11] Es geht hier also nicht um Literalität sondern um Literarizität: um die Funktionen, die der systematisch funktionsentlasteten literarischen Textsorte des Romans gerade deswegen zufallen, weil sie ihren lebensweltlichen Zwängen enthoben sind.

In der eingangs zitierten Passage spricht Newton von "immediacy of contact" zwischen LeserIn und Text. Dieses Bild eines direkten, unvermittelten Kontakts mutet nach den hier vorgelegten Analysen, die die distanzierenden Effekte der modernen Medienentwicklung und die Überführung von performativ rückgebundenen Interaktionen in praktisch dekontextualisierte Kommunikationen hervorheben (auch das Lesen ist nur eine sehr vermittelte Form der 'Interaktion'), zunächst kontraintuitiv an. Obwohl sich die Präsenz des Textes am Maß der Intensität meiner Auf-

---

Perspektiven auf Paul Ricoeurs Ethik (Würzburg: Könighausen und Neumann, 1999) 7.
[9] Saltzman 182. Vgl. Dazu Jochen Hörisch, "Der Stil der Moral / Die Moral des Stils", *Expeditionen nach der Wahrheit: Poems, Essays, and Papers in Honor of Theo Stemmler: Festschrift zum 60. Geburtstag von Theo Stemmler* (Heidelberg: Winter, 1996) 49-54.
[10] Paul de Man, "The Resistance to Theory", *Modern Criticism and Theory: A Reader*, ed. David Lodge (London/NY: Longman, 1988) 355-71. Siehe dazu Newton 37-51.
[11] Siehe dazu Newton: "Implicitly, [...] 'narrativity' in its two senses lives a prince and pauper kind of life. Either it applies to lived experience or it designates language (just as 'ethics' can mean matters of practical performance or some meta-theoretical enterprise); but for each pair, the descriptive term refers to both alternatives at once only at its epistemological peril" (42). Entgegen dieser Dichotomisierung ist auch Newton der Überzeugung, dass es keine sprachunabhängige Form des Wissens gibt, "that linguistic structures *do* have consequences, that art, so to speak, gives off light, that phenomenalism spills over into reference" (43).

merksamkeit, Empfänglichkeit oder Verantwortung bemisst,[12] geht es in diesem Zusammenhang nicht um eine Verwischung der Grenzen, eine Aufhebung der irreduziblen Distanz oder eine Kommunion zwischen LeserIn und Text. Es geht vielmehr darum, was diese Erfahrung der Konfrontation mit dem Text die Leserin und den Leser über die medial generierte und überbrückte Distanz lehrt, die ihre täglichen Begegnungen, Verstehens-, Interpretations- und Verantwortungsleistungen bestimmt.

Von den Geisteswissenschaften und auch von ihren Gegenständen wird allenthalben ethisch-moralische Orientierung gefordert. Es ist meine Überzeugung, dass die Geisteswissenschaften diese orientierende Leistung regelmäßig erbringen; doch sie tun dies auf eine Art und Weise, die nicht im Sinne derer liegt, die normativ-moralische Verbindlichkeit erwarten. Das (prinzipiell auch anders mögliche) Denken und Deuten der (prinzipiell auch anders möglichen) sozialen Lebenswelt bleibt ein unabschließbarer und umkämpfter Prozess, der nicht auf festem Boden ruht, und der, wie der Philosoph Jens Badura ausführt, mit unterschiedlichen Modi der Bezugnahme operiert: mit annehmenden *Be*gründungen, schaffenden *Er*gründungen und mit zweifelnden *Ent*gründungen.[13] Ethische Orientierung können also auch die Geisteswissenschaften nur im Sinne eines fortlaufenden Prozesses im Spannungsfeld von Be-, Er- und Entgründung und damit innerhalb von treibankerhaften Rahmenbedingungen verfassen. Universale oder partikulare Moralvorstellungen, die auf abgeschlossenen Vokabularen beruhen, greifen hier zu kurz, denn "dem Denkstil der ungebrochenen Vereindeutigung" kommt im Angesicht moderner Kontingenzverhältnisse "die Angemessenheit abhanden".[14] An deren Stelle tritt eine weder unüberwindbare noch schnellstmöglich zu überwindende Relativität, deren Relationen sich im Kontext zumeist asymmetrischer Machtverhältnisse stets neu und anders bilden. In diesem relationalen Rahmen werden ethische

---

[12] Siehe dazu Philipp Wolf, "Beyond Virtue and Duty: Literary Ethics as Answerability", *Ethics in Culture: The Dissemination of Values through Literature and Other Media*, ed. Astrid Erll, Herbert Grabes und Ansgar Nünning (Berlin/NY: de Gruyter, 2008) 87-115.

[13] "Begründungsbemühungen zielen darauf ab, rationale Konstruktionen auf festem Grund zu errichten, Ergründungsbemühungen hingegen darauf, eine rationale Konstellation von Gründen zu schaffen". Entgründungsbemühungen involvieren das "immer neu *Bezeugen* der Unmöglichkeit definitiver Deutungen, seien sie nun im Modus zwingender oder möglicher Wirklichkeiten verfasst". Siehe Jens Badura, "Heteromundus", *Mondialisierungen: 'Globalisierung' im Lichte transdisziplinärer Reflexionen*, ed. Badura (Bielefeld: Transcript, 2006) 49-68, hier 59.

[14] Badura 63.

Standpunkte in der Aushandlung "konkreter Differenzen zwischen verwirklichten Möglichkeiten des Menschseins" immer dann neu gestiftet, wenn sich die Beteiligten auf die zukünftige Möglichkeit eines Miteinanders einlassen (können).[15]

Die Lektüre literarischer Texte kann diese Kultur der Orientierung, die sich zwischen Be-, Er- und Entgründung ausrichtet, für Leserinnen und Leser erfahrbar machen, wenn diese in der Konfrontation mit dem Text bereit sind, sich auf sein (immer auch selbst mitkonstruiertes) Angebot einer alternativen Welt einzulassen. Die Einlassung impliziert vor allem auch die Bereitschaft, die Verantwortung für die jeweils vorgenommenen und nicht bis ins letzte Detail rational zu begründenden ethischen Beurteilungen zu übernehmen, die der Text einfordert, ohne sie vorzugeben.

---

[15] Badura 64.

Literaturverzeichnis

Abrams, M.H. The *Mirror and the Lamp: Romantic Theory and the Critical Tradition*. NY: Norton, 1953.
Adams, Henry. *The Education of Henry Adams*. NY: The Modern Library, 1946.
Agnew, Jean-Christophe. *Worlds Apart: Market and the Theater in Anglo-American Thought, 1550-1750*. Cambridge: CUP, 1986.
Aldridge, A. Owen. *Early American Literature: A Comparatist Approach*. Princeton: PUP, 1982.
Amelunxen, Hubertus von. "Das Memorial des Jahrhunderts: Fotografie und Ereignis". Frizot 131-147.
———. "Fotografie nach der Fotografie". *HyperKult: Geschichte, Theorie und Kontext digtaler Medien*. Basel: Stroemfeld, 1997. 369-81.
Anderson, Benedict. *Imagined Communities: Reflections on the Origins and Spread of Nationalism*. 1983; NY/London: Verso, 2006.
Anger, Suzy. "George Eliot and Philosophy". Levine, *Cambridge Companion* 76-97.
Antor, Heinz. "Ethical Criticism". *Metzler Lexikon Literatur- und Kulturtheorie*. Ed. Ansgar Nünning. Stuttgart: Metzler, ²2001. 159-61.
Appleby, Joyce. *Capitalism and a New Social Order: The Republican Vision of the 1790s*. NY/London: NY UP, 1984.
Arac, Jonathan. "Narrative Forms". *The Cambridge History of American Literature, vol. 2, 1820-1865*. Ed. Sacvan Bercovitch et al. Cambridge: CUP, 1995. 605-777.
Ardis, Ann L. "The Gender of Modernity". Marcus/Nicholls 61-79.
——— und Leslie W. Lewis, eds. *Women's Experience of Modernity, 1875-1945*. Baltimore/London: Johns Hopkins UP, 2002.
Armstrong, Nancy. *Fiction in the Age of Photography: The Legacy of British Realism*. Cambridge/London: Harvard UP, 1999.
Armstrong, Tim. "The Seventies and the Cult of Culture". Marcus/Nicholls 585-99.
Assmann, Alaida. *Erinnerungsräume: Formen und Wandlungen des kulturellen Gedächtnisses*. München: Beck, 1999.
———. "Schriftliche Folklore. Zur Entstehung und Funktion eines Überlieferungstyps". Assmann/Assmann/Hardmeier 175-93.
———, Jan Assmann und Christof Hardmeier, eds. *Schrift und Gedächtnis. Beiträge zur Archäologie der literarischen Kommunikation*. München: Fink, 1983.
——— und Jan Assmann. "Nachwort: Schrift und Gedächtnis". Assmann/Assmann/Hardmeier 265-84.
———, Manfred Weinberg und Martin Windisch, eds. *Medien des Gedächtnisses*. Stuttgart: Metzler, 1998.
Ayers, David. "Literary Criticism and Cultural Politics". Marcus/Nicholls 379-95.
Bachmann, Maria K. "The Confessions of *Pamela*: 'a strange medley of inconsistence'". *Literature and Psychology: A Journal of Psychoanalytic and Cultural Studies* 47.1-2 (2001): 12-33.
Badura, Jens. "Heteromundus". *Mondialisierungen: 'Globalisierung' im Lichte transdisziplinärer Reflexionen*. Ed. Badura. Bielefeld: Transcript, 2006. 49-68.
Bahn, Paul G. "Lascaux". Jane Turner, Bd. 18 806-7.
Baier, Lothar. "Die Zeit zurückerobern". *Literatur in Ungarn*. Ed. György Dalos. Wien: Wespennest, 1991. 3-5.

Bal, Mieke. "Figuration". *PMLA* 119.5 (Oct. 2004): 1289-91.

Balázs, Béla. "Der sichtbare Mensch oder die Kultur des Films". *Schriften zum Film*. 2 Bde. Ed. Helmut H. Diederichs, Wolfgang Gersch und Magda Nagy. München: Hanser, 1982/1984.

Ball, Donald L. *Samuel Richardson's Theory of Fiction*. Den Hag/Paris: Moutin, 1971.

Band, Lothar. "'Hörbilder' aus dem Leben". *Medientheorie 1888-1933: Texte und Kommentare*. Ed. Albert Kümmel und Petra Löffler. Frkf./M.: Suhrkamp 2002. 243-47.

Barck, Karlheinz et al., eds. *Aisthesis: Wahrnehmung heute oder Perspektiven einer anderen Ästhetik*. Essays. Leipzig: Reclam, 1992.

—— et al., eds. *Ästhetische Grundbegriffe*. 7 Bde. Stuttgart: Metzler, 2000.

Barker-Benfield, G.J. *The Culture of Sensibility: Sex and Society in Eighteenth-Century Britain*. Chicago/London: U of Chicago P, 1992.

Barkhausen, Jochen. *Die Vernunft des Sentimentalismus: Untersuchungen zur Entstehung der Empfindsamkeit und empfindsamen Komödie in England*. Tübingen: Narr, 1983.

Barnstone, Willis. *The Poetics of Translation: History, Theory, Practice*. New Haven: Yale UP, 1993.

Barry, Peter. *Beginning Theory: An Introduction to Literary and Cultural Theory*. Manchester/NY: Manchester UP, 1995.

Bartels, Klaus. "Das Verschwinden der Fiktion: Über das Altern der Literatur durch den Medienwechsel im 19. und 20. Jahrhundert". *Ansichten einer künftigen Medienwissenschaft*. Ed. Rainer Bohn. Berlin: Ed. Sigma, 1988. 239-56.

———. "Proto-kinematographische Effekte der Laterna magica in Literatur und Theater des achtzehnten Jahrhunderts". *Die Mobilisierung des Sehens. Zur Vor- und Frühgeschichte des Films in Literatur und Kunst*. Ed. Harro Segeberg. München: Fink, 1996. 113-47.

Barthes, Roland. *Die helle Kammer: Bemerkungen zur Photographie*. Frkf./M.: Suhrkamp, 1989.

———. "Über Fotografie. Interview mit Angelo Schwarz (1977) und Guy Mandery (1979)". Wolf 82-8.

Bartz, Christina. "'Das geheimnisvolle Fenster in die Welt geöffnet' – Fernsehen". Kümmel/Scholz/Schumacher 199-223.

Baudrillard, Jean. "Requiem für die Medien". *Kool Killer oder der Aufstand der Zeichen*. Berlin: Merve, 1978. 83-118.

———. *Selected Writings*. Ed. Mark Poster. Stanford: SUP, ²2001.

———. "Die Simulation". Welsch, *Wege aus der Moderne* 153-62.

———. "Towards the Vanishing Point of Art". *Kunstforum international* 100 (1989).

———. "Videowelt und fraktales Subjekt." Barck et. al., *Aisthesis* 252-64.

Baudry, Jean-Louis. "Das Dispositiv: Metapsychologische Betrachtungen des Realitätseindrucks". *Psyche* 11 (1994): 1047-74.

Baym, Nina. *Novels, Readers, and Reviewers: Responses to Fiction in Antebellum America*. Ithaca/London: Cornell UP, 1984.

———. "Thwarted Nature: Nathaniel Hawthorne as Feminist". Harding Bd. 4, 201-19.

Beasley, Jerry C. "Richardson's Girls: The Daughters of Patriarchy in *Pamela*, *Clarissa* and *Sir Charles Grandison*". Rivero, *New Essays* 35-52.

Beaty, Jerome. "History by Indirection: The Era of Reform in *Middlemarch*". Hornback 593-97.

Bell, Michael Davitt. "Conditions of Literary Vocation". *The Cambridge History of American Literature, vol. 2, 1820-1865*. Ed. Sacvan Bercovitch et al. Cambridge: CUP, 1995. 9-123.

———. "The Death of the Spirit: Nathaniel Hawthorne". Harding, Bd. 4 159-84. Wiederabdruck aus *The Development of American Romance*. Chicago: CUP, 1980.

―――. *The Development of American Romance*. Chicago: U of Chicago P, 1980.

―――. "'The Double-Tongued Deceiver': Sincerity and Duplicity in the Novels of Charles Brockden Brown". *Early American Literature: A Collection of Critical Essays*. Ed. Michael T. Gilmore. Englewood Cliffs, N.J.: Prentice Hall, 1980. 133-57.

―――. "From *The Development of American Romance*". Mc Keon, *Theory of the Novel* 632-56.

―――. *Sentimentalism, Ethics and the Culture of Feeling*. NY: Palgrave, 2000.

Bell, Michael. *Literature, Modernism, Myth: Belief and Responsibility in the Twentieth Century*. Cambridge: CUP, 1997.

―――. "What Price Collaboration? The Case of F.R. Leavis". *Critical Ethics: Text, Theory and Responsibility*. Ed. Dominic Rainsford und Tim Woods. London: MacMillan, 1999. 23-36.

Bellamy, Liz. *Commerce, Morality and the Eighteenth-Century Novel*. Cambridge: CUP, 1998.

Benesch, Klaus und Ulla Haselstein, eds. *The Power and Politics of the Aesthetic in American Culture*. Heidelberg: Winter, 2007.

Benesch, Klaus. *Romantic Cyborgs: Authorship and Technology in the American Renaissance*. Amherst: U of Massachusetts P, 2002.

―――. "From Franklin to Emerson: Contestations of Professional Authorship in Early National America". *The Construction and Contestation of American Cultures and Identities in the Early National Period*. Ed. Udo J. Hebel. Heidelberg: Winter, 1999. 77-96.

Benjamin, Walter. "Kleine Geschichte der Photographie". *Das Kunstwerk im Zeitalter seiner technischen Reproduzierbarkeit: Drei Studien zur Kunstsoziologie*. Frkf./M.: Suhrkamp, 1963. 45-64.

―――. "Das Kunstwerk im Zeitalter seiner technischen Reproduzierbarkeit". *Das Kunstwerk im Zeitalter seiner technischen Reproduzierbarkeit: Drei Studien zur Kunstsoziologie*. Frkf./M.: Suhrkamp, 1963. 7-44.

Bercovitch, Sacvan. "Afterword". *Ideology and Classic American Literature*. Ed. Bercovitch und Myra Jehlen. Cambridge/NY: CUP, 1986. 418-42.

―――, ed. *Typology and Early American Literature*. Amherst: U of Massachusetts P, 1972. 3-8.

――― et al., eds. *The Cambridge History of American Literature*. Vol. I., 1590-1820. NY/Cambridge: CUP, 1994.

Bergstrom, Janet, ed. *Endless Night: Cinema and Psychoanalysis, Parallel Histories*. Berkeley/London: U of California P, 1999.

Berthoff, Warner. "Introduction". *Arthur Mervyn or Memoirs of the Year 1793, by Charles Brockden Brown*. Ed. Berthoff. NY: Holt, Reinhart and Winston, 1962. vii-xxi.

Bettig, Ronald V. "Copyright". *History of the Mass Media in the United States: An Encyclopedia*. Chicago/London: Fitzroy Dearborn, 1998. 165-66.

Binczek, Natalie und Nicolas Pethes. "Mediengeschichte der Literatur". *Handbuch der Mediengeschichte*. Ed. Helmut Schanze. Stuttgart: Kröner, 2001. 282-315.

Biocca, Frank, Taeyong Kim und Mark R. Levy. "The Vision of Virtual Reality". *Communication in the Age of Virtual Reality*. Ed. Biocca und Levy. Hillsdale, NJ: Lawrence Erlbaum Associates, 1995. 3-14.

Blackburn, Simon. *Being Good: A Short Introduction to Ethics*. Oxford: Oxford UP, 2001.

Blake, Kathleen. "*Middlemarch* and the Woman Question". Hutchinson, Bd. 3, 387-409. Wiederabdruck aus *Nineteenth Century Fiction* 31 (1976/77): 285-312.

Blanchard, Margaret A., ed. *History of the Mass Media in the United States*. Chicago/London: Fitzroy Dearborn, 1998.

Blewett, David. "Introduction". Blewett 3-7.

―――, ed. *Passion and Virtue: Essays on the Novels of Samuel Richardson*. Toronto/London: U of Toronto P, 2001.

Blumenberg, Hans. *Paradigmen zu einer Metaphorologie*. Frkf./M.: Suhrkamp, 1998.

Boehmer, Elleke. *Colonial and Postcolonial Literature: Migrant Metaphors*. Rev. ed. Oxford/NY: OUP, 2004.

―――. "Empire and Modern Writing". Marcus/Nicholls 50-60.

Boelhower, William. *Through a Glass Darkly: Ethnic Semiosis in American Literature*. NY/Oxford: OUP, 1987.

Bollmann, Stefan, ed. *Kursbuch Neue Medien: Trends in Wirtschaft und Politik, Wissenschaft und Kultur*. Mannheim: Bollmann, 1995.

Bolz, Norbert. *Theorie der Neuen Medien*. München: Raben, 1990.

―――. *Weltkommunikation*. München: Fink, 2001.

―――. *Die Wirtschaft des Unsichtbaren. Spiritualität – Kommunikation – Design – Wissen: Die Produktivkräfte des 21. Jahrhunderts*. München: Econ, 1999.

Booth, Wayne. *The Company We Keep: An Ethics of Fiction*. Berkeley: U of California P, 1988.

Borinski, Ludwig. "Das Humanitätsideal der englischen Aufklärung". *Europäische Aufklärung II*. Ed. Heinz-Joachim Müllenbrock. Wiesbaden: Aula, 1984. 31-54.

Boswell, James. *Life of Johnson*. Ed. R.W. Chapman. 1791. NY/Oxford: OUP, 1980.

Botein, Stephen. "The Anglo-American Book Trade before 1776: Personnel and Strategies". Joyce et al. 48-82.

Bourdieu, Pierre. *Rede und Antwort*. Frkf./M.: Suhrkamp, 1992.

―――. *Die Regeln der Kunst*. Frankfurt/M.: Suhrkamp, 1999.

―――. *Sozialer Sinn: Kritik der theoretischen Vernunft*. Frkf./M.: Suhrkamp, 1987.

Bradbury, Malcolm. *Dangerous Pilgrimages: Trans-Atlantic Mythologies and the Novel*. London/NY: Penguin, 1995.

―――. *The Modern American Novel*. NY: Penguin, ²1992.

―――. *The Modern British Novel*. NY: Penguin, 1994.

―――. "Neorealist Fiction". *The Columbia History of the United States*. Ed. Emory Elliott. NY: Columbia UP, 1988. 1126-41.

Bradshaw, David. "Modern Life: Fiction and Satire". Marcus/Nicholls 218-31.

Brancaccio, Patrick. "Studied Ambiguities: *Arthur Mervyn* and the Problem of the Unreliable Narrator". *American Literature* 42.1 (1970): 18-27.

Brantlinger, Patrick und William B. Thesing, eds. *A Companion to the Victorian Novel*. London: Blackwell, 2002.

Breitling, Andris, Stefan Orth und Birgit Schaaf, eds. *Das herausgeforderte Selbst: Perspektiven auf Paul Ricoeurs Ethik*. Würzburg: Königshausen und Neumann, 1999.

Brennan, Timothy. "The National Longing for Form". *Nation and Narration*. Ed. Homi Bhabha. London/NY: Routledge, 1990. 44-70.

Briggs, Asa. "*Middlemarch* and the Doctors". Hutchinson, Bd. 3, 313-25. Wiederabdruck aus *The Cambridge Journal* 1 (Sept. 1948): 749-62.

――― und Peter Burke. *A Social History of the Media. From Gutenberg to the Internet*. Cambridge: Polity, 2002.

Brodhead, Richard H. *The School of Hawthorne*. NY/Oxford: OUP, 1996.

Bronfen, Elizabeth. *Heimweh: Illusionsspiele in Hollywood*. Berlin: Volk & Welt, 1999.

Brown, Charles Brockden. *Arthur Mervyn or, Memoirs of the Year 1973*. Ed. Sydney J. Krause und S.W. Reid. Kent/London: Kent State UP, 2002.

―――. *Arthur Mervyn, or, Memories of the Year 1793. With Related Texts*. Ed. Philip Barnard und Stephen Shapiro. Indianapolis: Hackett, 2008.

―――. "Novel-Reading". *Literary Essays and Reviews*. Ed. Alfred Weber und Wolfgang Schäfer. 1804. Frkf./M.: Lang, 1992. 134-37.

―――. *Three Gothic Novels*. NY: Library of America, 1984.

Brown, Gillian. "Hawthorne's American History". Millington 121-42.

Brown, Homer. "Prologue: Why the Story of the Origin of the (English) Novel Is an American Romance (If Not the Great American Novel)". Lynch/Warner 11-43.

Brown, Olivia. "Microscopes and the Amateur". *The Social History of the Microscope*. Ed. Stella Butler, R.H. Nuttall und Olivia Brown. Cambridge: Whipple Museum, 1986.

Brown, Richard R. "Afterword: From Cohesion to Competition". Joyce et al. 300-9.

Brückner, Martin. "Geography, Reading and the World of Novels in the Early Republic". *Early America Re-Explored: New Readings in Colonial, Early National and Antebellum Culture*. Ed. Klaus H. Schmidt und Fritz Fleischmann. NY: Lang, 2000. 385-410.

Bruns, Gerald L. "The Concepts of Art and Poetry in Emmanuel Levinas's Writings". *The Cambridge Companion to Levinas*. Ed. Simon Critchley und Robert Bernasconi. Cambridge/NY: CUP, 2002. 206-33.

Buddemeier, Heinz. *Panorama, Diorama, Photographie: Entstehung und Wirkung neuer Medien im 19. Jahrhundert*. München: Fink, 1970.

―――. *Von der Keilschrift zum Cyberspace: Der Mensch und seine Medien*. Stuttgart: Urachhaus, 2001. 234-45.

Buell, Lawrence. "American Literary Emergence as a Postcolonial Phenomenon". *American Literary History* 4 (1992): 411-42.

Burgin, Victor. "Beim Wiederlesen der Hellen Kammer". *Theorie der Fotografie*. 4 Bde. Ed. Hubertus von Amelunxen. München: Schirmer/Mosel, 2000. Bd. 4, 24-45.

Burtt, Shelley. *Virtue Transformed: Political Argument in England, 1688-1740*. Cambridge: CUP, 1992.

Busch, Bernd. *Belichtete Welt: Eine Wahrnehmungsgeschichte der Fotografie*. Frkf./M.: Fischer, 1997.

――― und Irene Albers. "Fotografie/fotografisch". Barck et al., *Ästhetische Grundbegriffe* II, 494-550.

Butler, Judith. *Bodies that Matter: On the Discursive Limits of 'Sex'*. NY/London: Routledge, 1993.

―――. "Contingent Foundations: Feminism and the Question of 'Postmodernism'". *Feminists Theorize the Political*. Ed. Butler und Joan W. Scott. NY/London: Routledge, 1992. 3-21.

―――. *Gender Trouble: Feminism and the Subversion of Identity*. NY/London: Routledge, 1990.

―――. *Kritik der ethischen Gewalt*. Frkf./M.: Suhrkamp, 2003.

Butler, Stella, R.H. Nuttall und Olivia Brown, eds. *The Social History of the Microscope*. Cambridge: Whipple Museum, 1986.

Cahoone, Lawrence. "Introduction". *From Modernism to Postmodernism. An Anthology*. NY/London: Blackwell, 1996.1-23.

Cardinal, Roger. "Rousseau, Henri(-Julien-Felix)". Jane Turner, Bd. 8, 260-63.

Carroll, David. *George Eliot and the Conflict of Interpretations: A Reading of the Novels*. Cambridge: CUP, 1992.

Carson, James. "Narrative Cross-Dressing in the Novels of Richardson". *Writing the Female Voice*. Ed. Elizabeth C. Goldsmith. Boston: Northeastern UP, 1989. 95-113.

Caserio, Robert L. "Edwardians to Georgians". Marcus und Nicolls 83-99.

Castells, Manuel. "Editor's Preface". *The Network Society: A Cross-Cultural Perspective*. Cheltenham, UK/Northhampton, MA: Edward Elgar, 2004. xvii-xx.

———. "Informationalism, Networks, and the Network Society: A Theoretical Blueprint". *The Network Society: A Cross-Cultural Perspective*. Cheltenham, UK/Northhampton, MA: Edward Elgar, 2004. 3-45.

———. *Das Informationszeitalter*. 3 Bde. Opladen: Leske+Budrich, 2001-03.

Castiglia, Christopher. "The Marvelous Queer Interiors of *The House of the Seven Gables*". Millington 186-206.

Chase, Karen, ed. *Middlemarch in the Twenty-First Century*. Oxford/NY: OUP, 2006.

Chase, Richard. *The American Novel and its Tradition*. Garden City, NY: Doubleday, 1957.

Childs, Peter. "The English Heritage Industry and Other Trends in the Novel at the Millennium". *A Companion to the British and Irish Novel, 1945-2000*. Ed. Brian Shaffner. Oxford: Blackwell, 2005. 210-24.

Christadler, Martin. *Der amerikanische Essay, 1720-1820*. Heidelberg: Winter, 1968.

Claus, Jürgen. "Die Kunst in der Medienrevolution". Bollmann 335-7.

Claviez, Thomas. *Aesthetics and Ethics: Otherness and Moral Imagination from Aristotle to Levinas and from* Uncle Tom's Cabin *to* House Made of Dawn. Heidelberg: Winter, 2008.

Connor, Steven. *The English Novel in History, 1950-1995*. London: Routledge, 1996.

———. "Modernity and Myth". Marcus/Nicholls 251-68.

Cope, Kevin L. "Richardson the Advisor". Rivero, *New Essays* 17-33.

Cowie, Alexander. *The Rise of the American Novel*. NY: American Book Company, 1951.

Crary, Jonathan. *Suspensions of Perception: Attention, Spectacle and Modern Culture*. Cambridge/London: MIT P, 1999.

———. *Techniques of the Observer: On Vision and Modernity in the Nineteenth Century*. Cambridge/London: MIT P, 1990.

Critchley, Simon. *The Ethics of Deconstruction: Derrida and Levinas*. 1992. Edinburgh: Edinburgh UP, 1999.

———. "Introduction". *The Cambridge Companion to Levinas*. Ed. Critchley und Robert Bernasconi. Cambridge: CUP, 2002. 1-32.

Cuddon, J.A. "realism". *Dictionary of Literary Terms and Literary Theory*. NY/London: Penguin, 1991. 772-7.

Culler, Jonathan. *Literary Theory: A Very Short Introduction*. Oxford: OUP, 1997.

Danto, Arthur C. *After the End of Art: Contemporary Art and the Pale of History*. Princeton: Princeton UP, 1997.

———. *Beyond the Brillo Box. The Visual Arts in Post-historical Perspective*. Berkeley: U of California P, 1998.

David, Deirdre, ed. *The Cambridge Companion to the Victorian Novel*. Cambridge: CUP, 2001.

———. "Introduction". David 1-16.

Davidson, Cathy. "Photographs of the Dead: Sherman, Daguerre, Hawthorne". *The South Atlantic Quarterly* 89.4 (Fall 1990): 667-701.

———. *Revolution and the Word: The Rise of the Novel in America*. NY/Oxford: OUP, 1986.

Davies, Tony. *Humanism*. NY/London: Routledge, 1997.

de Man, Paul. "The Resistance to Theory". *Modern Criticism and Theory: A Reader*. Ed. David Lodge. London/NY: Longman, 1988. 355-71.

De Martin, Hubert und Waltraud De Martin. *Vier Jahrhunderte Mikroskop*. Wien: Weilburg, 1983.

Debord, Guy. *Die Gesellschaft des Spektakels*. Berlin: Ed. Tiamat, 1996.

DeLombard, Jeannine Marie. "Turning Back the Clock: Black Atlantic Literary Studies". *The New England Quarterly: A Historical Review of New England Life and Letters* 75.4 (2002): 647-55.

Derrida, Jacques. "Afterword: Toward an Ethics of Discussion". *Limited Inc.* Evanston, IL: Northwestern UP, 1988. 111-60.

―――. "Eating Well: On the Calculation of the Subject. An Interview With Jacques Derrida". *Who Comes After the Subject?* Ed. Eduardo Cadava, Peter Connor und Jean-Luc Nancy. NY/London: Routledge, 1991. 96-119.

―――. *The Gift of Death*. London: U of Chicago P, 1995.

―――. *Grammatologie*. Frkf./M.: Suhrkamp, 1974.

―――. "Passions: 'An Oblique Offering'". *On the Name*, ed. Thomas Dutoit. Stanford: Stanford UP, 1995.

―――. *Die Schrift und die Differenz*. Frkf./M.: Suhrkamp, 1972.

―――. *Die Stimme und das Phänomen: Einführung in das Problem des Zeichens in der Phänomonologie Husserls*. Frkf./M.: Suhrkamp, 1979.

―――. "Structure, sign and play in the discourse of the human sciences". *Modern Criticism and Theory: A Reader*. Ed. David Lodge. London/NY: Longman, 1988. 108-23.

Derwitz, Bodo und Werner Nekes, eds. *Ich sehe was, was Du nicht siehst! Sehmaschinen und Bildwelten*. Die Sammlung Werner Nekes. Göttingen: Steidl, 2002.

Dewey, Joseph. *Understanding Richard Powers*. Columbia: U of South Carolina P, 2002.

Dickstein, H. T., ed. *A Companion to Eighteenth-Century Britain*. Oxford: Blackwell, 2002.

Dickstein, Morris. "Fiction and society, 1940-1970". *The Cambridge History of American Literature. Volume 7: Prose Writing, 1940-1990*. Ed. Sacvan Bercovitch. Cambridge: CUP, 1999. 101-310.

Doane, Mary Anne. *The Emergence of Cinematic Time: Modernity, Contingency, the Archive*. Cambridge: Harvard UP, 2002.

Doelker, Christian. *Ein Bild ist mehr als ein Bild: Visuelle Kompetenz in der Multimedia Gesellschaft*. Stuttgart: Klett, 1997.

Dolin, Tim. *George Eliot*. Oxford/NY: OUP, 2005.

Donaldson, Ian. "Fielding, Richardson, and the Ends of the Novel". *Essays in Criticism* 32 (1982): 26-47.

Doody, Margaret Anne. *A Natural Passion: A Study of the Novels of Samuel Richardson*. Oxford: Clarendon P, 1974.

―――. "Samuel Richardson: Fiction and Knowledge". Richetti, *Cambridge Companion Eighteenth Century Novel* 90-119.

Dorn, Margit. "15. Film". Faulstich 201-20.

Doyle, Brian. *English and Englishness*. London: Routledge, 1989.

Drucker, Johanna. *The Visible Word: Experimental Typography and Modern Art, 1909-1923*. Chicago/London: U of Chicago P, 1994.

Durant, Alan. "Orality and Literacy". *The Johns Hopkins Guide to Literary Theory and Criticism*. Ed. Michael Groden und Martin Kreiswirth. Baltimore: Johns Hopkins UP, 1994. 549-51.

Dussinger, John "'*Ciceronian* Eloquence': The Politics of Virtue in Richardson's *Pamela*". Blewett 27-51.

―――. "What Pamela Knew: An Interpretation". *Journal of English and Germanic Philology* 69 (1970): 377-93.

Düwell, Marcus. *Ästhetische Erfahrung und Moral. Zur Bedeutung des Ästhetischen für die Handlungsspielräume des Menschen*. Freiburg/München: Alber, 1999.

―――, Christoph Hübenthal und Micha H. Werner, eds. *Handbuch Ethik*. Stuttgart: Metzler, 2002.

Duyfhuizen, Bernard. "Epistolary Narratives". *Narratives of Transmission*. Rutherford, NJ.: Fairleigh Dickinson UP, 1992. 45-73.
Eagleton, Terry. *Literary Theory: An Introduction*. Oxford: Blackwell, ²1996.
———. *The Rape of Clarissa: Writing, Sexuality and Class Struggle in Samuel Richardson*. Minneapolis: U of Minnesota P, 1982.
Eakin, Paul John. *Fictions in Autobiography: Studies in the Art of Self-Invention*. Princeton: PUP, 1985.
Easthope, Anthony. *Poetry as Discourse*. London: Methuen, 1983.
Easton, Alison. "Hawthorne and the Question of Women". Millington, *Cambridge Companion* 79-98.
Edwards, Paul. "Futurism, Literature and the Market". Marcus/Nicholls 132-51.
Eichhorn, Erik. "Virtuelle Realität – Medientechnologie der Zukunft?" Bollmann 203-20.
Eisenstein, Elizabeth. *The Printing Press as an Agent of Change. Communications and Cultural Transformations in Early-Modern Europe*. 2 Bde. Cambridge: CUP, 1979.
Eliot, George. *Middlemarch: An Authoritative Text, Backgrounds, Criticism*. Ed. Bert G. Hornback. NY/London: Norton, ²2000.
———. "The Natural History of German Life". *Westminster Review* (July 1856): 51-6, 71-2.
Eliot, Simon. "The Business of Victorian Publishing". David 37-60.
Elliott, Emory. "Narrative Unity and Moral Resolution in *Arthur Mervyn*". *Critical Essays on Charles Brockden Brown*. Ed. Bernhard Rosenthal. Boston: Hall, 1981. 142-63.
———. *Revolutionary Writers: Literature and Authority in the New Republic 1725-1810*. NY/Oxford: OUP, 1986.
——— et al., eds. *The Columbia History of the American Novel*. NY: Columbia UP, 1991.
Ellis, Markman. *The Politics of Sensibility: Race, Gender and Commerce in the Sentimental Novel*. Cambridge: CUP, 1996.
Emerson, Ralph Waldo Emerson. *The Journals and Miscellaneous Notebooks of Ralph Waldo Emerson*. Ed. William H. Gilman et al. Vol. 8. Cambridge: Belknap, 1970. 339.
Engelsing, Rolf. *Der Bürger als Leser. Lesergeschichte in Deutschland 1500-1800*. Stuttgart: Metzler, 1974.
Engler, Bernd, Joerg O. Fichte und Oliver Scheiding. "Transformations of Millennial Thought in America, 1630-1860". *Millennial Thought in America: Historical and Intellectual Contexts, 1630-1860*. Ed. Engler et al. Trier: WVT, 2002. 9-37.
Enright, D.J. und Ernst de Chickera. *English Critical Texts*. Oxford: OUP, 1962.
Erchinger, Philipp. *Kontingenzformen: Realisierungsweisen des Fiktionalen Erzählens bei Nashe, Sterne und Byron*. Würzburg: Königshausen und Neumann, 2009.
Ermarth, Elizabeth Deeds. *Realism and Consensus in the English Novel*. 1983. Edingburgh: Edinburgh UP, 1998.
"Ethik". *Historisches Wörterbuch der Philosophie*. Ed. Joachim Ritter et al. 12 Bde. Darmstadt: Wissenschaftliche Buchgesellschaft, 1971-2004. Bd. 2, 759-810.
Etzioni, Amitai. *The Active Society: A Theory of Societal and Political Processes*. NY: Free Press, 1968.
Fang, Irving. *A History of Mass Communication: Six Information Revolutions*. Boston/Oxford: Focal Press, 1997.
Faulstich, Werner. *Die bürgerliche Mediengesellschaft (1700-1830)*. Göttingen: Vandenhoeck & Ruprecht, 2002.
———, ed. *Grundwissen Medien*. München: Fink, ⁴2000.
——— und Corinna Rückert. *Mediengeschichte in tabellarischem Überblick von den Anfängen bis heute*. Bardowick: Wissenschaftler-Verlag Werner Faulstich, 1993.
Feldman, Tony. *An Introduction to Digital Media*. London: Routledge, 1997.

Felsberg, Sabine und Barbara Buchenau. "From Influence Study to Writer Response Criticism: A Brief Survey of Books on Relations between Anglo-American and British Literatures". *The Internationality of National Literatures in Either America: Transfer and Transformation. Vol. I/2: British America and the United States, 1770s-1850s*. Ed. Armin Paul Frank und Kurt Müller-Vollmer. Göttingen: Wallstein, 2000. 67-71.

Felski, Rita. *The Gender of Modernity*. Cambridge: Harvard UP, 1995.

Ferguson, Robert A. "The American Enlightenment, 1750-1820". Bercovitch, *Cambridge History of American Literature*, I, 345-537.

Ferraro, Thomas J. "Ethnicity and the Marketplace". Elliott et al., *Columbia History of the American Novel* 380-406.

Fichtelberg, Joseph. *Critical Fictions: Sentiment and the American Market, 1780-1870*. Athens/London: U of Georgia P, 2003.

Fiedler, Leslie. *Love and Death in the American Novel*. 1960. NY: Stein & Day, ²1966.

Fielding, Henry. *Joseph Andrews with Shamela and Related Writings: Authoritative Texts, Backgrounds and Sources, Criticism*. Ed. Homer Goldberg. NY/London: Norton, 1987.

Fliegelman, Jay. *Prodigals and Pilgrims: The American Revolution against Patriarchal Authority, 1750-1800*. Cambridge: CUP, 1982.

Flint, Kate. "The Victorian Novel and Its Readers". David 17-36.

Fluck, Winfried. "Aesthetics and Cultural Studies". *Aesthetics in a Multicultural Age*. Ed. Emory Elliott, Louis Freitas Caton und Jeffrey Rhyne. Oxford: OUP, 2002. 79-103.

–––. *Das kulturelle Imaginäre: Eine Funktionsgeschichte des amerikanischen Romans 1790-1900*. Frkf./M.: Suhrkamp, 1997.

–––. "Fiction and Justice". *New Literary History* 34.1 (2003): 19-42.

–––. "From Aesthetics to Political Criticism: Theories of the Early American Novel". *Early America Re-Explored: New Readings in Colonial, Early National and Antebellum Culture*. Ed. Klaus H. Schmidt und Fritz Fleischmann. NY: Lang, 2000. 225-68.

–––. "Nach der Postmoderne: Erscheinungsformen des amerikanischen Gegenwartsromans". *Projekte des Romans nach der Moderne*. Ed. Ulrich Schulz-Buschhaus und Karlheinz Stierle. München: Fink, 1997. 39-63.

Fludernik, Monika. "Vorformen und Vorläufer des englischen Romans: Die Entstehung des Romans aus begriffsgeschichtlicher, ideologiekritischer und erzähltheoretischer Sicht". *Eine andere Geschichte der englischen Literatur: Epochen, Gattungen und Teilgebiete im Überblick*. Ed. Ansgar Nünning. Trier: WVT, 1998. 61-76.

––– und Ruth Nestvold, eds. *Das 18. Jahrhundert*. Trier: WVT, 1998.

Flusser, Vilém. *Medienkultur*. Frkf./M.: Fischer, 1997.

Flynn, Carol Houlihan. *Samuel Richardson: A Man of Letters*. Princeton: PUP, 1982.

Folkenflik, Richard. "*Pamela*: Domestic Servitude, Marriage and the Novel". *Eighteenth Century Fiction* 5.3 (1993): 253-68.

Forest, Fred. "Für eine Kunst im Virtuellen Raum". Bollmann 338-43.

"Form/Materie". Hügli/Lübke 188-190.

Foster, Hal. *The Return of the Real: The Avantgarde at the End of the Century*. Cambridge: Harvard UP, 1996.

Foucault, Michel. *Die Ordnung der Dinge*. Frkf./M.: Suhrkamp, 1974.

–––. *Überwachen und Strafen: Die Geburt des Gefängnisses*. Frkf./M.: Suhrkamp, 1976.

Fox, Christopher. "Locke and the Scriblerians: The Discussion of Identity in Early Eighteenth Century England". *Eighteenth-Century-Studies* 16 (1982/83): 1-25.

Franck, Georg. *Ökonomie der Aufmerksamkeit: Ein Entwurf*. München: Hanser, 1998.

–––. *Mentaler Kapitalismus*. München: Hanser, 2005.

Frank, Frederick S. "Nathaniel Hawthorne (1804-1864)". *Gothic Writers. A Critical and Bibliographical Guide*. Ed. Douglas Thomson. Westport, CT/London: Greenwood P, 2002. 165-76.

Frasca, Ralph. "British Antecedents of the American Press". Blanchard 79-80.

Freedgood, Elaine. "Toward a History of Literary Underdetermination: Standardizing Meaning in *Middlemarch*". *The Ideas in Things*. Chicago: U of Chicago P, 2006. 111-38.

Friedman, Alan J. *The Turn of the Novel: The Transition to Modern Fiction*. NY/Oxford: OUP, 1966.

Frizot, Michel. "Das Absolute Auge: Die Formen des Unsichtbaren". Frizot 273-84.

———. "Eine Automatische Zeichnung: Die Wahrheit der Kalotypie". Frizot 59-82.

———, ed. *Neue Geschichte der Fotografie*. Köln: Könemann, 1998.

———. "Die Transparenz des Mediums: Vom Industrieprodukt zum Kunstgegenstand". Frizot 91-101.

Fukuyama, Francis. "The End of History?" *The National Interest* 16 (1989): 3-18.

Gable, Jr., Harvey L. *Liquid Fire: Transcendental Mysticism in the Romances of Nathaniel Hawthorne*. NY: Lang, 1998.

Galster, Christin. "Kollektives Gedächtnis und Identitätsstiftung in Adam Thorpes *Ulverton*". *Hybrides Erzählen und hybride Identität im britischen Roman der Gegenwart*. Lang, 2002. 329-56.

Garber, Marjorie, Beatrice Hanssen und Rebecca L. Walkowitz. "Introduction: The Turn to Ethics". *The Turn to Ethics*. Ed. Garber, Hanssen, Walkowitz. NY/London: Routledge, 2000. vii-xii.

Garnham, Nicholas. *Emancipation, the Media, and Modernity: Arguments About the Media and Social Theory*. Oxford/NY: OUP, 2000.

Gendolla, Peter. "Simulation". Metzler Lexikon Medientheorie / Medienwissenschaft: Ansätze – Personen – Grundbegriffe. Ed. Helmut Schanze. Stuttgart: Metzler, 2002. 332-3.

Genette, Gerard. *Narrative Discourse: An Essay in Method*. Ithaca, NY: Cornell UP, 1980.

Gernalzick, Nadja. *Kultur und Kredit: Ökonomie und Geldbegriff bei Jacques Derrida und in der amerikanischen Literaturtheorie der Postmoderne*. Heidelberg: Winter, 2000.

Gibson, Andrew. *Postmodernity, Ethics and the Novel: From Leavis to Levinas*. NY/London: Routledge, 1999.

Giesecke, Michael. *Der Buchdruck in der frühen Neuzeit: Eine historische Fallstudie über die Durchsetzung neuer Informations- und Kommunikationstechnologien*. Frkf./M.: Suhrkamp, 1998.

Gilbert, Sandra M. und Susan Gubar. *The Madwoman in the Attic: The Woman Writer and the Nineteenth-Century Literary Imagination*. New Haven/London: Yale UP, 1979.

Giles, Paul. *Transatlantic Insurrections: British Culture and the Formation of American Literature, 1730-1860*. Philadelphia: U of Pennsylvania P, 2001.

Gilmore, Michael T. "The Artist and the Marketplace in *The House of the Seven Gables*". Harding, Bd. 3, 392-406.

———. "The Book Marketplace I". Elliott et al., *Columbia History of the American Novel* 46-71.

———. "Introduction". *Early American Literature: A Collection of Critical Essays*. Ed. Gilmore. Englewood Cliffs, N.J.: Prentice Hall, 1980. 1-10.

———. "The Literature of the Revolutionary and Early National Periods". Bercovitch, *Cambridge History of American Literature* I, 539-693.

Gilroy, Paul. *The Black Atlantic: Modernity and Double Consciousness*. Cambridge: Harvard UP, 1993.

Gitelmann, Lisa und Geoffrey B. Pingree. "Introduction". *New Media, 1740-1915*. Ed. Gitelman und Pingree. Cambridge/London: MIT P, 2003. xi-xxii.

Glaubitz, Nicola. *Der Mensch und seine Doppel: Perspektiven einer anthropologischen Denkfigur in Philosophie und Roman der schottischen Aufklärung*. Sankt Augustin: Gardez!, 2003.

Goffman, Erving. *Asylums: Essays on the Social Situation of Mental Patients and Other Inmates*. Garden City, NY: Doubleday, 1961.

Goldberg, S.L. *Agents and Lives: Moral Thinking in Literature*. Cambridge/NY: CUP; 1993.

Gombrich, Ernst H. Die Geschichte der Kunst. 1950; London: Phaidon, [16]1996.

Goody, Jack. *The Power of the Written Tradition*. Washington: Smithsonian Inst. P, 2000.

Gordon, John Steele. *A Thread Across the Ocean: The Heroic Story of the Transatlantic Cable*. NY: Walker&Co., 2002.

Grabes, Herbert. *Einführung in die Literatur und Kunst der Moderne und Postmoderne*. Tübingen/Basel: Francke, 2004.

Grabo, Norman S. "Historical Essay". *Arthur Mervyn by Charles Brockden Brown*. Ed. Sydney Krause und S.W. Reid. Kent/London: Kent State UP, 2002. 449-77.

Graff, Gerald. *Professing Literature: An Institutional History*. Chicago: U of Chicago P, 1987.

Greenblatt, Stephen. "Culture". Lentricchia/McLaughlin 225-32.

Griem, Julika. "Arkadien als Themenpark? Metamorphosen des Pastoralen im zeitgenössischen englischen Roman". *Modernisierung und Literatur: Festschrift für Hans Ulrich Seeber zum 60. Geburtstag*. Ed. Walter Göbel. Narr: Tübingen, 2000. 201-19.

–––. *Bildschirmfiktionen: Interferenzen zwischen Literatur und Neuen Medien*. Tübingen: Narr, 1998.

–––. "Zwischen Oberfläche und Tiefe: Vexierbilder des Fernsehens in zeitgenössischen amerikanischen Erzähltexten". *Rhetorische Seh-Reisen: Fallstudien zu Wahrnehmungsformen in Literatur, Kunst und Kultur*. Frkf./M.: Vervuert, 1999. 119-41.

Griffith, Clark. "Substance and Shadow: Language and Meaning in *The House of the Seven Gables*". Gross 383-94. Wiederabdruck aus *Modern Philology* 51 (Feb. 1954): 187-95.

Guillory, John. "The Ethical Practice of Modernity: The Example of Reading". *The Turn to Ethics*. Ed. Marjorie Garber, Beatrice Hanssen und Rebecca Walkowitz. NY/London: Routledge, 2000. 29-46.

Gumbrecht, Hans-Ulrich. "Modern, Modernität, Moderne". *Geschichtliche Grundbegriffe. Historisches Lexikon zur politisch-sozialen Sprache in Deutschland*. Ed. Otto Brunner et al. 8 Bde. Stuttgart: Klett, 1972-1997. IV, 93-131.

Gunby, Ingrid. "History in Rags: Adam Thorpe's Reworking of England's National Past". *Contemporary Literature* 44.1 (2003): 47-72.

Gymnich, Marion und Ansgar Nünning, eds. *Funktionen von Literatur: Theoretische Grundlagen und Modellinterpretationen*. Trier: WVT, 2005.

H.D. "Russian Films". *Close Up 1927-33: Cinema and Modernism*. Ed. James Donald, Anne Friedberg und Laura Marcus. London: Cassell, 1998. 134-39.

Haarmann, Harald. *Universalgeschichte der Schrift*. Frkf./M.: Campus, 1990.

Habermas, Jürgen. *Die Postnationale Konstellation*. Frkf./M.: Suhrkamp, 1998.

–––. *Strukturwandel der Öffentlichkeit: Untersuchungen zu einer Kategorie der bürgerlichen Gesellschaft*. 1962. Frankfurt/M.: Suhrkamp, 1990.

–––. *Die Zukunft der menschlichen Natur: Auf dem Weg zu einer liberalen Eugenik?* Frkf./M.: Suhrkamp, 2001.

Hadfield, Andrew, Dominic Rainsford und Tim Woods, eds. *The Ethics in Literature*. London: Palgrave, 1999.

Hafner, Katie und Matthew Lyon. *When Wizards Stay up Late: The Origins of the Internet*. NY: Touchstone, 1996.

Hagen, Wolfgang. "Die Entropie der Fotografie: Skizzen zu einer Genealogie der digitalelektronischen Bildaufzeichnung". Wolf 195-235.

Hagenauer, Sabine. "'I don't see much point in writing a novel unless the reader works': An Interview with Adam Thorpe". *"Do you consider yourself a postmodern author?": Interviews with Contemporary English Writers*. Ed. Rudolf Freiburg und Jan Schnitker. Münster: Lit, 1999. 225-34.

Hahn, Alois. "Theorien zur Entstehung der europäischen Moderne". *Philosophische Rundschau* (1984): 178-202.

Haight, Gordon S., ed. *The George Eliot Letters*. 9 Bde. New Haven: Yale UP, 1954-78.

Hakemulder, Jèmeljan. *The Moral Laboratory: Experiments Examinig the Effects of Reading Literature on Social Perception and Moral Self-Concept*. Amsterdam/Philadelphia: John Benjamins, 2000.

Hale, Dorothy J. "Profits of Altruism: Caleb Williams and Arthur Mervyn". *Eighteenth Century Studies* 22.1 (1988): 47-69.

Hall, David D. "Introduction: The Uses of Literacy in New England, 1600-1850". Joyce et al. 1-47.

Hall, Lawrence Sargent. "The Social Ethic". Gross 376-83. Wiederabdruck aus *Hawthorne: Critic of Society*. New Haven: Yale UP, 1944. 160-67.

Harding, Brian, ed. *Nathaniel Hawthorne: Critical Assessments*. 4 Bde. The Banks: Helm Information, 1998.

Hardy, Barbara. "*Middlemarch*: Public and Private Worlds". Hutchinson, Bd. 3, 370-86. Wiederabdruck aus *English* 25 (1976): 5-26.

Harer, Dietrich. *Reinheit und Ambivalenz: Formen literarischer Gesellschaftskritik im amerikanischen Roman der 1850er Jahre*. Hamburg: Dr. Kovač, 2003.

Harpham, Geoffrey Galt. "Ethics". Lentricchia/McLaughlin 387-405.

–––. *Getting it Right: Language, Literature and Ethics*. Chicago/London: U of Chicago P, 1992.

Harrelson, Walter. "Ten Commandments". Metzger/Coogan 736-8.

Hartmann, Frank. "Materialitäten der Kommunikation: Zur medientheoretischen Position Friedrich Kittlers". mailbox.univie.ac.at/Frank.Hartmann/Essays/Kittler.htm. 19.12.2005.

–––. *Medienphilosophie*. Wien: WUV, 2000.

Harvey, David. *The Condition of Post-Modernity: An Enquiry into the Origins of Cultural Change*. Oxford: Blackwell, 1989.

Hassan, Ihab. "Postmoderne heute". Welsch, *Wege aus der Moderne* 47-56.

Havelock, Eric A. *The Literate Revolution in Greece and its Cultural Consequences*. Princeton: PUP, 1982.

Hawthorne, Nathaniel. *The House of the Seven Gables*. Ed. Milton R. Stern. 1851. NY/London: Penguin, 1981.

–––. *The English Notebooks*. Ed. Randall Stewart. NY: Russel & Russel, 1962.

–––. *The House of the Seven Gables: An Authoritative Text, Background and Sources, Essays in Criticism*. Ed. Seymor L. Gross. 1851. NY/London: Norton, 1967.

–––. *The Scarlet Letter*. 1850. NY: Norton, ^{3}1988.

Head, Dominic. *Cambridge Introduction to Modern British Fiction, 1950-2000*. Cambridge: CUP, 2002.

Heath, Stephen. "Cinema and Psychoanalysis: Parallel Histories". Bergstrom 25-56.

Hedgepeth Williams, Julie K. "Newspapers in the Eighteenth Century". Blanchard 450-3.

Hedges, William. "Charles Brockden Brown and the Culture of Contradictions". *Early American Literature* 9 (Fall 1974): 107-42.

Heelas, Paul. "Introduction: Detraditionalization and its Rivals". Heelas/Lash/Morris 1-19.

—―—. "On Things not being Worse, and the Ethic of Humanity". Heelas/Lash/Morris 200-22.

—―—, Scott Lash und Paul Morris, eds. *Detraditionalization*. London: Blackwell, 1996.

Heilbrun, Francoise. "Die Reise um die Welt: Forscher und Touristen". Frizot 149-73.

Heilman, Robert B. "'Stealthy Convergence' in *Middlemarch*". Hornback 618-23.

Helmes, Günter und Werner Köster, eds. *Texte zur Medientheorie*. Stuttgart: Reclam, 2002.

Herbert, T. Walter. *Dearest Beloved: The Hawthornes and the Making of the Middle-Class Family*. Berkeley: U of California P, 1993.

—―—. "Hawthorne and American Masculinity". Millington 60-78.

Herrlinger, Wolfgang. *Sentimentalismus und Postsentimentalismus: Studien zum englischen Roman bis zur Mitte des 19. Jahrhunderts*. Tübingen: Niemeyer, 1987.

Hill, Val. "Postmodernism and Cinema". Sim 93-102.

Hinds, Elizabeth Jane Wall. *Private Property: Charles Brockden Brown's Gendered Economics of Virtue*. Newark: U of Delaware P, 1997.

Hirschkop, Ken. "Culture, Class and Education". Marcus/Nicholls 455-73.

Hite, Molly Hite. "Postmodern Fiction". Elliott et al., *Columbia History of the American Novel* 697-725.

Höpker, Karin. *No Maps for these Territories? Toward an Archaeology of Future Urbanity in William Gibson's Work*. Inauguraldissertation. Friedrich-Alexander Universität Erlangen-Nürnberg, 2008.

Hoffman, Michael und Patrick Murphy. "Introduction". *Essentials of the Theory of Fiction*. Ed. Hoffman und Murphy. Durham/London: Duke UP, 1988. 1-13.

Hoggart, Richard. *The Uses of Literacy*. London: Chatto & Windus, 1957.

Holmes, Oliver Wendell. "The Stereoscope and the Stereograph". Trachtenberg, *Classic Essays* 71-82.

Horatschek, Annegreth. *Alterität und Stereotyp: Die Funktion des Fremden in den 'international novels' von E.M. Forster und D.H. Lawrence*. Tübingen: Narr, 1998.

—―—. "Innenräume – Innenwelten in der englischen Literatur". Unveröffentlichte Vorlesung, 2003. www.anglistik.uni-kiel.de/Chairs/Anglistik/Material/VL_SS_2003_Pro tokoll. pdf (Teil 1) und www.anglistik.uni-kiel.de/Chairs/Anglistik/Material/ VL_WS03_04_Protokoll.pdf (Teil 2). 19.12.2005.

Hörisch, Jochen. *Ende der Vorstellung: Die Poesie der Medien*. Frkf./M.: Suhrkamp, 1999.

—―—. *Der Sinn und die Sinne. Eine Geschichte der Medien*. Frkf./M.: Eichborn, 2001.

—―—. "Der Stil der Moral / Die Moral des Stils". *Expeditionen nach der Wahrheit: Poems, Essays, and Papers in Honor of Theo Stemmler: Festschrift zum 60. Geburtstag von Theo Stemmler*. Heidelberg: Winter, 1996. 49-54.

—―—. *Theorie-Apotheke: Eine Handreichung zu den humanwissenschaftlichen Theorien der letzten fünfzig Jahre, einschließlich ihrer Risiken und Nebenwirkungen*. Frkf./M.: Eichborn, 2004.

Hornback, Bert G., ed. *Middlemarch: An Authoritative Text, Backgrounds, Criticism*. NY/London: Norton, [2]2000.

—―—. "The Moral Imagination of George Eliot". Hornback 606-18.

Hughes, Kathryn. *George Eliot: The Last Victorian*. London: Fourth Estate, 1998.

Hügli, Anton und Poul Lübke, eds. *Philosophielexikon: Personen und Begriffe der abendländischen Philosophie von der Antike bis zur Gegenwart*. Reinbek: Rowohlt, 1991.

Hühn, Peter. *Geschichte der englischen Lyrik*. Bd. 1. Tübingen/Basel: Francke, 1995.

Hume, David. *Enquiries Concerning Human Understanding and the Principles of Morals*. 1751. Ed. L.A. Selby-Brigge. Oxford: Clarendon, 1998.

Hunter, J. Paul. *Before Novels: The Cultural Contexts of Eighteenth-Century English Fiction*. NY/London: Norton, 1990.

———. "The novel and social/cultural history". Richetti, *Cambridge Companion Eighteenth Century Novel* 9-40.

Hutchinson, Stuart, ed. *George Eliot: Critical Assessments*. 4 Bde. The Banks: Helm Information, 1996.

Ickstadt, Heinz. *Der amerikanische Roman im 20. Jahrhundert: Transformationen des Mimetischen*. Darmstadt: Wissenschaftliche Buchgesellschaft, 1998.

———. "Instructing the American Democrat: Cooper and the Concept of Popular Fiction in Jacksonian America". *Amerikastudien/American Studies* 31.1 (1986): 17-30.

Ingrassia, Catherine. *Authorship, Commerce and Gender in Eighteenth-Century England*. Cambridge: CUP, 1998.

Isaacs, Rhys. "Books and the Social Authority of Learning: The Case of Mid-Eighteenth-Century Virginia". Joyce et al. 228- 49.

Iser, Wolfgang. *Der Akt des Lesens: Theorie ästhetischer Wirkung*. 1976; München: Fink, [3]1990.

———. *The Range of Interpretation*. NY: Columbia UP, 2000.

Henry James. "George Eliot's Middlemarch". Hornback 578-81.

———. *Hawthorne*. 1879. Ithaca: Cornell, 1967.

Jameson, Frederic. *The Political Unconscious: Narrative as a Socially Symbolic Act*. Ithaca: Cornell UP, 1981.

———. *Postmodernism, or, The Cultural Logic of Late Capitalism*. London: Verso, 1991.

———. "The State of the Subject (III)". *Critical Quarterly* 29.4 (1987): 25.

Jauß, Hans Robert. "Hermeneutische Moral: der moralische Anspruch des Ästhetischen". *Wege des Verstehens*. München: Fink, 1994. 30-48.

Jehlen, Myra. "The Literature of Colonization". Bercovitch, *Cambridge History of American Literature* I, 13-168.

Johnson, Barbara. *A World of Difference*. Baltimore/London: Johns Hopkins UP, 1987.

Johnston, John. *Information Multiplicity: American Fiction in the Age of Media Saturation*. Baltimore: Johns Hopkins UP, 1998.

Joyce, William L. und John B. Hench, "Preface". Joyce et al. ix-xii.

——— et al., eds. *Printing and Society in Early America*. Worcester: American Antiquarian Society, 1983.

Justus, James H. "Arthur Mervyn, American". *American Literature* 42.3 (1970): 304-24.

Kämmerlings, Richard. "Digital ist kesser. Wer nichts wird, wird virtuell: Richard Powers' Höhlenmalerei". *Frankfurter Allgemeine Zeitung* (13.4.2002): 54.

Kamper, Dietmar. *Bildstörungen. Im Orbit des Imaginären*. Ostfildern: Cantz, 1994.

———. "Der Januskopf der Medien: Ästhetisierung der Wirklichkeit, Entrüstung der Sinne". *Digitaler Schein: Ästhetik der digitalen Medien*. Ed. Florian Rötzer. Frkf./M.: Suhrkamp, 1991. 93-99.

Kapeller, Ludwig. "'Aktualitäten-Konserve' – Gewissen des Rundfunks". *Funk* 4 (1927).

Karl, Frederick R. *George Eliot: Voice of a Century*. NY: Norton, 1995.

Kauer, Ute. *Narration und Gender im englischen Roman vom 18. Jahrhundert bis zur Postmoderne*. Heidelberg: Winter, 2003.

Kautz, Beth Dolan und Wilhelmus M. Verhoeven. "Preface". *Revolutions and Watersheds: Transatlantic Dialogues, 1775-1815*. Ed. Verhoeven. Amsterdam/Atlanta: Rodopi, 1999. 1-3.

Keep, Christopher. "Technology and Information: Accelerating Developments". Brantlinger/Thesing 137-54.

Kellner, Douglas. ed. *Baudrillard: A Critical Reader*. Oxford/Cambridge: Blackwell, 1994.

Kemp, Wolfgang. *Theorie der Fotographie I: 1839-1912*. München: Schirmer/Mosel, 1980.

Keymer, Thomas und Peter Sabor, eds. *The Pamela Controversy: Criticisms and Adaptations of Samuel Richardson's Pamela*. 6 Bde. London: Pickering & Chatto, 2001.

——— und Alice Wakely. "Introduction". Richardson, *Pamlea* vii-xxxiv.

Kilfeather, Siobhán. "The Rise of Richardson Criticism". *Samuel Richardson – Tercentenary Essays*. Ed. Margaret A. Doody. NY/Cambridge: CUP, 1989. 251-66.

Kimpel, Ben D. *Samuel Richardson: A Biography*. Oxford: OUP, 1971.

Kinkead-Weekes, Mark. *Samuel Richardson: Dramatic Novelist*. Ithaca: Cornell UP, 1973.

Kittay, Jeffrey und Wlad Godzich. *The Emergence of Prose: An Essay in Prosaics*. Minneapolis: U of Minnesota P, 1987.

Kittler, Friedrich. *Grammophon, Film, Typewriter*. Berlin: Brinkmann&Bose, 1986.

Klein, Herbert G. "F.R. Leavis als Literatur- und Kulturkritiker aus heutiger Sicht". *Literatur in Wissenschaft und Unterricht* 31.3 (1998): 277-91.

Klepper, Martin. "The Discovery of Point of View: Observation and Narration in the American Novel 1790-1910". Habilitationsschrift. Universität Hamburg, 2004.

Kley, Antje. *Das erlesene Selbst in der autobiographischen Schrift: Zu Politik und Poetik der Selbstreflexion bei Roth, Delany, Lorde und Kingston*. Tübingen: Narr, 2001.

———. "Print Culture, Contingency and the Discourse of Femininity in 18th Century England". *Anglistentag 2004 Aachen: Proceedings*. Ed. Lilo Moessner. Trier: WVT, 2005. 121-35.

Kluge, Alexander. "Die Macht der Bewußtseinsindustrie und das Schicksal unserer Öffentlichkeit. Zum Unterschied von machbar und gewalttätig". *Industrialisierung des Bewusstseins: Eine kritische Auseinandersetzung mit den 'neuen' Medien*. München/Zürich: Piper, 1985. 51-129.

Knight, Douglas A. "Idols, Idolatry". Metzger/Coogan 297-8.

Koch, Adrienne und William Peden, eds. *Selected Writings of John and John Quincy Adams* NY: Knopf, 1946.

Koch, Peter und Wulf Österreicher. "Sprache der Nähe - Sprache der Distanz: Mündlichkeit und Schriftlichkeit im Spannungsfeld von Sprachtheorie und Sprachgeschichte". *Romanistisches Jahrbuch* 36 (1985): 15-43.

Kogler, Karl. "Schrift, Druck, Post". *Die Medien. Logik – Leistung – Geschichte*. Ed. Hans H. Hiebel. München: Fink, 1998. 31-74.

Konersmann, Ralf, ed. *Kritik des Sehens*. Leipzig: Reclam, 1997.

Koppen, Erwin. *Literatur und Photographie. Über Geschichte und Thematik einer Medienentdeckung*. Stuttgart: Metzler, 1987.

Koschorke, Albrecht. *Körperströme und Schriftverkehr: Mediologie des 18. Jahrhunderts*. München: Fink, 1999.

Köster, Werner. "Medienmentalitäten und Medienevolution: Zentrale Argumentationsweisen zum Verhältnis von Massenmedien und Kultur". *Populäre Kultur als repräsentative Kultur: Die Herausforderung der Cultural Studies*. Ed. Udo Göttlich, Clemens Albrecht und Winfried Gebhardt. Köln: Herbert von Halem, 2002. 151-70.

Kracauer, Siegfried. *Theorie des Films: Die Errettung der äußeren Wirklichkeit*. Frkf./M.: Surhkamp, 1964.

Krais, Beate. "Habitus und soziale Praxis". *Pierre Bourdieu: Politisches Forschen, Denken, Eingreifen*. Ed. Margareta Steinrücke. Hamburg: VSA, 2004. 91-106.

Krauß, Dietrich. Die *Politik der Dekonstruktion: Politische und ethische Konzepte im Werk von Jacques Derrida*. Frkf./M./New York: Campus, 2001.

Krauss, Rolf H. *Walter Benjamin und der neue Blick auf die Photographie*. Ostfildern: Cantz, 1998.

Kreis, Guido et al. "Moralisch – amoralisch". Barck et al., *Ästhetische Grundbegriffe* IV, 183-224.

Krewani, Angela. *Moderne und Weiblichkeit: Amerikanische Schriftstellerinnen in Paris.* Heidelberg: Winter, 1993.

Kucharzewski, Jan. *"Propositions about Life": Reengaging Literature and Science.* Inauguraldissertation. Heinrich Heine Universität Düsseldorf, 2008.

Kübler, Hans-Dieter. *Mythos Wissensgesellschaft: Gesellschaftlicher Wandel zwischen Information, Medien und Wissen. Eine Einführung.* Wiesbaden: Verlag für Sozialwissenschaft, 2005.

Kümmel, Albert, Leander Scholz und Eckhard Schumacher, eds. *Einführung in die Geschichte der Medien.* Paderborn: Fink, 2004.

–––. "Innere Stimmen – Die deutsche Radiodebatte". Kümmel/ Scholz/Schumacher 175-97.

Lacan, Jacques. "Funktion und Feld des Sprechens und der Sprache in der Psychoanalyse". *Schriften I.* Frkf./M.: Suhrkamp, 1975. 71-169.

Landweer, Hilge. "Gefühl/moral sense". Düwell/Hübenthal/Werner 360-65.

Larrissy, Edward. *Yeats the Poet: The Measures of Difference.* NY: Harvester Wheatsheaf, 1994.

Laschinger, Verena. *Fictitious Politics, Factual Prose: Amerikanische Literatur, politische Praxis und der neorealistische Roman.* Frkf./M.: Lang, 2000.

Lazare, Donald. "Literacy and Mass Media: The Political Implications". *New Literary History* 18 (1986/87): 237-55.

Leavis, F.R. *The Great Tradition: George Eliot – Henry James – Joseph Conrad.* 1948. Harmondsworth: Penguin, 1972.

–––. "Literary Criticism and Philosophy: A Reply". *Scrutiny* 6.1 (1937/38): 59-70.

Lee, A Robert und W.M. Verhoeven. "Introduction". *Making America/Making American Literature.* Amsterdam/Atlanta: Rodopi, 1996. 7-14.

Leer, David van. "Society and Identity". Elliott et al., *Columbia History of the American Novel* 485-509.

Lentricchia, Frank und Thomas McLaughlin, eds. *Critical Terms for Literary Study.* Chicago/London: U of *Chicago* P, 1995.

Levinas, Emmanuel. *Alterity and Transcendence.* 1995. NY: Columbia UP, 1999.

–––. *Collected Philosophical Papers.* The Hague: Martinus Nijhoff, 1987.

–––. *Entre Nous: On Thinking-of-the-Other.* 1991. NY: Columbia UP, 1998.

–––. *Otherwise than Being or Beyond Essence.* 1974. The Hague: Martinus Nijhoff, 1981.

–––. *Totality and Infinity: An Essay on Exteriority.* 1961. Pittsburgh: Duquesne UP, 1969.

Levine, George, ed. *The Cambridge Companion to George Eliot.* NY/Cambridge: CUP, 2001.

–––. "From *The Realistic Imagination: English Fiction from* Frankenstein *to* Lady Chatterley". 1981. McKeon 613-31.

–––. "Introduction: George Eliot and the Art of Realism". Levine, *Cambridge Companion George Eliot* 1-19.

–––. *Realism, Ethics and Secularism: Essays on Victorian Literature and Science.* Cambridge: CUP, 2008.

Lewis, R.W.B. *The American Adam: Innocence, Tragedy, and Tradition in the Nineteenth Century.* Chicago: U of Chicago P, 1955.

Lippert, Renate. "Einleitung - Film und Psychoanalyse". *Vom Winde Verweht: Film und Psychoanalyse.* Frkf./M./Basel: Stroemfeld/Nexus, 2002. 7-18.

Locke, John. *An Essay Concerning Human Understanding.* Ed. Peter H. Nidditch. 1694. Oxford: Clarendon, 1975.

Lodge, David. "Middlemarch and the Idea of the Classic Realist Text", Newton 169-86.
Loos, Stefan. "Schriftlichkeit – Mündlichkeit". www.medienobservationen.uni-muenchen.de/artikel/theorie/Schriftmund.html. 14.05.2009.
Lord, Geoffrey. *Postmodernism and Notions of National Difference: A Comparison of Postmodern Fiction in Britain and America*. Amsterdam/Atlanta: Rodopi, 1996.
Lowry, Joanna. "From the Site of Desire to the Scene of Destruction: Photography and the Work of Cindy Sherman". *The Hasselblad Award 1999: Cindy Sherman*. Ed. Gunilla Knape. Göteborg: Hasselblad Center, 2000. 3-8.
Lucas, John. "The Sixties: Realism and Experiment". Marcus/Nicholls 545-62.
Lukács, Georg. *Die Theorie des Romans: Ein geschichtsphilosophischer Versuch über die Formen der großen Epik*. Berlin: Luchterhand, ²1963.
Luckhurst, Roger. "Literature and Digital Technology". Marcus/Nicholls 787-805.
Luckmann, Thomas. "The Privatization of Religion and Morality". Heelas/Lash/Morris 72-86.
Luhmann, Niklas. *Beobachtungen der Moderne*. Opladen: Westdeutscher Verlag, 1992.
———. "Darum Liebe". *Archimedes und wir: Interviews*. Ed. Dirk Baecker und Georg Stanitzek. Berlin: Merve, 1987. 61-73.
———. *Die Gesellschaft der Gesellschaft*. Frkf./M.: Suhrkamp, 1997.
———. *Gesellschaftsstruktur und Semantik. Studien zur Wissenssoziologie der modernen Gesellschaft*. 4. Bde. Frkf./M.: Suhrkamp, 1980.
———. *Liebe als Passion: Zur Codierung von Intimität*. Frkf./M.: Suhrkamp, 1982.
———. *Die Realität der Massenmedien*. Opladen: Westdeutscher Verlag, ²1996.
———. *Soziale Systeme: Grundriß einer allgemeinen Theorie*. Frkf./M.: Suhrkamp, 1984.
Lukács, Georg. "From The Theory of the Novel: A Historico-Philosophical Essay on the Forms of Great Epic Literature". McKeon, *Theory of the Novel* 185-218.
———. *Studies in European Realism: A Sociological Survey of the Writings of Balzac, Stendhal, Zola, Tolstoy, Gorki and Others*. London: Hillway, 1950.
———. *Die Theorie des Romans: Ein geschichtsphilosophischer Versuch über die Formen der großen Epik*. Berlin: Luchterhand, 1963.
Lunenfeld, Peter. "Digitale Fotografie: Das dubitative Bild". Wolf 158-77.
Lynch, Deidre und William B. Warner, eds. *Cultural Institutions of the Novel*. Durham: Duke UP, 1996.
Lyotard, Jean-François. *The Postmodern Condition: A Report on Knowledge*. Minneapolis: U of Minnesota P, 1984.
Maitzen, Rohan. "Martha Nussbaum and the Moral Life of *Middlemarch*". *Philosophy and Literature* 30.1 (2006): 190-207.
Malies, Harold. *A Short History of the English Microscope: The 19th Century Instrument*. Chicago: Microscope Publications, 1981.
Marcus, Laura. "Literature and Cinema". Marcus/Nicholls 335-58.
——— und Peter Nicholls, eds. *The Cambridge History of Twentieth-Century English Literature*. Cambridge: CUP, 2004.
Markl, Hubert. "Fit fürs Informationszeitalter: Deutschlands Zukunft in der Informationsgesellschaft". *Bertelsmann Briefe* 142 (Winter 1999).
Marks, Alfred H. "Hawthorne's Daguerreotypist: Scientist, Artist, Reformer". Gross 330-47. Wiederabdruck aus *Ball State Teachers College Forum* 3 (Spring 1962): 61-74.
Martin, Terence. "The Romance". Elliott et al., *The Columbia History of the American Novel* 72-88.
Marx Karl und Friedrich Engels. *Manifest der Kommunistischen Partei*. 1847/48. Hamburg/Berlin: Argument, 1999.

Mason, Michael York. "*Middlemarch* and Science: Problems of Life and Mind". Hutchinson, Bd. 3 351-69. Wiederabdruck aus *Review of English Studies* 22 (1971): 151-69.

Massa, Ann und Alistair Stead, eds. *Forked Tongues? Comparing Twentieth Century British and American Literature*. London/NY: Longman, 1994.

Matthiessen, F.O. *American Renaissance: Art and Expression in the Age of Emerson and Whitman*. NY/Oxford: OUP, 1941.

Mayne, Judith. *Cinema and Spectatorship*. London/NY: Routledge, 1993.

Mays, Kelly J. "The Publishing World". Brantlinger/Thesing 11-30.

Mazlish, Bruce. *Faustkeil und Elektronenrechner: Die Annäherung von Mensch und Maschine*. Frkf./M.: Insel, 1998.

McCabe, Colin. "The End of Metalanguage: From George Eliot to *Dubliners*". Newton 156-68.

McCracken, Scott. "The Half-Lives of Literary Fictions: Genre Fictions in the Late Twentieth Century". Marcus/Nicholls 618-34.

McGowan, John P. *Representation and Revelation. Victorian Realism from Carlyle to Yeats*. Columbia: U of Missouri P, 1986.

McIntosh, Carey. "Pamela's Clothes". *ELH* 35.1 (1968): 75-83.

McKeon, Michael. "Generic Transformation and Social Change: Rethinking the Rise of the Novel". McKeon, *Theory of the Novel* 382-99. Wiederabdruck aus *Cultural Critique* 1 (Fall 1985): 150-81.

———. *The Origins of the English Novel, 1600-1740*. London/Baltimore: Johns Hopkins UP, 1987.

———, ed. *Theory of the Novel: A Historical Approach*. Baltimore/London: Johns Hopkins UP, 2000.

McKillop, Allan Dugald. *Samuel Richardson: Printer and Novelist*. Chapel Hill: U of NC P, 1936.

McLaughlin, Kevin. *Paperwork: Fiction and Mass Mediacy in the Paper Age*. Philadelphia: U of Pennsylvania P, 2005.

McLuhan, Marshall. *The Gutenberg Galaxy. The Making of Typographic Man*. London/Toronto: U of Toronto P, 1962.

———. *Understanding Media: The Extensions of Man*. 1964. Cambridge: MIT P, 1994.

McNab, Chris. "Derrida, Rushdie and the Ethics of Mortality". Hadfield/Rainsford/Woods 136-51.

Mcpherson, Kenneth. "As Is". *Close Up* 2.2 (Jan. 1928): 5-16.

McQuire, Scott. *Visions of Modernity: Representation, Memory, Time and Space in the Age of the Camera*. London/Thousand Oaks, CA: Sage, 1998.

Mergenthal, Silvia. *Erziehung zur Tugend: Frauenrollen und der englische Roman um 1800*. Tübingen: Niemeyer, 1997.

Merten, Kai. "Plays on the Essential Passions of Men: Adam Smith, Joanna Baillie and the Textual Theatre of the Lyrical Ballads". *Romantic Voices, Romantic Poetics: Selected Papers from the Regensburg Conference of the German Society for English Romanticism*. Ed. Christoph Bode und Katharina Rennhak. Trier: WVT, 2005. 85-96.

Mertz, Harald. *Charles Brockden Brown als politischer Schriftsteller*. Frkf./M.: Lang, 1994.

Metz, Christian. *Film Language: A Semiotics of the Cinema*. Chicago: U of Chicago P, 1974.

Metz, Christian. *The Imaginary Signifier: Psychoanalysis and the Cinema*. Bloomington: Indiana UP, 1982.

Metzger, Bruce M. und Michael D. Coogan, eds. *The Oxford Companion to the Bible*. NY/Oxford: OUP, 1993.

Meyer Spacks, Patricia. *Desire and Truth: Functions of Plot in Eighteenth-Century Novels*. Chicago/London: U of Chicago P, 1990.

Michaels, Walter Benn. "Romance and Real Estate". Harding, Bd. 3, 373-91.

Mieth, Dietmar. "Literarische Texte als Quelle ethischer Verunsicherung oder ethischer Modellbildung". *Schön und gut? Studien zu Ethik und Ästhetik in der Literatur*. Ed. Susanne und Christian Krepold. Würzburg: Königshausen & Neumann, 2008. 19-40.

Miller, D.A. "The Wisdom of Balancing Claims". Newton 187-97.

Miller, J. Hillis. *The Ethics of Reading: Kant, DeMan, Eliot, Trollope, James, and Benjamin*. NY: Columbia UP, 1987.

———. "Narrative". Lentricchia/McLaughlin 225-32.

———. "Narrative and History". *English Literary History* 41 (1974): 455-73.

———. "Teaching *Middlemarch*: Close Reading and Theory". *Approaches to Teaching Eliot's* Middlemarch. Ed. Kathleen Blake. NY: MLA, 1990. 51-63.

Miller, Tyrus. "The Avant-garde, Bohemia and Mainstream Culture". Marcus/Nicholls 100-16.

Millington, Richard H. "Introduction". Millington 1-9.

———, ed. *The Cambridge Companion to Nathaniel Hawthorne*. Cambridge: CUP, 2004.

Mintz, Alan. *George Eliot and the Novel of Vocation*. Cambridge/London: Harvard UP, 1978.

Mitchell, Marea und Dianne Osland. "Poor in Everything But Will: Richardson's *Pamela*". *Representing Women and Female Desire from* Arcadia *to* Jane Eyre. Houndmills/NY: Macmillan, 2005. 117-40.

Mitchell, W.J.T. "The Commitment to Form; or, Still Crazy after All These Years". *PMLA* 118.2 (2003): 321-25.

———. "Die neue Ökonomie der Präsenz". *Mythos Internet*. Ed. Stefan Münker und Alexander Roesler. Frkf./M.: Suhrkamp, 1999. 15-33.

———. *The Reconfigured Eye. Visual Truth in the Post-Photographic Era*. Cambridge: MIT P, 1992.

———. "Representation". Lentricchia/McLaughlin 11-22.

Mizroeff, Nicholas. *An Introduction to Visual Culture*. London/NY: Routledge, 1999.

Mizruchi, Susan L. *The Power of Historical Knowledge: Narrating the Past in Hawthorne, James, and Dreiser*. Princeton: PUP, 1988.

Mleynek, Sherryll S. *Knowledge and Mortality: Anagnorisis in Genesis and Narrative Fiction*. NY: Lang, 1999.

Monika Fludernik, ed. *Second-Person Narrative*. Special Issue. *Style* 28.3 (1994).

More, Max. "Extropian Principles 3.0: A Transhumanist Declaration". maxmore.com/extprn 3.htm. 14.05.09.

Moscovici, Claudia. "Allusive Mischaracterization in *Middlemarch*". Hornback 663-74,

Motooka, Wendy. *The Age of Reasons: Quixoticism, Sentimentalism and Political Economy in Eighteenth-Century Britain*. London/NY: Routledge, 1998.

Mullan, John. *Sentiment and Sociability: The Language of Feeling in the Eighteenth Century*. Oxford: Clarendon, 1988.

———. "Sentimental novels". Richetti, *Cambridge Companion Eighteenth Century Novel* 236-54.

——— und Christopher Reid. "Introduction". *Eighteenth-Century Popular Culture: A Selection*. Ed. Mullan und Reid. New York/Oxford: OUP, 2000. 1-28.

Murdoch, Kenneth B. "The Colonial Experience in the Literature of the United States". *Early American Literature: A Collection of Critical Essays*. Ed. Michael Gilmore. Englewood Cliffs, N.J.: Prentice Hall, 1980. 168-76.

Murphet, Julian. "Fiction and Postmodernity". Marcus/Nicholls 716-35.

Napier, Elizabeth. *The Failure of the Gothic: Problems of Disjunction in an Eighteenth-Century Literary Form*. NY: OUP, 1986.

Nasta, Susheila. "'Voyaging in': Colonialism and Migration". Marcus/Nicholls 563-82.
Newton, Adam Zacharay. *Narrative Ethics*. Cambridge/London: Harvard UP, 1997.
Newton, K.M., ed. *George Eliot*. London/NY: Longman, 1991.
Nida-Rümelin, Julian. *Ethische Essays*. Frankfurt: Suhrkamp, 2002.
Nieragden, Göran. "Multiperspektivisches Erzählen im 18. Jahrhundert". *Multiperspektivisches Erzählen: Zur Theorie und Geschichte der Perspektivenstruktur im englischen Roman des 18. bis 20. Jahrhunderts*. Ed. Vera Nünning und Ansgar Nünning. Trier: WVT, 2000. 155-74.
Norris, Margot. "Modernist Eruptions". Elliott et al., *Columbia History of the American Novel* 311-39.
Nörtemann, Regina. "Brieftheoretische Konzepte im 18. Jahrhundert und ihre Genese". *Brieftheorie des 18. Jahrhunderts: Texte, Kommentare, Essays*. Ed. Angelika Erbrecht et al. Stuttgart: Metzler, 1990. 211-24.
Nünning, Ansgar. "Der Englische Roman des 18. Jahrhunderts aus kulturwissenschaftlicher Sicht: Themenselektion, Erzählformen, Romangenres und Mentalitäten". *Eine andere Geschichte der englischen Literatur: Epochen, Gattungen und Teilgebiete im Überblick*. Ed. Nünning. Trier: WVT, [2]1998. 77-106.
―――. "Narrative Form und fiktionale Wirklichkeitskonstruktion aus der Sicht des *New Historicism* und der Narrativik. Grundzüge und Perspektiven einer kulturwissenschaftlichen Erforschung des englischen Romans im 18. Jahrhundert". *Zeitschrift für Anglistik und Amerikanistik* 40.3 (1992): 197-213.
―――. *Von historischer Fiktion zu historiographischer Metafiktion*. 2 Bde. Trier: WVT, 1995.
Nussbaum, Felicity. "Heteroclities: The Gender of Character in the Scandalous Memoirs". Nussbaum/Brown 144-67.
―――und Laura Brown, eds. *The New Eighteenth Century: Theory, Politics, English Literature*. NY/London: Methuen, 1987.
―――. "The Other Woman: Polygamy, *Pamela*, and the prerogative of empire". *Women, "Race", and Writing in the Early Modern Period*. Ed. Margo Hendricks und Patricia Parker. London/NY: Routledge, 1994. 138-59.
―――und Laura Brown. "Revising Critical Practices: An Introductory Essay". Nussbaum/Brown 1-22.
Nussbaum, Martha. *Love's Knowledge: Essays on Philosophy and Literature*. NY/Oxford: OUP, 1990.
O'Day, Marc. "Postmodernism and Television". Sim 103-110.
Oellers, Norbert. "Der Brief als Mittel privater und öffentlicher Kommunikation in Deutschland im 18. Jahrhundert". *Brief und Briefwechsel in Mittel- und Osteuropa im 18. und 19. Jahrhundert*. Ed. Alexandru Du‚tu. Essen: Hobbing, 1989. 9-36.
Oettermann, Stephan. *Das Panorama: Die Geschichte eines Massenmediums*. Frkf./M.: Syndikat, 1980.
Ong, Walter. *Orality and Literacy: The Technologizing of the Word*. NY/London: Methuen, 1982.
Orvell, Miles. *The Real Thing: Imitation and Authenticity in American Culture, 1880-1940*. Chapel Hill/London: U of NC P, 1989.
Parker, David. "Introduction: The Turn to Ethics in the 1990s". *Renegotiating Ethics in Literature, Philosophy, and Theory*. Ed. Jane Adamson, Richard Freadman und Parker. NY/Cambridge: CUP, 1998. 1-17.
Patterson, Lyman Ray. *The Nature of Copyright: A Law of User's Rights*. Athens: U of Georgia P, 1991.
Patterson, Mark P. *Authority, Autonomy and Representation in American Literature, 1776-1865*. Princeton: PUP; 1988.

Pearce, Roy Harvey. "Romance and the Study of History". Harding, Bd. 4 128-42

Pecić, Dragica. "Habitus". *Literatur- und Kulturtheorie: Ein Handbuch gegenwärtiger Begriffe.* Ed. Vladimir Biti. Reinbek: Rowohlt, 2001. 318-9.

Pfeiffer, K. Ludwig. *Das Mediale und das Imaginäre: Dimensionen kulturanthropologischer Medientheorie.* Frkf./M.: Surhkamp, 1999.

Pfister, Joel. "Hawthorne as cultural theorist". Millington 35-59.

Pierce, John B. "Pamela's Textual Authority". Blewett 8-26.

Pinto, Louis. "Feldtheorie und Literatursoziologie: Überlegungen zu den Arbeiten Pierre Bourdieus". *Streifzüge durch das literarische Feld.* Ed. Pinto und Franz Schultheis. Konstanz: UVK, 1997. 9-32.

Piper, Ernst Reinhard. "Einführung". *Industrialisierung des Bewußtseins: Eine kritische Auseinandersetzung mit den 'neuen' Medien.* Ed. Klaus von Bismarck et al. München/Zürich: Piper, 1985. 9-29.

Pirr, Uwe. "Zur technischen Geschichte des Rundumblicks: Vom Panoramagemälde zur interaktiven Virtuellen Realität". *HyperKult: Geschichte, Theorie und Kontext digitaler Medien.* Ed. Martin Warnke, Wolfgang Coy und Georg Christoph Tholen. Basel: Stroemfeld, 1997. 291-330.

Platon. *Der Staat.* Ed. Dietrich Kurz. Darmstadt: Wissenschaftliche Buchgesellschaft, ³2001.

"Platon". Hügli/Lübke 450-458.

Plumpe, Gerhard. *Der tote Blick: Zum Diskurs der Photographie in der Zeit des Realismus.* München: Fink, 1990.

Porter, Roy. *English Society in the Eighteenth Century.* Harmondsworth: Penguin, 1982.

Poster, Mark. "Databases as Discourse, or Electronic Interpellations". Heelas, Lash und Morris 277-93.

———. "The Mode of Information and Postmodernity". *Communication Theory Today.* ed. David Crowley und David Mitchell. Cambridge: Polity, 1994. 173-92.

———. "Tradition and the Limits of Difference". Heelas/Lash/Morris 277-93.

Postlethwaite, Diana. "George Eliot and Science". Levine, *Cambridge Companion to George Eliot* 98-118.

Powers, Richard. "Being and Seeming: The Technology of Representation". dalkeyarchive.com/article/show/120. 24.02.09.

———. *Plowing the Dark.* NY: Vintage, 2000.

Pralle, Uwe. "Blindenhunde des Todes. Richard Powers entzaubert die digitale Wunderwelt". *Neue Zürcher Zeitung Online* 23.5.2002. http://www.nzz.ch/2002/05/23/fe/article84Q7D.html. 14.05.09.

Pratt, Scott L. "Knowledge and Action". *The Blackwell Guide to American Philosophy.* Ed. Armen T. Marsoobian und John Ryder. Oxford: Blackwell, 2004. 306-24.

Prichard, Andrew. *The Microscopic Cabinet of Selected Animated Objects: With a Description of the Jewel and Doublet Microscope, Test Objects, Etc.* London: Whittaker, Treacher, and Arnot, 1832.

Propp, William H. "Graven Image". Metzger/Coogan 261-2.

Puchner, H. Martin. "Textual Cinema and Cinematic Text: The Ekphrasis of Movement in Adam Thorpe and Samuel Beckett". webdoc.sub.gwdg.de/edoc/ia/eese/artic99/puchner/4_99.html, 11 Seiten. 14.05.09.

Pyncheon, Thomas. *Gravity's Rainbow.* NY: Viking, 1973.

Rabb, Jane M. *Literature and Photography: Interactions 1840-1990.* A Critical Anthology. Albuquerque: U of New Mexico P, 1995.

Raglan-Sullivan, Ellie. "Real, The". *Feminism and Psychoanalysis: A Critical Dictionary.* Ed. Elizabeth Wright. NY/Oxford: OUP, 1992. 374-77.

Rainsford, Dominic und Tim Woods. "Introduction". *Critical Ethics: Text, Theory and Responsibility.* Ed. Rainsford und Woods. London: MacMillan, 1999. 1-19.

Reinfandt, Christoph. "Literatur im digitalen Zeitalter: Zur Gegenwartsdiagnose in Richard Powers' Roman *Plowing the Dark*". *Literatur in Wissenschaft und Unterricht* 35.4 (2002): 359-79.

─────. "'Putting Things up Against Each Other': Media History and Modernization in Adam Thorpe's *Ulverton*". *ZAA: Zeitschrift für Anglistik und Amerikanistik* 52.3 (2004): 273-86.

─────. *Romantische Kommunikation: Zur Kontinuität der Romantik in der Kultur der Moderne*. Heidelberg: Winter, 2004.

─────. *Der Sinn der fiktionalen Wirklichkeiten: Ein systemtheoretischer Entwurf zur Ausdifferenzierung des englischen Romans vom 18. Jahrhundert bis zur Gegenwart*. Heidelberg: Winter, 1997.

Reynolds, David J. *Beneath the American Renaissance: The Subversive Imagination in the Age of Emerson and Melville*. NY: Knopf, 1988.

Reynolds, Larry. "Hawthorne's Labors in Concord". Millington 10-34.

Rhodes, Neil und Jonathan Sawday, eds. *The Renaissance Computer: Knowledge Technology in the Age of Print*. London/NY: Routledge, 2000.

Rice, Grantland. *The Transformation of Authorship in America*. Chicago: U of Chicago P, 1997.

Richardson, Samuel. *Pamela; or, Virtue Rewarded*. Ed. Thomas Keymer und Alice Wakely. 1741. Oxford: OUP, 2001.

Richetti, John, ed. *The Cambridge Companion to the Eighteenth Century Novel*. NY/Cambridge: CUP, 1996.

─────, ed. *The Columbia History of the British Novel*. NY: Columbia UP, 1994.

─────. "Introduction". Richetti, Cambridge Companion Eighteenth Century Novel 1-8.

Ricoeur, Paul. *Oneself as Another*. Chicago/London: U of Chicago P, 1992.

Rieger, Stefan. *Die Individualität der Medien: Eine Geschichte der Wissenschaften vom Menschen*. Frkf./M.: Suhrkamp, 2001.

Rifkin, Jeremy. *The Age of Access*. NY: Putnam, 2000.

Rivero, Alberto J. "The Place of Sally Godfrey in Richardson's Pamela". Blewett 52-72.

─────. "Preface". *New Essays on Samuel Richardson*. Ed. Alberto J. Rivero. London: Macmillan, 1996. vii-viii.

Rose, Nikolas. "Authority and the Genealogy of Subjectivity". Heelas/Lash/Morris 294-327.

Rosenthal, Caroline. "The Other American Renaissance". *Vergessene Texte*. Ed. Aleida Assmann und Michael C. Frank. Konstanz: UVK, 2004. 83-103.

Roulston, Christine. *Virtue, Gender, and the Authentic Self in Eighteenth-Century Fiction: Richardson, Rousseau, and Laclos*. Gainsville: U of Florida P, 1998.

Roussel, Roy. "Reflections on the Letter: The Reconciliation of Distance and Presence in *Pamela*". *Samuel Richardson*. Ed. Harold Bloom. NY: Chelsea, 1987. 87-106.

Rowson, Susanna. *Charlotte Temple*. Ed. Cathy N. Davidson. 1791. NY/Oxford: OUP, 1986.

Rubin, J. H. "Realism". Jane Turner Bd. 26, 52-7.

Rubin-Dorsky, Jeffrey. "The Early American Novel". Elliott, *Columbia History American Novel* 6-26.

───── und Emory Elliott. *The Cambridge Introduction to Early American Literature*. Cambridge: CUP, 2002.

Rudisill, Richard. *Mirror Image: The Influence of the Daguerreotype on American Society*. Albuquerque: U of New Mexico P, 1971.

Ruhs, August. "Erweiterte Überlegungen zum Thema". *Das Unbewusste Sehen: Texte zu Psychoanalyse, Film, Kino*. Ed. Ruhs, Bernhard Riff und Gottfried Schlemmer. Wien: Löcker, 1989. 11-5.

Ruland, Richard und Malcolm Bradbury. *From Puritanism to Postmodernism: A History of American Literature*. London/NY: Penguin, 1991.

Rushdie, Salman. "Is Nothing Sacred?" *Imaginary Homelands: Essays and Criticism 1881-1991*. London: Granta/Penguin, 1992. 415-29.

Russell, Bertrand. *Philosophie des Abendlandes: Ihr Zusammenhang mit der politischen und sozialen Entwicklung*. 1945. München/Wien: Europaverlag, 1992.

Said, Edward. *Culture and Imperialism*. London: Chatto & Windus, 1993.

Saldívar, José David. "Postmodern Realism". Elliott et al., *Columbia History of the American Novel* 521-41.

Sale, William M. *Samuel Richardson: Master Printer*. Ithaca: Cornell UP, 1950.

Saltzman, Arthur. "On the Ethical Behavior of Metaphor". *This Mad 'Instead': Governing Metaphors in Contemporary American Fiction*. Columbia: U of South Carolina P, 2000. 181-87.

Sambrook, James. *The Eighteenth Century: The Intellectual and Cultural Context of English Literature, 1700-1789*. London/NY: Longman, 1986.

Sandbothe, Mike. "Interaktivität – Hypertextualität – Transversalität: Eine medienphilosophische Analyse des Internet". *Mythos Internet*. Ed. Stefan Münker und Alexander Roesler. Frkf./M.: Suhrkamp, 1999. 56-82.

–––––. *Pragmatische Medienphilosophie: Grundlegung einer neuen Disziplin im Zeitalter des Internet*. Weilerswist: Velbrück, 2001.

Sandweiss, Martha A., ed. *Photography in Nineteenth-Century America*. NY: Harry N. Abrams, 1991.

Schäffner, Gerhard. "18. Hörfunk". Faulstich 252-73.

Schanze, Helmut. "Einleitung". Schanze, *Handbuch* 1-12.

–––––, ed. *Handbuch der Mediengeschichte*. Stuttgart: Kröner, 2001.

–––––. "Integrale Mediengeschichte". Schanze, *Handbuch* 207-80.

Scheer, Brigitte. "Gefühl". Barck et al., *Ästhetische Grundbegriffe* II, 629-60.

Schiavo, Laura Burd. "From Phantom Image to Perfect Vision: Physiological Optics, Commercial Photography, and the Popularization of the Stereoscope". *New Media 1740 – 1915*. Ed. Lisa Gitelman und Geoffrey B. Pingree. London/Cambridge: MIT P, 2003. 113-37.

Schiffrin, André. *The Business of Books*. London: Verso, 2000.

Schivelbusch, Wolfgang. *Geschichte der Eisenbahnreise: Zur Industrialisierung von Raum und Zeit im 19. Jahrhundert*. München/Wien: Carl Hanser, 1977.

Schlaeger, Jürgen. "Die Unwirtlichkeit des Wirklichen: Zur Wandlungsdynamik des Englischen Romans im 18. Jahrhundert". *Poetica* 25 (1993): 319-37.

Schloss, Dietmar. "Republicanism and Politeness in the Early American Novel". *Early America Re-Explored: New Readings in Colonial, Early National and Antebellum Culture*. Ed. Klaus H. Schmidt und Fritz Fleischmann. NY: Lang, 2000. 269-90.

–––––. *Die tugendhafte Republik: Politische Ideologie und Literatur in der amerikanischen Gründerzeit*. Heidelberg: Winter, 2003. 271-86.

Schlun, Betsy van. "Old Witchcraft and Modern Science in *The House of the Seven Gables*". *Science and the Imagination: Mesmerism, Media and the Mind in Nineteenth Century English and American Literature*. Berlin/Madison: Galda+Wilch, 2007. 86-98.

Schmidt, S.J. "Modernisierung, Kontingenz, Medien: Hybride Beobachtungen". *Medien – Welten – Wirklichkeiten*. Ed. Gianni Vattimo und Wolfgang Welsch. München: Fink, 1998. 173-86.

Schneck, Ernst-Peter. *Bilder der Erfahrung: Kulturelle Wahrnehmung im amerikanischen Realismus*. NY/Frkf./M.: Campus, 1999.

Schneider, Ralf. "Literatursystem und Medienwandel: Systemische und anthropologische Aspekte der Entwicklung der Erzählliteratur in Großbritannien". Habilitationsschrift. Albrecht-Ludwigs-Universität Freiburg, 2004.

Schnell, Ralf. "Medienästhetik". Schanze 72-95.

Schorer, Mark. "Fiction and the 'Matrix of Analogy.'" *Middlemarch: An Authoritative Text, Backgrounds, Criticism*. Ed. Bert G. Hornback. NY: Norton, ²2000. 587-92. Wiederabdruck aus *The Kenyon Review* 11.4 (autumn 1949): 539-60.

Schulte-Sasse, Jochen. "Einbildungskraft/Imagination". Barck et al., *Ästhetische Grundbegriffe* II, 88-120.

–––––. "Medien/medial". Barck et al., *Ästhetische Grundbegriffe* IV, 1-38.

–––––. "Von der schriftlichen zur elektronischen Kultur: Über neuere Wechselbeziehungen zwischen Mediengeschichte und Kulturgeschichte". *Materialität der Kommunikation*. Ed. H.U. Gumbrecht und K.L. Pfeiffer. Frkf./M.: Suhrkamp, 1988. 429-53.

Schulz, Dieter. *Amerikanischer Transzendentalismus: Ralph Waldo Emerson, Henry David Thoreau, Margaret Fuller*. Darmstadt: Wissenschaftliche Buchgesellschaft, 1997.

Schumacher, Eckhard. "Hypertext und World Wide Web". Kümmel/Scholz/Schumacher 255-80.

Schwanitz, Dietrich. *Englische Kulturgeschichte*. 2 Bde. Tübingen/Basel: Francke, 1995.

Schwingel, Markus. *Pierre Bourdieu zur Einführung*. Hamburg: Junius, ⁴2003.

Seeber, Ulrich, ed. *Englische Literaturgeschichte*. Stuttgart: Metzler, ³1999.

Serres, Michel und Nayla Farouki, eds. *Thesaurus der Exakten Wissenschaften*, Frkf./M.: Zweitausendeins, 2001.

Shaftsbury, Third Earl of (Anthony Ashley Cooper). *Standard Edition: Complete Works, Selected Letters, and Posthumous Writings, in English with Parallel German Translation*. Ed. Wolfgang Breda et al. Stuttgart: frommann-holzboog, 1981.

Shelston, Alan. "What Rosy Knew: Language, Learning and Lore in *Middlemarch*". Hutchinson Bd. 3, 410-18. Wiederabdruck aus *Critical Quarterly* 35 (winter 1993): 21-30.

Sherry, Vincent. "Literature and World War I". Marcus/Nicholls 152-72.

Shiach, Morag. "Nation, Region, Place: Devolving Cultures". Marcus/Nicholls 528-44.

Shloss, Carol. *In Visible Light: Photography and the American Writer: 1840-1940*. NY/Oxford: OUP, 1987.

Shuttleworth, Sally. *George Eliot and Nineteenth-Century Science: The Make-Believe of a Beginning*. Cambridge/NY: CUP, 1984.

Siebers, Tobin. *The Ethics of Criticism*. Ithaca/London: Cornell UP, 1988.

Sim, Stuart, ed. *The Routledge Companion to Postmodernism*. London/NY: Routledge, 2005.

Siskin, Clifford. "Epilogue: The Rise of Novelism". Lynch/Warner 423-40.

–––––. *The Historicity of Romantic Discourse*. NY/Oxford: Oxford UP, 1988.

–––––. *The Work of Writing: Literature and Social Change in Britain, 1700-1830*. Baltimore/London: Johns Hopkins UP, 1998.

Smith, Henry Nash. "Hawthorne: The Politics of Romance". Harding, Bd. 4 143-58. Wiederabdruck aus *Democracy and the Novel*. Oxford/NY: OUP, 1978. 16-34.

Smith, Jules. "Adam Thorpe". www.contemporarywriters.com/authors/?p=auth95. 14.05.09.

Smith-Rosenberg, Caroll. "Domesticating 'Virtue': Coquettes and Revolutionaries in Young America". *Literature and the Body: Essays on Populations and Persons*. Baltimore: Johns Hopkins UP, 1988. 160-84.

Sobchack, Vivian. "The Scene of the Screen". *Materialität der Kommunikation*. Ed. Hans Ulrich Gumbrecht und K. Ludwig Pfeiffer. Frkf./M.: Surhkamp, 1988. 416-28.

Sollors, Werner. *Beyond Ethnicity: Consent and Descent in American Culture*. New York: Oxford UP, 1986.

———. "Ethnicity". Lentricchia/McLaughlin 288-305.

Sontag, Susan. *On Photography*. NY: Picador, 1973.

Spear, Jeffrey. "Victorian Visual Culture". Brantlinger/Thesing 189-206.

Spengemann, William C. *A Mirror for Americanists: Reflections on the Idea of American Literature*. Hanover, N.H./London: UP of New England, 1989.

———. *A New World of Words: Redefining Early American Literature*. New Haven/London: Yale UP, 1994.

Starl, Timm. "Das Aufkommen einer neuen Bildwelt: Gebrauch und Verbreitung der Daguerreotypie". Frizot 33-50.

Steiner, Uwe C. "'Können die Kulturwissenschaften eine neue moralische Funktion beanspruchen?' Eine Bestandsaufnahme". *DVjs* 71.1 (1997): 5-38.

Steinfeld, Thomas. "Mit einer Pflugschar durchs Dunkel ziehen. Rückblick auf die unmoderne Moderne: Richard Powers und sein Roman *Schattenflucht*". *Süddeutsche Zeitung* (8.2.02).

Stöber, Rudolf. *Mediengeschichte: Die Evolution 'neuer' Medien von Gutenberg bis Gates. Eine Einführung*. 2 Bde. Wiesbaden: Westdeutscher Verlag, 2003.

Stocker, Günther. *Ein rebellisches Fossil: Die fiktionale Literatur im Zeitalter der modernen Kommunikationstechnologien*. Aachen: Alano, 1994.

Stonebridge, Lindsey. "Psychoanalysis and Literature". Marcus/Nicholls 269-85.

Störig, Hans Joachim. *Kleine Weltgeschichte der Philosophie*. Frkf./M.: Fischer, 1992.

Strong, Tracy B. "How to Write Scripture: Words, Authority, and Politics in Thomas Hobbes". *Critical Inquiry* 29 (Autumn 1993): 128-59.

Stückmann, Ingo. *Vor der Literatur: Eine Evolutionstheorie der Poetik Alteuropas*. Tübingen: Niemeyer, 2001.

Tabbi, Joseph. *Cognitive Fictions*. Minneapolis/London: U of Minnesota P, 2002.

——— und Michael Wutz, eds. *Reading Matters: Narratives in the New Media Ecology*. Ithaca: Cornell UP, 1997.

Taft, Robert. *Photography and the American Scene: A Social History, 1839-1889*. 1938. NY: Dover, 1964.

Talbot, W. Henry Fox. *The Pencil of Nature, 1844-46*. NY: Hans P. Kraus, Jr., 1989.

Taureck, Bernhard H.F. "Ethik im Kontext Lacans". *Psychoanalyse und Philosophie: Lacan in der Diskussion*. Ed. Taureck. Frkf./M.: Fischer, 1992. 138-72.

Taylor, Charles. *Sources of the Self: The Making of the Modern Identity*. Cambridge: Harvard UP, 1989.

Teranishi, Masayuki. *Polyphony in Fiction: A Stylistic Analysis of* Middlemarch, Nostromo, *and* Herzog. NY/Frkf./M.: Lang, 2008.

Tholen, Georg Christoph. *Die Zäsur der Medien: Kulturphilosophische Konturen*. Frkf./M.: Suhrkamp, 2002.

Thomas, Brook. "*The House of the Seven Gables*: Reading the Romance of America". Harding Bd. 3, 347-72.

Thompson, G.R. "Introduction: Romanticism and the Gothic Tradition". *The Gothic Imagination: Essays in Dark Romanticism*. Ed. Thompson. Pullman: Washington State UP, 1974. 1-10.

Thompson, John B. *The Media and Modernity: A Social Theory of the Media*. Cambridge: Polity, 1995.

———. "Tradition and Self in a Mediated World". Heelas/Lash/Morris 89-108.

Thomson, Douglass H. "Charles Brockden Brown (1771-1810)". Thomson et al. 76-82.

―――― et al., eds. *Gothic Writers: A Critical and Bibliographical Guide*. Westport, CT/London: Greenwood P, 2002.

―――― et al. "Introduction". Thomson et al. xv-xxv.

Thorpe, Adam. *Ulverton*. London: Vintage, 1992.

Tichi, Cecilia. "Technology and the Novel". Elliott et al., *Columbia History of the American Novel* 465-84.

Tindall, George Brown und David E. Shi, eds. *America: A Narrative History*. NY: Norton, 1993.

Todd, Janet. *Sensibility: An Introduction*. London/NY: Methuen, 1986.

Tompkins, Jane. *Sensational Designs: The Cultural Work of American Fiction, 1790-1860*. NY/Oxford: OUP, 1985.

Traister, Bryce. "Libertinism and Authorship in America's Early Republic". *American Literature: A Journal of Literary History, Criticism, and Bibliography* 72.1 (2000): 1-30.

Trachtenberg, Alan, ed. *Classic Essays on Photography*. New Haven, CT: Leete's Island, 1980.

―――――. "Seeing and Believing: Hawthorne's Reflections on the Daguerreotype in *The House of the Seven Gables*". *National Imaginaries, American Identities: The Cultural Work of American Iconography*. Ed. Larry J. Reynolds und Gordon Hunter. Princeton/Oxford: Princeton UP, 2000. 31-51.

Tuckerman, Henry T. "Hawthorne as a Psychological Novelist, from 'Nathaniel Hawthorne', in the *Southern Literary Messenger*, June 1851, xvii, 344-49". *Hawthorne: The Critical Heritage*. Ed. J. Donald Crowley. London: Routledge & Kegan Paul, 1970. 210-18.

Turner, Gerard L'E. *God Bless the Microscope! A History of the Royal Microscopical Society Over 150 Years*. Oxford: Royal Microscopical Society, 1989.

Turner, James Grantham. "Richardson and His Circle". Richetti, *Columbia History British Novel* 73-101.

Turner, Jane, ed. *The Dictionary of Art*. 34 Bde. London/NY: Macmillan, 1996.

Uka, Walter. "11. Brief". Faulstich 114-32.

―――――. "16. Foto". Faulstich 221-38.

Ullrich, Wolfgang. "Kunst/Künste/System der Künste". Barck et al., *Ästhetische Grundbegriffe* III, 556-615.

Vanderbilt, Kermit. *American Literature and the Academy: The Roots, Growth, and Maturity of a Profession*. Philadelphia: U of Pennsylvania P, 1986.

Versluys, Kristiaan, ed. *Neo-Realism in Contemporary American Fiction*. Amsterdam: Rodopi, 1992.

Vinken, Barbara. *Unentrinnbare Neugierde: Die Weltverfallenheit des Romans*. Freiburg: Rombach, 1991.

Virilio, Paul. "Fahrzeug". Barck et al., *Aisthesis* 47-70.

―――――. "Das letzte Fahrzeug". Barck et al., *Aisthesis* 265-76.

―――――. "Das Privileg des Auges". *Bildstörung: Gedanken zu einer Ethik der Wahrnehmung*. Ed. Jean-Pierre Dubost. Leipzig: Reclam, 1994. 55-71.

"Virtuelle Realität". *Neue Medien. Informations- und Unterhaltungselektronik von A bis Z*. Ed. René Zey. Reinbek: Rowohlt, 1995. 260-61.

Vogl, Joseph. *Kalkül und Leidenschaft: Poetik des ökonomischen Menschen*. Zürich/Berlin: diaphanes, ^{2}2004.

Vogt, Adolf Max. "Einführung in das 19. Jahrhundert". *Belser Stilgeschichte: Neuzeit*. 3 Bde. Stuttgart: Belser, 1993. Bd. 3, 11-48.

Wadsworth, Sara. "Book Publishing in the Eighteenth Century". Blanchard 66-8.

Warner, Michael. *Letters of the Republic: Publication and the Public Sphere in Eighteenth-Century America*. Cambridge: Harvard UP, 1990.

Warner, William Beatty. *Licensing Entertainment: The Elevation of Novel Reading in Britain, 1684-1750*. Berkeley: U of California P, 1998.

———. "Licensing Pleasure: Literary History and the Novel in Early Modern Britain". Richetti, *Columbia History British Novel* 1-22.

———. *Reading* Clarissa: *The Struggles of Interpretation*. New Haven: Yale UP, 1979.

Warschauer, Mark. *Technology and Social Inclusion: Rethinking the Digital Divide*. Cambridge: MIT P, 2003. 11-8.

Watts, Steven. *The Romance of Real Life: Charles Brockden Brown and the Origins of American Culture*. Baltimore: Johns Hopkins UP, 1994.

Weaver, Mike. "Künstlerische Ambitionen: Die Versuchung der Schönen Künste". Frizot 185-94.

Weber, Alexander. *From Postmodernism to Neorealism: Ästhetische Illusion und Identitätskonstruktion in den Romanen von Russell Banks*. Trier: WVT, 2004.

Weber, Samuel. "Zur Sprache des Fernsehens: Versuch einem Medium näher zu kommen". Dubost 72-88.

Weibel, Peter. "Ortlosigkeit und Bilderfülle – Auf dem Weg zur Telegesellschaft". *Iconic Turn: Die Neue Macht der Bilder*. Ed. Christa Maar und Hubert Burda. Köln: DuMont, 2005. 216-26.

Weidinger, Svenja. *Revisionen der Empfindsamkeit: Samuel Richardsons Fortschreibungen von* Pamela *(1739-1761)*. Frkf./M.: Lang, 2002.

Weimann, Robert. "Repräsentation zwischen Konsens und Ausdifferenzierung: Zur Vorgeschichte der Moderne in Nordamerika". *Der nordamerikanische Roman 1880-1940. Repräsentation und Autorisation in der Moderne*. Ed. Weimann. Berlin: Aufbau, 1989.

Weinstein, Cindy. *The Literature of Labor and the Labors of Literature: Allegory in Nineteenth-Century American Fiction*. Cambridge: CUP, 1995.

Wellek, René. "Literary Criticism and Philosophy". *Scrutiny* 5.4 (1936/37): 375-383.

———. "Literary History". *Literary Scholarship: Its Aims and Methods*. Ed. Norman Foerster. Chapel Hill: U of North Carolina P, 1941. 89-130.

Welsch, Wolfgang. *Grenzgänge der Ästhetik*. Stuttgart: Reclam, 1996.

———. *Unsere postmoderne Moderne*. Berlin: Akademie, [5]1997.

———, ed. *Wege aus der Moderne: Schlüsseltexte der Postmoderne-Diskussion*. Berlin: Akademie, [2]1994.

Werner, Micha H. "Einleitung: Schwach Normative und kontextualistische Ansätze". Düwell/Hübenthal/Werner 191-93.

———. "Verantwortung". Düwell/Hübenthal/Werner 521-27.

West, Cornel. "Postmodern Culture". Elliott et al., *Columbia History of the American Novel* 515-20.

Weston, Edward. "Seeing Photographically". Trachtenberg, *Classic Essays* 169-75.

Wetzel, Michael. *Die Enden des Buches oder die Wiederkehr der Schrift*. Weinheim: VCH, 1991.

Whipple, Edwin Percy. "*The House of the Seven Gables*: Humor and Pathos Combined". Gross 356-60.

White, John. *The Birth and Rebirth of Pictorial Space*. London: Faber & Faber, 1967.

Wiegerling, Klaus. *Medienethik*. Stuttgart: Metzler, 1998.

Wiesing, Lambert. *Artifizielle Präsenz: Studien zur Philosophie des Bildes*. Frkf./M.: Suhrkamp, 2005.

Wiest-Kellner, Ursula. *Messages from the Threshold: Die You-Erzählform als Ausdruck liminaler Wesen und Welten*. Bielefeld: Aisthesis, 1999.

Wilhelm, Cherry. "Conservative Reform in *Middlemarch*". Hornback 597-605.

Williams, Ioan. *The Realist Novel in England: A Study in Development*. London: Macmillan, 1974.

Williams, Keith. "Post-war Broadcast Drama". Marcus/Nicholls 474-93.

Williams, Michael. "Magazine Technology". Blanchard 342-5.

Williams, Patrick. "Theorizing Modernism and Empire". *Modernism and Empire*. Ed. Howard Booth. Manchester: MUP, 2000. 13-38.

Williams, Raymond. *Culture and Society, 1780-1950*. London: Chatto & Windus, 1958.

─────. *Drama in a Dramatised Society: An Inaugural Lecture*. Cambridge: CUP, 1975.

─────. *The Long Revolution*. NY: Columbia UP, 1961.

─────. *The Politics of Modernism: Against the New Conformists*. Ed. Tony Pinkney. London/NY: Verso, 1989.

Wilson, Catherine. *The Invisible World: Early Modern Philosophy and the Invention of the Microscope*. Princeton/Oxford: PUP, 1995.

Winkgens, Meinhard. *Die kulturelle Symbolik von Rede und Schrift in den Romanen von George Eliot: Untersuchungen zu ihrer Entwicklung, Funktionalisierung und Bewertung*. Tübingen: Narr, 1997.

─────. *Die kulturkritische Verankerung der Literaturkritik bei F.R. Leavis*. Paderborn: Schöningh, 1988.

Winkler, Hartmut. *Diskursökonomie: Versuch über die innere Ökonomie der Medien*. Frkf./M.: Suhrkamp, 2004.

─────. *Dokuverse: Zur Medientheorie der Computer*. München: Boer, 1997.

Winston, Brian. *Media Technology and Society, A History: From the Telegraph to the Internet*. London/NY: Routlege, 1998.

Witherington, Paul. "Charles Brockden Brown: A Bibliographical Essay". *Early American Literature* 9 (Fall 1974): 164-87.

Wittig-Davis, G.A. "Ruskin's *Modern Painters* and George Eliot's Concept of Realism". Hutchinson Bd. 4, 297-303.

Wolf, Herta. "Einleitung". Wolf 7-19.

─────, ed. Paradigma *Fotografie: Fotokritik am Ende des fotografischen Zeitalters*. Frkf./M.: Suhrkamp, 2002.

Wolf, Philipp Wolf. "Beyond Virtue and Duty: Literary Ethics as Answerability". *Ethics in Culture: The Dissemination of Values through Literature and Other Media*. Ed. Astrid Erll, Herbert Grabes und Ansgar Nünning. Berlin/NY: de Gruyter, 2008. 87-115.

Wood, Gordon S. "The Democratization of Mind in the American Revolution". *The Moral Foundations of the American Republic*. Ed. Robert H. Horwitz. Charlottsville: UP of Virginia, ^{2}1979. 102-28.

Woolf, Virginia. "The Narrow Bridge of Art". *Collected Essays*. Vol. 2. London: The Hogarth Press, 1966. 218-29.

Wormald, Mark. "Microscopy and Semiotic in *Middlemarch*". *Nineteenth-Century Literature* 50.4 (1995): 501-24.

Wright, T.R. "*Middlemarch* as a Religious Novel, or Life without God". Hornback 640-49.

Zalewski, Daniel. "Actual Reality", nytimes.com/2000/06/18/books/actual-reality.html. 24.04.09.

Zapf, Hubert, ed. *Amerikanische Literaturgeschichte*. Stuttgart: Metzler, 1997.

─────. *Kurze Geschichte der anglo-amerikanischen Literaturtheorie*. München: Fink, 1991.

Zboray, Ronald J. "Antebellum Reading and the Ironies of Technological Innovation". *Reading in America: Literature and Social History*. Ed. Cathy N. Davidson. Baltimore: Johns Hopkins UP, 1989. 180-200.

———. *A Fictive People: Antebellum Economic Development and the American Reading Public*. NY/Oxford: OUP, 1993.

Zerubaval, Eviatar. "The Standardization of Time: A Sociohistorical Perspective". *American Journal of Sociology* 88 (1982): 1-23.

Zielinski, Siegfried. *Audiovisionen: Kino und Fernsehen als Zwischenspiele in der Geschichte*. Reinbek: Rowohlt, 1989.

Ziff, Larzer. *Literary Democracy*. NY: Penguin, 1981.

———. *Writing in the New Nation: Prose, Print and Politics in the Early United States*. New Haven: Yale UP, 1991.

Zima, Peter V. *Moderne/Postmoderne: Gesellschaft, Philosophie, Literatur*. Tübingen/Basel: Francke, 1997.

Zumthor, Paul. "Mündlichkeit/Oralität". Barck et al., *Ästhetische Grundbegriffe* IV, 234-56.

Personenregister

Abrams, M.H. 219
Amelunxen, Hubertus von 201, 227, 229-30, 356
Anderson, Benedict 31, 85
Arac, Jonathan 206, 253, 293-300
Armstrong, Nancy 371
Assmann, Aleida 47-48, 88,
Badura, Jens 490-91
Balázs, Béla 356
Barker-Benfield, G.J. 116
Barkhausen, Jochen 113, 117
Barthes, Roland 211, 224, 228, 258, 262, 264-65, 397
Baudrillard, Jean 70, 349-50, 365, 375, 474
Baym, Nina 205, 207-8, 288
Bell, Michael 71, 351,
Bell, Michael Davitt 77, 100-1, 106-7, 109, 112-17, 138, 162, 198, 205, 207-9, 292
Benesch, Klaus 99
Benjamin, Walter 50, 227, 350, 356, 358, 397, 405-7, 416
Bercovitch, Sacvan 81, 85-87, 208
Bergstrom, Janet 358-59,
Berthoff, Warner 120, 122, 169, 171, 174, 194
Binczek, Natalie 345, 371, 377, 480
Blake, Kathleen 312, 317
Bolz, Norbert 350, 443
Booth, Wayne 64, 166, 71-2
Bourdieu, Pierre 55-57, 204
Bradbury, Malcolm 36-37, 72-75, 87, 100, 241, 253, 350, 367-68, 372, 376

Burke, Peter 41, 44,90, 96-98, 124, 208, 211, 346, 348, 361
Brown, Charles Brockden 16-18, 57, 76, 79, 85, 89, 93-94, 100, 109-11, 119-22, 126-27, 165-199, 263, 387, 479, 482
Bruns, Gerald L. 458-59
Buddemeier, Heinz 215, 282, 346-47
Busch, Bernd 212-14, 222-32, 264,-66, 356, 403, 456
Butler, Judith 56, 459, 463, 473-74
Castells, Manuel 346-47, 362-65
Castiglia, Christopher 246, 250, 292
Crary, Jonathan 212-13, 215-21, 229, 234-37, 276, 324, 356, 360
Critchley, Simon 66, 68, 71, 458, 466, 475
Danto, Arthur C. 471
Davidson, Cathy 22-23, 31-33, 36, 75, 89, 91, 99, 102, 118-20, 123-27, 197, 222, 243-44, 258, 288
Derrida, Jacques 46, 48, 65-71, 354, 443
Dewey, Joseph 426, 474
Dolin, Tim 303-4, 307, 309, 315, 322, 333, 335
Doody, Margaret Anne 99, 100, 124, 130
Durant, Alan 47, 177
Dussinger, John 16, 142
Düwell, Marcus 11, 14, 53, 59-60,
Eagleton, Terry 102, 367
Eisenstein, Elizabeth 43, 95-96, 124

Eliot, George 16, 18, 47, 57, 201, 213, 231, 239, 303-43, 395, 404, 479, 483
Elliott, Emory 85, 95, 110, 121-23, 165, 170-2, 189-91
Ellis, Markman 101, 113, 115, 117, 127
Ermarth, Elizabeth Deeds 130, 142, 316, 338
Fang, Irving 345, 348, 363
Faulstich, Werner 32-33, 84, 90-91, 94, 97-98, 208, 211, 229, 348-49, 366
Ferguson, Robert A. 76-77, 79, 86, 88, 100
Fichtelberg, Joseph 117-19, 194
Fiedler, Leslie 11, 24-25, 31, 33-34, 74, 106, 110, 117-23, 126, 138, 166
Fliegelman, Jay 24, 77, 125
Fluck, Winfried 17, 34-36, 42, 53, 77, 79, 299, 368, 376
Folkenflik, Richard 135-36, 142, 158
Franck, Georg 346, 352, 363-64, 374
Freud, Sigmund 67, 349-50, 352, 357-58, 429, 443
Frizot, Michel 214, 223-24, 227, 403
Giesecke, Michael 43, 95-96
Giles, Paul 74-76, 80-81
Gilmore, Michael T. 17, 24, 78-80, 85, 90, 100, 105, 110, 118-19, 165-66, 170-71, 174, 176-178, 191, 193-94, 197-98, 205-6, 208, 242, 243, 263, 276, 293, 299-301
Grabes, Herbert 369-70, 327, 375-76, 487
Grabo, Norman S. 166-67, 171-72
Griem, Julika 360, 369, 380

Guillory, John 69
Habermas, Jürgen 12, 24, 32-33, 94, 103, 363, 443
Hagen, Wolfgang 214, 353-54, 366
Hagenauer, Sabine 382, 383, 402, 407, 417
Hahn, Alois 32, 83, 93, 125-26, 387, 482
Hall, David D. 86, 89, 91, 97
Harpham, Geoffrey G. 60-62, 64-67, 69-72, 445
Hartmann, Frank 14, 43, 45, 51-52
Hassan, Ihab 375
Hawthorne, Nathaniel 16, 18, 57, 201, 207, 222-23, 225, 231-33, 239, 241-302, 321, 342-43, 395, 479, 483
Hedges, William 126, 181-82, 189-90, 193, 195
Heelas, Paul 30, 54
Heilman, Robert B. 305-6, 309, 337
Herbert, T. Walter 265, 271, 282, 283, 288, 292, 301-2
Hinds, Elizabeth J.W. 173, 179, 183, 186-87, 190-92
Hobbes, Thomas 113
Horatschek, Annegreth 14, 51, 114-15, 369, 390
Hörisch, Jochen 37-42, 45, 52, 273, 417-18, 432, 452, 486
Hume, David 115-16, 237
Hunter, J. Paul 23, 33, 41, 84
Ickstadt, Heinz 36, 368, 375-77
Ingrassia, Catherine 99, 108, 132, 141, 148-51, 159, 161-63
Iser, Wolfgang 218, 319-20, 325-27, 341, 390, 417
James, Henry 249, 307, 318
Johnston, John 368-69, 377-78

Joyce, William L. 89
Kamper, Dietmar 350, 432, 443-44, 447, 451, 454, 456, 460-61, 463
Keymer, Thomas 101-6, 108, 131-33
Kittler, Friedrich 41, 51-52, 55, 202, 419, 457
Klepper, Martin 340
Konersmann, Ralf 468
Koschorke, Albrecht 40, 46, 52-53, 71, 112
Kracauer, Siegfried 356-57
Leavis, F.R. 62-63, 66, 71-72
Lévinas, Emmanuel 20, 421, 457-59, 465, 474-75, 486
Levine, George 26, 234, 236-39, 303
Lewes, George Henry 303
Locke, John 76, 113-15, 203, 217, 270
Luckhurst, Roger 352, 368
Luckmann, Thomas 12, 30, 53
Luhmann, Niklas 11, 31-32, 60, 83, 89, 92-93, 95-98, 101, 331, 389-91, 394, 443
Lukács, Georg 11, 25, 33, 233
Lyotard, Jean-François 44-45, 365, 374
Mazlish, Bruce 352
McKeon, Michael 24-27, 29-31, 35-36, 77, 85, 95, 100, 117, 133,141-43, 145, 151, 153, 234
McLuhan, Marshall 38, 43, 51-52, 55
McQuire, Scott 209, 213, 217-18, 221, 227, 229-30, 346, 359
Miller, J. Hillis 21, 66, 304, 308, 311, 315-16, 319, 321-22, 333
Mitchell, W.J.T. 40-41, 58, 94, 112, 353, 362, 441
Mizruchi, Susan 242, 251-52
Moscovici, Claudia 311-12, 335, 338

Nekes, Werner 215
Newton, Adam Z. 61, 67, 308, 479, 486
Nietzsche, Friedrich 67, 349, 443, 474
Nünning, Ansgar 36, 380
Nussbaum, Felicity 83, 132, 138, 143
Nussbaum, Martha 65, 71-72
Ong, Walter 42-43
Pearce, Roy Harvey 246, 292, 295-96
Pfeiffer, K. Ludwig 52
Pfister, Joel 210, 245-46, 249, 274-75
Poster, Mark 30, 47, 346
Powers, Richard 16, 19, 57, 347, 365-66, 369, 377, 421-78, 479, 484
Pynchon, Thomas 302, 373, 375, 378
Reinfandt, Christoph 36, 209, 24, 379, 383, 416, 423, 425, 462
Richardson, Samuel 16, 27, 30, 57, 76, 78, 80, 89, 93-94, 99, 101-11, 117, 119, 121-22, 126-27, 129-163, 172, 196, 387, 479, 482
Richetti, John 23, 30
Ricoeur, Paul 20, 421, 474
Rieger, Stefan 38, 52, 352, 358, 448
Rivero, Alberto J. 16, 130, 143
Rose, Nikolas 12, 26, 53-54
Roussel, Roy 104-5, 135, 139, 141, 146-47, 153, 156-57, 161
Rubin-Dorsky, Jeffrey 22-23, 35
Sabor, Peter 101-5, 132-33
Sandbothe, Mike 44-45, 67, 354, 364, 476
Schanze, Helmut 37, 40-42, 44, 94-95, 98, 104, 363, 451
Schiavo, Laura B. 215, 219
Schivelbusch, Wolfgang 202, 204, 208, 281
Schlaeger, Jürgen 28-29, 80
Schleiermacher, Friedrich 325, 343

Schmidt, S.J. 11, 20, 43-45, 345, 350, 481
Schneider, Ralf 23-24, 56-57, 85, 88, 97, 202, 205, 207-8, 232, 234, 354, 366-67, 369, 371, 408
Schorer, Mark 311, 313, 317, 322, 328
Schulte-Sasse, Jochen 25, 31, 33, 39, 42-43, 45-47, 54, 443, 450
Shaftsbury, Third Earl of 110, 115-16, 339-40
Siskin, Clifford 25, 27-28, 31, 33-34, 37, 46, 80, 91-92, 94, 102, 106-7, 109, 111, 125, 160, 205, 209-10, 225-26, 228, 314, 407
Smith, Henry Nash 271, 284, 292, 296-97, 302
Sollors, Werner 75
Sontag, Susan 226
Steiner, Uwe C. 21, 46, 54, 58-60
Stocker, Günther 366, 368, 416-17
Tabbi, Joseph 369
Talbot, William Henry Fox 213, 399
Taylor, Charles 14, 20, 24
Tholen, Georg Christoph 229, 352, 365, 426, 454-55
Thomas, Brook 244, 246, 248, 253-54, 264, 289-93, 302
Thompson, John B. 31, 40, 42, 90, 92, 94-97, 122, 202, 211
Thorpe, Adam 16, 19, 57, 347, 366, 369, 377, 379-420, 476, 479, 484
Todd, Janet 102, 104-6, 111, 113, 140
Tompkins, Jane 17, 80, 100, 168, 173, 179-81, 183-84
Trachtenberg, Alan 18, 222-24, 226, 228, 230, 232-33, 243, 245, 249, 252, 254, 256, 263-64, 283, 400-1

Vinken, Barbara 108, 139
Vogl, Joseph 160-61
Warner, Michael 17, 24, 86, 88, 91, 94-96, 110, 118
Warner, William Beatty 23, 36, 102, 151
Watts, Steven 85, 89, 94, 101, 107, 121, 127, 166, 176, 180, 190-91
Wellek, René 63, 88
Welsch, Wolfgang 14, 59-60, 370, 374, 378, 474-75
Wiegerling, Klaus 11, 38-39, 41-42, 46, 50-52, 67
Wiesing, Lambert 220
Williams, Raymond 97, 371-72
Winkgens, Meinhard 47-48, 62-63, 66, 72, 234, 304, 306-9, 311, 327
Winkler, Hartmut 49, 90-92, 162, 197-99, 207, 345
Winston, Brian 203, 348, 361, 409
Wormald, Mark 303, 321, 323
Zboray, Ronald J. 86-87, 91, 193
Zielinski, Siegfried 353-56, 359-60
Ziff, Larzer 95, 118, 126-27, 165, 246, 253-54, 262, 275, 290, 293, 295-96
Zima, Peter V. 345, 374